省委常委、政法委书记王立科到薛埠派出所调研指导工作

省公安厅副厅长、常州市副市长、市公安局长常和平到茅麓派出所调研指导工作

区委书记狄志强、区长沈东等领导督导分局公安业务技术大楼建设情况

全区公安工作会议

入警宣誓仪式

成功破获“6.26”虚构支付宝花呗提额系列诈骗案件

主、副驾驶安全气囊气体发生器

点火具

侧安全气囊气体发生器

侧气帘气体发生器

产气药

中共常州市金坛区委农村工作办公室

落实乡村振兴战略
建设生态美丽乡村

2014年，金坛区启动了薛埠镇上阮村、仙姑村、花山村，朱林镇黄金村，直溪镇天湖村，金城镇南瑶村，指前镇东浦村、解放村，儒林镇柚山村，尧塘街道谢桥村10个行政村的美丽乡村建设工作。

截至2017年底，全区10个美丽乡村重点村确立的117个建设项目已全部建设完工，总投资3942万元。柚山村的健身广场，谢桥自然村环村3座小桥、演出戏台，南瑶村穿村河道的沿河慢道等，成为金坛区美丽乡村建设的新亮点。

2018

金坛年鉴

（总第16卷）

常州市金坛区人民政府主办

金坛年鉴编纂委员会 编

方志出版社
Publishing House of Local Records

图书在版编目（CIP）数据

金坛年鉴. 2018/金坛年鉴编纂委员会编. —北京：方志出版社，2018.8

ISBN 978-7-5144-3193-3

I.①金…II. ①金…III. ①金坛区-2018-年鉴
IV. ①Z525.34

中国版本图书馆CIP数据核字（2018）第195546号

金坛年鉴（2018）

编　　者：	金坛年鉴编纂委员会
责任编辑：	刘　珊
出 版 人：	冀祥德
出 版 者：	方志出版社
	地址　北京市朝阳区潘家园东里 9 号（国家方志馆4层）
	邮编　100021
	网址　http://www.fzph.org
发　　行：	方志出版社图书经销中心
	电话（010）67110500
经　　销：	各地新华书店
印　　刷：	常州市武进第三印刷有限公司
开　　本：	889×1194　　1/16
印　　张：	18.75
字　　数：	650千
版　　次：	2018年8月第1版　　2018年8月第1次印刷
印　　数：	0001～1200册

ISBN 978-7-5144-3193-3　　**定　价**：200.00元

金坛年鉴编纂委员会

《金坛年鉴（2018）》编审人员

编辑说明

一、《金坛年鉴》是由常州市金坛区人民政府主办，金坛年鉴编纂委员会承办的综合性资料工具书，创刊于1994年，本卷为第16卷，国内外公开发行。

二、《金坛年鉴》的指导思想是以马克思列宁主义、毛泽东思想、邓小平理论、“三个代表”重要思想和科学发展观、习近平新时代中国特色社会主义思想为指导，坚持辩证唯物主义和历史唯物主义的立场、观点和方法。其宗旨是全面系统记载金坛年度经济社会的基本情况和发展状况，为各级领导提供决策依据，为社会多层面提供资讯，是了解金坛、研究金坛的窗口。

三、《金坛年鉴》2018卷主要载录2017年1月1日至2017年12月31日金坛区经济社会发展的基本资料，共设有34个篇目。

四、《金坛年鉴》采用分类编辑法，主体内容分类目、分目、条目3个层次，部分分目下设副分目。分目、副分目下一般设概述，以条目作为记述的主要形式。为便于检索，类目、分目标题使用不同字体加以区别，书眉标示类目；副分目标题用楷体，前后加“•”；条目标题用黑体，并加【】号。卷首有详细目录和英文要目，卷末有索引，全书内容可由目录、书眉、索引等检索渠道查找。

五、《金坛年鉴》2018卷所录用稿件，由金坛区各镇（区）、各部门、各单位负责撰写或提供，并经所在镇（区）、部门、单位领导审核。全区综合统计数据由金坛区统计局提供，各单位提供的数据如与统计局不同，以统计局统计口径为准。

各单位审稿人名单

（按姓氏笔画为序）

丁　强	于　澹	万冬平	马红星	王　辉	王　瑶
王一鸣	王一新	王小平	王永亮	王志东	王国平
王和平	王建国	王建涛	王洪庆	王照洪	王慰东
卞文燕	尹志文	孔德馨	田　娟	田粉忠	史悦平
史锁庚	印建云	匡小红	邢卫东	吕洪力	朱双华
朱志强	任林勇	刘　华	刘　斌	汤慧兵	许国清
许忠平	孙　坚	孙云清	纪俊明	苏　俊	严国庆
李佳真	李建军	杨国忠	杨建忠	杨建新	杨树清
杨颐华	吴　芳	吴卫东	吴平涛	吴志华	吴建军
何云华	沈　颖	沈建国	张小兰	张叶华	张伟波
陆　辉	陆金国	陆晓翼	陈　云	陈　励	陈　建
陈小华	陈小芳	陈纪良	陈学忠	林　燊	周　军
周　玲	周　俊	周林海	庞巧红	郑文洪	孟明刚
赵　凯	赵小伟	赵济红	荆　霞	胡彩英	柏虎斌
冒丽萍	俞　慎	施生华	姜秋生	姚国定	姚锁生
姚锁洪	袁海涛	徐　忠	徐一新	徐荣华	徐科峰
高　军	唐　亚	黄旭红	曹　波	盛南萍	蒋　涛
蒋　骏	蒋云清	韩云峰	韩双庆	韩巧生	韩寅飞
谢长春	虞青平	谭益民	颜旭辉	潘明志	戴　露

5月15日，总投资52亿元的贝特瑞高性能锂离子电池材料项目开工

6月28日，迈科锂电（江苏）高性能锂离子动力电池项目奠基仪式举行

12月23日，常州市金沙科技金融中心、江苏省华罗庚中学滨湖校区集中开工仪式举行

2月19日，茅山颐园项目奠基仪式举行

（广电台　供稿）

11月7日，农业部副部长于康震(前排右一)为金坛区人民政府颁发“农业部渔业健康养殖示范县”牌匾

5月18−21日，金坛区组织茶企参加首届中国国际茶叶博览会。农业部部长韩长赋（左三）在金坛展区观赏茶艺表演

8月19日，非洲十国水产养殖专家到金坛区考察交流

长荡湖（金坛）生态清淤一期工程于11月全面开工建设，图为清淤工程施工现场

（农林局　水利局　供稿）

11月28日，金坛建昌圩成功入选江苏“最美水地标”，图为建昌圩农村新貌

城市防洪节点工程——龙山水利枢纽于2017年完成水下工程阶段验收和泵站机组启动试运行工作

（水利局　供稿）

2018年1月23日，常州召开全国文明城市建设工作表彰会议，金坛区获得全国文明城市建设工作集体三等功

5月20日，区长沈东到五角场执勤点慰问一线交警

7月2日，区建设文明城市指挥部在金沙广场启动“向文明出发”全民公益行动

2018年1月26日，区创建办组织开展“建设文明城市志愿服务日”义务铲雪除冰活动

东城街道金河社区手绘文化墙

（文明办　供稿）

钱资湖岸线景观化改造（一期）

下塘河景观工程（五期）

金沙公园景观亮化提升工程

长荡湖水厂厂区

（住建委 供稿）

7月28日，常合高速公路茅山互通至金坛滨湖新城连接线工程项目推进会举行

9月9日，新能源（纯电动）公交车投入使用

265省道金坛段（一期）路基施工

9月28日，新孟河延伸拓浚工程——金武路桥通车

（交通局　供稿）

10月22日，金坛区首批“金沙文化名人”评选揭晓，图为颁奖现场

12月29日，金坛图书馆（新馆）开馆暨全民阅读季启动仪式举行

6月16日，常州市第二十四中学与金坛区段玉裁中学集团办学签约仪式举行

5月21日，金坛茅山国际山地半程马拉松赛举行，图为比赛现场（一）

金坛茅山国际山地半程马拉松赛比赛现场（二）

（广电台　教育局　供稿）

金坛图书馆（新馆）外观

金坛图书馆（新馆）内景

金坛图书馆（新馆）人文馆

（图书馆　供稿）

9月1日，段玉裁实验小学投入使用

9月1日,华罗庚实验学校新城分校投入使用

（党史工委　供稿）

5月26日，东方盐湖城·道天下景区获批国家AAAA级旅游景区，图为授牌仪式现场

3月18日，2017常州春季旅游产品发布会暨花谷奇缘开园仪式举行

10月21日，2017"长荡

10月22日，第八届金坛文化艺术节、第五届中国·长荡湖湖鲜美食节、2017中国（长荡湖）休闲湖泊峰会开幕

金坛乡村美食大赛现场

1月14日，2017年常州乡村过大年暨金坛乡村旅游嘉年华活动举行

（旅游局　供稿）

区委常委、镇党委书记董龙庆陪同市、区领导到沈渎村调研党建工作开展情况

金城镇镇域总面积92.8平方公里，其中耕地3578.3公顷。全镇辖有11个行政村，165个村民小组，总人口5.99万。2017年，全镇实现地区生产总值59.58亿元，比上年增长4.03%，三次产业增加值占地区生产总值比重依次为10.17∶68.24∶21.58。全镇完成公共财政收入3.1875亿元（含耕、契两税），增长17.3%，农村居民人均可支配收入30577元，比上年增长9%。

2017年，全年完成工业开票销售106亿元，工业实际投入15亿元，一般公共预算收入3.75亿元。

2017年，新增签约引进项目15个，计划总投资183.5亿元，其中50亿元以上项目2个，10亿元以上项目5个，亿元以上项目3个。

2018年金城镇将重点在打造园区形态、优化招商环境下功夫，不断坚定信心、迎难而上，瞄准“三新一特”产业，抓住、抓好、抓成一批大项目、好项目，实现工业经济逆势崛起、争先进位，为“两个加快”交上合格答卷。

区委常委、镇党委书记董龙庆走访困难群众

镇党委副书记潘明志走访困难党员

元巷农贸市场投入使用

德国胜伟策项目签约仪式

鹏辉项目签约

金城镇青年志愿服务活动

金城镇庆五四青年节暨“青年领航”主题辩论赛

金城镇团委全国助残日活动

大亭美丽乡村建设

区领导调研薛埠镇工业园区

山水薛埠 茶香小镇

薛埠镇法治宣传活动

薛埠镇村庄鸟瞰

薛埠镇位于茅山东麓，全国重点镇、国家卫生镇、江苏省园林小城镇、常州市西部中心镇。镇域风景秀丽，山水人文思想浓郁。土地总面积234.7平方公里，下辖21个行政村、3个场圃、3个居委会，总人口6.49万人。

农业特色发展突显。2017年，薛埠镇入选江苏省首批105个农业特色小镇名录—茶香小镇，并通过“中国名茶之乡”复评；茅山茶海获评年度全国30座最美茶园，薛埠镇茶产业园创成省级现代农业产业示范园区。上阮现代农业产业园、一号农场创成首批全国农村创业创新基地。仙姑村获评省级休闲观光示范村，花谷奇缘、玫瑰风情园、千亩樱花园等一批农业休闲观光景点先后开园。薛埠镇成为常州市首家农产品电子商务示范镇，一号农场成为全省首批蔬菜全产业链示范园区。茅东林场入选“中国森林氧吧”名录。

两个加快有序推进。2017年底，工业产品销售收入78.35亿元，工业利税总额9.52亿元，全镇实现工业总产值80.15亿元。31家规模企业实现开票销售59.57亿元，占全镇总量的87%。全年新增规模企

金沙湾乡村俱乐部

业4家，新增省级民营科技企业5家。共签约引进工业项目20个，协议总投资44.5亿元，同比增长45.9%，其中建筑材料、智能装备制造、户外休闲用品、电源设备4个项目实现当年签约、当年投产。中广核金沃电子科技有限公司被认定为国家级高新技术企业。东方盐湖城和花谷奇缘分别被认定为江苏省科普教育基地。

基础建设不断升级。2017年，立足“一轴三带三心两版七片”的空间发展结构，深化集镇功能设施规划，完成百花路、薛埠大街楼宇亮化与锅底山生态公园、汽修、汽配及建材市场、薛埠港等重点设施方案设计。加大大气污染整治力度，完成方麓村草坝、山蓬河等8个黑臭水体专项整治，新建城镇污水管网2.39公里，关闭采石场2家。抢抓国家卫生镇复审、江苏省健康镇创建、国家文明城市国测总评等契机，加强集镇基础设施建设，完成集镇主干道硬化绿化亮化工程，新改建公厕5座，新增毒饵站4500个。全面开展“城市管理强基年”活动，建立集镇综合管理体系，强力开展流动摊点、抛洒滴漏、施工现场等专项整治，困扰多年的集镇“脏乱差”问题得到相当程度的改善。

社会事业统筹有力。2017年，强化基层工会建设，建成劳动人事争议调解中心。全年全镇参加社会保险人数37067人，新型农村合作医疗参保率100%。茅麓卫生院综合病房楼开工建设，西旸卫生院综合服务楼建成投用。

科威尔焊接（江苏）有限公司

花谷奇缘景区

金沙湾一角

上阮丰番现代化农场

锦绣繁荣水乡　能源产业新镇

“东方日升”奠基仪式

国家级非物质文化遗产——直溪巨龙

直溪镇地处金坛区西北部，面积106平方公里。全镇下辖12个行政村、3个社区居委会和1个养殖场，总人口约6万。自然资源储量丰富，盐矿藏探明储量达163亿吨，被誉为“江南第一矿”。为配合国家“西气东输”工程，已建成亚洲首座大型盐穴储气库，中石油、中石化、港华等特大型企业均在直溪布点。

近年来，直溪聚力发展工业经济，2017年全镇实现工业开票销售117.8亿元，工业实际投入12.9亿元，一般公共预算2.65亿元，签约引进工业项目19个，协议总投资约73.7亿元，特色光伏新能源产业链拓展外延，东方日升、正信、中信博、斯威克、健尔康、久诺等重点企业支撑起跨越发展的骨架，主要经济指标总量和增幅连续多年位于全区各板块前列。

直溪设施农业优质，建昌水产养殖场被认定为江苏省第一批“菜篮子”水产品生产基地，建昌红香芋被评

为国家地理标志农产品和全国名特优新农产品。直溪文化底蕴深厚，“直溪巨龙”“董永传说”被列入国家级非物质文化遗产名录。

“一方水土养一方人”，勤劳朴实的直溪人在镇党委和政府的带领下，用双手描绘了跨越发展的崭新篇章，“国家级生态镇”“江苏省卫生镇”“江苏省特色文化之乡”成为努力最好的褒奖。

正信光伏

建设中的现代产业园区

健尔康新厂区

渔光互补

上市公司——江苏久诺集团

发展中的直溪现代产业园区

区领导到朱林镇开展文明创建督查

全国人大常委会副委员长、民盟中央主席张宝文到朱林镇视察

举办“绿色金坛”故事会

朱林镇区位优势明显，340省道穿境而过，沿江、扬溧高速公路在此交汇，并设有出入道口。人文历史悠久，民风淳朴，具有6000多年历史的国家级重点文物保护单位三星村古人类文化遗址坐落在该镇三星村内。朱林镇辖9个行政村和2个集镇居委会，人口3.8万，地域面积77平方公里。区域内有规划5.6平方公里金坛经济开发区朱林现代产业园和1个省级农产品加工集中区，园区内“五纵四横”的道路框架已建成，入驻工业企业60余家，其中规模以上企业31家，邻里中心、标准厂房二期已投入使用。

全年实现工业开票销售收入42.94亿元，同比增长15.71%；完成工业实际投入5.02亿元；一般公共预算收入首超亿元，同比增长14.5%。工业经济扎实推进，初步形成了以高端装备制造为龙头，光伏新能源、新材料为主导的产业特色。全年共签约引进工业项目20个，协议总投资38.8亿元，其中新能源汽车及汽车零部件产业占比超50%。产业链招商效果逐步凸显，产业集聚发展态势逐步形成。全年完成区级以上科技项目5个，新增省高新技术产品8只、高新技术企业1家、股改企业1家。现代农业提档升级。大力发展无节水芹、优质软米、特种畜禽等特色产业，全面完成小农水重点县、农村河道河塘疏浚整治工程和灾后水毁修复工程，水利基础设施有效改善。农村电子商务迅速发展，朱林村、黄

金村被列入省级重点培育农产品电子商务示范村。社会民生持续改善，城乡居民养老保险实现应保尽保，新型农村合作医疗保险做到全覆盖。公共事业均衡发展，小升初、中考合格率名列全区前茅。2017年，朱林镇创成“全国社区教育示范乡镇”和“江苏省生态文明示范镇”。获评“全国模范人民调解委员会”“省和谐社区示范镇”等荣誉称号。黄金村获评“常州市生态文明示范村”和“全国一村一品示范村”。

全国文明村黄金村

龙溪二村安置房小区

应天光电企业生产车间

俯瞰朱林现代产业园

指前镇党委书记、镇长现场督查水利工程建设

安置房“西湖馨宁二期”开工建设

指前镇位于常州市金坛区西南部，长荡湖西畔，有金坛“南大门”之称。全镇总面积105.2平方公里，其中耕地面积4471公顷，下辖行政村12个。2017年，全镇总人口5.35万人，其中非农业人口5445人。全年完成地区生产总值30.83亿元，完成一般公共预算收入8100万元。

2017年，粮食高产创建水平位居全区前列。机插秧面积4万余亩，机插率达90%以上。申报无公害农产品8家、绿色食品企业2家、9个行政村投入289.81万元实行了“一事一议”项目。全镇新增土地流转面积1500多亩。

2017年，全镇工业开票销售收入44.58亿元，规上企业实现开票销售收入39.7亿元，占全镇总量的89%。新增规模企业8家，全年共签约引进项目12个，协议总投资额17.35亿元。

2017年，完成土地复垦143亩。完成集镇王家村、邓家村等地块5.2万平方米的房屋动迁。长荡湖科技创业园、新指前客运站、西湖馨宁二期开工建设，公共停车场已竣工投用。长荡湖西路全线完成水稳铺设，东胜路、学府路东延、湖滨路、幸福路、科创路、园区大道东延道路顺利推进。实施汛前消险工程、水毁工程、中央特大防汛抗旱补助项目、水利重点县建设工程。农村低保全年共发放各类救助抚恤资金2300余万元。完成退田还湖及园区二期征地5198人的失地农民进保障工作。

长荡湖科创园

指前集镇

常州华德机械有限公司

美丽乡村——东浦村鸟瞰图

指前工业园区

江苏欣越制衣有限公司成衣展示厅

指前现代产业园

水韵长荡 魅力儒林

常州市市委书记费高云到儒林企业调研

金坛区区委书记狄志强督查“两个加快”

金坛区区长沈东到儒林调研

儒林镇位于常州市金坛区东南部，坐落于优美的长荡湖畔。人文底蕴深厚，资源禀赋突出，区位交通优越，新兴产业集聚，是全国重点镇、国家卫生镇、全省首批国家新型城镇化综合试点镇和常州市中心镇。

经济指标高速增长。2017年，实现地区生产总值42.83亿元，可比价增长16.1%；完成一般公共预算收入1.27亿元，同比增长30.4%；实现工业开票销售120亿元，同比增长128%；实现税收1.48亿元，同比增长40%以上；完成工业投入16.95亿元，同比增长47.4%。

两个加快成效斐然。全年共签约引进项目18个，其中10亿元以上和30亿元以上项目各1个，协议总投资额达61.85亿元。加佳新材料产业园、利和汽车零部件等项目全面开工，儒嘉生物科技产业园、奉献精密机械等项目加快推进，崇信机械、丽龙新材料等项目竣工投产。

园区建设持续推进。完成320户、6.7万平方米的动迁，新增连片空间5.46平方公里，并完成S239以北3.74平方公里清障清表、场地平整，为儒林产镇融合、现代产业园区二期建设提供了有力支撑。完善现代产业园区一期功能配套，5.7万平方米的标准厂房二期、3.2万平方米的邻里中心二期及物流中心已经竣工。

各项事业全面发展。10家农业企业成为首批“长荡湖大闸蟹”区域公共品牌合作单位。投入近5000万元优化集镇面貌。推进长荡湖退圩还湖，流转土地1.78万亩。全面推行“河长制”，完成儒林河约3.4公里的生态护岸及清淤工程。儒风苑安置房地块动迁工作基本结束，湖香苑一期、天香苑三期累计1660套25万平方米安置房已经开工建设。

儒林镇“三大一实干”工作受表彰

区领导慰问敬老院

获镇区开票上台阶奖

天香苑鸟瞰效果图

开发区党工委副书记、东城街道党工委书记 王勇

东城街道党工委副书记、办事处主任 吴军华

省委组织部常务副部长胡金波一行到同方威视参观

东城街道办事处地处金坛城东部，隶属于江苏省金坛经济开发区，北与丹阳市里庄桥镇，东与丹阳市皇塘镇毗邻，南邻尧塘街道，西与西城街道接壤。行政区域面积74.49平方公里，常住人口10.04万。下辖21个行政村（社区）。其中，16个社区，3个村（居委会）合一，2个农业行政村。

东城街道举办“喜迎十九大，不忘初心跟党走”知识竞赛

团中央书记徐晓一行到众泰汽车参观

华胜社区居民吹拉弹唱其乐融融

华胜社区德法文化广场

华胜社区德法文化长廊

新交付的金池花园安置小区

华胜社区庆“三八”文艺汇演

十九大代表在众泰汽车宣讲十九大精神

“全国文明村”——谢桥村

区委书记狄志强到尧塘街道汤庄村开展大走访活动

尧塘街道位于常州市金坛区东南部，隶属于江苏省金坛经济开发区，东邻武进，南望宜兴，北接丹阳。尧塘河、湟里河穿境而过，常合（沿江）高速、常溧、金宜、金武公路等省市干线公路贯穿境内。总面积83.8平方公里，耕地面积5.54万亩，辖11个行政村，常住人口5.4万。

尧塘街道党工委书记杨健走访水北村党员群众

聚力两个加快聚焦强村富民工作推进会

安置房建设

保障项目建设，推进项目前期动迁清障工作

部门长上讲台 谈得失互促进

与浙江大学合作开办街道基层干部综合能力提升研修班

街道积极开展十九大安全维稳大排查大整治行动

江苏省锡剧团为谢桥村广大戏迷倾情演出

实施农村污水管网工程

不忘初心 砥砺奋进 倾尽

省委组织部常务副部长胡金波到金坛区方边村调研

西城街道东依金坛经济开发区、西临北连金城镇、南接指前镇，区域总面积74.97平方公里，总人口17.78万人。下辖18个城市社区、6个行政村。241、340两条省道环绕境内，常合高速横穿南部区域。

2017年，西城街道在区委区政府的坚强领导下，不忘初心、牢记使命，突出重点、狠抓落实，开拓创新、攻坚克难，在强化城市建设管理、保障重大项目落地、推进社会事业发展、提升经济发展质量上，均取得了长足的进步，得到了上级领导的充分肯定，赢得了广大群众的高度认同。

“路漫漫其修远兮，吾将上下而求索”。2018年，面对新常态、新形势、新任务，西城街

区委书记狄志强到西城街道调研

2017年6月，金坛区城管执法大队西城中队正式成立

街道党工委书记史顺年慰问困难群众

打造宜居和美幸福新西城

道将坚持创新思维、锐意进取，着力在提升城市管理水平、配合老城更新改造、服务重大项目建设、推进社区品牌创建、优化干部队伍建设上，明确新目标，拿出新举措，实现新作为，为全面打造宜居和美幸福新西城而不懈奋斗。

西城街道举办学习贯彻党的十九大精神报告会

省级垃圾分类示范小区——金水华都

5月12日，入党积极分子参观中共苏皖区一大会址

“感恩母亲节 圆梦微心愿”活动

首届社工服务月活动启动仪式

省政协主席蒋定之到谢桥村调研富民增收工作

谢桥村位于金坛区尧塘街道东部，金武快速路和233国道穿村而过，交通便捷。全村总面积10.65平方公里，耕地面积9816亩。总户数2049户，18个村民小组，总人口5596人。下设4个党支部，有党员179人。

近年来，谢桥村以打造“园艺特色村”为目标，村级经济快速发展，农民收入持续增加。发展村级集体经济。谢桥村花卉苗木种植面积过万亩，于2005年成立苗木专业合作社，着力提高花农的组织化程度。2010年，江苏尧塘园林绿化党支部和谢桥村党总支联合组建党委，不断提高谢桥花木的知名度。全力打造生态园艺示范点，在建旅游项目3个，在谈项目1个，富民强村步伐不断加快。稳步推进民生基础设施建设。围绕提高村民生活质量、改善村容村貌、美化村庄环境，修建谢桥路、陇塘路主干道，完成干字河驳岸工程，对环村道路提档升级，并新建村民健身广场。推进美丽乡村和

水美乡村建设。总投资超过1600万元，打造集生态绿廊、生活体验、观光养老、生产多元于一体，以花木渠塘景观为特色，乡村生态休闲旅游为方向的特色乡村。2015年谢桥村自然村成功创建常州市美丽乡村，2017年徐家庄自然村积极创建江苏省美丽乡村、江苏省水美乡村。

谢桥村村先后获“常州市小康家园示范村”“常州市一村一品示范村”“常州市美丽乡村”“常州市基层综合性文化服务中心”“江苏省环境整治试点村”“江苏省生态村”“江苏省卫生村”“江苏省民主法治示范村”“全国妇联基层组织建设示范村”“全国文明村”等荣誉。

常州市市委书记费高云到谢桥村调研

原常州市委书记阎立到谢桥村调研土地确权工作

谢桥村党总支书记村委会主任、全国劳动模范、江苏省优秀共产党员、江苏省吴仁宝式优秀村书记周国平（左）走访村民

茅山颐园开工典礼

花谷奇缘开园仪式

金坛茅山国际山地半程马拉松公开赛

2017年，江苏省金坛茅山旅游度假区党工委、管委会按照打造“生态旅游休闲地”的总目标，紧扣全区“两个加快推进落实年”工作主题，全力推进重大项目落地开工、加快建设。度假区全年接待游客325万人次，实现旅游经营收入4.74亿元，分别同比增长13.32%、12.25%，在全省50家省级旅游度假区2016年度综合考评中名列第七。

完善规划体系，配强基础设施。2017年度假区共编制完成包括《茅山板块空间发展战略研究暨茅山旅游度假区总体规划》在内的15项规划，形成较为完整的规划体系。度假区完成致和路、望仙路等3条道路工程总里程4.96公里；完成白鹭湖、访仙路二标和三标续建等景观工程总面积26.6万平方米；完成秧滩塘塘坝水利工程。

服务项目建设，加快项目引进。2017年新开工产业类项目累计完成投资额73.1亿元。其中雅居乐·山湖城项目完成投资24.2亿元；茅山颐园项目完成投资10.9亿元。度假区新引进项目协议总投资51.8亿元，完成全年目标任务（50亿元）的103.6%。其中恒大·金沙湾旅游综合体项目协议总投资43.8亿元。

围绕美丽乡村，高效推进落实。2017年度假区承担了上阮美丽乡村示范区、仙姑美丽乡村示范点建设任务。度假区协同薛埠镇、茅山控股等单位在科学论证的基础上，明确部门职能、细分工作计划、完成规划编制、科学统筹建设。其中，仙姑美丽乡村示范点

仙姑美丽乡村效果图

项目确定了七大类26项工程，率先进入建设实施阶段。

开展节庆活动，助推旅游发展。2017年度假区陆续主办、承办或协办了常州乡村过大年暨金坛乡村旅游嘉年华、花谷奇缘开园典礼、春到上阮赏花季、第二届东方盐湖城杯茅山美食大赛、常州老年大学茅山分校揭牌暨茅山南湖养生庄园开园仪式、金坛茅山国际山地半程马拉松公开赛、中国围棋甲级联赛（东方盐湖城站）、常州金坛乡村采摘节、一号农场蓝莓音乐节、东方盐湖城七夕鹊桥会、花谷奇缘秋赏季上线仪式。精彩纷呈的节庆活动为度假区旅游氛围的持续火热提供了话题引领，有效提高了度假区在长三角区域内的知名度与美誉度。

东方盐湖城

一号农场鸟瞰图

花谷奇缘

茅山颐园实景图

江苏省金坛长荡湖旅游度假区

2017年，长荡湖旅游度假区紧紧围绕基础建设这一主题，全面实施推进“基础建设年”，各项工作起步稳健、开局良好。

逐步优化规划策划。坚持规划先行、规划引领，已完成度假区的总体规划和11项专项规划的编制工作，形成“1+11”的规划体系。沿湖景观方案已完成，旅游项目策划已形成初步成果。

全力推进基础建设。实施搬迁工程，搬迁农户2856户，拆除企业6家，流转土地19164亩，清障18195亩，为度假区的开发拉开空间框架。实施生态工程，全部拆除长荡湖金坛范围内剩余网围1.76万亩，清理废弃船只4245条。实施建设工程，地形重塑完成50万立方米指前段土方，防洪大堤完成指前段1.1公里土方填筑，长荡湖西路完成至水稳面层，长荡湖北路完成3公里清表，推进便道、便桥和部分新线桥梁灌注桩施工，水产种质资源保护区完成扩建8000亩。

不断创新旅游宣传。做好文旅融合文章，举办第五届中国·长荡湖湖鲜美食节、2017中国·长荡湖籽虾节、《长湖荡歌》展览馆开馆、蟹王蟹后评比、“鉴·证长荡湖”摄影比赛等活动。组织召开2017中国(长荡湖)休闲湖泊峰会，发布休闲湖泊指数。成功组织长荡湖增殖放流活动，共放流金蟹1亿只，各类鱼苗2000万尾。节庆活动的举办，有力提升了度假区旅游宣传品质。

“两节一会”开幕式

“双深入”活动动员部署会

与中国水科院淡水中心签订战略合作协议

《长湖荡歌》展览馆开馆仪式

金蟹增殖放流活动

废弃船只处置现场

长荡湖西路施工现场

2017中国(长荡湖)休闲湖泊峰会

水八卦

5月15日，总投资52亿元的贝特瑞高性能锂离子电池材料项目开工

9月29日，总投资62亿元的信维通信江苏科技园项目奠基

9月30日，总投资100亿元的新能源汽车专用高性能三元材料电池芯生产线项目在开发区签约并奠基

2017年，开发区以钉子精神主攻新能源汽车、移动智能终端、5G移动通信网络三大产业链招商，累计引进项目56个，协议总投资额411.2亿元，超额完成招商引资年度任务。其中，50亿元以上项目2个，分别为总投资100亿元的新能源汽车专用高性能三元材料电池芯生产线项目、总投资58亿元的鹏辉锂电池项目；飞荣达项目、同方威视科技园项目、海目星项目生产和研发水平达到国内外先进水平。外资项目引进有效突破，成功引进总投资2亿美元、全球六大通信芯片制造商之一、5G通信基站芯片世界前三的美国索尔思项目。

同时，按照“签约项目抓开工、续建项目抓竣工、竣工项目抓达产”的要求，做好项目建设服务，推动一批项目如期开工、投产，形成经济增量。截至2017年年底，2016年72个签约项目中，信维通信、贝特瑞等51个项目开工，开工率71%；鹿山光电、格罗博电气、冠龙新材料等37个项目竣工，竣工率51%。2017年引进的54个项目中，海目星、金刚线及研发中心等19个项目开工，开工率35%。

12月29日，常州朗博密封科技股份有限公司在上交所上市

目　录

特　载

大事记

金坛概貌

工　业

开放·开发

农业·水利

商品贸易

旅　　游

城乡建设·环境保护

建筑·房地产

交通·电力

信息化建设

财政·税收

金　　融

综合管理

中共常州市金坛区委

常州市金坛区人大常委会

常州市金坛区人民政府

政协常州市金坛区委员会

民主党派·社会团体

军　　事

法　　治

科学技术

教 育

文 化

卫 生

体 育

社 会

各镇(街道)概览

人　　物

荣誉栏

文件选编

统计资料

附　　录

索　　引

Content

Urban and Rural Development · Environmental Protection

Construction · Real Estate

Traffic · Electrical Power

Informatization Construction

Finance · Tax

Finance

General Management

Changzhou jintan district committee of the communist party of China

Changzhou jintan district people's congress standing committee

Changzhou jintan district people's government

Changzhou Jintan district Committee

Democratic Parties · Social groups

military

Politics and Law

Science and Technology

Education

Culture

Health

Sports

Society

An Overview of Towns(Streets)

Figure

Honor Roll

Documents Selection

Statistical Data

Appendix

Indexes

突出“两个加快” 强化攻坚突破
夺取“十三五”发展阶段性胜利

在区委十三届四次全会上的报告

（2017 年 12 月 19 日）

中共常州市金坛区委书记　狄志强

这次会议是在全区上下全面贯彻落实党的十九大精神、巩固拓展快速发展新局面、奋力开启跨越发展新征程的关键时期召开的一次重要会议，主要任务是：以党的十九大精神为指引，贯彻落实中央、省委和常州市委重大决策部署，深化落实区第十三次党代会精神，回顾总结今年工作，研究部署明年任务，进一步动员全区各级党组织和广大党员、干部群众，狠抓两个加快不放松，齐力攻坚突破求实效，以区委坚强有力的全面领导、全区党员干部的担当作为、全体金坛人民的合力拼搏，夺取“十三五”发展阶段性胜利，谱写在苏南板块快速崛起新篇章。

下面，我代表区委常委会向全会作报告。

一、两个加快推进落实取得明显成效

今年以来，全区上下紧紧围绕“两个加快推进落实年”工作主题主线，进一步聚焦两个加快、聚神苦干实干、聚力推进落实，呈现出经济社会持续快速发展的良好态势，为在苏南板块快速崛起奠定了坚实基础。具体而言，主要做了以下工作：

*推进落实两个加快。*全区各级狠抓两个加快的意识进一步强化，措施进一步扎实，成效进一步彰显。今年是项目引进和项目建设双超历史的一年，我区发展后劲不断增强。预计全年签约引进工业项目 120 个以上，协议投资总额超 700 亿元，其中新能源汽车、移动智能终端、5G 移动通信网络和光伏新能源“三新一特”产业占比超 80%，产业链招商效果进一步凸显，产业集聚发展态势进一步增强；协议投资 30 亿元以上的工业项目 8 个，其中 100 亿元以上 1 个、50 亿元以上 3 个，同时一批重大项目正在深入洽谈中。预计全年完成工业实际投入 170 亿元以上，同比增长 20%，其中机械设备投入占比 50%，信维通信、贝特瑞、中航锂电二期等新开工项目顺利推进，同方威视、晨风辅料、汤姆森等项目竣工投产。

*促进经济快速增长。*全区各级强化企业服务，不断培育壮大新增长点，主要经济指标增幅继续位居常州市 6 个辖市区、苏南 43 个县（市、区）前列。预计地区生产总值增幅 11% 以上，总量突破 700 亿元；一般公共预算收入增幅 17% 以上，总量突破 50 亿元；工业开票销售收入增长 25% 以上，总量突破 1000 亿元，达到 1100 亿元以上，金坛经济开发区突破 600 亿元，金科园、直溪镇、儒林镇均超 100 亿元。企业上市取得进展，卓郎智能成功借壳上市，朗博科技年内主板上市，新增新三板挂牌企业 5 家。现代服务业和现代农业发展步伐加快，东方盐湖城成为我区首家国家 AAAA 级景区，茅山旅游度假区首次跻身全省前十，农业现代化水平稳居全省第一方阵。

深化重点领域改革。围绕重点领域和关键环节,加大改革攻坚力度,10项年度重点改革任务加快推进、加快见效。明确金科园开发建设、城市发展体制机制,重点板块布局得到优化。着力破解用地难题,将违法用地整治纳入年度综合考核,对土地综合整治项目经费进行补偿激励,调整土地出让金结算机制,全区用地政策进一步完善。连续三年争取各类建设用地指标超万亩,今年达933.33公顷。明确区属国有公司投资基础设施建设项目收益获取事宜,为国有公司做强做优做大提供有力支撑。制度化加强与海内外金坛籍知名人士的联系交流,持续释放"家乡温度",合力提升"金坛高度"。新闻资源整合工作顺利推进。调整完善考核体系,目标管理考核实现全覆盖,考核导向更加鲜明。

推动各项事业发展。加快补齐城乡发展短板,民生事业全面进步,人民生活持续改善。城市建设拉开大幕,滨湖新城功能设施日益完善、开发前景日益向好,成为国内一流开发商竞逐的热土;金沙老城改造更新有序推进,文明城市创建成效显著,顺利通过国测总评。城乡生态环境持续改善,"263"专项行动、"河长制"深入实施,长荡湖生态清淤、钱资湖岸线景观化改造等工程加快推进,仙姑村美丽乡村建设全面展开。重大交通设施建设全力推进,苏南沿江铁路先导段前期工作进展顺利,233国道、茅山旅游大道、长荡湖旅游大道等工程加快实施,外畅内优的大交通格局正在形成。公共服务全面优化,新图书馆投入试运行,段玉裁中学等5所学校、省级未成年人社会实践基地投入使用,良常实验学校、第一人民医院等一批工程加快建设,定销商品房规划建设有序推进,城乡低保与常州主城区实现并轨。社会矛盾和安全隐患大排查大整治行动深入开展,社会大局保持和谐稳定,连续14年获得省平安县(市、区)称号。

切实加强党的建设。深入学习宣传贯彻党的十九大精神,常态化制度化推进"两学一做"学习教育,扎实开展"三大一实干"活动,党员干部的党性观念和宗旨意识更加坚定。圆满完成区镇两级人大、政府和区政协换届工作,各镇年中人代会首次依法召开。推进干部轮岗交流,选派优秀年轻干部到一线锻炼,党员干部干事创业的积极性进一步激发。精心举办"金沙大学堂"14讲,各级干部在学思践悟中增能力强素质。成立国有企业党委,培育基层党建示范点,实施村干部职业化管理,开展第五轮结对帮扶,基层党组织的创造力、凝聚力、战斗力有效提升。全面落实"两个责任",完成派驻机构改革和两轮巡察工作,开展全区领导干部警示教育活动,推动全区领导干部守纪律、讲规矩、廉洁自律、勤政为民,风清气正的政治生态进一步巩固。

在肯定成绩的同时,我们也要清醒地认识到存在的困难和问题,主要是:土地、能耗等刚性约束明显,项目推进难度加大;基础设施建设补短板任务依然艰巨,区域竞争优势尚不明显;引进外资工作进展缓慢,经济外向度有待进一步提升;少数党员干部抓落实办法不多、力度不大,等等。面对困难和挑战,只要我们敢于攻坚,勇于突破,就一定会取得新成绩,实现新跨越。

二、以党的十九大精神指引跨越发展新征程

党的十九大是在我国全面建成小康社会决胜阶段、中国特色社会主义进入新时代的关键时期召开的一次十分重要的大会。全区各级党组织要把学习宣传贯彻十九大精神作为当前和今后一个时期的首要政治任务,要坚持学以致用、用以促学,把十九大精神全面落实到"推进跨越发展新实践、建设快速崛起新金坛"的全过程,确保十九大精神在我区落地生根。

进一步把握主要矛盾,明确跨越发展的历史使命。党的十九大报告指出,中国特色社会主义进入新时代,我国社会主要矛盾已经转化为人民日益增长的美好生活需要和不平衡不充分的发展之间的矛盾,强调我国社会主要矛盾的变化是关系全局的历史性变化,对党和国家工作提出了许多新要求。虽然2014年以来,我区经济总量增幅已连续4年位居苏南各县(市、区)第一,但经济发展依然滞后,我们必须清醒地认识到,我区的主要矛盾并没有发生根本性转变,依然为经济发展的总量和质量与地处苏南区位不匹配、不相称。我们必须牢牢把握这一最大区情,抓住主要矛盾,确立主要任务,确定主攻方向,坚持加快发展不动摇,坚持苦干实干不松劲,坚持快速崛起不停步。"十三五"期间,按照区第十三次党代会作出的战略部署,围绕"增幅始终领跑、总量不断进位"的目标,推动我区经济发展不断迈上新台阶。到2025年,推动我区经济发展的总量和质量达到常州市6个辖市区的平均水平,建成常州西部新城区;到2030年,达到苏南43个县(市、区)的平均水平,在苏南板块赢得应有的位次,赢得应有的尊严。

进一步强化战略举措,推进跨越发展的伟大实践。党的十九大报告指出,中华民族伟大复兴,绝不是轻轻松松、敲锣打鼓就能实现的,强调全党必须准备付出更为艰巨、更为艰苦的努力。金坛跨越发展的蓝图是宏伟的、目标是远大的。我们要始终不忘初心、牢记使命,始终埋头苦干、顽强拼搏,始终开拓创新、担当作为,一张蓝图绘到底,一如既往向前推。要树立新理念。以新理念推动新发展。坚持"登高望远、脚踏实地",谋划工作既重长远又重全局,想清想透想明白;落实工作既重效率又重效果,抓细抓实抓到位。坚持"抓住就是机会、错过必定遗憾",克服一切困难,打破瓶颈制约,加快空间拓展,加快项目落地,既推动当前发展,又奠定未来基础。坚持"实体为本、产业强区",瞄准项目突破口,打赢发展主攻仗,不断夯基垒台,积厚成势,赢得未来。坚持"量质并举、质量优先",把准项目的产业方向,注重项目的投入强度,提升项目的产出效益,努力实现有质量的快速增长、可持续的全面发展。要打造新平台。以平台优势赢得竞争优势。切实推进交通体系前瞻

性规划、重点工程超前性建设，努力构建高速铁路、高速公路、快速通道、通用机场、港口航道等融为一体的现代交通，全面提升金坛经济的开放度。切实推进园区基础设施建设，完善提升服务功能，建设产城（镇）融合示范区，不断提升重大项目、创新企业的承载力。切实推进滨湖新城开发建设、金沙老城改造更新，不断完善城市功能、提升城市品质，增强城市吸附力。要催生新经济。以新经济支撑当前快速发展、推动未来跨越发展。围绕互联网、大数据、人工智能和实体经济深度融合，在中高端消费、创新引领、绿色低碳、共享经济、现代供应链、人力资本服务等领域培育新兴产业。围绕新兴产业突破发展、集聚发展，举全区之力主攻重大项目引进，同时坚持优质资源向优势企业集中，培育30家以上超百亿的质量优、贡献大、前景好、带动能力强的"根植性企业"。围绕产业链部署创新链、营造生态链，力争引进"黑科技"，培育"独角兽企业"，同时鼓励研发"硬科技"，增强企业发展活力，提升区域经济持久竞争力。要塑造新人文。以新人文塑造新环境、营造新生态。大力倡导苦干实干，推动各级干部咬紧牙关苦干、扑下身子实干、雷厉风行快干，使"一天干两天活、一年做两年事、五年成十年业"成为全区干部的自觉行动和鲜明特质。大力倡导正气大气，推动各级干部谋事不谋人、担当不推诿、作为不乱为，推动全社会进一步提高开放度、包容度，积极营造鼓励创新、宽容失败的良好社会氛围。

*进一步加强党的领导，聚合跨越发展的磅礴力量。*党的十九大报告指出，党政军民学，东西南北中，党是领导一切的，强调在新时代中国特色社会主义的伟大实践中，以党的坚强领导和顽强奋斗，激励全体中华儿女不断奋斗，凝聚起同心共筑中国梦的磅礴力量。金坛跨越发展不可能一蹴而就，需要坚定方向、坚定攻坚、坚定突破，需要聚合起跨越发展的磅礴力量。要强化区委的全面领导。牢固树立"四个意识"，坚定"四个自信"，自觉在思想上政治上行动上同以习近平同志为核心的党中央保持高度一致。坚持党对一切工作的领导，切实提高区委把方向、谋大局、定政策、促改革的能力和定力，确保区委始终统揽全局、协调各方。支持区人大、政府、政协和区法院、检察院依法依章程履行职能、开展工作、发挥作用。全区各级要主动将重大问题报请区委研究，坚决落实区委决策部署并及时报告落实的重要进展。要强化干部的责任担当。全区各级干部要把思想统一到十九大精神上来，把力量凝聚到推动金坛跨越发展的各项任务上来。面对跨越发展可能遇到的诸多挑战、风险、阻力和矛盾，要有强烈的责任担当，不仅要有担当的"宽肩膀"，还得有成事的"真本领"，成为发展的"实干家"。要强化全员的合力奋进。切实增强全社会对金坛跨越发展的使命感、责任感、荣誉感，充分激发最广大人民群众的创造活力，使人人都有通过辛勤劳动实现自我人生价值、推动金坛快速崛起的机会，让各类人才的创造活力竞相迸发、聪明才智充分涌流。决不允许搞小山头、小圈子、小团伙。金坛跨越发展的磅礴之力，一定无坚不摧、无往而不胜。

三、强化攻坚突破，夺取"十三五"发展阶段性胜利

2018年是全面贯彻落实党的十九大精神的开局之年，是"十三五"发展承上启下的关键一年，是两个加快攻坚突破之年。做好明年工作，对于顺利完成"十三五"目标、推动金坛跨越发展、实现在苏南板块快速崛起至关重要。

明年工作的总体要求是：高举习近平新时代中国特色社会主义思想伟大旗帜，深入贯彻党的十九大精神，全面落实中央、省委和常州市委系列部署要求，紧紧围绕区第十三次党代会确立的总体战略，把握大势，立足区情，突出两个加快，强化攻坚突破，推动经济社会持续快速发展，夺取"十三五"发展阶段性胜利。

明年全区经济发展的主要目标为：地区生产总值确保可比价增长11%，总量突破800亿元；工业实际投入确保完成200亿元，争取250亿元；工业开票销售收入确保完成1300亿元，争取1500亿元；一般公共预算收入确保增长15%，争取迈上60亿元台阶；实际到账注册外资确保完成4亿美元；其它各项主要经济指标实现相应增长，均完成常州市下达任务。

按照上述要求和目标，重点在以下七个方面着力攻坚突破，确保取得实效。

在推进"两个加快"上攻坚突破。"两个加快"是推进跨越发展的主抓手，一刻也不能松懈，一刻也不能停顿。瞄准"三新一特"产业，大力实施产业链招商，确保全年签约引进工业项目协议投资总额超600亿元，其中"三新一特"产业占比超60%。瞄准北京、上海、广州、深圳等国内高端人才、高端项目集聚城市，以及欧美、日韩等经济发达国家和地区，捕捉招商项目信息，同时深入分析企业发展需求，有针对性地制定招商方案，进一步提高招商的精准度和有效性。瞄准优势企业、优势技术、优势产品，着力引进投资规模大、产出效益高、带动能力强的重大项目，全年签约引进投资超30亿元的工业项目不少于6个。瞄准产业链中高端，强化对项目的研判，进一步提高亩均投入强度和税收贡献，提升项目引进的质量，坚决杜绝低端产能转移项目。瞄准土地资源节约集约利用，统筹全区工业项目布局，工业园区外不再新增工业用地，中小项目、初创型项目原则上进标准厂房、不单独供地，单独供地项目建筑容积率原则上不得低于1.0。瞄准签约项目快开工、开工项目快竣工、竣工项目快投产，进一步优化服务流程，提升服务水平，推动项目引进的成果尽快转化为经济增长的成效。

*在支持企业发展上攻坚突破。*没有企业的发展，就没有金坛的发展；支持企业加快发展，就是推动金坛跨越发展。进一步强化服务意识，始终坚持企业为本，秉承"支持企业天经地义、服务企业关爱有加"理念；始终当好企业发展的"店小二"，将"不叫不到、随叫随到、说到做到、服务周

到”落到实处;始终恪守诚信原则、契约精神,做到“有规定的按规定办、有约定的按约定办,既没规定又没约定的商量着办”。进一步帮助化解发展难题,满足企业发展的合理诉求,做到“不过夜马上办、不避难办上马”。进一步提升营商环境,优化服务流程,提高办事效率,降低企业成本,打造政府贴心服务示范区。进一步支持企业加快股改、加快上市,推动尽快走上资本市场,获得更大发展空间。同时,对科技含量高、市场潜力大、团队活力强的优质企业,给予特别支持、特殊政策,促进加快做强做大做优,成为支撑金坛跨越发展的“根植性企业”。企业家,是金坛最杰出的人才、最宝贵的财富,是金坛跨越发展的顶梁,要努力营造企业家健康成长环境,弘扬优秀企业家精神,更好发挥企业家作用。

在创造区域优势上攻坚突破。打造区域综合竞争优势,是推动跨越发展、实现快速崛起的根本保证。围绕“短板不短、优势更优”的目标,加快基础设施建设,提升区域综合竞争力。加快补齐交通短板,确保苏南沿江铁路上半年开工建设,争取镇宣铁路线型稳定,做好丹金溧快速通道前期工作,同时推进233国道、茅山旅游大道、长荡湖旅游大道、265省道、240省道、239省道和盐港路等重点新建、改扩建工程建设,推动我区成为区域交通节点城市。加快补齐城市短板,围绕满足市民的基本需求,突出特色文化、特色品质和特别记忆,加快滨湖新城开发建设、金沙老城改造更新,创造更优投资环境和更美生活环境。进一步放大土地空间优势,切实提升园区环境,将生地做熟、熟地做优,提高项目的吸引力和承载力,同时留足大地块,承接大项目,培育大企业,实现大发展。进一步放大自然生态优势,坚持重点项目引领、有序适度开发、品质内涵提升,推进茅山开发建设,凸显生态优势;坚持在保护中开发、开发中保护,继续推进长荡湖基础设施建设,为未来开发奠定基础;扎实推进“263”专项行动,严格落实“河长制”,使我区生态更优、环境更美。

在全面深化改革上攻坚突破。深化改革是破解发展难题、增添发展动力的有效手段。坚持问题导向、未来导向和目标导向,有力推进重点领域深化改革。继续推进机关事业单位社会化用工、政府性存量资产整合盘活、江苏省金坛经济开发区试点区域评估、征收动迁安置市场化和重点国有企业强化运营管理等改革,确保尽快落地、尽快见效。围绕国有企业做强做优做大、进一步发挥有效作用,深化国有企业改革,按照“投资必有收益”的原则,推进投资项目市场化运行,同时建立健全更加完善、更具活力的运营机制和既有激励又有约束的用人机制。围绕政府性债务总量控制,深化投融资体制改革,加大土地资金回收力度,优化债务结构,有效调剂使用闲置资金,把握投资规模和节奏,切实防范债务风险。围绕办人民满意教育,深化教育管理改革,切实加强教育队伍建设和管理,大力引进名师,努力培养优师,在办学硬件条件快速改善的同时,教育质量也得到快速攀升。围绕提升营商环境,深化“放管服”改革,完善政务服务“一张网”和“不见面审批”模式,全面提高政务服务效能。

在增进民生福祉上攻坚突破。人民对美好生活的向往,就是我们的奋斗目标。紧扣群众重点关切,办好重点民生实事,使广大百姓有亲身获得感和更多幸福感。进一步加强城市管理、巩固文明城市创建成果,提升老小区居住环境,破解出行难、停车难等问题,下大决心、花大气力整治违法违章建筑,营造更为有序、更为便捷的生活环境。进一步加强环境污染防治,严把项目环评和审批关,坚决杜绝污染项目落地,对现有污染企业实行零容忍,坚决关停,同时加快实施城区第一污水处理厂和薛埠、直溪、指前、儒林污水处理厂移址新建工程,加大城区、镇区雨污分流推进力度,提高整体环境质量。进一步改善就学就医条件,加快推进华罗庚中学滨湖校区、良常实验学校和第一人民医院、第三人民医院、第四人民医院等建设工程,使广大学生就近入学、广大百姓方便就医,同时争取签约1—2所大学在我区办学,并做好校园建设开工准备。进一步加快社会保障与常州主城区接轨步伐,提高养老、医疗、低保等保障水平,同时大力推进精准扶贫、阳光扶贫,确保小康路上“一个不少、一户不落”,共享跨越发展新成果。

在统筹协调发展上攻坚突破。跨越发展不是单方面的,是全方位的,应是各项工作相互支撑、各个方面相互促进。坚持城乡统筹发展,大力实施乡村振兴战略,加快农村公路建设,为方便百姓出行、加快百姓致富创造条件;加快水利工程建设,预防突发性自然灾害;加快仙姑村、上阮村美丽乡村示范点建设,为在全区推开特色田园乡村创建提供经验;加快培养造就一支懂农业、爱农村、爱农民的“三农”工作队伍。推动产业协调发展,大力发展现代农业,推动农业在规模化、专业化、品牌化上迈出新步伐;大力发展现代服务业,推进重点旅游景点建设,推广全域旅游,同时推动商贸、物流等产业发展,不断提高现代服务业对经济发展的贡献度。促进社会和谐发展,切实抓好社会综合治理,深入开展平安金坛、法治金坛建设,严格落实安全生产、食品药品等监管责任,打造共建共治共享的社会治理格局,为跨越发展营造良好的社会环境。

在完善创新政策上攻坚突破。近几年来,我区“补课式”“追赶式”发展取得了一定的成效,但各类要素资源制约日益突出的现状,迫使我们在主攻重大项目引进的同时,大力实施创新驱动发展战略,突出科技、人才、资本等关键要素,不断增强企业的创新活力、发展动力,以有限的资源赢得更大的发展。创新需要有效的政策支撑,明年重点要在完善创新政策上攻坚突破,为2019年及今后实施创新驱动发展战略打好基础。完善支持企业创新发展政策,推动重点企业加强与高等院校、科研院所的紧密合作,广泛设立研发机构,不断提升科技创新能力。完善科技创新项目引进和培育政策,围绕“三新一特”产业,对国内外知

名投资机构投资的科技型新兴产业中小项目，以跟进投资、科技担保、人才奖励等“组合拳”，吸引项目入驻我区发展。同时，推动城区各类闲置房产转化为科技企业孵化器、园区各类标准厂房提升为科技企业加速器，为高层次人才创新创业提供平台支撑。攻坚克难，突破当前；科技创新，引领未来，金坛的发展一定行稳致远，金坛的明天一定更加美好。

四、全面从严治党，为跨越发展提供坚强保证

推动跨越发展、实现快速崛起，加强党的领导是保证。要全面落实新时代党的建设总要求，坚持党要管党、全面从严治党，全面推进党的政治建设、思想建设、组织建设、作风建设、纪律建设，并把制度建设贯穿始终，使各级党组织更加坚强有力。

*把握正确政治方向。*旗帜鲜明讲政治，是党的建设的根本要求。要进一步坚定维护核心，坚定执行党的政治路线，严格遵守政治纪律和政治规矩，在政治立场、政治方向、政治原则、政治道路上同以习近平同志为核心的党中央保持高度一致。要进一步树立习近平新时代中国特色社会主义思想的指导地位，深刻把握习近平新时代中国特色社会主义思想的理论实质、丰富内涵、立场方法和实践要求，坚定地用习近平新时代中国特色社会主义思想武装头脑、指导实践、推动工作。要进一步树牢全心全意为人民服务的根本宗旨，把人民对美好生活的向往作为奋斗目标，在“推进跨越发展新实践、建设快速崛起新金坛”的征程中全面体现、全面实现。要进一步担当全面从严治党的使命和责任，坚持以党的政治建设为统领，推进全面从严治党，严格遵守党章，认真执行民主集中制，严格执行新形势下党内政治生活若干准则，营造风清气正的良好政治生态。

*强化思想理论武装。*思想建设，是党的基础性建设。加强思想建设、坚定理想信念、牢记党的宗旨，必须用习近平新时代中国特色社会主义思想武装全党、教育党员。要认真学习宣传贯彻党的十九大精神，坚持全面准确，读原著、学原文、悟原理，做到学深悟透；坚持把握关键，把着力点聚焦到习近平新时代中国特色社会主义思想上；坚持理论联系实际，切实提高解决问题、推动发展的能力。要深入推进学习型党组织建设，加强和改进党委（党组）理论学习中心组学习，统筹发挥各类学习平台作用，用好“金沙大学堂”等重要载体，切实加强领导班子思想建设，引导各级领导干部自觉做共产主义远大理想的坚定信仰者、金坛跨越发展远大目标的有力实践者。要大力弘扬马克思主义学风，精心组织“不忘初心、牢记使命”主题教育，推进“两学一做”学习教育常态化制度化，促使广大党员干部解决好世界观、人生观、价值观这个“总开关”问题，在各自岗位上为金坛跨越发展不懈努力。

*建设一流干部队伍。*谋事在人，成事更在人。我区推进跨越发展、实现快速崛起，关键点、着力点、突破点在建设一流干部队伍。要坚持党管干部原则，坚持德才兼备、以德为先，坚持五湖四海、任人唯贤，坚持事业为上、公道正派，把好干部标准落到实处。要坚持正确选人用人导向，匡正选人用人风气，突出政治标准，提拔重用牢固树立“四个意识”和“四个自信”、忠诚干净担当的干部，选优配强各级领导班子。要坚持优质干部资源向重点发展领域倾斜，推进机构、编制、干部向承担任务重、发展成效好的单位集中，形成攻坚克难、突破发展的最强大力量。要坚持在实践中锻炼人、培养人，选派有潜力的优秀年轻干部到基层一线、招商一线、项目建设一线接受锻炼、经受磨练，同时大力引进名校优生，为干部队伍建设做好储备。要坚持考准考实考出干劲，进一步优化干部实绩考核办法，严格执行考核各项规定，真正将干部的全部注意力和精力集中到推动跨越发展上。要坚持严管和厚爱结合，加强对干部的日常管理监督，用好谈心谈话、提醒函询诫勉等手段，多做咬耳扯袖、防偏纠错的工作，同时旗帜鲜明为敢于担当、踏实做事、不谋私利的干部撑腰鼓劲。

*加强基层组织建设。*党的基层组织，是确保党的路线方针政策和决策部署贯彻落实的基础。要以提升组织力为重点，突出政治功能，把企业、农村、机关、学校、科研院所、街道社区、社会组织等基层党组织建设成为宣传党的主张、贯彻党的决定、领导基层治理、团结动员群众、推动改革发展的坚强战斗堡垒。要适应动迁安置推进、产业项目引进等新变化，优化完善基层党组织设置，扩大基层党的组织覆盖和工作覆盖。要按照真正重视、真情关怀、真心爱护的要求，加强基层干部队伍建设，主动为他们排忧解难，最大限度保护和调动他们的积极性、创造性。要坚持“三会一课”基本制度，推进基层党组织活动创新，不断增强基层党组织的活力。要加强党员队伍建设，提高党员发展质量，从严加强党员日常管理，积极稳妥处置不合格党员，推动党员更好发挥先锋模范作用。

*持续推进正风肃纪。*作风建设永远在路上，反腐倡廉永远在路上。要坚持党对反腐败工作的统一领导，不松劲、不停步、再出发，推动全面从严治党向纵深发展。要坚持以上率下，更加严格地遵守、执行中央八项规定及其实施细则，持续整治“四风”突出问题，从一件件小事抓起，以钉钉子精神抓出成效。要认真贯彻习近平总书记就进一步纠正“四风”、加强作风建设作出的重要批示精神，针对形式主义、官僚主义十种新的表现形式，摆摆表现，找找差距，抓住主要矛盾，特别是针对表态多调门高、行动少落实差等突出问题，拿出过硬措施，扎扎实实地改。要层层压实主体责任和监督责任，把纪律和规矩挺在前面，用监督执纪“四种形态”层层设置防线，对包括“四风”问题在内的不正之风早发现、早报告、早处置，坚决防止不正之风成为滋生腐败的温床。要坚持标本兼治，严肃查处顶风违纪、扶贫领域和发生在群众身边的腐败问题，强化不敢腐的震慑。要坚持改革深化，全面推开监察体制改革试点工作，组建区监察委员会，设置派驻纪检监察组，发挥区委巡察

利剑作用,使制度优势逐步转化为治理效能。要抓好党内风气,以优良的党风带动民风社风,形成党风与民风相互促进、相得益彰的良性循环。要注重领导干部家风建设,引导领导干部廉洁修身、廉洁齐家,自觉反对特权思想和特权现象,带动民风社风根本好转。

狠抓工作推进落实。跨越发展是干出来的、拼出来的,金坛百姓的幸福是大家共同努力得来的。要以"功成不必在我"的胸怀、"苦干实干加油干"的韧劲和"以事定时,做到极限""以质定时,做到极致"的精神,推动各项事业全面发展。要增强狠抓落实本领,坚持说实话、谋实事、出实招、求实效,把雷厉风行和久久为功有机结合起来,勇于攻坚克难,以钉钉子精神做实做细做好各项工作。要坚持"三个区分开来",注重鼓励激励,让能干实干者有平台、受重用;敢于容错纠错,让敢闯敢试者有底气、受包容;推动能上能下,让碌碌无为者有压力、受惩戒。要增强驾驭风险本领,健全各方面风险防控机制,善于处理各种复杂矛盾,勇于战胜前进道路上的各种艰难险阻,牢牢把握工作主动权。历史是实干者创造的,让我们携起手来,共同行动,开创未来。

同志们,推动金坛跨越发展,我们重任在肩、责无旁贷。让我们更加紧密地团结在以习近平同志为核心的党中央周围,全面贯彻落实中央、省委和常州市委的决策部署,以更加饱满的热情、更加昂扬的斗志、更加务实的作风,夺取"十三五"发展阶段性胜利,为实现在苏南板块快速崛起而努力拼搏、不懈奋斗!

政府工作报告

——在金坛区第十七届人民代表大会第二次会议上

(2018年1月3日)

常州市金坛区区长　沈　东

2017年工作回顾

过去的一年,在区委的坚强领导和区人大、区政协的监督支持下,区政府紧紧围绕"接轨常州主城区、推动发展新跨越"的总体战略,扎实开展"两个加快推进落实年"活动,大力弘扬苦干实干、正气大气的时代精神,攻坚克难,奋力拼搏,较好完成了区十七届人大一次会议确定的各项任务,实现了本届政府的良好开局。

一、聚力快速发展,综合实力不断增强。预计全年完成地区生产总值702亿元,可比价增长11%;完成一般公共预算收入51.2亿元,同比增长18%。主要经济指标增幅持续位居常州6个辖市区、苏南43个县(市、区)前列。工业经济提质增效。工业开票销售收入首次突破1000亿元大关,达到1150亿元,同比增长24%。其中,开发区突破600亿元,占比超过50%。重点企业支撑作用更加突出,全区449家规模企业实现工业开票销售收入898亿元,占全区总量的78%。斯威克、奥托立夫、常宝普莱森等21家企业开票销售超10亿元,其中众泰汽车开票销售超百亿元。金昇、众泰、亿晶、晨风、正信等5家企业入库税收超亿元。完成工业实际投入172亿元,同比增长21%,其中机械设备投入占比近50%。卓郎智能成功借壳上市,朗博科技成功登陆主板市场。全年新增"新三板"挂牌企业5家,新增股份有限公司10家。现代服务业提速发展。茅山颐园、巴厘岛温泉度假酒店、雅居乐·山湖城等项目全面开工建设。东方盐湖城成为我区首家AAAA级旅游景区,花谷奇缘正式开园,茅山旅游度假区综合考评列全省第6位。深度推进文旅融合,成功举办第八届文化艺术节、第五届湖鲜美食节和2017年中国休闲湖泊峰会。红星美凯龙竣工开业。建筑业稳步发展,完成建筑业产值435亿元。新引进浙商银行、招商银行,驻坛银行累计达20家。全区银行业金融机构年末本外币存款首次突破1000亿元,同比增长15%以上。现代农业提档升级。"长荡湖大闸蟹""金坛红香芋"通过国家质检总局生态原产地保护评定。上阮现代农业产业园、一号农场成为全国首批农村创业创新园区。全年新增省级龙头企业2家、高效设施农渔业面积5300余亩,获评"农业部渔业健康养殖示范县"。仙姑村、谢桥村获评省级休闲观光示范村。农村电子商务发展迅速,朱林村、黄金村被列入省级重点培育农产品电商示范村,全区农产品网络销售额突破10亿元,同比增长22%。农业基本现代化水平稳居全省第一方阵。

二、主攻项目突破,创新能力明显提升。项目引进势头强劲。全年共签约引进工业项目155个,协议总投资超700亿元,其中新能源汽车、移动智能终端、5G移动通信网络和光伏新能源"三新一特"产业占比超80%。重大项目连续突破，引进协议投资30亿元以上的工业项目8个，其中100亿元以上1个、50亿元以上3个。项目建设顺利推进。信维通信、贝特瑞、中航锂电二期、大唐热电联产等一批重点产业项目进展顺利，同方威视、晨风辅料、汤姆森等项目竣工投产。政府性投资项目年度投资超100亿元，图书馆新馆正式对外开放，金坛血站交付使用，人力资源和社会保障服务中心、公安技术业务用房等项目主体完工。金坛控股、金坛建设等国有公司在推进政府性投资项目中发挥了主力军作用。科技创新成绩斐然。盛利维尔“超高强度钢丝制备技术研究及产业化”项目获省科技进步一等奖，赛尔交通外观专利获省专利优秀奖，新鸿电子和美蒂公司两项发明专利获江苏省百件优质发明专利，易成电力等2家企业被评为“省科技小巨人企业”。中航锂电技术研究院成为全省第一个获得“科技创新40条”新政扶持的央企独立研发机构。开发区跻身“国家知识产权试点园区”行列。中盐金坛成立清华大学卢强院士工作站，与清华大学电机系携手共建“压缩空气储能技术联合研究中心”。全年新增省级以上“三站三中心”9家、累计达100家，新增高新技术企业17家，累计达95家，全区高新技术产业产值占规模工业比重达54%。

三、注重规划引领，城乡形态日趋优化。城乡规划更加完善。按照产镇融合发展思路，深化各产业新镇、园区总体规划、城市设计和控制性详细规划。完成滨湖新城城市设计、金沙老城改造更新、新一轮村庄布局、美丽乡村示范点等规划，完善城市综合交通、生态保护红线、综合管线等专项规划，进一步优化全区发展空间。积极调整完善土地利用总体规划，大力实施土地整治项目，连续三年争取各类建设用地指标超万亩。城乡建设加快推进。滨湖新城开发建设拉开大幕，完成钱资湖北侧39万平方米公园绿地和5千米生态绿道建设。徐塘路、景华路等城区道路建成通车，金桂路南侧、钱家路西侧河道开挖及驳岸工程基本完工。金沙老城改造更新有序推进，完成金沙湖景观亮化提升，实施11个老小区雨污分流，启动南一环提升改造工程。265省道一期、长荡湖旅游大道、直荣公路、金茅公路东段等4个项目主体完工，茅山旅游大道全面开工建设。长荡湖水厂完成主体工程，改造中西部供水管网163千米。新孟河先导段工程全部完成，龙山水利枢纽竣工投用。城市管理持续加强。全面开展“城市管理强基年”活动，推进城管执法重心下移，实现基层城市管理行政执法派驻机构全覆盖。以“治脏、治乱、治堵”为突破口，强力开展建筑垃圾运输、户外广告、露天烧烤、重要路段节点等市容专项整治，东方路、翠北路等困扰多年的难题得到有效解决。严格依法行政，全年共拆除违法建设8.3万平方米。城南菜市场、城南疏导点、元巷农贸市场建成投用。深入开展文明城市创建，推行街（巷）长制度，实施文明交通等6大提升工程，顺利通过全国文明城市国测总评。

四、加强生态保护，环境面貌不断改善。“263”专项行动成效显著。加大减煤减化力度，全年淘汰燃煤锅炉15台，关闭化工企业10家。逐步推广城乡生活垃圾分类，建立餐厨废弃物收运处置体系，日处置量达12吨。加强水环境综合治理，区域内451条河道全部实行河长制，完成白龙荡中心河、儒林河、下塘河、金花河等10条河道综合治理工程。开展长荡湖一期生态清淤10平方千米，拆除网围1173.33公顷，清理废弃船只超4000条。全年关闭畜禽养殖场473家。山水资源得到有效保护。茅山荒地整治及复绿工程有序推进，茅东林场入选“中国森林氧吧”名录。长荡湖1600公顷退田还湖工程全面实施，强化渔业资源和生物多样性保护，实施全年封湖禁渔，放流金蟹超1亿只、各类鱼苗超2000万尾。加强生态绿城建设，全年空气优良天数达到303天。环境执法监管更加严格。加强污染源日常监督检查，严厉打击环境违法行为。强化风险源管控，对全区57家重点环境风险企业开展安全达标检查。严格执行环境准入制度，全年共否决不符合环保要求的项目12个。

五、加大投入力度，保障体系更趋健全。社会保障更加有力。城乡居民基本养老保险基础养老金提高至180元，城乡居民基本医疗保险财政补助标准提高至600元。建成公共租赁房304套，经济适用房338套，动迁安置房8834套，九洲里花园、岸头佳园北区、金池花园、海棠明都等安置小区交付使用。就业形势总体稳定，城镇登记失业率控制在2%以内。城乡居民收入不断增长，城镇、农村居民人均可支配收入分别达46700元和24100元。新增住房公积金缴存人数超1万人，发放公积金贷款7.4亿元。社会事业不断进步。段玉裁中（小）学、华罗庚实验学校新城分校、新城实验幼儿园、金城镇中心幼儿园等5所学校正式启用，省级未成年人社会实践基地投入使用。建成36个基层综合性文化服务中心。儿童音乐剧《田梦儿》获江苏省“五个一”工程奖。成功举办“2017金坛茅山国际山地半程马拉松赛”。全面实施家庭医生签约服务，荣获全省家庭医生签约服务十大创新举措奖。深入开展第一次海洋经济普查、第二次全国地名普查和第三次全国农业普查。社会大局保持稳定。实施社会治理联动机制，不断提高社会防控风险的整体水平，建成区级公共安全视频监控联网平台和智能维保平台，圆满完成党的十九大等重大活动维稳安保工作。抓好食品药品安全监管，保证饮食用药安全。持续强化安全生产监管，未发生较大以上安全事故。切实加强“七五”普法教育，增强市民学法用法意识。省级双拥模范城“五连冠”通过检查验收。连续14年获评“江苏省平安区”。

六、强化效能提升，自身建设持续加强。深化行政审批改革。“一办四中心”建成投运。政务服务“一张网”建设和“不见面审批”改革有序推进，全面推行工业项目审批代办制，“3550”改革取得阶段性成果。“12345”政府公共服务热线更加畅通便捷。坚持依法行政。从决策、执行、管理、服务、结果五个方面实行政务信息公开全覆盖，做到法无授权不可为、法定职责必须为，把政府工作全面纳入法治轨道,严格按照法定权限和程序履行政府职责。自觉接受人大法律监督、政协民主监督,全年累计办理人大代表建议和政协委员提案333件,妥善解决了一批经济社会民生问题。加强作风建设。扎实开展"三大一实干"活动,服务百姓和企业更加高效。全面落实党风廉政建设主体责任,政府系统反腐倡廉取得成效。加强审计监管和绩效评估,突出对重点领域、关键环节的全过程监控,提高公共资金使用效益。

一年来,粮食、广电、消防、应急、信访、烟草、气象、地震等部门积极作为,作出了新的贡献;人武人防、海关国检、史志侨台、供电供销、邮政电信、妇女儿童、民族宗教、慈善红十字等工作不断进步,取得了新的成绩。

各位代表,过去一年各项成绩的取得,是区委正确领导的结果,是区人大、区政协监督支持的结果,也是全区人民团结拼搏、奋勇争先的结果。在此,我谨代表区政府,向辛勤奋战在全区各条战线上的广大干部职工、企业家和全区人民,致以崇高的敬意!向给予政府工作大力支持的人大代表、政协委员,离退休老领导、老同志,各民主党派、工商联、无党派人士、人民团体,向驻坛部队、武警官兵、公安干警,以及所有关心、参与金坛建设发展的海内外朋友,表示衷心的感谢!

在肯定成绩的同时,我们也清醒地认识到发展中还存在一些不足,主要表现在:一是经济发展的基础依然不扎实,经济总量和规模还不大,新兴产业还没有形成集聚效应,经济发展的速度、质量和可持续性还有待进一步提高;二是土地、能耗、资金等刚性约束从紧从严的趋势越来越明显,突破重围谋发展的方法还有待进一步拓展;三是城乡发展还不平衡,镇域经济发展和基础设施建设还存在"短板",民生保障与群众日益增长的美好生活需要还有差距,改进和保障民生还有待进一步加强。四是苦干实干精神还有欠缺,部分公务人员仍然存有"小富即安、小进即满"的懈怠心态,发展的责任意识还有待进一步夯实。对此,我们将高度重视,认真加以解决,不辜负全区人民的期待。

2018年工作安排

2018年,是全面贯彻落实党的十九大精神的开局之年,也是"十三五"发展承前启后的关键之年,因此,做好2018年各项工作意义深远、责任重大。

新的一年,政府工作的总体要求是:**全面贯彻落实党的十九大精神,以习近平新时代中国特色社会主义思想为指导,按照区委十三届四次全会的部署,深入开展"两个加快攻坚突破年"活动,全力打造区域优势,持续优化发展环境,统筹推进城市建设,大力促进乡村振兴,不断增进民生福祉,努力实现经济增长高速度和高质量并举,加快发展持续性和稳定性同步,为实现"十三五"目标奠定坚实的基础。**

全区经济社会发展的主要目标:地区生产总值可比价增长11%;一般公共预算收入增长15%以上;完成工业实际投入200亿元;完成工业开票销售收入1300亿元;城镇和农村居民人均可支配收入、实际到账注册外资、单位GDP能耗、主要污染物减排等指标完成省及常州市下达目标任务。

围绕上述目标,2018年区政府将着重抓好六个方面工作:

一、突出抓好"两个加快",加快产业集聚发展

*全力主攻"三新一特"产业。*围绕新能源汽车、移动智能终端、5G移动通信网络产业,大力实施产业链招商。发挥新能源汽车龙头企业及动力锂电池聚集效应,大力引进高端的电机、电控项目,努力打造完整的新能源汽车产业链。千方百计引进移动智能终端、5G移动通信网络领域中细分行业的引领型企业,带动两个产业加速集聚发展。巩固光伏新能源产业集群发展优势,发挥亿晶、正信、斯威克等重点光伏企业的支撑作用,做大做强光伏产业。创新招商引资方式,保持招商定力,坚持全员招商、统筹招商、专业招商、精准招商并举,坚持大项目与优质中小项目并重,瞄准北上广深等国内发达地区,以及欧美、日韩等经济发达国家,着力引进处在行业领先地位、拥有核心技术、发展前景广阔的龙头企业,以及"专精特新"的小巨人企业和行业隐形冠军。全年确保签约引进工业项目协议总投资超600亿元,其中"三新一特"产业占比超过60%,投资超30亿元工业项目不少于6个。

*强力推进项目建设。*瞄准签约项目快开工、开工项目快竣工、竣工项目快投产,进一步优化服务流程,提升服务水平,推动项目引进的成果尽快转化为经济增长的成效。着力化解土地、资金、人才等要素制约,及时协调解决项目推进中存在的各类困难,做到"不过夜马上办、不避难办上马"。加大项目督查考核力度,确保项目建设序时进度,全力推进爱思特、贝特瑞、信维通信、中航锂电二期、东方日升等218个重点产业项目建设,力争全年工业开票销售超10亿元企业达到25家,新增规模企业50家。按照适度超前、量力而行的原则,坚持补短板项目优先、民生项目优先、重点项目优先,精准编制政府性投资项目清单,研究制定科学、完备、合理的投资计划,全面提升项目建设管理水平,确保教育、卫生、交通、水利等惠民工程有序推进。

*大力营造加快发展氛围。*以"店小二"的姿态、"金牌管家"的标准,为企业提供"无事不扰、有求必应"的优质服务,做到本土企业和外引企业、内资和外资一视同仁,让更多的企业、人才、资金、技术、项目在金坛留得住、做得强、做得大。立足现有产业基础,大力支持以金昇、同方威视为代表的高端装备制造业不断突破核心技术,持续向高附加值环节延伸。大力支持以晨风、利步瑞为代表的都市时尚产业,打造集面料辅料生产、专业设计、品牌营销为一体的服装产业升级版。大力支持以中盐、蓝色星球为代表的化工新材料产业拓展上下游新产品,做长做优产业链。促进建筑企业转型发展,不断提高建筑业财税贡献份额。营造企业家健康成

长环境，弘扬优秀企业家精神，培植更多支撑金坛跨越发展的“根植性企业”。全面梳理国家、省市支持经济发展的各项政策，积极引导企业用足用好各类扶持政策。鼓励企业加快股改上市，全年新增股份有限公司10家。

二、不断深化改革创新，充分释放发展活力

加速推进各项改革。充分做好简政放权的“减法”、做强监管的“加法”和优化服务的“乘法”。按照精简、统一、效能原则，继续深入推进“3550”和“不见面审批”改革。优化工作流程，简化审批环节，提高办事效率，打造政府贴心服务示范区。深化基础设施建设项目投融资体制和运营管理体制改革，推进投资项目市场化运营管理，促进区属国有公司做实做强做大。围绕政府性债务总量控制，积极完善政府性债务管理的各项制度，把握投资的节奏和规模，严控增量债务，切实防范政府债务风险。

提升载体管理水平。进一步明确园区功能和产业定位，推动园区产业专业化、特色化发展。充分发挥开发区、华科园、金科园3个城区主战场和5个镇级园区的主力军作用，加快推进开发区升格为国家级经开区。从供应链入手，招引与产业发展相关的工业设计、功能检测、物流配送等功能性配套项目，搭建园区重点行业、重点企业间的协作配套信息共享平台，实现近距离配套、高密度协作，减少企业间交易成本。建立产业用地项目准入评价制度，对入园项目按照一般项目、重点项目、禁止项目实行分类准入，严把项目引进质量关。提升园区集约利用水平，新入园项目建筑容积率原则上不得低于1.0。

加大科技创新力度。完善支持企业创新发展政策，推动重点企业与高等院校、科研院所的紧密合作，全年新增省级以上“三站三中心”8家、产学研合作项目55个、高新技术企业20家，万人发明专利拥有量达11.5件。加大精准化、项目化、柔性化引才力度，通过推动产业集聚发展，吸引一批创新领军人才和团队。大力实施“金沙英才计划”，全年引进高层次人才200名。实施质量强区发展战略，启动“区长质量奖”评审工作，鼓励企业参加各类标准的制定或修订，引导企业运用先进管理体系提升质量水平，不断提升企业的市场竞争力和占有率。加强企业品牌培育和保护，培育驰名商标1件，新创江苏省名牌产品2个。

三、统筹推进城乡建设，着力打造区域优势

规划先行引领城市发展。积极对接常州市城市总体规划修编，合理确定“三区三线”，加快推进滨湖新城开发建设、金沙老城改造更新。完善住宅公共服务配套，按照新建小区设立便利中心、邻近区域集中配建邻里中心，核心区域打造商业综合体的原则，提升城市建设品质。大力发展现代服务业，加快金沙科技金融中心、滨湖商务中心等项目建设，提升滨湖新城功能配套水平。精心打造环钱资湖景观轴线，美化新城城市景观，大力推进生态园林城市创建工作。细化滨湖新城地块招商策划，努力打造一批高品质、高品位项目。完成金沙老城南一环、县府路、虹桥路等道路改造工程。完善丹金溧漕河景观带更新改造策划和重要节点实施方案，努力将金坛建设成空间紧凑、功能完善、韵味独特的现代江南水乡城市。

加快完善基础设施建设。切实推进交通体系前瞻性规划，加快构建对外快速连接、对内畅通有序的大交通格局。补齐交通短板，争取苏南沿江铁路年内开工建设。做好丹金溧快速通道前期工作，启动华城路东延段等建设工程。加快推进茅山旅游大道、233国道、265省道二期、240省道等在建工程。全面完成区域供水主支管网改造工程，确保长荡湖水厂正常供水。大力推进城镇雨污分流管网建设，新建污水管网25千米，完成华城新村、华城二村、西下坵等老小区、城中村的雨污分流管网改造。实施滨湖新城新挖河道沿线绿化工程，完成下塘河、电胜河的景观亮化提升。加快建设大墩枢纽等城市防洪大包围节点工程。瞄准重大基础设施、棚户区改造等重点领域，继续加大与政策性银行合作力度，有效降低融资成本。

提升城市精细化管理水平。进一步理顺城市管理体制机制，完善城市长效综合管理考核办法，扎实开展“城市管理提升年”活动。建立健全六维网格管理模式，攻坚治理老小区居住环境差、违章搭建、马路市场、交通拥堵、乱停乱放等老大难问题。推进生活垃圾分类处置，开展垃圾分类试点小区45个、试点单位45个、试点行政村18个。完善垃圾处理体系，积极推广生活垃圾密闭直运，启动建筑垃圾集中处置场等项目建设，完成新城东苑垃圾中转站工程。

四、切实加强生态保护，推动节约集约发展

强化生态环境治理。继续推进“263”专项行动，实施重点领域、重点区域和重点企业专项整治，解决一批突出环境问题，确保空气环境质量优良率不低于83%。全年削减煤炭消耗总量5.6万吨，关停化工企业10家。全面完成规模以上畜禽养殖场整治提升。深入推进河长制，加大长荡湖区域水环境综合治理，拓浚整治入湖河道，启动长荡湖二期生态清淤5.2平方千米。规划保留村生活污水治理覆盖率达90%以上，完成城乡70%黑臭水体的治理工作。

提升资源节约集约利用水平。强化源头控制，坚决遏制产能过剩及高能耗、高污染行业发展。严格落实环评、安评、能评等审批制度，加强全过程监管。按照省市相关要求，推进资源要素市场化配置改革，坚持以亩产论英雄、以质效配置资源，开展工业企业资源节约利用综合评价，实施包含亩均税收、能耗、排污等指标的差异化收费政策，利用市场化手段倒逼低效高耗产业逐步退出。积极开展新一轮土地利用总体规划、“第三次全国土地调查”试点工作，全年完成占补平衡项目266.67公顷，完成工矿废弃地复垦及增减挂钩项目200公顷；全面清理闲置土地，盘活存量建设用地400公顷，为金坛未来发展争取更大的空间优势。

强力推进全域旅游开发建设。以市场化社会化特色化为导向，提升旅游业发展层次和综合效益。积极融入宁杭生态经济带建设，扎实做好茅山、长荡湖自然资源及生

态环境保护工作。突出功能完善,开发“旅游+”新业态、新模式,高标准推进精品酒店、乡村民宿、自驾营地、旅游厕所等配套项目建设,持续推进重要游线、重要路段、重要节点的环境整治和景观提升工作。放大山水资源优势,加快推进茅山旅游度假区游客综合服务中心、山湖城、茅山颐园、盐泉二期等项目建设。继续推进长荡湖旅游度假区基础设施建设,细化重点地块策划研究,为未来开发奠定基础。持续办好金坛民俗文化旅游节、四季乡村旅游节庆活动,提升金坛旅游品牌影响力。

五、大力促进乡村振兴,提升三农发展水平

推动现代农业融合发展。编制现代农业空间布局规划,提升圩区优粮、沿湖河蟹等特色产业集聚区发展层次。壮大家庭农场、农民专业合作社、农业龙头企业等新型农业经营主体,稳步推进“美丽牧场”“数字化渔场”等一批重点项目,积极培育农业上市企业。统筹推进农产品品牌建设,持续办好“金坛雀舌茶道会”等活动,积极创建国家农产品质量安全区。推进“互联网+农业”行动计划,培育以“茅山竹海”为龙头的一批农业电子商务企业,完善农产品区域物流体系。

推进美丽宜居乡村建设。深化镇村环境整治,健全长效管理机制。加大投入力度,整治被撤并乡镇的集镇环境,让老集镇焕发新容貌。注重错位特色发展,着力打造直溪新能源光伏产业、儒林大健康产业、茅山旅游度假区生态旅游产业等特色小镇。统筹推进美丽乡村、特色田园乡村创建工作,集中力量建设仙姑美丽乡村示范点、上阮美丽乡村示范区项目,实现对内示范,对外开放。

持续深化农村改革。巩固农村土地确权登记颁证成果,贯彻落实二轮土地承包到期后再延长30年政策。完善农村土地“三权分置”制度,引导发展多种形式的农业适度规模经营。加强农村产权交易市场建设,80%的行政村完成集体产权改革。深入开展第五轮结对帮扶,整合用好各类帮扶资源,拓展村级经济增收渠道,提高经济薄弱村经营创收能力,持续推进“三资三化”专项提升行动,规范壮大村级集体经济发展。

六、坚持共建共享共治,持续增进民生福祉

健全完善社会保障。在扎实办好10项民生实事的基础上,加快社会保障与常州主城区接轨,城乡居民基本养老保险基础养老金提高至220元;被征地农民养老补助金标准提高至580元;城乡居民基本医疗保险财政补助标准提高至740元;城乡低保标准提高至800元。退休企业职工中独生子女一次性补贴3600元全部发放到位。新增住房公积金存缴人数5000人,发放公积金贷款4亿元。大力推进精准扶贫、阳光扶贫,确保小康路上“一个不少、一户不落”,共享跨越发展新成果。

提供优质公共服务。持续完善教育设施配套,加快推进华罗庚中学滨湖校区、良常实验学校、尧塘中小学等学校建设,同时加强师资队伍建设,不断提高教育质量。继续深化医疗卫生体制改革,稳妥推进分级诊疗,强化疾病预防,提升医疗卫生服务能力。全面启动医疗机构升级工作,第一人民医院争创三级医院。在加快改善医院硬件条件的同时,积极与一流的医疗机构达成战略合作,着力提升医疗服务水平。持续加大养老服务机构建设力度,建设医养、康养融合的养老护理院,促进养老服务水平不断提升。完善现代公共文化服务体系,规划馆、民防馆建成开馆。推进人防工程开发利用与维护管理市场化运作,有效缓解城区停车难问题。大力开展全民健身运动,继续举办好金坛茅山山地半程马拉松赛。

切实加强社会治理。继续深化“平安金坛”“法治金坛”建设,构建现代化、信息化社会治安防控体系,完成升级版“技防城”建设,实现大数据与社会治理深度融合,打造社会治理新格局。继续开展好双拥工作,重视军民融合发展。深入开展“七五”普法,完善法律援助和司法救助体系,构建矛盾纠纷多元化解机制,提升群众安全感和法治满意度。建立最严格的食品药品全过程、全透明监管体系,积极创建省级食品安全示范区。切实抓好交通、消防、网络、金融等重点领域安全监管,健全应急处置联动机制,提高防控风险保障和突发事件处置能力。进一步落实企业安全生产主体责任,加强执法能力建设,保持安全生产形势稳定可控,努力营造公平公正、和谐稳定的社会环境。

切实加强政府自身建设

各位代表,新时代开启新征程,新时代呼唤新作为。我们将始终保持锲而不舍、永不懈怠的激情和干劲,贯彻发展新理念,开创发展新局面。

增强依法行政意识。全面推行法律顾问制度,为政府重要事项决策、重大项目实施、重要合同审查提供咨询论证,不断提高运用法治思维和法治方式深化改革、加快发展、维护稳定的能力。健全重大事项社会公开等制度,畅通社会监督渠道,提高决策科学化、民主化水平。深化政务公开,健全政府信息公开和新闻发布制度。完善行政执法和监督体系,做好行政复议和行政应诉工作,推动执法责任落实。依法接受区人大及其常委会工作监督和法律监督,坚决落实各项决议、决定,并定期报告工作。自觉接受区政协民主监督,认真听取各民主党派、工商联、无党派人士和人民团体意见。认真办理人大代表建议和政协提案,进一步提高办理质量。

增强勇于担当意识。始终坚持实事求是,想问题、作决策、办事情一切从实际出发。把群众的疾苦放在心上,把发展的事业扛在肩上,做到问题面前不回避、压力面前不躲闪、困难面前不推脱、挑战面前不畏惧。牢固树立为民情怀,把群众在就业、就医、教育、住房等方面的诉求和期待,作为工作的动力和方向,沉到一线、干在一线,现场办公解决问题,不断增强群众的幸福感。认真查摆工作中存在的问题,及时整改,时刻保持一颗警醒之心,时刻站在群众角度思考处理

问题，敢于打破常规，找到解决问题的新钥匙。坚持说实话、谋实事、出实招、求实效，撸起袖子加油干，一张蓝图绘到底，把雷厉风行和久久为功有机结合起来，勇于攻坚克难，以钉钉子精神做实做细做好政府各项工作。

增强廉政责任意识。认真落实“一岗双责”，深化廉政风险防控，严格执行廉洁自律准则和纪律处分条例，锲而不舍落实中央“八项规定”精神，持之以恒纠正“四风”。坚持厉行勤俭节约、反对浪费，严控“三公”经费支出，把更多的财力用在保障和改善民生上。坚持挺纪在前，加强纪律教育，强化纪律执行，让全体公务人员知敬畏、存戒惧、守底线，习惯在受监督和约束的环境中工作。加强对政府性工程建设等重点领域的监督，推进公共资金、国有资产、国有资源、领导干部经济责任审计全覆盖。坚持有腐必反、有贪必肃，加大违纪违法案件查处力度，坚决防止和纠正损害群众利益的不正之风，切实做到干部清正、政府清廉、政治清明，打造干事创业的优良环境。

各位代表，长风破浪会有时，直挂云帆济沧海。金坛的发展正处在爬坡过坎的关键阶段，唯有坚韧不拔，才能攻克难关；唯有顽强拼搏，才能勇争一流。让我们更加紧密团结起来，把思想和行动统一到党的十九大精神上来，把智慧和力量凝聚到区委提出的各项任务上来，把目标和方向聚焦到金坛在苏南板块快速崛起上来，在中共金坛区委的坚强领导下，以时不我待、只争朝夕的紧迫意识，以锐意进取、奋发图强的攻坚姿态，共同开创金坛更加美好的明天！

名词注释

1. 新三板。又称全国中小企业股份转让系统，定位于非上市公司股权交易平台。

2. 三新一特。三新：新能源汽车、移动智能终端、5G 移动通信网络；一特：特色光伏新能源。

3. 科技小巨人企业。科技创新能力强、市场占有率高，质量效益优的“小而强”“小而优”和“隐形冠军”企业。

4. 三站三中心。院士工作站、博士后科研工作站、企业研究生工作站和工程技术研究中心、工程中心、企业技术中心。

5. “263”专项行动。二减少：减少煤炭消费总量、减少落后化工产能；六治理：治理太湖水环境、治理生活垃圾、治理黑臭水体、治理畜禽养殖污染、治理挥发性有机物污染、治理环境隐患；三提升：提升生态保护水平、提升环境经济政策调控水平、提升环境执法监管水平。

6. “七五”普法。中央宣传部、司法部关于在公民中开展法治宣传教育的第七个五年规划（2016－2020 年），指全民普法和守法是依法治国的长期基础性工作。

7. 一办四中心。一办：政务服务管理办公室；四中心：政务服务中心、公共资源交易中心、电子政务中心和公共服务中心。

8. “3550”。开办企业 3 个工作日内完成、不动产登记 5 个工作日内完成、工业建设项目施工许可 50 个工作日内完成。

9. 专精特新。指具有“专业化、精细化、特色化、新颖化”特征的工业中小企业。

10. 区长质量奖。区政府在质量管理方面设立的最高荣誉，授予我区有广泛社会知名度与影响力，实施卓越绩效管理模式，质量水平和自主创新能力处于领先地位，取得显著经济效益和社会效益的企事业单位。

11. 三权分置。指在坚持农村土地集体所有的前提下，促使承包权和经营权分离，形成所有权、承包权、经营权三权分置。

12. 三资三化。三资：资金、资产、资源；三化：制度化、信息化、公开化。

13. 一岗双责。一岗：指一个领导干部的职务所对应的岗位；双责：指一个领导干部既要对所在岗位应当承担的具体业务工作负责，又要对所在岗位应当承担的党风廉政建设责任制负责。

14. 四好农村路。指“建好、管好、护好、运营好”农村公路，加快提升农村公路安全条件、通畅水平和路域环境。

（编辑　盛南萍）

大事记

1月

3—6日　政协金坛区第十届委员会第一次会议召开。选举刘国新为区政协主席，葛惠明、吴欲晓、朱亚群、卢建新为副主席，施生华为秘书长。

4—7日　金坛区第十七届人民代表大会第一次会议召开。选举王跃中为区人大常委会主任，刘东升、王艳红、王新辉、冯锁强为副主任。选举沈东为区人民政府区长，陶伟、刘明江、周新生、王晓航、周文俊、朱霞为副区长，选举宋文良为区人民法院院长、王强为区人民检察院检察长。

4日　金坛西北部连接镇江市的快速公路——直荣公路开建。

8日　区工商联（总商会）第十次代表大会召开，卢建新当选为区工商联十届执委会主席、总商会会长。

12日　中央电视台寻找中国最美乡村颁奖活动在邯郸举行。薛埠镇仙姑村获得2016年度中国十大最美乡村提名奖，成为江苏省唯一获奖乡村。

17日　江苏省委常委、政法委书记王立科在金坛开展走访慰问活动。

21日　金坛区家庭医生协会成立。

22日　江苏省广播电视总台台长卜宇到金坛区参观考察东方盐湖城特色小镇建设及媒介推广工作。

23日　金坛区召开“263”专项行动暨城乡环境综合整治推进会，区领导沈东、周文俊、卢建新参加会议。

2月

4日　全区“两个加快推进落实年”动员大会召开。

6日　2017年度全区建筑业工作座谈会召开。区政府和住建委对2016年度在建筑业发展中表现突出的优秀企业、优秀企业家、优秀项目经理给予表彰。

12日　全区2017年第一批重点项目集中开工仪式在金坛经济开发区举行。项目共有15个，总投资36.3亿元。

14日　江苏省副省长陈震宁到金坛区专题调研司法行政工作。

19日　总投资30亿元的茅山颐园奠基，该项目为省重点项目。

23日　金坛区召开深化文明城市建设和城市长效综合管理工作会议，区长沈东参加会议。

3月

5日　金坛区召开动员大会，全面启动“三大一实干（大讨论、大走访、大转变、实干为民）”活动。

13日　常州市“戏曲进院校”暨金坛华罗庚艺术团优秀剧目巡演启动仪式在常州机电职业技术学院举行。活动期间，金坛华罗庚艺术团将携多个优秀剧目在常州11所高校巡演80场。

17日　中共江苏省委书记李强到金坛区调研。

18日　2017年常州春季旅游产品发布会暨花谷奇缘开园仪式在金坛花谷奇缘景区举行。

22日　金坛区遗体器官捐献者纪念碑在茅山福承园落成。

23日　全国人大常委会副委员长、民盟中央主席张宝文到金坛区视察农业机械化建设情况。

24日　水利部部长陈雷在副省长陈震宁陪同下，到金坛视察新孟河延伸段水利工程建设情况。

27日　新华社江苏分社社长王存理一行到金坛区调研文化产业工作。

4月

5日　金坛区召开“两个加快推进落实年”第一次项目督查会。

8日　以“赏心乡村游，春跑花丛中”为主题的2017春到上阮赏花季活动开幕。

12日　泰州市党政代表团到金坛区参观考察农业工作，常州市领导许峥参加活动。

18—19日　江苏省政协主席蒋定之到金坛就富民增收工作开展专题调研。

21日　由工信部和中国工程院组织的院士专家团调研金坛区装备制

造企业，了解金坛智能制造业发展情况。

23日　东南大学附属中大医院在金坛区人民医院建立消化道早癌诊疗分中心。

27日　参加首届全国稻茬小麦绿色增产模式攻关研讨会的专家到金坛区参观考察。

4月　周宝恒任中共金坛区委常委。

5月

5日　国家档案局副局长付华到金坛视察档案工作。

11日　金坛区人民医院与法国枫丹白露地区医疗中心结为友好合作医院揭牌仪式在金坛区人民医院举行。

15日　金坛区举办长荡湖金蟹增殖放流活动，上亿只中华绒螯蟹大眼幼体蟹苗回归自然。

21日　由中国田径协会、金坛区人民政府、常州市体育局共同主办的2017金坛茅山国际山地半程马拉松赛鸣枪开跑。

26日　金坛区召开创建国家全域旅游示范区动员大会，对创建工作进行全面部署。

同日　东方盐湖城·道天下景区被江苏省旅游资源规划开发质量评定委员会批准为国家AAAA级旅游景区，成为金坛区首家AAAA级旅游景点。

31日　全省夏收夏种暨水稻育秧机插新技术现场观摩会在金坛区召开。

6月

3—7日　江苏省青少年自行车锦标赛上，金坛籍运动员获4金，列全省榜首。

9日　金坛档案陈列馆正式开馆。

10日　金坛区遭受入汛后最强降雨袭击，金坛站12小时降水量为有观测记录以来第1位，列江苏省该轮强降雨县级市（区）第1位。

同日　金坛全面推行河长制，三级河长体系同时建立。

15日　金坛青少年法治教育体验馆启用。

19日　国家能源局将金坛“基于盐穴压缩空气智能电网储能系统项目”列为国家级示范项目。

23日　区十七届人大常委会第三次会议任命王延胜为金坛区人民政府副区长。

26日　波兰科贝乌卡市市长罗伯特·罗古斯基、副市长彼得·马切伊·格鲁贝克到金坛区考察交流，金坛区领导沈东、李皓参加活动。

28日　总投资50亿元的迈科锂电（江苏）高性能锂离子动力电池项目、投资39亿元的中航锂电动力电池项目二期在金坛经济开发区华科园开工。

同日　金坛区新建良常实验学校（中小学）、移址新建尧塘中学和小学3个项目开工。

7月

4日　中国煤炭地质总局标准化工地建设现场推进会在金坛区召开。来自广东、浙江等16家相关单位的代表参观金坛储气库钻井项目标准化工地建设现场。

6日　区人武部召开宣读中央军委国防动员部命令大会，任命狄志强为区人武部党委第一书记，朱建清为区人武部政治委员。

7日　常州未成年人社会实践基地开放暨“七彩的夏日”活动启动仪式在薛埠镇举行。

13日　南京航空航天大学科研院与区科技局签订共建南京航空航天大学国家技术转移中心金坛分中心协议。

14日　省委副书记、代省长吴政隆在金坛调研经济社会发展情况。

19日　金坛温州商会成立行业工会联合会，这是金坛区成立的首家异地商会工会联合会。

29日　中共金坛区委第十三届三次全会召开。

8月

9日　共青团中央书记处书记徐晓到金坛区调研基层团组织建设工作情况。

10日　哈萨克斯坦共和国驻上海总领事馆总领事克拉把叶夫·佐齐汉到金坛考察汽车产业发展情况。

14—15日　中国民主同盟常州市金坛区第五次代表大会在市民中心召开。会议选举朱亚群为民盟金坛区第五届委员会主任委员。

17日　陕西汉中—金坛人力资源合作推进会在金坛举行。

19日　参加商务部援外培训项目的科特迪瓦、几内亚和刚果等10个非洲法语国家的37名渔业官员、专家及技术人员到金坛区考察交流现代渔业建设和渔业科技服务先进经验。

25日　金坛区第十七届人大常委会召开第四次会议，任命凤启龙为金坛区人民政府副区长。

同日　副省长、新孟河省级河长马秋林到金坛开展巡河活动，研究部署河长制各项工作。

8月　江苏杰中杰建设工程有限公司在斯里兰卡投资建设的杰杰海边酒店对外营业，成为中国在斯里兰卡的第一家五星级酒店。

9月

4日　金坛与澳大利亚大谢珀顿市再续友好城市情谊。

同日　“上海——茅山东方盐湖城旅游直通车体验之旅”暨旅游同行恳谈会在东方盐湖城举行，来自上海的200多位旅游渠道商、业内资深专家齐聚山镇。

20日　省委常委、省纪委书记蒋卓庆到金坛调研党风廉政建设和反腐败工作。

28日　总投资62亿元的信维通信江苏科技园项目在金坛华科园开工

建设。

10 月

15 日　金坛区文学艺术界联合会第九次代表大会召开。姚锁生当选为区文联九届委员会主席。

16 日　省政协副主席阎立带领省政协科技委部分委员到金坛调研农业科技服务体系建设情况。

17 日　金坛区通过农业部组织的专家组验收,成为江苏省首个全国渔业健康养殖示范县。

20 日　民盟华东六省一市盟务工作会议在金坛召开,民盟中央宣传部部长曲伟、民盟江苏省委主委胡刚参加会议。

22 日　金坛“两节一会(文化艺术节、湖鲜美食节、休闲湖泊峰会)”开幕。

同日　金坛区首批“金沙文化名人”评选揭晓并受到表彰。

25 日　中国国民党宜兰县党部主委张建荣一行在金坛参观访问,区领导狄志强、孟敖祥参加活动。

27 日　区十七届人大常委员第五次会议任命王斌为金坛区人民政府副区长。

11 月

5 日　农业部副部长张桃林在金坛调研绿色农业发展情况

7 日　农业部副部长于康震到金坛调研畜牧与渔业。

21 日　中盐金坛公司举行“消毒盐”上市发布会,100 多位国内外相关领域专家共同见证“消毒盐＋次氯酸钠发生系统”在国内市场的首推。

24 日　以八野弘海为团长的日本福冈县筑上町青少年交流团到金坛进行友好访问。

11 月　儒林镇柚山村、尧塘街道谢桥村入选第五届全国文明村镇。

12 月

5 日　金坛经济开发区被国家知识产权局确定为 27 个国家知识产权试点园区之一,试点工作周期为 2018 年 1 月至 2020 年 12 月。

8 日　招商银行股份公司常州金坛支行正式成立

11 日　金坛区党政代表团赴张家港市参观考察园区建设、民生工程、文明城市创建等方面的先进经验和做法,狄志强、沈东等区四套班子领导参加活动。

12 日　四川省攀枝花市市委书记李建勤率党政代表团到金坛考察旅游开发、产业发展。

19 日　中共金坛区委十三届四次全会举行。

21 日　第三批中国森林氧吧名单发布,金坛茅东林场茅山森林氧吧成为江苏省至今唯一上榜单位。

28 日　金坛区举行常州市金沙科技金融中心暨江苏省华罗庚中学滨湖校区项目集中开工仪式。

29 日　金坛图书馆(新馆)开馆暨全民阅读季启动。

(编辑　盛南萍)

金坛概貌

地情概述

【地理位置】 常州市金坛区地处江苏省南部，位于北纬 31°33′42″～31°53′22″，东经 119°17′45″～119°44′59″，为宁（南京）、沪（上海）、杭（杭州）三角地带之中枢。东与常州市武进区相连；西与句容市接壤；南与溧阳、宜兴市依水相望；北与丹阳市、镇江丹徒区毗邻。 （刘士科）

【行政区划】 2017 年末，金坛区行政区域面积 975.7 平方千米，户籍人口 55 万人，辖 6 个镇 3 个街道，下设 93 个村委会、32 个社区居委会。

2017 年金坛区行政区划统计表

表 1

街道办事处 乡镇	村(居)民委员会(个)	
东城街道	5	村:柘荡、河头、中塘、五联、明星
	12	居:华苑、峨嵋、东方、华胜、华兴、华城、电胖、金河、南苑、新城、汇贤、聚贤
西城街道	6	村:城南、涑渎、方边、小坵、黄庄、岸头
	16	居:西门、文化、小南门、春风、丹阳门、花街、河滨、北园、东园、北门、虹桥、翠园、愚池、西城、朱庄、南洲
尧塘街道	11	村:西华、谢桥、尧塘、汤庄、红旗、水东、迎春、万新、下庄、水北、林丰
金城镇	11	村:元巷、冯庄、后阳、南瑶、白塔、庄城、长竹埂、沈渎、培丰、前庄、联丰
薛埠镇	21	村:上阮、花山、致和、仙姑、西旸、东进、上阳、薛埠、连山、方麓、山蓬、罗村、长山、茅庵、东窑、泉江、下杖、神亭、石马、茅东、倪巷
直溪镇	12	村:汀湘、王甲、建昌、新河、吕坵、坞家、西溪、巨村、溪滨、天湖、井庄、迪庄
	3	居:溪城、直溪、直里
朱林镇	9	村:朱林、龙溪、长兴、西岗、三星、唐王、红旗圩、沙湖、黄金
指前镇	12	村:社头、解放、建春、芦溪、清水渎、庄阳、指前、东浦、丰产、王母观、新河、岳阳
儒林镇	6	村:南社、儒林、后庄、五叶、柚山、湖头
	1	居:河下

（陈　干）

【物产资源】 金坛有丰富的土地资源和水资源，山丘、水面、平原齐全，条件优越，为农、林、牧、副、渔和工业、交通、旅游等全面发展提供有利条件。全区耕地面积 4.63 万公顷，水域面积 1.94 万公顷。生物资源丰富，植物有茶、林、果、竹，是江苏省茶叶主要产区；还有药用植物 782 种，其中茅山苍术为本地特产；珍贵动物有金丝雀、银鱼、穿山甲、刺猬、野山羊等。

矿产资源主要有岩盐、石灰岩、油页岩、玄武岩、黏土、煤、泥炭、矿泉水、建筑石料等10余种,部分已开采利用。被誉为“苏南第一矿”的金坛岩盐矿位于境内西北部直溪、薛埠2个镇范围内的丘陵地区,盐矿总面积60.5平方千米,矿储量163亿吨,矿体品位高,平均氯化钠含量85%,埋藏深度在808.6~1236.64米之间,比较适中,盐层累计厚度为143.66~237.32米,最大单层厚度为52.91米。

(刘士科)

【气候】 2017年,金坛区总的气候特点是气温偏高、降水偏多、日照时数正常。年平均气温17.3℃,比常年平均值偏高1.3℃。各月平均气温和常年值比较:1月、4月、7月异常偏高,最大偏高值为2.9℃(7月),5月显著偏高,2月、3月、8月、11月偏高,其他月份正常。年极端最高气温为39.7℃(出现在7月23日),为历史第三大极值;年极端最低气温为-3.2℃(出现在1月21日),全年日最高气温出现≥35℃的高温日数计24天。年总降水量1405.4毫米,较常年偏多297毫米。月降水量和常年值比较:7月、11月、12月显著偏少,2月、3月偏少,4月、5月正常,1月、10月偏多,6月显著偏多,8、9月异常偏多,其中9月雨量比常年同期偏多2.2倍。全区于6月19日入梅,7月11日出梅,梅期22天,总梅雨量100.3毫米,比常年偏少6成,属入梅、出梅正常,梅雨量异常偏少年份。年总日照时数为1906.8小时,比常年偏多1.5小时,属正常年份。

是年1—3月气温偏高,未出现明显的雨雪过程,无积雪,丘陵地区茶叶开采早、产量高、品质好,小麦、油菜等越冬作物春发提前,有效转化升级了苗情。3月1日受强冷空气影响,全区出现短时大风天气,朱林镇极大风力达9级;4—5月气温高,降水正常,有利于夏熟作物的中后期生长和夏收夏种;6月10日全区出现特大暴雨,其中城区265.3毫米为有记录以来的第二大极值,强降水致城区部分路段产生短时积水但未造成大范围影响,雨后补救措施得力也未造成水稻秧田大面积受灾。梅雨期总雨量异常偏少,加之7月出梅后≥35℃的连续高温日数连续出现18天,长时间晴热高温致中暑死亡1人,全区在田作物出现不同程度旱情,其中薛埠镇受灾较重。晴热期间也多不稳定天气,7月13日至8月7日全区出现3次局地强对流,极大风力12级,其中7月14日晚朱林镇、指前镇等地分别出现10级、12级的雷雨大风,致652人受灾,农作物受灾11.25公顷,其中耕地受灾面积3.73公顷,民房严重损坏12间,一般损坏474间,直接经济损失110.27万元。8月全区出现3次暴雨至大暴雨过程,当月雨量异常偏多。9月19—28日持续阴雨,阴雨寡照天气对秋熟作物的灌浆结实十分不利。10月中下旬连续晴好天气,有利于秋收秋种。11月中旬出现强寒潮天气后气温平稳,于11月30日入冬,时间略晚于常年。12月气候适宜,温度光照条件好。

上年度终雪日出现在2月9日,结冰终日为3月3日,终霜出现在3月15日;本年度初霜日为11月24日,结冰初日为11月12日,无霜期253天。

年内气温偏高,降水偏多且时空分布不均,日照正常。农业气象条件总体利大于弊,尤其是夏熟作物中后期生长条件好,生产形势好于预期,晚稻产量略减。年内台风影响少。

(黄玲玲)

2017年金坛区气象资料一览表(一)

表2

项目	1月	2月	3月	4月	5月	6月	7月	8月	9月	10月	11月	12月	全年
平均气温(℃)	5.8	6.4	10.6	17.7	22.7	24.7	31.1	28.7	23.7	17.7	12.6	6.0	17.3
极端最高气温(℃)	14.2	19.0	22.6	29.5	33.6	33.3	39.7	37.2	32.4	31.0	23.6	14.7	39.7
出现日期	28	19	28	30	28	1	23	7	10	1	2	23	23/7
极端最低气温(℃)	-3.2	-1.9	1.4	8.2	15.6	16.7	22.8	20.9	17.0	8.4	3.4	-2.8	-3.2
出现日期	21	11	2	1	8	5	2天	31	29	31	19	18	1月21日
降水量(毫米)	67.9	38.7	58.5	95.0	81.3	327.2	79.3	305.6	240.8	76.3	19.5	15.3	1405.4
一日最大降水量(毫米)	31.3	21.4	8.1	28.3	25.0	265.3	37.8	78.8	106.9	19.9	5.6	5.0	265.3
出现日期	5	22	22	9	12	10	1	8	25	2	18	15	6月10日
降水日数(≥0.1毫米)	6	7	13	8	8	11	10	17	20	12	10	5	127
最长连续降水日数及降水量(毫米)	4	2	8	3	2	2	4	5	10	6	3	3	10
	62.6	8.7	30.1	43.6	27.0	266.2	66.9	56.5	163.5	56.6	9.1	6.2	163.5

续表2

项目	1月	2月	3月	4月	5月	6月	7月	8月	9月	10月	11月	12月	全年平均
起止日期	4-7	8-9	18-25	9-11	11-12	10-11	30/6-3	12-16	19-28	30/9-5	16-18	28-30	19-28/9
最长连续无降水日数	11	6	10	8	10	11	13	4	3	12	24	13	24
起止日期	19-29	2次	23/2-4	18-25	13-22	25/5-4	16-28	2次	16-18	20-31	20/10-12	1-13	20/10-12/11
日照时数（小时）	136.8	158.5	150.6	199.0	211.4	134.1	240.3	160.2	98.6	121.6	141.4	154.3	1906.8
日照百分率（%）	43	51	41	51	50	32	56	39	27	34	45	49	43
相对湿度（%）	76	72	70	71	70	79	75	81	85	82	74	72	76
最小相对湿度（%）	27	14	19	17	21	33	35	37	37	27	21	19	14
最小相对湿度出现日期	2天	11	8	30	29	15	23	26	13	30	2天	11	2月11日
最多风向（十六方位）及其频率（%）	NE	E	ESE	ESE	ESE	ESE	SSW	ESE	ENE	NNW	ESE	E	ESE
	19	16	16	19	26	23	23	11	15	23	15	15	14
平均风速（米/秒）	2.6	2.7	2.8	2.8	2.7	2.6	2.3	2.7	2.3	2.7	2.3	2.2	2.6
大风日数（≥17.0米/秒）	—	—	1	—	—	—	1	1	1	—	—	—	4

2017年金坛区气象资料一览表（二）

表3

时间		霜	雪	积雪	结冰	最低气温≤0℃	地面最低温度≤0℃	草面最低温度≤0℃	当年无霜期
2016年度	初日	24/11	23/11	—	15/12	24/11	24/11	23/11	253
	终日	15/3	9/2	—	3/3	12/2	15/3	27/3	
	初终间日数	112	79	—	79	81	112	125	
当年度	初日	24/11	—	—	11/12	19/12	19/11	19/11	

（黄玲玲）

【水文】 2017年，金坛区于6月19日入梅，7月11日出梅，梅雨期23天，梅雨量109毫米，较常年偏少60.35%。

2017年5—9月汛期总降雨量1070.5毫米，比历年同期多45.09%。6—9月有2次强降雨过程，6月10日零时至11日1时为第一次强降水过程，金坛站累计降雨量240.5毫米，王母观站累计降雨量195毫米，丹金闸站累计降雨量232毫米。金坛城区金坛站12小时最大雨量达231.5毫米，为历史最高纪录（12小时），也是本轮江苏强降雨县级市（区）第1位。全区20个自动气象站中有4个站超过250毫米，最大雨量站点在尧塘小学，达278.6毫米。9月24日15时至9月25日15时为第二次强降水过程，金坛站累计降雨155毫米，王母观站累计降雨53毫米，丹金闸站累计降雨174毫米。其中降雨量站点最大为望仙桥站，达211毫米。受6月10日强降雨影响，丹金溧漕河金坛站水位于6月11日0时50分达最高5.94米（超警戒水位0.94米）；王母观站水位于6月11日2时55分达最高5.28米（超警戒水位0.68米)。全区在册25座中小型水库和11座重点塘坝溢洪或预降水位。受9月24—25日强降雨影响,丹金溧漕河金坛站水位于9月26日2时达5.83米(超警戒水位0.83米);王母观站水位于9月26日6时15分达4.89米(超警戒水位0.29米)。全区在册25座中小型水库、13座小型水库溢洪,11座重点塘坝有8座溢洪。

6月10日强降雨导致金坛城区出现大面积局部内涝,主要分布在城区园区前关河、城西中心河冯庄村段、美地蓝庭东门、左邻右里、金沙大桥下、龙山大桥下;城区路段积水主要分布在丹凤路、开发区汇贤北路168号、半岛花园道路旁、盐港路、红杉路、钱家路、经大路、赵庄汇贤路、金胜东路、南环二路等路段。乡镇出现短时间内涝,主要分布在朱林202县道西岗高速桥下、指前241省道65.5千米至65.6千米段。(吴　洁)

历史文化

【建置沿革】 金坛早在石器时代就有人类定居繁衍生息。春秋时期,金坛属吴地,战国时期为越、楚所割,秦汉归曲阿县,晋系延陵县金山乡。隋末农民起义中乡人自立金山县。武周垂拱四年(688年)改为金坛县。县名一直未变,但境域和隶属关系多有变动。

1949年4月24日,金坛解放,属苏南行政区武进行政分区,11月改属常州专区。1952年11月,撤常州专区,属镇江专区。1958年8月,撤镇江专区,属常州专区。1959年9月,撤常州专区,属镇江专区。1983年1月,实行市管县体制,金坛属常州市管辖。1993年11月,经国务院批准,撤销金坛县,设立金坛市(县级),以原县行政区域为市行政区域,金坛市由江苏省直辖。2015年4月,经国务院批准,撤销县级金坛市,设立常州市金坛区。

【风景名胜】 金坛,处江南丘陵地带,独特的山水资源造就了独特的地域景观。古时,曾有文人将金坛的景观归纳为“金沙八景”,即过去常说的乌龙叠翠、南洲渔笛、白龙澄碧、漫塘春水、北渚莲舟、洮湖夜月、四平夕照、三峰晓云。“金沙八景”适应时代和社会的变化,以山边、水边、城边为轴线,以道教养生文化、山水农耕文化和城市名人文化为底蕴,勾勒出一幅新的金坛风光画卷,焕发出新的生命力。

茅山——中国道教圣地,林荫覆盖,云蒸霞蔚,道家的三宫五院和洞、泉、池等自然景观,令人顿生“花飞佛地三千里,人在瑶峰十二层”之感。“凉月如钩挂水湾,江南风物镜中看”的洮湖以及众多河流、芦荡组成的密集水网,使人领略“鱼米之乡”的无穷韵味和意境。戴王府、段玉裁纪念馆、华罗庚公园、龙山禅寺等名胜古迹层楼叠阁,鳞次栉比。城南风景区、长荡湖、钱资湖,滨湖新城相继开发建设,拉开一个具有现代城市功能、江南水乡特色、园林生态环境的湖滨城市的框架。

【人文荟萃】 金坛人杰地灵,人才辈出。自三国至清末,金坛有影响力的诗人、学者、著述家、政治家有百人以上,其中佼佼者有唐代诗人储光羲、戴叔伦,明代医学家王肯堂,清代训诂学家、经学家段玉裁,近现代的《神曲》译者王维克,《民立报》主编徐血儿,数学家华罗庚、物理学家汤定元、地质学家孙枢、自动控制学家冯纯伯、生物学家王志新、物理学家周远、微电子专家胡正明等先后为中国科学院院士(学部委员),还有人造地球卫星功臣钱骥、法学家杨兆龙、教育家段力佩等。(刘士科)

土特产

【茶叶】 主产区:薛埠镇。金坛茶树分布于西部丘陵山区,茅山东麓低山丘陵缓坡地带,现有茶园面积2733公顷,年产干茶750余吨。金坛雀舌茶以其形如雀舌的精巧造型、翠绿的色泽和鲜爽的嫩香屡获好评。金坛雀舌成品条索匀整,状如雀舌,干茶色泽绿润,扁平挺直;冲泡后香气清高,色泽绿润,滋味鲜爽,汤色明亮,叶底嫩匀成朵明亮。内含成分丰富,水浸出物、茶多酚、氨基酸、咖啡碱含量较高。茅山青锋茶叶外形扁平,挺直如剑,色泽绿润,平整光滑,香气高爽,肉质鲜嫩,汤色绿明,滋味鲜醇,叶底嫩绿明亮完整。2017年度,金坛雀舌、茅山青锋续评全国名特优新农产品,其中金坛雀舌入选2017年度江苏省农产品品牌目录,成功入选中国茶叶博物馆名茶样库。在第十二届“中茶杯”全国名优茶评比中,金坛区江苏鑫品茶业有限公司出品的“鑫品”牌金坛雀舌茶获特等奖,江苏方麓茶场有限公司“百园春”牌金坛雀舌茶、金坛区生态良种茶场“露源”牌金坛雀舌茶和“露源”牌白茶、常州市御庭春茶业有限公司“天壶”牌金坛雀舌、江苏鑫品茶业有限公司“鑫园”牌抹茶获一等奖。薛埠镇被评为“中国名茶之乡”。

【长荡湖大闸蟹】 主产区:长荡湖。长荡湖水质呈弱碱性,是太湖流域典型的浅水型、草型湖泊。湖内水草繁茂,螺蚬众多,非常适宜大闸蟹的生长发育。是长江中下游河蟹优势出口产区、国家级中华绒螯蟹养殖标准化示范区、江苏省出入境检验检疫局注册的出口河蟹生产基地。长荡湖大闸蟹,又名玉爪蟹,采用生态养殖模式,以螺蛳、野杂鱼、水草、玉米、小麦为饵料,体型健壮硕大,青背、白肚、黄毛、金钩;色泽鲜亮,蟹体肥满,蟹黄厚实,蟹膏肥糯,白似玉而黄似金,色、香、味三者兼具,在国内具有较高声誉,曾获中国十大名蟹、江苏省名牌产品、江苏省名优农产品等称号,出口韩国、香港等东南亚国家和地区。2017年度,“长荡湖大闸蟹”通过国家质检总局生态原产地保护评定,再次获评“中国十大名蟹”。

【无节水芹】 主产地:朱林镇。水芹种植在金坛已有800多年历史,尤以朱林无节水芹有名。近年来,朱林镇建立了67公顷国家级无节水芹示范种植区，亩效益在2万元左右。金坛无节水芹于2013年被国家工商总局认定为国家地理标志证明商标。每100克无节水芹含蛋白质21克，脂肪0.3克，钙154毫克，磷9.8毫克，铁23.3毫克，维生素C47毫克，胡萝卜素4.5毫克。水芹具有清血脂，降血压和抑癌的功效。

【建昌红香芋】 主产地：直溪镇建昌。建昌红香芋产于金坛境内第一大圩建昌圩，圩区内水质清澈、气候温湿、土壤肥沃，土壤质地为乌散土，pH值7.0，适于红香芋生长。

红香芋皮红、透白，性糯、味香。经江苏省农科院化验分析，红香芋富含粗蛋白、淀粉、聚糖（黏液质）、粗纤维以及钙、磷、铁、钾、镁、钠、胡萝卜素、烟酸、维生素B1和B2等元素，营养丰富，对预防高血压、高血脂有独特疗效，是典型的低脂、高蛋白滋补品。2017年度，建昌红香芋通过国家质检总局生态原产地保护评定并续评为全国名特优新农产品。

【建昌白蒜】 主产地：直溪镇。建昌圩有着栽培大蒜的悠久历史，蒜农经长期以来的生产实践，筛选出具有独特风味的大蒜地方品种，形成一套大蒜优质高产栽培技术。建昌白蒜，其蒜苔色泽暗绿发亮，粗长嫩脆，含水分较多；蒜头皮色为白皮，略呈球形，辛辣带甜味。

【管庄小香葱】 主产地：金城镇。香葱是金城镇的一个特色产业。香葱种植主要分布在管庄、元巷、前庄、白塔等村，是该镇高效农业中的典型。

【金坛大米】 主产地：指前镇、金城镇。金坛指前标糯米曾获巴拿马国际博览会金质奖，1958年斯里兰卡科伦坡国际稻谷展览会再次名列诸米之首。米色晶莹剔透、柔软丰腴、清香四溢、颗粒饱满。已形成无公害大米、绿色大米、有机大米的金字塔式的梯度结构。“苏”牌大米、“黄金村”牌有机软米系列产品等农产品畅销省内外。2017年度，金坛大米续评全国名特优新农产品。

【封缸酒】 金坛“丰登”牌封缸酒选用金坛标糯米为原料，引用钱资湖天然水源。好米配好水，再加上传统秘方精心酿制窖藏，陈酿而成。酒清澈爽洌，浓郁香醇，鲜甜可口，富含人体所必需的18种氨基酸、维生素、矿物质，营养丰富。产品获江苏省著名商标、江苏省名牌产品、中国绿色食品、国家非物质文化遗产、常州市老字号等称号。

【金坛米猪】 在外形上，金坛米猪以额宽嘴尖，短肋方臀而特出，骨骼软弱，龙腰较普遍，四肢多卧系，肚腹显紫红色，耳和尾都稍大，毛较稀软，皮也薄而松驰。该猪整体体型较小且两头尖，形如米粒状而得名“米猪”。米猪生长期长，喂以青绿饲料为主，不饲喂任何添加剂，肉质嫩而多汁，不饱和脂肪酸含量较高，对人体非常有益。

【水磨糯米粉】 金坛水磨糯米粉以粉质细腻、色泽白净、香糯甜软、口感韧滑而著称，其含有丰富的蛋白质、脂肪、糖类、钙、磷、铁、维生素B1、维生素B2、烟酸及淀粉等，为温补强壮食品。水磨糯米粉选用优质糯米为原料，采用国内先进水磨加工技术，确保粉质细腻，保留糯米原香Q弹。水磨糯米粉味甘，性温，入脾、胃、肺经，制作而成的食品，具有补中益气、健脾养胃、止虚汗之功效。 （周秋娟）

国民经济和社会发展

【概况】 2017年，全区上下大力发扬“苦干实干、正气大气”的时代精神，紧紧围绕“接轨常州主城区、推动发展新跨越”总体战略，继续深化落实“一城一区一山一水”建设的战略布局，着力加快项目引进和项目建设，全区经济社会发展水平快速提升。全年完成地区生产总值708.3亿元，可比价增长11.1%；完成一般公共预算收入51.2亿元，同比增长18%，税收占比87.1%。主要经济指标增幅持续位居常州6个辖市区、苏南43个县（市、区）前列。

【工业经济进入新的发展阶段】 2017年，全区工业开票销售收入首次突破1000亿元大关，达到1150亿元，同比增长23.8%，进入新的发展阶段。其中，开发区突破600亿元，占比超过50%，充分彰显工业经济主阵地态势，金科园、直溪镇、儒林镇均超百亿元。重点企业支撑作用更加突出，全区449家规模企业实现工业开票销售收入899.3亿元，占全区总量的78%。斯威克、奥托立夫、常宝普莱森等21家企业开票销售超10亿元，其中众泰汽车开票销售超百亿元。金昇、众泰、亿晶、晨风、正信等5家企业入库税收均超亿元。完成工业实际投入171.6亿元，同比增长21%，其中机械设备投入占比近50%。卓郎智能成功借壳上市，朗博科技成功登陆主板市场。全年新增“新三板”挂牌企业5家，新增股份有限公司10家。

【现代农业提质增效】 2017年，农业基本现代化水平继续稳居全省第一方阵。全年新增省级龙头企业2家、高效设施农渔业面积5300余亩，获评“农业部渔业健康养殖示范县”。“长荡湖大闸蟹”“金坛红香芋”通过国家质检总局生态原产地保护评定。上阮现代农业产业园、一号农场成为全国首批农村创业创新园区。仙姑村、谢桥村获评省级休闲观光示范村。农村电子商务发展迅速，朱林村、黄金村被列为省级重点培育农产品电商示范村，全区农产品网络销售额突破10亿元，同比增长22%。

【现代服务业提档升级】 2017年，旅游业发展进入快车道，茅山颐园、巴厘

10月,举办第五届湖鲜美食节　　（旅游局　供稿）

岛温泉度假酒店、雅居乐·山湖城等项目开工建设。东方盐湖城成为全区首家AAAA级旅游景区,花谷奇缘开园迎客,茅山旅游度假区综合考评列全省前十。深度推进文旅融合,成功举办第八届文化艺术节、第五届湖鲜美食节和2017年中国休闲湖泊峰会。商业活力不断增强,红星美凯龙竣工开业。新引进浙商银行、招商银行,驻坛银行累计达20家,全区银行业金融机构年末本外币存款首次突破1000亿元,同比增长15%以上。建筑业稳步发展,完成建筑业产值435亿元。

【夯实跨越发展基础】 2017年,围绕"三新一特"产业(5G移动通信网络、移动智能终端、新能源汽车、光伏新能源),瞄准优势企业、优势产品、优势技术,着力引进投资规模大、产出效益高、带动能力强的重大项目,多措并举保障项目建设,积极引导现有企业技术创新。项目引进势头强劲。全年共签约引进工业项目155个,协议总投资超700亿元,其中新能源汽车、移动智能终端、5G移动通信网络和光伏新能源产业占比超80%。重大项目连续突破,引进协议投资30亿元以上的工业项目8个,其中100亿元以上1个、50亿元以上3个。项目建设顺利推进。信维通信、贝特瑞、中航锂电二期、大唐热电联产等一批重点产业项目进展顺利,同方威视、晨风辅料、汤姆森等项目竣工投产。政府性投资项目年度投资超100亿元。图书馆新馆对外开放,血站交付使用,人力资源和社会保障服务中心、公安技术业务用房等项目主体完工。金坛控股、金坛建设等国有公司在推进政府性投资项目中发挥了主力军作用。科技创新成绩斐然。盛利维尔"超高强度钢丝制备技术研究及产业化"项目获省科技进步一等奖,赛尔交通外观专利获省专利优秀奖,新鸿电子和美蒂公司两项发明专利获江苏省百件优质发明专利,易成电力等2家企业被评为"省科技小巨人企业"。中航锂电技术研究院成为全省第一个获得"科技创新40条"新政扶持的央企独立研发机构。开发区跻身"国家知识产权试点园区"行列。中盐金坛公司成立清华大学卢强院士工作站,与清华大学电机系携手共建"压缩空气储能技术联合研究中心"。全年新增省级以上企业研究生工作站、企业博士后科研工作站、企业院士工作站与企业技术中心、企业工程中心、企业工程技术研究中心)9家,累计100家。新增高新技术企业17家,累计95家。全区高新技术产业产值占规模工业比重的54%。

【城市功能品质提升】 2017年,以文明城市创建为契机,统筹推进城市规划、建设和管理,提高城市管理精细化水平,打造宜居宜业的城市环境。城乡规划完善。按照产镇融合发展思路,深化各产业新镇、园区总体规划、城市设计和控制性详细规划。完成滨湖新城城市设计、金沙老城改造更新、新一轮村庄布局、美丽乡村示范点等规划,完善城市综合交通、生态保护红线、综合管线等专项规划,优化全区发展空间。积极调整完善土地利用总体规划,大力实施土地整治项目,连续3年争取各类建设用地指标超万亩。加快推进城乡建设。加大滨湖新城开发建设力度,完成钱资湖北侧39万平方米公园绿地和5千米生态绿道建设。徐塘路、景华路等城区道路建成通车。金桂路南侧、钱家路西侧河道开挖及驳岸工程基本完工。金沙老城改造更新有序推进,完成金沙湖景观亮化提升工程,实施11个老小区雨污分流,启动南一环提升改造工程。265省道一期、长荡湖旅游大道、直荣公路、金茅公路东段4个项目主体完工,茅山旅游大道全面开工建设。长荡湖水厂完成主体工程,改造中西部供水管网163千米。新孟河先导段工程竣工,龙山水利枢纽竣工投入使用。加强城市管理。开展"城市管理强基年"活动,推进城管执法重心下移,实现基层城市管理行政执法派驻机构全覆盖。以"治脏、治乱、治堵"为突破口,开展建筑垃圾运输、户外广告、露天烧烤、重要路段节点等市容专项整治,解决东方路、翠北路等困扰多年的占道经营难题。严格依法行政,全年共拆除违法建设8.3万平方米。城南菜市场、城南疏导点、元巷农贸市场建成投用。深入开展文明城市创建、推行街(巷)长制度、实施文明交通等6大提升工程,通过全国文明城市国测总评。

【民生建设】 2017年,加大新增财力向民生领域倾斜,扎实推进教育、医疗、住房保障等惠民工程,提升社会治理水平。社会保障有力。城乡居民基本养老保险基础养老金提高至180元,城乡居民基本医疗保险财政补助标准提高至600元。全年建成公共租赁房304套,经济适用房338套,动迁安置房8834套。九洲里花园、岸头佳园北区、金池花园、海棠明都等安置小区交付使用。就业形势总体稳定,城镇登记失业率控制在2%以内。城乡居民收入不断增长,城镇、农村居民人均可支配收入分别达46879元和24202元。新增住房公积金缴存人数超1万人,发放公积金贷款7.4亿元。社会事业进步。段玉裁中(小)学、华罗庚实验学校新城分校、新城实验幼儿园、金城镇中心幼儿园等5所学校正式启用,图书馆新馆投入使用,省级未成年人社会实践基地投入使用,良常实验学校、第一人民医院等一批工程加快建设。建成36个基层综合性文化服务中心。儿童音乐剧《田梦儿》获江苏省"五个一工程奖"。举办"2017金坛茅山国际山地半程马拉松赛"。全面实施家庭医生签约服务,该举措获"全省家庭医生签约服务十大创新举措"奖。保持社会大局稳定。实施社会治理联动机制,提高社会防控风险的整体水平,建成区级公共安全视频监控联网平台和智能维保平台,完成各项重大活动维稳安保工作。抓好食品药品安全监管,保证饮食用药安全。持续强化安全生产监管,未发生较大以上安全事故。切实加强"七五"普法教育,增强市民学法用法意识。省级双拥模范城"五连冠"通过检查验收。连续14年获评江苏省平安区。 (何 彬)

人民生活

【城镇居民生活】 2017年,据城乡一体化住户抽样调查资料显示,金坛区城镇居民人均可支配收入46878.7元,同比增长8.4%;城镇居民人均生活消费支出23685.7元,同比增长5.1%。

从收入结构看,全区城镇居民年人均工资性收入29264.7元,同比增长8%,占人均可支配收入的62.4%;人均经营净收入6597元,同比增长7.6%;人均财产净收入4824元,同比增长10.5%;人均转移净收入6193元,同比增长9.6%。

城镇居民人均居住建筑面积48平方米。

2017年金坛区每百户城镇居民耐用品一览表

表4

项目	单位	2016年	2017年	项目	单位	2016年	2017年
摩托车	辆	35	35	摄像机	架	9	0
助力车	辆	129	129	照相机	架	40	40
家用汽车	辆	43	46	微波炉	台	94	95
洗衣机	台	103	103	空调	台	189	197
电冰箱	台	105	106	热水器	台	111	111
彩色电视机	台	184	184	健身器材	套	7	7
中高档乐器	件	9	10	固定电话	部	93	93
计算机	台	103	103	移动电话	部	232	237
组合音响	套	11	0				

(姚 莉)

【农村居民生活】 2017年,金坛区农村居民人均可支配收入24202元,同比增长8.7%,其中人均工资性收入15584元,同比增长8.2%;人均经营净收入5530元,同比增长8%;人均财产净收入705元,同比增长12.8%;人均转移净收入2383元,同比增长12.4%。全区农村居民人均生活消费支出15205.6元,同比增长7.3%。农村居民人均居住建筑面积56平方米。

每百户农村居民耐用品一览表

表5

项目	单位	2016年	2017年	项目	单位	2016年	2017年
1. 洗衣机	台	100	100	8. 固电话	部	89	90
2. 电冰箱	台	107	108	9. 移动电话	部	211	214
3. 空调	台	130	139	10. 彩色电视机	台	165	166
4. 抽油烟机	台	56	61	11. 摄像机	台	3	0
5. 微波炉	台	85	85	12. 照相机	架	8	8
6. 热水器	台	104	105	13. 计算机	台	36	37
7. 家用汽车	辆	17	20				

(姚　莉)

精神文明建设

【概况】 2017年,金坛区精神文明建设工作以培育和践行社会主义核心价值观为重心,着力提高市民文明素质和社会文明程度,顺利通过全国文明城市测评。

【思想道德建设】 2017年,大力推进社会主义核心价值观教育实践,制订《金坛区创建全国文明城市公益广告宣传实施方案》,建成"好人园"和"社会主义核心价值观主题广场"。在城市出入口、高速公路沿线高炮、公共场所、城区公共自行车停放点、公共自行车车身以及地名牌上投放核心价值观及文明城市公益广告约7000处,绘制近2000米文化墙,在城南、华兴等4个社区开展楼道文化试点。发放文明城市创建应知应会宣传扇12万把,推送文明城市创建宣传短信120万条。先后开展文明城市创建志愿服务日、文明城市创建知识问答广场、社区行、"水墨丹青文明情"手绘文化墙、"向文明出发"全民公益行动等主题活动,发布"文明金坛10条"。举办第十一届社区邻里节,开展"公民道德宣传日"大型广场活动暨"迎国庆、讲文明、树新风"志愿服务系列活动。

金河社区手绘文化墙　　(文明办　供稿)

【先进典型选树及宣传】 2017年,持续开展道德模范、身边好人等道德典型推选、宣传工作,杨振海家庭入选"全国最美家庭",陆旭东、周英仙获评第五届常州市道德模范,1人入选"中国好人榜"、2人入选"江苏好人榜"、7人入选"常州好人榜"。邓莉芸、单桂英获常州市"十大龙城孝子"称号,庄丽君、丁国琴获第三届常州市"龙城孝子"称号。创新宣传载体建设,在社区和村镇广泛设立善行义举榜。利用报纸、网络、微信等媒体宣传好人善行。以道德讲堂为载体,宣讲身边好人好事。区总堂开办家风家训、最美的心路历程、筑路先锋我担当等专场道德讲堂,组织3个精品课程进常州市总堂,推广掌上道德讲堂4万多个客户端。截至年底,全区共建成常州市道德讲堂示范点26个,其中五星级示范点1个,优秀示范点4个。

【文明城市创建】 2017年,围绕全国文明城市创建主线,建立文明城市建设长效管理机制,成立创建指挥部,常态设立创建办,实行创建办工作会议例会制,10个专项工作组有序运转。首次采用第三方测评的形式,对文明程度指数及街巷长责任落实情况进行自测。完善创建网络,实行街(巷)长制和网格长制,将城区66条街巷、27个社区挂钩到各部门单位,形成分片包干的创建网络。健全督查机制,区指挥部领导对镇、街道挂钩负责,定期督查指导文明城市建设工作,协调解决重点难点问题。区创建办、市民巡访团成员坚持每日巡查,发现问题并向责任部门提出整改意见和建议,全年共下发《督查通报》20期。顺利通过全国文明城市测评。

【群众性精神文明创建】 2017年,持续推进农村精神文明建设,组织开展2015—2017年度全国文明村推选工作,加强创建工作指导,强化农村精神文明建设,尧塘街道谢桥村和儒林镇柚山村入选第五届全国文明村。加强农村精神文明示范点建设,组织开展区农村精神文明建设示范点申报评选工作,促进农村物质文明与精神文明协调发展。截至2017年年底,全区共建成全国文明村3个、省文明镇5个、省文明村11个、省文明单位21个、省文明社区2个、省文明校园3个。区人社局"就业鹊桥"等10个服务品牌获"金坛区第五批优质服务品牌"称号。

【文明关爱工程】 2017年,整合全区志愿服务社会资源,建成1个区级志愿服务指导协调中心,9个镇、街道志愿服务指导协调中心和27个社区志愿服务指导站,5个志愿服务驿站。何云获评江苏省"优秀志愿者"。"博爱家园"项目入选省红十字会优秀志愿服务项目,11个志愿服务项目入围常州"百团万人"爱常州志愿服务大行动项目,其中4个项目获常州第一批优秀项目扶持。司马玉芳获评常州市"优秀志愿者","幸福港湾——空巢老人健康关爱计划"项目获评常州市"优秀志愿服务项目",啄木鸟益工社获评常州市"优秀志愿服务组织",

7月7日,常州市委常委、宣传部部长徐光辉(前左),考察金坛全国文明城市建设工作 (宣传部 供稿)

金河社区获评常州市"优秀志愿服务社区"。持续开展周末关爱行动,帮助80户困难家庭实现微心愿,鼓励帮扶困难家庭走出困境。

【未成年人思想道德建设】 2017年,坚持立德树人,以社会主义核心价值观教育为主线,扎实推进未成年人思想道德建设。江苏省常州未成年人社会实践基地建成开放。实施年度未成年人思想道德建设工作目标化项目管理,细化、量化各责任部门的工作成效。开展"我们的节日""缤纷的冬日""七彩的夏日"主题活动,培养和树立未成年人认知传统、尊重传统、继承传统、弘扬传统的思想观念。打造文艺精品,作品《剪纸花》获江苏省第八届"童声里的中国"少儿歌谣创作大赛二等奖,儿童剧《寻找"红头发"》在省美德少年颁奖仪式上首演,并在全省巡演。组织参加"美德少年"评选,2人获评江苏省"美德少年",1人获评常州市"十佳美德少年",14人获评常州市"百优美德少年"。 (吉 瑶)

组织机构与负责人名单

区领导

中共金坛区委员会

书　记　狄志强
副书记　沈　东
　　　　刘国新
常　委　陈锁龙
　　　　纪海平*
　　　　朱柏松(至4月)
　　　　李　皓(至8月)
　　　　陶　伟
　　　　朱建清
　　　　董龙庆
　　　　刘小平
　　　　孟敖祥
　　　　周宝恒(4月任)

金坛区人大常委会

主　任　王跃中(1月任)
党组书记　王跃中
代理主任　于炳才(至1月)
党组副书记　于炳才(至9月)
　　　　刘东升
　　　　李留清(1月任)
副主任　于炳才(至1月)
　　　　刘东升(1月任)
　　　　王艳红*
　　　　赵钢超(至1月)
　　　　王新辉
　　　　李留清(至1月)
　　　　冯锁强(1月任)

金坛区人民政府

区　长　沈　东(1月任)
党组书记　沈　东
代理区长　沈　东(至1月)
党组副书记　朱柏松(至1月)
　　　　陶　伟
副区长　沈　东(至1月)

朱柏松(至1月)
陶　伟
刘明江
周新生
王晓航
周文俊
朱　霞*(1月任)
秦　凯(至1月)
卢方承(至8月)
王　斌(10月任)
王延胜(6月任)
凤启龙(8月任)
党组成员　葛惠明(至1月)

政协金坛区委员会

主　席　王国胜(至1月)
刘国新(1月任)
党组书记　陈春洪
党组副书记　刘国新
黄克洪(1月任)
副主席　潘双林(至1月)
姜　玲*(至1月)
黄克洪(至1月)
葛惠明(1月任)
吴欲晓
朱亚群*(至1月)
卢建新(至1月)

区级机关和区直单位

中共金坛区纪律检查委员会

书　记　纪海平*(兼)
副书记　张小平
樊　莹*
常　委　陆　斌
汤国忠
于　方
冒丽萍*

中共金坛区委巡察机构

巡察办主任　樊　莹*(5月任)
巡察办副主任　汤云峰(5月任)

注:2017年7月5日坛办发〔2017〕39号文,设立中共常州市金坛区委巡察工作办公室,列入区委职能部门,正科级建制,设在区纪委。

中共金坛区委办公室

主　任　徐　俊(至5月)
姜金华(5月任)
副主任　杨国平(至2月)
刘留生(2月任)
许海连(9月任)
秦文斌
韦国猛(至9月)

中共金坛区委研究室

主　任　秦文斌
副主任　肖　巍

中共金坛区委保密委员会办公室(国家保密局)

主　任　杨国平(至2月)
刘留生(2月任)
副主任　陈纪良

中共金坛区委机要局(国家密码管理局)

局　长　杨国平(至2月)
刘留生(2月任)
副局长　徐　重

中共金坛区委督查室

主　任　许海连(9月任)
副主任　韦国猛(至9月)

金坛区信访局

局　长　朱国杰
副局长　谢长春*
高雷斌(9月任)
信访督查专员　陈　军

中共金坛区委台湾工作办公室
金坛区人民政府台湾事务办公室

主　任　张志荣

金坛区档案局(馆)

党组书记、局(馆)长　许月平
副局(馆)长　蔡　俊
陈　励*

中共金坛区委组织部

部　长　刘国新(兼)
副部长　史益群(至4月)
周　俊
韦国猛(12月任)
罗　祎(4月任)

金坛区综合考核办公室

主　任　周　俊

中共金坛区委党建工作领导小组办公室

主　任　韦国猛(9月任)

注:2016年9月8日坛编字〔2016〕22号文,设立中共金坛区委党建工作领导小组办公室,在区委组织部挂牌。

中共金坛区委非公有制企业和社会组织工委

副书记　罗　祎(至4月)

中共金坛区委老干部局(离退休干部工作委员会)

局　长　曹玉芳*(2月任)
副局长　蒋云清(9月任)
周召平(至9月)

注:2017年7月27日坛编字〔2017〕15号文,决定在区委老干部增挂区委离退休干部工作委员会牌子。

中共金坛区委区级机关工作委员会

书　记　史益群(至2月)
王洪庆(2月任)
副书记　王洪庆(至2月)
徐国祥
纪委书记　徐国祥(至7月)

中共金坛区委宣传部

部　长　陈锁龙(兼)
副部长　褚玉平(至2月)
吕洪力
徐忠敏(兼,6月任)
匡小红*

金坛区精神文明建设指导委员会办公室

主　任　吕洪力
副主任　王　彤

中共金坛区委对外宣传办公室
金坛区人民政府新闻办公室

主　任　吕洪力
副主任　陈　新

金坛区新闻中心(副科级建制)

主　任　孙忠民(至9月)

注:2017年7月27日坛编字〔2017〕14号文,撤销区委宣传部下属区新闻中心,其职能及编制、人员整体划入区广播电视台。

金坛区广播电视台

党委书记　褚玉平(至2月)
徐忠敏(2月任)
台　长　徐忠敏
副台长　钱志坤
许　靖*
孙忠民(9月任)

薛忠明

纪委书记　林　燊

中共金坛区委统战部

部　　长　孟敖祥(兼)

副 部 长　柏虎斌

汤文斌(至5月)

刘　斌(5月任)

中共金坛区委政法委员会

书　　记　孟敖祥(兼)

副 书 记　王晓航(兼)

印荣生(至2月)

樊玉定(2月任)

何云华

金坛区社会治安综合治理委员会办公室

主　　任　印荣生(至2月)

何云华(2月任)

副 主 任　王国锋

陈　嵘*

金坛区国家安全领导小组办公室

主　　任　樊玉定(2月任)

何云华(至2月)

中共金坛区委610办公室

主　　任　冯罗金

副 主 任　史荣照

金坛区机构编制委员会办公室

主　　任　杨亚明(至2月)

周　俊(2月任)

副 主 任　张伟波

中共金坛区委农村工作办公室

主　　任　姚洪芳(至2月)

史一飞(2月任)

副 主 任　李久生(至2月)

曹　波

贺建新(6月任)

中共金坛区委党校
金坛区行政学校

校　　长　凌　涛

副 校 长　王慰东(至9月)

周召平(9月任)

陈　建

中共金坛区委党史工作委员会
金坛区地方志编纂工作办公室

主　　任　祝洪林

副 主 任　盛南萍*

储　劼

金坛区人大常委会办公室

主　　任　韩双庆

金坛区人大常委会研究室

主　　任　杨龙军

金坛区人大常委会法制和内务司法工作委员会

主　　任　陈建平

副 主 任　徐　伟(至6月)

注:2017年2月27日坛编办字〔2017〕4号文,将区人大常委会内务司法工作委员会更名为法制和内务司法工作委员会。

金坛区人大常委会民族宗教侨务工作委员会

主　　任　陈建平

副 主 任　张国庆(至12月)

金坛区人大常委会财政经济工作委员会

主　　任　吴文琴*

副 主 任　王秀生

金坛区人大常委会农业和农村工作委员会

主　　任　臧国锋(至2月)

李久生(2月任)

副 主 任　李久生(至2月)

金坛区人大常委会环境资源城乡建设工作委员会

主　　任　杨金南

金坛区人大常委会教科文卫工作委员会

主　　任　贺进军

金坛区人大常委会人事代表工作委员会

主　　任　吕　庆*

副 主 任　曹　霞*

政协金坛区委员会办公室

主　　任　施生华

副 主 任　蒋利军

政协金坛区委员会研究室

主　　任　杨亚明(2月任)

副 主 任　陈　政

政协金坛区委员会学习文史委员会

主　　任　朱亚群*(至2月)

钱争艳*(2月任)

政协金坛区委员会提案委员会

主　　任　杨国平(2月任)

钱争艳*(至2月)

政协金坛区委员会经济科技委员会

主　　任　张根水

政协金坛区委员会社会事业和法制委员会

主　　任　赵利群

政协金坛区委员会港澳台侨民族宗教委员会

主　　任　唐志明

金坛区人民法院

党组书记、院长　宋文良

党组副书记　庄克平

副 院 长　庄克平

庄　严

吴卫东(6月任)

胡　哲

纪检组长　包水平(至5月)

金坛区人民检察院

党组书记　王　强

检 察 长　王　强(1月任)

代理检察长　王　强(至1月)

副检察长　王　强(至1月)

沈宏伟

王　初(至11月)

蒋志书

纪检组长　蒋　涛(至7月)

检委会专职委员　田　娟*

政治处主任　田　娟*

金坛区人民政府办公室

党组书记、主任　岳惠剑

副 主 任　陈小华(至2月)

李佳真*

邢卫东

陈兴龙(5月任)

夏玉良

刘　坚

周忱成

徐　俊

金坛区人民政府研究室

主　　任　邢卫东

金坛区人民政府外事办公室

主　　任　陈小华(至2月)

副 主 任　石连华

金坛区人民政府侨务办公室

主　　任　李佳真*

金坛区人民政府法制办公室

副 主 任　纪俊明

金坛区应急管理办公室

主　　任　艾兆林
副 主 任　李锁健(至2月)

金坛区政府金融工作办公室

主　　任　陈兴龙(5月任)
副 主 任　王俊伟(9月任)

注:2017年10月17日坛编字〔2017〕6号文、坛编字〔2017〕8号文,设立区机关事务管理中心,为区政府办下属全额拨款事业单位,明确机构规格为相当正科级。

金坛区发展和改革委员会

党委书记　谭明罗(至2月)
　　　　　郭小剑(2月任)
主　　任　郭小剑
党委副书记　郭小剑(至2月)
　　　　　　崔旺洪
副 主 任　谭明罗(至2月)
　　　　　刘海明(2月任)
　　　　　贺美华*(至8月)
　　　　　曹志荣
　　　　　唐文武(至5月)
　　　　　傅小平(至9月)
　　　　　孟明刚
　　　　　徐科峰(9月任)
纪委书记　崔旺洪(至7月)

金坛区物价局

局　　长　郭小剑

金坛区旅游局

局　　长　杨国忠

金坛区粮食局

党委书记、局长　刘海明(2月任)
　　　　　　　　奚云龙(至2月)
党委副书记　倪小庭(至2月)
副 局 长　徐荣华
　　　　　潘卫民

金坛区经济和信息化局

党委书记、局长　黄建南
党委副书记　徐荣坤
副 局 长　游诸林
　　　　　陆小虎(至12月)
　　　　　杭爱民(至2月)
　　　　　许小云*
　　　　　孔德馨(6月任)
纪委书记　孙　遐*(至7月)

金坛区中小企业局

局　　长　黄建南

金坛区科学技术局

党组书记、局长王洪祥(至2月)
　　　　　　　李晶阳(2月任)
副 局 长　陈林凤*
　　　　　倪小平
　　　　　许国清

金坛区知识产权局

局　　长　李晶阳(2月任)

金坛区教育局

党委书记、局长　廖伟文
副 局 长　姚水虎(至2月)
　　　　　陈金娣*
　　　　　吴　芳*
　　　　　潘建华
纪委书记　王三龙(至6月)

常州市公安局金坛分局

党委书记、局长、督察长
　　　　　王晓航(兼)
党委副书记、政委　贺国洪
副 局 长　王菊芳(至2月)
　　　　　冯罗金
　　　　　马建春
　　　　　王国元
　　　　　王留林
　　　　　王和荣(至2月)
副 政 委　韩云峰
纪委书记　黄建平(至7月)

金坛区监察局

局　　长　俞云法(至2月)
副 局 长　陆　斌(至12月)
　　　　　汤国忠(至12月)

注:2017年12月20日坛办发〔2017〕83号文,成立区监察委员会,撤销区监察局和区检察院反贪、反渎、预防职务犯罪等部门,将相关机构、人员转隶至区监察委员会。

金坛区民政局

党委书记　刘留生(至2月)
　　　　　刘国荣(2月任)
局　　长　史荣生(至1月)
　　　　　刘国荣(2月任)
党委副书记　史荣生(至1月)
副 局 长　丁秀良
　　　　　聂卫斌(至9月)
　　　　　金朝霞*
　　　　　赵济红*
纪委书记　张国强(至7月)

金坛区老龄工作委员会办公室

主　　任　史荣生(至1月)
　　　　　刘国荣(2月任)
副 主 任　唐彤煜
　　　　　王　瑶*(至12月)

金坛区司法局

党组书记、局长　朱珍娣*(8月任)
副 局 长　马红星
　　　　　孙　遐*(8月任)
　　　　　郭小强

金坛区财政局

党组书记、局长　于忠俊
副 局 长　吴振华(至11月)
　　　　　张永明
纪检组长　严国庆(至7月)
总会计师　刘国平

金坛区人力资源和社会保障局

党委书记、局长　王少云
党委副书记　刘建华
副 局 长　杨亚明(至2月)
　　　　　王俊平
　　　　　王志东
　　　　　王金华
　　　　　陈国强
纪委书记　汤洪俊(至7月)

常州市国土资源局金坛分局

党委书记、局长　黄克洪(兼)
党委副书记　汤　芳*(至3月)
　　　　　　潘政权(7月任)
副 局 长　汤　芳*(至3月)
　　　　　陈建忠(至1月)
　　　　　潘洪军
　　　　　潘政权(至7月)
　　　　　孙云清(7月任)
　　　　　高国庆(7月任)
　　　　　练晓华(7月任)
纪委书记　王立兴

金坛区住房和城乡建设委员会

主　　任　周文俊(兼,2月任)
　　　　　杨晓武(至2月)
党委书记　杨晓武(至2月)
　　　　　汤　芳*(2月任)
党委副书记　尹志文
副 主 任　庄新民
　　　　　李洪年
　　　　　王芝滨
纪委书记　尹志文(至7月)
总工程师　李洪年

金坛区地震局

局　　长　王一新

金坛区民防局

党组书记、局长　季明华

副 局 长　柏国平

杨树清

纪检组长　徐国强(至7月)

金坛区交通运输局

党委书记、局长　陈忠平

党委副书记　王小平(至2月)

聂卫斌(9月任)

副 局 长　徐科峰(至9月)

孙俊华

陈锁连

纪委书记　吕双贵(至7月)

总工程师　俞云翔

金坛区水利局

局　　长　朱　霞*(兼,2月任)

钱为民(至2月)

党委书记　刘海明(至2月)

陈　俊(9月任)

党委副书记　钱为民(至2月)

朱网富(9月任)

陈荣斌(至5月)

副 局 长　陈　俊

朱网富(至9月)

徐小龙

刘海祥(至6月)

王卫国

纪委书记　李志根(至7月)

总工程师　张建成

金坛区水务局

局　　长　朱　霞*(兼,2月任)

钱为民(至2月)

金坛区农林局

党委书记、局长　闫炳泉(至2月)

邓九胜(2月任)

党委副书记　姚江隽

副 局 长　束卫平

胡国强

李亚东

蒋林忠

邓九胜(至2月)

纪委书记　姚江隽(至7月)

总农艺师　吴志华

金坛区商务局

党组书记、局长　宗　华(至5月)

汤文斌(5月任)

副 局 长　杨颐华

束鸣东

虞青平*

聂文辉

金坛区文化广电体育局

党委书记　臧　华(至2月)

王浩明(2月任)

局　　长　王浩明(2月任)

党委副书记　汤慧兵(9月任)

副 局 长　汤慧兵(至9月)

李国平

徐罗林

李　玮(8月任)

纪委书记　李　玮(至7月)

金坛区新闻出版局

局　　长　臧　华(至2月)

王浩明(2月任)

金坛区卫生和计划生育局

党委书记、局长　李志芳(至2月)

袁永炜(2月任)

党委副书记　李建军(至11月)

袁永炜(至2月)

副 局 长　袁永炜(至2月)

庞巧红*

董文兵

林小俊(2月任)

徐　颖(2月任)

纪委书记　林金祥(至7月)

金坛区市场监督管理局

党委书记　闫炳泉(2月任)

李晶阳(至2月)

局　　长　闫炳泉(2月任)

彭田夫(至2月)

党委副书记　彭田夫(至2月)

万冬平(至12月)

副 局 长　李晶阳(至2月)

王伟政

喜晶颖

邓奋华(至6月)

于炳忠(至2月)

张　俊

王东方

马迎俊

纪委书记　周　群(至7月)

金坛区食品药品监督管理局

局　　长　闫炳泉(2月任)

彭田夫(至2月)

金坛区审计局

党组书记　闵国华(至11月)

王　初(11月任)

局　　长　闵国华(至10月)

王　初(11月任)

副 局 长　戴国忠

张小华

谭益民

金坛区环境保护局

党组书记、局长　吴　寅

副 局 长　薛金华

陈　云

戴卫忠

钱　炜

金坛区规划局

党组书记、局长　陈建军

副 局 长　杨建忠

张小平

彭云俊

纪检组长　王跃新(至7月)

总规划师　张小平

金坛区城市管理局

党委书记　王和荣(2月任)

局　　长　樊玉定(至2月)

王和荣(2月任)

党委副书记　樊玉定(至2月)

副 局 长　童国云

殷金林(至6月)

姜秋生

孙　斌(6月任)

金坛区城市管理行政执法局

局　　长　樊玉定(至2月)

王和荣(2月任)

副 局 长　童国云

殷金林(至6月)

姜秋生

孙　斌(6月任)

金坛区城市管理监督指挥中心

主　　任　樊玉定(至2月)

王和荣(2月任)

副 主 任　周建华(至6月)

金坛区统计局

局　　长　周新生(兼,至2月)

奚云龙(2月任)

党组书记　奚云龙(2月任)

丁建新(至2月)

副 局 长　丁建新
　　　　　李卫平

金坛区安全生产监督管理局

党组书记、局长　韩巧生
副 局 长　薛明生
　　　　　孙伟良
　　　　　于国忠
纪检组长　陈晓伟*(至7月)

金坛区民族宗教事务局

局　　长　柏虎斌

金坛区供销合作总社

党委书记、主任　史一飞(至2月)
　　　　　　　　毛卫平(2月任)
主　　任　周林海
　　　　　高勇军

常州市不动产登记交易中心金坛分中心

主　　任　潘政权(6月任)
副 主 任　徐月生(6月任)

注:2016年2月29日坛编字〔2016〕2号文、3号文,设立常州市不动产登记交易中心金坛分中心,为独立法人事业单位,由区政府代管,机构规格为相当正科级。

金坛区政务服务管理办公室

党工委书记　巫政强(2月任)
　　　　　　曹国民(至2月)
主　　任　巫政强
党工委副书记　巫政强(至2月)
　　　　　　　王建国(9月任)
副 主 任　王云平
　　　　　奚屹峰
纪工委书记　蒋学军(至7月)

园区、街道、镇

江苏省金坛经济开发区

党工委书记　李　皓(兼,至8月)
管委会主任　诸葛林(4月任)
党工委副书记　诸葛林(5月任)
　　　　　　　杨　健
　　　　　　　王　勇
　　　　　　　施小民(5月任)
管委会副主任　卢建新(兼)
　　　　　　　朱粉扣
　　　　　　　谢晓骏
　　　　　　　于立俊(5月任)
　　　　　　　李　俊
　　　　　　　唐友明(副科)
纪工委书记　施小民

金坛华罗庚科技产业园

党工委书记　李　皓(兼,至11月)
管委会主任　杨　健
党工委副书记　杨　健
管委会副主任　于立俊
　　　　　　　李　俊
　　　　　　　陈　云
　　　　　　　李冬英*
　　　　　　　邹文龙

东城街道

党工委书记　王　勇
办事处主任　吴军华*
人大工委主任　黄立群
党工委副书记　吴军华*
　　　　　　　黄立群
办事处副主任　杨震龙
　　　　　　　庄月芳
　　　　　　　陈云翔
纪工委书记　田粉忠

尧塘街道

党工委书记　杨　健
办事处主任　刘国荣(至2月)
　　　　　　孙　凯(2月任)
党工委副书记　刘国荣(至2月)
　　　　　　　孙　凯(2月任)
　　　　　　　张罗明
人大工委副主任　郭和平
办事处副主任　岳　松
　　　　　　　朱丹俊
　　　　　　　谢　培(6月任)
纪工委书记　孙红琴*

江苏省金坛茅山旅游度假区

党工委书记　刘小平(兼)
管委会主任　陆礼军(4月任)
党工委副书记　陆礼军
　　　　　　　李戈保(至2月)
　　　　　　　史云峻(兼)
　　　　　　　吴　英*
副 主 任　李戈保(至2月)
　　　　　宗　华(5月任)
　　　　　史云峻(兼)
　　　　　王益民(副科)
　　　　　佘义洪(副科)
纪工委书记　吴　英*

江苏省金坛长荡湖旅游度假区

党工委书记　陈锁龙(兼)
管委会主任　孙国林(4月任)
党工委副书记　孙国林
　　　　　　　陶　俊(兼)
　　　　　　　孙　坚
管委会副主任　孙国林(至4月)
　　　　　　　陶　俊(兼)
　　　　　　　周建立
纪工委书记　孙　坚

西城街道

党工委书记　史顺年
办事处主任　林　燕*
人大工委主任　殷　俊
党工委副书记　林　燕*
　　　　　　　殷　俊
　　　　　　　尹　韧
办事处副主任　尹　韧
　　　　　　　蒋玉新
　　　　　　　季锁平
纪工委书记　许志明
党政办主任　周　玲*

金城镇

党委书记　董龙庆(兼)
镇　　长　李　祁
人大主席　王　涛
政协工委主任　王国新
党委副书记　李　祁
　　　　　　王国新
　　　　　　潘明志
人大副主席　陈丹锋
副 镇 长　孙桂华
　　　　　谢　栋
　　　　　杨年庆
　　　　　陈旭清
纪委书记　耿新民(5月任)

金坛金城科技产业园

党工委书记　董龙庆(兼)
管委会主任　李　祁
党工委副书记　李　祁
　　　　　　　吴军华*(兼,6月任)
管委会副主任　王国新
　　　　　　　谢　栋
　　　　　　　杨年庆
　　　　　　　宋志龙(6月任)
　　　　　　　陈旭清(至6月)
　　　　　　　罗　斌(6月任)

薛埠镇

党委书记　陆礼军
镇　　长　宗　华(5月任)
　　　　　刘　斌(至5月)
人大主席　吕金平
党委副书记　宗　华(5月任)
　　　　　　刘　斌(至5月)
　　　　　　张叶华
人大副主席　崔鑫福
副 镇 长　胡国英*
　　　　　杨小保
　　　　　章成荣
　　　　　陆游如
纪委书记　许荣俊

直溪镇

党委书记　吴志高
镇　　长　徐　飞
人大主席　钱国祥
党委副书记　徐　飞
　　　　　　王和平
人大副主席　陈锁平
副 镇 长　刘海祥(6月任)
　　　　　谢晓贤
　　　　　罗　斌(至6月)
　　　　　范水庆
　　　　　尹冬妹*
纪委书记　周君华

朱林镇

党委书记　王新强
镇　　长　周　涌
人大主席　朱福金
党委副书记　周　涌
　　　　　　于建林
人大副主席　杨文君
副 镇 长　胡卫平
　　　　　陈小芳*
　　　　　顾照平
　　　　　杨擒龙
纪委书记　徐程萍*

指前镇

党委书记　诸葛林(至5月)
　　　　　徐　俊(5月任)
镇　　长　姜金华(至5月)
　　　　　施　顺(5月任)
人大主席　王月林
党委副书记　姜金华(至5月)
　　　　　　施　顺
　　　　　　赵林华(5月任)
人大副主席　唐　亮(至5月)
副 镇 长　张国忠
　　　　　冯　梁
　　　　　赵林华(至5月)
　　　　　朱训杰
纪委书记　韩寅飞

儒林镇

党委书记　孙国林
镇　　长　刘金保
人大主席　周金柱
党委副书记　刘金保
　　　　　　任林勇
人大副主席　徐建华
副 镇 长　顾永华
　　　　　朱云冰
　　　　　刘　军
　　　　　严　波
纪委书记　王　薇*

金坛区人民武装部

第一书记　狄志强
政治委员　朱建清
副 部 长　印建云

民主党派和群众团体

民盟金坛区委员会

主任委员　杜跃华(至8月)
　　　　　朱亚群*(8月任)
副主任委员　朱亚群*(至8月)
　　　　　　姚锁生
　　　　　　庄　严
　　　　　　郑美华*(8月任)

金坛区总工会

党组书记、主席　冯锁强(兼,至2月)
　　　　　　　　史益群(2月任)
副 主 席　石新华
　　　　　荆　霞*

共青团金坛区委员会

党组书记、书记　许海连(至9月)
党组副书记　汤鹏飞(9月任)
副 书 记　汤鹏飞(9月任)
　　　　　张　婕*(至9月)
　　　　　袁海涛

金坛区妇女联合会

党组书记、主席　钱永锋*
副 主 席　张　婕*(9月任)
　　　　　戴　露*

金坛区科学技术协会

党组书记、主席　王浩明(至2月)
　　　　　　　　于炳忠(2月任)
副 主 席　王慰东(9月任)
　　　　　蒋云清(至9月)
　　　　　范献忠
　　　　　董文兵
　　　　　陈　云
　　　　　邓九胜
　　　　　吴　芳*
　　　　　盛荣生
　　　　　孙铁囤
　　　　　姜方俊

金坛区归侨侨眷联合会

主　　席　李佳真*
副 主 席　傅小平(9月任)
　　　　　王　跃
　　　　　孙铁囤
　　　　　郑满香*
　　　　　谈东华
　　　　　李　晴*

金坛区文学艺术界联合会

党组书记　李　平
主　　席　姚锁生
副 主 席　李　平
　　　　　金寿彭(至10月)
　　　　　李国平
　　　　　许　靖*
　　　　　吴　芳*(10月任)
　　　　　程云仲
　　　　　史国生(10月任)
　　　　　祝柏华(10月任)

金坛区残疾人联合会

党组书记、理事长　曹玉芳*(至2月)
　　　　　　　　　臧　华(2月任)
副理事长　许忠平(至9月)
　　　　　王建涛(9月任)

金坛区红十字会

会　　长　王艳红*(兼)
副 会 长　沈建国
　　　　　聂卫斌(至9月)
　　　　　苏建华

金坛区工商业联合会

党组书记　朱　霞*(兼,至1月)
　　　　　汤文斌(1月任,至5月)
　　　　　刘　斌(5月任)
主　　席　朱　霞*(至1月)
　　　　　卢建新(兼,1月任)
副 主 席　汤文斌(1月任,至5月)
　　　　　刘　斌(5月任)
　　　　　邓建平
　　　　　王建国(至9月)
　　　　　许忠平(9月任)
　　　　　张伟华
　　　　　陈国平
　　　　　荀建华
　　　　　潘雪平
　　　　　戚建国
　　　　　费建林
　　　　　周国平
　　　　　王向东
　　　　　朱琛琦

区属国有公司

江苏金坛投资控股有限公司

党委书记　史荣生(6月任)
董 事 长　葛惠明(兼,至1月)
　　　　　史荣生(1月任)
总 经 理　毛卫平(至2月)
　　　　　周　胜(2月任)
党委副书记　周　胜(6月任)
　　　　　　张　铧(6月任)
副总经理　周　胜(至2月)
　　　　　徐留军
　　　　　张国庆
　　　　　季　敏(9月任)
监事会主席　张　铧
总经理助理　潘忙青

注:2017年6月26日,坛委〔2017〕48号文,成立中共江苏金坛投资控股有限公司委员会,隶属中共金坛区委领导。

江苏金坛华罗庚科技产业发展有限公司

董 事 长　周　胜(2月任)
总 经 理　谢臣相
副总经理　王崇岭(聘)
总经理助理　陈建国(5月聘)

江苏金坛建设发展有限公司

党委书记　刘亦波(6月任)
董 事 长　刘亦波
总 经 理　张建俊
党委副书记　张建俊(6月任)
　　　　　　徐海平(6月任)
副总经理　李俊平
　　　　　倪益民
　　　　　李文俊
　　　　　郑美华*
监事会主席　徐海平

注:2017年6月26日,坛委〔2017〕49号文,成立中共江苏金坛建设发展有限公司委员会,隶属中共金坛区委领导。

江苏金坛滨湖新城开发建设有限公司

董 事 长　张建俊(2月任)
总 经 理　杭爱民(2月任)
副总经理　童　瑶*(9月任)

注:2017年7月28日,坛政办发〔2017〕111号文,组建江苏金坛滨湖新城开发建设有限公司,作为滨湖新城开发建设的国有企业主体。滨湖建设公司为区政府管理的国有资本运营公司,由金坛建设公司履行出资人职责。

江苏茅山旅游控股有限公司

董 事 长　史云峻
总 经 理　史云峻
副总经理　谈　阳(9月任)

江苏长荡湖旅游控股有限公司

董 事 长　陶　俊
总 经 理　陶　俊
总经理助理　陈　超(9月聘)

注:1. 区委、区人大常委会、区政府、区政协及其他机构领导人均收录至2017年12月。
2. 姓名右上角有*者为女性。
(组织部、区志办)

(编辑　方　骊)

综 述

【概况】 2017年，全区工业经济继续高位运行，运行质量进一步提高，主要经济指标增幅均位列常州辖市区前列。

全年完成工业总产值1597.21亿元，比上年增长22.29%，实现主营业务收入1511.02亿元、增加值342.47亿元、利税181.23亿元、利润124.29亿元，分别增加18.61%、15.09%、14.81%和13.47%。其中，规模工业企业实现工业总产值1411.50亿元、主营业务收入1388.92亿元、工业增加值340.17亿元、利税总额157.20亿元、利润104.86亿元，分别增长24.27%、18.86%、14.70%、15.06%和13.72%。全年新办民营企业1718家，新增个体工商户5839户，新增注册资本176.72亿元。

全区规模以上工业企业449家，其中281家企业全年开票销售实现增长，占62.58%，大幅好于上年。全年五大行业中除光伏行业受价格因素影响增长企业数量低于50%，其他行业大部分企业实现增长。汽车及零部件业基本持平，全行业37家规模企业实现开票销售141.33亿元，同比下降0.58%；光伏新能源业略有下降，全行业41家规模企业实现开票销售162.44亿元，同比下降13.81%；高端装备制造业稳步攀升，全行业132家规模企业累计实现开票销售286.03亿元，同比增长53.64%；纺织服装业整体平稳，全行业102家企业实现开票销售121.02亿元，同比增长13.73%。

【企业转型】 年内，全区推进供给侧结构性改革，突出企业升级、协同创新和产业集聚，推动工业经济转型升级。稳步推进企业“两化”融合管理体系贯标工作，新增沃尔核材、埃马克、凯灵电器3家省“两化”融合贯标试点，其中埃马克获评工信部“两化”融合贯标试点；新增盛利维尔、金坛汽车、中盐金坛3家贯标达标企业；新增中航锂电、正信光伏2家省互联网与工业融合创新试点企业，金坛汽车获评省双创示范；新增金坛汽车、中盐金坛、斯威克3家五星级数字企业。朱林镇黄金村申报江苏省农村信息化应用示范基地和金坛经济开发区申报“两化”融合试验区获得成功。

【企业创新】 年内，全区加快自主创新步伐。重点引导企业提升智能设计能力、智能生产水平和信息化建设水平。引导鼓励企业积极加强各类工业设计、技术中心、工程中心和重点实验室的建设，金坛汽车、城东建筑创建成省级企业技术中心，绿能科技创建成市级企业技术中心；晨风集团、金坛汽车创建成省级工业设计中心，晨风集团、金坛汽车、久诺建材创建成市级工业设计中心。引导中小企业提高创业创新水平，推动中小企业协调发展，赛尔交通、金旺包装等打造“专、精、特、新”专业化企业，培育成功易成电力、华德机械等一批科技小巨人企业；加快推进智能制造，培育三能动力发动机车间、埃马克钣金车间为省级智能车间，新增南方通信光缆制造、福坛车桥半挂车车轴自动化生产线等10个车间为市级智能车间。

【绿色发展】 年内，全区注重企业降本增效，注重能源节约利用，引导企业走绿色可持续发展道路。加强重点用能企业监管，积极开展节能宣传周活动，督促重点用能企业加强用能管理，提高能源使用效率，实现节能减排增效。全年组织22家企业开展清洁生产审核，对16家重点用能企业进行节能专项监察。亿晶光电成功创建成首批国家级绿色工厂。全区规模以上工业万元产值能耗比上年下降12.39%。

【墙材革新和散装水泥发展】 年内，全区强化执法和政策宣传，开展专项执法行动，规范新型墙材、预拌砂浆、散装水泥的生产应用。全年完成散装水泥供应量203万吨、预拌砂浆19.5万吨、预拌混凝土131.5万立方米，同比下降47.8%、9.9%和8.6%。区墙体材料和散装水泥管理办公室获评省墙改系统先进集体、散装水泥发展与推广应用先进集体荣誉。

【企业信用】 年内,完善行政许可和行政处罚“双公示”系统建设,组织开展“双公示”信息平台系统培训。推进信用信息互联共享和应用,推动政府部门信用信息的集中公示,依托常州市社会公共信用基础数据库和服务平台,实现“双公示”信息集中归集,加快推进常州市公共信用信息系统建设和信用信息社会化应用,全年各部门公示行政许可和行政处罚信用信息16187条。其中,行政许可13435条,行政处罚2752条。区信用办在全区重点行业和企业中组织开展信用管理贯标和信用管理示范企业创建工作,埃马克(中国)机械有限公司、常州广裕橡塑科技有限公司2家企业创建成市级信用管理示范企业,江苏福坛车轿科技有限公司、江苏新蓝智能装备有限公司等14家企业创建成信用管理贯标企业。加大融资担保力度,为160家企业提供200笔融资担保,担保发生额4亿元,全年发放小微企业苏微贷贷款7958万元。

【企业减负】 年内,做好为企业减负政策宣传、督查政策落实工作,落实售电侧改革政策,降低用电成本,拓展直购电试点范围,全年33家直购电用户累计获得优惠电量1亿千瓦时,为企业节省成本2800万元。全年累计减负21.6亿元。

【减化去产能】 年内,按照常州市经信委下达的“减化”(减少落后化工产能)工作任务,科学制定全区减化工作方案,积极落实,扎实推进,全年关闭化工生产企业12家。推进柚山建材和中平铸造承担的去产能任务,压减水泥过剩产能60万吨,拆除3×11米磨机2台,淘汰落后铸造产能2.5万吨,拆除1台铸铁炉。

重大项目

【概况】 2017年,全区完成工业实际投入171.62亿元,比上年增21.02%,完成年计划88.92%。228个重点项目完成实际投入114.36亿元,占全部投入66.64%。186个项目达开工标准,开工率81.58%;其中130个项目竣工,竣工率57.02%。228个重点项目中全年投资额5000万元以上项目32个,累计投资88.33亿元,占全部投入51.47%,创历史新高。列入常州市重点的11个工业项目,完成投资81.6亿元,完成年计划100.1%,重点项目投入好于预期。 (杨兆平)

4月23日,金坛众泰大迈汽车进军海外 (经信局 供稿)

汽车及零部件行业

【概况】 2017年,区汽车及零部件行业37家规模企业实现开票销售141.33亿元,同比下降0.58%,占规模企业比重15.71%,同比下降2.24%。金坛汽车全年实现开票销售101.74亿元,连续两年实现开票销售过百亿元。奥托立夫全年实现开票销售16.07亿元,同比增长50.70%,净增5.41亿元;福坛车桥全年实现开票销售4.40亿元,同比增长123.00%,净增2.43亿元,呈现出良好增长态势。

【福坛车桥盘式制动车桥国内独有】 江苏福坛车桥科技有限公司不断加大科研投入,企业研发的盘式制动车桥与传统产品相比,没有焊接,更加轻量化,生产率提升50%,价格高30%,技术在国内独家拥有。12月,福坛车桥一举拿到国内5家整车厂订单,总金额1.8亿多元。该公司已与国内9家整车厂和国外18家大型客户开展合作,订单排到下一年3月份。

【金坛汽车入选全省重点骨干企业双创平台示范工程】 7月,省经信委公布2016年江苏省重点骨干企业双创平台示范工程,江苏金坛汽车工业有限公司入选,成为全省13家入选企业之一。

【众泰大迈汽车实现常州乘用车首次出口国外】 4月23日,金坛众泰大迈汽车国际业务首发,首批100辆大迈X5、X7驶运中东地区。公司根据国外客户要求对已有X5、X7车型进行改造升级,双方签定5年国际业务合作协议,在中东地区建立40个二级经销商,实现常州乘用车出口海外的历史性突破。

光伏新能源行业

【概况】 2017年,区光伏新能源行业41家规模企业实现开票销售162.44

亿元,同比下降13.81%,占规模工业的比重18.06%,同比下降5.75%。亿晶光电、正信光电、华君电力全年分别实现开票销售43.71亿元、22.38亿元、18.99亿元,同比分别下降24.96%、29.46%、48.54%。中信博、盛利维尔、斯威克、亿和新材料全年分别实现开票11.07亿元、6.32亿元、16.65亿元、6.01亿元,4家企业均实现30%以上增幅。

【正信光电投资3.6亿美元建巴西发电项目】 11月16日,正信光电公司与巴西马州政府就建设光伏发电项目签约,项目总投资3.6亿美元,分三期建设,一期项目建成投产后每年可为巴方矿区提供50兆瓦的光伏发电量,缓解该地区用电紧张局面。

【亿晶光电入选江苏省百强创新型企业】 1月3日,江苏省科技发展战略研究院向社会发布"江苏省百强创新型企业"名单,常州亿晶光电科技有限公司名列其中。公司拥有国家发明专利53项、实用新型专利122项、外观设计专利11项。

装备制造行业

【概况】 2017年,区装备制造行业132家规模企业实现开票销售286.03亿元,同比增长53.64%,增幅领跑五大行业,占规模工业比重31.80%,同比提高8.29个百分点。金昇实业下属装备企业全年开票同比净增14亿元;源美(源加)新材料全年开票同比净增62.96亿元,占行业净增开票63.04%,支撑明显;同方威视、常宝普莱森全年分别净增5.56亿元、5.32亿元。

【朗博科技上海证券交易所挂牌上市】 12月29日,位于金坛经济开发区的常州朗博密封科技股份有限公司在上海证券交易所正式挂牌上市,成为全区首家本土自主培育A股主板上市企业。朗博科技证券代码603655,该次公开发行2650万股,发行价格6.46元/股,募集资金总额1.71亿元,发行市盈率22.96倍,本次公开发行后朗博科技总股本1.06亿股。朗博科技该次募集资金主要用于汽车动力、制动系统橡胶零部件生产基地、研发中心等项目建设。

【卡什卡达里亚州纺织项目入30个国际产能合作省级重大项目】 年内,根据省政府工作部署和省发改委要求,金昇集团卡什卡达里亚州纺织项目被列入30个国际产能合作省级重大项目。该项目建于乌兹别克斯坦卡什卡达里亚州,建设规模为12万锭/30公顷,建设年限为2015年7月至2017年6月,计划总投资1亿美元。

【金昇实业股份有限公司入选2017中国民营企业500强】 8月24日,全国工商联发布2017中国民营企业500强榜单,区金昇实业股份有限公司上榜,位居第313位。

【金坛研制生产"复兴号"转向架轴箱】 6月26日,具有完全自主知识产权的国产标准动车组"复兴号"率先在京沪高铁正式投入运行,主力车型CR400BF动车所用核心部件——转向架轴箱由区常州华德机械有限公司研制生产。公司成功研发生产的高铁关键部件转向架轴箱,申请发明专利10项、实用型专利9项,华德公司系国内首家本土化生产高铁动车轴箱企业。

【潘雪平获省优秀中国特色社会主义事业建设者称号】 6月30日,第六届江苏省"非公有制经济人士优秀中国特色社会主义事业建设者"表彰大会在南京举行。金昇实业股份有限公司董事长潘雪平获"优秀中国特色社会主义事业建设者"称号。

【金旺包装国内首创智能农化制剂车间生产线及产品】 10月11日,由中国农药工业协会主办的中国智能农化制剂车间发展研讨会在江苏金旺包装科技有限公司召开,全国500多名农化企业负责人和专家参观该企业在全国首创的智能农化制剂车间生产线及产品。金旺公司从卖产品到卖车间,实现了由传统产品、单一产品向智能产品的转变。产品覆盖全国3000多家农化企业,出口欧美、南美、澳大利亚。

纺织服装行业

【概况】 2017年,区纺织服装行业102家企业实现开票销售121.02亿元,同比增长13.73%,净增开票销售14.61亿元,占规模工业的比重13.46%,同比提高0.01%。晨风集团全年实现销售27.29亿元,净增7.01亿元,起到龙头企业的引领作用。华茂金昇、金虹纺织两家企业全年实现开票26.12亿元,与上年基本持平。

【晨风集团形成纺织服装全品类生产链】 晨风集团不断顺应市场变化,改变经营布局。集团从"打造中国最有竞争力的服装缝制工厂"向"打造中国最有竞争力的纺织服装生态链"发展。晨风集团有金坛、昆山等6个生产基地、12个生产工厂、3个创新创业平台和3个自主品牌,成功完成布局调整,摒弃单一的服装生产加工,形成从面料、辅料设计研发,到生产服装制作、品牌销售为一体的纺织服装生产生态链。

【区纺织服装企业参加第十九届江苏国际服装节】 9月8日,区10多家纺织服装企业参加第十九届中国江苏国际服装节。波仕曼制衣、欣越制衣、丝情诺漫、天马围巾、经编装饰、物色商贸6家企业参加服装节并发布新品。

化工及新材料行业

【概况】 2017年,区化工及新材料行业125家规模企业实现开票销售164.95亿元,同比增长13.91%,占规模企业的比重18.34%,同比提高0.05%。盘固水泥、中盐金坛、中盐常化全年分别净增销售额5.42亿元、3.17亿元、2.77亿元;宏源中孚、久诺建材、沃尔核材等新材料企业稳步增加,发展良好。

【金远药业两种新药取得临床批件】 3月初,金远药业注射用多西他塞脂质体、紫杉醇脂质体取得临床批件,这两种药物均用于抗癌,在国内脂质体领域属于领先水平。此次取得临床批件的两种新药,在经过3—5年的临床监测后,可实现批量生产。

【中盐金坛获批省级企业院士工作站】 11月10日,中盐金坛盐化有限责任公司卢强院士工作站获批省级企业院士工作站。这是继华盛天龙企业院士工作站后全区获批的第二家省级企业院士工作站。

【中盐金坛推出自来水生产消毒盐】 在11月21日举行的中盐金坛盐化有限责任公司2018消毒盐上市发布会上,该公司推出一款适用于国内自来水厂次氯酸钠发生系统的消毒盐,该产品具备保证消毒效果、对水质友好、对制备设备友好、对环境友好多个特点。经验证,使用该产品进行自来水生产,可优化现有的自来水生产模式,能为百姓提供更加健康、安全的饮用自来水。

【中盐金坛清洁制盐工艺获省科学技术奖】 2月17日,省政府公布2016年度江苏省科学技术奖获奖项目,中盐金坛盐化有限责任公司的"基于膜技术的制盐清洁生产新工艺及其产业化"项目获三等奖。 (杨兆平)

2017年金坛区五大支柱产业主要经济指标情况表

表6

指标名称	计量单位	累计实绩	累计(±%)
规模工业总产值			
五大支柱产业合计	亿元	1391.09	24.6
(1)装备制造	亿元	386.77	61.1
(2)汽车及零部件	亿元	219.83	26.3
(3)化工及新材料	亿元	383.14	17.3
(4)光伏新能源	亿元	261.77	5.7
(5)纺织服装	亿元	139.59	9.4
规模工业主营业务收入			
五大支柱产业合计	亿元	1367.09	19.1
(1)装备制造	亿元	242.28	38.3
(2)汽车及零部件	亿元	217.64	26.3
(3)化工及新材料	亿元	382.33	15.8
(4)光伏新能源	亿元	260.89	5.9
(5)纺织服装	亿元	163.95	8.4
规模工业利税总额			
五大支柱产业合计	亿元	154.62	15.2
(1)装备制造	亿元	27.05	15.0
(2)汽车及零部件	亿元	28.62	60.0
(3)化工及新材料	亿元	54.89	18.0
(4)光伏新能源	亿元	27.19	-12.1
(5)纺织服装	亿元	16.87	9.3
规模工业利润总额			
五大支柱产业合计	亿元	102.58	13.8
(1)装备制造	亿元	19.43	16.8
(2)汽车及零部件	亿元	17.72	72.6
(3)化工及新材料	亿元	37.60	14.2
(4)光伏新能源	亿元	17.98	-16.3
(5)纺织服装	亿元	9.84	11.3

(赵 峰)

(编辑 储 劭)

开放·开发

综　述

【概况】 2017年,金坛区委、区政府以“两个加快推进落实年”为主旋律和主基调,把“两个加快”作为实施全区“十三五”战略布局、保持持续快速发展、实现在苏南板块快速崛起的最重要的抓手,主攻招商引资,推动项目建设,服务企业做大做强,提升开放开发水平,较好完成全年开放型经济目标任务。全年完成外贸进出口20.57亿美元。其中,出口16.28亿美元,进口4.29亿美元。全区累计进出口增幅、出口增幅和年度目标任务完成进度均居常州五区一市前列。新批境外投资企业7家,协议投资额5510万美元;完成外经营业额7736.66万美元,同比增长14.02%;实现服务外包业务912.25万美元,同比增长10.26%。完成新增协议注册外资及港澳台资3.90亿美元,同比下降16.6%;实际到账外资及港澳台资1.01亿美元,同比下降68.5%。

利用外资及港澳台资

【概况】 2017年,全区新批外商及港澳台商投资企业17家,增资项目3个,分别比2016年增加5家、1个,累计新增协议注册外资及港澳台资3.90亿美元,实际到账注册外资及港澳台资1.01亿美元。在新设外商投资企业吸引外资及港澳台资投入的基础上,继续加强增资、股权转让、外资及港澳台资并购等其他利用外资及港澳台资方式。外商投资企业社会贡献保持稳定,全年,全区外商投资企业出口额7.08亿美元,占全区总出口额43.48%,外商及港澳台商投资企业完成涉外税收7.96亿元。

【优化审批】 以创建“外企直通车”窗口优质服务品牌为载体,加强对外资及港澳台资重点项目进展情况的跟踪力度,全面掌握预备报批登记项目动态,为项目报批登记提前提供业务指导,加快推动一批外资及港澳台资项目落户金坛。2017年,共办理批准、备案件398件。其中,外商及港澳台商投资企业设立变更备案87件,办理对外贸易经营者备案登记235件,新办加工贸易企业经营状况生产能力证明40件,变更36件。全年共办理不见面备案132件。帮助科普费尔(常州)传动技术有限公司、凯姆乐(常州)电子有限公司等企业申请进口设备免税,协助埃马克(中国)机械有限公司申报跨国公司地区总部,为企业争取省级政策资金支持。

【助力企业发展】 全年加大走访外资企业力度,掌握企业实际诉求,提高服务外企的针对性。走访调研常州韩利壁纸制造有限公司等10多家韩资企业,了解它们的生产经营情况。对皮尔磁电子(常州)有限公司、科普费尔(常州)传动技术有限公司、百瑞医疗科技(金坛)有限公司、因特希特(常州)电器有限公司等企业进行走访服务,及时了解企业面临的突出问题,帮助解决困难。

对外及对港澳台贸易

【概况】 2017年,全区推动外贸稳定发展,完成进出口贸易总值20.57亿美元,共有进出口实绩企业390家。其中,进出口同比增长的企业245家,占总量的63%;增量在2000万元以上企业30家,净增进出口额39.65亿元;进出口前50名企业进出口总额114.43亿元,占全年进出口总量的82.16%。进出口超10亿元的企业3家,分别为晨风(江苏)服装有限公司、奥托立夫(江苏)汽车安全零部件有限公司、卓郎(江苏)纺织机械有限公司。外贸队伍进一步扩大,全年新增备案外贸企业97家,为金坛外贸后续发展集聚新生动力。2017年,全区外贸以机械电子、纺织服装、光伏产品、医药化工四大类产品为主导。其中,光伏进出口占比为12.18%;纺织服装进出口占比28.08%;机械电子进出口占比35.2%,同比增加5.47%,居行业榜首。

【推进“一带一路”沿线国家贸易】 2017年,欧盟经济稳步回暖以及中国“一带一路”战略不断深化成为中欧贸易发展新的增长点。从出口市场布局来看,对日本、美国等传统市场出口分别达21.80亿元、25.85亿元,同比增长38.80%、24.83%。对部分“一带一路”沿线国家出口实现较快增长。其中,对泰国出口2.55亿元,同比增长52.17%;对越南出口2.56亿元,增长40.39%。

【开展调研培训】 2017年,针对全区重点企业开展集中服务性调研活动,发放《对外贸易服务指南》等宣传手册,并坚持定期走访,深入了解企业的生产经营情况,帮助企业破解难题。联合常州海关金坛综合业务科、常州出入境检验检疫局金坛办事处、金坛外汇管理局等部门开展政策宣讲会,帮助企业了解进出口通关、检验检疫业务流程、外管新政和外贸扶持政策。全年共开展各种形式宣讲会7场,参训人数500余人次。

【开拓国际市场】 全年,鼓励企业通过参加国内外展会和贸易促进活动,有针对性地开拓国际市场,拓展销售渠道。组织企业参加2017年中国进出口商品交易会、中国华东进出口商品交易会、上海法兰克福汽配展、中国(昆山)进口产品交易会、意大利米兰国际贸易博览会以及埃及开罗服装纺织展等一系列展会,帮助企业巩固传统市场的同时,积极开拓新兴市场。

【外贸政策扶持】 2017年,加强政策宣传,帮助企业挖掘、包装和申报各类扶持资金。全年申报国家、省、市、区级外贸扶持资金2430万元,受益企业150多家。支持企业境外参展、认证、信用保险、境外商标注册等多项活动。调动企业开展外贸业务的积极性,进一步强化对外贸企业开拓国际市场的支持,发挥财政资金的杠杆作用。

【促进电商发展】 2017年,加快推进金坛区电子商务应用普及和创新发展,朱林镇文化街获评首批江苏省乡镇电子商务特色街区,金坛恒博商贸有限公司获评常州市2016年度电子商务示范企业。区供销社牵头成立金坛区农村电子商务协会。截至2017年年底,金坛累计建成省、市电商示范主体10个,为全区电子商务发展发挥示范和引领作用。

对外及港澳台经济合作

【概况】 2017年,全区紧抓“一带一路”发展新机遇,境外投资、对外承包工程和对外劳务合作步入新常态。把握新一轮发展机遇,立足适度多元化,为企业“走出去”实现可持续发展和开展跨国经营创造有利条件。全年新批境外投资企业7家,协议投资额5510万美元;完成外经营业额7736.66万美元,同比增长14.02%;实现服务外包业务912.25万美元,同比增长10.26%。

3月,召开金坛外贸企业政策宣讲会 (商务局 供稿)

【推进“一带一路”投资合作】 “一带一路”建设促进企业走出国门,实现开放式大发展。2017年,江苏金昇实业有限公司在哈萨克斯坦投资新办纺织厂项目,吉恩新能源科技有限公司在斯里兰卡独资新办玻璃及制品厂,江苏杰中杰建设工程有限公司、江苏恒信建筑劳务有限公司、南京金属材料有限公司合作在斯里兰卡投资建设的JieJie大酒店正式对外经营。对外经济合作实现转型发展,从建筑业、商贸等领域向境外服务业拓展。江苏杰中杰建设工程有限公司与金坛市政建设有限公司共同承接3.6亿元的哈萨克斯坦道路建设项目,2018年进场开工建设,三期工程量累计约10亿元。

【境外投资】 2017年,企业转型升级步伐加快,以增资扩股、“投资—建设—运营”多元发展,一批重点境外合作项目先后落地,企业“走出去”成效初显,合作规模取得新突破。江苏金昇实业股份有限公司在美国特拉华州独资兴办境外投资企业,江苏正信集团以合资形式在日本分别投资1650万美元和2300万美元新建发电厂,所有项目均已通过商务部门批准,有序推进。

招 商

【概况】 2017年,全区突出两个加快,强化推进落实,共签约引进项目162个、协议投资总额782.4亿元。其中,工业项目157个,协议投资总额730.6亿元;服务业项目5个,协议投资总额51.8亿元。157个工业项目中,“三新一特”产业项目占比近80%,产业招商成效明显。全年协议投资额100亿元的BESK新能源汽车动力电池研发及产业化项目、协议投资额80亿元的东方日升光伏组件和电池片项目、协议投资额60亿元的当升科技锂电项目、协议投资额58亿元的鹏辉锂离子动力电池及系统项目、协议投资额36亿元的飞荣达高性能导电导热材料项目、协议投资额30亿元的海目星激光智能制造项目等一批重大项目落户金坛。全年受理联审联办项目64个,加快重点项目早落户、早开工。

【招商活动】 2017年,金坛区组织举办和参与多项招商活动。3月,在上海举办2017年金坛产业对接会和2017年金坛城市推介会两场专题招商会;4月,组织企业参加在南京举行的美洲知识产权会议;5月,在第十二届中国常州先进制造技术成果展示洽谈会开幕式上,组织2个重点招商项目的签约;9月,组织参加2017年中国常州科技经贸洽谈会,联合金坛区工商业联合会共同举办金坛产业经济发展趋势交流会;11月,举办香港、深圳经贸活动周活动。1月、5月、6月、7月、11月、12月分别组织和协办德国、奥地利、加拿大、美国、中国香港等境外招商活动共7批次。

【招商调研】 2017年,完成编制汽车及零部件、通信和储能三大产业招商指南资料,更新“投资金坛”微信平台,扩大招商宣传。在《欧洲时报》刊登金坛投资环境介绍。组织全区招商人员撰写招商经典案例,草拟《常州市金坛区项目引进准入评价实施意见》。

【招商培训】 5月,组织全区20名招商骨干参加常州市招商实务培训;8月,组织人员参加上海复旦大学金坛区产业集群与招商引资专题研究班;配合区委宣传部组织“三新一特”产业招商知识培训,内容涉及产业知识、商务礼仪等。 (卞文娟)

2017年金坛区新设外商及中国香港投资企业情况一览表

表7 单位:万美元

序号	企业名称	地址	法定代表人	投资国别(地区)	总投资	注册资本	外方认缴
1	江苏省激素研究所股份有限公司	江苏省金坛经济开发区环园北路95号	孔繁蕾	日本	1667.14	1667.14	50
2	常州金坛瑞沙融资租赁有限公司	常州市金坛区华城中路168号	王俊伟	中国香港	6000	6000	6000
3	常州市马黛贸易有限公司	常州市金坛区华兴路128号	DIRK ERICH FRAUENHEIM	德国	4.3	3	3
4	鼎利泰(常州)化工科技有限公司	常州市金坛区华城中路168号	钱俊	英国	1000	1000	1000
5	格瓦诺模具(常州)有限公司	常州市金坛经济开发区兴明西路59号	李锡康	中国香港	267.7	267.7	267.7
6	江苏索尔思通信科技有限公司	常州市金坛区晨风路1036号	Boyd Hagen Anderson	美国	2750	1100	1100
7	常州爱智塔斯可融资租赁有限公司	常州市金坛区华城中路168号	区永洪	中国香港	15060.9	10542.63	10542.63
8	康甫机械科技(常州)有限公司	常州市金坛区华城路1668号	Frank Michael Schroder	德国	150	110	110
9	常州金坛雅盛房地产开发有限公司	常州市金坛区茅山旅游度假区林场路1号	葛怀东	中国香港	4000	4000	4000
10	洋大厨餐饮服务(常州)有限公司	常州市金坛区龙山路1-33号	陈小花	俄罗斯	30.5	29.7	7.4
11	胜伟策电子(江苏)有限公司	常州市金坛区白塔路2268号	Pang Yoke Lee	德国	18130.9	6043.6	6043.6
12	江苏康恩生物材料科技有限公司	常州市金坛区薛埠镇工业园区夏霄路1号	ZHAO XIAOBIN	英国	148.6	148.6	148.6

续表7

序号	企业名称	地址	法定代表人	投资国别(地区)	总投资	注册资本	外方认缴
13	常州市金坛区萨格贸易有限公司	朱林镇朱延路金西工业园1号	RANJAN KUMAR	印度	0.5	0.5	0.5
14	爱普沃特尔水处理科技(常州)有限公司	常州市金坛区直溪镇直溪街大道16号	曲博闻	加拿大	205	200	200
15	常州古今旅游发展有限公司	常州市金坛区长荡湖花苑5幢15号	单银银	中国香港	10000	10000	5000
16	英锐交互电子科技(常州)有限公司	常州市金坛区西城北路88号	张洁	新加坡	0.454	0.454	0.454
17	常州江恒房地产开发有限公司	常州市金坛区东环一路669号	李文俊	英属维尔京群岛	22715.55	15956.31	3000

2017年金坛区新增境外企业情况一览表

表8　　单位:万美元

序号	境外企业(机构)名称	国别地区	所在城市	行业	中方投资主体名称	中方协议出资额	协议现汇	备注
1	斯里兰卡杰中杰开发建设工程有限公司	斯里兰卡	帕拉杜拉省品特市	餐饮业	江苏杰中杰建设工程有限公司	800	800	增资
2	金昇股份有限公司	美国	特拉华州威明顿	商务服务业	江苏金昇实业股份有限公司	100	100	
3	株式会社日出太阳能电站	日本	大分县日出町	电力、热力的生产和供应业	常州市金坛旭日贸易有限公司	660	660	
4	吉恩兰卡投资控股有限公司	斯里兰卡	科伦坡	非金属矿物制品业	江苏吉恩节能科技有限公司	1000	1000	
5	株式会社由布院太阳能光伏电站	日本	大分省由布院市	电力、热力的生产和供应业	常州市金坛旭日贸易有限公司	920	920	
6	能量方舟集团有限公司	中国香港	香港	批发业	常州奥硕能源科技有限公司	30	30	
7	富都仕医药	美国	普林斯顿市	医药化工	常州骏丰医疗器械有限公司	2000	2000	增资
合计						5510	5510	

开发区建设

【概况】 2017年,金坛经济开发区实现工业开票销售639.4亿元,同比增长26.7%,占金坛区工业开票销售总量的55.6%;完成公共财政预算收入17.8亿元,同比增长7.9%;完成工业实际投入93.8亿元,同比增长25%;完成规模以上工业总产值830亿元,同比增长24.4%。

产业发展。汽车及零部件产业规模以上企业实现开票销售78亿元,同比增长23%;光伏新能源产业规模以上企业实现开票77亿元,同比下降14%;高端装备制造产业规模以上企业实现开票98.7亿元,同比增长47%;纺织服装产业规模以上企业实现开票76.2亿元,同比增长10%;化工及新材料产业规模以上企业实现开票85.5亿元,同比增长8%。索拉特、易控电子、盛利维尔挂牌新三板,卓郎智能借壳上市,朗博科技主板上市。

招商引资。以钉钉子的精神主攻新能源汽车、移动智能终端、5G移动通信网络三大产业链招商,累计引进项目56个,协议总投资额411.2亿元,超额完成招商引资年度任务。其中,50亿元以上项目2个,分别为总投资100亿元的新能源汽车专用高性能三元材料电池芯生产线项目、总投资58亿元的鹏辉锂电池项目。飞荣达项目、同方威视科技园项目、海目星项目生产和研发水平达到国内外先进水平。外资项目引进有效突破,成功引进总投资2亿美元、全球六大通信芯片制造商之一、5G通信基站芯片世界前三的美国索尔思项目。

项目建设。按照“签约项目抓开工、续建项目抓竣工、竣工项目抓达产”的要求，做好项目建设服务，推动一批项目如期开工、投产，形成经济增量。截至2017年年底，2016年72个签约项目中，信维通信、贝特瑞等51个项目开工，开工率71%；鹿山光电、格罗博电气、冠龙新材料等37个项目竣工，竣工率51%；2017年引进的54个项目中，海目星、金刚线及研发中心等19个项目开工，开工率35%。

科技创新。国家知识产权试点园区创建成功，金坛高新技术创业服务中心国家火炬计划项目——面向科技创业者及小微企业的创新服务平台通过省级验收，中盐金坛成立清华大学卢强院士工作站。江苏省专利奖项评选实现突破，赛尔交通获省专利项目奖，新鸿电子和美蒂进出口获省百件优质发明专利奖。全年申报省民营科技企业35家、高新技术企业19家、高新技术产品37件，分别完成年度目标的140%、126.7%、123.3%。截至2017年年底，专利申请量、发明专利申请量、专利授权量、发明专利授权量分别达到1057件、263件、518件和50件，万人有效发明专利30.3件。

园区建设。编制完成开发区水系调控、城市照明、生态农业3个专项规划以及华科园总规、控规和城市设计，启动国家生态示范园区创建规划和区域环评规划编制。调整土地利用总体规划，新增建设用地933.33公顷。全年拆迁房屋30.8万平方米、清障交地1266.67公顷。园区环境整治年度任务基本完成。社区环境整治深入推进，拆除违法建筑3.4万平方米。金江苑、海棠名都39.2万平方米安置房交付使用，汇福路改造、中塘河整治、南二环绿化等基建项目竣工验收，华科园产业孵化平台加快建设。

【获批国家知识产权试点园区】 12月5日，国家知识产权局下发《关于确定国家知识产权试点园区的通知》，确定包括金坛经济开发区在内的27个园区为国家知识产权试点园区。试点工作周期为2018年1月至2020年12月。试点期间，开发区将以强化知识产权创造、运用、管理和保护为工作重点，进一步优化知识产权政策体系，开展专利导航、布局和运营工作，培育高价值专利，促进专利技术转移转化，同时贯彻实施企业知识产权管理标准，培育一批知识产权优势示范企业，力争在顺利完成试点工作的基础上，加快实现从要素驱动、投资驱动向创新驱动的根本转变，为创新型开发区建设奠定基础。

【引进百亿元重大项目】 2017年，成功引进由世界500强企业韩国SK集团和国内知名企业北京汽车股份有限公司、北京电子控股有限责任公司联合投资100亿元成立的新能源汽车专用高性能三元材料电池芯生产线项目。项目分两期建设： 期总投资约50亿元，2017年9月开工建设，2019年10月建成，年产动力锂电池6吉瓦时，主要为国内外知名车企电动汽车提供动力电池，达产后实现年销售约100亿元；二期2023年6月30日前建成投产。

【引进重大外资项目】 8月25日，总投资2亿美元的美国索尔思芯片项目签约落户开发区，项目全部投产可产生年销售10亿~20亿元。项目投资方是全球六大通信芯片制造商之一，在5G通信基站芯片领域排名世界前三。项目主要生产激光器芯片、探测器芯片和TO组件，首期设备总投资约5200万美元，其中高速率激光器芯片生产线将填补国内生产能力空白。项目建成后将形成年产光芯片4200万颗、TO组件2000万个的生产能力。 （庄茗蚪）

海 关

【概况】 常州海关驻金坛综合业务科主要承担金坛区企业加工贸易手册前期备案，企业注册、变更，海关政策宣传等职责。2017年，金坛区实现外贸进出口总值140.95亿元，比2016年同期增长24.8%。其中出口111.64亿元，同比增长25.6%；进口29.31亿元，同比增长21.9%

【加工贸易】 2017年，金坛区企业通过加工贸易集中作业系统办理手册374票，备案金额2.5亿美元。常州海关驻金坛综合业务科现场办理手册变更299票，同比减少59%。办理零星辅料683票，备案金额150.04万美元，同比分别减少16%和22%。办理

9月30日，总投资100亿元的新能源汽车专用高性能三元材料电池芯生产线项目在开发区签约 （开发区 供稿）

深加工结转68票,同比增长41%。办理外发加工2票,同比减少60%。征收企业风险担保金74票,金额2838万元,同比分别增长393%和838%。

【企业管理】 2017年,常州海关驻金坛综合业务科办理新增企业注册115家,与上年持平;办理企业变更115票,同比减少62%。有482家企业通过登录"中国电子口岸"自主报送年报,同比减少16%,有84家企业通过人工审核年报。截至2017年年底,金坛区共有35家海关一般认证企业。

【服务经济】 2017年,常州海关驻金坛综合业务科开展各类政策宣讲活动4次,共有100余家企业、200多人次参与培训。以企业专项调研、编写工作专报、专题工作汇报等形式主动向区委区政府领导汇报海关服务金坛区外向型经济发展的工作举措以及海关业务改革的进展情况,介绍海关改革给企业带来的各项便利,从海关角度为地区经济发展建言献策。

【加工贸易改革】 2017年,常州海关驻金坛综合业务科通过政策宣讲、微信服务、现场咨询等多种形式,帮助企业解决在加工贸易集中作业改革过程中遇到的各类问题共计160余个。参与作业中心的集中工作,加强与作业中心的协调配合,以企业需求为导向,为企业提供系统实际操作支持,做好有关情况的收集、汇总和上报工作,确保改革的顺利推进。

【企业认证】 2017年,常州海关驻金坛综合业务科组织有意愿成为海关认证企业的公司,积极参加南京海关、常州海关开展的各类认证培训,帮助企业深入了解海关的认证制度,加强引导、咨询、培育,推动企业管理意识的提升。 (黄晨婧)

2017年1—12月金坛区按贸易方式分进出口总值一览表

表9 单位:万元

序号	项　目	进出口	出口	进口	累计比上年同期(±%)		
					进出口	出口	进口
1	进出口贸易总值	1409510	1116406	293015	24.8	25.6	21.9
2	一般贸易	1153814	940569	213245	27.5	27.9	25.6
3	加工贸易	242917	174884	68032	15.4	14.4	18.1
4	来料加工装配贸易	39545	21886	17659	141.1	155.4	125.4
5	进料加工贸易	203372	152998	50374	4.8	6.0	1.2
6	外商投资企业作为投资进口的设备、物品	7484	0	7484	-20.0	-	-20.0
7	保税仓库进出境货物	37	3	34	-	-	-
8	其他	5258	949	4309	18.6	6.4	21.7

2017年1—12月金坛区按企业类型分进出口总值一览表

表10 单位:万元

序号	项　目	进出口	出口	进口	累计比上年同期(±%)		
					进出口	出口	进口
1	进出口贸易总值	1409510	1116406	293105	24.8	25.6	27.9
2	国有企业	9774	9724	51	-15.4	-9.7	-93.6
3	外商投资企业	664619	505923	158695	23.1	23.1	23.1
4	其中:中外合作企业	6965	6965	0	-23.8	-23.8	-
5	中外合资企业	250562	188710	61853	12.2	3.0	53.9
6	外商独资企业	407092	310249	96843	32.5	42.0	9.2
7	集体企业	7631	7608	23	28.6	29.1	-45.9
8	民营企业	727487	593151	134336	27.1	28.5	21.4

(编辑　盛南萍)

农业

【概况】 2017年,全区农林系统积极践行"创新、协调、绿色、开放、共享"的发展理念,按照"产出高效、产品安全、资源节约、环境友好"的总要求,紧扣"山水金坛、多彩农林"这一主题,在优化产业结构、发展绿色林业、强化科技支撑、培育知名品牌、推进产业融合、提升服务效能取得新的突破。

2017年,全区粮食作物总面积2.83万公顷,公顷单产6987千克,总产19.8万吨。全区优质水稻品种栽培面积占比提高到54%,以优质糯稻产加销为突破口,大力推广新的生产模式,落实订单生产面积1533.33公顷,实现节本增效400多万元。建成粮食统防统治与绿色防控示范区26个,常州市级园艺绿色防控标准园5个。"水卷苗"育秧和侧深施肥技术在全省推广。

全年水产品总产量4.41万吨,总产值20.5亿元。全区水产养殖总面积1.32万公顷。其中,河蟹养殖0.89万公顷,青虾主养0.1万公顷,常规鱼养殖0.2万公顷,其它0.13万公顷。新增标准化池塘399.4公顷,标准化池塘累计面积超过1.2万公顷,新增高效设施渔业面积208公顷,高效设施渔业面积比重超过40%。

全年生猪存栏8.76万头,出栏11.93万头。家禽存栏644.46万羽,出栏家禽2471.73万羽。生猪屠宰率先推行"两检(检疫、检验)合一",动物卫生监督全面实现移动监管。关停取缔473家畜禽规模养殖场(户),超年度目标任务235家。

全区完成绿化造林面积501.2公顷,其中成片造林241.9公顷。完成四旁义务植树70万株,新建农田林网53.3公顷,完善提升农田林网813.3公顷,聚力打造绿化"三化"(彩色化、珍贵化、效益化)示范片3个、示范村10个。科学规划城市大外环森林带建设,着力打造低碳城市,发展"绿色翡翠"。茅东林场入选"中国森林氧吧"名录。

全区园艺总面积1.58万公顷,园艺业年产值10.78亿元。集聚形成了"山边、水边、城边"创意休闲农业观光带,年游客接待量达201万人次,直接带动农户户数7350户。新创成省级园艺作物标准园2个,新发展高效设施农渔业面积353.3公顷。薛埠镇茶香小镇列入省级农业特色小镇试点,茅山茶海·北海跻身"全国三十座最美茶园"。

通过对区级龙头企业的运行监测,淘汰了部分运行不正常的企业,区级龙头企业由106家减少到92家(含新申报的14家)。新增省级农业龙头企业2家(江苏常丰食品有限公司、江苏一号农场科技股份有限公司)。至2017年底,全区有区级以上农业龙头企业(合作社)125家。其中,省级12家,常州市级21家,区级92家。

上阮现代农业产业园、一号农场成为全国首批农村创业创新园区(基地),朱林镇朱林村、黄金村和圣贝特蜂产品有限公司被列入省级重点培育农产品电商示范村(企业),全区农产品网络销售额突破10亿元,比上年增长22%。 (曹建军)

【产业化示范】 江南春米业、江南制粉、茅山青锋等3家企业获常州市"联农带农"十佳农业龙头企业称号,尧塘镇谢桥村、朱林镇黄金村、儒林镇湖头村获常州市"一村一品"十佳示范村称号。朱林镇黄金村(有机稻米)获全国"一村一品"称号,这也是常州市传统农业首次登上全国"一村一品"的舞台。江苏金坛现代农业产业园和一号农场成为全国首批农村创业创新园区(基地)。一号农场申报的"一号农场创新型现代有机农业综合体建设项目"获首届江苏省农业创新创业项目创意大赛一等奖。

【电子商务】 打造了"长荡湖""湖中醉""湖鳌""圣贝特""麓雨""印象乾元"等一批农产品电子商务营销品牌。新发展农产品电商企业14家,新挖掘各类电商平台涉农店铺23家。打造长荡湖大闸蟹电商销售集聚区,2017年共计完成农产品网络销售额10.75亿元。

【品牌创建】 “金坛大米”“金坛雀舌”“茅山青锋”“建昌红香芋”续评全国名特优新农产品;一个区域公用品牌(金坛雀舌),20家企业品牌入选2017年度江苏省农产品品牌目录(初级农产品和初加工农产品);“长荡湖大闸蟹”和“金坛红香芋”通过国家质检总局生态原产地保护评定。

【开放型农业】 2017年,金坛区农产品出口企业参加香港、日本、法国等各类境内外农产品展销推介会5批次,新增江苏贺盛实业有限公司和常州市金坛区萨格贸易有限公司2家开放型农业企业。全年农产品进出口总额为7970.33万美元,其中出口创汇4863.45万美元。 (周秋娟)

【农民培训】 2017年,金坛区举办粮油、农机、休闲观光、土肥、电子商务等省级各类培训班19期,培训人数1345人次;各镇(街道)的实训基地举办各类市级培训班27期,培训人数1500余人次。完成茶叶职业技术培训(省级班)100人次。第一批在苏州农业职业技术学院开班的青年农场主(6人)轮训班结业,学员戴祥华、谢彬获优秀学员称号。2017年度农业部农业经营主体带头人培训班、青年农场主培训班合计170人次,全面完成第一阶段培训。 (滕 颖)

【行政服务】 全年围绕省农委十佳窗口标准具体开展工作。完全落实三集中三到位(部门审批服务项目向一个科室集中、科室向行政服务中心集中、审批事项向网上政务平台集中;部门对行政服务中心窗口授权到位、行政服务中心窗口工作人员配备到位、电子监察系统监管到位),行政审批改革组织领导、目标责任、管理协调等制度进一步完善,服务制度、监督制度、信息结果完全公开。做好许可事项的取消下放承接工作,进一步加强事中事后监管。创新开展移动许可模式,获中心表彰。连续15年未发生一起不满意与投诉事件。在整个中心数十个窗口的年度考核中进入前十,获评年度红旗窗口,并凭借移动许可工作模式获年度创新贡献奖。

(柳民强)

【农业行政执法】 2017年,金坛区农林局共出动执法人员1720人次,检查农资经营单位、畜禽单位、渔业生产单位、各类农机服务组织1144家,办结案件65起,罚没款共计15.563万元,总货值6.92万元,另移交公安一起,货值6.52万元。检验机动渔船17艘,为全区机动渔船发放油价补助资金111万元。纠正各类农机违章违规15次,排查治理各类农机隐患21起。抽样检测“瘦肉精”等违规投入品11380份,无害化处理生猪13804头、家禽80317羽。 (孙军华)

【生态农业】 2017年,全区秸秆综合利用稳步前进,新建村级秸秆收储点3个,整村推进合格行政村70个。为加快转变农业发展方式,不断改善农业生态环境,有效提高农产品品质,积极培育富有常州特色的生态循环农业技术体系和产业形态。全年认定常州市生态循环农业示范创建单位18家。其中,片区大循环3家,片区中循环3家,片区小循环12家。

(白洁瑞)

·粮油种植业·

【概况】 2017年,全区粮食作物总面积2.83万公顷,较上年缩减0.61万公顷,减17.6%,连续7年缩减;公顷单产6987千克,较上年减少33千克,减0.5%;总产19.8万吨,较上年减4.36万吨,减18%。

夏粮总面积1.18万公顷,较上年缩减0.27万公顷,减18.6%;公顷单产4558.5千克,较上年减10.5千克,减0.23%;总产6.62万吨,较上年减1.35万吨,减16.9%。主要作物小麦面积1.14万公顷,较上年减0.27万公顷,减19.1%;公顷单产4608千克,较上年增1.5千克;总产5.26万吨,较上年减1.23万吨,减19%。大麦面积106.9公顷,较上年减19.6公顷,减15.5%;公顷单产3930千克,较上年减238.5千克,减5.7%;总产420吨,较上年减122吨,减22.5%。

秋粮面积1.65万公顷,较上年减0.34万公顷,减17.1%;公顷单产8719.5千克,较上年减84千克,减1.0%;总产14.42万吨,较上年减3.11万吨,减17.7%。主要作物水稻面积1.46万公顷,较上年减0.12万公顷,减7.6%;公顷单产9360千克,较上年增1.5千克;总产13.67万吨,较上年减3.13万吨,减18.6%。其中,中稻面积54.47公顷,公顷单产8535千克,总产465吨,分别较上年减293.2公顷、823.5千克、2789吨;晚稻面积1.46万公顷,公顷单产9360千克,总产13.62万吨,分别较上年减0.3万公顷、减0.1千克、减2.85万吨。

全区油菜总面积0.18万公顷,较上年减286公顷,减13.7%,连续8年缩减;公顷单产2475千克,较上年增15千克,增0.6%,创历史新高;总产4529吨,较上年减673吨,减12.9%。

2017年,水稻平均销售单价每千克2.9元,比上年略有提高;公顷产值26769元,较上年增1002元;公顷成本13498.5元,较上年减508.5元;公顷效益13272元,较上年增1513.5元。小麦平均销售单价每千克2.36元,较上年增1.06元;公顷产值11067.75元,较上年增3993.75元;公顷成本7206.15元,较上年增314.4元;公顷效益3861.6元,较上年增5179.35。油菜籽单价每千克4.9元,较上年增1.2元;公顷产值12597.9元,较上年增3262.8元;公顷成本7488.3元,较上年增792.3元;公顷效益5109.6元,较上年增2470.05元。

【涉农补贴】 2017年,全区农业支持保护补贴(耕地地力保护)补贴面积20894.132公顷,补贴标准为1725元每公顷,涉及9个镇(街道),94个行政村,93443户农户,共计发放补贴资金3604.24万元。2016年农业支持保护补贴(粮食适度规模经营)共发放资金849万元,其中机插秧补贴(机插秧面积2公顷以上的规模种植户)662.7547万元,涉及647个经营主体;粮食生产全程机械化薄弱环节作业能力提升补贴142.4万元,涉及101个经营、服务主体;贷款贴息43.8453万元,共42笔,涉及34个经营、服务主体。

【粮食保险】 2017年,全区稻麦油参保总面积3.01万公顷,参保保费1018.1万元,全部由各级政府承担。其中,水稻参保农户5.23万户,面积1.65万公顷,保费收入692.98万元;油菜参保农户2900户,面积300公顷,保费收入6.97万元;小麦参保农户数4.53万户,面积1.33万公顷,保费收入318.15万元。

【高产高效示范区创建】 2017年,全区共建设粮食绿色高产高效示范片26个。其中,水稻15个,总面积8040公顷,投入财政资金460万元,公顷单产9616.8千克,重点支持集中育秧、机械化高效施肥、机械化高效植保和稻田开沟等环节;小麦11个,总面积1100公顷,投入财政资金140万元,公顷单产5677.5千克,重点支持机械化播种、开沟、镇压、化肥减量增效、病虫害专业化防治等环节。

【试点省级耕地轮作休耕制度】 金坛区是2017年省级耕地轮作休耕制度试点县之一,试点区域集中在指前镇、薛埠镇和朱林镇,涉及11个行政村的种粮大户和专业合作社。全年全区实施1万亩的轮作休耕任务,其中6个以种植有机稻米为主的集中连片区域实行轮作换茬或休耕培肥,面积420公顷,分布在指前镇东浦村,朱林镇唐王村、黄金村,薛埠镇茅东村、上阮村、下杖村;5个以复垦田和长期少免耕田为主的区域实行深耕晒垡,面积246.7公顷,分布在指前镇芦溪村、丰产村和薛埠镇倪巷村、罗村村、上阮村及山蓬村。

【“五位一体”推进稻米产业化】 以中央财政农业技术推广项目“江苏稻麦新技术示范及推广模式创新”的实施为契机,创立了高校、地方政府、农户、粮食加工企业、农资供应企业共同参与的“五位一体”订单生产新模式。2017年,共有江南制粉等4家稻米加工企业与163个种粮大户开展了1500公顷优质糯稻、软粳稻订单生产,帮助农民增收400余万元。同时解决了粮食加工企业粮源不稳、生产过程标准化程度低等问题。 (朱 萍)

【种子管理】 2017年,金坛区根据新修订《中华人民共和国种子法》相关规定,对全区种子生产经营企业及门店进行种子生产经营网上备案管理,全年共计备案142单。其中,委托生产备案5单,种子委托代销备案13单,经营不分装备案124单。主要农作物种子生产经营网上备案率100%。5月和10月,分别组织区内种粮大户、农技人员对小麦和水稻新品种展示点进行现场观摩,总计观摩人员212人次。全区各种子经营网点累计销售水稻种子770.2吨,小麦种子1230.1吨。小麦繁种面积200公顷,达标种子数量1080.1吨;水稻繁种面积187公顷,达标种子数量1540.3吨。 (郑 飞)

【耕地质量建设】 在全区主要粮油作物(稻、麦、油菜)上推广测土配方施肥技术,化肥施用量(纯量)较2015年削减2%以上,推广补贴稻麦配方肥1500吨,商品有机肥16323吨,促进化肥减量增效。运行维护好国家、省、市、区级耕地质量监测点,建立1个省级土壤墒情监测点,对耕地质量(土壤墒情)进行长期、定位监测。

(沈家禾)

【植保植检】 2017年,金坛区麦田虫害均为轻发生;病害除白粉病中等发生外,其它病害均为轻发生;杂草呈中等偏重发生,个别田块重发生。水稻田大螟中等偏轻发生,灰飞虱、白背飞虱、褐飞虱、二化螟均为轻发生;稻瘟病、纹枯病中等发生;杂草中等发生。

全年粮油作物病虫草累计发生面积16.31万公顷次,防治面积47.9万公顷次。经防治,全区全年共计挽回粮食产量损失5.31万吨(其中水稻挽回损失4.45万吨,小麦挽回损失0.86万吨),油菜挽回损失0.03万吨。

化学农药减量使用。全年水稻、小麦、油菜生产农药使用总量(有效成分)85.37吨,其中高效低毒低残留农药使用量(有效成分)70吨。

建立绿色防控示范区。在薛埠镇罗村村、朱林镇沙湖村、指前镇建春村、直溪镇新河村建立水稻绿色防控示范区,总面积180公顷。示范推广无纺布全程覆盖育秧、生物防控等技术措施。在薛埠镇罗村村金坛区生态良种茶场建立茶园生物农药绿色防控示范区,总面积33.33公顷。

推广稻田封闭除草技术。利用2017年中央财政农业生产救灾及特大防汛抗旱补助资金项目,购买除草药剂,对全区833.33公顷田块免费发放,以推广稻田杂草封闭和茎叶处理技术,应用高效低毒低残留农药,实行农药减量使用。经对药剂处理田块的抽样调查,所有抽样田块杂草均为一级轻发生,大幅降低了草害威胁。

科学准确的病虫测报。2017年,区植保站在大田普查过程中,在指前镇东浦村发现江苏省首列小麦条锈病,及时上报至江苏省植保植检站,省站高度重视,立即组织专家到金坛区查看定性,并及时组织召开了江苏省小麦条锈病田间监测与防控技术培训会议。最终统计,金坛区小麦条锈病发生总面积20公顷。 (段云辉)

·水 产 业·

【概况】 2017年,金坛区渔业立足经济发展新常态,以“提质增效、降本增收、绿色发展、富裕渔民”为总目标,以渔业供给侧结构性改革为主线,加大服务与管理力度,加强生态渔业建设,推进水产健康养殖,提升水产产品品质,渔业经济总体保持了稳定的发展态势。全年水产品总产量4.41万吨,比上年下降5.8%,总产值20.5亿元,下降2.4%。

农业部渔业健康养殖示范县成功创建。水产养殖单位基本信息数据库初步建立,制定实施渔业健康养殖技术培训、重大水生动物疫病监测、水产品药物残留检测、水产苗种产地检疫和渔业乡村兽医登记备案5项管理制度。养殖单位按标准生产,养殖生产、药物使用和产品销售等3项记录全面实施。金坛区以93分的高分通过农业部组织的专家验收,成功创建江苏省首个农业部渔业健康养殖示范县。

长荡湖资源保护力度加强。为了加强长荡湖资源保护和绿色开发力度,实施长荡湖网围整治和退圩还湖工程。1133.33公顷长荡湖网围养殖全面拆除,长荡湖周边池塘面积缩减866.67公顷,全区水产养殖总面积1.32万公顷。其中,河蟹养殖0.89万公顷,青虾主养0.1万公顷,常规鱼养殖0.2万公顷,其它0.13万公顷,养殖结构不断优化。

物质装备水平显著提升。以江苏省金坛现代渔业产业园区提档升级工程等项目为示范引领,组织实施全区高效设施渔业建设工程,实现蟹池双层护坡1000公顷,池塘面貌有新改观。全区新增标准化池塘399.4公顷,标准化池塘累计面积超过1.2万公顷,新增高效设施渔业面积208公顷,高效设施渔业面积比重超过40%。建成生态养殖水槽1000平方米,试验示范池塘底排污养殖示范工程,养殖池塘氮、磷排放降低40%以上;加大蟹池物联网应用率,不断提升渔业精准化养殖水平。

科技成果集成转化水平全省领先。重点推广"长江1号""长江2号""诺亚1号"等河蟹名优品种,河蟹良种覆盖率超过50%。全区新增1家水产苗种生产企业,并通过常州市级良种能力考核。结合渔业科技示范基地、选取重点示范户,开展"全程配合饲料河蟹养殖投喂管理模式"、蟹池"小精高"模式螺蛳最适投放量研究、河蟹雌雄分养、罗氏沼虾养殖、蟹池套养鲈鱼、生物发酵饵料配制和生物菌和小球藻人工扩培等一批新技术、新模式试验示范,为面上开展指导提供了有力的技术支撑。参与实施的"蟹池多品种养殖模式示范集成与推广"项目获得江苏省农业技术推广一等奖,"长江1号河蟹养殖技术与推广"项目获得江苏省农业技术推广二等奖。

水产品质量安全有新提升。建立水产养殖单位"双随机"执法名录,签订水产品质量安全生产责任承诺书6000余份,落实水产品生产主体责任,抓生产源头。制作发放水产养殖禁用药清单、规范用药宣传扇等宣传物资,开办水产品质量安全培训班15期,培训1200多人次。对水产苗种繁育持证单位、养殖企业、合作社和家庭渔场开展执法检查,累计出动执法人员500多人次,检查养殖单位200多家。部、省级产地水产品药残监督抽样4批次39个样品,区级产地水产品快检抽样522个,6镇3街道全覆盖,抽检合格率100%。全年检测病害样品50批次,开展药敏试验15批次。开展苗种产地检疫工作,开具检疫合格证15张。

为渔服务水平有新提升。利用"金蟹宝"软件、"物联网专家服务"系统、"农务通"短信、水产站网站等为养殖户强化信息服务与技术指导,全年共发送技术指导信息100余次。开展科技服务、入户指导、技术培训,全年举办培训35期2100余人次。连续七年承办江苏省渔业重点示范户研修班,接待各级领导和兄弟县市前来参观交流超过2000人次。

长荡湖区域公共品牌影响力持续增强。长荡湖大闸蟹被国家质检总局列入生态原产地保护产品,地理标志打上了"生态标签"。举办第五届长荡湖湖鲜美食节,开展长荡湖"蟹王、蟹后"争霸赛暨"十佳蟹艺达人"评选活动。长荡湖大闸蟹蝉联第四届"中国十大名蟹"称号。同时,囊括2017年全国河蟹大赛"金蟹奖、最佳口感奖、最佳种质奖和最佳组织奖"等全部大奖。以"绿色发展"为主题,在第三届江苏国际水产品暨休闲渔业展销会上设立长荡湖专区,长荡湖大闸蟹、生态甲鱼、牛蛙和大鲵等水产品获得展会金奖。（刘伟杰）

【获江苏省首个农业部渔业健康养殖示范县】 10月17日,农业部组织天津、上海、黑龙江、江西、湖北、海南六省市以及全国水产技术推广总站的水产行政管理、养殖技术专家组成专家组,对金坛区创建农业部渔业健康养殖示范县进行验收。

验收会上,专家组听取金坛区政府对创建工作情况的汇报,观看金坛区现代渔业发展宣传片,分组现场察看长荡湖现代高效河蟹产业园、省级青虾精品园、草滩家庭农场、直溪镇青虾专业合作社、指前镇河蟹健康养殖示范区和长荡湖水产科技公司等健康养殖示范基地。经过对创建工作全面审核、逐条评价和充分讨论,金坛区以93分的高分通过验收,成为江苏省首个农业部渔业健康养殖示范县。

11月7日,农业部副部长于康震为金坛区人民政府发放农业部渔业健康养殖示范县牌匾。（罗　明）

【农业部副部长于康震调研金坛科技渔业】 11月7日,农业部副部长于康震、农业部渔业渔政管理局局长张显良、江苏省海洋与渔业局局长汤建鸣一行到金坛渔业科技示范基地调研,常州市委副书记蔡骏,金坛区副区长朱霞等陪同。

金坛渔业科技示范基地由金坛区水产技术指导站负责运行,开展水产新技术、新品种、新模式的试验研究和集成示范。基地已成为江苏省渔业科技培训与研发中心和江苏省渔业科技成果转化基地。围绕河蟹这一主导产业,基地先后引进9个名优品种;研究示范集成了"蟹池微孔管道增氧生态高效养殖技术"、蟹池"631"和"155"生态高效养殖技术以及物联网养蟹等10多项,已在江苏省乃至全国大面积推广,其中蟹池微孔管道增氧生态高效养殖技术在全国80%河蟹主产区推广应用。共获20多项国家专利授权,公开发表文章50多篇,获部、省、市级科技进步奖和农业推广奖等奖项10多项。通过示范基地的引领和辐射带动,促进了金坛乃至全省的河蟹产业发展,为全省乃至全国兄弟县市培训了数千名渔业技术实用人才,河蟹产值和效益提高了50%以上,为渔业增效和渔农民增收做出了贡献。

于康震参观了金坛渔业科技示范基地并详细听取了基地负责人对围绕渔业绿色发展、提质增效和转型升级等方向正在实施的渔业科技项目的介绍。

【长荡湖大闸蟹再获"中国十大名蟹"称号】 11月4日,第四届"中国名蟹大赛"暨全国河蟹融合发展峰会在兴化落下帷幕,由江苏省金坛现代农业产业园区选送的"长荡湖大闸蟹"从全国十几个省近五十家单位中脱颖而出,再获"中国十大名蟹"称号,区农林局获得最佳组织奖。中国十大名蟹每四年评比一次,被称为是河蟹产业界中的"奥斯卡金奖",要求河蟹在活力、肥满度、外形特征、口感、色泽等方面俱佳。

近年来,金坛区加强渔业水域环境生态监测和保护,引进河蟹新品种,严格把控投入品管理,做到"资源好、环境优、种质良、科技新和质量严"。河蟹的平均单产、规格、品质都有了很大提高,河蟹产业作为金坛区第一个单品种超10亿元的农业产业,为农业增效、农民增收做出贡献。

【金坛区开出第一张水生动物检疫合格证】 5月12日,金坛正式启动水产苗种产地检疫试点工作。直溪镇建昌省级水产良种繁育场作为该项工作开展的第一站,协办金坛水产苗种产地检疫现场会,并获得了全省试点工作开展后金坛第一张水生动物检疫合格证。

现场会严格按照《江苏省水产苗种产地检疫暂行办法》中的检疫程序,对建昌养殖场的苗种进行了产地检疫全程实操,系统的演示了水生动物苗种产地检疫合格证开具的整个过程。

现场会使与会渔政员、渔技员、苗种繁育企业负责人详细掌握了水产苗种产地检疫工作的开展程序,深化了苗种繁育企业的产地检疫申报意识,为金坛水产苗种产地检疫工作全面开展提供了坚实基础。

【非洲十国水产养殖专家到金坛区考察交流】 8月19日,在中国水产科学研究院淡水渔业研究中心有关专家的陪同下,参加商务部援外培训项目的科特迪瓦、几内亚和刚果等10个非洲法语国家的37名渔业官员、专家及技术人员来到金坛区考察交流现代渔业建设和渔业科技服务先进经验。

非洲考察团一行先后参观了区渔业科技示范基地、长荡湖水城、水街等渔业科技和休闲渔业示范点。作为"中国河蟹科技创新模范县(市、区)",近几年来,金坛区集成创新了蟹池"155"生态高效养殖、"小精高"河蟹生态养殖和物联网养蟹等一批新技术、新模式,高效设施渔业面积占到水产养殖总面积的40%以上,处于全省领先地位。重点打造建设的长荡湖水街、水庄、水城等一批观光休闲渔业示范点,年接待游客突破100万人次,营业额超3亿元。

来访的非洲法语国家大多位于撒哈拉沙漠以南,其内陆水域和海岸线还未大量开发。考察团对于金坛区在现代渔业建设和渔业科技服务方面取得的巨大成绩表示钦佩和赞赏,并希望能建立长期友好的合作关系,将新理念和新技术带回非洲去,为非洲国家的水产养殖可持续发展提供有力技术支撑。 (张金彪)

【良好农业规范认证】 4月13日,金坛区举办良好农业规范(GAP)认证推进会。

良好农业规范认证是加强水产品质量安全的一种有效方式。全区共10家养殖单位通过GAP认证,通过该项工作的推进,强化了水产品质量安全监管,提升了水产养殖户健康养殖理念,为金坛区创建农业部渔业健康养殖示范县打下扎实的基础。

(丁彩霞)

·畜 牧 业·

【概况】 2017年,金坛区畜牧业按照"源头减量、过程控制、末端治理"的原则,以畜牧业绿色发展示范县创建为契机,通过加快畜牧业生产方式转

8月19日,非洲十国水产养殖专家到金坛考察 (农林局 供稿)

变,推行畜禽标准化健康养殖,推进畜禽废弃物的资源化循环利用,形成生产布局优化、资源利用高效、生态环境良好、产品质量安全的畜牧业绿色发展新格局。全区畜牧兽医工作成绩显著,畜牧经济在农村经济中的支柱地位得到进一步巩固。

全年畜禽生产基本稳定,生猪价格下跌,家禽价格波动较大,玉米和豆粕等主要饲料原粮价格相对平稳,苗禽价格与上年相比明显下降,养殖效益与上年相比较低。全年全区生猪存栏8.76万头(其中能繁母猪0.97万头,同比增加1%),比上年减少24.16%,全年出栏11.93万头,减少11.7%。家禽存栏644.46万羽,减少12.66%,全年出栏家禽2471.73万羽,减少0.93%。

全区共防疫生猪口蹄疫37.2万头次、羊口蹄疫1.58万头次,高致病性猪蓝耳病27.98万头次、猪瘟36.05万头次,小反刍兽疫0.95万头次,高致病性禽流感3828.48万羽次、鸡新城疫4100.04万羽次,其他的病种也做到了应防尽防。

2017年,金坛区动物卫生监督所共实施产地检疫生猪79688头,家禽10245万羽;屠宰检疫生猪249442头,家禽9181821羽;共开展瘦肉精等违禁物、投入品抽查抽检10393份;病死生猪无害化处理13804头。

(李　龙)

【常州市动物卫生处理中心主体工程基本完工】 8月中旬,常州市动物卫生处理中心主体工程开始动工建设,12月基本完成处理中心建设任务。项目建设地点选址在金坛区东城街道东柘荡村,建设主体为金坛区农林局,项目总投资6000万元。根据设施一流、工艺领先的要求,处理工艺为干化法,设计日处理病死动物能力为20吨/天,项目用地20021平方米。

(汤明庚)

【畜禽养殖污染整治】 全区继续推进禁养区畜禽养殖场(户)关闭搬迁工作,并对非禁区省级规模畜禽养殖场全面开展整治工作。2017年,顺利完成全区472家畜禽养殖场(户)关闭搬迁工作,其中禁养区第一轮关闭搬迁畜禽养殖场户238家,第二轮关闭搬迁畜禽养殖场户64家,非禁养区关闭搬迁畜禽养殖场户169家。保留非禁养区需治理的畜禽规模养殖场(户)407家。截至12月底,完成治理认定场(户)302家,全区治理率达74.2%。 (徐　卉)

【试行生猪屠宰"二检合一"】 结合金坛区生猪屠宰实际情况,全区在全省率先制定了《常州市金坛区生猪屠宰检疫检验"二检合一"兽医卫生检验程序(试行)》,积极探索生猪屠宰检疫检验新模式。明确了由生猪屠宰企业选聘兽医卫生检验员开展兽医卫生检验程序,驻场官方兽医专职监管的"二检合一"工作模式,明确企业为畜产品质量安全责任主体。通过宣传动员,理论培训,操作指导等形式积极推行"二检合一"工作,10月18日正式在全区推行生猪屠宰检疫检验"二检合一"工作,并在11月21日举办的全省畜禽屠宰现场会上向全省同行进行现场操作演示。 (李　龙)

【监测预警】 2017年,全区共检测高致病性禽流感等畜禽样品7052份,抗体合格率平均为94.16%,高于农业部规定的70%的标准。 (徐荣军)

·林　业·

【概况】 2017年,全区完成绿化造林面积501.2公顷,其中成片造林241.9公顷(丘陵岗地森林植被恢复88.87公顷,城郊森林83.63公顷,江河湖海防护林55.8公顷,绿色通道13.6公顷),为江苏省林业局下达全年成片造林任务的121%,连续8年超额完成任务;四旁植树70.7万株,森林抚育0.2万公顷,完善提高农田林网0.127万公顷,新建农田林网66.67公顷,全区林木覆盖率稳步增长,达到27.3%;新创省级绿化示范村1个,省级三化示范村7个,市级三化示范村1个,新增绿化面积23.9公顷,建成公共绿地1.34公顷,栽植各类树木37.65万株,其中乔木2.15万株,灌木35.5万余株,创建村庄绿化覆盖率35%以上。金坛城市森林大外环的前期调查、规划设计等工作基本完成,确定绿化造林用地面积约433.33公顷。

2016年冬至2017年春,全区未发生森林火灾。新添置灭火弹3500枚,扑火服60套,扑火鞋60双,割灌机5台,油锯3台,消防水泵8台。加强森林防火应急扑救(护林)队伍建设,共培训基层防火骨干180余人次,提高了森林防火人员的综合素质。

实施了50多千米的道路两侧266.67公顷林下可燃物清理。9月,投入500余万元建设的森林防火远程视频监控系统全面投入运行。

林业有害生物防治面积346.67公顷,林业有害生物成灾率控制在1.6%以下。在松材线虫病除治上,共完成清理线虫病引起的死松木面积211.33公顷,占发生面积的100%,清理出病死树1058株,清理出松材疫木蓄积56立方米,病枝材送江苏大亚人造板集团有限公司切片处理6吨多。

全年共查处林业行政案件5起,涉及擅自改变林地用途、盗伐以及毁林开垦,罚款共计86941.5元。全年共出动警力320人次,出动车辆115次,开展普法教育10余次,检查全区18家集贸市场,9家野生动物养殖场,检查山区17家饭店,共收缴并销毁6个猎捕鸟类的围网,放生斑鸠10只,王锦蛇15条,野猪(幼体)2只。

2017年,全区经审批批准采伐林木104.19公顷,蓄积1872.84立方米,毛竹间伐32.63公顷,25154株,桂竹间伐6.26公顷,22650株。

合理编制了林地年度变更报告。通过7个月的外业调查和内业整理,全区共计变更了4082个图斑,去除图斑毛刺约4万个,由非林地转为林地增加的林地面积为230.26公顷,由林地转为非林地减少的林地面积为230.25公顷，净增加林地面积为0.01公顷。经过变更，金坛区受保护的林地总面积为13156.58公顷，其中公益林地面积为6518.66公顷。

完成江苏金坛长荡湖国家湿地公园控制详规初稿的编制工作；总投资约2.6亿元的南洲市级湿地公园一期任务全面建成；加强长荡湖、钱资湖、下塘河3个湿地保护小区的建设管理工作，设置湿地保护小区标牌、标识及界桩。

全年争取到各类林业项目资金1625.3万元，为金坛区生态文明建设持续发展提供了资金保障。

【植物检疫】 全年共签发森林植物检疫证书17718份，木材运输证9623份，森林植物检疫要求书66份。经检疫合格调出各种植物13400万株，其中苗木10500万株。外运各类木材折合材积680多立方米。未发生错检、漏检事件。

【木材检查】 2017年，金城木材检查站不断创新执法理念，切实加强队伍素质的建设，加大木材运输流通和苗木调运的检查力度，全年共立案查处57起违法运输案件，罚款12余万元。有效地维护了木材流通的正常秩序，一定程度阻止了森林病虫害的传播。

（马 骧）

·园 艺 业·

【概况】 2017年，金坛区园艺工作以打造现代农业发展"升级版"为目标，以结构调整、示范创建为主线，以高效设施农业建设和创意休闲农业升级行动为抓手，加快"菜篮子工程"蔬菜生产基地建设，促进农机农艺融合，拓展创意农业层次，实现园艺产业和创意休闲农业提档升级。

2017年，全区园艺产业稳中有升。园艺总面积1.58万公顷，其中茶叶0.27万公顷，蔬菜0.33万公顷，食用菌生产面积57.16万平方米，果树0.12万公顷，花卉苗木0.86万公顷。新增设施农业面积0.013万公顷，设施化比重达21.6%。联合国土、农办备案设施农用地项目34个，占地2.7公顷。集聚形成"山边、水边、城边"创意休闲农业观光带，年游客接待量201万人次，直接带动农户户数7350户。2017年虽受台风、雨灾、连续干旱、雪灾等不利气候影响，但在全区园艺从业人员共同努力下，园艺业年产值同比增加7.69%，总产值10.78亿元。

组织申报省市级高效设施农业项目17个、市级园艺作物绿色防控示范区项目5个、种质资源保护与利用项目1个。鑫品茶业有限公司和江苏茅山青锋茶叶有限公司成功入选省级标准园创建单位。建设鑫品茶叶、金唐水芹、建昌红香芋、唐庄桃以及方麓茶叶等常州市级园艺作物绿色防控示范区。开展茶叶有机肥替代化肥行动，在茶叶示范区推广商品有机肥，水肥一体化。

对《金坛区"菜篮子"工程蔬菜生产基地建设规划》进行修编，因2015年金坛撤市改区，以及金武路西延和沿江高铁建设等因素，城乡建设用地大幅度调整，规划因地制宜的在保证上轮规划总面积680公顷不变的前提下，由上轮的朱林片区调整为朱林水生蔬菜区、薛埠有机蔬菜区、金城葱稻菜轮作区、直溪芋稻菜轮作区、指前菌稻菜循环产业带5大片区。

创意休闲农业探索发展。承办2017年全省创意休闲农业工作推进会，会上借鉴各地做法经验，研究部署进一步加快推进全省创意休闲农业发展。全面启动实施创意休闲农业省级特色品牌培育，培育江苏创意休闲农业特色品牌。薛埠镇茶香小镇被列入全省首批105个农业特色小镇名录。

【创意作品获佳绩】 2017年10月，在江苏省首届创意休闲农业设计大赛精品展示活动上，金坛区选送的作品获得常州市唯一的金奖，奖项数占常州一半以上。其中由江苏花谷奇缘"十大主题花园""两大原生态花海"获金奖，一号农场、茅山茶海和御庭春提供的4个作品分获铜奖、优秀奖。

【3家单位获全国休闲农业与乡村旅游星级示范企业】 12月，农业部农村社会事业发展中心公布2017年全国休闲农业与乡村旅游星级示范企业创建名单，花谷奇缘、一号农场获全国休闲农业与乡村旅游四星级示范企业，玫瑰风情园获三星级示范企业。

【仙姑村、谢桥村入选江苏省休闲观光农业示范村】 为加快休闲观光农业强省建设，推动全省休闲观光农业规范发展，全省开展江苏休闲观光农业示范村建设。2017年11月，经各地培育创建、申报推荐、专家评审和网上公示等程序，金坛区薛埠镇仙姑村，尧塘

11月，尧塘街道谢桥村入选江苏省休闲观光农业示范村

（尧塘街道 供稿）

街道谢桥村成功入选。至此,全区共有3个省级休闲观光示范村。

【茅山茶海·北海入选“全国三十座最美茶园”】 8月,由中国农业国际合作促进会茶产业委员会、中国合作经济学会旅游合作专业委员会共同主办的2017年度“全国三十座最美茶园”评选获奖名单正式发布,江苏省共有3家茶园入选,金坛区茅山茶海·北海榜上有名。

【首个江苏省主题创意农园——花谷奇缘】 7月,江苏省农委公布了百家主题创意农园公示名单。金坛区江苏花谷奇缘旅游发展有限公司申报的花神文化创意农园榜上有名。花谷奇缘以花为媒,匠心打造花神园、法国花园、荷兰花园、玫瑰花园、茉莉花园、厨房花园、儿童花园、音乐花园等十大特色精品花园及两大原生花海。融入了科技、文化、生态、教育等多元素。

【一号农场成功入选省级蔬菜全产业链示范园区和蔬菜品种展示中心建设单位】 2017年7月,根据省农委《关于开展蔬菜全产业链示范园区建设的通知》,经各地推荐、省农委审核,金坛区一号农场科技股份有限公司入选全省蔬菜全产业链示范园区、省级蔬菜品种展示中心建设单位。全省蔬菜全产业链示范园区建设单位仅15家,全省展示中心建设单位仅12家。

【薛埠镇获“中国名茶之乡”荣誉称号】 11月,根据《中国名茶之乡评选办法》,中国茶叶学会名茶之乡评选办公室对江苏、安徽、福建等12个省市的23个重点产茶县(乡)的申报材料进行评审,根据公开、公平、公正原则和《中国名茶之乡评选指标》,评选出15个区域为第四届“中国名茶之乡”,金坛区薛埠镇榜上有名。

【在第十二届“中茶杯”全国名优茶评比中获荣誉】 8月,在第十二届“中茶杯”全国名优茶评比中,金坛区江苏鑫品茶业有限公司“鑫品”牌金坛雀舌茶获特等奖,江苏方麓茶场有限公司“百园春”牌金坛雀舌茶、金坛区生态良种茶场“露源”牌金坛雀舌茶和“露源”牌白茶、常州市御庭春茶业有限公司“天壶”牌金坛雀舌、江苏鑫品茶业有限公司“鑫园”牌抹茶获一等奖。

【金坛雀舌入选名茶样库】 5月,中国茶叶博物馆启动了“中国茶叶博物馆茶萃厅茶样征集”主题活动,全国各茶企、协会或学会积极响应,踊跃参与。至8月,经过第三方专家团队——浙江大学茶叶研究所评审,金坛雀舌茶成功入选博物馆名茶样库,进入茶萃厅巡回展览茶样名录。

【金坛水果在第九届“神园杯”获五金一银】 11月,在由江苏省园艺学会和江苏省农业技术推广总站共同举办的第九届“神园杯”江苏优质水果评比活动中,金坛区选送的果样获五金一银,体现了金坛区近年来推进推广水果优质安全生产技术的成果。

·农业机械化·

【概况】 2017年,金坛区农机装备水平再创新高,农机总动力449980千瓦,比上年增加21232千瓦;主要农作物和关键环节农机具,特别是高性能、复式作业机具保有量较快增长,主机与农具配套比进一步优化。粮食生产全程机械化水平91.68%。

【农机购置补贴】 2017年,全区共落实中央和省级补贴资金525.82万元,引导农民投入3202.9万元。补贴农民及合作组织500户(次),补贴各类机具632台(套)。

全年新增水稻插秧机79台(手扶式12台、乘坐式67台)、秧盘播种成套设备23台、收割机64台(半喂入式5台、全喂入式59台)、轮式拖拉机47台、条播机70台、旋耕机144台、粮食烘干机14台、喷杆式喷雾机42台。开沟机109台、激光平地机1台、撒肥机13台、田园管理机15台,农机装备结构不断优化。

【秸秆综合利用】 依据《2017年全省秸秆机械化还田实施办法》要求,结合金坛区实施方案,经各镇(街道)、行政村申报作业面积,第三方核查,区级抽查,镇、村级确认公示,区级汇总公示等程序,2017年全区申报的秸秆机械化还田1.87万公顷任务面积已全部完成,还田率为69.08%。其中,夏季完成1.03万公顷,还田率为88.96%;秋季完成0.84万公顷,还田率为54.12%。有效地解决了秸秆焚烧问题,并形成了高效完善的工作机制。全年全区获得省级秸秆机械化还田补助资金280万元。

【农机监理】 2017年,区农机监理所与各乡镇(街道)签订安全生产责任状共9份,与机手签订责任状2743份。全年上道路安全执法、农机事故隐患排查81天次,出动人员330人次,检查各类农机571台(套),纠正各类违章12次,处置各类隐患22起。配合其他部门组织各类安全教育培训17次期,大型广场活动2次。为新建规模合作社统一安装安全橱窗、电子显示屏,制定安全生产管理制度,统一发放消防器材。上道路拖拉机灯光系统安装专项行动圆满收官,基本实现全覆盖。全年未发生农机安全责任事故,工作经验在省局专题会上交流。

【农机培训】 积极创新培训方式,开展送培训下乡活动和探索校企培训模式。在狠抓农机获证奖补、农机新技术、新机具等实用技术培训的同时,注重对合作社管理人员和农机带头人的专业化培训。全年共举办各类农机实用人才培训班35期次,培训人员1585人次。

·农业综合开发·

【概况】 2017年，全区立项实施各级各类农业综合开发项目共11个。其中，国家级土地治理高标准农田建设项目3个，财政投资2348万元；省级丘陵山区开发项目4个，财政投资570万元；常州市级高标准农田项目4个，财政投资645万元。全年争取各级各类农业综合开发项目财政资金共3563万元，其中中央财政资金1174万元，省级财政资金1450.5万元，常州市级财政资金791.74万元。

全年项目累计总投入4109.74万元，其中，财政资金投入3563万元，项目单位自筹资金546.74万元。通过项目建设建成高标准农田1213公顷，建成高效农业示范基地286公顷。项目区共铺筑沥青路6.46千米，水泥道路37.29千米，砂石道路11.42千米；新建衬砌沟渠69.66千米，暗渠2.43千米，新建电站13座，扩建蓄水塘坝2座，机耕桥、涵、闸等配套建筑物3799座，晒场1120平方米，平整土地6.67公顷，会车道1770平方米，保鲜库1座，管道灌溉面积43.33公顷，新发展花木园、茶园、果园9.8公顷。

（史粉祥）

·农林场圃·

【茅麓茶场】 金坛区茅麓茶场有限公司，坐落于风景优美的5A级国家旅游风景区茅山的东麓，总面积1026公顷。2003年10月，金坛市茅麓茶场在全省农林场圃系统率先进行整体改制，改制为金坛市茅麓茶场有限公司，新组建江苏茅山青锋茶叶有限公司。2017年，公司实现产值2160万元，销售收入1908万元，利税415万元。

2017年，公司拥有茶园365公顷，林地308公顷，耕地203公顷。有股民职工215人，科技人员26人，辖有1个综合性茶叶加工厂，8个茶叶工区，1个国家级茶树良种繁育示范场。茶树良种有龙井43、龙井长叶、福鼎、浙农113、舒茶早、迎霜、碧云、乌牛早、元农绿、白茶等50多个优良品种。年产成品茶能力达52万千克，年出产优质无性系良种茶苗1000万株。主要产品有茅山青锋、金坛雀舌、雨花茶、银毫茶、烘炒青绿茶、袋泡红绿茶和供糖尿病患者饮用的薄玉茶。2011年开发铁观音、珠红茶。产出的茶叶全部使用“金鹿”牌商标，该商标被江苏省认定为著名商标。“金鹿”牌茅山青锋茶被江苏省认定为绿色食品，“茅山青锋”商标被评定为常州市知名商标，2005年通过ISO9001:2000质量体系认证。2007年被认定为有机食品，获江苏省名牌产品称号。2009年公司被定为江苏省农业科技型企业，2016年公司获得无公害农产品证书，在2016年江苏省第十七届“陆羽杯”名特茶评比活动中，获特等奖。2017年10月，公司举办了百年华诞庆典，区领导刘东卫、周新生、朱霞、葛惠明和民主爱国人士纪振纲（茅麓茶场创办人）之子纪澍农参加活动。

茶场改制后，公司加快优质无性系良种茶的引进、繁育和推广，建成国家级茶树良种繁育示范场，达到年出圃1000万株良种茶苗的能力，建成高效生态复合优质高产绿色食品茶叶示范园66.7公顷。同时，公司利用科技手段积极探索技术革新，从日本引进风力选别机，提高产品质量，以质量创品牌，以品牌拓市场，建成全省最大的名优绿茶清洁化连续机械化加工生产流水线以及生态园式的加工生产基地。茶树种苗繁育种植、生产、加工通过ISO9001:2000质量体系标准认证。推广茶叶生产优质化、机械化、规模化、产业化、绿色化、现代化，带动产业结构调整，促进农民增收，使企业不断壮大和发展。成立金坛区茶叶经济合作社，以江苏省茅山青锋茶叶有限公司为龙头企业，制定《茅山青锋茶生产技术规程》江苏省地方标准，开发机制名优茶，依托“金鹿”牌茅山青锋品牌优势，成为集“公司+基地+农户”名优茶生产、加工、销售、茶文化为一体的茶叶产业化经济合作组织，订单收购鲜叶的产业化经营模式，带动农户500户，带动基地666.7公顷。2017年，为建设社会主义新农村，加快棚户区改造，实现资源共享，对居住较散的二、四、八工区的162户居民进行动迁，建设了青锋安置小区，安置职工建房105户。

（王柳松）

【方麓茶场】 金坛区薛埠镇方麓茶场地处茅山东麓，总面积250公顷，为市重点茶叶龙头企业，“百园春”牌金坛雀舌为江苏著名商标、江苏省名牌产品。境内山峦起伏，林荫覆盖，景色秀丽，土壤肥沃，有机质含量丰富，生态环境良好，适宜茶树生长。2017年有住户232户，下设6个工区及种猪场，居民712人。

茶场积极推广有机茶的种植与生产，加快有机茶生产基地建设，继续挥农业龙头企业的带动作用，与全场茶农建立利益共同体，形成规模经营优势，提升市场竞争力。积极实行茶叶新品种引进、示范和推广，通过开展技术培训，销售服务，促进了当地茶叶产业增值增效，2017年实现茶叶总销售量为20.5吨，总销售收入2000多万元。

方麓茶场管委会继续实行社区网格化管理，积极主动化解各种矛盾，营造安定和谐的生产、生活环境，杜绝各类案件的发生，确保社区安全稳定。场圃各项事业保持良好的发展态势，紧紧围绕“稳定、发展、服务”的主线，凝聚人心，通过多方争取，2017年投入200多万资金，实施电网改造升级工程建设，新建2座200千伏变压器，扩容4台200千伏变压器，共建铺设新电网3650米、改造低压、高压线路设施，涉及全场262户居民生活用电，6家企业生产用电，新增三项电用户20家。

（葛志祥）

【茅东林场】 金坛区茅东林场位于茅山风景名胜区，全场总面积1973.33公顷，生态林面积1590.46公顷，用材林面积1166.66公顷，经济林果面积193.33公顷，森林覆盖率达85%。全场有职工600余人,其中退休职工240余人。2017年实现收入206.5万元,全年实现利税15.3万元。

林区主要植被乔木树种有榉树、朴树、冬青树等30余种。灌木及小乔木有六月雪、小叶女贞、乌饭树等40余种。林下草本植物有沙参、苍术、苔藓、玉竹等近百余种。林区常见的野生动物有野猪、狼、猴、白鹭、刺猬等30余种。

随着旅游业的快速兴起,林区内现有的景点项目有常州宝盛园、省气象研究试验基地、乾元观、三清观、元阳观、崇寿观、茅山索道、半边山下民宿、金牛山庄林家乐等,各景区之间纵横交错、相互贯穿、交通便捷,是集旅游、餐饮、休闲、观光的游览胜地。2017年荣获“中国森林氧吧”“江苏省四星级乡村旅游区”等称号。

2017年场部对职工居住的小区环境进行改造整治与提升,投入资金16万余元对金牛山庄道路两侧进行了亮化改造,让小区居民和游客夜间出行安全得到保障;投入资金80余万元对金牛山庄进行了绿化提升,初步形成了一个“看得见山、望得见水、闻得见花香”的自然景观,推动了金牛山庄林家乐的开展,有二十余户林家乐建成并对外服务营业,为茅山旅游再添亮点。

2017年,林场对林业的投入300余万元,完成中幼林抚育330公顷,新建、修建山区林间防火通道1.2千米,护林防火成绩显著,分别被金坛区森林防火指挥部和江苏省森林防火指挥部评为森林防火先进单位。

(李亚东)

·长荡湖水产管理·

【概况】 2017年,长荡湖水产管理以长荡湖渔业资源和生态环境保护为中心,开拓创新、苦干实干,重点开展长荡湖废弃船舶整治、渔业资源养护、渔政“打非治违”“全国渔业文明执法窗口”创建等工作,为长荡湖渔业持续发展奠定了坚实的基础。长荡湖渔政监察大队被农业部授予“亮剑2017”渔政专项执法行动先进集体、全国渔业文明执法窗口单位称号。

2017年,全湖仅剩的南区网围养殖生产基本处于“人放天养”“靠天吃饭”的状态,产量、规格和效益不容乐观;湖区渔业资源养护成效显著,通过大力开展资源增殖放流和实施全年封湖禁渔,鱼、虾、蟹等水生生物资源明显增加,增殖放流效果明显;以湖鲜美食为特色的长荡湖休闲渔业发展势头良好,长荡湖渔业向增殖渔业、休闲渔业的方向转变。

渔业资源养护。2017年实行全年封湖禁渔,禁止一切渔业捕捞活动。大力开展渔业资源增殖放流,开展“长荡湖金蟹”增殖放流活动,放流中华绒螯蟹大眼幼体665千克、总量1.06亿只;利用省级项目资金放流鲢鳙鱼夏花6500千克1300万余尾,鲢鳙鱼冬片3.5万千克100万余尾;结合涉刑渔业案件“两法衔接”工作,与溧阳市检察院联合开展“诉前生态恢复”集中放流,放流鲢鳙鱼种3万余尾。对长荡湖国家级水产种质资源保护区进行扩建提升,扩建面积533.3公顷,总面积达1000公顷,并配套建设66.7公顷的水产种质资源保种区和水草种植试验区。在长荡湖湖头大桥港、柚山港、白石港、大浦港、洮西港5个主要入湖口建设渔业资源观测点,进一步加强长荡湖渔业资源和生物多样性保护。

网围(捕捞)整治。长荡湖网围(捕捞)整治工作2016年下半年启动,2017年8月结束。共拆除网围面积1171.2公顷,同步拆除102户持证渔业捕捞户、101户备案渔民的捕捞设施。配套的失水渔民社会保障工作,将四个年龄段共819人纳入社保体系;对申请并符合条件的26户以船为家渔民上岸安居给予享受住房保障政策。儒林镇、指前镇两个集中处置点共销毁处置网围养殖废弃船只702条,计总吨位14353吨。

废弃船舶整治。2017年,积极配合开展长荡湖废弃船舶整治工作,共清理、处置长荡湖旅游度假区范围内(湖头桥水产品市场除外)无证餐饮船、住家船、农用船、辅助船等大小废弃船舶4000余条、总吨位近4万吨。至年底,此项工作基本完成。

养殖管理。2017年,对南管区489张养殖证全部按时进行了延展,发放《养殖生产日志》,并对出口基地河蟹、水质、螺蛳、野杂鱼等开展检查,确保水产品质量安全。对养殖区河道内进行长效管护,全年共拆除违章渔簖10只,拆除乱搭乱建设施16处。

渔业生产安全。全年集中开展安全生产大检查,全年共向湖区群众印发《安全生产告知书》500份,发布灾害性气象预警信息6000余条,救助涉险船只9条、涉险人员12人。积极配合环保部门开展出入湖港口水质取样检测,做好水质适时监控,有效防范了外源性污染入湖,年内湖区未发生一起渔业安全生产事故。

【水生生物资源本底调查完成结题】 长荡湖水生生物资源本底调查工作于2016年5月启动,2017年12月底完成。调查显示,长荡湖水生生物中有渔业生物39种(其中鱼类36种),浮游植物180种,浮游动物141种,底栖动物21种,水生维管植物56种。

【长荡湖与中国水科院开展战略合作】 12月26日,中国水产科学研究院淡水渔业研究中心与长荡湖旅游度假区管理委员会、湖管会管理处三方签署了长荡湖战略合作协议,共同开展长荡湖渔业种质资源保护、生态修复、长荡湖渔业资源环境公报发布、渔业科技成果转化及推广应用、渔政管理人员及渔业从业人员技术培训等领域的合作。

【长荡湖渔政监督大队被农业部评为“亮剑2017”渔政专项执法行动先进集体】 2017年,长荡湖渔政监督大队根据农业部和省海洋与渔业局有关部署,积极开展长荡湖“亮剑2017”渔业专项执法行动。全年共查获各类渔业违法违章案件118起,其中向司法部门移交处理涉刑案件25起，行政处罚115人，刑事处罚36人，收缴并销毁地笼网3977条，有效维护了湖区渔业生产秩序。由于工作成绩突出，大队被农业部通报表彰为“亮剑2017”系列渔政专项执法行动工作成绩突出的先进集体。

【长荡湖渔政监督大队被农业部授予“全国渔业文明执法窗口单位”称号】 2017年，长荡湖渔政监督大队以“实施文明执法、打造精彩湖泊”为目标，牢固树立“生态立湖、依法治湖、科技兴湖、团结管湖”理念，全面加强了执法制度、执法队伍、执法装备、办公环境等方面的建设，并取得显著成效，被农业部授予“全国渔业文明执法窗口单位”称号。

（杨建新、付言言）

水　利

【概况】 2017年，金坛区水利工作按照区委、区政府“加快项目引进、加快项目建设”要求，城乡统筹，建管并举，水利基础设施建设、防汛防旱、农村水利、河长制、水资源管理、水利改革等工作取得明显成效。全年完成水利工程建设投入8亿元，各级综合投入近34亿元。河长制工作及法治水利示范点创建通过省级验收。

【水利基础设施】 全区按照“十三五”和2017年政府性投资项目（水利类）实施计划的目标任务，整体推进，突出重点。完成新孟河延伸拓浚（金坛段）先导段主体工程；城市防洪除涝节点工程龙山水利枢纽建成运行，水利信息化暨城市防洪应急抢险调度中心完成主体施工；大墩闸站开工建设；滨湖新城水系配套节点工程、良常枢纽开展前期工作；长荡湖生态清淤一期湖区工程施工过半；入湖河道整治工程进场施工；白龙荡中心河等10条水环境综合治理河道及下塘河闸站等4座口门控制工程通过验收；全面完成小农水重点县项目、农村河道河塘疏浚整治工程建设任务，新建高标准农田166.67公顷；全面实施灾后水毁修复工程，建设千亩以上达标圩堤10千米，加固千亩以下圩堤52.3千米。各板块、区镇实施的山丘区水库周边景观提升项目、河道景观项目、圩提（河道）治理项目等发挥效益。

【防汛抗灾】 区领导多次视察防汛防旱准备工作和重点项目建设情况，对在建工程推进、工业园区管网、抢险应急调度等薄弱环节提出具体有效的措施要求。全区各级认真总结吸取以前超记录、超标准洪涝灾害和抗洪抢险经验教训，组织召开防汛防旱工作会议和防汛专题会议，查摆薄弱环节，寻找工作短板，专题研究部署。针对水利设施设防标准不高、实战指挥经验不足等问题，加快推进防洪除涝节点工程、河道治理工程、水毁修复工程及防汛物资仓储工程建设，组织开展抗洪抢险救援演练，全面落实防汛防旱行政首长负责制和重要河、湖、塘、库、圩堤防守责任人，全面落实水利设施安全度汛措施，完善各类应急预案，防汛度汛工作务实扎实，成功应对了“6·10”强降雨袭击。

【河长制工作】 成立组织机构，区镇级河长办均挂牌办公，明确三级河长274名，全部到任履职，出台河长巡查等8项制度及考核管理办法。建立“一河一档”，纳入河长制的451条河道“一河一档”建档工作全面完成。编制“一河一策”，落实“一河一牌”，三级河长公示牌全部设立到位。实行“一事一办”，各级河长开展巡河3612次，查找并交办各类涉河问题419条，落实整改331条、正在制定整改方案和整改计划的88条。宣传工作创新有效，对外发布信息40多条，《中国水利报》《江苏水利通讯》《常州日报》及金坛电视台等各家媒体30多次报道，河长认河巡河启动仪式全程视频直播被省市媒体广泛报道，微信公众号已上线使用。

【水事管理】 深入推进全国河湖管护体制机制创新试点、全省河湖及水利工程管理范围划界试点、水生态文明城市创建试点和法治水利示范点建设，取得实效。全区共2921处小型水利工程全部确权，小改通过市级验收。农村水利工程和河道管护通过省级绩效考核，国家水利部、张家港市政府、兴化市人大等分别到坛考察调研。河湖库管理范围划定取得新进展，在全省率先推出10米范围护堤地建设，建设护堤地108千米，流转土地134.53公顷。农业水价改革向前推进，依法组建农民用水合作社7个，出台节水奖励精准补贴政策，开展黄金村改革试点，发展高效节水灌溉86.67公顷。最严格水资源管理和法治水利示范点建设分别通过市、省级考核验收，省级节水教育基地建设启动实施。水生态文明试点城市创建准备省级考核，新增朱林长兴村等省级水美乡村6个，江苏省规范化小水库创建率92%，建昌圩成功入选江苏“最美水地标”，成为江苏省10个“水聚落”之一。积极推进龙山枢纽、长荡湖清淤、大墩闸站等工程代建制，出台《金坛区水利工程建设信用管理履约考核办法》，强化水利工程信用管理，水利工程质量管理进入全省先进行列。 （姚锁洪）

【金武路桥完成验收】 金武路桥是金坛新孟河工程中其中一座跨河桥梁，桥梁委托常州市金坛区交通产业集团有限公司进行建设，桥梁全宽51.5米，跨径布置为5×30米，桥梁概算建安费为2652.57万元，工程于2016年11月1日开工，2017年9月28日进行试通车，12月7日完成交工验收。 （张　静）

【龙山枢纽工程】 龙山水利枢纽工程于2016年2月18日开工建设，2017年投资金额5170万元，进度完成95%。2017年5月，常州市水利局主持通过龙山水利枢纽工程水下阶段验收；6月，建管处分别组织进行泵站机组预试运行及单机预试运行；9月，计算机监控及视频监视系统采购与安装合同完工验收；10月，建管处组织对土建及设备安装、生产用房装修工程、竖井贯流泵机组采购、清污机设备采购、钢闸门及启闭机制造、高低压开关柜设备采购等完工验收;10月,常州水利局主持通过泵站机组启动验收。

(储俊杰)

【大墩闸站工程】 9月19日,区发改委对《新孟河延伸拓浚(金坛区)及综合配套整治工程—大墩闸站项目初步设计》报告进行批复,核定工程概算投资为10412.8万元。工程主要建设泵站和节制闸各一座,节制闸单孔净宽10米;泵站设计总流量20立方米/秒,装机4台套,单机设计引水流量5立方米/秒,4台机组均具备反向排水功能。节制闸和泵站采用集中紧凑型的"合建"布置方案。大墩闸站中心线与主河道中心线保持一致。节制闸侧主要由闸室、消力池、护底及两岸翼墙、护坡、护岸等建筑物组成。

(姜 玮、丁 磊)

【长荡湖生态清淤一期工程】 长荡湖生态清淤一期工程清淤面约9.93平方千米,清淤深0.12 ~0.3米,清淤量173.7万立方米,工程静态总投资26985.77万元。其中,主体工程23220.50万元,临时占地补偿投资2704.28万元,环境保护工程962.4万元,水土保持工程98.59万元。为保证清淤效果,兼顾长荡湖水厂取水口建设,一期工程采用围堰干法施工。清淤工程于2017年11月全面开工建设,现场投入各种机械和运输车辆300(台)辆。至年底,完成总清淤量的68%。

(魏 东)

【中央财政小型农田水利重点县项目】 金坛区2017年度中央财政小型农田水利重点县项目分布在金城镇、直溪镇、指前镇,主要建设内容为新(拆)建排涝泵站4座,新(拆)建排涝闸站5座,新建排水闸1座,新建排水涵10座,整治排涝沟道3.52千米,新建泵站配套道路2.67千米,农桥1座。工程总投资4003.7万元。2017年3月6日开工,于2017年12月完工。项目实施后改造旱涝保收面积1400公顷,恢复、新增和改善排涝面积1400公顷,年新增粮食生产能力0.13万吨。

金坛区2017年中央财政小型农田水利重点县项目——直溪镇直里千亩高效节水灌溉项目分布在直溪镇,概算总投资430.42万元。项目实施后节约当地水资源,提高地表水资源利用率,提高土地资源利用率,增产增收,促进当地农业发展。

(王 波)

【农村河道疏浚整治工程】 根据《金坛区"十三五"村庄河塘轮浚规划》,2017年度金坛区村庄河塘疏浚整治工程于2016年12月正式开工,各镇(街道)根据规划组织实施,建设程序规范,工程质量良好,截至2017年7月下旬,工程全部完工,并通过合同工程完工验收,共计完成8个镇(街道),24个行政村106座河塘疏浚,清淤61.41万立方米。 (李勋章)

【农业水价综合改革】 2017年,金坛区农业水价综合改革工作围绕加强农田水利建设、完善供水计量设施、落实工程产权制度、完善农业水价形成机制、建立农业水权制度、建立精准补贴和节水奖励机制、加强农民用水合作组织建设和加强农业用水许可管理等目标稳步推进,完成全区9个乡镇(街道)的农民用水合作组织注册;研究出台《关于印发金坛区农业用水价格核定管理试行细则的通知》《关于印发<金坛区灌区节水奖励、精准补贴、长效管护综合考核办法(试行)>的通知》《关于下达2017年度金坛区农业水价综合改革农业用水指标分解方案的通知》等一系列文件;常州市金坛区水利勘测规划设计室编制《金坛区农业灌溉水量监测管理系统工程实施方案》,由常州市财政局、水利局文件批复,2017年12月经金坛区政府采购平台公开招投标,确定了金坛区农业灌溉水量监测管理系统的施工单位,将按计划对金坛区430座灌溉站进行计量设施安装。 (郝晓珍)

【水利工程"四位一体"长效管护】 2017年,金坛区向社会公开招聘管护人员或管护公司,实行河道、圩堤、泵站、田间工程"四位一体"综合长效管护,基本做到管养分离。金坛区2921处小型水利工程产权全部明晰。其中,属国家所有479处,属农村集体经济组织所有2442处。小型水利工程落实管护主体和责任占100%。全区430条河道总长1218.8千米、498千米圩堤、164个1立方米/秒以上排涝泵站、93个行政村田间沟渠配套建筑物、467个小型灌溉站以及24个小水库、11个重点塘坝、20个山区排洪节制闸均得到有效管护。全区各水利站共配备专职长效管护管理员16名,各镇、街道共聘用专职管护员319名、兼职管护员1000余名,管护船只238艘,管护设备300余套等,树立各类管护牌687块。

金坛区全年对9个镇(街道)考核4次,各镇(街道)分别对管护公司考核12次,考核结果与管护经费挂钩。2017年度,省市以上补助管护经费293万元,金坛区级下达各类管护经费664.9万元,按照《金坛市农村小型水利工程长效管护考核办法》,各镇(街道)在河道、圩堤、排涝站管护上按1:0.5配套。 (史鼎新)

【河道划界确权】 2017年,各中标单位及相关站所通力配合,按照《江苏省河湖管理范围和水利工程管理与保护范围划定技术规定(试行)》要求开展相关工作,12月23日完成丹金溧漕河、尧塘河、薛埠河、中干河管理范围划定工作并上传省厅数据库;共埋设界桩888根、界牌77块、告示牌56块。12月28日完成茅东、新浮、海底等25座水库管理范围划定工作;共埋设界桩816根、界牌3块、告示牌32块。 (陈云飞)

【推行河长制】 2017年,金坛区各级认真贯彻落实中央、省、市全面推行河长制的文件精神,及早部署,全面发动。出台《关于在全区全面推行河长制的实施意见》,举办"全区河长认河巡河启动仪式",制定河长巡查等8项制度及考核办法。成立组织机构,区镇级河长办均挂牌办公。落实区、镇(街道)、村级河长274名,纳入河长制管理的河湖库451条。451条河道"一河一档"建档工作基本完成,新孟河、北干河的"一河一策"已送审。落实"一河一牌"公示牌462块。全年各级河长开展巡河3612次,查找并交办各类涉河问题556条。其中整改499条,制定整改方案和整改计划57条,落实率100%。2017年,金坛区河长制通过省、市级验收。(李培亮)

【水生态文明建设】 2013年,金坛区被确定为首批省级水生态文明建设试点城市(试点期为2014 ~2017年)。按照《金坛市水生态文明城市建设方案》和《2016年常州市金坛区水生态文明城市创建工作考核办法》的要求,截至2017年年底,共完成投资31.85亿元,实施长荡湖水厂建设工程、龙山枢纽建设工程、引水河道清淤工程、长荡湖水环境治理工程、钱资湖(荡)生态清淤工程、小型农田水利重点县建设、新孟河延伸拓浚(金坛段)等重点项目,打造愚池湾水利风景区、水文化展示馆、长荡湖水文化展示园、钱资湖生态景观带、下塘河生态景观公园等一批特色鲜明的水景观、水文化示范点。金坛区作为省级水生态建设试点,顺利通过期中评估的专家审查。

【最严格的水资源管理】 年内,区政府出台《关于实行最严格水资源管理制度的实施意见》及《常州市金坛区"十三五"水资源消耗总量和强度双控行动实施方案》,积极落实市级水资源消耗强度指标,4月中旬顺利通过市级考核。严格用水计划管理,倡导企业合理用水需求。全年对7家公共供水单位下达1971万方的用水计划;对工业企业自备水源下达用水计划35份。8月上旬,区水利局对到期的43本取水许可证进行延续换证工作,加强对取水户计量设施的监管,全区在册取水户表计安装率100%。

【节水载体创建】 2017年,完成3所市级学校、1家省级社区、2个市级单位(机关)的载体创建,6个省级节水载体单位复查工作。作为省级水生态文明城市创建载体之一的省级节水教育基地,通过公开招投标,工程总价49万元,方案重点突出水资源的节约和保护。完善水功能区监督管理制度,加强入河排污口监督管理,加强与区水文中心的工作联系,建立常态化的协调沟通机制,配合做好辖区内23个水功能区的月常规监测以及5个地下水动态监测工作;完成在重要河道、湖泊设立水功能区标志牌;投入50万元编制《北干河健康评估报告》和《水功能区达标整治方案》;贯彻执行《入河排污口监督管理办法》《水功能区管理办法》,严格入河排污口设置审批,5月底,对全区规模以上入河排污口开展专项检查行动,建立入河排污口(规模以上)档案,设立排污口标识牌。同时,委托市水文局对入河排污口开展每年2次的不定期抽检,进一步加强入河排污口设置、监督、管理工作。(徐 莹)

【法治水利建设】 2017年,全区建立由主要负责人牵头的法治水利建设领导协调机制,将法治水利建设纳入全面深化水利改革总体规划和年度工作计划,定期听取法治水利建设汇报。创新普法宣传形式,拍摄水法治微电影《传承》;发挥"法治水利"、"金坛区河长"等微信公众号;"水政在线"、"河长制"等网络平台的示范带动作用;针对不同普法对象学习水法规的不同需要,不断推出各类通俗易懂的"七五"普法宣传学习精品,制作水法规宣传漫画册。落实经费保障。将水利法治建设工作经费纳入本级财政预算,确保本区法治水利示范点建设工作顺利开展,并争取一次性通过上级部门验收。建立法治水利示范点建设考核督查机制。对照省、市两级权限清理出行政权力事项181项,并完成其服务指南,基本建立行政处罚自由裁量基准150项,实现行政权力"网上公开、网上办理、网上监督"的目标。实现行政审批流程全过程网上监督,行政许可事项目录管理系统成熟。12月5日,金坛区通过省法治水利示范点验收。(张 芸)

【水行政综合执法】 2017年,金坛区选拔人员参加常州市水行政执法技能竞赛并取得团体二等奖,以赛促学、以学促用,不断提高队伍实战能力;积极配合地方政府做好防汛清障工作,及时清除各类行洪障碍,7月5日,联合武进、宜兴水政监察大队,对三地交界处的阻水鱼罾及附属设施进行了强制清除;按照省、市统一部署,金坛区全面开展河湖保护专项执法行动,发现并处理涉河涉湖水事违法行为12起;联合农林、住建等部门开展钱资湖综合整治,清除湖内住家船4只、沉船8只、鱼簖拦河网40余处,切实保障水源安全。(于亮亮)

(编辑 夏 冰)

商品贸易

综 述

【概况】 2017年,全区内贸经济水平在国家各项消费政策的拉动和促进内需政策的调控下,在整体经济运行中仍处于相对平稳状态。全区人民日常生活的物质需求得到进一步的丰富和满足,综合保障能力不断加强并得到优化,企业销售与人民消费互惠进一步体现。全区实现社会消费品零售总额278.76亿元,增长10.5%。其中,全区大型家电销售企业的销售额下降2.8%,但销售量增长17.2%。

商业网点不断升级。2017年各类商业批发市场、大型商业零售和百货市场、各类综合类市场、专业市场、农贸市场、建材、家具等市场网点布局,在优化结构的基础上不断完善经营方式,扩大经营规模,种类分布齐全,产品档次结构合理,能够基本满足各类消费群体的需求。互联网经营方式的介入,使得销售方式趋于灵活,经营品种逐步向多元化、高品质迈进,经营模式向信息化、方便、快捷、实惠方向发展。随着市场发展和消费需求的改变,市场经营主体经营理念快速更新,不断推出以"互联网+"为主体的新的经营模式正在形成。各类相配套的中小型商业网点发展也日趋成熟,跟随大型商业网点的发展之路,不断升级经营规模、改变经营策略、提升经营层次,弥补大型商业网点在流通领域内的不足。

市场机制逐步多元化。2017年城区内商业发展不断优化结构,城市商业设施不断完善,社区商业开始发展,在社区开始发展便民服务商业;各类特色产品、农副产品直销店、食品加盟店、直营店、连锁店等相继在社区、小区加大服务功能建设,社区商业体系功能得到完善,推进社区商业发展,弥补大型商业服务中的不足,逐步便民化。农村市场体系建设也在加快步伐,镇和街道开始完善和配套商贸中心功能的规划建设。在中等规模商贸企业的引领下,村镇商业发展采取提升改造、加盟、新建等形式,发展村镇便民超市、便捷连锁店,部分大型商场开始转移投资方式,逐步向发展四级市场迈进。

商贸流通产业。2017年新天地开工建设,上海红星美凯龙品牌有限公司综合性现代大型商场建成并投入使用,促进了全区商业发展体系向现代化、规模化、集约化发展。城区内各类综合市场功能优化,各类大型和知名品牌争相进入商场和超市,市场消费档次和人民消费水平不断提升。企业自身不断完善和提升服务功能,优化经营方式,灵活组合营销策略,改进商贸服务体系功能,商贸服务呈多元化互补趋势,带动商贸业的良性发展。五星电器、大统华、八佰伴、苏宁电器、苏果超市、吾悦广场等商贸企业对各自服务功能提升和完善,改进传统服务模式和营销模式,带动商贸经济的繁荣。上海红星美凯龙品牌有限公司打造现代元素商城,将新的消费元素和观念融入其中,提升综合服务能力,创造新型消费模式。加大对农村市场改造和发展力度,2017年对镇级菜市场进行调研规划论证,对镇区有待改造提升的菜市场进行统计,对城镇菜市场发展需求的配套与城镇发展规模进行论证,在规划中做到适度超前,以优化服务功能为主。城区市场建设规划基本完善,供销兴旺,在不同程度上带动商贸经济的持续发展。城乡商贸经济统筹规划,整体协调同步发展,镇级农产品市场与城区大型商场超市有机对接,逐步形成产销一体模式。根据区菜市场的服务保障功能,在全区选取城南菜市场和元巷菜市场作为全区公益性菜市场试点单位,改善菜市场的服务保障性质,提升服务保障功能作用的发挥,为周边群众提供实惠、便捷、安全的服务保障体系。

餐饮服务业。截至2017年年底,全区共有星级酒店2家。四星级樱花大酒店、颐丰大酒店,新开设规模酒店2家,为维也纳国际大酒店、新天成大酒店。特色餐饮和大众餐饮店不断涌现,餐饮业开始向文化旅游方向发展。便捷式连锁酒店速8、百惠、骏怡竞相进驻。在常州市组织的唱响常州菜系列活动中,开一天酒家被评为常州名小吃优秀企业,常州天成餐饮管理有限公司的霸气鲢鱼、茅山金蝉花炖野鸭被评为常州当家名菜，妈妈糍粑被评为常州当家名点。园林大酒店潘小平被评为杰出人物奖；园林大酒店张小明被评为2017年工匠名家。农耕园被评为2017年常州市标准化厨房企业。园林、天成、非常大酒店等餐饮名店继续创新，进一步完善餐饮名店特色，为金坛餐饮业创新发展起到引领作用。

现代流通业。2017年，全区有各类物流机构15家，基本形成多功能联运的现代物流网。其中天誉物流基地是常州市重点发展的四大物流产业园之一，是金坛区启动最早、最重要的一家专业物流市场。全区家政服务业通过多年的不断培育建设，向规范化、规模化和节约化方向发展，家政服务业从业人员正在向专业化要求上发展。

（杨前保）

供销合作

【概况】 2017年，区供销总社围绕深化供销合作社综合改革这条主线，充分发扬“苦干实干，正气大气”的时代精神，强基础，勇担当，抓落实，全年社有企业和开放办社完成农产品购进113845万元，实现销售总额360160万元，各项主要经济指标均完成年度目标任务。

【综合改革】 2017年，区供销总社抓住列入省总社综合改革联系点的契机，认真谋划综合改革工作，成立深化综合改革领导小组，广泛学习调研，赴兴化、江宁等市、区实地考察，多次征求意见和讨论修改方案。9月15日，区委、区政府正式出台《关于深化供销合作社综合改革的实施意见》。并在全省率先开展“三会”（社员代表大会、理事会、监事会）制度建设、设立多种形式的股权投资基金、农综社专项改革试点。区供销总社获“全国供销合作社系统先进集体”称号。

【“茅山竹海”平台建设】 2017年，茅山竹海公司成功申报国家农业综合开发项目。新发展加盟实体店3家，总数13家。东方盐湖城、长荡湖水街2家直营店投入运行，与60多家农产品生产加工企业、基地建立产销合作关系，滨湖新城金坛特产馆进入招标阶段。完善茅山竹海公司运行机制和考核机制，管理团队逐步加强。茅山竹海微商城正式上线运行。主动参与东西部扶贫开发。举办金坛首届年货广场暨陕西宁陕石泉名特优农产品展销会。牵头成立金坛区农村电子商务协会。

【为农服务】 2017年，区供销总社加强农资供应与服务持续加强。全年供应各类化肥19500吨、农药550吨，综防7.07万公顷，对接农机合作社和种田大户56家。供应农业部门推广的水稻小麦测土配方肥2600吨，为农户节约成本95万元。全年举办农民技术服务培训25场，参加人数2186人次。农资经营安全监管不断加强，保证正规渠道进货。做好农药零差率集中统一配供和农资废弃包装物回收前期工作。

【基层组织建设】 2017年，朱林供销社在全省开展农综社改革试点，逐步启动开展生产、供销、消费、信用合作。朱林、直溪2个基层社完成“三体两强”（自主经营实体、农民社员主体、合作经济组织联合体和综合实力强、为农服务能力强）项目建设。启动对参股农民专业合作社出资规范管理工作。紧贴农民实际需求，全年组织专业技能培训452人次。系统中涌现了一批服务“三农”（农业、农村、农民）的先进典型，李林芳获评全省扶贫济困奖。

【社有资产管理】 2017年，区供销总社做好系统资产全面调查摸底工作，建立翔实准确的资产档案。坚持公开、公平、公正的原则，加强社有资产出租管理。积极盘活存量资产，资产效益有效发挥。重视资产安全管理，及时处置危旧房产险情。重视社有资产的矛盾处理和确权工作，成功收回沿河东路、茅麓、水北等处资产。完善资产维修改造报批和财务结算制度。

（焦志芳）

粮　食

【概况】 2017年，区粮食部门主动服务大局，聚焦主职主业，聚神苦干实干，聚力推进落实，全面落实粮食安全责任制，推动粮食事业取得新成效。全区粮食经营量合计数激增，全年购进粮食53.02万吨，比上年增加28.93%，其中国有企业购进13.03万吨，增加7.33%。累计销售粮食48.7万吨，增加13.15%，其中国有企业销售11.09万吨，减少16.67%。

【收储保供】 2017年，区粮食部门抓收购保供应，粮食收储规范安全。夏、秋两季粮食收购早谋划早准备，为农服务有举措，落实政策敞收购，跟踪质量强监管，全区收购小麦38932吨，较2016年增加20.07%；收购稻谷58981吨，增加11.16%。小麦、稻谷储备轮换验收结果合格，全年足额发放储备粮管理费用1391万元，全面完成全年收购计划。修订《常州市金坛区粮食应急预案》《金坛区应急供应网点暂行管理办法》，新增3家应急加工网点，全区有12家应急保供网点正式挂牌，基本实现保供网络乡镇、社区全覆盖。

【依法管粮】 2017年，区粮食部门强考核重管理，依法管粮。全面落实粮食安全各项责任，粮食安全责任制首考考核96.6分，为常州市第一名。全年开展专项培训4次。开展粮食库存检查、政策性粮食销售出库检查、军粮供应检查、粮食收购资格核查、两季粮食收购检查、化学药剂管理、仓储消防安全、防汛抗灾和危房排查等各类专项检查20余次，规范全区粮食市场经营秩序，确保安全生产，打牢稳价保供基础。实施粮食安全隐患大排查快整治严执法集中行动，从安全储粮和安全生产、政策性粮食租仓和委托收储、执行国家粮食收购政策、国家政策性粮食销售出库、中央储备粮管理、地方储备粮管理等方面开展检查,检查结果较好。全区A级信用涉粮企业15家。

【品牌建设】 2017年,区粮食部门提质量强品牌,"放心粮油"再上台阶。推行"双随机一公开"(随机抽取检查对象,随机选派执法检查人员,抽查情况及查处结果及时向社会公开)监管,开展常规检查、产品抽检和节日重点检查,全年抽检原粮、成品粮250批次,全部合格,代表数量12万吨,发出检查通报6份,为市民提供放心粮。推进优质粮食工程,推动粮食品牌化,组织企业参加国家粮食局优质粮食工程"中国好粮油"产品遴选。开展"江苏省放心粮油供应网络建设示范县"创建活动。开展2016—2017年度"放心粮油"评审工作,申报省级"放心粮油"示范企业,区级、市级、国家级"放心粮油"生产示范企业或销售店分别有21家、6家、5家。在《粮食流通管理条例》颁布实施13周年和"世界粮食日"等纪念活动期间开展主题活动,现场咨询,发放"放心粮油"宣传材料800多份,接待访问消费者200多人次;为江南春米业、江南制粉、江苏省薛埠粮食储备直属库和金土地稻米合作社4家企业制作企业宣传片;组织6家示范企业分别参加市、区两级的"年货大街",扩大品牌影响。全年全区放心粮油产品安全零事故。

【两个加快】 2017年,区粮食局敢担当善作为,部门招商引资取得突破。引进总投资2亿元的"利和新能源汽车零部件"项目,落户儒林镇,已开工。投产后预计可实现年开票销售3亿元,年纳税1000万元以上。"智慧粮库"通过三级企业评审,投入使用并逐步开发后续功能。向省粮食局提出提档升级县(区)级粮食检测机构项目资金的申请,拟投入100万元完善江苏省薛埠粮食储备直属库检化验室的设施设备。推进2家国有粮食企业常州市金坛区粮食购销总公司、江苏省薛埠粮食储备直属库公司制改制。

(万慧瑾)

烟草专卖

【概况】 2017年,区烟草专卖局(分公司)以金坛区接轨常州主城区、推动发展新跨越总体战略和全省烟草系统"行业楷模"发展战略为指导,以常州烟草"全省第一方阵"目标追求为引领,深推区局(分公司)创三优、争楷模战略执行体系建设,全局各项工作取得明显成效,实现毛利润2.76亿元,企业被评为常州烟草系统2017年度楷模单位,3项工作获得楷模单项奖,通过省级廉政文化示范点"回头看"复核,被评为常州市信赖职工之家称号。

1月17日,区烟草局被常州市总工会授予2017年度"信赖职工之家"称号

(烟草局 供稿)

【专卖管理】 2017年,依托专卖大数据和网格化管理,精准监管市场;监管违法违规大户,立案查处4户,取消1户卷烟经营资格;扎实开展"双随机、一公开"监管工作和"三项制度"(行政执法公示、执法全过程记录、重大执法决定法制审核)试点工作,规范行政执法监督;先后组织开展三轮专项整治行动,有效管控物流寄递企业,辖区市场净化率稳步提升。全年共查处各类涉烟违法案件175起,查处卷烟数量5775.6条,市场净化率98.69%,破获"6·13"假烟网络案件,被公安部列为督办案件,被评为2016年度全省卷烟打假工作成绩突出集体,获省局、市局嘉奖令各1次。

【市场营销】 2017年,区烟草分公司按照品牌经销商的目标定位,密切关注消费市场,强化调研分析。加强消费营销实践创新,策划实施"大集场、小集市、特色节"消费者互动营销项目,为消费跟踪、品牌培育探索了工作路径和方法。加强规范引导,实施大户控制和真烟外流专项治理。优化营销服务,强化品牌培育,改善销售格局,确保库存合理、结构更优。全年销售卷烟23371.48箱,单箱销售额4.07万元/箱。

【"三库"创新管理】 2017年,区烟草专卖局认真落实"智慧常烟"要求,不断完善"三库"(课题库、创客库、成果库)创新管理机制。全年新增QC(质量管理)创新课题12个,建立20名创新人才信息库,举办培训5次,形成2份作业指导书。在第十六届"海洋王"杯全国QC小组成果发表赛中一个QC小组、2名成员分获二等奖;4

个 QC 小组被常州质量协会评为优秀质量管理小组;2 个课题在常州市成果发布中获三等奖。

【三优同创】 2017 年,区烟草专卖局紧扣创三优(争创优秀基层党支部、优秀县级局、优秀分公司)目标,以党建工作引领和促进业务工作,推动行业楷模战略落地落实。落实全面从严治党要求,推进党建规范体系建设,规范党建工作,夯实创优基础;深度统筹融合党建与业务工作,在"金沙先锋·金叶楷模"党建品牌的统领下,各党支部分别开展专卖"金叶 110"、营销"客我情心服务"、办公室"服务 +"、法规"规范护航 360 度"等特色支部建设,提升创优工作水平;强化党建活动阵地标准化建设,完成"三级党建活动阵地"的固化改造,浓厚创优政治文化氛围。 (丁文娟)

药品采购

【概况】 2017 年,金坛区药品医用耗材管理中心共组织基建工程、后勤物资、办公用品和医疗设备采购 154 次。其中,竞争性谈判 34 次,竞争性磋商 20 次,询价 79 次,公开招标 2 次,单一来源 19 次。采购预算总价 3012.52 万元,实际招标总价 2620.79 万元,节约资金 391.73 万元;组织 6 个项目的国际招标,预算总金额 1873 万元,中标总金额 1807.92 万元,节约资金 65.08 万元。医用耗材和中草药共采购 12618.5 万元,其中通过网络平台采购医用耗材 8976.88 万元;组织药品采购 47 次,药品网上总采购品种 530 个,采购金额 7357.89 万元。与江苏海虹公司的合作,完成医用耗材集中招标采购工作,从 6 月 1 日开始,全区 16 家医疗机构的医用耗材和药品(除中药饮片外)全部实现纸质合同采购向网上平台集中采购的转变。

(朱慧华)

盐 业

【概况】 2017 年,金坛盐务管理局认真落实盐改跨区经营政策,以积极应对盐改过渡期的严峻市场形势,全力加强食盐安全监管工作,坚持专项治理与刑事打击相结合,严肃查处制贩假盐、非法经营食盐等违法犯罪行为,坚持加强盐政宣传与预防涉盐违法犯罪行为相结合,进一步整治食盐安全隐患。全年共检查生产经营场所 3276 家,查处涉盐违法案件 47 起,查处违法盐产品 128.24 吨,没收 1.46 吨,查获终端违规经营跨区食盐并责令下架清退 184 起。保障全区盐改过渡期内的市场稳定。

【加强市场巡查】 2017 年,金坛盐务管理局对湖北久大(应城)盐矿有限公司、大连新春多品种盐有限公司及湖北广大盐蓝天盐化有限公司三家单位的食盐产品实行严格资质审查,制止手续不全的违规配送行为,严厉打击非法无证批发食盐行为。1 月 13 日,与常州市局和溧阳市局开展联合执法,对云新副食店、洮西老夏批发、薛埠军梅商店 3 家经销商无证批发食盐的违法经营行为展开突袭行动,当场查扣库存"桂花"牌(九珍)400 克加碘精制盐 3132 箱,计 62.64 吨。对辖区内经销商加强警示宣传,保持市场的稳定。4 月 20 日,联合区市场监管局对辖区内配送手续尚未完善的常州溧淼机电有限公司展开突击检查,当场查扣"橘子树"牌食盐 54 吨。4 月 28 日,对湖北广大盐蓝天盐化有限公司启源春江苏直销处的违规配送行为予以查处,责令停止经营活动并召回已配送到终端的"启源春"牌食盐 1.45 吨,对终端责令下架清退违规食盐。开展市场清查行动,查扣剩余"启源春"牌食盐 0.7 吨。

【开展专项整治行动】 2017 年,金坛盐务管理局加强与区公安、区市场监管局、区物价局等部门的联合执法,对全区重点场所、重点跨区经营食盐单位开展制贩假盐、非法经营食盐等违法犯罪行为的集中排查,整治食盐安全隐患,确保全区人民食盐安全。专项行动出动执法人次 382 人次,开展执法行动 23 次,检查农贸市场 24 家,食盐零售及商超 1263 家,食品加工企业(作坊)41 家,饭(酒)店及食堂等餐饮单位 358 家,责令终端下架违规经营的食盐 127 起,查处涉盐案件 32 起,查获盐产品 121.56 吨,没收 0.94 吨。

【打击制贩假盐违法犯罪行为】 2017

8 月 3 日,区盐务管理局在五叶集镇查处非法经营食盐

(盐务局 供稿)

年，金坛盐务管理局全面分析研判全区食盐安全现状，以辖区内金坛盐化制盐企业、久日化工等工业副产盐生产单位及西门菜场、丹阳门副食品批发市场等为重点排查假盐、工业盐、工业副产盐、非法生产食盐。行动期间未发现制贩假盐及工业盐、工业副产盐冲销食盐市场案件。

【查处非法生产、非法经营食盐行为】 2017年，金坛盐务管理局对江苏盐道物流股份有限公司回访检查，杜绝非法生产食盐行为的再度发生；对湖北久大（应城）盐矿有限公司出品的“桂花”牌（九珍）食盐、大连新春、湖北蓝天等在金坛设点跨区违规经营行为的源头集中查处，遏制违法违规跨区经营行为的蔓延；对辽宁益盐堂、中盐上海、中盐东兴等周边设点经营配送，对辖区内的边界市场、城乡综合市场、农村集贸市场、餐饮饭店、企事业单位食堂、食品加工单位等食盐零售终端和食盐使用终端加强了重点走访，查进货台账、索票索证，审查上线的经营资质及方式，查获跨区违规经营食盐案件39起，责令召回或清退违规经营的食盐7.9吨，查处没收违法食盐1.2吨。

【查处不合格食盐】 2017年，金坛盐务管理局加大对全区销售未加碘盐、食盐质量问题等检查力度。重点检查食盐质量不合格及标识标注不规范等问题。对市场在售新品食盐进行抽检，对食盐产品标识标注不合格、食盐虚假夸大宣传、违规经营等行为加大查处力度，规范食盐市场经营秩序。对河南平顶山神鹰盐业、中盐皓龙、中盐舞阳3家企业生产销售“臭脚盐”（是一种不符合国家标准的食用盐，当加热或用手搓之后，会散发出浓烈的脚臭味）问题紧急开展拉网式市场排查，未发现“臭脚盐”等不合格食盐进入金坛市场。

【盐政宣传】 2017年，金坛盐务管理局开展发放宣传资料、张贴通告、签订提示书等多种方式，加大对国家盐改政策宣传力度，结合违法违规跨区经营久大食盐典型案例开展宣传，震慑了食盐违法经营行为，起到“查处一个，警示一片，教育一方”良好效果。5月15日第二十四届“全国防治碘缺乏病宣传日”活动，联合区卫生部门走进涑渎村向群众开展宣传活动。全年开展知识讲座2场，发放宣传资料1200余份，展览图板12块次，赠送合格准牌碘盐400千克。对中央电视台曝光的河南“臭脚盐”问题及时编制宣传资料开展全面发放宣传，提醒广大消费者不要购买不合格食盐，各类商超和零售单位不得销售不合格食盐，公布举报电话等等。通过宣传，提高广大经营者依法依规开展跨区经营的意识和群众的食盐安全意识，并遏止食盐违法违规跨区经营和稳定市场的积极作用。　（戴晓云）

11月17日，投入运营的元巷农贸市场　（发改局　供稿）

商品贸易市场

【概况】 2017年，金坛区实现社会消费品零售总额278.76亿元，增长10.5%。其中，城镇实现零售额244.62亿元，增长8.1%；农村实现零售额34.14亿元，增长31.2%。全区共有各类市场31家。其中，工业消费品市场5家，机动车交易市场1家，农副产品综合市场25家。成交额超亿元的市场有金海小商品批发中心、虹桥市场、丹阳门装饰材料批发市场、西门菜市场、茅山茶叶市场。新投入运营的两家菜市场城南菜市场和金城镇元巷综合市场，被列为2017年常州市农贸市场（菜市场）公益性改革试点。

【城南菜市场】 城南菜市场由金坛区西城街道城南村委投资1500万元建设而成，项目用地总面积4029平方米，总建筑面积9361平方米，单体建筑地上二层，地下室为人防设施，农贸市场层高6.6米，社区配套部分层高6米，建筑总高度12.6米。该项目位于镇广路西侧，北至庙河，东至镇广公路，南至南环二路延伸段，西至城南湿地公园。2017年6月26日交付使用，周边朱庄、城南花园、南洲里等小区5万多市民终结买菜奔波之苦。该市场交通便利，101路、108路、116路公交车可以直达。

市场内设摊位140多个，分为鲜肉类、蔬菜类、水产类等9个区域。其中，自产自销摊位7个。采用网络智慧平台，全程24小时监控摊位经营行为和农产品质量安全，计量器具所用的电子秤等由市场部统一配发，可以用网络支付宝、微信进行交易。城南菜市场作为公益菜市场，一直通过固定资金和减免摊位费的方式降低菜价。城南菜市场还投入30万元建设了农产品检测中心，获评常州首家安心菜市场。每天，检测人员都会随机抽取蔬菜进行农药残留检测，并将检测结果在市场经营区域进行公示，确保市民能够买到放心菜。

【金城镇元巷综合市场投入运营】 金城镇元巷综合市场是由金城镇人民政府投资，委托常州泽城投资发展有限公司建设，于2015年10月开始建设，2017年11月17日正式投入运营。该市场坐落于金城镇文曲路西侧、金慧路北侧、文天路南侧、元巷路东侧，公交9路和118路能直达，方便居民购物。

该市场占地面积10666.67平方米，总建筑面积14574.6平方米，经营面积6075.8平方米，总投资6885万元，主要由农贸市场、垃圾中转站、公厕、菜场配套用房、浴室店用房及地下停车场等几部分构成。市场设摊位127个，店面27间，主要经营蔬菜、果品、肉类、粮油、调料、炒货、水产、活禽、光禽、蛋、食用菌等农副产品。主要服务元巷小区、邮堂庙小区、工业园区及周边居民约15000人。

【红星美凯龙家居生活广场】 金坛红星美凯龙总投资10亿元，占地面积86666.67平方米，总建筑面积18万平方米，由6万平方米的红星家居主题馆、1万平方米的办公楼及11万平方米的建材市场组成，是集家具、建材、家饰、设计、装修、休闲等综合功能于一体的商业综合体，于2016年9月开工建设。该项目坐落于滨湖新城核心区域，金湖路与金桂路交汇处，南环二路、金湖路、金坛大道环伺。金坛红星美凯龙家居生活广场是红星全国性战略布局的第188座红星美凯龙。2017年12月30日，金坛红星美凯龙全球家居生活广场举行开业庆典，部分场馆建成营业。红星美凯龙项目落户金坛，填补了金坛高端家居市场的空白，对完善金坛滨湖新城功能配套、加快金坛现代服务业发展起到积极的推动作用，同时对规范整合金坛地区的家居流通业、促进家居流通业市场的升级创新起到示范和引导作用。

（鲍方霞）

（编辑 李华琴）

《吉祥如意》 （范石甫 创作）

旅　游

综　述

【概况】 2017年，金坛旅游围绕“打造生态旅游休闲地、打响长三角旅游金坛品牌”总体定位，注重规划引领，增强项目推进，突出重点抓落实，挖掘品质提升潜力，提升市场营销能力。全年接待游客957.49万人次，旅游总收入111.43亿元，实现旅游增加值52.34亿元，分别同比增长9.98%、14.45%、14.45%，列常州市辖市区之首。

旅游资源开发

【概况】 2017年，金坛旅游以两个加快推进落实年为目标，本着“项目为王，品质第一”发展理念，有效推进旅游资源开发建设。年内，确定总投资达257亿元的重点旅游项目18个，其中入选省重点旅游项目2个、常州市重点旅游项目9个，全年完成投资35.2亿元，占年度计划的106.9%；完成总投资446万元、总建设面积728平方米的12座旅游厕所改造提升任务；为19个项目争取市级以上旅游发展引导资金2692.49万元，其中一号农场获得省旅游产业发展基金2000万元。实际投建总额超30亿元的茅山颐园、东方盐湖城·国际养生城开工建设，长荡湖旅游度假区环境基础设施工程有序推进，花谷奇缘景区建成对外开放。东方盐湖城·道天下景区获批国家AAAA级旅游景区，茅山道家闲养小镇入选江苏省旅游风情小镇培育创建单位，茅山山地马拉松风景道入选省级旅游风情道创建项目。

【金坛首家高等级旅游景区】 5月26日，东方盐湖城·道天下获批国家AAAA级旅游景区，成为金坛首家高等级旅游景区。位于金坛茅山脚下的东方盐湖城·道天下景区，占地27.8平方千米，总投资100亿元，由龙城旅游控股集团开发建设。该景区以周易八卦规划定位，再现“太极两仪”“两仪生四象、四象生八卦”情景，以中国茅山的“山、水、盐、茶、药、泉”六大自然资源以及道文化、金坛地缘文化为纽带，彰显道法自然，天人合一，建一观、八院、十家宿、廿馆、百铺、千间房等功能区，创“宗教文化展示”“江南神奇山镇”“创意互动体验”于一体的中国新一代山水文化旅游度假新格局，被国家旅游局誉为中国4.0闲养度假区旅游产品的代表。

【花谷奇缘景区建成开放】 3月18日，占地330公顷的花谷奇缘一期工程建成对外开放。位于沿江高速茅山服务区出口处的花谷奇缘一期景区，依托优美的自然山水环境，汲取全球顶尖艺术花园设计精髓，打造花神园、法国花园、荷兰花园、玫瑰花园、茉莉花园、厨房花园、儿童花园、音乐花园等十大特色精品花园和两大原生花海，其入口处建有风情商业街，并配有星空露营地、亲子游乐园、生态农业区、体验牧场和艺术展览中心等互动体验项目，着力建成集“花旅游、花商品、花培训、花经济”四大板块为一体的“花”主题休闲旅游区。年内，花谷奇缘一期景区已顺利通过省、市旅游资源规划开发质量评定委员会组织的创建国家AAAA旅游景区专家景观评估，为创建国家AAAA级旅游景区奠定基础。

【国际养生城项目开工建设】 5月18日，东方盐湖城·国际养生城项目开工建设。由金坛区政府、龙城旅游控股集团、雅居乐地产置业共同投资180亿元的东方盐湖城·国际养生城建设项目，以原有地貌、已有资源为基础，按神奇山镇核心区、国际养生公园片区、山野闲养体验片区、茅东风情小镇片区、山地运动公园片区、RBD配套片区规划建设。项目建设分3期，周期为10—15年。

【茅山颐园项目奠基仪式】 2月18日，总投资30亿元的省重点旅游项目——茅山颐园举行开工奠基仪式。茅山颐园位于茅山东麓，占地100公顷，由北京盛世大正投资集团投资。该项目有效结合茅山独特的人文历史和自然资源，立足文娱、体育、文艺、学术、休闲五大颐养体系规划定位，建有江南茅山医院、CRCC老年公寓、老年大学、度假酒店等公共配套空间功能设施，被中国老龄产业协会、中国房地产协会联合确定为中国老年宜居住区试点项目。

【成功签约"体育+旅游"项目】 6月28日，华夏宝盛园与江苏赛克林体育发展有限公司成功签约，成立常州赛宝体育旅游发展有限公司。这标志着金坛第一家"体育+旅游、体育+文化、体育+特色产业"示范基地的诞生。该项目围绕"运动核心为基底、促进文化旅游新发展"的宗旨，以华夏宝盛园为产业基地，以赛克林的专业运营团队为支撑，借助国家体育政策东风，组织迷你马拉松、荧光跑、徒步赛、定向赛、亲子赛、水上活动、丛林探险、攀岩、房车露营、大型音乐节、基地训练与活动等户外体育旅游活动，构建体育旅游IP。

【茅山山地马拉松风景道入选省旅游风景道创建名单】 11月16日，茅山山地马拉松风景道（十里茶香旅游景观道）被列入2018年江苏省旅游风景道创建名单。该风景道主要包括游仙路、访仙路、录仙路、望仙路、尚阳路，总长24.4千米，沿线有东方盐湖城、花谷奇缘、金沙湾乡村俱乐部、茶海农业公园、华夏宝盛园、上阮农业公园、一号农场、半边山下等景区（点）。占地3.5公顷的游客服务中心位于尚水路与寻仙路交叉口，沿景观道设驿站6个、观景平台7个、停车场13个，实现交通、景观、游憩、保护等功能的有机结合，为推动景区旅游向全域旅游转变创造条件。

【茅山道家闲养小镇入选省旅游风情小镇培育创建单位】 11月6日，茅山道家闲养小镇被批准为江苏省旅游风情小镇培育创建单位。规划面积约3.5平方千米的茅山道家闲养小镇，位于薛埠镇、茅山旅游度假区核心区域，由度假区RBD配套片区（小镇客厅）、道天下景区、茅山源境、东方盐湖城国际温泉度假酒店组成。该小镇依托茅山丰富的自然资源和人文资源，秉承以人为本、回归自然的设计理念，打造融休闲度假、文化展览、特色餐饮、健康运动等多功能于一体的山水闲养文旅圣地。

【两家酒店获评江苏精品休闲度假饭店】 10月8日，经过省旅游星级饭店评审专家标准打分、实地考察、专家评选、后续核查等程序，金坛区东方盐湖城酒店和一号农场明都庄园酒店被评为第二批江苏精品休闲度假饭店。坐落于东方盐湖城·道天下景区的东方盐湖城酒店，有客房331间，内设山居、盐泉·涵馆、虫二客栈等10余类主题标准套房，有各类餐厅10个，可同时容纳1500人就餐。位于一号农场内的明都庄园酒店，有客房71间（套）、中西餐位500个以及会议中心、宴会大厅、棋牌室、KTV等多功能配套设施。酒店菜肴原料多为一号农场自产的有机食品。

旅游宣传

【概况】 2017年，区旅游局贯彻落实《常州市旅游产业"十三五"发展规划（2016—2020年）》，印发《金坛区旅游业加快发展三年行动计划（2017—2019年）》，对47项重点工作进行具体责任分解。至年末，全区有国家AAAA级、AAA级旅游景区各1家，省级旅游度假区2家（茅山旅游度假区、长荡湖旅游度假区），省乡村旅游区16家；有旅游星级饭店2家（颐丰大酒店、樱花大酒店）、旅行社14家。

【旅游节庆与营销宣传】 2017年，金坛区加强旅游宣传促销，成功举办不同形式节庆与营销宣传活动。举办以"梦乡村、过大年"为主题的乡村过大年暨金坛乡村旅游嘉年华、"赏心乡村游，春跑花丛中"为主题的春到上阮赏花季、"金坛水果蛮好"为主题的金坛乡村采摘节、"中国好籽虾，尝在长荡湖"为主题的长荡湖籽虾节等节庆活动，举行文旅融合的第八届金坛文化艺术节暨第五届长荡湖湖鲜美食节、"旅游+体育"的2017金坛茅山国际山地半程马拉松赛。同时，鼓励旅游企业自办如东方盐湖城的民谣歌会、花谷奇缘的花神庙会、一号农场的有机嘉年华等不同形式的节庆活动，做到"季季有主题、月月有节庆、周周有精彩"，营造良好旅游氛围。挖掘并放大《新旅游》杂志、金坛新旅游官方微信微博、金坛旅游宣传折页、金坛旅游资讯网、《跟我游金坛》电台电视专栏节目等宣传平台营销优势，采取"走出

4月8日，以"赏心乡村游，春跑花丛中"为主题的2017春到上阮赏花季开幕活动现场
（旅游局　供稿）

7月22日,"金坛水果蛮好"金坛乡村采摘节在上阮农业公园超群果园开幕 （旅游局 供稿）

去"与"引进来"促销形式,赴上海、南京、杭州、安徽举办旅游营销推介活动6场次,组织"一点资讯融媒体论坛""常州春季旅游产品发布会""浙江人游江苏金坛首站启动仪式""全域旅游融媒体高峰论坛""发现金坛之美拍客大赛"等业界旅游营销活动,扩大金坛旅游在长三角的影响力。

【首届县域旅游自媒体共享沙龙】 11月28—29日,由区旅游局策划主办的"新时代·新思维·新旅游"2017首届县域旅游自媒体共享(金坛)沙龙活动在华夏宝盛园举办。此次活动旨在为县域旅游自媒体搭建一个沟通协作交流平台,实现互相之间的资源共享。来自江苏省旅游局、仪征、宜兴、金湖、昆山、周庄、南京栖霞区、无锡市滨湖区、徐州市贾旺区、东台、金湖、江阴、丹阳、大丰,浙江嘉兴市南湖区、安吉、桐乡等多地县(区)旅游局和相关旅游企业领导以及多家媒体齐聚一堂,共同探讨新时代县域旅游的新思维、新发展途径。沙龙形式得到与会人员一致认可。与会人员表示:要充分发挥自媒体优势,实现资源互通、跨界融合,推动县域旅游新发展。

【旅游商品创意设计大赛】 12月26日,由区旅游局联合区相关部门主办的2017"茅山竹海杯"首届金坛旅游商品创意设计大赛专家评审活动在樱花大酒店举行。此次大赛共征集到涉及工艺、文创、食品、包装等类别的参赛作品72件,特邀评审专家依据商品的创意性、特色性、实用性、量产性及知名度进行综合打分,最终评出旅游商品入围奖25件(个)。同时,就"金坛好礼"旅游商品品牌和标志创意设计成果进行商讨。

旅游管理

【概况】 2017年,区旅游局深入推进旅游市场专项整治,宣传旅游法规,引导企业自律经营。联合区安监、公安、市场监管、消防等部门开展旅游安全检查,落实景区重点部位管控措施;组织开展"综治宣传月"活动,加强对游客高峰时段、重要节庆活动和假日旅游安全监管;联合旅游企业开展客房消防、食品安全、应急救援等应急演练活动;举办乡村旅游服务人员技能培训班、导游(讲解员)培训班等各类旅游行业服务技能和安全培训9场次。年内对全区14家旅行社开展多次全面检查,及时发现问题、限时督促整改。全年旅游安全事故为零。高效处理旅游咨询投诉,全年答复各类旅游咨询12000余人次,处理旅游投诉11件,满意率100%。

【文明旅游宣传】 2017年,金坛旅游业将文明旅游与全国文明城市创建有机结合。围绕"3·15"消费者权益保护日、"5·19"中国旅游日、安全生产月、"12·4"法制宣传日以及五一、中秋、国庆等节假日,开展以"旅游让生活更幸福,文明让旅游更美好"为主题的文明旅游广场咨询活动,倡导"文明旅游、你我同行";组织各景区、星级饭店、旅行社等旅游企业开展"讲文明树新风""遵德守礼""文明用餐"等行动,发放文明旅游、核心价值观、文明餐桌行动海报、台卡等宣传品万余(件)套,营造文明旅游氛围。

乡村旅游

【概况】 2017年,按照《关于加快推进乡村旅游发展的指导意见》《常州市乡村旅游发展三年行动计划(2016—2018年)》总体要求,加强对全区乡村旅游品质引导提升工作的指导服务。年内,南湖度假农庄、半边山下创成省四星级乡村旅游区,娃娃鱼部落创成省三星级乡村旅游区,超群果园由省二星级提升为三星级乡村旅游区。至年底,全区省星级乡村旅游点达16家,其中四星级9家、三星级5家、二星级2家。

【首个乡村民宿休闲集聚区诞生】 2017年3月,金坛茅山半边山下乡村民宿休闲集聚区通过创造性改造开发正式对游客开放。位于金坛茅山南山门入口处的半边山下乡村民宿集聚区,以"村落美景、格调民宿、乡野娱情、民宿美食"规划定位,结合自然资源,完善九龙潭竹海公园、半坡茶园、小隐户外扩展公园等功能设施建设,建有乡村休闲客房132间(套)、50人以上规模餐厅3个以及会议室、咖啡厅、酒吧、读书吧、购物店等配套设施,成为金坛乡村民宿休闲集聚区。至年底,接纳来自上海、南京、苏州、无锡、常州等地游客7.2万人次。

【"金坛乡村旅游嘉年华"登上"2017旅游业最美中国榜"】 9月17日,在新华网主办的2017旅游新格局、新业态、新品质暨第五届旅游业融合与创新(中国·陵水)论坛上,“金坛乡村旅游嘉年华”节庆登上“2017旅游业最美中国榜”。“2017年旅游业最美中国榜”由最美旅游胜地、最具影响力特色节庆、首批中国旅游业最具影响力匠心企业三部分组成,采取自主、自愿申报,上级推报,旅游爱好者提名的形式,围绕资源禀赋、发展创新、管理机制、生态绿色、文化底蕴、智慧旅游、特色品牌、休闲风尚、创意融合、配套服务、社会责任、大众满意度12个方面,在行业大数据支撑下,结合专家意见分值、网络公示结果、舆情监测、满意度比对等标准进行评比产生。

【第二届乡村美食大赛】 10月21日,由区旅游局、人力资源和社会保障局、总工会、妇联、市场监督管理局、广播电视台联合主办的2017“长荡湖杯”金坛乡村美食大赛在长荡湖水街举办,旨在进一步挖掘乡村特色菜肴,弘扬乡村美食文化,打造乡村美食品牌,提升乡村餐饮水平。全区有39家乡村旅游经营单位及46名乡村厨师参赛,参赛单位及个人以金坛本地无公害、无污染的农产品为主要食材,采用炒、炖、煎、炸、烩、蒸、煮等多种烹饪手法,现场制作具有金坛地方特色的菜肴64道。经专业评委和大众评委评选,最终评选出特等奖、金奖菜肴各10个和银奖菜肴15个。对获特等奖选手及女选手分别由区人社局、妇联授予金坛区技术能手、双学双比女能手称号。

【江苏省青年双创英才】 5月10日,省四星级乡村旅游区一号农场创始人姜方俊获江苏省“青年双创英才”称号。2017省青年双创英才评选活动3月启动,通过人选推报、资格审查与初评公示、网络投票、答辩评审等评选环节,最终在全省范围内择优遴选20名青年为双创英才。金坛一号农场创始人姜方俊榜上有名。 (何富健)

江苏省金坛茅山旅游度假区

【概况】 2017年,茅山旅游度假区党工委、管委会按照打造“生态旅游休闲地”总目标,紧扣全区“两个加快推进落实年”和度假区“项目建设服务年”工作中心,全力推动、保障、支持、服务重大项目建设。全年接待游客325万人次,实现旅游经营收入4.74亿元,分别同比增长13.32%、12.25%,在全省52家省级旅游度假区2016年度综合考评中名列第七位。

【规划编制】 2017年,编制完成《茅山板块空间发展战略研究暨茅山旅游度假区总体规划(2016—2035年)》《茅山度假区核心区控制性详细规划、城市设计》以及其他交通、电力设施、智慧旅游等专项规划。同时,完成茅山旅游度假区游客综合服务中心施工图设计、沿江城际高铁涉及度假区范围内4条主要道路施工图设计;拟定望仙路景观绿化、新浮水库自行车公园和度假区游客综合服务中心景观绿化工程方案;完成煤宕水库周边环境调查。

【基础设施建设】 2017年,茅山旅游度假区持续推进包含道路工程、景观工程、水利工程、电力工程等在内的20多个基础设施项目建设。道路工程项目:完成总里程4.96千米的致和路、望仙路和水厂路(含市政综合管线)建设,开工建设金茅路、新湖路、新浮水库绿道、265省道综合管线和茅东大街污水管道工程。景观工程:完成总面积约26.6万平方米的白鹭湖、访仙路二标和三标续建工程,新开工建设总面积约53.9万平方米的寻仙路、尚阳路、尚水路、致和路和百羊路景观工程。水利工程:完成秧滩塘塘坝工程建设,新建大坝260米,新建泄洪河道及补水河道850米。完成部分路段的路灯、电力工程以及信息工程等其他基础设施建设。

【项目建设】 2017年,茅山旅游度假区总投资35.1亿的茅山颐园、东方盐湖城·国际养生城(雅居乐·山湖城)两大重点项目工程分别于2月18日、5月18日开工建设。建设中的项目包括花谷奇缘、茅山茶海、巴里岛温泉酒店等项目,全年累计完成投资38亿元。

【项目签约】 2017年,茅山旅游度假区新签约恒大·金沙湾旅游综合体项目(恒大御湖庄园),协议总投资43.8亿元。同济新农科技研究院暨茅山植物园项目,协议总投资5亿元。茅山飞行营地项目,协议总投资1.6亿元。半边山下民宿村项目,协议总投资0.9亿元。芥舟·长山行舍精品民宿项目,协议总投资0.5亿元。

【美丽乡村建设】 2017年,茅山旅游度假区承担了金坛区上阮美丽乡村示范区、仙姑美丽乡村示范点全部美丽乡村建设任务。依据职能分工不同,由茅山度假区、薛埠镇、茅山控股公司三家单位共同成立综合协调组、规划建设组、空间整理组、资金保障组、产业发展组、专家顾问组6个工作小组,全力推进美丽乡村建设工作有效落实。按照“五统筹”(统筹项目规划设计方案,统筹专项建设资金,统筹工程建设推进管理,统筹项目拆迁与矛盾化解,统筹项目文旅方案策划、营销推广策划、商业运营策划)要求,保障、推进美丽乡村建设项目。通过科学论证,确定七大类26项工程,明确工作界面。年内完成《江苏省金坛茅山旅游度假区仙姑村美丽乡村示范点规划》《江苏省金坛茅山旅游度假区上阮片区美丽乡村示范区规划》和《江苏省常州市金坛区薛埠镇仙姑村特色田园乡村建设规划》,其中,仙姑美丽乡村示范点已进入施工建设阶段。

【旅游活动】 2017年,茅山旅游度假区陆续主办或协办常州乡村过大年暨金坛乡村旅游嘉年华、茅山颐园奠基典礼、花谷奇缘开园典礼、春到上阮赏

10 月 22 日,长荡湖籽虾节举办　　(旅游局　供稿)

花季、第二届东方盐湖城杯茅山美食大赛、常州老年大学茅山分校揭牌暨茅山南湖养生庄园开园仪式、金坛茅山国际山地半程马拉松公开赛、中国围棋甲级联赛(东方盐湖城站)、常州金坛乡村采摘节、一号农场蓝莓音乐节、东方盐湖城七夕鹊桥会、茅山—上海直通车发班仪式、花谷奇缘秋赏季上线仪式等旅游节庆活动,有效提高了度假区在长三角区域内的知名度与美誉度。　　(谢嘉彬)

江苏省金坛长荡湖旅游度假区

【概况】 2017 年,长荡湖旅游度假区全面实施推进"基础建设年",基础设施建设和基础工作建设扎实推进,全年完成总投资 38.41 亿元。

【规划引领】 2017 年,完成长荡湖旅游度假区的总体规划和11项专项规划的编制工作,形成"1 + 11"的规划体系。完成沿湖景观方案,旅游项目策划初步形成成果。实施房屋动迁及沿湖企业收储工程,搬迁农户 2856 户,拆除企业 6 家。实施工地歇耕及附着物清除工程,流转土地 1277.6 公顷,清障 1213 公顷,9088 人纳入社会保障。

【工程建设】 年内,长荡湖旅游度假区推进地形重塑工程建设,完成 50 万立方米指前段土方工程,同时完成指前段 1.1 千米防洪大堤土方填筑任务。长荡湖西路完成至水稳面层。长荡湖北路完成 3 千米清表,推进便道、便桥和部分新线桥梁灌注桩施工。水产种质资源保护区在原有 406.67 公顷的基础上扩建 533.33 公顷。

【生态环境保护】 2017 年,长荡湖旅游度假区深入践行河长制,建立区、镇、村三级河长管理体系。推进水环境综合治理,实施网围整治和废弃船只清理工程,拆除长荡湖金坛范围内剩余网围 1173.33 公顷,819 名失水渔民全部纳入社会保障,处置废弃船只 4245 条。成功组织长荡湖增殖放流活动,全年放流金蟹 1 亿只,各类鱼苗 2000 万尾。与中国水产科学研究院淡水渔业研究中心签署战略合作协议,促进长荡湖水域生态系统的可持续发展。

【要素保障】 2017 年,长荡湖旅游度假区抓好两大保障工作:突出土地保障,完成挂钩项目 44.67 公顷,占补项目 3.83 公顷,核减基本农田 496.17 公顷,为今后开发建设预留空间。落实资金保障,与国开行签订"长荡湖水利水系统综合治理工程"贷款协议,总额 52 亿元,已放贷 11.2 亿元;与农行签订 13.6 亿元的产业基金,并一次性投放到位;积极向上争取项目资金,累计争取到各类资金超 4 亿元,为度假区发展提供保障。

【旅游宣传】 年内,长荡湖旅游度假区举办第五届中国 · 长荡湖湖鲜美食节和 2017 中国 · 长荡湖籽虾节,组织召开 2017 中国(长荡湖)休闲湖泊峰会,发布休闲湖泊指数。《长湖荡歌》展览馆开馆、"长荡湖杯"乡村美食大赛、蟹王蟹后评比、"鉴 · 证长荡湖"摄影比赛、国际国内民俗文化汇演等一批文旅融合的活动在度假区举行,有效提升长荡湖旅游度假区知名度。　　(吴金林)

(编辑　钱国新)

城乡建设·环境保护

综　述

【概况】 2017 年，全区紧紧围绕“接轨常州主城区　推进发展新跨越”的总体目标，推进“两个加快”项目建设，加快城乡一体化统筹发展，规范建设行业市场监管，全面提升服务与管理水平，城乡建设和环境保护等各项工作稳中有进。

城乡建设

【概况】 2017 年，统筹推进新城建设与老城改造，全区基础设施快速推进，人居环境有效提升。滨湖新城交通运行网络框架基本形成，配套设施同步跟进，逐步接轨常州主城区。环钱资湖道路（除桥梁）、规划道路、横十二路、横五路、横二路东延、纵五路 6 条道路竣工通车；华阳路西侧河道及其他河道配套的 5 座桥梁完工；下塘河二、三期贯通工程完成管理用房周边景观；钱资湖岸线景观化改造（一期）、下塘河景观工程（五期）两大景观休闲公园基本建成；长荡湖水厂完成厂区建设，进入附属项目实施。岸头佳园南区、九洲里二区安置房竣工交付。

【创建工作】 2017 年，积极参与常州市文明城市创建工作。对城区公园绿地、园林设施、市政道路、路灯亮化、小区楼道等全力开展综合整治，确保绿地美化、道路通畅、亮化覆盖、小区整洁。加强城区范围内以及沿江、扬溧高速两侧园林景观、市政道路、排水管网、路灯亮化等项目管护。2017 年 11 月，常州市成为全国首批全域文明城市。

【房屋动迁】 2017 年，继续推进老城范围内金谷华城、老党校地块、市场路及滨湖派出所等地块的征收、拆迁扫尾工作。启动实施集体土地房屋搬迁工作，完成长荡湖板块项目动迁。儒林镇、指前镇、西城街道和尧塘街道境内房屋 2856 户，建筑面积约 62.8 万平方米，沿湖企业 6 家。联合东城街道办、西城街道办完成滨湖新城北区共 60 个地块约 900 公顷土地的拆迁扫尾、附属物清理和土地整理等工作。进一步推进拆迁遗留项目，为项目建设实施提供保障。

【市政园林】 2017 年，完成对虹翠路、华城路、东门大街、南门大街、北环东路、东环一路、东环二路、晨风路、北门大街、沿河西路、北环西路、西环一路等路段的盲道新增改造 1.05 万米。完成东门大街、东一环、市场路、西门大街等城区主、次干道混凝土路面新建及维修 5550 平方米、沥青浇筑及维修 6258 平方米、树池路牙维修及新栽 1114 米。对全区影响美观、存在安全隐患、影响使用功能的园林设施进行排查维修共计 1200 余处，对城区各路段、公园绿化进行拾遗补缺约 7 万平方米。

市政道路桥梁维修养护工作。全年共计维修混凝土道路 1.67 万平方米、沥青混凝土道路 3.38 万平方米，维修人行道板 2.01 万平方米、侧石 3314 米。全年养护绿化面积 1031 万平方米，其中公园养护面积 136 万平方米。行道树修剪养护 6286 株，箱式绿化 1408 个，花卉布置 20 万盆，养护管理资金年投入约 3000 万元。

【城市路灯】 2017 年，针对城区部分路段没有路灯，老小区路灯偏暗及公园绿地照明设施不足的问题。10 月，完成对愚池南路、望华路、金康路、东二环（东站进站口）、华庭嘉园西侧道路 5 个照明薄弱区域的改造。完成新城东苑一区、徐塘新村，西门小游园、春风公园广场等路灯改造、增补工作。完成县府路、月荷路、华阳路与南一环路路口、东二环与北环路路口 80 余基路灯改造工作。加强乡镇道路亮化建设，完成儒林翟墅路 51 基路灯安装工作，方便村民夜间出行。

全年累计维修道路路灯 340 余盏，小区路灯 470 余盏。修复各类电缆故障 30 余起，恢复交通事故撞杆 26 余起，对部分老小区、道路路灯进行危旧灯具的改造共 380 余盏，路灯设施完好率 96% 以上、亮灯率 98% 以上，确保城市路灯设施正常运行。

打造城市夜景,完成“三路一河”(南环二路、金湖路、金坛大道及下圻河)周边楼宇亮化3.8万余套景观灯的安装和调试。对老鸭塘周边区域长度约5千米范围内的沿街建筑及驳岸开展景观亮化工程,打造成金坛首条夜光漫道。

【环境整治】 2017年,继续推进“931”项目(九整治、三规范、一提升),对1条背街小巷、6块低洼易淹易涝片区、3个建设工地进行整治,开展电胜社区省级示范社区和华城路示范路创建。

景潭花园小区楼宇亮化工程　　(住建局 供稿)

镇村建设

【概况】 2017年,尧塘街道谢桥村委徐家庄村和金城镇后阳村委东大亭村2016年度省级美丽乡村创建工作通过常州市验收。薛埠镇锅底山公园、东环一路改扩建、百花路和薛埠大街楼宇亮化3个建设项目被确定为省级重点及特色镇发展项目,争取到省级建设资金600万元。指导和协助薛埠镇仙姑村申报省级特色田园乡村试点。

推进农村生活污水治理工作,对全区已有农村生活污水处理情况进行了解和统计后,确定52个规划发展村以及7个撤并乡镇所在村建设农村生活污水处理设施。项目全面开工建设,并在年底前完成省级目标考核任务。

公共事业

【城市供水】 2017年,全区供水量5500万立方米,其中城区3500万立方米,比上年同期增长2.79%。全年售水量4000万立方米,其中城区2500万立方米,比上年同期增长3.29%。全区用水户25.8万户,其中城区13.7万户、乡镇12.1万户。

新建成的长荡湖水厂厂区　　(住建局 供稿)

因常州自来水公司爆管,金坛区新建水厂管道冲洗等原因,区自来水公司共非常规供水调度6次,通过合理调度各路水源,平衡管网压力,保证了供水管网稳压运行。加强对乡镇多个水厂的水质检测,对西旸、茅麓、社头、上阮和建昌出厂水和原水进行13项检测,按时向省站上报检测数据及供水量。提升二次供水管理水平,对已接管的二次供水泵房制定规范制度及安全操作规程,规范管理,加强巡查。对新建泵房项目提前介入,按照二次供水泵房的技术标准要求建设方,全年共接管验收37个泵房55套二次供水设备。

全年共接受来电来访3455件、网络咨询和投诉5件,数字化城管案卷30件,督办“12345”政府热线转交投诉任务工单170件。及时发布停水和水质信息共计100条。各类舆情办结率、用户回访率、维修及时率均100%。

【区域供水工程建设】 2017年,完成九江口新建泵站桩基部分及两座清水池建设;西岗改造泵站,茅麓、西旸新建泵站土建结束,设备进场;罗村改造泵站拆迁结束。长荡湖配套管网工程东、西、北线已完成竣工验收。中、西部镇内供水管网改造工程共完成DN100以上550千米、改造小用户7万多户。

【城市排水】 2017年，开展排水服务150次，实施企业排水行为日常巡查286次，共查处违规排水14起。新接管企业55家，新签及续签污水委托处理合同共计136份。全年共维修排水管网388米，更换及新砌排水井盖1103只，疏通排水管网10.34万米，人工清掏雨水井5.58万座次。对第一、第二污水处理厂定期与不定期现场业务考核检查58次，两个污水处理厂全年生产运行稳定，无重大生产事故发生。一污厂累计处理污水1028万吨，负荷率94%；二污厂累计处理污水1869万吨，负荷率85%。

开展城市黑臭水体整治，编制完成《金坛区城镇生活污水处理专项规划》《金坛区村庄生活污水处理专项规划》《金坛区城区黑臭水体整治方案》。组织实施华苑一村、华苑二村、金胜花园、金湖花园4个老小区的雨污分流；完成东园路、春风北路、东门大街、北环东路、华阳南路、汇贤中路和虹桥路7处易涝地块的内涝整治；完成下塘河、电胜河及金花河截污工程。

【城市燃气】 2017年，全区共有管道天然气居民用户9.2万户，工商业用户960户。全区以天然气为燃料的车辆近670辆。现有“城中村”居民9874户，其中7312户已安装管道天然气，安装率74.05%。全区天然气用气量1亿立方米。现有运营的液化石油气企业3家，瓶装燃气用户约13.5万户。年内在直溪镇新建成一座国内最大规模的城镇燃气盐穴储气库，有效缓解华东地区应急调峰需求。联合公安、消防、市场监管局进行执法，查处私自储存液化气违法经营单位（户）15家，收缴不合格钢瓶394只。安全处置薛埠镇下杖村废旧液化气储罐，消除隐患。全区液化石油气市场秩序稳定好转，违规经营现象有所遏制。

【供电】 2017年，区供电部门科学规划电网建设，加大基础建设（全年投入电力基础建设资金2.23亿元），打造智能供电网络。配电网络建设中，共完成2017年配网成本项目、配网资本项目、小城镇（中心村）配电网改造升级项目、10千伏及以下业扩配套项目、朱庄110千伏输变电工程10千伏配套工程项目，完成总投资2.03亿元，项目722个。新增、改造及维修配电线路294.93千米，完成新增与改造配变392台。完成居民小区送电工程3项，进行配网带电作业140余次。在加强应急管理和预案工作中，编制并完善自然灾害、事故灾难、社会安全、公共卫生四大类40个现场处置方案。为保障公共事业安全平稳供用电，确保党政机关、人民群众、医院等公众利益及有关社会稳定的重要用电需求，区供电公司编制和落实电力供应应急预案，确保有序用电。根据省经信委、省电力公司统一部署，2017年金坛区有序用电预案编制错峰负荷总量为10万千瓦，共涉及客户152户。分为6组：有序用电3组，应急用电2组以及需求响应1组。高耗能、高排放企业和产能过剩行业作为优先选择用户。继续将非工中央空调负荷纳入到当年的方案中，共同参与夏季的错峰限电。主要由盘石水泥、博尔纸制品、亿和新材料等3家高耗能企业以及中盐常化、金坛盐化、兴荣美乐、金坛汽车工业等响应速度较快的用户组成，对预案中的客户，通过走访或挂号信方式送达《告用电企业书》《有序用电通知单》，宣传当年电力供需形势，告知企业预案所给定的用电保安定值，指导企业做好内部应急预案，以便在接到限电通知时，主动错峰压限负荷，保证重要设备用电。 （夏 冰）

城市管理

【概况】 2017年，金坛区城市管理工作紧扣全区经济社会发展大局，围绕“一年强基础、两年大提升、三年新跨越”的战略目标，扎实开展城市管理“强基年”行动，坚持问题导向，强化专项整治，进一步夯实基础，补齐短板，全力提升城市长效管理水平，城市管理各项工作顺利推进。

【体制改革】 2017年，编制出台《关于进一步优化区城市管理体制机制的实施意见》，合理划分城市管理事权，将物业管理权、住建领域行政执法权划转至区城管局，并通过确定管理与执法职责边界、全面推进城管执法重心下移等举措，构建“权责明晰、服务为先、管理优化、执法规范”的城市管理体制。

【综合整治】 2017年，集中开展两大市容整治、八项市容专项整治。全面治理店面出摊、流摊占道、烧烤扰民、渣土污染等城市顽疾。共依法查处25家违规露天烧烤店户；整治占道经营、占道堆放2210余家；取缔流动摊点1250余个；证据先行登记、扣押物品2100余件；清理乱张贴、小广告1200余户；拆除违规、破损店招店牌1190余块；查处建筑垃圾乱倾倒、渣土车抛洒滴漏等违法行为47起，罚款9.6万余元。同时，增划非机动车停车位约1.05万平方米，有效解决八百市场、上庄路、东方路、翠北路等居民反映强烈、困扰多年的城市管理老大难问题，市容环境、交通秩序全面改观。

【市容管理】 2017年，建立城区日常管理一户一档信息库，强化网格责任落实，定人定时定岗，排查出城市管理静态问题1900余条，联合市政、园林全面整改。全面实施“四本四优”（本地居住、本地产品、本人经营、本人困难。室内优于室外、院内优于院外、路外优于路内、远郊优于中心）分流疏导法则，严格审批，控制总量，强化监管。修编《金坛区市区户外广告和店招店牌设置专项规划（2012—2020）》《金坛区高速公路及省道沿线高炮广告设置规划（2013—2030）》，进一步明确广告设置的布局和标准，加强引导规范。

【环卫管理】 2017年,推进环卫作业市场化运作,道路保洁市场化率100%。日清扫道路面积626万平方米(含开发区),机扫率81.95%,绿岛、绿化带保洁面积312万平方米。牵头制定《金坛区城区建筑垃圾管理暂行办法》,推进渣土车公司化运营,从源头规范建筑垃圾管理。通过电子巡查、视频监控等手段,对生活垃圾运送和机械化作业进行实时监管。

【基础设施】 2017年,完成81个"931"城市环境综合整治项目。开展华城路、电胜社区创省示范路、示范社区活动。推进城乡生活垃圾分类,完成56个试点的垃圾分类设施建设,共建设分类收集亭99座,摆放分类垃圾桶4727组;10月1日起正式运行餐厨废弃物收运处置体系,日收运处置量约12吨。完成沈渎填埋场库区坝堤加固工程,区生活垃圾焚烧发电及飞灰库项目、新城东苑垃圾中转站等工程均全力推进。

【行政执法】 2017年,成立区城市管理行政执法大队西城中队,实现全区基层城市管理行政执法派驻机构全覆盖,设立规划执法和市政园林环保执法两个专业中队。坚持法治思维,首次对违建、市容环卫违法、渣土运输违法、在公共场所擅自散发广告传单等违法行为进行行政处罚。全年共立案查处一般程序市容案件538起、简易程序案件639起,立案查处违法建设行为836起,拆除违法建设8.3万余平方米,实现新发现违建零增长、老旧违建加速去库存的目标。

【长效管理】 2017年,常州市、金坛区两级指挥平台实现同考评、同操作、同标准、同时效,有效利用外网智信通APP,积极对接常州城乡一体化考核工作。全年市、区两级平台共立案派遣4.61万个案卷,按期处置4.08万个,按期结案率88.52%,同比增长11%。常州市城市长效综合管理考评成绩稳步提升。

【效能建设】 2017年,区城管部门受理870余起投诉、信访件,2160余起来电。登记率、处理率、回复率均达100%。37件人大代表建议和政协委员提案(其中主办27件)按时办结率、走访联系率、代表委员满意率均达100%。 (周　晴)

环境保护

【概况】 2017年,金坛区环保工作以服务项目建设、维护环境安全为中心,实施大气、水、土壤的环境综合整治;以群众关心的环保问题为重点,集中抓好问题整改,深入推进"一城一区一山一水"建设,环境质量持续改善,环境风险有效管控,环境矛盾有力化解。

【生态源保护】 2017年,完成茅山乌龟垄24公顷、茅东林场3公顷荒废土地整治复绿建设;直溪镇铜马泉村、王家村分散式农村生活污水处理设施开工建设;启动长荡湖退圩(田)环湖工程,歇耕约1733公顷鱼蟹塘和耕地,清理整治1160公顷网围养殖和鱼类捕捞设施;完成方洛港、新河港河道整治;完成钱资湖重要湿地、方山森林公园综合整治提升方案编制工作;完成钱资湖北侧22万平方米的公园绿地及9千米的生态绿道建设。

【生态细胞建设】 2017年,薛埠镇创建国家生态文明示范镇,直溪镇吕坵村、朱林镇黄金村创建常州市生态文明示范村,指前镇、朱林镇政府创建绿色机关;1所省级绿色学校、4所市级绿色学校及3所市级生态文明教育示范学校创建工作通过上级环保、教育部门验收。

【农村环境整治】 2017年,按照"以扎实推进农村生态文明建设、切实解决农村环境问题为出发点,以农村分散式生活污水处理设施及管网建设为主体,以农村环境综合整治为配套支持"的工作思路,开展覆盖拉网式农村环境综合整治试点工作。金坛区2013—2016年度覆盖拉网式农村环境综合整治试点工作通过江苏省级考核验收,成为全省第一家完成全部覆盖拉网式农村环境综合整治试点的地区。完成77个行政(自然)村的整治工作,总投资9502.93万元,建成农村集中式污水处理设施68套,接管工程9个,建设污水管网共176.123千米,受益人口35884人。建成后年削减化学需氧量234.96吨,氨氮31.24吨,磷1.95吨。

【生态红线】 2017年,完成排定的15个省级生态红线保护项目。优化部分生态红线区域的范围及功能,确保到2020年年底金坛区生态红线区域面积不低于全区总面积的21%。对生态红线区域保护情况进行评估工作,从污染源、环境质量、生物多样性等方面多角度、全方位了解区域生态红线区现状,为生态红线区管控提供科学依据和数据支撑。

【项目服务】 2017年,执行环保部"三线一单"(生态保护红线、环境质量底线、资源利用上线,环境准入负面清单)控制要求,坚持"主动服务、超前服务"与"强化源头管控、严格准入门槛"并重,建立健全空间准入、总量准入和项目准入"三位一体"的环境准入制度,严格污染物管控。全年共审批建设项目231个,对乡镇拟引进的项目,提供现场指导57次,提前介入为乡镇提供环保法律法规政策咨询。共否决、劝退不符合环保要求和国家产业政策项目12个。

【大气环境质量】 2017年,开展化工园区挥发性有机废气集中整治,制定下发《关于下达金坛区2017年挥发性有机物污染治理任务的通知》,在培丰化工集中区、盐化工集中区建设符合园区排放特征的VOCs(挥发性有机物)监测监控体系。抓好挥发性有机物污染治理和燃煤锅炉整治,完成11台小锅炉淘汰和4台10—35蒸吨每小时燃煤锅炉淘汰或清洁能源替代工作。拟订全区重污染天气应急预案草稿，若遇情况，及时启动应急管控方案，加大道路冲洗洒水频次。加强扬尘污染控制，持续开展大气污染整治攻坚、扬尘整治专项执法等专项行动。2017年，全区PM2.5平均浓度为44.5微克每立方米，空气质量优良天数为304天，优良率为83.5%。

【水环境综合整治】 2017年，列入省政府下达的太湖治理目标责任书中的六大类21项重点项目中，除新孟河外，其他全部完成。控制氮磷排放，关闭畜禽养殖场473家、化工企业10家。完成二污厂扩建工程。开展化工、电镀、印染行业整治，全区4家电镀企业、5家印染企业均完成整治。强化农业面源污染控制，完成池塘标准化改造及别桥、江步桥等重点考核断面上下游2千米范围内的小环境综合整治。对全区6个集镇饮用水源地水质、区域补偿断面、农灌水8个断面63个主要监测项目开展例行监督监测，长荡湖北干河口区、湖心区断面水质总体良好，基本满足饮用水质要求，备用水源地钱资湖二水厂断面及6个集镇应用水源地基本满足饮用水源地水质要求。

【土壤污染防治】 2017年，完成土壤污染重点行业企业筛选及空间位置遥感核实、农用地土壤污染状况详查布点，组织完成2006—2014年已关停并转、破产、搬迁的化工企业遗留地块中至今未开发利用的地块排查工作，全面掌握辖区内遗留地块的分布状况、使用现状和周边环境状况等底数信息，为推动污染地块环境风险防控工作打实基础。

【环境监管】 2017年，将"双随机"（随机抽取、随机匹配）抽查作为污染源日常监督检查的主要方式，建立排污单位和执法人员信息库，对区域内重点污染源开展抽查，严格落实"监管频次量化、监管任务细化、监管结论痕迹化和监管结果报告制度化"的要求，做到严格执法，抓铁有痕。先后组织开展环保大检查、太湖安全度夏专项执法检查、工业企业大气污染防治专项检查等，严厉打击偷排偷放、非法排放有毒有害污染物、不正常使用污染防治设施等违法行为。全年共组织开展现场监察1740余厂次，其中节假日、夜间检查215余厂次。重点源和一般源"双随机"监察403厂次。

【强化风险源管控】 2017年，加大对危险废物监管重点源的抽查力度，对存在的问题现场督改，对存在违法行为的下达限期整改或立案处罚，全年共开展危险废物现场检查35厂次。认真做好危险废物跨省转移预审工作，共预审跨省转移7次，遏制转移危险废物4745.2吨。

【紧抓重点问题整改】 2017年，对中央督察组交办的问题进行"回头看"，对照清单全面梳理，逐项对账销号，确保不留后患。11项上级交办信访全部办理完毕，17项反馈意见整改基本到位。对照省厅关于环境保护综合督查情况的通报，梳理出7类32项环境问题，制订整改方案，分解责任，序时推进，完成其中28项整改。

【全力化解环境信访】 2017年，加大环境信访和污染纠纷的调处，及时有效化解环境信访矛盾，拓宽信访投诉渠道，维护群众环境权益。全年共受理并调处各类环境信访件1752件，越级信访69件，比上年同期下降34%。

【环境宣传教育】 2017年，通过电视、报纸、网络等媒体及公交站台、社区宣传橱窗、送电影下乡等方式，由点到面广泛开展生态文明宣传教育。全年共制作《环保在行动》专题9期，《金沙视听》环保专版8期。组织环保志愿者进社区、进学校、进企业、进乡镇，宣传环保法律法规、生态文明、垃圾分类、保护母亲河等知识，举行各类志愿活动10起，普及生态文明知识。强化对镇区、企业法人、环保管理员的专业培训，提高企业环境管理水平和环保法律意识，规范企业环境行为。

（王　洁）

（编辑　方　骊）

建筑·房地产

综　述

【概况】 2017年，全区建筑业发展生态发生变化，工程建设淡化企业资质、取消部分资质类别设置、营改增等政策相继出台。受建筑业新政策和大环境影响，全区建筑企业发展压力加大。全年全区建筑业总产值424.9亿元，较上年增长10%，施工总人数6万人。房地产市场平稳有序发展，全年共发放商品房预销售许可证51份，批准销售面积129.54万平方米，备案销售面积127.19万平方米。验收通过金坛吾悦广场、金坛碧桂园一期等18个开发项目的交付使用备案，项目竣工交付面积152万平方米，其中拆迁安置项目54万平方米。商品房价格保持平稳。

勘察设计

【概况】 2017年，金坛建设工程勘察设计市场受大环境影响，区内、外勘察设计单位同台竞争格局进一步加剧。江苏凯联建筑设计有限公司为建筑工程设计甲级资质、人防工程设计乙级资质，主要从事各类建筑工程、人防设计、小区规划、景观设计、装饰设计、建筑工程总承包及项目管理、建筑技术咨询等业务。常州凯联岩土工程有限公司是全区唯一具有建筑工程勘察甲级资质的单位，主要从事各类建设工程项目的勘察业务，其规模不受限制。

【建筑工程设计】 全年共完成各类建筑工程施工图设计130余万平方米。其中区外项目近7万平方米，比上年减少50%。全年设计景观绿化工程8万平方米，比上年有所下降。装饰装璜工程40余万平方米，比上年增长200%。所完成建筑工程项目类别中，民用项目占比70%；工业厂房占比20%；其他占比10%。全年完成各类项目设计合同额3100余万元，比上年增长40%。随着全区基本建设投资规模扩大，区外较多设计单位进入，竞争压力加大。虽然2017年新签合同额5200余万元，比上年增长80%，但建筑工程设计市场占有率较上年有所下滑，仅占40%左右。

【工程勘察】 全年完成岩土工程勘察项目115个，较上年略有减少。单项规模相对增大，建筑面积约195万平方米，比上年增长20%。勘察钻探进尺14万余标米，比上年增长75%。完成各类工程勘察合同额650万元，比上年增长50%。所完成工程勘察各类项目中，房屋建筑工程占比85%；市政道路、管道等占比15%。在区内勘察市场占有率为50%以上，比上年下降15%。

建筑施工

【概况】 2017年，全区建筑业发展总体平稳，市场拓展稳中有进，北方市场小幅增长。全年共完成施工产值230.9亿元，同比增长5.9%。承接项目以房建项目、装修改造和劳务分包项目为主，市政、机电工程、起重设备安装和防腐保温工程为辅。南方市场发展较快。宁镇扬、苏锡常、海南等传统市场继续保持发展势头，湖南、湖北、云南、贵州、河南等新兴市场得到进一步加强，整体市场规模进一步扩大。2017年，南方地区市场新接工程合同额101.52亿元，同比上年增长28.4%。全年施工面积584.6万平方米，同比上年增长8.3%。单项合同造价超亿元项目增多，装饰、市政道路、绿化项目数量众多且分布较广。区内市场保持稳定。全年在建工程总面积757万平方米，其中新开工工程建筑面积586万平方米，竣工面积308万平方米。新开工工程中金坛区企业承接占比55%。海外市场拓展增强。建工集团2017年新签外经合同近5亿元人民币，海外劳务人数368人。继阿尔及利亚、巴哈马、刚果（布）后，新拓展了土耳其、白俄罗斯市场，完成境外施工产值2.2亿元人民币，境外市场的竞争能力进一步增强。

【建筑成果】 2017年，江苏城东建设工程有限公司晋升建筑工程施工总承包特级资质，成为全区首家晋升特级资质的建筑企业。该公司全年获发明专利1项、实用新型专利2项。被省经信委、省住建厅认定为第九批建筑企业技术中心。

金坛区建筑业企业持续创新创优，获得金龙杯工程8项、常州区优质结构23项，创金坛文明工地9个、常州市文明工地4个。江苏城东公司创成省标准化工地4项、“扬子杯”工程3项。江苏金祥公司参建的清华大学苏世民书院综合楼获“国家优质工程奖”；江苏瑞迪施工的泛海国际居住区二期部分室内精装修项目，被中国装饰协会评为“全国建筑装饰业优质工程”；长江公司等3家企业参建的5项工程获评“鲁班奖”；建宏公司等6家企业参建的8项工程获得“北京长城杯”奖。建宏公司、恒云华安公司被中国建筑业协会评为“中国建筑劳务200强企业”；金鼎公司、建宏公司和金铭公司被北京市住建委评为“进京优秀建筑施工企业”。

建筑管理

【概况】 2017年，全区建筑工程质量安全处于较好受控状态，建设各方主体质量行为规范，质量意识增强，执行标准规范情况总体较好。工程材料严格进场验收，钢筋、混凝土等重要原材料、半成品质量得到有效控制，住宅质量通病控制措施落实到位，结构施工质量提升，特别是保障性安居工程结构施工质量总体控制较好。

【质量安全管理】 2017年，全区共监督受监项目236项(不包括开发区)，面积541.57万平方米。监督竣工验收项目140项，建筑面积265.09万平方米。监督住宅工程分户验收49项13704套、178.12万平方米，分户验收覆盖率100%。受理起重机械产权登记104台，使用登记259台次。受理安装告知266台次，注销告知114台次。

强化工程建设五方主体责任，部署工程质量安全三年提升方案。6月，成立金坛区三年工程质量安全提升行动领导小组。全年开展高大模板工程、建筑起重机械、脚手架、施工消防等专项整治工作5次，累计检查工地600个，排查事故隐患1800条，开出整改检查意见书600份，停工通知书3份。封停塔机20台次，施工电梯5台，井架10台，开出局部整改停工通知书20份，检查意见书300份，对陈旧过期的设备进行告知和公示并强令淘汰，确保施工现场机械设备正常运转。以常州市建筑市场信息管理网为载体开展部门联动，对全区所有在建工程建设程序、质量安全管理和实体质量开展检查，量化各参建责任主体在建筑市场的诚信行为，并录入信息平台。对检查中发现的现场管理不到位、市场行为不规范、质量安全意识差的项目及各方责任主体进行全区通报，督促各方责任主体的到岗履职，规范建设程序，加强施工现场的质量安全管理。

全面开展文明工地创建活动，强化施工现场和工地设施的规范化、标准化管理。规定常州市级以上文明工地必须推进塔式起重机预警系统。全年获得常州市优质结构23项、常州市金龙杯8项。创建区文明工地41项、常州市文明工地32项、江苏省标准化示范工地28项。通过科学管理和技术进步，最大限度地实现节材、节水、节能、节地等资源节约，保护环境和减少污染，实现环保型、节约型，可持续发展的绿色施工。

【施工图审查】 全年共审查工程项目540项，审查面积235万平方米。变更项目36项，审结464项(审结率86%)，其中办结237项，其他项目均出具一审意见。所有项目中工业项目345项，共171万平方米；绿建项目155项，面积53万平方米。通过技术审查，共查出违反建设工程强制性条文数为347条，违反强制性标准数为1427条。从源头上保证建设工程质量。积极做好审前咨询工作，对凯联设计院、华科园、信维通信、贝瑞特、茅管会等企业和部门进行上门服务，帮企业解决实际问题。推行容缺受理、提前审查服务。全年容缺受理项目367项，审结321项。为方便金坛区大型工程的施工图审查，与常州市图审中心沟通，全区大型工程由常州市图审中心容缺受理。进一步优化服务，提高效率，将原勘察加设计一审合计15个工作日缩减至10个工作日。

建筑市场管理

【概况】 2017年，全区建筑招投标市场进一步规范，电子化招投标快速推进，评标资源逐步优化。积极探索建筑行业培训机制和措施，促进全区建筑行业建设和管理水平。加强电子档案接收和档案数字化建设，确保建设工程档案有效利用。

【招投标市场】 全年完成383个标段项目的监管，累计建筑面积380.58万平方米，工程造价84.49亿元。其中，直接发包125项，累计建筑面积234.98万平方米，工程造价39.41亿元；招标发包258项，累计建筑面积145.6万平方米，工程造价45.08亿元。在招标发包中，公开招标235项，累计建筑面积132.46万平方米，工程造价41.22亿元；邀请招标23项，累计建筑面积13.14万平方米，工程造价3.86亿元。通过招投标，共节约建设资金12.04亿元。

全面实施电子化招投标，施工类、服务类项目电子招投标率均达100%。严控资格预审项目审批，全年公开招标项目资格后审率98%以上。推行技术标远程异地评标，施工类、监理等服务类项目远程异地评标率100%。推行技术标暗标评审，全区建设工程施工项目暗标评审率100%，杜绝明标评标过程中人为因素的影响，增强技术标评标的公正性。积极配合省内项目远程评标，全年配合完成远程评标项目59个。开展招投标专项整治工作，组织全区各建设主体及招标代理对全区招投标工作进行自查及互查，通过检查，制定整改措施，进一步规范市场。

【建筑人才培训】 2017年,以建筑技工学校为依托开展全区建筑行业专业技能培训。全年开展B类、C类安全员新证培训1016人;三类人员继续教育培训630人;建筑行业特种作业人员新证培训532人、换证培训203人、继续教育培训452人;新施工员等"七大员"培训810人、继续教育502人;二级注册建造师继续教育培训1245人;建设行业专业技术人员中级职称专业科目继续教育专项培训253人等。继续推进中国地质大学(武汉)在职研究生学习教育,41名学员获得工程硕士学位。

【工程档案】 2017年,共接收工程档案3424盒计9840卷入库。完成170个工程共计2035盒档案的数字化扫描,3424盒档案入库。推进纸质老档案数字化工作,完成16775盒老工程档案数字化工作。完成186个工程的声像档案预验收缓存,240个工程的声像档案入库上架及数字化处理。运用馆内现有人员和设备,拍摄小区、道路景观城市建设原貌新貌照片1220张。全年共接待查档433人次。加快推进全区村镇建设档案管理工作,指导金城镇创成"省特级村镇建设档案室"。

【工程材料检测】 2017年,积极服务人民医院迁建工程、江南银行数据中心工程、大迈汽车科技产业园配套工程以及钱资湖风光带、通济路等重点项目建设,开设绿色通道,特事特办,及时为客户出具各项检测报告,确保工程施工保质按期进行。具备70大项共计440个参数的检测能力,被江苏省建设工程质量监督总站确定为首批江苏省装配式建筑检测机构。全年签订检测合同304份,开展项目有基础工程、市政工程、钢结构工程、防水材料、节能材料、水电材料、室内环境检测、起重机械检测等。

房地产开发

【概况】 2017年,全区严格执行房地产相关政策,进一步规范房地产市场秩序,防控房地产市场风险,落实预售资金第三方托管。严格资质审核,全年完成常州金碧房地产等28家开发企业资质延续手续,新增雅居乐等9家房地产开发企业。全区现有43家具备开发资质的房地产开发企业。其中,一级资质1家、二级(含暂定贰级)资质企业29家、三级(含暂定叁级)资质企业12家、四级(含暂定四级)资质企业1家。严格商品房预销售许可,出具金坛大道北侧、汇贤路东侧地块等8个拟上市的经营性用地《房地产开发项目建设条件意见书》。加强房地产市场调控,坚决打击炒房行为,对房地产企业各种违规行为依法进行联合检查,确保房地产市场平稳健康发展。

2017年,岸头佳园南区安置房竣工交付 (住建局 供稿)

【安置房建设】 2017年,全区在建安置房项目12个,总建筑面积246.18万平方米,规划新建安置房项目8个,总建筑面积84.3万平方米。继续推进安置房项目建设,竣工交付岸头佳园南区、九洲里二区等安置房小区。

房地产管理

【概况】 2017年,全区加强直管公房管理及房屋装饰装修审定工作,开展排查梳理,建立档案资料,保障群众生命及财产安全。推进保障性住房建设,加大小区物业管理监管力度,提升居民幸福指数。

【直管公房管理】 2017年,全区共维修公房6处,维修面积1196.39平方米,房屋维修验收率和合格率均达100%。将可房改的住宅类公房进行房改,非住宅类公房通过财政拍租,房租收缴率达100%。重新对直管公房进行排查和梳理,对租户定期走访,对空置房进行不定期查看,建立对应台账资料,有效防止公房被非法占用、国有资产流失。

【白蚁防治】 2017年,签订白蚁防治合同183份,面积595万平方米。出具竣工报告137份,发放报告147份。在白蚁灭治方面,共接听电话500多次,上门勘查服务380次,实际灭治210户。新建白蚁预防率达95%以上,旧房灭治率达100%。对特殊群体进行无偿灭治,工作零投诉。完成41所幼儿园、31所小学、19所中学、5所高中的白蚁普查治理工作,普查建筑面积近20万平米。4月1日起取消白蚁防治费的征收工作。

【房屋安全鉴定】 2017年,做好公共场所及住宅装饰装修审定工作,全年共鉴定房屋38处,面积约8500平方米,发出《危房通知书》31份。政府存量资产房屋鉴定25处计3.8万平方米。住宅装饰装修审定仅5户计800平方米。对全区被鉴定为C、D级的危险房屋建立台账,并实时回访,了解房屋现状,督促房屋产权人(使用人)及时有效治理安全隐患,确保房屋使用安全。全年共受理投诉举报160余起,巡查100余次,调查询问笔录82户,发放整改通知书123份,停工(核查)通知书13份。

【物业管理】 2017年,指导完成碧桂园三期物业管理招投标工作,完成碧桂园三期、金郡花园、金玺天郡等12个住宅小区前期物业管理招投标备案工作,收缴前期物业服务履约保证金约175万元。开展对凯尔尚郡花园、万和奥特莱斯、金城花园、金江苑三村、碧桂园一期、亲亲家园二期、尧塘公路花园二期、吾悦广场等12个新建小区的项目检查,完成非营业性公建配套用房登记共计1.87万平方米。

加强维修资金使用管理,全年共受理维修资金申请使用件92个,查看维修资金现场453起,现场公示630处。全年归集维修资金约110笔,共计2.5万余户,约1.2亿元。其中,收取开发建设单位一次性代缴维修资金项目共35个,开具维修资金专用票据2万张,约1.1亿元。新增东城街道和西城街道两个维修资金受理点,方便业主申请维修资金。对维修资金存款银行进行比价择优,更好地管理维修资金,实现维修资金的保值增值。

住房保障和制度改革

【概况】 2017年,全区为加快保障性住房项目的建设,确保住房保障工作长效有序推进,在原有的住房保障管理基础上,进一步完善住房保障的管理工作,始终将住房保障列入为民办实事的重点工程,确保保障性住房建设目标任务的全面完成。

【保障性住房项目完成情况】 2017年,全区住房保障项目超额完成。其中,开工建设公共租赁住房朱林标准厂房公租房304套,完成全年目标任务的152%;新城东苑四区经济适用住房338套,完成全年目标任务的112.67%。棚户区改造项目,开工建设海棠明都二区1265套、海棠明都海棠园2209套、东方新都蔷薇苑1858套、东方新都丁香苑2206套,海棠名都瑞香园1296套,累计8834套,完成全年目标任务147.23%。

【公共租赁住房】 2017年,经"三审三公示"(社区初审与公示,镇区复审与公示,住房保障办会同相关部门会审与公示),对符合公共租赁住房实物配租的28户家庭和11名新就业人员进行了实物配租。根据审核其家庭收入的情况,按照文件规定确定家庭类别,对不同收入的家庭实行不同的补贴标准。

【经济适用住房】 2017年,对符合经济适用住房实物安置的127户家庭进行摇号选房。做到凡申请经审核符合保障条件的家庭全覆盖,充分体现公开、公平、公正的原则,摇号结果在金坛区政府门户网、金坛住建委网、金坛区住房保障网及各社区予以公布,接受社会监督,解决中低收入家庭住房困难的问题。

【住房流通市场服务】 2017年,房改房上市交易核准251户。房改房按成本价补价接轨核准251户,补价金额99万元。经济房上市交易核准292户,补价金额1642万元。住房维修基金使用核准6户。

【公有住房售后修缮管理】 2017年,对售后住房的公共部位和共用设施的维修,按照维修房屋(单元)面积每平方米5元标准核定,一次性支付费用。全年共受理房改房维修6户。

(蒋燕舞)

住房公积金管理

【概况】 2017年,金坛区住房公积金管理工作紧跟区经济"两个加快"步伐,严格执行政策,增强服务意识,以管理求效益,以服务树形象,坚持"为民、高效、廉洁、创新"工作理念,在推进中探索,在探索中创新,在创新中提高,助力市民实现"安居梦"。2017年,全区共归集住房公积金7.67亿元,同比增长20.99%,完成全年目标任务的121.73%。住房公积金提取5.62亿元,同比增长37.71%。发放住房公积金贷款2131户7.57亿元,同比分别增长29.70%和31.75%,户均贷款35.53万元。住房公积金贷款逾期率为零。全年新增开户单位254个,同比增加36.56%,新增开户人数10989人,完成全年目标244.20%。年末应缴人数53730人,完成全年目标任务101.38%。超额完成金坛区下达的为民办实事工作目标和任务。至2017年年底,金坛区住房公积金归集余额18.92亿元,住房公积金个人贷款余额9038户、21.11亿元。住房公积金资金使用率111.58%。全年向金坛区提供廉租住房建设补充资金1854.51万元。

【归集管理】 2017年,为保证住房公积金基数调整工作顺利开展,分中心多渠道刊载常州市住房公积金管理中心《关于开展常州市2017年度住房公积金缴存基数调整的通知》进行宣传

2017年6月,金坛区住房公积金基数调整暨网上业务培训会

（公积金管理中心　供稿）

告知;6月,金坛分中心联合同和公司召开基数调整和网上业务培训会。全区206家业务经办人参训,现场办理数字证书141家。全年全区有1182家单位4.48万人进行住房公积金基数调整、年度结息,单位参调率93.14%;人员参调率95.79%;调整后人均月缴额1115.32元,比调整前提高6.98%。调整后住房公积金月应缴额6179万元,比调整前增长12.98%。2017年开通住房公积金网上业务单位290家,共2.36万人在网上进行基数调整,分别占全部调整数的24.53%和50.40%。住房公积金业务单位托收率90.2%。

【扩面征缴】 2017年3月,区政府召开全区住房公积金管理工作会议,布置下达2017年全区各镇、街道办住房公积金扩面目标任务。金坛分中心抓住全区重点上市企业、三资企业和新建企业,拓展扩面征缴渠道,对154家区规模以上重点企业发送首批《催建宣传函》。派员到众泰汽车、金坛肠衣有限公司、江苏尚唯饰件有限公司、安普科技有限公司、常州云隆工程设备有限公司、江苏金祥建设工程有限公司、江苏良腾机械有限公司等企业宣讲政策,消除企业和职工对建缴公积金疑虑,提高企业负责人对住房公积金制度认识。利用宣传月、服务周活动,摆摊设点,发放公积金宣传资料5700份,现场解答2105人次。利用报刊、电台、宣传灯箱、政府网及受托银行,开展宣传活动。至2017年年底,全区新增个人缴纳住房公积金10989人,其中各镇、街道办扩面3149人,金坛区6家银行扩面2544人。全区首次突破1万人。

【贷款管理】 2017年,金坛分中心积极落实“放管服”(简政放权、放管结合、优化服用)改革要求,推进“不见面”服务,开通“常州市住房公积金”微信公众号,为职工提供个人信息、缴存信息、贷款信息查询业务,新增5种提取、4种还贷和4种打印功能,发挥服务“互联网+”优势,不断扩大制度覆盖面,及时主动实施差异化住房公积金贷款政策,强化内部机构和服务资源整合。分中心及时贯彻住房公积金个人住房贷款新政,帮助中低收入家庭改善居住需求。随着多个楼盘集中开售,个人住房贷款申请激增至平常5倍,窗口业务压力剧增,柜面人员缺乏、贷款资金紧张,分中心积极应对窗口业务高峰,挖掘潜力,提高效率,组织各科(室)人员支援服务大厅,窗口柜员全力以赴,力争尽快办理。2017年,受理住房公积金贷款1980笔6.78亿元。全年为5户低收入特困家庭贴息金额26437.29元。

【工作站挂牌】 2017年,金坛区住房公积金覆盖面不断扩大,金坛分中心业务量日趋增加,为深入贯彻落实“实干为民”精神,更好为缴存单位和职工提供优质高效的服务,金坛分中心选取工业基础较好、企业集中,住房公积金服务需求较大的东城街道设立住房公积金工作站。8月30日,住房公积金工作站揭牌正式投入运作。

【异地转入】 2017年,金坛分中心住房公积金正式接入异地转入新政平台。分中心着力加快住房公积金信息化建设步伐,推进综合服务平台建设,按照时序进度完成异地转移接续平台的开发和联网接入。自6月异地转移接续平台上线以来,共办理异地转移业务180笔。　(陆有才)

（编辑　方　骊）

交通·电力

交　通

【概况】　2017年，全区交通运输系统围绕“两个加快”，全面推进落实交通项目建设，以加快交通基础设施建设为重点，突出抓好交通行业管理，着力推进交通依法行政，构建和谐交通，实现全区交通各项工作全面协调发展，较好完成年度各项目标任务。

·交通建设·

【概况】　2017年，全区先后开展金坛区乡村道公路网、金坛与周边区县互联互通和南沿江铁路金坛区涉铁通道专项规划（交通）等三项规划编制工作。开展交通“十三五”规划中期评估，根据项目推进情况以及上位规划，深化金坛交通运输规划研究，启动《常州·金坛综合交通运输体系发展规划（2017—2035）》编制。明确交通“十三五”六大类19个项目的技术前期工作时间进度。其中，开工建设6项，启动项目技术前期8项，启动准备工作5项（连镇铁路南延、高速3项、通用机场）。通过独立选址，争取土地指标480公顷，争取资金10多亿元。全年完成交通基础设施投资27.94亿元，占年度计划的100.6%。长荡湖旅游大道、265省道一期、直荣公路、金茅公路东段、“四好农村路”、城乡公交提升工程完工；茅山旅游大道、233国道中段、265省道金坛段二期、240省道华城路至盐港东路段、金茅公路东延等项目进展顺利，华城路东延金坛段（340省道改线）、薛埠物流大道完成施工招投标，苏南沿江铁路先导段在全线率先完成永久基本农田补划、环评报告批复以及三电迁改意向协议签订。截至2017年年底，新增一级公路38.4千米，全区构建“高快普”互联互通的交通运输体系，常州范围30分钟交通圈基本形成。按照“品质工程”创建要求，推进工程标准化、精细化、智能化管理，工程质量监督和安全监管得到有效加强，233国道金坛段、265省道A2标、长荡湖旅游大道等获2017年度江苏省公路水运工程“平安工地”建设活动省级“示范工地”。完成延西线、茅别线、茅社线和金竹线县道大修7.3千米，县道路域环境整治182千米。辖区内管养干线公路优良路率100%，公路技术状况指数94.28；县道好路率100%，乡村公路好路率78.65%。航道清障扫床376千米，干线通航率99%、等外级通航率80%，航标发光率98%。

【延政西路西延新建道路工程竣工验收】　7月14日，建管处召开延政西路西延新建道路工程竣工验收会议，经竣工验收委员会评议，同意该项目通过竣工验收，工程质量等级为优良。延政西路西延新建道路工程是“常金

1月1日，直荣公路实现全线贯通　　（交通局　供稿）

一体化”三条主干道之一，其东接239省道，西接240省道，路线全长11.538千米，一级公路，双向四车道，设计时速80千米，总投资5.94亿元。该工程于2014年3月16日开工，2015年5月20日完工，2015年6月10日通过交工验收，现缺陷责任期已满2年。

【金武路改扩建工程(金坛段)竣工验收】 8月31日，建管处召开金武路改扩建工程(金坛段)竣工验收会议，经竣工验收委员会评议，同意该项目通过竣工验收，工程质量等级为优良。金武路改扩建工程(金坛段)位于常州市金坛区开发区境内，工程范围西起240省道，东至规划新孟河东侧与武进区交界处，途经金坛经济开发区和金坛尧塘镇，全长12.479千米。于2014年1月1日开工，2015年6月26日完工，2015年7月21日通过交工验收，现缺陷责任期已满2年。

【常州至茅山开建快速通道】 9月10日，常合高速公路茅山互通至金坛滨湖新城连接线工程开工建设，该工程跨丹金溧漕河大桥的第一根钻孔灌注桩开打。该工程西起340省道句容市界，东止金坛241省道与金坛大道、金武路相连接，全长26.79千米，路宽47.5米，双向六车道，设计时速100千米，总投资21.9亿元。

该工程竣工后，常州及周边市县又多了一条通往茅山风景旅游区的快速通道，常州直达茅山景区将缩短30多分钟的时程。

【240省道(南环二路—沿江高速段)快速化改造工程竣工验收】 10月27日，金武路改扩建工程(金坛段)竣工验收会议召开，经竣工验收委员会评议，同意该项目通过竣工验收，工程质量等级优良。240省道(南环二路—沿江高速段)快速化改造工程起于南环二路，终于沿江高速入口，全长5.74千米。于2013年12月开工，2014年12月完工，2015年7月31日通过交工验收，现缺陷责任期已满2年，具备竣工验收条件。

【240省道金坛段二期改扩建工程】 11月20日，金坛境内240省道二期(盐港路—儒林互通段)改扩建工程正式启动，路线全长10.775千米，投资3亿余元。240省道二期(盐港路—儒林互通段)改扩建工程共包括两段：240省道4K+860~8K+342改造提升工程，北起盐港路，与340省道交叉，途经金坛城区，终于华城路，路线长3.48千米，主路采用一级公路标准，双向六车道，辅道采用城市次干线标准，双向两车道；240省道14K+255~22K+148改造提升工程，北起沿江高速金坛东互通，途经尧塘街道、儒林镇，与201县道、306县道相交，终于常溧高速儒林互通，路线长7.29千米，主路采用双向六车道。

【金茅路、直别路竣工验收】 12月29日，金坛区金茅公路(建社线—朱延线)改造工程及直溪至别桥公路新建工程(金西工业园区段)竣工验收会议召开，经竣工验收委员会评议，同意这两个项目通过竣工验收，工程质量等级为优良。金坛区金茅公路(建社线—朱延线)改造工程起于建社线，终于扬溧高速，全长5.17千米。直溪至别桥公路新建工程(金西工业园区段)起于340省道，终于溧阳界，全长1.975千米。这两个项目于2014年3月开工，2015年7月完工，2015年8月20日通过交工验收，现缺陷责任期已满2年，具备竣工验收条件。

·交通运输·

【概况】 2017年，全区完成公路客运量1334万人次，增长4.46%；公路货运量1307万吨，增长4.81%；水路货运量1057万吨，增长4.86%。重大节日、重大活动运输保障能力不断增强，圆满完成春节运输、“十一”黄金周、高考、茅山半程马拉松赛等运输安全保障，持续引导出租汽车“爱心车队”开展志愿公益活动，全年提供免费服务260余人次。新增公交车35辆，新辟城市公交线路2条，优化城市公交线路3条，镇村公交线路3条，完成中航锂电公交首末站和10对公交站亭建设。

【“仙”字旅游公路建成】 1月4日，茅山风景区内旅游公路访仙路和寻仙路相继建成。两条“仙”字公路都是双向四车道，长达近10千米，总投资3亿多元。访仙路长6.1千米，从340省道起，至金茅线，连接东方盐湖城茅山顶宫、宝珍园等仙境景点。寻仙路长3.1千米，从340省道开启至205县道，可至乾元观仙境。从此游客在进入茅山景区内可在任何一条路即可快速到达要去的景点，不再存在交通上的快速瓶颈。

【27座农村智能公交站亭建成】 2月3日，241省道和340省道上的27座农村公交站亭，全部新建成智能化公交站亭，总投资400余万元。2017年，全区实施农村交通公交化，并实现村村通，改善了农民的出行条件。智能化公交站亭建成后，改善乘客的候车环境，同时智能化设施启动后，还使乘客随时知晓乘坐公交所需的候车时间。

【新开城市公交线路2条】 9月9日，金坛公交新开通城市公交路线113路，城市公交113路由中航锂电站开往金谷首末站，途经同方威视(众泰汽车西门)、迈科锂电、盛利维尔、沃尔核材、常峰股份、青年公寓、金远药业、玉山花园、南环二路、新城东苑、华达名都、吾悦广场东、左邻右里、名仕家园等地，全程票价1元。城市公交113路是华科园通往主城区的首条公交线路，方便入驻园区的中航锂电、众泰汽车、同方威视、盛利威尔、沃尔核材等企业员工的出行。11月28日，成功开通城市公交117路，117路由盐港站开往新城东苑三区，途经陈家庄、丹阳门北路、红太阳科技城、丹阳门建材市场、客运北站东门、八佰伴、西门菜市场、西城街道办、青年广场、园田新村、华罗庚实验学校南门、段玉裁纪念馆、愚池新村、金沙公园(体育馆)、星城朱庄花苑、半岛花园、紫玉华府、段玉裁学校、市民中心北门、吾悦广场西门等地,全程票价1元。城市公交117路加强老城区与新城的联系,方便华罗庚实验学校新城分校、段玉裁学校师生的出行,填补了相关线网空白。

【新购城市公交车35辆】 2017年,金坛公交公司首次投入使用新能源纯电动公交车,为消除地区公共资源、技术力量、配套设施、专业维修等因素的影响制约。公司投资2520.66万元,新购新能源公交车35辆。8月31日,12辆纯电动公交车落户。11月11日,13辆油电混动公交车落户。11月20日,10辆柴油动力公交车落户。

【中航锂电公交首末站投入使用】 中航公交首末站于6月19日开工建设,9月6日竣工交付,9月9日投入使用,该站占地面积为1610平方米,投资76.24万元,是金坛区第9座城市公交首末站。中航锂电公交首末站的建成,解决了新开城市公交113路到达起讫点后停车难,调头难等问题,也为驾驶员休息,就餐,如厕提供了场所。中航锂电公交首末站配套的充电桩建设于11月30日完工。

【新建公交站亭10对】 2017年,投资207万元,新建10对公交站亭,其中,金桂路5对,丰田路4对,南二环1对。该工程于9月5日完成招投标,10月6日进场施工,于12月31日前竣工并投入使用。公交站亭建成启用后,改善华罗庚实验学校新城分校,段玉裁中学的学生及周边居民的候车环境,提升全区城市形象。

·交通管理·

【概况】 2017年,全区交通管理部门严格执行超限超载专项治理新规定,与区公安部门开展联合执法工作,联合区公安局、经信局、市场监管局等部门,深入开展货车非法改装和超限超载治理,普通国省干线公路超限超载率不超过2%。按照"突出重点、攻克难点、打造亮点"的总体要求,扎实开展交通干线沿线环境综合整治行动,重点对普通国省道、高速公路、航道、港口等开展专项整治工作。加强港口码头粉尘整治、内河船舶运输污染防治、汽车维修行业污染控制等行动。深入开展"厂包车""物流快递"不规范经营专项整治,查处"厂包车"违章41起、"物流快递"35起。建立与公安部门联合整治"网约车非法营运"的长效管理机制。查处非法营运的"网约车"58起,非法营运的大客车3起。平稳有序完成全区279辆巡游出租汽车更新换型。全年全系统共办理行政许可案件327件,实施行政处罚案件6174件,其中一般程序1306件。开展安全生产大检查8次,协同上级部门检查7次。深入开展全区危险化学品运输安全综合治理、夏季消防检查、夏季安全生产百日执法等专项行动,全面开展隐患排查治理,共排查隐患52项,已全部整改到位。强化公路水运工程项目施工安全管理,审查危险性较大的安全专项方案73个,召开专项方案评审会9次;深入施工现场开展安全检查,下发检查通报和抽查意见通知书16份、责令改正指令书18份。打造具有金坛地区特色的智慧交通综合信息平台。结合巡游出租车更新换型,完成电召系统建设。"金坛·行"手机APP试运行。海事处深化水上信息化应用开发,建成水上交通指挥中心。积极推进绿色交通创建,金坛交通信息资源综合利用系统、新能源汽车等项目通过上级绿色循环低碳交通运输发展区域性项目考评验收,争取省交通运输节能减排专项资金补助282万元。加强科技攻关和成果推广,航道处和建管处分别获评全国运输协会和建筑协会QC优秀质量管理小组,资源综合利用在丹金溧漕河金坛段航道整治工程中的应用获评2017年度全国交通运输节能减排示范项目。

【破解路面整治"第一难"】 渣土车、工程车超限是路政管理的"第一难"。6月15日,金坛公路部门组织全区20余家涉路施工企业负责人,共同学习《中华人民共和国公路法》中禁止路面损坏、污染路面的相关法律法规,并与涉路施工企业签订《金坛区涉路施工安全及路域环境卫生责任书》。针对渣土车、工程车道路污染整治中存在的责任不明问题,金坛公路部门协助涉路施工企业,与第三方运输公司拟定《工程土方运输安全及防污染合同》,合同对运输单位的公路安全及环保责任进行明确,有效保障了企业的合法权益。这是金坛公路部门首次为涉路施工企业与运输方"私人订制"专项合同。

【专项督查】 2017年,金坛运管处为加强旅游包车管理,规范全区包车客运市场秩序,保障道路旅客运输安全,开展旅游包车专项督查。至8月22日,共检查4家企业,出动检查人员18人次,采取看现场、查台账等形式,全面排查车辆制动系统、轮胎等是否保持良好状态,安全锤、安全带、灭火器等应急设施设备是否齐全有效,审查营运驾驶人员从业资格,对企业动态监控监管情况、驾驶员教育培训考核等进行了全面细致的拉网式检查。

【第三方技术咨询服务】 2017年,区交通质监站通过公开招投标的方式引入3家(江苏省交通工程集团百润工程检测有限公司、常州科正交通工程检测有限公司、江苏东交工程检测有限公司)第三方技术服务机构,并与之签订合同,开展第三方交竣工验收及质量监管。分别对金茅公路东段(直溪—后阳)工程、扬溧高速荣炳互通241省道连接线工程、常州市金坛区长荡湖大道项目完成交竣工验收工作及配合区交通质监站对以上工程进行月度综合督查,对监管工作提供专业的咨询意见。区交通质监站首次试水第三方技术咨询服务,为确保工程质量和施工安全提供了强有力的后盾。

【胶粉改性剂橡胶沥青技术】 2017年,金坛公路处首创胶粉改性剂橡胶沥青技术,并获国家发明专利。通过对废旧橡胶轮胎的脱硫、塑化及连续造粒等处理,将废旧胶粉制成胶粉改性剂,而后与基质沥青加工成为橡胶沥青,并在金坛县道延西线施工路段面层成功试用。

为追求无害化、资源化利用废旧轮胎,消除"黑色污染",并降低施工造价,金坛区公路处联合江苏中路工程技术研究院有限公司进行研究,对不同类型胶粉改性剂橡胶沥青混合料进行配合比设计及路用性能试验,并完成试验段各方案的施工。经检测,延西线2.3千米试验路段的压实度、渗水系数、构造深度等指标均达到标准。全寿命周期内,胶粉改性剂橡胶沥青路面费用低于SBS改性沥青路面,每千米可节省约14万元。在获得有两路面使用性能的前提下,间接节省废旧橡胶的处置占地费用,避免焚烧等其他处置方式对环境的污染。胶粉改性剂橡胶沥青技术具有较好的社会经济效益。 (王忠华)

电 力

【概况】 2017年,金坛区供电公司以服务地方经济发展和人民生活为己任,抓建设,抓服务,抓管理,抓队伍,主动履行社会责任,加快推进电网发展和公司发展方式转变,努力保障全区经济社会发展的电力供应。截至2017年12月底,公司连续安全生产6255天,完成3个百日安全无事故周期,实现安全生产目标。全社会用电量44.58亿千瓦时,下降10.00%;完成售电量41.94亿千瓦时,比上年下降10.39%;网供最高负荷80.56万千瓦;线损率2.60%,与上年度持平;实现城市综合电压合格率100%,供电可靠率99.87%;农村综合电压合格率100%,供电可靠率99.97%;完成电网建设投资3.02亿元,投产35千伏及以上变电容量20万千伏安、线路37.71千米。公司被授予"江苏省五一劳动奖状""江苏省书香企业建设示范点""国家电网公司职工书屋示范点"称号。

【电网建设】 2017年,区供电公司主动融入苏南现代化示范区建设和"常金一体、东扩南移"发展大局,结合全区各乡镇重点工业园区建设以及城乡发展需求,主动走访相关部门,滚动修编电网建设规划。坚持科学规划电网,加大资金投入,全面推动地区电网升级改造。结合全区发展的总体规划,切实做好相关电网项目远期、中期、近期规划,并积极与上级部门沟通联系,竭力向上争取项目,进一步提升地区电网与地方经济发展的适应性。牢牢抓住项目开工、物资保障、工程协调等关键环节,配合上级部门顺利完成110千伏朱庄输变电、110千伏指前变扩建等工程,累计新增变电容量20万千伏安,进一步优化地区电网结构。开工建设110千伏汤庄(华科)变新建、景区变扩建、村前至儒林线路工程,统筹考虑、同步建设10千伏基建配套项目,减少政府电源投入成本,充分满足重点项目落地、旅游事业发展等需求。全年完成电力基础建设2.23亿元。3月23日,110千伏指前变主变扩建工程竣工投运。10月31日,110千伏朱庄输变电工程竣工投运。12月29日,110千伏朱庄变主变扩建工程竣工投运。

【供电质量】 江苏省电力公司下达城网供电可靠率99.95%,农网供电可靠率99.89%;实际完成城市综合电压合格率100%;城网供电可靠率99.97%;完成农村综合供电电压合格率100%;农网供电可靠率完成99.87%。为保证供电质量,区供电公司以提高供电可靠率和设备可靠性为核心,从加强生产安全管理和生产技术管理入手,提高设备管理水平,提升设备运行质量。从加强应急管理体系和应急装备建设入手,促进应急工作常态化管理,提升应急抢险能力,保证供电处于稳定状态。

【配电网络建设】 2017年,区供电公司共完成配网成本项目、配网资本项目、小城镇(中心村)配电网改造升级项目、10千伏及以下业扩配套项目、朱庄110千伏输变电工程10千伏配套工程五大类项目,完成总投资20344.16万元,共完成项目722个。全年完成132条10千伏中压线路的新建、改造及维修工作,新增、改造及维修10千伏中压架空线路174.12千米、10千伏电缆线路100.81千米,新增及维修电缆通道82.8千米;完成68条城区0.4千伏低压线路维修,维修0.4千伏低压电缆线路28.76千米、低压电缆分支箱151面;完成新增与改造配变392台,新增及改造变压器总容量118380千伏安;完成新增及更换户外环网柜39面、新增柱上开关66台等建设改造工作。通过以上配网建设,进一步完善公司的电网结构,解决局部地区低电压、线路、配变重过载问题,提高农村地区居民户均配变分摊容量,缩小城乡配网差距,提高部分配电设备的安全运行水平及供电能力。2017年,完成居民小区送电工程3项,进行配网带电作业140余次。加强应急管理工作,编制并完善自然灾害、事故灾难、社会安全、公共卫生四大类现场处置方案。加强应急队伍建设,完善应急预案体系,实施应急装备常态化管理,确保各项应急抢修工作施工质量和时效。加强配电网络设施设备运行管理工作,根据季节特点,加强配网线路和设备运行维护管理,落实线路通道清障、交跨距离复测、防外力破坏措施。及时处理设备缺陷,全年巡视发现线路设备缺陷隐患218处,均为一般缺陷,所有缺陷和隐患全部进行消缺和整改。

【农村配网建设】 2017年,区供电公司执行江苏省电力公司农电项目实施任务,完成项目投资9206万元,新建和整改农村低压线路467千米,整改维修农村居民接户线3.97户。完成2018年农电储备项目审批和上报工作，上报储备项目761个、资金7935.4万元。农村综合变压器供电量4.5亿千瓦时，下降9.5%；售电量4.39亿千瓦时，下降10.04%；综合变压器低压线损率2.5%，上升0.52个百分点。

【安全生产】 2017年，区供电公司始终坚持"安全第一、预防为主、综合治理"的方针，不断强化安全生产主体责任落实，截至2017年12月底，区供电公司安全生产6255天，完成三个百日安全无事故记录，连续安全生产突破17年。积极组织开展"安康杯"竞赛、安全生产月、安全日专题学习等活动，通过征文、微视频创作等活动促进本质安全理念传播。组织逐级签订安全责任状，完成公司各部门、班组安全责任书的全面修订、审核确认工作。开展配电网安全管控、安全管理审计推广等六项主题安全活动，提升各专业安全管理水平。组织迎峰度夏安全生产应急值班，实行生产单位集中值班，安全有序地指挥故障处置，及时汇集、报送有效信息。提前开展应急队伍、物资、装备专项检查，做好应急电源车的维保和调配，实现中高考、茅山国际半程山地马拉松比赛、中共十九大等重大活动保电"三零"（零差错、零闪烁、零投诉）目标。开展配网线路和设备运行维护管理，全年共排查出各类隐患1062处。对施工建设重点区域、重点地段组织特巡，发出违章通知书118份。处理线路通道内各类违章137处，组织修剪交叉跨越距离不足的树木万余棵，确保电网设备的正常运行。开展农电安全管理提升专项行动，推动农村低压电网缺陷隐患排查治理，发现并消缺446个。开展农电现场安全督查，农村用电安全走上街头宣传，重点开展农村用电安全进社区、进企业、进学校活动。以防农触伤亡为重点，加大对剩余电流动作保护器的安装、投运、维护考核力度，确保"三率"（安装率、投运率、灵敏率）100%。推进各类预案修编工作，配套完善相关专项预案，修编完善不同专业、岗位、灾害的现场应急处置方案，按计划组织专项演练13场。

【电力营销】 2017年，区供电公司完成全社会用电量44.58亿千瓦时，比上年下降10.00%。完成售电量41.94亿千瓦时，下降10.39%。公司共计受理业扩申请21948户，上升51.75%；受理业扩申请容量71.546万千伏安，增长28.59%；完成业扩报装1.94万户，上升57.69%；完成业扩报装46.46万千伏安，上升2.29%；业扩报装协同规范率100%，业扩报装管理规范率98.75%，优质服务评价指数94.78%，互动服务渠道推广完成率100%，营销服务规范率98.5%，用电客户档案评价指标100%，自动化抄表率100%，电能计量装置现场周期检验率100%，电能计量装置配置合格率100%，专用变压器自动化采集覆盖率100%，大客户APP推广应用率100%，用电信息采集覆盖率100%。

【电力需求侧管理】 2017年，金坛区有序用电预案编制错峰负荷总量10万千瓦，共涉及客户152户。分为6组。其中，有序用电3组、应急用电2组、需求响应1组。其中高耗能、高排放企业和产能过剩行业作为优先选择用户，2017年新上客户投产后也将根据实际情况补充列入预案，同时继续将非工中央空调负荷纳入到2017年的方案中，共同参与夏季的错峰限电。主要由盘固水泥、博尔纸制品、亿和新材料3家高耗能企业以及中盐常化、金坛盐化、兴荣美乐、金坛汽车工业等响应速度较快的用户组成，对预案中的客户，通过走访或挂号信方式送达《告用电企业书》、有序用电通知单，宣传电力供需形势，告知企业预案所给定的用电保安定值，指导企业做好内部应急预案，以便在接到限电通知时，主动错峰压限负荷，保证重要设备用电。继续将非工中央空调负荷纳入到方案中，共同参与错峰限电。

【营销管理】 推广智能电能表使用，建立完整准确计量技术档案，确保计量准确，截至2017年年底，全区使用智能电能表33.4万多只。加快用电信息采集工程建设，为建设智能电网提供技术支撑，共完成用电信息采集建设33.4万户，全区覆盖率100%。加强高危、重要客户管理，确保安全生产稳定局面，全年对6户高危重要客户供电电源、自备应急电源、受电装置、运行管理、供用电合同履行情况进行检查，督促客户消除各类安全隐患8次处，指导客户制订完善应急处置

8月3日，迎峰度夏期间对东郊变110千伏开关测温

（供电局 供稿）

5月21日,赴东方盐湖城为茅山马拉松赛保电

(供电局 供稿)

预案17家,全面建成供用双方应急处置联动机制,提升全区应急预案处置水平和能力。

【优质服务】 2017年,区供电公司深化“你用电 我用心”服务理念,贯彻省公司“绿色苏电 智联万家”优质服务主题活动,全面践行12项举措(电力供应坚强可靠,能源变革铸造典范,智能运维快捷省心,企业用能降本增效,能源服务共享高效,园区特供专属体验,电能替代清洁环保,快捷充电低碳出行,智慧用能引领生活,居民用电便捷舒心,窗口前移服务到“家”,城乡一体普惠民生),内容涵盖坚强智能电网建设、为民服务、环保节能和履行社会责任等方面内容。每季度一次供电营业厅明察暗访,对供电营业厅的供电服务行为、收费明码标价制度落实情况、办事公开情况、公共服务标准化、便民措施、服务态度、业扩回访情况等进行重点检查,提出整改建议,进一步促进服务作风明显改进、服务流程明显优化、服务品质明显提升、服务能力明显提高。公司每月编写《金坛区供电公司经营生产月报》,定期分析全区和重要企业供用电情况,为政府决策和企业用电提供参考。积极走访全区9个镇(街道),走访江苏斯威克新材料有限公司、贝特瑞(江苏)新材料科技有限公司、江苏蓝色星球环保新材料有限公司、信维通信(江苏)有限公司、江苏大唐国际金坛热电有限责任公司等重点项目企业,了解地方用电情况,解决用电矛盾,助力地方经济发展,得到政府和企业的认可。开展金坛第一人民医院、东方日升(常州)新能源有限公司、东方盐湖城国际养生城等用户现场服务,确保重点项目的顺利实施,满足客户的用电需求。完善重点项目供电“绿色通道”运作机制,确保区重大项目配套供电设施顺利投运。借助4G网络,对“95598”抢修作业进行实时管控。强化供电服务制度条律宣贯执行,走进政风热线,实行业扩工程100%回访,邀请第三方开展明察暗访,了解服务效果,接受社会监督。圆满完成春节、茅山国际半程山地马拉松赛、长荡湖籽虾节、党的十九大、第五届长荡湖湖仙美食节、第八届金坛文化艺术节、常州科技经贸洽谈会、高考、中考等电力保障工作。 (夏 冰)

(编辑 李华琴)

信息化建设

电子政务

【概况】 2017年，区政府为统筹规划全区电子政务体系建设，充分发挥“互联网+”在服务型政府中的重要作用，提升新常态下电子政务工作水平，专门组建区电子政务中心，着力构建统筹集约、共享协同、开放创新、安全可控的电子政务发展新格局。

【政府门户网站】 2017年，深入推进互联网政务信息数据和便民服务平台建设，不断提升政府网上服务能力，整合现有政务网站资源，重建新的常州市金坛区人民政府门户网站，并于12月15日正式上线。全年区政府门户网站发布信息16771条，网上信箱办结答复信件241件，梳理发布政务服务事项1203件，办理“我为政府网站找错”网民来信2件，较好发挥了网站信息发布、解读回应、办事服务、互动交流作用，受到网民好评。

【政府信息公开】 2017年，为全面提升政府信息公开工作水平，围绕“全流程权力公开、全过程服务公开、全要素事项公开、全渠道信息获取、全方位监督评价”目标，不断强化组织领导，完善制度建设，强化平台搭建，公开工作取得实效。全年主动公开信息2690条。其中，目录公开1740件，重点领域公开950件。收到政府信息公开申请228件，均在法定期限内依法依规给予回复。

【协同办公系统】 强化推广运用，统一各部门收发文规范，初步实现非密级公文网上流转。全年各部门在网上发送文件4126件，签收文件142731件。

【“12345”政府公共服务平台】 2017年，共受理群众诉求52761件，其中电话诉求46895件，现场答复办结39157件，任务单办结率99.61%，热线回访率98.75%，群众满意率98.35%。

（政府办）

电　信

【概况】 2017年，中国电信金坛分公司紧抓天翼、宽带、网络视讯三大核心业务，实施聚焦客户战略，业务发展全方位推进，围绕价值管理和风险管控，深入实施财务精确化管理，着力提升企业集约化经营水平。全体员工积极进取，攻坚克难，全年度总收入增长5.11%，业务增长保持良好态势。全年在《人民邮电》《江苏邮电报》发表新闻宣传稿件31篇，各项工作取得新成绩。

【全光网城市】 至年底，金坛建成全光网城市。全年完成光纤化改造4.19万户，城乡光纤到户（FTTH）实现全覆盖，光网总端口28.92万。

【网络能力】 全年开通223个LTE（通用移动通信技术的长期演进）800M室外移动通信基站，新建LTE1.8G基站29座，累计631座；新增室内分布系统4套，累计84套。移动通信基站有效面积覆盖率提升至98.81%，人口覆盖率99.41%，金坛区4G网络覆盖率95.11%。完成网络分流、压频、翻频等无线网络优化年度工作计划，无线网络深度覆盖水平达新高度。城域网全年出口带宽增加40G，网络承载能力提升。

【新兴业务】 2017年，金坛电信分公司重点关注新增企业、新建项目、部委办局信息化应用，服务地方经济信息化建设，成功签约金坛公安大数据中心、金坛公安大楼综合布线、电子政务外网改造、金坛中医院影像云存储、中医院云桌面及云主机等重点信息化项目，aWiFi、天翼看店、车管专家、农技宝等业务获得全面推广，全年签约100万元以上项目11个，500万元以上项目3个，新兴业务收入超4000万元，本地主导运营地位获得巩固。

【电信业务】 2017年，金坛电信分公司重点开展单宽用户迁改融合，持续推进实体渠道门店融合发展，以双百兆为主推，配合嗨卡送宽带及流量无忧卡政策全面抢夺市场。推进3G升

4G换卡工作,推广政企行业应用带动天翼团购,促进天翼业务量质齐升。开展新建小区宽带营销,定期开展企业集宿区专项营销,加快退铜、光改及宽带提速,实施差异化宽带竞争策略,对存量宽带用户开展宽带大提速活动,全年累计提速用户3万户,全网平均带宽68M,持续提升宽带市场份额。开展黄金销售季节网络视讯产品免费体验活动,在农村区域开展iTV现场团购活动。至年底,金坛分公司天翼用户21.5万户,宽带用户13.2万户,iTV用户10.5万户,业务规模与市场份额迈上新台阶。

【企业集约化】 2017年,金坛电信分公司成本管控效益显著。全年完成退铜16.82万线对千米,废旧电缆拍卖合计1160.73万元;完成310个无源化接入点改造,节约电费超50万元。强化仓储物资管理,废品拍卖获利33万元,电缆拍卖共513万元;直接检测、整理利旧机顶盒、电源、视频线、E8—C等物资,节约开支139万元;光缆回收约68千米,利旧收益14万余元;大力推进线路迁改,全年线路迁移新增16处,合同签约731万元,通过谈判已收回迁移赔补费380万(含上年项目收款),减少成本投入。

(王 琪)

移动通信

【概况】 2017年,中国移动通信集团江苏有限公司金坛分公司(以下简称金坛移动)持续保持市场平稳发展,加大基础网络建设投资力度,围绕中国移动大链接战略开展物联网建设,积极推广智慧应用,为用户及地方发展提供高标准信息化服务。全年运营收入增长3%。

【4G建设】 2017年,金坛移动结合区域建设规划,以用户感知为核心,重点布局茅山风景区、长荡湖风景区、华科园及各大园区,全年开通“4G+”基站140个,新建室内分布系统51个,累计投资超5000万元。为地方重大赛事活动提供通信保障。5月21日,金坛区举行茅山国际山地半程马拉松赛,金坛移动通过基站扩容、开启载波聚合、调度应急通信车为马拉松赛全程提供通信保障和现场大数据支撑。

【4G业务】 2017年8月,金坛移动推出流量不限量套餐,进一步降低流量资费,更好地满足用户高流量使用需求。移动4G用户规模持续扩大,总用户份额超80%。

5月,金坛移动为马拉松赛全程提供通信保障

(移动公司 供稿)

【家庭宽带服务】 2017年,金坛移动加强宽带基础设施建设力度,全年家庭宽带覆盖超20万家。公司积极落实国家提速降费要求,打造金坛全光网络,加快推进规模化光纤改造升级工程,已累计完成光纤改造7.9万户,平均带宽接近50M。对城区小区宽带用户,在原宽带服务承诺基础上,推出“当日装当日修,超时赔付”服务。

【物联网NB-IOT试点】 NB-IOT(Narrow Band Internet of Things)是基于蜂窝的窄带物联网技术,支持低功耗设备在广域网的蜂窝数据连接。2017年金坛移动开展物联网试点建设,年内已基本实现金坛主城区及华科园重要企业范围内的NB-IOT物联网的覆盖,有效推动金坛地区互联网、大数据与实体产业的融合。

【智慧应用】 2017年,借助移动4G网络覆盖资源和新兴信息化产品,助力金坛地方经济及社会信息化发展。金坛移动承建“技防入户”、国土“慧眼工程”、巡游出租汽车电召服务管理系统、停车场系统等项目,公司信息化服务涵盖交通、卫生、教育、国土、农林、水利等多个领域。以客户需求为导向,面向集团客户和行业客户推出完备的通信产品和信息化产品,为工业园区企业量身定制信息化整体解决方案,提供云计算、大数据分析、物联网、车联网等服务。 (吴国俊)

联合网络通信

【概况】 2017年,中国联合网络通信有限公司常州市金坛区分公司(以下简称金坛联通公司)全体员工深入实施聚焦战略,坚持问题导向,抓党建、促发展、控成本、转机制,推动金坛联通迈上健康发展之路。围绕经营发展,推动基础业务经营模式转型,加快实现创新业务规模效益发展。以推进供给侧结构性改革为主线,认真落实“去产能、去库存、去杠杆、降成本、补短板”五大任务,提升投资投入产出率,推动移动网、宽带网、创新网、营销网、IT网、人力网提质增效,提升企业效益水平。合理控制管理层级,压减法人户数,打造精干高效的管理机构,以混合所有制改革试点为契机,建立真正市场化机制,简政放权,增强企业活力。全年总收入增长8%,经营业绩位居常州市第一。

【4G精品网络】 2017年,金坛联通公司以用户体验为关注焦点,聚焦热点区域的4G覆盖和网络优化,以业务指向为引领,全年新建4G基站26个,配套传输光缆52千米,重点解决青年公寓金江苑片区、新城东苑片区等的深度覆盖问题。通过技术手段持续对现有网络进行优化,对3G网频率重耕和2G网1800M的频率缩减,为4G网扩容、扩载波腾挪出频率资源;对低效站点新进专项优化,累计优化15个低流量站点。配合区政府各建设主体的杆管线迁改工作,全年完成迁改量约300万,未发生重大通信安全事故。

【企业服务】 2017年,金坛联通公司在辖区内各大型企业推进创新业务,就物联网、云数据、ICT方面进行沟通。金坛联通中标并承建“茅山旅游度假区道路监控项目”,结合电商资源与139家企业携手,全年发展企业4G用户10000余户,利用自身资源优势为金坛区整体产业互联网水平的提升做出贡献。 (宫素梅)

邮　政

【概况】 2017年,金坛区邮政分公司(以下简称金坛邮政)紧密结合实际,以促进企业发展为目标,始终以“突出规模效益,加快转型升级,推动金坛邮政新发展为目标”的理念,以推动可持续发展为指引,强力推进企业运营能力建设、企业文化建设,积极推进管理精细化。全年实现业务收入16067.53万元,比上年增长15.84%,县、区公司全省排名第21位,较好完成了各项工作。

【金融业务】 2017年,金坛邮政坚持以客户为本,实施内、外深耕经营战略,强化项目经营和客户体验提升。抢占市场份额,余额再创新高。全年储蓄余额增长10.1亿元,多增1.7亿元,至年末占金坛区新增存款43.18%,市场占有率提升15%;储蓄总规模突破55亿元,位居全区第三;新增标保12亿元;理财保有量7.9亿元,新增理财1.5亿元。强化网点转型,产能持续增长。初步建立特色客群库,针对不同客群开展网点客户小课堂、厅堂活动共552场,参与客户数6214人次,净增总资产18439万元,2017年金坛邮政有效客户数和提升资产位居全区第二,手机银行、基金定投、中邮期缴、聚合支付完成率及质量情况位居全区前列。金融专业完成经营收入12447.8万元,多增1700万元。

【包快业务】 2017年,金坛邮政构建适应电商寄递市场的营销服务体系,持续提升客户营销、揽收和售后服务水平。狠抓产业集群、同城寄递、以及电商退换货等重点市场的开发。加快打造快速区域网和专线优势线路,以商务类、特色农产品项目开发为抓手,全力拼抢市场。全年包裹快递业务收入591.07万元。快递包裹走件量115.5万件,增幅56.7%。

【渠道业务】 2017年,金坛邮政以批销业务为核心,发挥邮政网点的资源优势,推进“邮乐购”站点建设工作。全年累计新建加盟店270家,发展会员20195名,存量邮掌柜金融客户数4602名,加盟商户金融资产2139万元。短信业务常态化发展的同时,抓住水费项目契机,抓存量、促增量、重管控,全年完成收入305.3万元,增长7.01%。车险业务以阶段性劳动竞赛为抓手,利用车主数据库结合车险专员电话营销、团购等方式,出单3000笔,实现收入236万元。全力打造简易险新增长极,从学平险、雇主责任险、车辆意外险、中邮简易险等险种为突破口,出单2800笔,实际保费82.5万元,成为全区第一个完成2017年简易险保费收入目标的单位。分销利用三大节日营销开展订货会活动,重点加强酒水产品的开发和运营,积极推动产品、客户和市场转型,完成收入244.43万元,增长22.73%。

【文传业务】 2017年,金坛邮政加快函件业务转型步伐,大力发展新媒体业务。通过向本地区行业客户深度解析以微信平台线上线下资源联动达成更精准的数据服务能力,展示“互联网+邮政传媒”合作模式孵化下更具地区优势的行业解决方案,助力企业营销升级,精准赢得目标客户。成功开发电器、酒店、银楼、食品、培训机构等行业订单,并抓住区各乡镇创建美丽乡村机遇,达成广泛合作。项目开发井然有序,业务发展老瓶换新酒,实现多点开花。2017年函件业务实现收入357.37万元。集邮业务较快发展。抓好新邮预订、形象年册、生肖贺岁三大竞赛项目。预订新邮4503套,开发形象年册2300套,实现收入66万元,完成贺岁邮品收入156万元。认真组织开展各类集藏文化活动。成功举办《江南鸡范》《喜迎十九大、珍邮品鉴》活动,实现收入210万元。全年集邮业务实现收入568.27万元。

【报刊业务】 2017年,金坛邮政以秋季教辅市场突破、畅销报刊提前收订为抓手,组织下发省“2018年度学生类报刊订阅目录”及35种重点报刊到各网点和发行站,趁早收订,营造氛围。根据报刊市场和广大订户实际需求,及早设计出2018年度畅销报刊宣传单、中小学报刊宣传单、招贴、海报等,制订报刊套餐优惠订阅活动方案,提前做好报刊收订新增量的开发。立足政务、巡展和馆配市场,形成有邮政特色的图书发行模式,立足规范经营,强化精品意识,开发爆款文创产品。2017年发展形象期刊9家,形成流转额13万元,习近平政务图书2.5万元,七进图书46套,实现销售码洋18.4万元,光明书香行图书展实现销售码洋30万元,合计销售58.4万元。建立微信订阅、机构客户精准营销、数据库营销为一体的立体式报刊营销方式,发挥管理人员、专业人员、营销人员、社会发行站以及新媒体技术等的营销作用。全年实现收入563.32万元。

【经营管理】 2017年,金坛邮政强化内控管理机制,突出合规管理重点,根据省公司要求开展"百日行动""代收付""保险""汇兑"等合规专项检查,根据银监会要求组织开展"三违反"(违法、违规、违章行为)专项治理,"四不当"(不当创新、不当交易、不当激励、不当收费)等检查活动,对全体金融从业人员及网点风险进行集中和重点排查,有效防范操作风险。加快投递网的改造和优化布局,分东、南、西设立投递网点,增加包裹快递处理场地200平方米,对具备场地条件的东环投递班配备皮带机等设备,提高包裹快递卸交分拣效率,推进内部处理机械化。"双11"期间快递包裹日均投递量6000余件,在全区设立103个自提点,形成"投递+自提"相结合的投递服务新模式,提高效率和服务质量。

【质量管控】 2017年,金坛邮政重点加强窗口邮件收寄验视、礼仪服务规范的检查,非现检查按月全覆盖,检查情况实时通报,对检查发现的问题及时落实整改、回访。在1—9月份省、市分公司组织的神秘人检查中,每月均达到90分以上的要求,两次排名居全区第一,其中有4个支局在检查中获得满分。狠抓"交接验收、勾挑核对、平衡合拢"三项基本制度的执行,针对个别新进员工三项基本制度执行不到位情况,采取"一辅导、二跟进、三考核"的工作方法,对执行情况进行跟踪,对不到位的地方再次进行辅导,对屡教不改的进行必要的考核。通过狠抓制度在营业与邮运、营业与投递之间的落实,确保邮件在传递过程中条线清晰,各环节责任明确。

【安全保卫】 2017年,金坛邮政落实生产经营单位安全生产主体责任,与各支局签订安全生产责任状,把安全生产责任落实到每个层面,每个环节,每个岗位,明确考核目标和考核制度。坚持"安全第一、预防为主、综合治理"的方针,切实做好北京"两会"、内蒙成立70周年、天津全运会、厦门金砖国家领导人会议、中共十九大期间的邮件寄递安全保障工作,顺利开展"第十六个安全生产月""夏季邮政安全生产工作"活动,对26个网点、城乡出租房屋进行安全生产、台账制度、安防设备、消防、防抢演练等专项检查。对新入局员工开展消防器材使用及现场灭火演练等培训工作,共涉及24个部门、55人次,有效提高新员工消防安全防范意识和基本技能。

5月26日,"邮妈妈与您共成长"启动仪式在薛埠镇举行 (邮政局 供稿)

【开办樱花邮局】 4月8日上午,金坛邮政在薛埠镇山蓬村上阮农业产业园开办"樱花邮局",这是全区首次启动"樱花邮局"项目。副区长刘明江、区旅游局局长杨国忠参观"樱花邮局"。活动现场,金坛邮政为此次"樱花观赏节"活动专门定制了精美的"樱花"邮资封、明信片、纪念戳等产品,吸引众多赏花人和集邮爱好者驻足赏购。

【"光明书香行"图书展】 为倡导全民阅读,营造读书氛围,建造书香金坛,同时迎接"4·23"世界读书日,金坛邮政联合区委宣传部、区教育局、区文广体局在金沙广场举办首届"光明书香行"图书展销活动。为使市民能够读到正版精美的图书,该所展的图书全部由光明日报出版社提供,内容涵盖少儿读物、名著典藏、国学经典、教育艺术、时尚生活等诸多领域上千余种,并且均价五折左右,价格实惠,吸引众多市民驻足阅读购买。

【发行纪念明信片助力首届茅马赛事】 5月21日,首届金坛茅山国际山地半程马拉松在风光秀丽的茅山鸣枪开跑,来自12个国家和地区的选手共5000人同场激烈竞技。金坛邮政主动对接主办方,成功开发5000张纪念明信片由主办方免费送给参与者。并在活动现场设立主题邮局,一方面为参与者提供加盖纪念戳服务,另一方面组织部分体育类主题邮品,邮政服务得到活动主办方和参与者的一致好评。

【范石甫"江南鸡范"邮册首发】 1月8日,金坛区人民政府、金坛区委宣传部联合中国邮政集团公司举办范石甫"江南鸡范"邮册首发式。

一级美术师范石甫,系中国美协会员、中国书协会员、江苏省文史研究馆馆员。他早年得潘天寿、诸乐三、三个篠、陆维钊等先生亲授,尤擅画鸡雏,享有"江南鸡范"之誉。

"江南鸡范"邮册,精选范石甫《百吉图》《紫帐春暖》《盈盈一室春》等数十幅代表作制作个性化邮票,配以中国邮政最新发行的丁酉年鸡年邮票,分大版、小版、首日封3种。

【"邮妈妈与您共成长"启动仪式】 5月26日上午,金坛邮政联合薛埠中心小学、西旸中心小学在薛埠镇政府会议室举办"邮妈妈与您共成长"结对帮扶贫困儿童活动启动仪式。薛埠镇副镇长胡国英、金坛邮政总经理李震、区妇联副主席戴露、薛埠中心小学和西旸中心小学负责人出席活动。该活动有25位"邮妈妈"们分别与薛埠、西旸中心小学的留守儿童进行结对,并向他们赠送了图书与端午节礼物。该项活动的开展,温暖了留守儿童的心,让他们真实的感受到社会大家庭的温暖与呵护。展现出金坛邮政履行社会责任、承担社会义务、自觉奉献爱心的社会形象。 (倪 芸)

(编辑 李华琴)

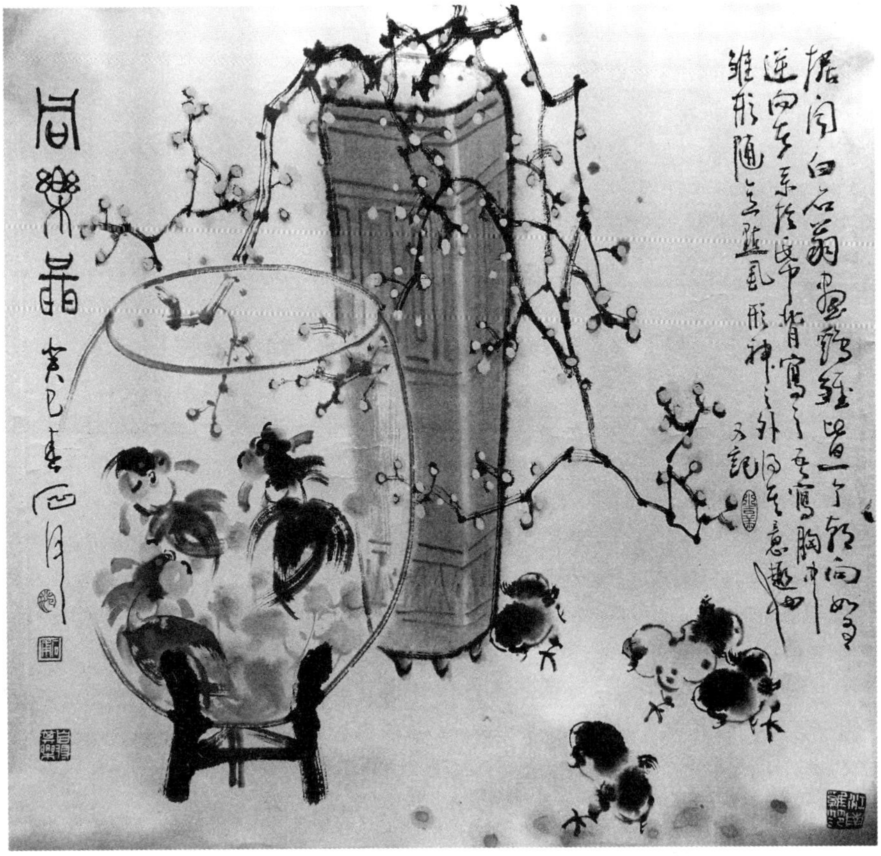

《同乐图》 (范石甫 创作)

财政·税收

财　政

【概况】 2017年,金坛区财政系统围绕区委、区政府中心工作,强化推进落实,树立促进发展、保障民生、科学理财、加强监管的理财观,积极履行财政职能,财政运行平稳有序,各项工作顺利推进。2017年全区一般公共预算收入完成51.2亿元,增幅18%,增幅持续位居常州辖市区和苏南43个县(市、区)前列。

【财源建设】 2017年,落实各项财税政策,注重税源建设,强化部门协作,提升财税优质服务水平,促进区域经济发展。发挥财政政策引导功能和资金导向作用。安排12780万元,采取财政贴息、专项扶持、项目配套补贴等方式,鼓励企业做大规模,支持企业技术创新,大力推动新型工业、现代农业、文化旅游业、现代服务业等战略性新兴产业发展。向上争取项目和资金支持经济发展。全年向上申报各类项目1200个,争取项目资金190000万元,同比增长18.8%。其中,工业类项目461个,争取补助资金21636万元;服务业发展、战略性新兴产业发展、省级城市维护费、交通运输、节能减排等项目37个,争取补助资金39529万元;旅游发展项目争取补助资金533万元。落实国家税费减免政策,帮助企业降成本增效益。落实各项惠企财税政策,支持经济发展,确保各项财税惠企政策及时、准确落实到位,全年落实各项惠企政策资金达245000万元。

【民生保障】 2017年,建立科学的支出分配机制,在保工资、保运转、保民生的基础上,优化支出结构,集中财力办大事,确保各项决策部署落实到位。全年实现民生支出425276万元,同比增长27.3%。强化"三农"建设。推进区农业供给侧结构性改革,促进农业与二、三产业融合发展。全年安排4300万元用于扶持现代农业产业园区建设、高效设施农业建设、农业机械化发展等;安排5200万元用于扶持小型农田水利建设;安排3000万元用于扶持发展壮大村级集体经济、农民增收、新农村建设等;年内发放农业支持保护、农机购置、水库移民等补贴4638万元。组织申报常州市级以上各类支农项目690个,争取资金35400万元。其中,争取省级现代农业示范园项目5000万元,争取省级扶持村级集体经济发展项目3000万元,有效推动农村经济和农业生产的发展。坚持教育优先发展。全年教育支出137600万元,增长44.3%。安排学前教育专项补助500万元,加大学前教育的经费投入,将经信、妇联、住建等部门的三所行业幼儿园划归教育管理,增加财政支出235万元;安排466万元用于落实中职学校2016—2017学年免学费政策;安排643万元对3290名符合教育救助条件的学生进行专项资助;安排458万元用于2016—2017学年小学生乘车补贴;安排508万元用于校园安保经费保障;安排6564万元用于校安工程建设;安排40000万元用于华罗庚实验学校新城分校、新城实验幼儿园、段玉裁中学、段玉裁小学建设。支持医疗卫计事业。安排2980万元推进城市公立医院综合改革;安排20061万元用于提高城乡居民基本医疗保险补助标准和补偿水平;安排3396万元用于落实独生子女伤残死亡家庭特别扶助和农村部分计划生育家庭奖励扶助政策;全年拨付3354万元用于促进公共卫生服务均等化;全年补助9839万元用于巩固基层医疗机构基本药物制度。支持社会保障制度体系建设。全年安排21550万元落实城乡居民基本养老保险政策;安排13790万元稳步推进机关事业单位工作人员养老保险制度改革;安排6467万元用于落实"事改企"及人事代理人员有关待遇;安排1192万元落实城乡低保政策;安排25100万元用于被征地农民保障。此外,提高农村五保供养待遇,调整重点优抚对象医疗保障方案,多维度支持社会救助和优抚安置工作。支持节能环保事业。支持"两减六治三提升"专项行动,安排4294万元用于畜禽养殖污染整治补助;安排214万元用于燃煤锅炉淘汰;安排200万元用于落实黄标车提前淘汰政策补助;安排588万元用于大气污染专项防治工作;设立环保专项资金850万元,重点支持全区的污染物减排、工业污染源防治、农村环境整治等;安排409万元用于建立农村垃圾收运体系,改善农村环境卫生状况。此外,支持经济适用住房、公共租赁房、棚户区改造建设,全年安排住房保障资金45018万元。建立公交财政补贴预拨机制,核拨亏损补贴5543万元,支持城乡公交一体化发展。

【财政监督】 2017年,加大财政监督力度,规范预算执行行为,稳步开展预算绩效管理。加大财政监督力度。注重建章立制,全面梳理业务流程,明确业务环节,分析风险隐患,制定风险应对策略,完善财政内部控制体系。在加强政策执行监督和预算收支监督的基础上,强化政府债务监管和会计信息监管;深入开展部门预算监督检查,提高预算编制的科学性、合理性;及时查处和纠正预算执行过程中存在的违规违纪问题。转变财政监督方式。加强财政监督信息化建设,建立预算执行动态监控体系;多元化实现市区联动配合,建立跨部门联合监管机制;开展农村集体"三资"管理的制度化、民主化和规范化专项检查,针对项目资金使用存在大额现金支付、会计核算不规范、乡镇配套资金不足等现象,下达行政建议书,要求整改。强化预决算信息公开监督。对政府预决算和部门预决算信息公开情况开展监督检查,检查政府预决算信息是否按《中华人民共和国预算法》规定的内容和时限及时公开,检查各部门是否及时公开部门预决算和"三公经费"预决算等信息,督促提高预决算信息公开质量。开展预算绩效管理。逐步扩大绩效目标范围,将农林、水利、卫计、发改等16个部门的区级财政专项纳入全过程预算绩效管理,资金总额达84200万元。推动预算绩效目标运行监控,将预算执行动态管理与跟踪问效相结合,调整专项执行偏差。加大外部监督力度,向社会公开评价报告,逐步推进预算绩效评价结果应用。

【深化财政改革】 2017年,规范预算编制、预算执行和政府性债务管理。科学优化预算管理。对各单位实行全口径预算管理,严格控制行政经费,"三公"经费只减不增。加大预算执行力度,严格执行区人代会批准的财政预算,未纳入年初预算的事项原则上不予安排。调优支出结构,确保重点支出需要。按照"账销案存"原则,清理盘活存量资金,收回财政存量资金38295万元,增加预算稳定调节基金。强化政府采购管理。以"简政放权、放管结合、优化服务"为目标,建立健全部门协同监管机制,着力加强政府采购监督检查。进一步完善政府采购社会代理机构的备案管理,规范业务流程,提高执业水平,加强评审专家库建设,做好政府购买公共服务项目采购。全年政府采购中心共实施集中采购336批次,采购规模48899万元,节约率达19.6%。政府购买公共服务项目采购共计76批次,预算21118万元,节约率21.6%。继续推广运用PPP模式。严格筛选项目申报入库,全年有2个交通项目列入省级项目库,其中茅山旅游大道已开工建设。关注已落地项目的执行情况,完善项目信息资料,梳理PPP项目合同,建立PPP项目财政支出责任台账。加强监管,防范风险,规范实施PPP项目操作流程,确保PPP模式在全区高质量的运行。加强政府性债务管理。完善政府性债务管理体系,规范政府举债行为,认真开展不规范融资担保行为、政府购买服务项目的清理整改工作。调整区政府性债务管理领导小组成员,重新明确领导小组和办公室的主要职责。建立健全政府债务风险应急处置工作机制,出台《常州市金坛区政府性债务风险应急处置预案》《常州市金坛区地方政府性债务风险预警管理办法》和《常州市金坛区政府性债务管理办法》,切实防范和化解财政金融风险。

【财政收入】 2017年,区十七届人大一次会议审议通过全区一般公共预算收入预算为500000万元,实际完成一般公共预算收入511918万元,完成年初预算的102.4%,增长18%。其中,国税部门完成206177万元,地税部门完成258418万元,财政部门完成47323万元。一般公共预算收入中税收收入完成445779万元,增长16.6%,占一般公共预算收入比重的87.1%。非税收入完成66139万元,增长28.3%,占一般公共预算收入比重的12.9%。

【财政支出】 2017年,一般公共预算支出完成675289万元,完成调整预算的97.4%,增长27.5%。

(刘 伟)

国 税

【概况】 2017年,金坛区国家税务局(以下简称区国税局)全年组织各项税收收入46.27亿元,同比增长10.98亿元,增幅31.09%;组织公共财政预算收入20.62亿元,同比增长6.51亿元,增幅46.17%。

【做精做实风险应对】 2017年,区国税局累计完成风险应对294户次,应对总成效2.46亿元,入库成效1.79亿元,同比分别增长94.24%和164.11%。其中,通过情报交换,追缴股权所得税款及滞纳金1.04亿元,创下税收征管改革以来单户应对入库成效和应对综合成效之最。

【营改增后续工作】 区国税局开展营改增政策"大辅导""大走访"活动。组织业务骨干围绕有关纳税人的界定、适用税率确定、进项税额扣除等九个方面内容,为营改增企业详细解读政策,同时广泛征集纳税人意见建议,着力解决纳税人在营改增过程中遇到的问题和困难。大走访期间,收集到存在问题和纳税人意见建议12个,其中已解决7个,为纳税人减税约200万元。举办分行业分类培训6场次,培训达380人次,发放培训资料5000多份。

2017 年金坛区国家税收计划执行情况表

表 11

单位:万元

项目	累计实绩	比上年同期		
		上年同期	增减额	增减率(%)
税收收入合计	462 671	352 935	109 736	31.09
一、考核口径收入合计	462 442	352 853	109 589	31.06
(一)国内“两税”合计	343 994	274 112	69 883	25.49
1. 国内“两税”	274 594	238 112	36 483	15.32
国内增值税	259 737	223 908	35 829	16.00
其中:中央和省分成	1 152	882	270	30.59
国内消费税	14 858	14 204	654	4.60
2. 出口免抵调库数	69 400	36 000	33 400	92.78
(二)企业所得税	105 097	67 628	37 469	55.40
其中:中央和省分成	-35	290	-325	-112.04
(三)个人利息所得税	0	0	0	-55.88
(四)车辆购置税	13 350	11 113	2 238	20.14
二、税务部门其他罚没收入	83	14	69	496.27
三、文化事业建设费	146	69	78	113.06
附:出口退税	99 614	71 689	27 925	38.95
市政府口径收入	434 269	327 246	107 023	32.70
公共财政预算收入	206 178	141 055	65 122	46.17
营改增	75 117	36 477	38 640	105.93

【推进国地税合作】 2017 年,区国税局落实国家税务总局《国地税合作规范》,围绕《常州市国地税 2016 年重点合作事项》,制定《金坛区国地税合作联席会议工作制度(试行)》,与区地税局重点在联合办理登记、联合大厅办税服务、联合开展税收宣传、联合推进“银税互动”、联合开展培训辅导、联合开展纳税信用等级评定、联合税收核定、联合为大企业提供个性化纳税服务等项目上开展深度合作,让更多的纳税人从中受益。

【优化营商环境】 年内,区国税局全面落实省局优化税收营商环境试点要求,主动融入经济社会发展大局。自全面推开“营改增”试点以来全行业减税 6.17 亿元,减税面 96% 以上,企业税负明显下降。全年累计办理退税 11.23 亿元。其中,出口退税 9.96 亿元,其他各类增值税退税 1.27 亿元。

【贯彻落实“放管服”改革】 2017 年,区国税局持续推进“便民办税春风行动”,纳税服务提档增速。推广六大类线上服务产品,推进发票区域集中配送业务,加快办税服务厅功能转型,纳税服务正逐步从“面对面”向“键对键”“不见面”转变。 (陈琛)

地 税

【概况】 2017 年,面对后营改增时期复杂的发展形势和艰巨的改革任务,区地税局以“集聚改革、集成发展、合力共治、敢为人先”为工作主题,以组织收入为中心,规范执法、协同管理、内控建设、文化建设为重点,推进税收治理现代化,保障全区经济社会发展财力需求,促进经济结构优化升级,支持各项改革稳步推进。

区地税局全年共组织各项收入

48.30亿元,同口径增收7.11亿元,增长17.69%。其中,组织税收收入31.51亿元,同口径增收5.71亿元,增长23.02%;组织非税收入16.79亿元,同比增收1.40亿元,增长9.10%。非税收入中社会保险基金入库14.73亿元,同比增收1.42亿元,增长10.63%。实现全口径一般公共预算收入25.84亿元,同口径增收3.78亿元,增长17.56%。不折不扣落实税费减免政策,全年累计减免各项税费14.48亿元,同比增长481%。其中,改善民生优惠减免13.80亿元;鼓励高新技术企业发展1710万元;支持金融资本市场420万元;促进小微企业发展422万元;支持转制升级491万元;促进节能环保110万元。

8月15日,房产交易系统正式上线,房产交易迈入自助办税新时代

（地税局　供稿）

【规范执法事项】　区地税局结合“金税三期”系统,进一步完善税收执法范本。调整重大涉税案件审理制度,有效提升案件审理质效。全年审理重大税务案件8件,涉案金额2969.77万元。12人被评为常州地税“规范执法示范岗”。实施强制执行1户,涉案金额126万元。申请法院强制执行社保费3户,涉及社保费及滞纳金121.27万元。牵头协调落实法税协作机制中司法拍卖税款征缴工作,在加强不动产司法拍卖税收征管等方面取得明显成效。全年共受理法院拍卖估税139户,涉及税款1.41亿元。受理破产清算的债权申报7户,涉及税款208万元。

【健全内控机制】　区地税局加强税收风险的全流程监控,提高自主发起任务质量,全年推送风险应对任务262户次,入库应对税款5097.61万元。构建自然人风险管理机制,全员全额申报率、明细申报率和明细申报准确率均达到或超过99%,12万元以上高收入者个人所得税自行申报3688人。加大土地增值税清算力度,全年完成30个房地产项目的清算审核,18个项目补税5500万元,8个项目退税3300万元。继续推行督察监察“两察”联动机制。改进督察工作方式方法,将督察工作融入到执法的各个环节,形成事前、事中、事后全过程督察新模式。完成欠税管理、退税管理、股权转让事项等8个高风险事项的风险提醒书编写。

【优化纳税服务】　区地税局大力推进政务服务“一张网”“不见面”审批,减免税事项除土地使用税外均实行备案制;简化注销登记流程,推行国、地税联合注销工作;推行房产交易智能办税模式,实现“增量房自助办税、存量房线上办税”;实行不动产登记“一窗受理、集成服务”,房产证取件等待时间由原来的15—20天缩短为5个工作日;国、地税全面实施合作征收,实现国、地税设立和登记的信息共享。全年共联合办理开业登记4148户,变更登记8054户,注销登记960户。国、地税联合实施进户稽查23户,协同案件执行16户,合计补税670万元;建立局领导办税厅窗口定期值班制度,现场解决纳税人疑难问题;创新“银税互动”金融产品,为109户小微企业发放贷款9690万元,授信小微企业52户,贷款4.34亿,其中税易贷2000万元,云税贷1570万元。推出税收服务“私人定制”,“创业E路通”志愿服务项目先后得到税务总局总会计师王陆进、省地税局局长江建平的表扬性批示。　（于　露）

（编辑　刘士科）

金融

综述

【概况】 2017年,金坛区金融机构本外币各项存款余额1062.12亿元,比上年增加175.09亿元,增长19.74%;本外币各项贷款余额681.28亿元,比上年增加76.73亿元,增长12.69%。年末,全区有银行业金融机构21家,机构网点123个。

全区继续深化金融生态环境建设,全力协作,多措并举,严守金融风险底线,为辖区实体经济与金融良性发展保驾护航。组织开展金融机构执行人民银行政策综合评价工作,做好新设机构管理工作。严格执行金融业重大事项报告制度,依法开展金融执法检查,全年分别对6家银行业金融机构开展征信业务、人民币收付业务、银行卡收单业务执法检查。深入开展存款保险工作,成立领导小组,指导各银行业金融机构开展存款保险标识启用前后各项工作,加大对法人投保机构存款保险工作检查指导。成立金坛区金融生态评估小组,对2016年金坛区金融生态环境评估指标体系全面综合评定,自评估综合得分90.86分。督促银行准确把握房地产金融调控政策要求,严格执行差别化住房信贷政策各项规定和江苏省市场利率定价自律机制决议,支持居民合理自住购房需求,密切关注房地产信贷政策执行中出现的新动向、新情况和新问题。强化征信管理,优化信用报告窗口服务,全年受理个人信用报告查询19766笔,企业信用报告查询1232笔,未发生违规查询和不良影响事件。开展金坛区银行信贷诚信企业评选,共评选出129家2016年度金坛区“银行信贷诚信企业”。联合金融团工委举办以“学信讲信守信”为主题的银行税务系统征信知识讲座活动。强化人民币管理,以“金坛硬币自循环”微信圈为媒介,搭建商业银行之间、银行和企业之间、企业与企业间硬币调剂平台,组织好硬币自循环工作,有效解决公交公司硬币缴存难、兑换难的问题。做好残损人民币兑换和反假币工作。全年累计收缴假币2193张,计18.06万元,鉴定兑换523张霉变、火烧等特残币,挽回群众经济损失20330元。组织全区银行业金融机构的青年员工参加“常州市金坛区第十四届职工职业技能竞赛金融青年点钞识假大赛”,形成“尊重劳动、尊重知识、尊重人才、尊重创新”的良好氛围,推动银行业金融机构一线员工业务水平、业务素质的整体提高,不断壮大全区反假货币人才队伍。与金坛区消费者权益保护协会沟通,建立相互协作机制,处理好辖区金融消费者投诉工作。上下联动开展“金融知识普及月”宣传,着力提升社会公众的金融素养和安全意识,推动社会公众与金融的良性互动。积极开展辖区平安金融创建工作,对辖区内金融机构开展平安金融创建工作责任书签订、考核及验收,被金坛区政法委评为2017年度社会管理综合治理和平安创建先进单位。

保险业务稳定发展。全年实现保费收入14.25亿元,比上年增长17.0%,其中财险保费收入4.60亿元,寿险保费收入9.64亿元,分别增长8.7%和21.4%;全年各类保险理赔和给付支出6.15亿元,增长9.8%,其中财险赔付支出2.96亿元,增长9.9%,寿险赔付支出3.19亿元,增长9.7%。

银行

·中国人民银行金坛区支行·

【概况】 中国人民银行金坛支行(以下简称区人行),位于金坛区西门大街23号,有员工31人。2017年,区人行以贯彻稳健货币政策为指针,紧密结合区域经济发展形势,倾力服务地方实体经济,净化金融生态环境,严守金融风险底线,依法履职,创新进取,促进辖区经济金融稳健发展。

【货币政策传导】 2017年,区人行依据中央经济工作会议精神及人民银行总行年度工作要求,深度助力实体经济发展。通过组织召开行长联席会议、信贷季度例会、走访调研等,贯彻落实《中国人民银行办公厅关于做好

2017年信贷政策工作的意见》，要求辖内银行机构创新金融产品和金融服务，加大对优质企业、重点骨干企业技术改造的信贷投入，主动对接小微企业，努力将更多的信贷资源向实体经济倾斜，逐步提高制造业贷款比例。

【行长园区行】 2017年，区人行起草《常州市金坛区“银行行长园区行”实施方案》，提请区政府转发至各镇人民政府、街道办事处和园区管委会实施，建立由人民银行牵头，区金融办、区经信局参与的银企对接机制，组织18家银行、担保公司负责人先后赴薛埠、朱林、直溪、指前、金城镇开展5场“园区行”融资对接活动。至年末，获得授信单位186家，授信金额19.99亿元，已提款单位176家，提款8.78亿元。

【普惠金融】 2017年，区人行加强与区委农工办、扶贫办的沟通，推动政府相关部门对金融扶贫工作的支持，让低收入贫困户共享普惠金融政策，对符合条件的建档立卡贫困户做到“应贷尽贷”；引导银行业金融机构创新信贷产品和服务方式，服务好广大中小微企业的发展，助推创业创新和普惠金融发展。

【金融服务】 2017年，区人行强化国库核算，提高服务效能。全年共办理预算收入入库279.22亿元，比上年增长89.91%；共办理预算支出276.22亿元，比上年增长61.71%；办理预算收入退库19.3亿元，比上年增长91.47%，全年未发生重大业务差错、资金风险和国库案件，牢牢守住国库资金安全和业务系统安全底线。加强日常业务监督，至年末，国库柜面监督发现财税等征收机关提交的不合规业务82笔，金额2111.48万元。组织国债发行工作，建立“金坛国债”承销机构微信群，坚持首发日组织国债检查小组对承销网点进行抽查。全年共组织辖区15家金融承销机构发行储蓄国债（凭证式）4期，金额3200.46万元；发行储蓄国债（电子式）5期，金额3748.11万元。加强国库会计分析，配合财政部门做好存量账户的清理规范工作，至年末，共清理财政专户7户，涉及金额8030万元。强化支付结算管理，拓展直接支付途径，2017年，共办理直接支付业务68470笔，金额88.17亿元。稳妥推进个体工商户“两证（营业执照、税务登记证）整合”登记制度改革，全年共办理核准类账户的开立、变更、撤销6704户。将企业开户环节平均时间缩短至0.5个工作日，全年新开户740户。配合做好村务卡的发卡和推行工作。

【外汇管理】 2017年，区人行提升外汇服务效能，完善服务流程，缩短办事时间。严格银行业务准入，加强事前验收和政策指导，对银行进行结售汇业务和跨境人民币业务准入备案。开展外汇培训、座谈会，印制《外汇业务宣传手册》，增强银行和企业办理外汇业务的合规意识。双逆差管理工作成效显著。通过约谈方式开展柔性监管，对1家企业异地购付汇情况进行约谈；对收付汇和结售汇顺差同比下降明显的5家银行进行约谈；对1家对外直接投资登记业务进行约谈。通过约谈进行事前外汇政策风险提示，督促银行严格执行外汇管理制度，加强柜面业务审核，成功制止企业1笔1000万美元的非理性对外投资款汇出。通过核查实现精准监管，对123家企业开展非现场核查，强制注销49家企业，对6家企业现场核查，对4家企业进行降级，直接调整降级3家企业，对原有5家B类企业到期评估，对4家银行开展国际收支统计申报现场核查，对2家银行开展流出项下外汇业务专项检查。全年查处1家外汇银行业务程序性违规，查处企业实质性违规1起。　　（刘春华）

·中国工商银行股份有限公司金坛支行·

【概况】 中国工商银行股份有限公司金坛支行（以下简称工行金坛支行），坐落在西门大街48号，有在职职工115人，下设1个营业部和7个二级支行。

2017年，全行紧紧围绕“稳中求进、进中求变、变中求胜”的工作主线，继续大力推进客户、转型、产品、管理、队伍等五项重点工作，坚定不移地稳住利润增长、稳住资产质量、稳住内控案防，确保市场竞争力、经营转型和结构调整，网点面貌和服务能力、队伍和作风建设取得显著成效。至年末，银行实现拨备前利润41729万元，完成计划的123.6%，比上年增6261万元。

【存款总量持续稳定增长】 通过制订定期储蓄存款专项考核办法、落实年终批量代发责任、加强网点软硬件服务等，扎实做好旺季工作和日常营销，夯实储蓄存款的基础。通过把握政策机遇，做好精准营销和重点板块拓展，加快账户的落地速度，从源头上巩固存款；通过法人客户营销管理系统强化跟踪管理，做好存量客户的维护与提质，保持有贷户存款和同业存款的稳定，从而不断提升对公存款的市场占比。2017年，全行人民币各项存款时点余额为69.85亿元，比上年增加7.69亿元。对公存款时点余额为43.45亿元，比上年增6.14亿元；储蓄存款时点余额为26.40亿元，比上年增1.55亿元。

【优质信贷市场拓展】 通过把握信贷业务的发展机遇和政策方向，按照“抓大、抓小、抓优、抓新”的经营导向，紧盯优质信贷市场拓展提速，突出抓好优质制造业客户、重点项目、小微企业、成熟产品，提高服务实体经济的质量与水平。2017年，全行人民币各项贷款时点余额为89.76亿元，比上年增加15.90亿元。其中，公司贷款余额78.79亿元，比上年增加12.98亿元；个人金融贷款余额10.97亿元，比上年增加2.92亿元。

【中间业务】 围绕规范经营和持续发展，在强化服务收费规范管理的同时,加强新收入来源的培育和传统业务的升级,通过做大金融产品销售、做大交易类产品提升收入总量。2017年完成中间业务收入1.94亿元,完成计划的144%,比上年增0.25亿元。

【获省工行“精品城区支行”称号】 工行金坛支行坚持大力竞争金坛区重点优质客户为代表的有效市场,创新方式,强化各类目标客户的拓展和维护,毫不松懈抓好资产质量和内控案防管理,扎扎实实加强干部员工队伍建设,2017年12月,被省工行授予“精品城区支行”称号。

(丁忠权)

·中国农业银行股份有限公司常州金坛支行·

【概况】 中国农业银行股份有限公司常州金坛支行(以下简称农行金坛支行)位于金坛区东门大街172号,在职员工193人。下设综合管理部、公司业务部、个人金融部、信用卡与网络金融部、风险与信贷管理部、运营财会部及网点管理部7个职能部门。2017年,农行金坛支行有效应对新形势,积极落实新举措,业务经营呈现“规模增长、结构趋优、动能增强、效益提升”的良好局面,各项工作保持了稳健平安、可持续发展的良好态势。

截至2017年年末,该行本外币各项存款余额83.4亿元、比上年增3.8亿元。其中,对公存款37.2亿元,比上年增3.3亿元;个人存款46.2亿元、比上年增0.5亿元。本外币各项贷款余额65.9亿元、比上年增5.3亿元。其中,对公贷款41.6亿元、比上年增2.7亿元;个人贷款23.2亿元、比上年增2.5亿元。全年实现考核口径中间业务收入8049万元、拨备前利润2.25亿元,分别较上年提升22.4%和20.9%,主体业务持续向好。

【客户建设】 农行金坛支行坚持“以市场为导向,以客户为中心”的经营理念,不断扩户提质,持续推进客户建设。至2017年年末,全行个人贵宾客户总量1.95万户,比上年增548户;全年新增掌上银行活跃客户1.7万户,网银客户1.6万户。继续加大对小微企业的信贷支持力度,全年新拓展小微企业20户,累放贷款9510万元;通过加强“六大类名录”客户的精准营销,新增进出口百强企业1户,亿元以上贷款客户新开账户5户,上市公司开户结算合作率100%。客户群体不断壮大,综合回报明显提升。

【服务“三农”】 2017年,农行金坛支行秉承“面向‘三农’,服务城乡”的使命,不断为最广大的城乡客户提供优质金融产品与服务。积极支持政府棚改、水利等民生工程,重点支持新型农业经营主体,顺利投放棚改银团项目5.5亿元、高标准农田改造银团项目1.5亿元以及“金政通”中期流动资金贷款5亿元。同时顺应政府产业政策支持方向,积极发展政府增信贷款,把苏微贷、金农贷等政府增信产品作为营业和拓展的重点方面,全年新发放苏微贷10户金额4678万元,新发放金农贷39笔金额3905万元,发放苏担通1笔金额600万元。

【案防内控】 2017年,农行金坛支行以抓好信用业务真实性、不良贷款等案件风险专项治理为重点,全面推进信贷与风险管理领域的基础管理工作。至年末,全行各项不良贷款余额8773万元,全年累计自主清收不良贷款2023万元,核销不良贷款556万元,资产风险趋于稳定。同时深入开展案防风控大排查、专项整治和各类检查活动,对发现的各类问题采取立行立改。 (冷 婷)

·中国建设银行股份有限公司金坛支行·

【概况】 中国建设银行股份有限公司金坛支行(以下简称建行金坛支行)坐落于西门大街19号,现有员工225人,其中男员工121人,女员工104人。下设综合管理部、客户部、业务管理部和营业部,下辖华城支行、城北支行、南门支行、南环支行、北新支行、东门支行、虹桥支行、金沙支行、东环一路支行、开发区支行、薛埠支行、直溪支行、西门支行、北环西路支行等14个营业机构。

2017年,该行紧扣“强基础、控风险、促转型”的发展主题,主动防范风险,服务实体经济,践行普惠金融发展理念,各项业务得到了较好较快的发展。截至2017年12月31日,支行本外币存款日均余额169亿元,比上年新增15.5亿元,余额和新增四行占比分别为45.17%和48.7%。其中,企业存款余额94亿元,当年新增13.5亿元;储蓄存款余额75亿元,当年新增2亿元。各项贷款时点余额117亿元,新增8.52亿元。其中,企业类贷款80亿元,比上年新增3.07亿元;个人类贷款余额38亿元,比上年新增5.46亿元。五级分类不良贷款率0.36%。

建行金坛支行被江苏省分行评为“2017年度县支行突出贡献先进单位”,支行团委被省分行评为“五四红旗团委”,支行营业部获江苏省总工会“工人先锋号”称号。

【服务地方经济】 建行金坛支行大力支持地方传统龙头企业,在地方重点项目上,有条不紊地推进,确保应有的份额不减低,对金昇实业、康泰控股、亿晶光电等本地大企业进行贷款投放。主动为中小信贷客户提供金融服务,强化客户走访和挖掘、信息收集和调研。同时,支行还全力加快了个贷业务发展。2017年住房贷款投放保持以往的力度,对“快贷”、优享贷、信用卡分期等与个人生活消费密切相关的优质产品进行大范围推广。截至12月31日,该行共发放住房贷款79554万元,发放消费贷款4981万元,新增快贷客户4941户,完成信用卡分期36627万元。

(邵 芸)

·中国银行股份有限公司金坛支行·

【概况】　中国银行股份有限公司金坛支行(以下简称中行金坛支行)位于金坛北门大街2号,下设营业部、金谷华城支行、华城中路支行、河滨支行、华阳支行、横街支行、丹阳门支行、东环二路支行、政务中心支行9个营业网点,有职员156人。2017年,中行金坛支行以“担当社会责任、做最好的银行”的战略目标,发挥“积极向上勇于担当公开透明简单高效协同尽责勇于创新”的工作精神,不断优化发展模式,在发展中提升质效。全年营业净收入20768万元,中间业务收入5563万元。至年末,中行金坛支行实现拨备前利润16221万元,目标完成率市辖排名第六。

【资产业务】　2017年,中行金坛支行本外币贷款总额43.23亿元,比上年新增0.95亿元。其中,零售贷款余额9.67亿元,较上年新增0.69亿元;本外币对公贷款33.56亿元,较上年新增0.27亿元。

【负债业务】　2017年,中行金坛支行人民币两项存款余额45.48亿元,较上年新增5.37亿元。其中,人民币储蓄存款余额26.49亿元,较上年新增0.98亿元;人民币公司存款18.99亿元,较上年新增4.39亿元。

【国际结算】　2017年,共实现国际结算量61462万美元,比上年增13.81%,占市场份额29.53%,较上年下降2.28%;完成跨境人民币结算量28796万元,比上年上升13.05%,占市场份额14.92%,较上年下降29.96%;本外币贸易融资余额为12532万元,较上年减少32250万元。

【银行卡与电子业务】　截至2017年12月末,中行金坛支行累计完成C扫B179户;信用卡累计发卡3991张,新增客户1653户,其中ETC卡415张。手机银行累计新增交易客户17811户。借记卡累计发卡18149张,在用有效借记卡271342张。

【开门红竞赛】　2017年一季度,中国银行金坛支行开展开门红业务竞赛,支行营业部以3600万元竞得开门红人民币日均新增标王,河滨支行以1600万元竞得开门红保险销量标王,横街支行以700万元竞得开门红易分期标王。公司夺标环节:金谷华城支行以50户竞得公司客户新开户标王,金谷华城支行以142户竞得企业网银动户标王,丹阳门支行以8户竞得中小企业新批复客户标王。

【“案款通”项目开通】　2017年1月3日,随着一笔6500元诉讼费顺利转入金坛区人民法院执行款专户,标志着金坛“案款通”系统正式上线,也标志着历时近3个月的“案款通”业务专项营销项目终于落地。1月16日,金坛区人民法院的2000万执行款由江苏银行顺利划转至金坛华城中路支行开立的执行款专户,提升了“案款通”阶段性的营销成果。“案款通”的实施,增加了金坛中行的行政事业单位存款,既拓宽了客户群,又提高了金坛中行在地方的影响力,至年末,“案款通”累计执行近1亿元。

【首笔“扶农通宝”授信业务】　为大力支持实体经济发展,2017年5月8日下午,在省行中小企业部的关心指导下,经过多方协作努力,金坛支行成功发放省级农业龙头企业江苏三德利牧业发展有限公司流动资金贷款200万元,成为省辖落地的首笔“扶农通宝”授信业务,标志着江苏省农业信贷担保有限责任公司与江苏省中行的业务合作正式展开。　(黄旭红)

·江苏江南农村商业银行股份有限公司常州市金坛支行·

【概况】　江苏江南农村商业银行股份有限公司常州市金坛支行(以下简称江南银行金坛支行)位于金坛区横街3号,辖内设有38家机构,在职员工369人。2017年,江南农村商业银行金坛支行始终坚持“稳增长、调结构、求创新、控风险”的工作基调,不断加快转型发展,提升服务、强化管理、狠抓落实,各项业务保持健康、持续、快速发展。在省联社“提质增效惠三农、倾情献礼十九大”劳动竞赛活动中,金坛支行名列管理行第二名,并获组织资金、效益提升、代发薪单项优胜奖;在金坛区银行业业务技能团体比赛及金融监管知识比赛中分别获第一名和第二名;在第十四届职工职业技能竞赛金融青年点钞识假比赛中获团体一等奖;获2016年度“江苏省青年文明号”称号。

【资金组织】　2017年,江南银行金坛支行以优惠政策和优势产品为抓手,抓好账户开户和营销拓展,通过不断提升服务品质、加强走访宣传、开展“100积分洗车和100积分观影”等活动,实现组织资金工作稳中求进。2017年,金坛支行存款总量213.87亿元,比上年增加16.33亿元,增幅为8.27%。其中,储蓄存款余额100.66亿元,比上年增加4.84亿元,增幅5.05%;对公存款余额98.92亿元,比上年增加17.45亿元,增幅17.64%;保证金存款余额14.14亿元,比上年减少6.11亿元,降幅30.18%。存款规模位居金坛同业首位。

【信贷业务】　2017年,江南银行金坛支行在坚持服务“三农”、中小微企业与城乡一体化战略定位不动摇的基础上,通过大力拓展零售业务、小微企业业务,巩固拓展公司业务“一体两翼”等举措,按照“稳中求进、改革创新”的总基调,以“稳增长、调结构、促转型”为主线,继续支持“三农”、小微企业和消费信贷等零售信贷领域。截至12月末,支行各项贷款余额135.31亿元,比上年增加5.51亿元,增幅4.25%。其中,公司类贷款余额83.92亿元,比上

江南银行金坛支行获第十四届职工职业技能竞赛团体一等奖（江南银行　供稿）

年增加7.11亿元；个人经营性贷款余额41.17亿元，比上年减少6.28亿元；个人消费贷款10.22亿元，比上年增加4.97亿元。

【服务实体经济】　2017年，江南银行金坛支行综合金坛区产业发展方向和地方特色产业发展优势等特点，进一步加大对战略性新兴产业、高新技术产业的支持力度，提高对先进制造业、重大项目建设及节能减排环保等领域的投入，通过对重点项目提供有效信贷支持，为金坛区经济建设添砖加瓦。2017年，支行向重点项目投入7亿元，重点企业贷款余额达36.79亿元。

【渠道建设】　2017年，江南银行金坛支行积极适应外部发展形势，有效对接客户需求，创新服务场景，拓展服务渠道，建立立体式、多维度的现代化金融服务渠道，利用网上银行、手机银行和远程服务平台等线上服务平台，和线下点多面广的优势，实现线上线下协同发展，努力为客户提供有场景体验、服务快捷的金融服务。年末，江南银行金坛支行在金坛地区共有存取一体款机（CRS）101台，取款机（ATM）58台，高速存款机（HAM）14台，存单机4台。2017年，支行新增借记卡有效卡36436张、信用卡新增有效卡3123张、新拓展手机银行有效户18342户，个人网银新增有效户1417户，企业网银拓展有效户693户，个人网银有效户1417户，三方绑卡合计完成45731户，电子银行替代率90.65%。

【支农惠农】　2017年，江南银行金坛支行聚焦"三农"，积极推动民生金融发展，加大特色支农贷款投放力度。推出青年创业贷款、妇女创业贷款、扶贫贷款等一系列旨在服务"三农"的优惠特色贷款产品，给予贷款优先、利率优惠、流程优化等扶持政策，不断加大特色支农贷款投放力度。截至12月末，支行青年创业贷款余额20973万元，妇女创业贷款余额1092万元，工会创业贷款170万元，大学生村官创业贷款40万元，扶贫贷款74万元。

·中国邮政储蓄银行金坛支行·

【概况】　中国邮政储蓄银行金坛支行（下称金坛邮储银行）位于东门大街500号，有职工82人，下设一类网点5个，代理网点24个。2017年，金坛邮储银行围绕"提质增效、防控风险、稳健经营"的发展主基调，牢牢把握"服务社区、服务中小企业、服务'三农'"的零售银行战略定位，经营管理取得明显成效。

【存贷款业务】　通过抢抓旺季生产、组织特色项目营销等措施，年末，金坛邮储银行各类存款余额81.4亿元，比上年增16.99亿元，增长26.38%。其中，自营储蓄存款余额10.65亿元，邮政代理储蓄存款余额63.76亿元，公司存款余额6.99亿元。各类贷款余额19.69亿元。对公存款日均增量、公司理财销售量、国际业务结算量在行内均列全区第一。

【服务"三农"】　2017年，金坛邮储银行立足区域经济发展，高度重视服务"三农"工作。将驻点宣传和全覆盖式宣传营销相结合，与农林局、农工办、乡镇农经站、村委、农担公司、妇联的合作进入常态化。在全面拓展小额贷款业务发展渠道的同时，积极增配客户经理，提高绩效标准。全年涉农贷款净增1342.77万元，比上年增长25.38%，年末结余6633.49万元。

【新业务发展】　2017年，金坛邮储银行一如既往的重视新产品的落地，成功发放了行内全省首笔省农担担保小企业贷款，税贷通业务结余量在全省区县行中列第一，农保贷业务实现了开单。与相关镇政府合作的"助保贷"业务已正式签署合作协议，这一项目可以为当地中小企业解决融资难题，促进企业健康发展。

【内控合规】　突出加强风险管理，完善以"全覆盖、全流程、责任制、风险文化"为核心的全面风险管理体系。不良贷款处置成绩突出，全年清降不良贷款300多万元，年末不良率0.36%，资产质量优于全区平均水平。推进内控案防体系和机制建设，合规检查工作将常规检查与专项检查相结合、现场检查与非现场检查相结合，做到常规检查覆盖到位，专项检查精准有效，实现了全年零案件的防控目标。

（朱华芳）

·江苏银行股份有限公司金坛支行·

【概况】　江苏银行股份有限公司金

坛支行(以下简称江苏银行金坛支行)成立于2009年8月,坐落于常州市金坛区东环二路109号,有员工20人,其中本科19人,研究生1人。2017年年末,各项存款余额40.62亿元;理财产品销售32.25亿元;本外币贷款余额17.92亿元,表外业务余额为42.95亿元,表外业务比上年新增28亿元;全年实现拨备前利润0.86亿元。

【资产业务】 2017年,江苏银行金坛支行紧紧围绕"上规模、调结构、优质量、提效率,全面推进从严治党、从严治行,持续增强核心竞争能力,努力实现转型发展新跨越"的总体工作思路。通过与相关政府部门的沟通联系,广搜信息,了解掌握本区各大重点项目的最新动态,进行周密的安排和市场研究,开发了地方重点政府项目,支行先后实现了投行类信贷投放28亿元,产品覆盖结构化融资、产业基金、商票宝以及债券融资计划、信用债认购。一方面实现了投行类业务量的快速增长,另 方面也实现了投行类业务产品的推广运用。

【国际业务创新产品与服务】 2017年,江苏银行金坛支行全面推广"跨境e点通"业务,引入"互联网+跨境金融"理念,依靠多层次的产品体系,联合政府公共服务平台、各类第三方数据平台,引入顺丰物流、跨境电商和第三方支付机构,共同搭建起生态化的银行交易平台。通过该平台,为客户提供多币种线上收付汇、结售汇等,为在江苏银行金坛支行开立国际结算帐户的多家企业提供"一条龙"跨境金融综合服务,不断提升创新能力和服务社会的能力。

【互联网创新业务】 2017年8月,江苏银行金坛支行推广"电e贷"业务。这是江苏银行与国家电网江苏省电力公司、国网电子商务有限公司展开合作,为经营规范、用电正常的小微企业打造一款无须抵押担保的全线上信用贷款产品,借助互联网渠道,客户仅凭使用电量、交纳电费的历史记录申请办理并在线获得贷款额度,实现了"线上申请授权、网上数据推送、业务自动审批、在线自主用款"的"全线上"办理。江苏银行金坛支行至年末,"电e贷"授信客户3户,发放贷款168万元。 (葛　嘉)

·常州金坛兴福村镇银行有限责任公司·

【概况】 常州金坛兴福村镇银行有限责任公司(以下简称金坛兴福村镇银行)位于东门大街235号,下设直溪支行、薛埠支行、西城路分理处,有在职员工67人。金坛兴福村镇银行坚持服务"三农"、服务小微企业的市场定位,充分发挥村镇银行自主性、灵活性、快捷性、效益性的特点,实现各项业务的稳健发展,风险防控能力明显上升。2017年年末,该行资产总额70192.79万元,较上年增长13851.54万元;负债61242.88万元,较年初增长13350.49万元;利润总额502.32万元。

【公司股权管理】 2017年,金坛兴福村镇银行定向向由金坛开发区政府控股的常州市金坛区电力能源实业总公司增发600万股,政府的入股增强了该行在当地的公信力,提升了品牌形象;定向向中层及骨干员工增发600万股,员工入股后进一步提高了工作热情,增强了员工对银行的信任度和归属感。

【存款业务】 2017年,金坛兴福村镇银行开展各种形式的旺季储蓄活动,包括"新春大派送""缤纷欢乐颂""感恩大回馈""积分兑好礼"等,开发"福惠存"存款产品,利率上浮42%,在当地同类产品中利率具有明显竞争优势;优化"智能存"产品,将产品期限放宽至三年;针对中老年资金稳定、追求高回报、风险承受力差的客户推出五年期定存产品"保障存"。同时,该行加强与乡镇政府、开发区的业务合作,全年吸收政府资金1亿元左右。截至12月末,全行存款余额40120.47万元,较上年增长16122.95万元。其中,储蓄存款新增3570.06万元,对公存款新增12552.89万元。

【贷款业务】 2017年,金坛兴福村镇银行积极响应国家号召,大幅调整贷款投向和结构,压降外地建筑类贷款,通过与区金融办、农工办等部门沟通,贷款回归"立足三农、服务小微"的市场定位,主要投放在发展美丽乡村、宜居乡村、小型农田水利等项目上。截

江苏银行金坛支行进行客户问卷调查(江苏银行　供稿)

至12月末,全行贷款余额62237.93万元,较上年增加14830.03万元。

【普惠金融】 8月,该行启动普惠金融工程,专程组织管理人员及客户经理前往东台稠州村镇银行调研并学习他行在普惠金融工作中的先进经验。调研学习后,全体客户经理投入到普惠金融工程中去,每人包干2至3个村,在村干部的带领下驻点宣传,挨家挨户送宣传折页、送礼品,走村串巷问需求,耐心讲解金融知识,将防范电信诈骗、反非法集资等知识详细地介绍给各家村民,并建立农户档案。

(孟　妍)

·兴业银行股份有限公司金坛支行·

【概况】 兴业银行股份有限公司金坛支行成立于2013年11月,地址位于金坛区东门大街233-3号,有员工19人。开业4年以来,兴业银行金坛支行始终坚持“真诚服务,相伴成长”的经营理念,致力为客户提供全面、优质、高效的金融服务。为金坛的产业结构调整和升级,为地方重大项目发展提供高效、满意的金融服务。截至2017年末,兴业银行金坛支行各项存款余额38.79亿元,各项贷款余额21.78亿元。 (李少华)

·交通银行股份有限公司常州金坛支行·

【概况】 交通银行股份有限公司常州金坛支行(以下简称交行金坛支行)成立于2009年1月,地址在金坛东环二路206-235号,有职工21人,设有一个人工网点,一个普惠型网点,一个离行式自助银行。秉承“最佳财富管理银行”的经营理念,服务于金坛地方经济建设,提供资产管理、融资信贷、国际业务等领域全面周到的专业化服务。截至2017年年末,交行金坛支行人民币各项存款余额20.70亿元,比上年增长3.61亿元。其中,对公存款18.38亿元,储蓄存款2.32亿元。人民币各项贷款余额20.08亿元,比上年增长4.54亿元。其中,对公贷款18.78亿元,个人贷款1.30亿元。

【中间业务与电子业务】 交行金坛支行从宣传策划入手,通过电视、广告等媒体造势,营销人员面对面讲解等方式扩大中间业务的知名度和影响力,2017年全年中间业务收入1627万元。

支行继续加大对个人、企业网银、手机银行的宣传力度,全年电子银行分流率为82.05%。

【小企业业务】 2017年末,交行金坛支行拥有小企业总户数38户,比上年增加3户;年末余额3.62亿元,比上年增6400万元。

【支持地方经济建设】 给江苏金坛经济技术发展有限公司授信“金坛经济开发区水系改造项目”8亿元,2017年已发放项目贷款4亿元。给常州市金坛区交通产业集团有限公司授信“240省道工程项目”4亿元,2017年已发放项目贷款0.6亿元。

(荆宁华)

·中信银行股份有限公司金坛支行·

【概况】 中信银行股份有限公司金坛支行(以下简称中信银行金坛支行)成立于2010年,地址在金坛区东门大街235号,2017年有员工27人,拥有东门大街支行本部和名仕家园离行式自助银行两家服务机构。截止到2017年年底,区中信银行一般性存款余额达44.74亿元,较上年增加10.48亿,其中公司存款时点42.32亿元,增加10.15亿元,日均余额47.27亿元,增加21.11亿元。贷款余额11.52亿元,较上年增加3.24亿元,其中公司贷款8.46亿元,较上年增加2.61亿元,个人贷款余额3.07亿元,较上年增加0.63亿元。个人贷款全年累放143笔,累放额11162万元,公积金网贷101笔,累放额1089.9万元。

2017年,中信银行金坛支行各项业务得到了持续、稳定、健康,高速的发展,获得“常州分行标兵单位”称号,为常州中信公司主线综合考评第一名、零售主线综合考评第一名、风险条线综合考评第一名。获得“南京分行先进集体”、“零售银行优秀支行”、“中信红·迎春季”管理资产优秀支行、2017年上半年管理资产先进支行、优秀基层党支部等称号。

【对公业务】 继续加大基础客户群的建设,中信银行金坛支行立足早字,通过项目储备带动公司负债,以盘活存量,挖掘增量为指导思想,多跑、勤跑、常跑存量客户,提高优质存量客户的贡献度。2017年,围绕区域产业特色做业务,对科技含量高、盈利能力强、产品市场广的企业进行积极营销,深度经营。金昇集团经过支行八个月锲而不舍的努力,总额40亿的集团授信额度得到总行审批,10亿元的保内外贷项目成功落地,双方在总行签署战略协议,掀开了银企合作共赢的新篇章。其下属单位昶昇投资有限公司在中信银行金坛支行5亿元理财融资和10亿结构化融资最终实现放款,提升中信银行在金坛企业和政府的口碑。在机构存款来源上,日常与区政府,财政、国土,建设、交通,商务,乡镇,园区保持良好的沟通和合作关系,定期走访,加大渠道平台建设,第一时间争取到网上土地交易系统落户中信银行金坛支行,2017年全年成交量达327亿元,较好地支撑了行日均存款的增长。

【零售业务】 中信银行金坛支行坚持抓旺季、抓考核、抓代发、抓服务、抓个贷的发展思路。集中人财物抓住旺季,严格考核保长效,紧抓公私联动,以代发批量开发客户,以服务吸引和留住客户,年末管理资产余额达15.84

亿元,2017年以“智慧理财”多元化财富管理为目标,实现中收660万。推出中信大讲堂、理财产品讲座,健康讲座等高端客户增值服务,与客户保持良好互动,实现共赢,依靠特色产品出国金融及推出的信秒贷、月月息、房抵贷、公积金贷等个人资产业务,以资产促负债。

【国际业务】 2017年,中信银行金坛支行通过授信支持,服务增值等有效手段,国际业务得到较快发展。2017年仅靠6家合作单位,全年累计实现国际收付汇量21026万美元,实现轻资本中收1093万元,全年累计开立国内信用证1.5亿元人民币。

【营收和利润】 2017年,中信银行金坛支行累计实现对公营业净收入8269.63万元,较上年增加1823.56万元。而在风险资产占用方面,年末占用风险资产金额为22.65亿元,实现了以较小的风险资产拉动存款、管资及营收的快速增长。 (唐俊慧)

保　险

·中国人民财产保险股份有限公司常州市金坛支公司·

【概况】 中国人民财产保险股份有限公司常州市金坛支公司(以下简称人民财险金坛支公司)成立于1981年,位于金坛区西门大街27号。2017年市场形势瞬息万变、机遇挑战纵横交织,在监管政策密集变化、大灾大案频繁冲击的背景和形势下,公司坚定不移地贯彻“以发展为第一要务”的理念,聚力创新发展、超越发展、品质发展,实现保费增速超过市场平均增速6%,实现保费1.75亿元,公司获得平稳较快发展。公司保持了连续33年无刑事、经济案件,获2017年度金坛区平安金融创建先进单位,继续保持了“常州市文明单位”“常州市放心消费创建先进单位”和“江苏省放心消费创建先进单位”称号。

【业务发展】 2017年,人民财险金坛支公司坚持实施超越发展战略,保费规模再创新高,累计完成保费收入17549万元,净增保费2247万元。全险种增速14.68%,市场份额占有率为38.12%,比上年增长2%,在辖区内财产险市场份额排名第一。其中车险13889万元,净增保费1688万元,比上年增长13.83%;非车非农险保费收入2376万元,比上年增长19.7%;农险1285万元,比上年增长15.1%,市场份额69.37%,其中高效农业、特色农业保险得到快速推进,高效农险覆盖面达到70%以上。

【理赔服务】 2017年,人民财险金坛支公司坚持主动、迅速、准确、合理的理赔原则,加强协同服务和内外联动,加强各项理赔指标的考核力度,努力提高查勘定损人员的综合能力,定期对理赔各项工作进行自查,持续提升公司理赔服务的整体品质。2017年共处理各类赔案10034件。其中,机动车辆险9251件,非车险783件。支付赔款1.158亿元。其中,车险9400万元,非车险2100万元。保险发挥了社会“稳定器”和经济“助推器”的作用,得到各级政府和客户广泛好评。全年车险案件处理率100.82%、非车险案件处理率102.25%。在2017年“3·1风灾”“6·10暴雨”“9·25暴雨”发生大面积灾害的情况下,政策性保险、民生保险项目服务能力日益增强,远程查勘系统、无人机查勘发挥了极大的作用。

【农险经营】 人民财险金坛支公司的农险经营秉承“紧盯合规不放松,精耕细作稳发展,提升能力优服务”的指导思想,积极推广政府“惠农利农”政策,着力夯实农险服务与管理基础,推动农险工作实现了平稳健康发展。2017年,公司与政府联办共保工作进一步推进,共开展包括小麦、油菜、能繁母猪、茶叶、食用菌等16个保险产品,累计实现签单保费3669.99万元,保障农户5.25万户。金坛区采取政府、公司、中华联合5:3.5:1.5三方共保模式。政府实现保费收入1835万元,比上年增长15.1%;公司实现保费收入1284.5万元,比上年增长15.1%。落实合规经营举措,坚持依法合规经营;加强与政府沟通协调,政策性农险实现应保尽保;提升高效农险承保面,新开办螃蟹养殖保险,高效农险占比达到70%;持续提升农网的综合服务能力,实现商业险与农险的有效融合,直溪网点通过了省公司共享共建3A级达标验收,进一步发挥公司网点就近服务的优势,切实提高农村网点商业险产能、加快农村保险业务持续健康发展。

【普惠金融和保险扶贫】 人民财险金坛支公司积极推行普惠金融和保险扶贫工作。2017年,江苏省分公司与省财政厅、省邮储银行联合推出的“农业保险贷”项目,常州市分公司与区财政、区委农工办、区邮储银行签订《金坛区“农业保险贷”贷款保证保险合作协议》,对涉农企业融资提供支持,降低融资成本,为其扩大生产提供保障。2017年首笔“农业保险贷”项目在金坛区朱林镇开花结果。公司与金坛区扶贫办签署保险扶贫工作实施协议,充分发挥保险风险保障、经济补偿、资金融通、社会管理职能,助力金坛脱贫攻坚工作稳步推进。

(吴　静)

·中国人寿保险股份有限公司金坛支公司·

【概况】 中国人寿保险股份有限公司金坛支公司(以下简称人寿金坛支公司)位于金坛区横街东路8号,有职工55人,其中本科51人。

2017年,面对复杂多变的外部环境和激烈的市场竞争,该公司坚持“重价值、强队伍、优结构、稳增长、防风险”的经营方针,大力实施创新驱动发展战略,坚持价值导向,多措并举,加快业务发展,推进转型升级。公司总体运行安全稳健,业务持续快速增长,销售队伍量质齐升。2017年公司实现保费收入人民币4.227亿元,同比增长16.8%。市场份额约为43.84%,居金坛区寿险行业首位。投资收益率稳步提高,经营效益大幅提升,实现了又好又快发展。

【经营业绩】 2017年,人寿金坛支公司长险新单保费1.82亿元,比上年增长32.8%;首年标准保费4483万元,比上年增长30.7%;首年期交保费8807万元,比上年下降7%,其中10年期及以上首年期交保费5882万元,比上年增长35.7%;短险保费2980万元,比上年增长14%。赔款支出2168万元,4519件;各类给付2.28亿元,5164件;年末营销员持证人数1128人。 (陈文群)

·中国太平洋财产保险股份有限公司金坛支公司·

【概况】 中国太平洋财产保险股份有限公司金坛支公司(以下简称太保财险金坛支公司),位于东门大街123号。2017年,金坛支公司不忘初心,砥砺前行,“攻坚破局”,加快公司转型。全年共完成保费收入11671万元,全年处理各类案件7336件,共支付赔款7548万元,已决赔付率61.1%。

【业务发展】 太保财险金坛支公司始终坚持贯彻总公司积极践行转型2.0,以保单成本率为核心,以费赔联动、优化资源配置为主要目标,狠抓优质业务,保持市场既有份额。

车险业务:将直销人员进行分流、转型,在原有的车商业务团队基础上增加人员,加强力量。运用新工具,解决新问题。全员推进“CRM”开单,组织支公司层面的”码上保“业务竞赛,全力紧跟市场的步伐。拓展新领域,新渠道。

非车险业务:应对市场的变化,公司坚决落实总公司“直面挑战,聚焦发展”的指导思想,延续两年进行非车险业务“控品质”。2017年全年,金坛支公司共剔除业务近600万元。为了不使非车险业务下滑严重,公司在个人分散型业务上作了一些尝试,在全家桶、驾意险、诉讼保全责任保险等险种上取得一些进展。全年完成健康险保费102万元。同时,在一些效益险种(借款人意外险等)上保持了一定增量。

【运营管理】 太保财险金坛支公司“固化成果、深化转型、迎接挑战”的指导思想和“守住底线、治理顽疾、防范风险”的合规工作方针。引导员工巩固树立“合规即是底线”“合规无小事”“合规人人有责”“合规贯彻始终”“合规创造价值”等合规意识。始终履行自身责任,“3.15消费者协会日”开展活动,“7·8全国保险公众宣传日”走进北门社区宣导“远离贫困,从一份保障开始”,大家用熟知的真实案例向市民普及保险在生活中所扮演的重要角色。向过路市民展示了太平洋财险的热情以及良好的太保品牌形象。全年不定期利用宣传海报、LED显示屏等媒介持续进行“反洗钱,反舞弊”宣导,

【提升服务】 太保财险金坛支公司提高处理效率,提升客户体验。开通太保产险全国统一保险消费者投诉维权电话投诉(95500拨3拨4或4008095500);开通网上投诉(http://www.cpic.com.cn);开通来信、传真、电子邮件、来访投诉。一般投诉,要求应在保险消费投诉受理后1个工作日内处理完毕。深入推进“太好赔”之“人伤无忧、车损无虑”的理念。开通太平洋产险微信公众号,客户通过微信自助理赔,只需报案、定损、赔付三步,轻松完成赔付。交管快处快赔等第三方平台多渠道接入。提升客户体验,让客户参与理赔方案的制定,反馈客户最真实的诉求。 (强媛媛)

·中国太平洋人寿保险股份有限公司金坛中心支公司·

【概况】 中国太平洋人寿保险股份有限公司金坛中心支公司(以下简称太平洋寿险金坛中支公司)位于金坛区东门大街123号,有职工32人。2017年,公司以“诚信天下、稳键一生、追求卓越”为企业核心价值观,努力把公司建设成为“监管放心、政府信任、百姓满意、客户首选、员工幸福”的优秀寿险公司。公司全年各类保费收入3.62亿元,较上年增长64.5%,市场份额37%,同业排名第二,全年受理案件1641件,赔款给付1222.8万元。各类给付14509件,给付金额3045.87万元。

【业务拓展】 太平洋寿险金坛中支公司个险销售拥有传统营销、顾问营销、服务营销三大渠道,营销队伍总人数突破1600人。全年完成保费收入1.2亿元。2017年开门红3个月完成全年标保任务的35%。提前3个月完成全年标保任务。其中传统营销在册人力1230人,比上年增长15%。2017年除保持业绩和队伍数量上的增长之外,更加注重队伍结构的优化和升级,大力发展产寿联动、交叉销售相结合的经营模式,实现队伍收入的多元化和对客户服务的丰富立体化。

顾问营销作为个险销售的第二支队伍,坚持渠道特色,深入社区、精耕细作,重点围绕“服务件”客户,开展多项活动,为客户提供专业的售前、售中、售后服务。全年在册人力250人,全年新单保费收入1124万元,同比增长10%。

服务营销作为个险销售最新的渠道,短短几年,新险、续险发展迅速,是一支服务优良、队伍专业、业绩骄人的团队。在做好续收服务的同时为客户提供产品咨询和理财规划服务。团队在册人力120人,全年新单保费1250万元,续期保费收入2.42亿元,续保率96%。

2017年法人渠道坚持适应转型发展服务网点、服务客户,服务政保合作,力争市场份额稳中有升,优化队伍结构,提升业务品质。法渠在进一步扩大客户积累的基础上实现专业化管理,队伍的专业化有更大的提升渠道合作创新进一步扩大。金坛中支渠道金融合作部、机构合作部、实现非健险保费550万元,较上年增长38%,转型融合后的法人渠道精兵简政,仅有员工9人,实现业务综合管理下的专业经营。

【新技术推广】 2017年,太平洋寿险金坛中支公司全面推广并更新上线了"太平洋寿险"APP以及"数字太保"平台,客户可以通过该平台随时参与太保各项活动,了解更多信息。提供业务预约、一键下单、保单查收、简单保全、保单贷款等服务。该APP办理轻松,方便快捷,深得广大客户喜爱,节约了客户时间、降低了公司成本,提高了办事效率。　（林培录）

证　券

·东海证券股份有限公司金坛西门大街证券营业部·

【概况】 东海证券股份有限公司金坛西门大街证券营业部(以下简称东海证券金坛营业部),位于金坛区西门大街23号。营业场所面积800平方米,有员工20人。2017年,营业部秉承"偕客户同发展,与东海共繁荣"的精神,恪守"用微笑传递智慧、让事实缔造杰出"的经营服务理念,合规经营、不断创新,依托公司强大的理财服务业务平台为投资者提供多层次、全方位的特色理财服务。截至年末,营业部共有客户数22000户,托管客户资产40亿元。

【业务发展】 2017年,东海证券金坛营业部按照公司发展战略,围绕经营管理目标,推进业务发展,拓展市场,提高经纪业务代理买卖收入份额。全年新增客户数940户,股票成交量277.04亿元,代理买卖业务收入市场份额0.144‰,销售各类理财产品70888万元,保持了在辖区行业内的优势地位。

【支持地方建设】 2017年,东海证券金坛营业部为政府融资平台做财务顾问和债券发行承揽工作,为金坛市惠金建设投资发展有限公司发行公司私募债8亿元。　（王剑波）

·华泰证券金坛东门大街证券营业部·

【概况】 华泰证券股份有限公司金坛东门大街证券营业部(以下简称华泰证券金坛营业部),坐落于东门大街500号,总营业部面积856平方米,有在职员工14人。

华泰证券金坛营业部始终秉承"高效、诚信、稳健、创新"的核心价值观,坚持"以客户为中心,以市场为导向"的经营宗旨,以优质的服务、先进的技术、良好的环境和不断推出多项特色服务和创新业务,成为广大证券投资者理想的投资场所。

2017年,营业部增加证券账户数量8000余户。2017年年末,营业部有效资金账户3900余户,托管客户证券资产总额23.47亿元。

·南京证券股份有限公司金坛营业部·

【概况】 南京证券股份有限公司金坛东环二路证券营业部(以下简称营业部)成立于2010年5月,公司业务范围涵盖证券经纪、证券承销与保荐、证券自营、证券资产管理、信用交易、场外市场、金融衍生品、互联网金融等诸多领域,地址在金坛区东环二路206－1号,有员工12人。截止2017年底,营业部托管各类资产45.6亿元,全年股基交易量45.47亿元,全年收入235万元。营业部被金坛区人民银行授予"平安金融"称号。

【服务社会】 营业部扎根金坛,在长期为个人投资者提供专业金融服务的同时,积极加强与当地政府及企业合作,为企业利用资本市场发展壮大提供助力。全年组织开展了三次策略分析会,与多个社区居委会及银行合作举办八场金融知识普及、反洗钱、防范金融诈骗等多主题的投资者教育活动,获得了良好的效果。同时,营业部每周三持续开展快乐阳光大讲堂系列活动,加强与投资者互动,赢得了投资者的好评。营业部根据中国证监会和公司总部的具体要求,积极开展投资者风险教育工作。在营业部的公告栏制作"投资者教育园地",在大厅显要位置张贴风险提示标语。按照适当性的相关要求,工作人员认真审核客户资料,保证投资者资料真实、准确和完整,并且有针对地分析客户性格、操作习惯、风险喜欢、抗风险能力,加以分类,按照不同客户的特点和投资需求,给客户讲解和宣传证券市场基础知识,讲解开户和交易流程、证券投资常识与风险控制,加深了与客户的了解和沟通。　（冯　超）

（编辑　夏　冰）

发展计划管理

【概况】 2017年，全区发扬“苦干实干、正气大气”精神，围绕“接轨常州主城区，推动发展新跨越”总体战略，着力加快项目引进和项目建设，经济社会发展水平快速提升。实现地区生产总值708.34亿元，同比增长11.1%；一般公共预算收入51.19亿元，同比增长18%，税收占比87.1%；固定资产投资455.24亿元，同比增长12.8%；社会消费品零售总额278.76亿元，同比增长10.5%；外贸进出口总额139.28亿元，同比增长23.3%；城镇居民人均可支配收入46879元，同比增长8.4%；农村居民人均可支配收入24202元，同比增长8.7%；单位地区生产总值能耗和主要污染物减排完成目标。

【规划修编】 年内，按照产镇融合发展思路，深化各产业新镇、园区总体规划、城市设计和控制性详细规划。完成滨湖新城城市设计、金沙老城改造更新、新一轮村庄布局、美丽乡村示范点等规划，完善城市综合交通、生态保护红线、综合管线等专项规划，进一步优化全区发展空间。开展《宁杭生态经济发展带规划》《扬子江城市群发展规划》前期研究，谋划参与宁杭生态经济带建设、扬子江城市群建设的思路和功能定位。完成《电动汽车充电基础设施专项规划（2016—2020）》，为新能源汽车应用创造条件。

【专项资金争取】 年内，全区围绕城镇建设、社会事业、生态环境、水利建设等方面，争取中央预算内资金约4.83亿元（无偿使用），主要包括：岸头佳园获国务院安居工程奖励3000万元；4个保障性安居工程配套基础设施项目（东方新都三区、海棠明都海棠园、海棠明都二区、蔷薇苑）3.58亿元；3个重点流域水污染防治项目（长荡湖生态清淤一期工程、太湖流域水环境综合治理河道整治工程、指前镇污水处理厂）2640万元；省太湖治理切块资金2074万元；人民医院迁建项目2000万元；新孟河金坛段工程第二批投资计划2000万元；区殡仪馆迁建及设备采购620万元。组织企业发行债券，区交通产业集团20亿元公司债获国家发改委核准发行；组织农产品进口关税申报，争取到南顺食品小麦一般贸易配额1152吨、天牧家禽玉米一般贸易配额1253吨。

【项目突破】 年内，实施重大项目挂图作战，12个项目纳入常州市重点项目，8个项目纳入江苏省重点项目，实现历史性突破。签约引进工业项目155个，协议总投资超700亿元，其中新能源汽车、移动智能终端、5G移动通信网络和光伏新能源“三新一特”产业占比超80%。重大项目连续突破，引进协议投资30亿元以上的工业项目8个，其中100亿元以上1个、50亿元以上3个。全区250个重点产业项目完成投资233.7亿元，同方威视、晨风辅料、汤姆森等129个项目竣工投产；信维通信、贝特瑞、中航锂电二期、大唐热电联产等85个项目超过序时进度；雅居乐·山湖城和茅山颐园等服务业项目加快推进。政府性投资项目全年完成投资114亿元，新开工项目102个，75个项目竣工，图书馆新馆正式对外开放，新金坛血站交付使用，人力资源和社会保障服务中心、公安技术业务用房等项目主体完工。

【老城改造】 年内，金沙老城改造更新有序推进，完成金沙湖景观亮化提升，实施11个老小区雨污分流，启动南一环提升改造工程，推进老城范围内金谷华城、老党校地块、市场路及滨湖派出所等地块的征收、拆迁扫尾工作。

【安居工程】 全年新开工建设各类保障房9476套，完成省定目标145%。其中，公共租赁住房（含廉租住房）304套，完成目标任务的152%；经济适用住房338套，完成全年目标任务112%；棚户区危旧房（安置房）改造8834套，完成全年目标任务147%。

（范丞明）

工商行政管理

【概况】 2017年，全区工商行政管理

工作以江苏省工商行政管理局准入环境、竞争环境、消费环境三大指数研究成果为依托,深化商事登记制度改革、发挥帮企助企职能作用、强化事中事后监管、履行维权保障职责,营造宽松便捷的市场准入环境、公平有序的市场竞争环境和安全放心的市场消费环境。

【市场主体发展】 全年新设企业(个体工商户)7823家,注册资金319.71亿元,同比分别增长72.84%和8.08%。其中新设私营企业1721家,注册资金166.11亿元,分别同比增长23.02%和47.77%;新设个体工商户5836家,注册资金11.33亿元,分别同比增长97.70%和71.67%。引导131家个体工商户转型升级为企业。截至12月底,全区"个转企"企业371家,完成工作目标的123.67%。新设农民专业合作社(联社)86家。截至12月底,全区登记在册的企业(个体工商户)43027家,注册资金2071.17亿元,分别同比增长22.22%和18.25%;农民专业合作社(联社)1007家,同比增长9.34%。

【企业简易注销登记】 3月1日起,根据《工商总局关于全面推进企业简易注销登记改革的指导意见》,对未开业企业和无债权债务企业实行简易注销登记程序,49家企业通过简易注销登记流程办理注销登记。

【平安市场创建】 年内,围绕商品交易市场参创率90%、达标率85%目标,扎实推进平安市场创建工作,评定平安市场创建达标单位20家。虹桥市场获评常州市2017年度十佳平安市场创建示范点。

【14家企业被新公示为省级守合同重信用企业】 年内,兴通路桥工程有限公司、常州金坛泽宇园林绿化有限公司、常州市澳墨商贸有限公司、正信光电科技股份有限公司、江苏瑞科停车系统科技有限公司、常州斯威克光伏新材料有限公司、江苏波仕曼制衣有限公司、江苏正基仪器有限公司、常州凯键网布有限公司、江苏高高制衣有限公司、江苏金坛酿酒有限公司、江苏八方装饰工程有限公司、江苏方麓茶场有限公司、江苏翔发丝绸服饰有限公司14家企业首次公示为省级守合同重信用企业。

【融资登记】 年内,办理股权出质登记55家,出质股权数额16.15亿元,助企融资41.13亿元;办理动产抵押登记126件,担保主债权36.9亿元,助企融资25.44亿元。

【消费维权】 3月15日,区市场监督管理局和区消费者协会会同相关职能部门在金沙广场举办"网络诚信消费无忧"3·15主题广场宣传咨询活动。40家企事业单位300多人向群众介绍食品、药品、电器、烟草、汽车配件等和群众生活密切相关的产品质量标准等方面的知识,并现场受理消费者各类投诉。受理投诉12起,当场调处5起,接受各类咨询近200多件,放发宣传资料3000余份。全年通过12315互联网平台、12315热线平台、12331热线平台以及来信来访来电受理消费者投诉478件次,举报255件次,投诉兼举报91件次。

【放心消费单位创建】 年内,东方盐湖城旅游发展有限公司和江苏默元酒店管理有限公司创成江苏省放心消费创建先进单位,常州市金坛江南春米业有限公司和江苏黄金村食品有限公司被认定为首批江苏省电子商务领域放心消费创建示范单位,江苏五香居食品有限公司、常州金坛大众酒店管理有限公司等16家单位创成常州市级放心消费先进单位。

【市场主体信用信息公示】 年内,9159家企业、20526家个体工商户和664家农民专业合作社完成信用信息公示,分别占应报数85.3%、83.6%和72.0%,列入经营异常名录企业2120家,补报移出715家。

【建昌红香芋入选"江苏十大人气地理标志"】 9月,江苏省商标战略实施工作领导小组办公室和扬子晚报社联合主办票选"江苏十大人气地理标志品牌"活动,建昌红香芋以244988票位列第十名,入选"江苏十大人气地理标志"。

【双随机一公开】 年内,针对全区市场主体组织开展双随机一公开(随机抽取检查对象,随机选派执法检查人员,抽查情况及查处结果及时向社会公开)工作,双随机抽查企业310家,个体工商户20家,农民专业合作社35家。

【专项检查执法】 年内,组织开展打假保优"锲石"专项执法、以"招聘、介绍工作"为名从事传销活动专项检查、直销行业退换货制度落实专项检查、非法集资专项检查、虚假违法(教育培训)广告专项检查等专项行动,查处违法案件59件,案值961.24万元,罚没53.3万元。

质量技术监督

【概况】 2017年,全区质量技术监督工作坚持从质量强区工作着手和在特种设备监管上着力,全力提高质量供给水平,牢牢守住特种设备安全底线。

【中盐金坛盐化有限责任公司获评首个常州市市长质量奖】 继获评2016年度常州市质量管理先进单位后,中盐金坛盐化有限责任公司获评2017年度常州市市长质量奖,成为全区首个获此荣誉的企业。

【工业企业质量信用等级评价】 年内,江苏福坛车桥科技有限公司、江苏瑞科停车系统科技有限公司、常州市华辉油泵油嘴厂、江苏宏艺天地节能科技有限公司、常州天马光伏电子有限公司、常州市日新树脂有限公司、江

10 月,区市场监管局指导企业培育品牌　（市场监管局　供稿）

苏捷能门窗有限公司、江苏金坛长荡湖新能源科技有限公司、常州万容新材料科技有限公司、江苏金坛汽车工业有限公司、江苏兢业制药有限公司、常州斯威克光伏新材料有限公司、常州市利康环保设备制造有限公司和江苏南方光纤科技有限公司 14 家企业获评江苏省工业企业质量信用 A 级企业,中盐金坛盐化有限责任公司获评江苏省工业企业质量信用 AAA 级企业。

【6 只产品获评江苏省名牌产品】　年内,常州市金坛区福地春茶叶有限公司、常州市金坛江南春米业有限公司、江苏长荡湖水产科技有限公司 3 只农产品和江苏省激素研究所股份有限公司、江苏峨嵋动力机械有限公司、金坛柴油机常州有限公司 3 只工业产品获评 2017 年江苏省名牌产品。

【标准化建设】　年内,成功申报一号农场省级农业标准化示范项目和中盐金坛盐化省级循环经济标准化示范项目。完成华德机械省级高新技术自主创新标准化试点及省级葡萄生产农业标准化项目的验收工作。《双孢蘑菇栽培基质隧道发酵技术规程》通过省级标准审核。成功申报、修订 3 只常州市农业地方标准。完成企业产品标准网上自我公开声明及备案 261 只。

【计量惠民减负】　年内,对全区 22 个集贸市场、137 家村级卫生室、9 家计划生育指导站和 2 家社会福利机构 1296 件在用计量器具实施免费检定,计量器具调试后合格率 100%。金坛城南综合市场有限公司和金坛区指前消费品综合市场获评江苏省诚信计量示范单位。4 月 1 日起,对全区强制检定计量器具全面实施免费检定政策。截至 12 月底,通过网上申报、核定并免费检定强制检定计量器具 25910 台(套),减轻企业负担 141 万余元。

【检验检测中心建设】　年内,区检验检测中心启动中心实验室认可(CNAS)工作,完成实验室信息管理系统软件(V2.0)的采购评审、申请和定购,机械动力与电子室获得环保部非道路用柴油机排气污染物型式核准试验资格。

【集中销毁罚没物资】　年内,组织开展罚没物资集中销毁工作,采取填埋、焚烧及变价相结合的方式集中销毁假冒伪劣产(商)品和不合标准食品等罚没物资,并借助媒体广泛宣传,销毁违法违规产品 32 个品规,重量 50 吨。

【质量稽查执法】　年内,组织开展利剑行动、产品质量安全隐患整治、地条钢验收督查、电线电缆质量专项检查、建筑防水产品质量提升行动、电动车销售专项检查、成品油市场专项检查、农贸(农资)打假等专项行动;查处违法案件 12 件,案值 32.24 万元,罚没 43.44 万元。

食品药品监管

【概况】　2017 年,全区食品药品安全监管工作坚持以最严谨的标准、最严格的监管、最严厉的处罚和最严肃的问责工作要求为遵循,严把食品从农田到餐桌、药品从实验室到医院的每一道关口,守住食品药品安全防线,助推食药行业健康发展,维护群众饮食用药安全。

【食品小作坊登记】　年内,全面推开食品小作坊登记工作,对全区小作坊实行负面清单管理,除乳制品、酒类等 11 大类产品外,其他有固定生产加工场所、生产规模较小、从业人员较少、生产条件简单,从事散装或简易包装食品生产加工活动的食品生产经营者,均可根据要求办理食品小作坊登记证。6 月,常州首批发出 2 张食品小作坊登记证。截至 12 月底,发出食品小作坊登记证 20 张。

【安心菜场创建】　在全市率先启动“安心菜场”创建工作,引导农贸市场严格落实开办者管理责任和销售者“第一责任人”责任,实现农贸市场主体责任、检测结果、监管结果和社会监督“四公开”,助推城南菜市场和元巷菜市场创成“安心菜场”,其中城南菜市场为常州首家“安心菜场”。

【首家小作坊集中加工区建成】　年内,会同儒林镇政府完成首个小作坊集中加工区——儒林羊糕小作坊集中加工区的建设。该集中加工区 12 月通过常州市食品药品监督管理局验收,并成为首批“常州市食品小作坊示范集中区”之一。

【实施明厨亮灶工程】 年内，以“试点先行、重点突破、因地制宜、稳步推进”为原则，逐步推进学校、养老机构等重点餐饮服务单位打造可视、可感的“阳光厨房”。截至12月底，全区有51家学校和4家养老机构的食堂达到“明厨亮灶”标准，分别占总数的50.5%和30.77%。

【园林大酒店创成常州首家3.0版4D厨房】 9月28日，园林大酒店以582分的高分顺利通过4D（整理到位、责任到位、执行到位、培训到位）现场安全管理体系验收，成为常州首家通过3.0版4D厨房验收的餐饮单位。

【食品抽检】 年内，按照每千人4.5批次的抽检标准，积极组织开展食品抽检工作并定期发布食品抽检信息。完成食品抽检2588批次，占全年计划的103.52%，合格率98.07%，发布食品抽检信息12期。

【不良反应监测】 全年收到药品有效不良反应报告459份，其中新的严重不良反应报告38份，无涉及死亡药品不良反应报告。459份药品不良反应报告中，医疗机构上报229份，药品经营企业上报206份，药品生产企业上报24份。全年收到医疗器械有效不良反应报告501份，其中属于Ⅰ类器械57份，Ⅱ类器械204份，Ⅲ类器械164份，分类不祥76份。501份医疗器械不良反应报告中，医疗器械经营企业上报321份，医疗器械使用单位上报177份，医疗器械生产企业上报3份。

【食品安全专项检查和整治】 年内，组织开展食品流通领域专项检查和整治6次（进口食品专项整治、婴幼儿配方乳粉标签标识规范和监督检查、面包店专项整治、水产品专项整治、校园周边食品专项整治、节日市场食品专项检查），生产领域专项检查和整治4次（肉制品生产企业专项整治、食品添加剂生产企业专项整治、大桶水生产企业专项整治、节日市场食品生产企业专项检查），检查流通经营企业2386家，食品生产及食品添加剂生产企业64家。

【药械安全专项检查和整治】 年内，组织开展无菌医疗器械生产企业无菌保障水平专项检查、医疗器械经营企业冷链管理检查、医疗机构药械使用专项检查、疫苗流通使用环节专项检查、定制式义齿生产企业专项检查、中小学和幼儿园医务室药品安全监管检查、保健食品会议营销专项整治、美容美发机构和网络销售化妆品专项整治等17项专项检查和整治，检查药品医疗器械生产企业53家，其中药品生产企业5家，药包材生产企业5家，医疗器械生产企业43家。检查药品医疗器械经营企业156家。

【食药稽查执法】 年内，组织开展食堂使用食品原料专项检查、冷冻食品专项检查、食品（保健食品）虚假宣传专项检查、含可待因复方口服溶液流弊专项检查、“咔哇潮饮”饮料市场排查等专项行动，查处违法案件60件，案值59.02万元，罚没149.50万元。

（李 泉）

国土资源管理

【概况】 2017年，全区国土资源工作围绕“保护资源、节约集约、维护权益、改革创新”总体要求，以保障发展为目标，以规范管理为基础，以改革创新为动力，坚持服务全区“两个加快”，完成年初确定的各项工作目标任务，保障全区经济社会持续健康发展。

【发展保障】 年内，科学调节基础设施建设与园区建设规划空间比例并形成最终成果，6月在全省率先通过省政府批复实施。争取各类建设用地指标933.93公顷，保障信维通信、265省道、233国道等一批重点项目和基础设施建设用地需求。出让经营性用地186.8公顷，出让金79.1亿元，出让工业用地262.07公顷，出让金9.47亿元。编制2017年全区土地收储计划，将需收储地块示意图录入系统，形成收储项目一张图。实施土地收储27宗，面积95.93公顷，发放土地收储专项债券3亿元。

【资源保护】 年内，对照2017年全区耕地保护责任目标4.21万公顷、基本农田保护面积3.57万公顷，启动城镇周边永久基本农田划定工作。根据常州市下达2386.67公顷初步任务，完成1880公顷“十三五”城市发展预留空间举证工作，按照要求将初步任务中460公顷耕地拟划为永久基本农田加以保护。在城镇周边永久基本农田划定基础上，根据省国土厅分配的全区永久基本农田任务量，进行全域3.57万公顷基本农田划定，形成最终成果上报，通过市级验收和省级抽查。完成耕地占补平衡项目29个，新增耕地155公顷；完成增减挂钩项目46个，新增耕地99.6公顷；完成工矿废弃地复垦项目15个，新增耕地44.7公顷。4个省以上投资土地整理项目中竣工2个，基本完工1个，按序推进1个；获批省以上投资土地整治项目2个，总投资8000万元。

【节约集约】 年内，完成批而未供土地处置任务189公顷，盘活存量土地592.13公顷，低效利用再开发187公顷。完成工业用地更新调查及低效利用土地调查建库工作。推进高标准厂房建设，6月，省国土资源厅、省经济和信息化委员会授予金坛全省2016年度高标准厂房建设与使用先进地区称号。

【服务优化】 年内，区不动产登记分中心完成全省“点对点”司法协助查控平台接入工作，作为江苏省仅有的两家不动产登记存量数据汇交试点单位之一，7月，不动产登记存量数据汇交国土资源部。与地税局联合组成“不动登记+交易+税务”综合窗口，两部门工作人员实现前后台并联同步、集成办理。在镇区设置不动产登记服务网点8个,实现全区范围内同城通办。与全区16家银行及区公积金中心签订商品房登记和抵押的代办协议,分别设立业务办理点。成立疑难问题会审小组,充分发挥民主决策和法律顾问作用。全国百佳不动产登记便民利民示范窗口创建工作通过省厅初检。 (陆思民)

城乡规划管理

【概况】 2017年,全区城乡规划工作围绕推动金坛在苏南板块快速崛起的奋斗目标,谋划城镇发展空间,为产业集聚、城市发展、休闲旅游提供载体,对“2+8+2”(2个生活板块:金沙老城、滨湖新城,8个产业板块:华罗庚科技产业园、金城科技产业园、开发区核心区、朱林现代产业园、薛埠现代产业园、直溪现代产业园、指前现代产业园、儒林现代产业园,2个旅游度假区:茅山旅游度假区、长荡湖旅游度假区)功能板块的布局和规划优化,充分发挥城乡规划的统筹引领作用。

【区域规划】 开展金坛空间发展总体规划暨多规合一规划的编制和研究工作,同时划定城镇空间、开发边界和城镇建设用地规模;会同交通、水利、住建等部门完成沿江城际铁路涉铁通道的规划编制;完成地下管线综合、居住社区发展、镇村布局优化、道路交通深化规划,配合指导仙姑村和上阮片区美丽乡村规划。

【重点板块规划】 完成金沙老城改造更新规划;完成滨湖新城城市设计、控制性详细规划修改以及建筑色彩规划;完成薛埠、直溪、指前、儒林、朱林等5个产业新镇和现代产业园总体规划、城市设计和控制性详细规划;完成开发区南区(华科园)北区(金科园)总体规划、城市设计和控制性详细规划;完成长荡湖旅游度假区沿湖景观和国家湿地公园景观方案设计、旅游开发运营策划设计;开展茅山旅游度假区空间发展总体规划研究,同时完成核心区控规及城市设计以及污水专项规划。

【重要地块规划】 完成丹金溧漕河景观改造、老市政府及周边地区、南北水关周边地区、八百市场及周边地区等10个重要地块策划研究。 (杨建忠)

【政策创新】 年内,对工业类项目开展“规划服务在路上”系列活动,实行局长窗口坐班制,现场审批规划方案,建立重点项目微信群,规划全程跟踪指导服务等举措;对政府性工程项目实行“黄卡”制度,技术按规审查,审议决策规范,管理提前介入;对开发类项目严格遵循法律与规范,技术上做到统一口径、主动交底和书面反馈,程序上做到依法合规,实行公示公开制度,必要时公开组织许可听证,严格控制各个环节,节约企业时间,增加透明度。

【规范管理】 年内,为进一步规范全区风景名胜区、旅游度假区规划管理行为,统一规划容积率计算口径,制定《常州市金坛区风景名胜区、旅游度假区规划容积率计算规则》。召开规划委员会2次、规划评审会11次、部门论证和专家评审会47次、项目审查会44次,保障茅山颐园、新城金郡等30个重大项目顺利实施。审批规划建筑设计方案220份,核发选址意见书89份,用地面积约134万平方米;核发建设用地规划许可证115份,用地面积约745万平方米;核发建设工程规划许可证330份,建筑面积约876万平方米;核发竣工核实证明195份,核实面积约230万平方米;出具规划条件175份,用地面积约791万平方米。

【数据开发】 年内,实施全区公共设施暨地下空间二期普查,普查13个大类、119个小类公共设施部件82491个(处),建成区228个地下空间、测绘面积113.2万平方米。迁建CORS(连续运行参考站)金坛站,并对薛埠站、儒林站进行模块升级。建立测绘成果质量管理标准,6月中旬通过ISO9001—2015质量管理体系认证。完成基础地理信息数据库200平方千米1∶500、775平方千米1∶1000大比例尺地形图数据标准提升及规划编制、管理、项目建设等测绘工作。12月,经省测绘地理信息局复审,测绘资质由丙级升为乙级。启动金坛全域数字化现状图制作,增强城市规划编制的规范性、精准性、科学性。主动研究制定《规划地理信息共享办法》,免费为30个部门和板块共享规划数据60余项,并采用中间数据库的方式,实现与区住建委管线数据共享。 (邓丽萍)

安全生产监督管理

【概况】 2017年,全区安全生产监督管理工作认真贯彻国家和省、市安全生产工作部署,坚守安全生产红线,加大依法治理力度,落实责任,严抓严管,突出重点,打非治违,促进安全生产形势保持总体稳定,为全区两个加快推进落实提供安全保障。

【责任落实】 年内,突出党委、政府领导责任,安全生产工作纳入经济社会发展总体规划及年度工作考核,区委常委会、区政府常务会3次专题听取安全生产和安全隐患大排查大整治工作汇报,主要领导、分管领导分别带队开展安全生产检查督查。突出镇(区)部门监管责任,各镇(区、街道)、22个部门签订安全生产目标管理责任书,落实安全生产属地管理责任、行业监管责任,深入开展节后复工、中秋国庆、汛期高温等关键时期安全检查。全年累计组建检查组53个,检查企业2300余家,查出并整改隐患3150余条。突出企业主体责任,开展落实企业主体责任三年专项行动,制定《金坛区生产经营单位安全生产主体责任清单》,落实18项主体责任,做到安全责任、安全培训、安全管理、安全投入、应急救援“五到位”。全区各类生产经营单位累计上报问题整改清单1684

份,查出并整改问题隐患3667条。

【安全执法】 年内,开展专项整治,着重整治餐饮燃气、危化品、烟花爆竹等行业突出问题。累计检查餐饮场所1226家、危险化学品生产经营单位341家、加油站(点)79家,收缴不合格钢瓶547只、非法经营烟花爆竹制品1417箱。开展打非治违,开展“安全生产执法年”和夏季“百日执法”专项行动,推进安全生产与职业卫生一体化执法,严厉打击企业主体责任不落实、应急管理不到位等非法违法行为。全年检查企业380余家,立案94起、罚款596.94万元,其中罚款5万元以上案件21起,1.8万人参加职业健康体检。开展曝光问责,加大舆论曝光和问责力度,对6起违法违规典型案例、6起事故、1家纳入黑名单的烟花爆竹零售经营店予以公开曝光,对1家化工企业、2家铅蓄电池企业予以关停,对华城嘉园、尼咖网吧、新时代网吧3处重大火灾隐患挂牌督办。

【管控创新】 年内,推进达标创建,引导企业采用先进安全管理模式,完善安全管理流程,实现岗位达标、工艺达标、企业达标。全区规上企业创建标准化190家、小微企业创建标准化396家。推进风险辨识,完成冶金、有色、机械、建材、纺织等23家示范企业较大危险因素辨识与防范,绘制红、橙、黄、蓝四色空间分布图。完成52家医化企业安全风险分类分级。其中,红色5家,橙色18家,黄色16家,蓝色13家。推进事故防范,针对全区基础建设领域事故比例较大的实际情况,推广江苏大唐国际金坛热电建设项目安全管理先进经验。制订《金坛区生产安全事故应急预案》,配备应急人员、物资和装备,先后开展应急救援演练18场次,有效提高应急救援能力。

【宣传教育】 年内,加大宣传力度,在电台、电视、门户网站开设安全生产专题,每周定期播放安全生产新闻。开通“金坛安监”微信公众号,定期推送安全生产动态。加大普法力度,开展“安全生产月”、“职业病防治宣传周”、《安全生产法》宣传周等活动,举办大型广场宣传咨询和“安康杯”竞赛,推进安全法制、安全文化进企业、进工地,印发安全生产宣传品5000余册。加大培训力度,开展高危行业企业负责人、安全管理人员资格培训,抓好电焊工、登高作业、有限空间、涉爆粉尘等特种作业人员技能培训,提高从业人员安全素养。举办培训班57期,培训人员5853人。(王俊华)

物价管理

【概况】 2017年,区价格工作围绕江苏省价格工作总体思路,积极开展价格工作,解决价格问题,聚焦价格改革、聚力价格监管、聚心价格服务,为实现全区在苏南板块快速崛起目标提供价格保障。

【价费监管】 扎实做好清本降负减费工作。全年累计取消收费项目18项、停止收费项目14项、降低收费标准项目9项,减轻企业和群众负担2800余万元。修订并公布《金坛区行政事业性收费目录》和《金坛区经营服务性收费目录》。开展年度收费情况报告,组织全区163家单位上报年度收费情况,报告率100%。对区环保局等11家单位做好收费巡访,协同区政管办对八类80家中介服务机构组织联合检查和信用等级评价。认真核备相应收费标准,完成教育、医疗、交通、旅游、物业类收费标准核定和备案。督促区人民医院、中医医院按时完成2016年度医药价格综合改革效果评估相关数据上报工作,完成医疗服务价格动态管理考评工作,完成全区13家卫生院、111家卫生室2016年度经济运行情况调查和相关数据汇总上报工作。

【价格改革】 深化资源性产品价格改革,落实农业水价综合改革,牵头财政、水利部门联合制定《金坛区农业用水价格核定管理试行细则》,动态调整供热基准价格1次、非民用天然气中准价格2次、车用天然气最高零售价格1次。其中非民用天然气价格2次下调,为用气企业节省成本开支1000多万元。进行价格监测各项采报价和成本调查,全年完成20多项市场调查。

【价格检查】 开展市场价格巡查,对城区主要街区商家进行重点巡查,对城区登记在册的近400家经营者实行等级登记管理制度,发放提醒函100多份,《责令整改通知书》1份,法律法规汇编20多本。加强节假日市场价格监管,强化对各类消费热点的价格监管,检查经营户近300家,纠正明码标价不规范行为40余起,发放提醒函、宣传资料200多份。组织或配合常州市物价局开展物业收费、教育收费、电力价格3项专项检查。2017年共受理价格举报(咨询)117件,执行处罚40余万元,退还消费者40余万元。

【价格认定】 转变价格认定职能,退出市场性价格评估工作。1月起,不再受理社会委托性质的价格评估业务,并取消非刑事案件价格认定收费。完成各类价格认定案件1078件,认定总金额3.5亿多元(其中涉刑事案价格认定253件,涉及金额151.6万元)。改革价格争议调解处理工作理念和工作程序,出台《常州市金坛区价格争议调解处理程序》。

(姜涛晔)

【公办幼儿园收费调整】 根据常州市物价局、财政局、教育局《关于下达公办幼儿园收费标准的通知》要求,对区公办幼儿园收费政策做出调整。保教费由原省优质园每生每月400元、市优质园每生每月350元、合格园每生每月300元,分别上调至省优质园每生每月500元、市优质园每生每月460元、合格园每生每月420元。限定保教费上浮后的最高收费标准不得超过每生每月660元。规定1月起同一幼儿园保教费只能上浮一次(幼儿园等级升级除外),保教费调整或上浮按照"新生新办法、老生老办法"执行。职工子女保教费报销比例大幅提高,由原独生子女每月报销120元、非独生子女每月报销90元,调整为独生子女每月报销420元(秋季前老生300元)、非独生子女按独生子女报销标准的40%报销。 (李献智)

【诚信创建】 根据《江苏省价格诚信单位创建管理办法》和《常州市"价格诚信单位"创建活动实施意见》精神,组织开展"价格诚信单位"创建活动。29家企业参加,东方盐湖城旅游发展有限公司、金坛华润商业大厦有限公司获评常州市价格诚信单位。

【职业举报】 2017年,全区收到职业举报案件28件,比上年上涨300%,占全年价格举报咨询数量24.57%。为规范电商价格行为,保护消费者合法权益,依法依规处理违法案件,防范执法风险。区价格部门积极与电商互动对接,利用电商价格监管微信群平台,对销售网页价格标示进行事先指导,及时发现电商价格标示的异动行为;发放《规范网络零售行业价格行为的提醒告诫函》,引导电商企业树立诚信经营理念,规范明码标价行为,认识价格欺诈的主客观存在形式,从源头上规范电商的价格行为,挽回企业损失90余万元。 (曹 江)

统 计

【概况】 2017年,全区统计工作主动适应统计工作新要求,站位全局,围绕中心,突出重点,锐意改革创新,积极担当作为,各项工作稳步有序推进。

【运行监测】 强化经济运行预警预测,全年组织实施25个统计专业,3500余项指标的统计调查。跟踪建立全区及苏南县市主要经济指标完成情况七大类13本台账,全方位反映全区经济社会发展状况。常州市下达的十大主要经济目标任务,统计局牵头的五项指标均完成并位列常州市第一(或并列)。优化形成《统计内部专报》《月度统计信息》《统计公报》《统计提要本》《统计年鉴》等统计服务产品。

【普查调查】 年内,完成第三次全国农业普查,全区登记普通农户9.34万户,规模户2023户,农业生产经营单位638家,开展三轮审核验收。通过普查摸清全区"三农"基本情况,查清"三农"发展变化。组织海洋经济调查,摸底和调查全区969家单位。

【统计改革】 推进统计法治改革,组建新任专职执法队伍。对2个镇区、50家企业实施督查监审和行政指导。全年开展自查、抽查和上级监督检查120余次,涉及企业300余家,覆盖全区工业、服务业和农业产业。全区统计数据质量逐年提高,数据显示开票占比、税收占比、财政占比指标位居常州市前列。 (姚月暄)

审 计

【概况】 2017年,全区完成审计项目35个(不含区领导临时交办的跟踪审计项目),提交审计报告和专题报告等66篇,审计查出管理不规范金额19.19亿元,促进增收节支和避免损失7.68亿元,促进建立健全制度17项,制定整改措施97个。发出移送处理3份,移送处理事项3个。区审计部门撰写信息及论文256篇,获采用285篇次,其中国家审计署采用42篇、省审计厅采用50篇。区审计局获评2016年度江苏省审计信息宣传工作成绩突出县级审计机关、常州辖市(区)审计机关经济责任审计调研工作先进单位、信息宣传工作先进集体。

【政策落实跟踪审计】 年内,根据审计署统一部署,开展国家和省创新政策措施落实情况跟踪审计。沿着政策和资金两条主线,重点检查2016年度及2017年1—5月,产业科技创新政策措施落实及相关财政专项资金的安排和使用情况,涉及财政、发改、经信、科技、人社、国土六部门和博瑞油泵油嘴、亿晶光电、金坛汽车工业3家企业。

【财政审计】 年内,开展2016年度全区预算执行审计,关注财政收支质量、存量资金盘活、政府性债务管理、营改增政策效果和中央八项规定落实等情况。重点查看建筑行业税收征管情况,延伸查看区委农工办、总工会、妇女联合会等10家部门预算执行及其他财政收支情况。结合国有资产、民生热点等开展全区行政事业单位闲置房、国(公)资产注册成立社会组织和2016年度全区公交企业运行情况3个专项审计。开展城管局、市场监管局等单位财政财务收支审计项目7个,查出管理不规范金额1.46亿元。同级审、全区国(公)资产注册成立社会组织审计报告以及《我区政府出台的城镇生活垃圾处理费先征后返政策应予调整》等情况反映,得到区委、区政府领导批示批转。

【民生资金和项目审计】 年内,按照审计署统一组织,派出5人审计组赴镇江扬中,开展2016年度城镇保障性安居工程跟踪审计,审计组查出保障性安居工程资金筹集使用、棚户区改造及货币安置等方面问题8个,促进建立健全制度1项,制定整改措施8条。

【经济责任审计】 年内,完成金城镇、朱林镇、人社局、文广体局、农工办、总工会、民政局、民防局等13个镇、单位原主要领导经济责任审计项目,完成13个经济责任审计对象离任经济事项交接。查出管理不规范金额8838.48万元,促进建立健全制度8项,制定整改措施36条。

【自然资源资产审计】 年内，结合朱林、薛埠、直溪、茅山旅游度假区管委会4个镇（板块）领导干部经济责任审计，开展镇区领导干部自然资源资产离任审计，查看矿产资源、土资源、水资源、林业资源和环境资源的保护利用情况，合理界定领导责任，促进资源合法合理高效开发利用。

【公共投资项目审计】 年内，对重大基础设施建设全面介入跟踪监督，全年固定资产投资审计节约资金6.75亿元。审结延政西路西延、开发区标准厂房、指前镇西湖馨宁安置小区等716个工程结算2131份，送审金额48.31亿元，直接核减项目工程款6.37亿元。重点项目跟踪审计。跟踪审计人民医院整体迁建、茅山旅游大道、公安分局业务技术用房等96个重点工程。跟踪审计投资金额218.21亿元，提出审计建议28条，促进建立健全制度1项，节约建设资金0.38亿元。审计组撰写的《我区建设项目土资源和建筑垃圾管理利用应引起重视》《应强化监理在政府性投资项目建设中控制造价的法定职能》等情况反映，得到区委、区政府主要领导批示批转，促进区政府出台《金坛区城区建筑垃圾管理暂行办法》。

【审计管理机制完善】 年内，主动适应审计机关人财物管理改革提出的新要求，贯彻审计体制改革办法。做好省以下地方审计机关人财物管理改革试点对接工作。科学合理制定审计计划，严格落实审计现场管理办法，加强审理工作。健全经济责任审计相关制度，出台《金坛区经济责任审计对象离任经济事项交接办法（试行）》《金坛区领导干部经济责任审计结果通报暂行办法》，进一步规范经济责任审计方式方法。贯彻全国审计机关进一步完善和规范投资审计工作电视电话会议精神，促进区政府修订投资项目审计管理办法，积极推动完善实施细则，进一步明确审计机关、建设单位和施工单位的职责。规范审理和统计工作。落实专职审理人员对每个审计项目进行审理，确保审计结果准确、可靠。同时，对重大项目开展科室交叉审。落实专门统计人员，准确填写审计台账，确保做到零差错。 （孙 蕾）

（编辑 储 劼）

《秋高图》 （范石甫 创作）

中共常州市金坛区委

重要会议

【中共常州市金坛区委十三届三次全体会议】 2017年7月29日召开。区委书记狄志强代表区委常委会作工作报告。会议指出，2017年上半年，全区上下围绕区委决策部署，开展“两个加快推进落实年”活动，经济社会继续呈现快速发展的良好态势。会议动员全区各级党组织和广大党员、干部群众，强化责任担当，加快推进落实，确保全年目标任务圆满完成，确保全区经济社会持续快速发展。

【中共常州市金坛区委十三届四次全体会议】 2017年12月19日召开。区委书记狄志强代表区委常委会作工作报告，回顾总结2017年工作，部署2018年目标。2017年，全区上下围绕“两个加快推进落实年”工作主题主线，进一步聚焦两个加快、聚神苦干实干、聚力推进落实，呈现经济社会持续快速发展的良好态势，为在苏南板块快速崛起奠定坚实基础。会议指出，2018年全区上下要重点在推进两个加快、支持企业发展、创造区域优势、全面深化改革、增进民生福祉、统筹协调发展、完善创新政策这七个方面着力攻坚突破，确保取得实效。

重要活动

【纪念建党96周年大会】 2017年6月29日召开，区委书记狄志强以“旗帜鲜明讲政治，凝心聚力抓发展”为主题，为全区党员干部上专题党课。会议传达和学习习近平总书记在省部级主要领导干部专题研讨班上的重要讲话和省委书记李强在省委“旗帜鲜明讲政治”专题培训班上的讲话精神。会议指出，历史和现实告诉我们，只有旗帜鲜明讲政治，坚定不移推进全面从严治党，我们的党才能坚强有力，永葆生机活力，党的事业和各项工作才能不断开创新的局面。全区党员干部要把讲政治落实到全力推进跨越发展中。

【开创“三农”工作新局面】 2017年3月11日，全区农村工作会议召开，回顾总结全区农业农村工作。会议认为，农业是聚力创新的基础领域，农民是聚焦富民的重点群体，农村是高水平全面小康的重要基石。推动金坛跨越发展，实现在苏南板块快速崛起，必须加快补齐“三农”短板。要坚持“四入”的发展路径，即农村剩余劳动力进城镇“入工”，农村居民进城镇“入住”，农村户口进城镇“入户”，农村小孩进城镇“入学”。

【开展“三大一实干”活动】 2017年3月5日，全区召开“三大一实干”(即大讨论、大走访、大转变、实干为民)动员部署大会。会议指出，“三大一实干”活动是一项全局的、务实的活动，全区各级务必在区委的统一部署下认真推进，要通过大讨论活动，明优势、找短板、思举措；通过大走访活动，察实情、寻实策、办实事；通过大转变活动，转作风、增干劲、抓落实，在全区上下掀起实干为人民的热潮，为推进落实“两个加快”，推动金坛快速崛起贡献更多智慧和更大力量。

【全区党建工作会议】 2017年2月9日召开。会议动员全区各级党组织严格落实全面从严治党主体责任，为金坛实现在苏南板块快速崛起作出贡献。会议指出，2017年是党的十九大召开的喜庆之年，是全面落实区第十三次党代会精神关键之年，也是“两个加快”推进实施之年和“十三五”规划落实之年。全区各级党组织要从全局和战略高度，准确把握新时期党建工作的新形势新要求，围绕贯彻区第十三次党代会精神、推进落实两个加快这一中心任务，以改革创新精神加强党的建设，把党的政治优势转化为跨越发展优势，把党的组织资源转化为跨越发展资源，把党的建设成果转化为跨越发展成果，不断提高党建工作科学化水平。

【省委书记李强在金坛调研】 2017年3月17日，省委书记李强到金坛调研。李强指出，金坛作为苏南板块的重要一员，面临着国家“一带一路”、长三角区域发展一体化、苏南现代化建设示范区等重大战略机遇。金坛要继续保持良好发展势头，增强区域发展的吸引力、集聚力、竞争力，在苏南板块快速崛起。在下一步发展中，金坛要着力形成以创新为引领的经济体系和发展方式，要解决好事关群众切身利益的问题，切实帮扶困难群众和弱势群体，在金坛后发崛起的过程中让老百姓的获得感更强。

【省委副书记、代省长吴政隆在金坛调研】 2017年7月14日，省委副书记、代省长吴政隆到金坛调研。吴政隆强调，金坛要发挥产业优势、生态优势，抓住“一带一路”、长江经济带等国家战略实施的机遇，聚力聚焦创新，推进供给侧结构性改革，激发发展活力。要弘扬求真务实、真抓实干的优良作风，坚持守土有责、守土尽责，做好经济社会发展和安全稳定各项工作，迎接党的十九大胜利召开。

【陕西宁陕县代表团到金坛开展扶贫协作交流】 2017年9月12日，陕西省宁陕县委副书记、县长郑红丹，副县长闫文华带领县相关部门负责人，到金坛开展扶贫协作交流考察活动。郑红丹表示，金坛坚持生态优先、规划引领、产城融合，围绕经济社会发展，加快项目引进、加快项目建设的做法值得学习借鉴，金坛和宁陕的友谊源远流长，希望双方政府、企业、部门等多加强联系，增进合作，相互学习、交流，并充分发挥各自优势，为宁陕县实现精准对接、精准帮扶和脱贫摘帽的目标作出努力。 （费泰伟）

纪检监察

【概况】 2017年，全区各级纪检监察组织认真贯彻落实中央和省市纪委全会精神，坚持挺纪在前，深化标本兼治，切实履行监督执纪问责职能，推动全面从严治党向纵深发展，党风廉政建设和反腐败工作取得新的进展和成效。

【维护良好政治生态】 区纪委营造崇规守纪氛围。配合区委对全区近500名副科职及以上领导干部进行集中警示教育，促进党员干部知敬畏、存戒惧、守底线；发动党员干部参与市纪委“学党纪党规，喜迎十九大”知识竞赛活动，参加人数和答题率位居辖市区前列；全区13家廉政文化示范点顺利通过省、市纪委“回头看”和检查验收；组织开展“喜迎十九大，清风金沙行”系列活动，成功举办“清风墨韵”廉政书画作品展。维护干净干事环境。制定出台《关于全区纪检监察组织进一步强化责任担当的实施意见》，构建以教育引导、风险防控、抓早抓小、问责追究、澄清保护、勤廉激励为主要内容的六项机制，最大限度地支持保护党员干部改革创新和担当作为的热情；参与土地卫片执法检查、安全生产大检查、文明城市创建等各类监督检查19轮次，对12个镇区、街道汛期值班纪律执行情况进行突击检查，参与安全生产事故调查18件，对24名履行职责不力的领导干部和责任人员实施问责。树立挺纪在前导向。实践“四种形态”，抓早抓小、动辄则咎，2017年共处理356人次。其中，运用第一种形态批评教育、谈话函询117人次，第二种形态党政纪轻处分192人，第三种形态党政纪重处分17人，第四种形态严重违纪涉嫌违法立案审查30人，有力维护纪律的严肃性。严格执行领导干部个人重大事项报告规定，审核婚丧嫁娶、出境等重大事项报告102人次。严格执行外出学习考察规定，纠正6起不符合规定的学习考察活动。

【压实管党治党责任】 区纪委研究制定《党内专责监督责任清单》，细化固化10个方面、31项工作责任，为开展专责监督、夯实监督责任提供制度支撑。建立问责工作情况月报告制度，推动失责必问、问责必严成为常态。采取通报、诫勉谈话等方式对23个党组织、16名领导干部实施问责。“提级审查”等做法被中纪报、中纪委网站等媒体宣传推广。交上作风建设合格答卷。完善上下联动的作风督查体系，常态化开展作风督查，针对公款购买预付卡、工作纪律、公款吃喝、公车私用等问题，定期开展专项督查、及时通报典型案例；组织开展违规吃喝问题专项整治“回头看”、违规吃喝隐蔽场所进行专项清理、公务接待和机关食堂规范管理抽查、违规购买消费高档白酒集中排查整治，严肃查处“一桌餐”等隐形变异的顶风违纪行为；深入开展农村集体“三资三化”专项提升行动、农村基层不正之风和腐败问题专项治理、微腐败专项整治工作，强化问题查处和集中纠治，努力增强群众的获得感。巩固反腐败斗争压倒性态势。保持惩治腐败高压态势，坚持无禁区、全覆盖、零容忍，加强反腐败组织协调，减存量、遏增量，严格审查和处置党员干部违纪行为，坚决遏制腐败蔓延势头。2017年共受理信访举报324件；立案239件、结案233件，给予党政纪处分237人。深入剖析已查处的典型案例，查找症结、堵塞漏洞，查案治本功能得到发挥。

【健全完善监督体系】 区纪委深化政治巡察。按照上级部署要求，协助区委健全巡察工作机制，选优配强巡察队伍；坚持政治标准和问题导向，重点检查中共十八大以来被巡察单位党的领导弱化、党的建设缺失、全面从严治党不力、“四风”（形式主义、官僚主义、享乐主义、奢靡之风）及违反中央八项规定精神等方面存在的问题，突出加强对强农惠农、扶贫民生、“三资”管理等领域的巡察；前两轮共巡察10家单位（发现问题396个，线索106条，其中立案22件、信访了结37件）。强化派驻监督。对照机构设置、人员编制、办公保障、规章制度“四个到位”，在辖市区率先完成纪委派驻改革工作（撤销23个区级机关和1个区直参公事业单位的原纪检监察机构），成立10个派驻纪检组，保留区级机关纪工委，实现对55个区一级机关部门、2个区管国有公司的党内监督全覆盖；

在指前镇先行先试的基础上，全区101个村、涉农社区全面推开派驻驻村纪检员工作，把监督的探头延伸到群众身边。推进监察体制改革。认真落实国家监察体制改革试点工作要求，聚焦编制划转、人员转隶、机构设置等关键环节和重要节点，倒排时间表、审慎抓"施工"，蹄疾步稳地推进监察体制改革，取得阶段性进展。机构设置、编制、人员转隶等工作在相关部门的支持配合下顺利推进，办公用房、办公设备等后勤保障均已协调到位，为金坛区按期完成改革试点工作任务奠定基础。

【加强自身建设】 区纪委强化教育管理。从严落实党建工作责任，对照"学懂弄通做实"要求，学习贯彻党的十九大精神，推进"两学一做"学习教育常态化制度化，深入开展"三大一实干"活动，认真落实省纪委"打铁必须自身硬"专项行动计划部署要求，努力推动"有激情、重责任、敢担当、守规矩"成为纪检监察干部的自觉行动。提升能力素质。开设"清风课堂"，用好"四微一体"平台，组织专题教育，加强交流互动，分享学习成果，促进共同提高；对全区126名纪检监察干部进行集中培训，参加上级业务调训10批17人次；坚持好干部标准，拓宽选人用人视野，不断扩大系统内外干部交流，纪检监察队伍精神风貌、能力素质明显提升。严格自我约束。深入贯彻落实监督执纪工作规则，严格执行省纪委制度体系规定，通过权限的整合划分、责任的细化分解、职责的规范明确，形成全程留痕的流程管理体系，强化对监督执纪权力行使的有效监督。深入开展谈心谈话和家访活动，健全内部制约机制，严格考评管理、纪律约束和警示教育，树立纪检监察干部忠诚干净有担当的良好形象。

（沈　杰）

组 织 工 作

【概况】 2017年，区委组织工作找准定位，积极作为，认真履行全面从严治党各项任务，为全区经济社会发展提供坚强组织保证和人才支撑。

【落实"两学一做"学习教育】 区委组织部按照推进"两学一做"学习教育常态化制度化的要求，指导各级党组织抓好全年学习教育任务落实。深化中组部基层党建7项重点任务和省委组织部基层党建重点工作推进会要求，全面梳理中共十八大以来基层党建重点工作，通过自查、互查、集中检查的方式层层压实工作职责，党费收缴、"三会一课"等基础工作抓得更实更细。

【优化领导班子和干部队伍】 区委组织部做好区镇两级人大、政府和区政协换届工作，选优配强区政府工作部门主要负责人，配齐配好区管国有公司、重点发展板块、巡察派驻机构等干部力量。对换届后镇、街道领导班子开展调研考察。制定出台干部多向挂职、推进干部交流、国企工作人员招聘等一系列制度文件。先后举办产业经济发展研修班、城市建设与管理专题班等八个主体班次。牵头配合相关部门制定镇、开发区、街道、区级机关部门、区管国有公司、旅游度假区六类考核意见，差异化设置考核指标和权重。

【全面从严管理干部】 区委组织部执行职数预审、全程纪实等制度，坚决落实"凡提四必"等规定。出台《镇（区、街道）、区级机关部门中层干部选拔任用工作监督管理办法》《经济责任审计对象离任经济事项交接办法》《领导干部经济责任审计结果通报暂行办法》《关于区委组织部对领导干部进行提醒、函询和诫勉的操作规程》等制度。结合全区干部调整，全年对170人次开展领导干部个人有关事项报告抽查核实工作。对在职和退离休区管领导干部兼职的清理规范工作进行专项"回头看"。

【基层党建工作】 区委组织部夯实工作基础，制定六大类别共计521条的基层党建工作清单并开展专项检查。制定《关于全面加强和改进全区园区党建的实施意见》，编印《全区非公企业党建工作标准化指南》，开展非公企业"四有一责"（有持续稳定的集体收入，有功能齐全的活动阵地，有先进适用的信息网络，有群众拥护的双强带头人，强化村党组织领导责任）创建活动。出台《关于进一步加强全区村干部队伍建设的意见》，明确村干部职业化管理的推进路线图。农村、社区、园区、非公企业、机关事业单位等各领域党建示范点建设有效推进。

【加强人才支撑发展】 区委组织部深入实施"龙城英才计划"和"金沙英才计划"，修订完善重点产业高层次人才引进目录。实施"金沙乐业工程"，组织开展"精英人才金坛行"，举办"江苏高职院校—金坛产学研对接会"，组织参加省市各项人才对接活动，选派省第十批科技镇长团金坛团。开展"金沙文化名人""金沙名医""杰出青年人才""优秀高技能人才"等评选活动，举办"浙江大学—金坛区企业经营管理人才培训班"。

【自身建设】 区委组织部举办学习贯彻党的十九大精神示范培训班暨组工干部培训班，继续以机关"联合活动组"为载体，推进学习型组织部门建设。结合"三大一实干"活动、文明城市创建、结对帮扶工作等载体，推动组工干部在服务群众、破解难题中转作风、树形象。推进组工信息宣传调研工作。完善组织部门内部管理和运行机制。推进组工文化建设，落实好组工干部经常性谈心谈话。

（华　靓）

宣 传 工 作

【概况】 2017年，全区宣传思想文化战线牢牢把握加快发展主基调和"加快项目引进、加快项目建设"工作重心，凝心聚力促发展，鼓足干劲创一流，为全区实现在苏南板块快速崛起提供坚强的思想保证、精神力量、道德滋养和文化条件。

【理论武装】 加强全区领导干部能力建设、提升责任担当和“两学一做”学习教育常态化制度化要求，结合区委理论中心组学习，精心举办“金沙大学堂”14讲，其中高规格、名教授、业界专家的专题讲座8场，区经济板块负责人谈金坛发展的专题报告会6场。命名表彰第三批学习型党组织基层示范点51家，开展首批“学习品牌”评比活动，评选27个基层党组织学习品牌。金坛区被评为省冬训工作示范区，薛埠镇被评为省冬训工作示范镇。全区冬训知识竞赛参与率居全市第一。举办第八届“金坛读书月”活动，涵盖书香机关、书香社区、书香企业等六大类型18项100余个形式多样的读书活动，数万人参与，区居民综合阅读率达87.9%。组织全区广大党员干部认真学习贯彻习近平总书记“7·26”讲话和中共十九大精神，组建区委宣讲团深入基层，把中共十九大精神传达到百姓心中，用中共十九大精神武装全区干部群众的头脑。“百千万”理论宣讲活动深入推进，组织开展中共十八届六中全会、人大会、政协会、区委全会精神宣讲，参与省“百姓名嘴”风采展示活动。组织群众宣讲员申报、培训工作，全区共上报83名群众宣讲员，参加常州群众宣讲培训。在电视、报纸设置学习专栏，全民学习网“书香金坛”网和QQ群“理论之家”发挥理论学习宣传的主阵地作用，调动全区党员干部争先学习理论的积极性。建立全区公开类讲座、讲坛备案登记制度，牢固树立“四个意识”，为全区理论宣讲提供意识形态方面的保证。结合“三大一实干”活动和“增创发展新优势、种好常州幸福树”大讨论活动，在全区开展“金坛发展我担当”大讨论活动，举行“加快发展在身边，我为金坛献一计”评选活动。从1001条计策中评选出100条计策，再通过网络评选和评委评选，选出金点子10条、好点子20条。全区共收到650篇党员干部的调研文章，共计约200万字，通过专家评选确定65篇获奖文章。专题组织金沙大学堂“金坛发展我担当”主题交流会进行交流和总结表彰。在全区领导干部中组织开展“深入学习党中央治国理政新理念新思想新战略”专题读书调研活动，汇编局镇级领导干部《落实两个加快新理念》和《“金坛发展我担当”大讨论活动成果汇编》优秀论文集，为推动金坛加快发展提供有益参考。在全区宣传文化系统深入开展“根植基础，花开基层”宣传思想工作专题调研活动，推动城乡宣传文化工作落地生根、开花结果。

【舆论引导】 主题宣传有声有色。以“奋力2017”大型新闻行动为总抓，开设“突出两个加快、强化推进落实”专题专栏，以喜迎党的十九大、学习宣传贯彻党的十九大精神、区委全会精神为重点，相继推出组织策划“两个加快在行动”“园区行”“喜迎十九大”“喜庆十九大”“学习贯彻十九大会议精神”特别报道、“贯彻落实全委会精神”“两会”报道、常州“两会”报道、“三大一实干”“两学一做”学习教育、“贯彻落实全区领导干部大会精神”“金沙文明行”“政风热线”等报道，制作《让金坛一年更比一年好》《我们的春节》《持之以恒、坚持不懈推进“两个加快”》《“两个加快”在推进：劳动创造历史》《砥砺奋进的5年·金坛崛起》等专辑，营造全区上下全力以赴项目建设、矢志不渝加快发展的浓厚氛围。对外宣传有力有序。1月19日、20日，中央电视台2套栏目播出金坛区光伏产业情况。2月14日，新华社以《聚焦一山一水打造长三角旅游新亮点》为题报道金坛区旅游开发建设情况。《新华日报》1月21日头版刊登《金坛：“放管服”激发澎湃活力》，3月19日头版刊登《碎地化零为整“长”出现代农业》。9月22日，《常州日报》用四个整版以《苦干实干正气大气》为主题报道金坛经济社会发展情况。5月29日，常州电视台《常州新闻》栏目头条播出“金坛区：项目领跑，引领区域发展加速”新闻。“众泰大迈整车出口海外市场”“金坛区深化联合竣工验收制度”“中盐公司院士工作站成立”等经济类报道相继在《常州新闻》栏目播出。重点外宣活动精彩纷呈，乡村过大年、上阮赏花季、长荡湖籽虾节、茅山美食大赛、茅山国际山地半程马拉松赛、茅山颐园奠基仪式、“增殖长湖金蟹、建设生态湖泊”、全国网络名人看江苏、“两节一会”开幕式、长荡湖美食大赛、金坛金秋旅游产品推介会等活动各个媒体也予以关注和报道。新闻管理有为有效。整合全区新闻网络资源，2017年伊始，经区委批准，原《今日金坛》正式更名为《金坛时报》。8月，为进一步优化金坛区的新闻资源，促进主流媒体的融合发展，原区新闻中心整体划入区广播电视台。新媒体中心发挥新媒体平台宣传阵地作用，主动出击精品策划，创优新闻报道，平台建设和新闻宣传齐头并进。2017年，形成新闻网站金坛网、金坛网微信公众号、金坛新闻微信公众号、智慧金坛微信公众号、金坛网头条号、金坛网企鹅号、金坛网视频直播平台七大新媒体阵地。其中金坛网微信公众号在全国县级微信公众号排行榜上，始终排在全国百强公众号之列。开通视频直播平台，在“向文明出发”大型启动仪式上采用五机位的全程直播，实现主分会场的视频互动。直播平台开通以来，共进行各类直播30多场，受众近60万人次，有效发挥平台的宣传职能。共举办8场新闻发布会。切实加强网络舆情导控工作，及时跟踪处置舆情热点问题，累计处置负面舆情100多起，网络语境总体平稳有序。

【文明创建】 2017年是全区文明城市建设基础年，金坛区首次纳入常州市全国文明城市测评，并顺利通过全国文明城市省测和国检。构建“1+1+10”工作体系，即1个创建指挥部、1

个创建办、10大专项工作组，制定出台《关于建立文明城市建设长效管理机制的意见》等系列文件，建立健全5大机制12项制度体系，形成抓日常、抓平常、抓经常的有效创建常态。实行街(巷)长制，将城区的66条街巷、28个社区挂钩到各单位，形成分片包干的创建网络，确保各个重点部位的文明创建工作落实落细。与公安、交通联合举办“文明行车·礼让斑马线”活动。先后开展“文明城市创建志愿服务日”“水墨丹青文明情”手绘文化墙、“向文明出发”全民公益行动等主题活动，动员全员参与全国文明城市创建。结合最美乡村建设，积极培育农村精神文明建设示范点。柚山村、谢桥村被评为全国文明村。将社会主义核心价值观宣传引导与实践养成相结合，建成“好人园”和“社会主义核心价值观”主题广场。扩大公益广告宣传，在城市出入口、高速公路沿线高炮、城区公共自行车点、1000辆公共自行车车身以及700多块地名牌上投放大量核心价值观及文明城市公益广告。定期开展道德讲堂总堂、精品道德讲堂、示范道德讲堂和基层道德讲堂建设活动，组织创作道德讲堂·百姓视角新剧目，推广掌上道德讲堂。1人入选“中国好人榜”，5人入选“常州好人榜”，2人获评第五届常州市道德模范。召开道德典型座谈会，表彰14名道德典型。举办第十一届社区邻里节，开展“公民道德宣传日”大型广场活动暨“迎国庆、讲文明、树新风”志愿服务系列活动。授予人社局“就业鹊桥”等10个服务品牌为金坛区第五批优质服务品牌称号。推进志愿者和志愿组织注册及使用，共有注册志愿者97840人，志愿服务组织182个。开展周末关爱行动，帮助60户困难家庭实现微心愿。江苏省常州未成年人社会实践基地建成开放。未成年人成长指导中心提档升级。承办常州市“七彩的夏日”启动仪式。深入开展“八礼四仪”系列教育活动，以讲文明、好家风、重礼仪培育正能量。组织2016—2017年度美德少年评选表彰和学习宣传活动，产生30名金坛区美德少年，2名江苏省百名美德少年。开展“我们的节日”中秋等传统佳节活动，与东方盐湖城共同承办“中华长歌行——中秋节传统文化展演”活动。区一号农场与博物馆顺利完成常州未成年人社会实践基地考核，东方盐湖城、华夏宝盛园、金紫薇绿化工程有限公司、茅山茶博园被新命名为常州未成年人社会实践基地。重点打磨的儿童剧《寻找“红头发”》在第四届江苏省美德少年颁奖仪式上首演，并在常州大剧院举行全省巡演启动仪式，在全省各地演出120场。

【文化发展】 区图书馆新馆正式对外开放。加快推进基层综合文体服务中心建设，出台《金坛区基层综合性文化服务中心建设三年行动计划》。在常州地区率先开展文化名人评选工作，出台金沙文化名人评选办法，评选出范石甫等10人为首批“金沙文化名人”，并在“两节一会”开幕式上由区委、区政府隆重表彰。顺利召开区文学艺术界联合会第九次代表大会，开展金坛籍在外知名文化界人士座谈会，推进全区文化建设繁荣发展。文艺精品守正出新。儿童剧《田梦儿》、广播剧《打磨“飞鲨”的80后》、歌曲《纸花谣》《水生水长水姑娘》、图书《荆蝶兰》《梅兰珍传》等6部精品力作参评省、常州市“五个一工程”奖。儿童剧《田梦儿》获省“五个一工程”奖，金坛区被评为常州市“五个一工程”组织奖。组织开展“三下乡”“文化艺术节”“欢乐金沙大舞台”“文明社区天天乐”等各类文化惠民活动800余场，为市民提供丰富多彩的艺术享受。以建党96周年、抗日战争爆发80周年纪念日、喜迎党的十九大为时间节点，开展“砥砺奋进的五年”主题教育活动。“墨海涛声”书法篆刻作品展、“喜迎十九大”书画作品展、“锡韵金沙”戏曲惠民专场、“喜迎十九大、豪情满怀向未来”广场文艺演出、“欢乐金沙”第三届金坛广场舞电视大赛等多项活动陆续开展。开展以“幸福金坛·水韵长荡”为主题的区第八届文化艺术节、第五届中国·长荡湖湖鲜美食节、2017中国(长荡湖)休闲湖泊峰会，举办常州国际民间艺术周金坛分会场、全区非物质文化遗产重点项目汇演、“长荡湖杯”金坛乡村美食大赛等22项重点活动，将群众喜闻乐见的艺术作品送到群众身边。首次设立文化产业发展引导资金，出台《文化产业引导资金管理办法》，规范有效地分配文化产业引导资金。召开2017年度文化产业引导资金项目评审会，对申报项目和入选项目分别进行公示。2016年文化产业增加值占地区生产总值比重达5.2%，较上年有所提高。

【基层主题宣传】 在舆论环境、媒体格局、传播方式发生深刻变化的大背景下，区宣传部门利用“微电影(微视频)”“微信”“小戏小品”“四格刻纸”走出一条新兴媒体引领、主流媒体跟进、文化传播助力有效融合的典型宣传新路。微电影讲述好故事催生受众泪点。以拍摄微电影的形式，生动再现全国见义勇为模范殷雪梅、省最美基层干部严清华等先进事迹。讲述殷雪梅生前事迹的电影《殷雪梅》，抒写其爱生如子、危难之际挺身而出的高尚情怀。特别是追悼大会，上万群众涌上街头含泪送别英雄的镜头，细节真实、催人泪下。公安系列微电影《不一样的生日》独树一帜，以“民警关爱留守儿童”为脉络，反映建昌派出所吕坵警务室“留守儿童之家”感人事迹，展现警务人员铁血柔情一面，让人感触颇深。还有从志愿服务、大学生村官创业的角度展示金坛青年积极投身新农村建设、奉献社会风貌的系列微电影《妈妈的秘密》《傻傻的勇气》等，将原本文字描述的事迹变成生动活泼的影像，再通过网络、手机客户端进行传播，吸引大众眼球，激发向善情感。微信微博紧抓新兴媒体引发舆论热点。主动适应媒体发展新形势、舆论格局新变化，运用新兴媒体快速发声，形成舆论热点。在推介陆旭东参评“中国好人”的宣传中,突出真实现场、事实依据,以“冬日里,我们用5000张照片为你讲述一个温暖的警察故事”短短“千字文”,引爆“朋友圈”。“新浪”微博、“江苏警方”微信公众号,中国文明网、搜狐网、凤凰网、优酷视频等网站迅速跟进、大量转发。小戏小品引导群众参与形成互动交点。利用锡剧、音乐剧、小品等群众喜闻乐见的艺术表演形式,让身边人演身边事,将模范事迹搬上“文明社区天天乐”“道德讲堂百姓视角”“文化进社区、进企业、进校园”的舞台,使小人物产生大影响、小舞台迸发正能量,达到“受众参与”的典型宣传最高境界。金坛作家协会根据基层最美干部严清华的事迹、外来的母亲黄邦菊在儿子车祸亡故后,主动放弃肇事者30万赔偿的事迹,创作锡剧《“老上访”上访》《母亲的心》,再由戏迷群众进行排练,多次在区级机关职工风采大赛、“七一”文艺会演、文化进社区、“十佳母亲”评选中表演,形成台上台下互动。道德讲堂百姓视角将好人杨振海的“家风基金会”搬上舞台,通过用雅俗共赏的戏剧与好人事迹相结合,将道德模范、身边好人的感人形象在舞台上生动再现,向观众传递至高至善的“正能量”。“四格”刻纸立足本土特色撬动共鸣支点。宣传部还就地取材,以道德模范和身边好人为原型,组织创作“中国梦”“八礼四仪”“我们的节日”“平安金坛”“二十四节气”“华罗庚”“段玉裁”等系列刻纸作品,通过世界级非遗刻纸形象、具体地诠释社会主义核心价值观24字的内容内涵,生动地讲述道德模范带头践行核心价值观的感人事迹,将抽象化的概念以形象化的图例展现,突出形势要求和本土特色。同时,将刻纸作品制作成文明城市公益广告和LED台灯,在街头、乡村、学校进行展示,将台灯作为艺术节、“我们的节日”活动赠品送给嘉宾,以本土特色引起“记住乡愁”共鸣,开辟典型宣传的新途径。

(王　珊)

统战工作

【概况】 2017年,全区把围绕中心、服务大局作为统战工作的的根本点和着力点,着力构建大统战格局,强基础,立规范,优服务,促创新,有力提升统战工作整体水平。区委统战部被评为2017年度金坛“两个加快推进落实工作先进集体”。

【经济领域统战工作】 区委统战部以统战招商为工作定位,重点加强与深圳、上海等先发地区的沟通联系,推进以商引商、以企引企,“小微企业科技创业园”项目3月签约落户金科园,总投资10亿元。发挥工商联党组的领导核心作用,进一步选好配强工商联领导班子,1月指导区工商联成功换届。协助区工商联通过政企座谈会、现场办公会等形式,搭好政企互动“大平台”,构建“亲”“清”新型政商关系。根据企业需求,与区工商联、金融办联合举办金融资本合作培训班、产业政策讲座,邀请张兆安、李晓鹏等国内知名专家、学者到金坛授课。推进非公经济人士理想信念教育实践活动、企业和谐文化建设行动,1家企业被评为常州和谐文化建设标兵企业,5家企业被评为常州和谐文化建设示范企业。积极开展“两学”(基层商会学湖塘、行业商会学别桥)主题活动,组织基层商会、行业商(协)会秘书长赴武进湖塘、溧阳别桥学习交流。提升商会规范化运行水平,行业商(协)会实行集中办公,并制定出台集中办公管理办法。

【海外统战工作】 区委统战部7月在香港老饭店成立香港金坛同乡会,为促进香港与金坛两地交流合作搭建平台。指导区侨联1月成功换届,成立区台资企业科技协会、台胞投资权益保障协调委员会,举办“共谋发展话未来”活动,加强与金坛籍海外人士和有关华人社团的联系联络。在全区组织开展金坛籍在外人士信息采集工作,摸清侨台情资源,建立起代表人物信息库,利用现代化网络手段,定期与海外华人华侨、海外留学生进行沟通和交流。

【党外代表人士工作】 区委统战部筑牢“同心”理念,在民主党派和无党派人士中开展“坚持和发展中国特色社会主义学习实践活动”“不忘合作初心,继续携手前进”主题教育。围绕区委、区政府重点工作、全区经济社会发展热点难点问题,组织党外人士开展“种好常州幸福树”“金坛发展我担当”大讨论,发挥智力优势参与“凝心聚力‘十三五’”活动。2017年金坛“两会”期间,党外人士共提交各类提案、建议、社情民意53件,《关于加快推进诸葛八阵图古村落特色小镇开发建设的建议》被列为区重点督办提案。把党外干部和党外代表人士后备队伍建设工作纳入全区干部队伍和人才建设总体规划,将党外代表人士的教育培训工作与党内统一计划、统一部署,截至2017年年底,全区有党外领导干部18人。做好党外代表人士推荐工作,推荐1位副处级党外领导干部赴陕西省宁陕县挂职锻炼。建立起党外后备干部动态信息库,坚持进行跟踪培养。结合年初区人大、政协换届,会商有关部门推荐党外代表90名占37.5%,提名党外政协委员139名占60.2%,均达到上级规定要求。8月指导民盟金坛区委成功换届。在全区开展调查摸底,初步建立起新的社会阶层代表人士信息库。

【民族工作】 区委统战部强化区委民族宗教工作领导小组领导和协调机制建设,在各镇、社区设立少数民族法律援助站。在全区开展常住少数民族群众基础数据排查摸底工作,连续四轮开展农村少数民族共同致富“结对帮扶工程”,各部委办局结对帮扶58户少数民族致富,采取技术支持、资金帮扶、典型示范等方式,重点培植7个致富示范项目,带动150户少数民族家庭增收致富。协助民建金坛支部举行“唱响爱的分贝”助学行动启动仪式,帮助10位少数民族贫困学生实现“微心愿”,发放助学金与助学用品3.5万元。

【宗教工作】 区委统战部开展“教风建设年”“和谐寺观教堂”创建工作,指导宗教场所开展“江苏省星级宗教活动场所”创建活动,茅山乾元观成为江苏首家档案工作达五星级的道教场所。打造道教文化品牌,成功承办江苏省第三届道教文化艺术节,筹建江苏省道教学院、江苏省道教文化艺术中心,申办2020年第五届国际道教论坛。

【成立香港金坛同乡会】 香港金坛同乡会成立庆典7月28日在香港老饭店举行。香港金坛同乡会首批会员规模39人,参加对象主要为金坛籍香港人、香港在金坛投资者、热心金坛经济发展和两地交流的代表人士。金坛区委书记狄志强当选为香港金坛同乡会名誉会长,南顺香港集团公司董事、总经理梁玄博当选为香港金坛同乡会荣誉会长,新金纺香港有限公司董事长戴纪唐当选为香港金坛同乡会首任会长。

【走访名士求发展良策】 2017年,区委统战部牵头组织开展“走访名士求发展良策”活动,区委领导和相关部门负责人通过登门拜访、座谈函访、电话视频等多种形式,走访名士82名,收集意见建议28条,做到件件有回复,件件有落实。 (徐蓓蕾)

农 村 工 作

【概况】 2017年,全区上下围绕“农业强、农民富、农村美”,推进农业供给侧结构性改革,全面落实强农惠农政策,持续改善农村人居环境,“三农”工作延续良好的发展态势,农业基本现代化水平稳居全省第一方阵,为推进城乡统筹发展做出积极贡献。区委、区政府出台的《关于发展壮大村级集体经济的意见》获省“农业农村政策创新”奖。区委农工办被评为全省农经农业系统工作效能成效显著单位。

【现代农业】 主导产业扩面提质,新增高效农渔业面积5300多亩,优质水稻栽培面积占比过半,新创成省级园艺作物标准园2个,获评“农业部渔业健康养殖示范区”,薛埠茶香小镇列入省级农业特色小镇试点,黄金村入选全国一村一品示范村。科技支农巩固提升,实现粮食生产全程机械化示范镇(街道)全覆盖,成功举办水稻育秧、机插新技术全省现场会,培训职业农民2400人。品牌建设着力强化,推进“放心粮油”工程,将“长荡湖大闸蟹”和“洮湖”商标一并运作至区级层面,持续办好湖鲜美食节等推介活动,“长荡湖大闸蟹”“金坛红香芋”通过国家生态原产地保护评定。产业融合效应初显,上阮现代农业产业园、一号农场成为全国首批农村农业创新园区,花谷奇缘入选全省百家主题创意农园,仙姑村、谢桥村获评省级休闲观光示范村。全区省级农业龙头企业增加到12家,“茅山竹海”电商平台拓展运营,朱林村、黄金村、圣贝特蜂产品公司列入省级重点培育农村电商示范村(企),全区农产品网络销售额突破10亿元。

【强村富民】 区委、区政府出台《关于发展壮大村级集体经济的意见》,推动村级闲置资金出借到区、镇两级投融资平台,已累计达4.5亿元,为村集体增收近3000万元;成功争取省级扶持村集体经济发展项目资金3000万元,有效实施区级增收项目,全区村级集体年经营性收入达9167万元,比上年增长8.6%,黄金村作为全省富民典型在省委全会上交流发言。公共财政投入力度持续加大,城乡居民基本养老保险基础养老金标准提高至180元,基本医疗保险财政补助标准提高至600元,被征地农民纳入保障11.45万人(其中转企业职工养老保险6.95万人),建成动迁安置房8834套,农村居民人均可支配收入达到24200元。

【城乡融合】 城乡规划更加完善,进行新一轮村庄布局优化调整,编制完善现代农业产业发展、生态红线保护、美丽乡村示范点等专项规划,大力实施土地综合整治项目,着力优化空间布局。城乡基础设施更加完善,265省道一期、长荡湖旅游大道、直荣公路等重点工程主体完工,茅山旅游大道、城乡公交提升工程全面开工建设。长荡湖水厂完成主体工程,改造中西部供水管网163千米。建设千亩以上达标圩堤10千米,圩堤加固52.3千米,新孟河先导段工程全部完成,龙山水利枢纽竣工投用。基本公共服务更加完善,加大对乡村教师政策倾斜力度,全面推进尧塘中小学和金城、直溪中心幼儿园等新建工程,省级未成年人社会实践基地投入使用。加快推进薛埠中心卫生院改扩建工程,积极开展健康镇村(社区)创建,完成20家省级示范标准村卫生室建设。建成36个基层综合性文化服务中心,商周土墩墓、金坛圩村文化、董永传说等文化遗产得到进一步保护。

【人居环境】 “263”专项行动成效显著,全年关闭畜禽养殖场473家,农业面源污染得到进一步控制。加强水环境综合治理,区域内451条河道全部落实河长制,完成白龙荡中心河、儒林河等10条河道综合治理工程,河道水质进一步改善。大力加强生态水源地保护,实施长荡湖一期生态清淤10平方千米、退田还湖1600公顷,拆除网围1173.3公顷,清理废弃船只超4000条。推进村庄环境综合整治,编制村庄生活污水处理专项规划,开工建设52个规划发展村和7个撤并乡镇集镇区的生活污水处理设施,全面建设农村生活垃圾分类设施,农村无害化户厕率达99.9%。美丽乡村建设迈开新步,仙姑、上阮入选常州市美丽乡村示范点(片区),仙姑村建筑、景观、绿化等工程建设同步实施。

【农村改革】 完成土地承包经营权确权登记颁证工作，土地承包合同签订率和颁证率分别达到97%和92%，累计流转土地面积超34万亩，占耕地总面积的64%。农村社区股份制改革有序推进，完成清产核资和人员固化的村达到70%。深入推进基层（村居）“三资三化”专项提升行动，全面推行村级资金管理非现金结算和村务卡管理，做到对象、项目、资金全覆盖。区镇两级产权交易平台建立运行，农村集体资产资源购置、处置和交易等行为得到严格规范。国有林场改革基本到位，供销合作社综合改革列入全省试点，河湖管护体制机制创新试点推进，水利工程质量管理创新成为全省先进。

【基层建设】 组织开展“三大一实干”活动，党群、干群关系进一步密切。基层学习型党组织建设不断加强，开设村（社区）党组织书记工作讲坛，推动中央和省、市、区委决策部署不折不扣落到基层。汇编《全区村（社区）基本情况》等基础信息，推进村干部职业化管理，选派优秀机关干部到村任职，着力打牢基层基础。培育基层党建示范点，推进“两学一做”学习教育常态化制度化。落实“两个责任”，推行派驻驻村纪检员制度，推进全面从严治党向基层延伸。聚焦强农惠农、扶贫民生、三资管理等重点领域，深入开展农村基层不正之风和微腐败专项治理，切实增强群众获得感。不断深化平安金坛、法治金坛建设，排查整治征地动迁、农民工工资等方面突出问题，及时预防化解矛盾纠纷，确保农村社会和谐稳定。

【开展农村（村居）“三资三化”专项提升行动】 按照省、市统一部署，推进农村（村居）“三资三化”专项提升行动。坚持问题导向，查找列出“三资三化”方面问题清单共三方面24条。建全“三资”管理制度，先后出台《关于全面推行村级资金管理非现金结算的实施意见》《金坛区村务卡管理暂行办法》《关于进一步加强规范村级财务管理的指导性意见》。推进镇级农村会计服务站建设，实现村级财务“监管分离”。推进阳光村务试点工作。金城镇依托微信公众号+互联网“阳光村务”平台，方便农户查询相关信息。在全区范围内率先启动清产核资。全区初步核实经营性房屋面积42.76万平方米、经营性机器设备309台、管理和公益类房屋12.44万平方米、集体资源性资产面积12.89万亩，清理核实发包合同3925份，核实各类往来款1.6万笔，真正做到理清权属、盘清家底，为加强“三资”管理奠定良好的基础。

【启动农村产权交易】 根据省、市、区“全面推进区农村产权交易市场、镇（街道）农村产权交易中心建设”的总体要求，印发《关于建立金坛区农村集体产权交易平台的意见》《关于加快推进全区农村产权交易工作的通知》《关于加强农村产权交易纪律执行情况监管工作的通知》。协调落实区级交易场所，督促镇级产权交易建设。选优配强工作人员，加强业务培训，按照应进必进的原则，约束和监督村集体产权项目上平台交易。2017年，全区在全省农村产权交易平台上登记项目308笔，其中成交项目133笔，涉及标段214个，成交总金额1155.7万元，涉及资产类交易总面积26011.31平方米，土地类交易面积2146.7亩。

【推进农村社区股份制改革】 制定出台《关于深化农村社区股份制改革的实施意见》和《关于全区农村集体经济组织股份合作制改革股东资格界定的指导性意见》。全面开展村级清产核资和人员界定。截至2017年年底，全区已完成股改量化的村4个，完成90%以上村的人员固化工作。

【推进扶贫开发工作】 启动第五轮结对帮扶活动，先后召开动员会、推进会和经济薄弱村党组织书记与第一书记座谈会，指导经济薄弱村在发展思路、项目、措施方面精准发力。推进“阳光扶贫”，实行政策性保障兜底，城乡低保提标至760元/月并与常州并轨。2017年初，全区共有4118户、7938人未脱贫。2017年年底，以“两对比、二公告四公示、五签字五确认”为标准开展动态调整，初步核实共有3477户6649人脱贫，新增7户21人，返贫5户14人，清退244户563人，确定409户761人未脱贫。推动“阳光扶贫”手机APP走访与录入，保证每次监管各项指标达100%。

【规范农民专业合作社发展】 全区各类合作社突破1000家，达1005家，其中农地股份合作社86家、劳务合作社、秸秆综合利用合作社47家，联合社27家，联合会1家，以家庭农场为成员的合作社2家。农户入社率84.7%。共有126家符合条件的农民专业合作社列入2017年度农民专业合作社政府优先扶持名录，共获得市级以上扶持农民合作社项目13个，扶持资金276万元。认定市级星级社10家，认定区级星级（示范）合作社20家。先后完成昌玉红香芋、黄金农地、银湖、圣贝特和盛达等6家合作社档案管理规范化建设。合作社共招聘各类人才21名。区合作社联合会代理服务近50家。举办金坛区农民专业合作各类培训班二期，受众200多人次。金坛万叶水产专业合作社在省“双十”评选中被评为江苏省农民合作社2017年度十家电商农民合作社十个网络畅销产品品牌。

【规范家庭农场发展】 2017年有166家农场在名录内。按照“规模适度、发展良好、带动能力较强”的要求新认定家庭农场（第八、第九批）70家，认定农场总数达848家。成功创成常州级优秀家庭农场15家，区级优秀农场19家，获扶持资金289万元。完成320家到期农场的审核认定。

（朱洪来）

史志工作

【概况】 2017年，区委党史工委、区地方志办公室(以下简称区党史工委、区志办),贯彻落实《中共中央关于加强和改进新形势下党史工作的意见》,切实履行《地方志工作条例》所赋予的义务,围绕中心,服务大局,开展修史编鉴和志鉴宣传工作。

【金坛旧志编译】 为了更好地弘扬金坛历史文化,区党史工委、区志办组织《金坛县志》(清光绪版)的点校工作。《金坛县志》(清光绪版)共十六卷,清光绪十一年(1885年)初次编修,至民国年间经过多次重修、续修。原版本文言文竖行直排,无标点符号,使用繁体字,且不少生僻字词,令人难以通读。这次,在保持旧志原有篇章结构的基础上,进行释言、释意和断句,校勘纰漏错讹,进行随文修改或校正,对旧志中的生僻字、典故、职官、人物、纪年、地名等均在页尾予以注释。同时,按现代行文规范排版,重新统一编排页码,方便读者阅读使用。12月《金坛县志》(清光绪版)点校本和影印本正式出版发行。

【《金坛年鉴(2017)》出版发行】 区政府主办、区志办编纂的《金坛年鉴(2017)》11月经方志出版社出版发行。《金坛年鉴》创刊于1994年,该卷为连续第15卷。全书记载2016年金坛区在政治、经济、文化、社会等方面取得的新成就、新进展,是社会各界了解金坛、研究金坛、投资金坛的官方工具书。《金坛年鉴(2017)》卷对部分篇目的框架和内容进行合理调整,设特载、专记、大事记、金坛概貌、文件选编、统计资料等34个篇目,共98.9万字,增加社会、便民服务资料内容,补白图片采用金坛刻纸作品,突出年度特色、地方特色,增强年鉴的资料性和可读性。

【推进全区修志】 区党史工委、区志办积极争取有条件的部门、行业、村镇加入到修志行列中。对已经着手编修的《金坛国土资源志》等,委办全过程加强业务指导,从源头抓起,严把政治关、史实关、文字关等质量关口,避免走弯路,讲究工作实效,全力营造修志、用志的浓厚氛围。

【党史宣教】 为进一步做好新形势下党史宣传教育工作,区党史工委、区志办征集、整理部分党史文字和图片资料,在机关、各镇开展了党史知识图片巡展。6月中旬开展"不忘初心,砥砺前行"庆"七一"暨庆祝建党96周年党史知识图片巡展;10月中旬举行"从胜利走向胜利"迎十九大党史知识图片巡展。

【党史研究】 区党史工委、区志办参加省、市党史征文活动,撰写理论研究文章。完成"纪念中共江苏省委成立90周年学术研讨会论文""迎十九大党史理论研讨论文"两篇。其中,"迎十九大党史理论研讨论文"被收录编印成书,作者应邀赴南京参加论文学术研讨活动。　(刘士科)

党校工作

【概况】 2017年,区委党校把握"党校姓党"办学方向,强化主业主课,服务区委、区政府中心工作,开展理论宣讲、区情调研等一系列工作,深化"两学一做"与"三大一实干",推进新校区建设施工与内装设计,加快青年教师培养,加强党组织建设与民主集中制建设,各项工作取得一些成果。

【主体班培训】 区委党校配合区委组织部策划2017年度干部教育主体班次计划,举办初任公务员暨军转干部、财政干部、水利干部等培训班。安排针对性强、具有问题导向、实践色彩鲜明的师资课程,建立并启用苏皖一大会址、黄金村、众泰汽车、中航锂电等现场教学基地。加大党的理论教育与党性教育的体量达70%左右,用案例式、研讨式等教学形式开展培训教学。全年培训1100多人次。

【联合培训与理论宣讲】 区委党校根据机关、镇村、社区干部人才培养要求,与50多家单位结成联训合作对子,印发各时段"宣讲菜单",举办培训120多期,参训达23000多人次。以习近平总书记"7·26"重要讲话精神、十九大精神、区委十三届二次、三次、四次全会精神为重点,成立党校宣讲小组,开展面向基层的宣讲辅导。9名教师全年宣讲260多场,受众达20000人次。

【理论科研】 区委党校围绕区委、区政府重要决策部署,结合"金坛发展我担当"大讨论,以"接轨常州主城区"、"全域旅游公共服务建设"等为课题,与区级机关部门及基层单位协作,联合开展区域经济社会发展调研,撰写调研文章并编发在《金坛区情调研》上,全年共编发4期7篇文章。3篇科研论文参加"长三角社会现代化高层论坛",2篇文章被环太湖发展研究中心立项为2017年研究课题,4篇文章被环太湖年会入选。6篇文章上报省党校系统"十九大精神暨党建高层论坛"研讨会,其中4篇入选交流,全年有12篇文章在省市级刊物发表。

【创新培训】 根据区委安排,区委党校认真调研策划区属国企管理人员培训,形成跨度3年、涉及12家国企12个经济部门12个经济板块约380人的《区属国企培训方案》。11月份开班,完成"经济法律政策知识普及班"培训4讲、培训1050人次,制定实施国企培训管理办法与学员考核办法,强化培训管理。《国企培训学苑》专刊编刊1期印发280多份。

【教师队伍建设】 区委党校采用外培受训、试讲评议、一岗多责、跨岗锻炼、虚衔实练、项目领衔、创设新载体等办法,夯实年轻教师基本功,提升中老年教师素质。《金坛区情调研》发刊4期编印1200多份。"国企培训""财经干部培训"等实行项目责任制,外送教师受训8人次,内部试讲6批12人次,师徒结对4对,新创"金坛党校微信公众号”发刊16期。文秘、财务、国企培训、新校区建设、招商引资、公众号编辑等岗位实施“AB角轮换锻炼制”。

【新校区建设】 区委党校协调代建单位、设计部门、施工公司,科学推进新校区基建工程,教学楼、服务楼、停车中心工程加快建设,3万平方米土建工程如期完成。多方学习观摩上级与兄弟党校,形成内部装修、智能装备方案,推动内装及时招标。向区委提交“新党校物业运营与后勤保障初步方案”,供其参考决策。教学楼内装招标围绕具有党校党性色彩的“红色党校环境文化建设”方案进行深化讨论。

【加强党的建设】 区委党校按照党建工作规范化要求,强化“三会一课”安排,组织好理论中心组学习、教工学习,新建支部活动室,加强党建品牌“党性大熔炉”建设。成立党风廉政建设领导小组,确定分管领导和联络员,与派驻纪检组联系并开展工作。主要领导担任“党风廉政建设第一责任人”“党建工作第一责任人”,“校务会议成员一岗双责”制进一步深化落实,“校长办公会议”与“校务会议”制度得到改进加强,促进学校民主集中制建设与民主科学管理。

(周艳艳)

档案工作

【概况】 2017年,全区贯彻落实《常州市档案事业发展“十三五”规划》,以编制《金坛区档案事业发展三年行动计划(2017—2019年)》为抓手,统筹抓好档案基础设施建设与信息化建设、档案资源建设和开发利用工作、档案法治建设与干部队伍建设,推进档案工作的提质增效。

【新馆建设】 2017年,区档案局投入60万元建设库房环境安全保护智能化管理控制系统,加强技术用房的设施设备配备以及数字档案馆软硬件基础设施建设。

【档案接收】 2017年,区档案局档案接收工作有序进行,共接收民政局婚姻档案8316件;政管办文书档案1003件;政协书画院字画157副;代保管政府财务档案278本;代保管区政府办、区委办、区财政局封存档案125箱。所有档案按规定时间安全有序接收进馆,并做好清点、编目、排架工作。馆藏已达81813卷、411092件文书档案、5964张照片档案、63张光盘及962件实物。

【档案查阅】 2017年,区档案局共接待查档7931人次,调阅档案5678卷、6394页,提供复制18297余页、拍摄照片456张,为明确职级、编史修志、工作查考、土地确权、机构设置、纪委巡视等提供服务,为部分事业单位参公和人员过渡提供证明,为普通百姓核算工龄、法律诉讼、房产变更、婚姻证明等提供依据。

【业务指导】 2017年,区档案局开展档案工作规范建设活动。共对113家单位开展档案工作星级测评和复查工作。西城街道方边村成为常州市首家五星级档案村;全面验收农村承包地确权档案工作。共涉及85个行政村,形成93700余卷确权登记类档案。启动农民合作社档案建设试点工作。金土地有机稻米、昌玉红香芋2家省级档案规范化建设试点专业合作社,进入验收阶段。

【档案宣传】 6月9日是“国际档案日”,区档案局举办金坛档案陈列馆开馆仪式,围绕“档案——我们共同的记忆”的主题,开展征文活动,共报送征文8篇。各单位充分利用网站、电子显示屏、宣传橱窗等,刊登、播放档案宣传标语;6月中下旬,区档案局与人社、公安、财政、教育等相关部门联合,精心制作20块展板,在各镇、街道举办7场纪念“国际档案日”的巡回宣传展览;区档案局加强信息宣传,全年共有56篇信息、5篇论文在国家、省、市的各类新闻媒体发表。

【档案征集】 2017年,区档案局共征集图书画册9套、老照片17张、图片展图片300余张、影像资料数十G、专题资料和研究史料数百件、各类宗谱档案100余册。

【档案数字化】 区档案局根据“增量数字化,存量电子化”的战略方针,按照“利用优先”的原则,2017年数字化工作完成30个全宗,311532条,2345885页2016年新接收档案的数字化工作,完成450万页扫描挂接任务,档案数字化率达到80.1%。

(胡 水)

机关党建

【概况】 2017年,区委区级机关党建工作按照全面从严治党要求,迎接党的十九大召开和学习宣传贯彻党的十九大精神这条主线,以推进“两学一做”学习教育常态化制度化和“三大一实干”活动为重点,持续用力抓基层打基础、强规范创特色、转作风提效能,推动机关党的建设迈上新台阶。

【政治建设】 坚持以习近平新时代中国特色社会主义思想武装头脑、指导实践,组织学习贯彻党的十九大精神,坚持第一时间购买中央精神解读指导书籍发放到各支部,确保各项决策部署贯彻落实,在区级机关中营造良好的政治文化氛围。规范“三会一课”、谈心谈话等党内政治生活制度的次数和质量,确保机关各级党组织党内政治生活的政治性、时代性、原则性、战斗性。抓好区直属机关党委理论中心组学习,重点围绕党的十九大精神、省委十三届二次全会等内容进行学习讨论,发挥带动示范效应。组织基层党组织书记赴延安干部培训学院开展理想信念专题教育。强化党组织书记抓紧基层党建主体责任,开展党组织书记抓基层党建工作述职评议工作。

【思想建设】 推进"两学一做"学习教育常态化制度化,持续深入学习党章党规、系列讲话,引导机关党员干部牢固树立"四个意识",严守政治纪律和政治规矩,坚定维护以习近平为核心的党中央权威和集中统一领导。发挥"季度党课"载体作用,开展"旗帜鲜明讲政治"、十九大精神宣讲等系列专题党课教育,加强思想政治引领。为加强主题宣传,举办"喜迎十九大、不忘初心跟党走"知识竞赛,组织和集中收看党的十九大盛况,学习贯彻十九大精神。结合第八届"金坛读书月",举办以"传承文明智慧、提高自身修养、增强文化自信"为主题的区级机关成语大赛。

【组织建设】 及时根据机构变动情况调整支部设置,根据人员调动情况进行支部书记调整,指导基层党组织完成换届,选优配强党务干部,提升基层党建工作水平。严格按照规定,核算党员党费,全年收缴、上缴党费103.98万元。建立区直属机关党委委员基层党建工作联系点制度,切实加强对基层党建工作的具体指导。深入43家部门(单位)调研,研究解决机关党建重点难点问题。针对基层支部建设存在的突出问题,出台《关于加强党支部规范化建设的意见》,开展"四有一责"党建示范点创建活动。深化党建工作项目化管理,在区级机关打造"机关党建品牌汇"。

【纪律建设】 认真贯彻落实区委、区纪委关于落实党风廉政建设及反腐败工作的决策部署,加强组织领导,推动责任落实,为机关党的工作科学化水平提升打下坚实的基础。举办"发扬党的优良传统,推进全面从严治党"专题党课,增强纪律教育的针对性。下发《关于完善基层党组织书记与党员谈心谈话制度的意见》,促进基层党组织书记与党员谈心谈话全覆盖,强化对党员的日常监督管理。

【作风建设】 加强机关作风效能建设,选聘10名新一轮常州市作风建设特约监督员,开展明察暗访"啄木鸟"行动。在窗口服务单位开展"服务走在前、效能大提升"活动,出台通用服务规范和"十严禁"规定。落实"阳光扶贫"要求,下发《关于开展区级机关党组织、党员帮扶贫困户活动的通知》,组织区级机关党组织和党员结对帮扶81个村的1296户贫困户。开展"三大一实干"活动,工委机关走访居民180户,及时跟踪办理和反馈收集的意见建议65条,帮助群众解决实际困难。投身文明城市创建,定期到街巷、社区开展志愿服务,协调解决突出问题。

【机关群团工作】 3月,完成常州市金坛区机关工会联合会换届选举工作。组织基层工会参加"安康杯"竞赛、"安全隐患随手拍"、财务经审工作培训等活动。10月,完成2017年度基层工会组织年报工作,区级机关工会联合会共含35家独立工会组织,2353名会员。推荐工会先进组织及典型,多家基层工会及多名工会工作者获市总、区总表彰。举办区级机关迎新春联欢会,区四套班子全体领导、500余名机关干部参加,区委书记狄志强发表新年贺词。组织287名机关党员干部参加首届金坛茅山国际山地半程马拉松赛。联合常州机关工委、区文广体局,组织开展"关爱在身边、夏日送清凉""中景杯"金坛区家庭文化才艺比赛等活动。机关工联会组织干部职工,参加"喜迎十九大、颂歌献给党"2017全区职工歌咏比赛,获三等奖。

【"服务两个加快、争当跨越先锋"主题实践活动】 按照区委、区政府"两个加快推进落实年"的部署要求,找准机关党建与两个加快工作的结合点,发挥机关党组织的战斗堡垒作用和党员的先锋模范作用,深化机关作风和效能建设,在区级机关中开展"服务两个加快、争当跨越先锋"主题实践活动,动员广大党员干部"三多一转"(多察两个加快之需、多谋两个加快之策、多尽两个加快之责,转变机关作风),在区级机关形成勇于担当、干事创业的鲜明导向和浓厚氛围,服务好全区两个加快中心工作,真正实现"走在前、作表率"。

【区级机关第十六次党的工作会议】 2月22日召开。会议回顾总结2016年机关党建工作情况,重点部署2017年机关党建工作。区委副书记、组织部部长刘国新参加会议并作讲话,要求全区各级机关党组织要紧扣区第十三次党代会精神、服务两个加快主要任务,落实全面从严治党新要求,发挥机关党建工作教育引导、先进带动和组织保证作用,努力推动机关党建工作迈上新台阶。

【党支部规范化建设】 出台《关于加强党支部规范化建设的意见》,针对组织设置、责任落实、换届选举、阵地建设、教育培训、发展党员、监督管理、党费收缴、组织生活、服务群众、党内关怀、党务公开、主题活动、品牌创建、经费保障15个方面,提出党支部规范化建设,把全面从严治党落实到区级机关每一个支部、每一名党员,贯穿到机关党的工作各个方面、各个环节。全面提升党支部的整体功能、党支部书记的责任担当及党员队伍的生机活力,为金坛推进两个加快、实现在苏南板块快速崛起提供坚强保证。

【"四有一责"党建示范点创建】 按照党支部规范化建设的要求,围绕"有担当作为的党员队伍、有功能齐全的活动阵地、有凝心聚力的主题活动、有影响广泛的服务品牌,强化党组织书记主体责任"的"四有一责"标准,开展区级机关第一批"四有一责"党建示范点评选活动,通过自评申报、审核推荐、评审等程序,评选出区委办党支部、区法院立案庭党支部等16个区级机关第一批"四有一责"党建示范点,并予以命名表彰。

【机关党建品牌创建】 围绕“树先锋形象、筑金沙精品、促和谐发展”目标，按照品牌特色鲜明、品牌标识形象、品牌理念深刻、活动载体丰富、党组织党员作用发挥好五个标准，开展机关党建品牌创建。各基层党组织紧紧围绕金坛两个加快大局、本部门重点工作、党组织自身实际、党建工作存在的重点难点问题，找准品牌主题，确定品牌名称、标识，共对91个品牌进行立项、推进实施。通过评估审核、听取汇报、实地察看、组织评比等程序，从91个品牌中评选出“巾帼心向党”“向日葵护苗行动”等20个优秀党建品牌，并予以命名表彰。 （新 玲）

台湾工作

【概况】 2017年，金坛区台办聚力“两个加快”，成功创建省级台商服务工作示范点，连续九年被国台办宣传局评为对台宣传先进单位。

【引资引智】 区台办积极与常州、武进、上海松江、厦门台协联系，不断向台湾各行业工会以及相关产业链中合作企业大力推介金坛，寻求产业合作互利，先后为开发区、薛埠、朱林、指前提供4条有效信息；12月25日，台湾行会专程赴金坛考察合作项目。协助江苏骏宏服饰有限公司等台企参加第二届大陆台资企业产品展销会，在大陆20多年后第二次举办的全国性台企展销会上展现出金坛品牌风采。成立台湾同胞投资权益保障协调委员会，由区委常委担任委员会组长，将区政务办等单位发展为成员，进一步为台商落户扩产提供“一条龙”便捷、及时、优质的服务。通过登门拜访、座谈等形式，向在坛重点台商台属递交《致海内外各界名士的一封信》，真情推介金坛，邀请台商台属参加金坛发展建设，为金坛发展出谋划策，走访相关名士7人，搜集“加快公共服务设施建设”“产城融合协调发展”等五大类10项政策性意见、建议。

【助创企业发展】 区台办注重深化“一台、一网、多重保障”服务体系，以“两岸一家亲”主题活动为载体，打造金坛台商联谊会与区顾问单位以及各协会的“互联网”，助力台商台企转型发展。2017年春节前夕，以文化传承为主题，组织金坛新生代书画家走进台企送文化，共同营造弘扬传统文化传承的良好氛围；二季度送政策，多次组织常州海关金坛综合业务科以及银行、金融机构负责人赴台企，就出口以及金融扶持政策等上门服务，扶助台企做强做大；二季度送科技服务，协同科技局、科协、人社、知识产权局等部门，利用清华博士团助力台企破解技术发展瓶颈；四季度为台企将来发展护航保驾，协同安监、环保等部门对台企规划发展作指导，对台企产能拓展，新厂房建设，新项目上马等在环评、安全设施等上门帮扶以及一对一帮扶。8月24日，金坛邮政储蓄银行与常州咏捷精密五金科技发展有限公司就协议贷款达成阶段性共识，助力常州咏捷精密五金科技发展有限公司加速提升产业效能；借力大学博士团为台企解决技术发展瓶颈。成立金坛区台资企业科技协会，以“龙城英才计划”等政策为引导，推动台资台属企业招贤纳智汇聚行业领军人才，不断掌握核心技术，为企业提供“智力”保障。对常州咏捷精密五金科技发展有限公司新投资项目，常州亚瑞过滤设备有限公司新合作项目协调区级及镇相关部门给予跟踪服务。

【台商精神家园建设新提升】 区台办注重台商精神家园建设，为台商打造“宜居、宜业、包容、认同”的营商环境和投资兴业热土。为在金坛台商组织庆生会，重大节日组织茶叙活动，举办中秋烧烤联谊，让台商感受“家”的温暖；台商子女入学享同城待遇，2017年9月开学季，台商子女从台湾转学以及入托都得以顺利解决。台商就医绿色通道覆盖全区，市民卡惠及台商，为台商集中申领驾照常态化。推动台企承担社会责任。2017年度“慈善一日捐”活动中，区台办与台资企业积极响应，江苏东禾电声配件有限公司、江苏帕卓管路系统股份有限公司、常州咏捷精密五金科技发展有限公司踊跃奉献爱心，共捐款3万余元，近年来累计捐款10万余元。

【对台联络联谊新拓展】 区台办加强与台湾台北同乡会联系，寄送贺年卡，通告金坛建设成就。向120余名台属联谊会成员致电问候，欢迎金坛籍在台后代返回金坛创业发展；高标准做好交流服务。3月16日，新北淡海扶轮社参访团一行10人到访。7月23—24日，台湾宜兰县壮围乡参访团到访。9月18日，台湾宜兰参访团到访。10月25—26日，中国国民党宜兰

11月8日，金坛台企参加大陆台资企业产品展销会 （台办 供稿）

县党部主委张建荣一行21人参访金坛,受到区委书记狄志强接见。先后为12个商务团队办理交流考察的申报工作。深化与宜兰县青工总会、台湾机械行业公会、台湾中华厦漳泉文化交流协会等交流互动。

【台商联谊会】 2月22日,金坛区台商联谊会举办"共谋发展话未来"活动,受区委常委、统战部部长孟敖祥委托,区台办主任张志荣参加活动,并激励在坛台商在"两个加快推进落实年"之际,深化转型谋发展,继往开来不断取得辉煌。6月9—11日,金坛区台商联谊会赴平潭综合试验区学习交流,与平潭综合试验区台商协会台商代表互动,谋求合作共赢。

【台属联谊会】 2018年新春佳节来临之际,对重点台属、困难台属计17户进行走访慰问,送去慰问金和慰问品,将节日的祝福和亲切的慰问送给重点台属及困难台属,确保他们过上一个愉快祥和的春节。

(薛　华)

信访工作

【概况】 2017年,区信访局受理信访总数1767件次,同比下降20.3%。其中,来访274批1358人次,同比批数下降15.1%、人次下降26.5%;集访47批1003人次,同比批次下降44.7%、人次下降31.3%;来信330件,网上投诉79件,同比增加10.8%。发生去省上访41批84人次,同比批数上升7.9%、人次上升25.4%。发生进京上访9人99人次,同比人次上升62.3%。收到申请复查60件,启动受理程序44件,不受理16件;复核12件。

【入户走访】 结合区"三大一实干活动",3月27日,区信访局变接访为下访,深入社区,在居民组长的带领下先后走访困难户、军烈属等150余户,共梳理意见建议31条,对其中群众反映的倾向性问题,在向相关部门及时进行反馈的同时,通过"阳光信访"平台,向相关部门进行转送交办,并跟踪办理落实情况,做到把"大走访"活动与信访工作相结合,建立线下线上协调联动机制,争取早日化解群众心中的"老大难",树立信访工作者为民务实的良好形象。

【入驻"新媒通"客户端】 根据国家信访局要求,全国信访系统须按照中央政法委统一部署,入驻政法新媒体矩阵,区信访局遵照省信访局下发的《关于市、县信访部门入驻"新媒通"客户端的通知》要求,及时上报"新媒通"拟注册人员统计表,并完成PC客户端及手机客户端的注册使用工作,以进一步整合新媒体资源,提升对互联网舆情的应对及管控能力。

10月25日,区委书记狄志强会见国民党宜兰县党部主委张建荣　(台办　供稿)

【推进信访积案化解工作】 区信访局为推动全区信访积案化解工作常态化开展,专门向区主要领导以及分管领导进行汇报。区领导高度重视,要求对全区重大复杂疑难信访突出问题实行包案,区四套班子领导人人参与、人人有任务,努力化解一批矛盾和积案;组织全区信访干部进行信访积案化解工作专题培训,对信访信息系统积案化解模块的操作使用以及如何规范办理越级进京访进行学习,努力提高区信访积案化解工作的整体水平。

【提高阳光信访信息系统办理效能】 4月27日下午,针对区阳光信访信息系统操作应用中存在的问题,区信访局举办全区阳光信访系统操作业务培训班,邀请常州市信访局人民建议征集办(网络信访处)主任屠岷对工作信访信息系统信访件规范办理流程进行详细讲解,并针对金坛区阳光信访信息系统及时受理率、群众满意度参评率等方面存在的主要问题作出剖析。通过培训,进一步规范办理流程,提高全区信访干部阳光信访信息系统的操作水平。

【完善硬件设施】 按照《关于开展争创"群众满意接访窗口"活动的实施意见》的要求,区信访局积极完善信访接待功能,提升接待服务水平。2017年接访窗口新增人员两名,确保接访窗口力量充足到位,同时推动领导班子成员轮岗接访值班,完善"领导带班、联合接访"的长效工作机制;规范权益保障卡发卡、录卡、办卡、督卡工作,引导群众依法逐级上访,同时接访大厅配备电子大屏,轮番播放相关法律法规,引导群众依法信访;设立金坛区"阳光信访"自助平台,将行政机关办理信访事项的全过程置于群众的监督之下,为群众营造公正、透明的信访环境;配备老花镜、饮水机、便民箱、休息座椅等各类人性化设施,最大限度为来访群众提供便利。

【郎溪县信访局考察交流区信访工作】 6月14日,安徽省郎溪县信访局李军局长等一行4人到金坛区考察交流信访工作,区信访局局长朱国杰陪同。考察组先后参观区综治中心服务窗口、信访接待大厅、各信访职能科室、荣誉展示墙等,并与区信访局主要领导就近期信访工作情况进行座谈交流。

【信访干部党性素质能力培训】 6月17—23日、7月8—14日,区信访局组织局机关以及各镇(街道)信访干部分两批参加常州市信访局举办的信访干部党性素质能力教育培训班。为期七天的培训,以延安精神为主线,通过专家讲授、情境体验、实地讲解、现场教学、讨论交流等多种形式,感受革命先烈艰苦奋斗历程,帮助全区信访干部坚定理想信念,提高解决疑难复杂信访问题的能力和水平,增强做好当前信访工作的信心。 (仲 霞)

老干部工作

【概况】 2017年,全区老干部工作围绕中心,服务大局,切实加强老干部的服务和保障,落实两个待遇,加强两项建设,不断提升服务老干部工作科学化水平,发挥老干部的独特作用,为全区推进"两个加快"作出积极的贡献。区委老干部局被省委组织部、老干部局、人力资源和社会保障厅评为老干部工作先进集体。

【离退休干部大走访】 3月份,区委老干部局结合全区"三大一实干"活动,组织工作人员分成三组对全区四套班子老领导和离休干部走访慰问120余人。通过走访,进一步完善离退休干部一人一表基本信息,征求工作意见,形成调研报告,逐条解决落实。除走访本市区老干部外,还专程赶赴苏州、常州等地走访慰问金坛籍5名老干部,将党组织的温暖和家乡人民深情厚意送到老干部家中。

【出台离休干部医疗补充政策】 为进一步落实好老干部医疗保障政策,切实做到老有所养、病有所医,经区委老干部工作领导小组研究,报请区委同意,9月出台《金坛区区属离休干部医药费统筹管理补充意见》,调整门诊医疗周转金和节约奖励政策;对住院医疗自费部分给予补助。2017年度离休干部医疗费用共节约奖励30.5万元,住院大病补助15.05万元,切实解决老干部的医疗负担;组织离休干部健康体检。2017年对全区所有离休干部(包括区管、直属单位和异地安置)和退休四套班子老领导组织体检,共有78人参加,邀请专家面对面解读报告,受到老干部广泛好评。区委老干部局还会同医保中心对4名离休干部的"三无"遗属办理医保卡,使他们的医疗问题得到落实。

【落实"两项待遇"】 区委老干部局坚持每年两次情况通报制度,邀请区委领导向老干部传达文件精神和通报经济社会发展情况。邀请老干部参加重要会议和重大活动,组织四套班子老领导参加区人代会、政协会,让老干部参政议政,凝聚共识,建言献策。落实离休干部生活待遇。要求有关部门按照上级文件规定,对离休干部的生活补贴及政策性经费进行检查,确保及时足额发放。及时与区人社局沟通了解2017年离休干部补贴发放情况,督促人社局及有关单位及时发放到位。对遗属生活费按月足额发放。开展一年一度的重阳节"情暖老干部"走访慰问活动。局领导先后慰问生病住院的老干部30余人次;上门走访、慰问易地安置离休干部、生活困难离休干部及遗孀近200人次;吊唁慰问离休干部及家属19人。春节前,协助区委领导走访慰问住院的老干部,并对生活困难的离休干部遗孀进行走访慰问,将党组织的温暖送到老干部的心坎上。协调区政府办新增离退休干部服务用车一辆,更好保障老干部工作用车。

【加强政治思想建设】 区委老干部局组织广大离退休干部深入学习党的十九大会议精神,学习党的十八届五中、六中全会和习近平总书记系列重要讲话及在全国老干部工作"双先"表彰会上的讲话精神,采取座谈讨论、报告会、培训班、业务辅导等多种形式开展老干部学习活动。协调区委宣传部、广播电视台等有关部门为全区副科级以上领导干部赠送《金坛时报》930份、《金沙视听》160份;为全区各离退休干部党支部订阅《离退休干部党支部学习参考》65份;为全区离退休干部订阅《银潮》杂志1334份,受到广大离退休干部的欢迎。举办法律维权、应急救护、养生保健等知识讲座,使老同志了解法律权益知识和基本救护技能。

【老干部服务全区"两个加快"】 区委老干部局发挥老干部的政治优势和经验优势,为全区经济社会发展建言献策。组织老干部两次对全区工农业和城乡建设就近实地参观考察。5月上旬,组织原四套班子老领导视察直溪镇经济社会文化事业发展情况,实地考察工业园区、敬老院和新农村建设示范点,老领导们对直溪镇近几年的发展变化给予充分肯定,并对保护建昌红香芋品牌、发展红色旅游和建昌圩文化等提出宝贵意见。11月上旬,组织老干部视察金坛部分民生工程,先后实地察看新图书馆、段玉裁中学、新建人民医院、长荡湖水厂、滨湖新城钱资湖观光带等项目建设情况。老领导们对加强医疗保障、完善城市功能、加快老城区改造、养老涉老设施建设、饮用水源环境治理、大力吸引社会资本等方面,向区委、区政府提出许多积极的意见和建议。政府部门组织四套班子老领导参加新老城更新改造规划座谈会,老领导就老城改造规划发表各自的意见和建议。区农研会的老干部还深入区镇和有关部门搞调研,对区农业专业合作社、集体经济合作社、实现现代农业、科技人才队伍建设等课题先后写成32篇调研文章,并在省级刊物发表11篇、常州市级报刊上发表22篇,对推动农业发展起到积极作用。

【老干部为建设文明和谐金坛作表率】 区委老干部局注重发挥老干部的专业特长,鼓励他们继续在各个领域从事技术工作、著书立卷、参与党风廉政建设、维护社会治安、创建文明村镇,得到干部群众和社会各界的一致好评。在老干部中开展“我的家风家规故事”征文活动,共收到38篇征文,其中12篇被评为优秀征文。引导鼓励老干部在服务“三农”和社会文化建设中发挥自身优势,为推动金坛新跨越出谋划策,凝心聚力,展现独特价值,真正老有所为。老干部诗文协会袁习生获评“常州市十佳老有所为人物”。

【关心青少年健康成长】 区关工委围绕“三史”(党史、国史、军史)在青少年中开展思想道德教育,编写10多篇宣讲材料,印发上万份到各个中小学校,并请五老志愿者到学校给学生进行宣讲,听课学生达1万多名。区退休干部周尚达与老年书画协会举办“热血铸忠魂”百名英烈图片展,5000多名学生参观展览。退休干部毕东升在东城街道金河社区举办抗日英雄薛斌故事会等。

【开展丰富多彩的老干部文体活动】 围绕“喜迎党的十九大”和建军90周年开展丰富多彩的文体活动。5月上旬,区老干部艺术团在第二届常州市合唱大赛中,荣获中老年组铜奖。9月中旬,老干部局会同区级机关工委联合举办喜迎十九大—沈殿福纪念毛主席藏品展。10月中旬,组织老干部举办“喜迎党的十九大—老干部书画、摄影、集邮联展”。组织金坛、溧阳、武进三地老干部门球联谊赛和老干部门球流动红旗月月赛;举办老干部象棋赛,协助老年体协举办全区老年人象棋、围棋比赛。

【举办喜迎十九大老干部广场文艺演出】 9月下旬,区委老干部局会同区委宣传部、区老龄办联合举办“喜迎党的十九大、豪情满怀向未来”老干部广场文艺演出。区领导陈锁龙、刘明江、朱亚群等与600多名市民一起观看演出。晚会共演出大合唱、独唱、舞蹈等13个节目,表达广大老干部、老同志对党、对祖国的无比热爱,激发全区党员干部为实现“苏南板块快速崛起”再作新贡献的革命热情。

【举办常州市三区老干部书画作品展】 4月下旬,常州市金坛、天宁、钟楼区委老干部局及三区老干部书画协会联合举办“喜迎党的十九大”老干部书画作品展在坛举行,三区的原四套班子部分领导、书画协会会员及书画爱好者200余人参加。书画作品展共展出80幅,其中书画法作品49幅,美术作品31幅,都是出自三区离退休老干部书画爱好者之手。作品格调高雅、健康向上,书法作品真、草、隶、篆各体俱全,美术作品山水、花鸟等内容多样,意境美好,表现形式丰富多彩,具有一定的思想性和艺术水准。

【离退休干部党组织创先争优获常州表彰】 金坛区发改委老干部党支部获评2017年度常州市“五好示范”离退休干部党支部;金坛区粮食局离退休老干部党支部、文广体局老干部党支部获评2017年度常州市“五好”离退休干部党支部。金坛区西城街道朱庄社区被命名为2017年度常州市社区离退休干部党建工作示范点。

(张 丹)

机构编制工作

【概况】 2017年,全区紧扣机构编制工作重点,细化工作目标,聚焦区委、区政府中心工作,适应新时期机构编制工作新常态,深化流程管理,不断加强机构编制管理,有序推进各项改革,为全区经济社会发展提供行政体制和机构编制方面保障。

【深入推进行政审批制度改革】 5月4日,区编办协助召开全区深化行政审批制度改革工作会议,区编办与金坛开发区、区政务办、常州市公安局金坛分局、区市场监管局等5家单位就深入推进行政审批制度改革作交流发言。会后印发《关于深化行政审批制度改革加快简政放权激发市场活力的意见》,对全区行政审批制度改革提出十八条改革任务,明确责任部门和时间节点。

【构建“不见面审批(服务)”机制】 6月15日,经区政府常务会议审议通过,区政府办公室出台《常州市金坛区推进“不见面审批(服务)”改革实施方案》,制定并公布区级第一批“不见面审批(服务)”事项清单。首批“不见面审批(服务)”事项清单涉及14个部门,62项事项;“见一次面审批(服务)”事项清单涉及22个部门,320项事项。10月份,区编办按照上级要求对不见面事项进行再次梳理,除法律法规明确规定必须见面的事项外,一律按照不见面进行办理,调整后不见面事项数量占总事项数量的93%以上,超额完成全省80%事项不见面的任务。

【优化建设项目审批服务机制】 区编办将“全面推行投资项目‘代办制’,在开发区试点区域评估,优化项目审批服务机制”列入全区全面深化改革工作重点任务清单,制定出台《常州市金坛区人民政府关于印发全区重点建设项目审批服务代办制实施办法的通知》,建立专业的镇(街道)代办队伍,对全区所有工业建设项目实行全程无偿代办。全面推进“五联合一简化”机制,重点推进联合审图,加快数字化联合审图的平台建设,拟定《关于在飞荣达高导材料科技园进行区域评估试点工作的方案》(征求意见稿),由开发区牵头,全面简化能评、环评、稳评等区域性评估评审,压缩审批时间,节约审批费用。

【推进"3550"改革】 为进一步优化全区营商环境,提升政务服务质量,全面完成全省"3个工作日开办企业,5个工作日领取不动产权证,50个工作日办理施工许可证"任务目标,区编办先后多次召开"3550"改革推进会,通过优化审批流程、推进并联审批,加强前期指导,设立代办窗口和综合窗口等方式,全面推进全区"3550"改革工作。经政府常务会议审议通过,出台《开办企业流程优化方案》《办理不动产权证流程优化方案》和《领取工业建设项目施工许可证流程优化方案》,审批环节、审批材料、审批事项得到大幅度精简。先后完成国务院第四次大督查关于营商环境三项重要指标案例和2017年度"3550"目标完成情况的上报工作。

【落实综合行政执法体制改革】 为进一步创新和完善行政执法体制机制,加强事中事后监管,经区政府常务会议审议通过,区政府出台《常州市金坛区人民政府关于开展综合行政执法体制改革试点工作的实施意见》,对部门内部综合执法改革、层级优化改革、跨部门综合执法改革、区域综合执法改革等四方面提出相关要求,重点推进城乡建设、交通运输、农林管理、城市管理等方面的综合行政执法工作。2017年,对全区14支执法队伍开展综合行政执法体制机制创新改革评估工作,结合承担行政职能事业单位改革对交通、农林等部门进行的综合执法体制改革,实现一个部门"一支队伍管执法"。出台《常州市金坛区区级机关随机抽查事项清单》,明确全区21家单位147项随机抽查事项,2017年在劳动监察、公共卫生领域率先运用常州市双随机抽查监管平台开展抽查工作。

【机构整合职能优化】 2017年,全区共召开三次编委会,研究审议59项机构编制事项。将原发改委、政府办的电子政务职能调整到政务办,组建区电子政务中心,负责全区电子政务系统的维护和建设开发等工作;梳理区财政、住建委、国土局、农工办等部门相关公共资源交易的职能,成立区公共资源交易中心,负责全区的公共资源交易统筹管理;成立区公共服务中心,负责全区热线服务管理。配合纪委推进监察体制改革,做好巡察办、巡察组和派驻机构的调整,对全区涉改部门的职数、编制等进行重新明确;重新制定经济开发区、东城街道、尧塘街道的"三定"(定职能、定机构、定编制)方案,对主要职责、机构设置、人员编制等都进行重新梳理,理顺管理体制,激发改革活力;明确区供销合作总社、区人民医院、区中医医院、华罗庚中学、区第一中学、区中等专业学校等单位机构规格,畅通全区专业人才的流动和资源优化;成立区机关事务管理中心、区建设工程管理中心等,在确保不突破全区编制总量红线的前提下,充分运用机构编制资源的杠杆作用,将编制资源向经济领域、一线部门倾斜。

【事业单位法人年度报告公示】 2017年,区编办下发《关于做好2016年度事业单位法人年度报告公示工作的通知》,按照《事业单位法人年度报告公示办法(试行)》和《事业单位法人公示信息抽查办法(试行)》有关规定,自2017年起对常州市金坛区属事业单位实行年度报告直接公示。2017年度,共有367家事业单位登记,除3家2017年度新设立单位无需年检,其余364家全部于2017年3月31日前年检完成并对外公示,年度报告公示完成率100%。共完成事业单位变更登记129家,设立登记9家,注销登记4家。

【事业单位信用监管体系建设】 2017年,区编办在全区开展事业单位信用等级评价工作。在区事业单位登记管理局登记的事业单位法人均需参加信用等级评价,并依托"金坛区事业单位信用等级评价系统"开展评价工作。经过事业单位自评、举办单位评分、监管部门评分等相关工作程序,汇总事业单位的信用评价得分情况等相关信息,初步确定信用等级,并将初评结果反馈事业单位,事业单位对评价情况有异议的,可申请复核,经复核无误后正式确定事业单位信用等级。12月底前确定最终信用等级评价结果,并按照分级分类方法将事业单位信用等级评价结果在政府门户网站等媒体向社会公示。

【承担行政职能事业单位改革】 根据中央、省、常州市的统一部署,区编办开展承担行政职能事业单位改革工作。2017年,《常州市金坛区承担行政职能事业单位改革试点实施方案》经区委区政府同意下发,涉及到全区15家事业单位,其中,1家只转职能不转机构;14家行政职能划入主管部门转为内设机构。改革完成后,撤销事业机构9家,其中,副科级事业单位4家,科级以下事业单位5家;增设副科级事业单位3家。全区不再保留承担行政职能的事业单位,不再新设承担行政职能事业单位或者将新的行政职能赋予事业单位。

【事业单位编制管理】 2017年,区编办经区编委会同意,出台《关于创新公立医院人员编制管理的实施意见》,开展公立医院备案制管理工作,探索推动教育人事制度改革,破解公办幼儿园教师编制瓶颈,解决学前教育资源配置不均衡、编制供需矛盾突出、教师专业素质不强等问题,促进学前教育健康持续快速发展,探索幼儿园教师员额制管理工作,对全区公办幼儿园进行调研,拟定《关于开展公办幼儿园教师员额管理试点的实施意见(初稿)》,征求相关部门的意见。

【保险审核工作】 区编办以人事编

制实名制系统为依托,配合完成全区机关事业单位人员养老保险审核工作。4月底,完成全区近400家机关事业单位,1.2万多名在编人员全部养老保险审核。

【机构编制实名制管理】 2017年,区编办根据《常州市金坛区控编减编工作方案》,严格落实机构编制实名制管理制度,把握编制底数,并实行编制动态管理,日常做好流动人员及信息变动人员入编入库上册,每月梳理一次在岗人员,做好一月一报,每季度编制一次常州市金坛区机构编制手册,及时做好职务上报审核入库。对满编和超编机关事业单位实行红线管理从严控制,联合组织部、人社局、财政局拟定《关于进一步加强机关事业单位机构编制和人员管理的实施意见》,对各单位机构编制运用、人员进出管理等都作规范性要求,理顺人员流动的秩序,初步建立人员进出管理制度,通过制度规范强化人员编制管理。

(山　杰)

(编辑　刘士科)

雏鸡　　（范石甫　创作）

常州市金坛区人大常委会

综　述

【概况】　2017年1月初，金坛区第十七届人民代表大会召开第一次会议，听取和审议区人大常委会、区人民政府、区人民法院、区人民检察院工作报告，审查和批准区国民经济、社会发展年度计划和财政预算，并分别作出相应决议，依法选举区人大常委会主任、副主任和委员，区政府区长、副区长，区法院院长、区检察院检察长，以及出席常州市第十六届人民代表大会的代表。表决通过法制委员会、财政经济委员会主任委员、副主任委员和委员。全年共召开6次常委会会议和12次主任会议，听取和审议区人大常委会有关工作机构、政府、法院、检察院工作报告37项，通过决议、决定5个，依法任命干部60人次，免去职务20人次。督办代表建议195件，处理群众来信来访40件次。

区人大常委会坚持用习近平总书记系列重要讲话和中共十九大精神武装头脑、指导实践、推动工作，深入推进“两学一做”学习教育常态化制度化，自觉地把区委重大决策部署贯穿到人大依法履职的全过程、各方面。坚持法治导向、发展导向、民生导向、问题导向，认真履行宪法和法律赋予的职责，在促进区域发展、推进法治建设、维护群众利益、发挥主体作用、提升履职能力等方面作出重要贡献。组织人大代表进行考察、调研、督查活动，促进和推动“一府两院”（政府、法院和检察院）依法行政、公正司法，增强人大代表履职的责任感和使命感。加强规范性文件备案审查工作，拓展人大常委会监督范围，增强法律和工作监督实效。

重要会议

【金坛区第十七届人民代表大会第一次会议】　2017年1月4—7日在金坛市民中心举行。会议听取和审议沈东所作《区政府工作报告》，审议发改委提交《金坛区2016年国民经济和社会发展计划执行情况与2017年计划安排意见的报告》和财政局提交《金坛区2016年财政预算执行情况和2017年财政预算草案的报告》，审查和批准区2016年国民经济和社会发展计划执行情况与2017年计划，区2016年财政预算执行情况和2017年财政预算。听取和审议于炳才所作《区人大常委会工作报告》、宋文良所作《区人民法院工作报告》、王强所作《区人民检察院工作报告》，会议就相关工作报告分别作出决议。

大会主席团通过议案审查委员会主任委员李留清所作《关于议案的审查报告》和财政预算审查委员会主任委员王新辉所作《关于财政预算草案的审查报告》。大会共收到代表提出的建议、批评和意见195件，其中包括经审查不具备立案条件，均作为建议、批评和意见处理的12件议案。

大会通过《金坛区第十七届人民代表大会第一次会议选举办法》《关于两个专门委员会组成人员人选的通过办法》，选举王跃中为区人大常委会主任，刘东升、王艳红、王新辉、冯锁强为副主任，王涛等26人为委员；选举沈东为区政府区长，陶伟、刘明江、周新生、王晓航、周文俊、朱霞为副区长；选举宋文良为区法院院长、王强为区检察院检察长；选举丁杰等54人为金坛区出席常州市第十六届人民代表大会代表。表决通过刘东升为法制委员会主任委员，陈建平等6人为副主任委员和委员；表决通过王新辉为财政经济委员会主任委员，吴文琴等6人为副主任委员和委员。

【金坛区第十七届人大常委会会议】　全年共召开6次常委会会议，听取和审议区人大常委会、区政府、区法院关于政府半年工作、财政预算执行、财政决算、全域旅游、知识产权战略实施、饮用水源地保护、健康金坛、2016年度环境状况和环境保护目标、为民办实事、代表建议办理、区十七届人大二次会议筹备工作等情况的汇报。评议区市场监管局、区教育局、区城管局两年来的工作情况。专题询问“金沙老城改造更新工作”。听取和审议《中华人民共和国旅游法》《中华人民共和国律师法》《中华人民共和国水污染防治法》《中华人民共和国行政诉讼法》贯彻实施情况的汇报。

常委会分别通过《金坛区人大常委会议事规则》《金坛区人大常委会2017年工作要点》《金坛区第十七届人大常委会代表资格审查委员会组成人员名单》《金坛区第十七届人大常委会各工作委员会组成人员名单》《关于区属国有公司投资基础设施建设项目收益获取事宜的若干意见》,作出《关于将区人大常委会内务司法工作委员会更名为区人大常委会法制和内务司法工作委员会的决定》《关于批准金坛区2016年财政决算的决定》《关于批准2017年本级政府支出预算调整的决定》《关于接受刘斌、刘国荣两同志辞去常州市金坛区第十七届人民代表大会代表的决定》《关于召开常州市金坛区第十七届人民代表大会第二次会议的决定》。

根据区人大常委会主任、区政府区长、区法院院长、区检察院检察长提请,全年共任命国家机关工作人员60人次,其中包括任命王延胜、凤启龙、王斌为副区长,免去职务20人次。组织宪法宣誓60人次。

【金坛区第十七届人大常委会主任会议】 全年共召开12次主任会议,分别听取"一府两院"关于加快推进工业企业质量标准和品牌建设、交通路政执法、社区戒毒(康复)、执法监察、宗教工作、农村村级集体经济发展、茅山旅游大道建设、学前教育规范化管理、公益诉讼试点改革、区属国有企业改革发展等10个专题工作报告。

重要工作

【督办常委会审议意见、工作建议及代表建议、批评和意见】 全年共下发23份审议意见书和工作建议书,"一府两院"分别在规定期限内作出答复和反馈,常委会对审议意见和工作建议落实情况进行满意度测评,取得较好成效。对区第十七届人大一次会议期间代表提出的195件建议,及时转交"一府两院"办理,并出台督办意见。选取12件建议作为常委会主任领衔督办件,常委会领导带队深入承办重点部门,听汇报、督进度、解难题,促进部门和代表的见面沟通以及问题的有效解决。对3件重点建议分别列入常委会会议和主任会议议题,组织专题审议、专题询问、专题视察,进行重点督办。所有建议均在规定时间内办理完毕,代表对建议办理满意率100%。

【专题询问】 2017年,区人大常委会按照区委改造更新金沙老城、开发建设滨湖新城的要求,围绕"金沙老城改造更新工作"开展专题询问,在深入调研基础上,常委会组成人员和人大代表围绕道路交通、管网改造、老小区整治、环境提升、城市管理、资金保障等13个方面的问题,向区政府及住建、城管、规划、金城镇、东城街道、西城街道、老城改造办等单位主要负责人进行现场询问,有问有答,良性互动,全程录播,反响较好。会后督促政府整改落实,定期汇报进展情况,切实做到有询问、有答复,有承诺、有结果。

8月25日,金沙老城改造更新工作专题询问会(人大 供稿)

【评议部门工作】 2017年,区人大常委会分别对区市场监管局、区教育局、区城管局开展工作评议。通过听取专题工作汇报、走访服务对象、实地察看、问卷调查、个别谈话等多种方式,全面了解被评议部门工作情况,并进行满意度测评。通过开展工作评议,推进政府部门改进作风和提升效能,增强常委会监督的广度、深度和力度。

【督查民生实事】 2017年,区人大常委会高度关注社会民生事业。12月8日,对全年度区政府确定的教育利民、文卫事业、社会保障等十大类为民办实事项目推进情况开展集中督查,主任会议听取专题汇报,促进民生实事加快落实,增强群众的获得感、幸福感和安全感,不断发挥人大在改善民生中的积极作用。

【人大代表论坛】 2017年,区人大常委会创设"人大代表论坛"学习交流提升平台。8月5日,邀请省人大常委会原副主任柏苏宁为在金坛的600余名四级人大代表作专题辅导,潘小平等5位来自不同战线和岗位的人大代表现身说法、交流经验,增强代表对人大工作的认知感、代表职务的责任感、履职行权的使命感。

【人大讲堂】 2017年,区人大常委会创设"人大讲堂"学法用法宣法平台,全年共举办8讲,邀请国内知名专家学者、业务骨干就禁毒及社区戒毒(康复)工作、江苏省水污染防治及饮用水源地保护、行政诉讼法等内容作专题辅导,帮助常委会组成人员、机关干部开阔视野、更新知识、提升能力。

【走访服务选民月】 2017年，区人大常委会研究确定每年11月为“走访服务选民月”。按照“五个一”要求，在“人大代表之家”与选民进行一次座谈、组织部分代表开展一次“代表向选民述职”活动、为原选区办一件力所能及的实事、走访和帮助一户困难群众、撰写一条高质量的代表建议。区、镇两级人大代表纷纷回原选区察民情、听民意、解民忧，走访选民3531户，收集建议699件，为民办实事393件，慰问困难群众357户。有155名代表向选民进行述职。

3月23日，全国人大副委员长张宝文视察农业机械化建设 （人大 供稿）

【全国人大和市、县人大领导到金坛调研和考察】 2017年3月23日，全国人大常委会副委员长、民盟中央主席张宝文到金坛考察农业机械化建设情况。3月30日，常州市人大常委会副主任白云萍到金坛调研新一届区人大工作。4月7日，句容市人大常委会副主任黄培到金坛调研城市公园建设工作。4月18日，如东县人大常委会副主任徐鸿斌到金坛考察农产品质量安全工作。5月9日，常州市人大常委会副主任白云萍组织市人大离退休老干部到金坛参观考察。5月10日，启东市人大常委会副主任张卫生到金坛考察基层卫生能力建设工作。5月11日，兴化市人大常委会副主任常传林到金坛考察水利建设工作。5月24日，常州市人大常委会副主任蒋自平到金坛调研年度环境状况和环境保护目标完成情况。5月24日，山东省新泰市人大常委会主任马秀义率团到金坛考察园区建设、重点项目招引工作。7月4日，常州市人大常委会副主任陈建国到金坛调研全区宗教工作情况。7月11日，常州市人大常委会副主任陈建国到金坛开展大走访活动。7月17日，常州市人大常委会副主任李小平到金坛调研上半年经济运行情况。8月16日，常州市人大常委会副主任李小平到金坛调研社保基金收支、管理和监管检查情况。9月6日，安徽省宁国市人大常委会副主任凤璟到金坛调研华罗庚纪念馆建设工作。9月18日，常州市人大常委会副主任白云萍、李小平到金坛调研新型农业经营主体发展情况。11月7日，阜宁县人大常委会人事代表工委到金坛考察学习“人大代表之家”建设情况。11月14—15日，陕西省宁陕县人大常委会副主任马先友到金坛考察美丽乡村和专业合作社工作。11月23日，青海省海东市人大常委会副主任王海德到金坛考察学习现代农业和生态环境保护工作。

（吴 强）

（编辑 李华琴）

常州市金坛区人民政府

重要会议

【区人民政府全体(扩大)会议】 2017年,金坛区人民政府召开组成人员全体(扩大)会议1次,研究讨论《政府工作报告》,布置全区经济发展、城乡建设、民生实事等重点工作,并就加强干部队伍作风建设等作专门部署。

【区人民政府常务会议】 2017年,金坛区人民政府召开常务会议15次,发会议纪要15期。研究讨论年度政府工作报告,讨论年度经济和社会事业工作目标、意见、考核办法及考核情况,贯彻落实上级会议及各类文件精神。研究通过一批规范性文件。包括设立区政府法律顾问委员会,“两减六治三提升”(减煤炭消费总量、落后化工产能;治水环境、生活垃圾、黑臭水体、畜禽养殖污染、挥发性有机物、环境隐患;提升生态保护水平、环境经济政策调控水平、环境执法监管水平)专项行动实施方案,金坛区“城市管理强基年”行动方案,金坛区城区建筑垃圾管理暂行办法,金坛区国有林场改革实施方案,金坛区推进“不见面审批(服务)”改革实施方案,金坛区知识产权强区建设实施方案。制定各类政策规划。包括制定2017年经济发展主要目标任务、政府性投资项目实施计划、重点产业项目实施计划清单,政府投资项目审计监督办法等,完善常州江东环境科技有限公司、江苏金坛滨湖新城开发建设有限公司组建和运营等机制。完善社会保障制度。包括提高城乡居民基础养老金标准,调整被征地农民养老补助金标准,提高全区城乡低保、农村五保供养、城市三无老人供养、孤儿养育和困难群众医疗救助标准方案等。

【区人民政府区长办公会议】 金坛区人民政府全年召开区长办公会议14次,发会议纪要14期。研究讨论金坛区2017年度巡游出租汽车更新换型实施方案,东方盐湖城品牌宣传有关事项,江苏省华罗庚中学滨湖校区等10所学校投资建设方案,加快推进常州金远药业制造有限公司上市工作协调,金坛区推进城乡义务教育一体化促进优质均衡发展、学前教育工作整改方案等,听取金坛区十七届人代会一次会议目标任务完成情况汇报,政府性存量资产梳理情况汇报等。

重要工作

【“两个加快推进落实年”动员大会】 2月4日召开会议通过表彰奖励,动员全区上下进一步苦干实干加油干,加快项目引进、加快项目建设,为金坛在苏南板块快速崛起夯实基础。

【信维通信江苏科技园项目奠基】 9月28日,总投资62亿元的信维通信江苏科技园项目开工建设。该项目总用地面积73公顷,打造国内最强、世界一流的音射频零部件研发和生产基地,全面达产后可实现年销售收入200亿元。

【“两节一会”精彩绽放】 10月22日,在长荡湖水街举办第八届文化艺术节、第五届中国·长荡湖湖鲜美食节、2017中国(长荡湖)休闲湖泊峰会。以“风雅金坛·水韵长荡”为主题,以“文化+旅游+农业+创意”融合模式,共举办22大类活动,每年都吸引近10万群众踊跃参与,成为金坛百姓的文化盛会。

【滨湖商务中心奠基】 11月18日,滨湖商务中心正式奠基。项目强调开放空间的创造,充分整合城市资源,打造绿色生态、可持续发展的城市绿岛。该项目集办公智能化、楼宇设备自动化、火灾自动报警和消防联动控制智能化为一体,全面提升科技品质,充分体现以人为本的各种需求。

【金沙科技金融中心、华罗庚中学滨湖校区正式开工】 12月28日,常州市金沙科技金融中心、江苏省华罗庚中学滨湖校区举行开工仪式。按照“高起点规划、高标准推进、高品质建设”的理念,打造国际化的五星级酒店、品质化的商务办公、个性化的城市公寓、功能化的精品商业街区，建成后的校区将古典学术氛围与现代园林景观融为一体，打造金坛的新名片。

（吴 锦）

政务服务

【概况】 2017年，金坛区政务服务管理办公室（以下简称区政务办）推进简政放权、优化服务环境，深化行政审批制度改革，加快政务服务体系建设，切实打造“一流的服务、一流的效能、一流的形象”政务服务平台。

政务服务中心全年共办理各类行政审批服务事项83.05万件，比上年增长23.95%，其中即办件72.29万件，占87.04%，增长24.09%。公共资源交易中心共完成交易总数1102项，交易总额343.99亿元，节约金额13亿元，土地溢价25.18亿元。“12345”热线受理各类诉求共计5.01万件，办结率95.2%，满意率97.5%。2017年9月，区政务办被中国政博会授予中国政务服务行政审批改革创新奖。

区政务办获第二届“中国政务服务行政审批改革创新奖” （政务办 供稿）

【行政审批制度改革】 制定区“3550”流程优化方案，基本实现3个工作日完成企业注册、5个工作日完成办理不动产权证和50个工作日完成施工许可证领取。

【窗口整合】 分别在市场监管局窗口设立“企业登记专窗”、不动产登记中心窗口设立“不动产登记交易专窗”、政务服务中心设立“工业50专窗”，解决群众找窗口难、楼上楼下往返跑的麻烦。

【重点项目服务】 区政务办对金坛区列为省、市的16个重点项目开展挂钩服务，实施“挂图作战”，定期汇总重点工业项目审批进度，解决项目推进过程中的难点、困点。起草并报区政府下发《重点建设项目审批服务代办制的通知》，全面加强项目审批服务全程代办工作。优化竣工联合验收、政府性投资项目流转流程，加快项目实施、竣工进程。全年对17个重点工业项目进行竣工联合验收，23个政府性投资项目进行联审联办与协调。

【公共资源交易体制机制改革】 3月，涉及工程建设项目招投标、土地使用权出让、政府采购和农村产权交易四大公共资源交易业务的操作和监管人员，进驻公共资源交易中心办公，实行统一管理、统一考核。建设电子全程监控系统，开标室、评标室均有全方位、全过程的监控，并以项目为单位进行实时备份，确保重要数据的长期保存，为监管部门的后续监管提供完整的历史数据。

【网站建设】 2017年完成外网改造工作，86个单位及144个村（社区）全部与省电子政务主干网贯通，省、市、区三级电子政务应用正常运行。“中国·金坛”政府门户网站于12月15日正式上线运行，集中资金、人才、技术，办好一个群众满意、质量上乘的具有公信力的政府门户网站成为现实。

【“12345”热线资源整合】 10月，区“12345”热线完成热线系统数据与省市平台的对接整合接入，完成“所有服务工单签收时间为1小时，咨询类服务工单办结时限为3个工作日，其它类型工单办结时限为5个工作日”的目标任务。涉及政府各职能部门的非紧急政务热线与“12345”热线逐步整合到位，公务用车、行政执法车辆的监督号码统一使用“12345”。在金坛电视台“第一时间”栏目专门开辟“连线12345”板块，反映12345热线受理办理群众诉求的情况，提升热线的影响力。 （沈 峰）

政府法制

【概况】 2017年，区政府法制工作根据“接轨常州主城区、推动发展新跨越”的战略部署，以依法行政为抓手，深入推进法治政府建设。5月，结合金坛区实际，研究制定印发《2017年常州市金坛区法治政府建设工作计划》，明确工作目标、细化工作任务、落实工作责任。5月，组织召开全区依法行政工作会议，回顾总结了上年度依法行政工作情况，部署2017年依法行政工作。6月，印发《关于开展2017年度全区行政执法案卷评查工作的通知》，加强对依法行政工作和法治政府建设工作的督查和指导，对各行政执法部门依法行政工作进行督促落实，研究存在的问题和工作措施，确保各项工作落到实处。完善法律顾问制度，发挥政府法律顾问委员会在参与招商引资、规范性文件审查、重大经济项目谈判、合同审核等方面作用,协助区政府做好重大决策、重大行政行为的法律咨询和论证。

【规范性文件管理】 2017年,区政府法制部门加大对规范性文件制定关键环节的管理力度,制定规范性文件应当经过立项、文件草案公开征求意见、合法性审查、集体审议决定等程序。凡决定公布实施的规范性文件,文件公布日与正式施行日之间必须间隔30日以上,并且统一编规。年内,金坛区出台《常州市金坛区城区建筑垃圾管理暂行办法》《常州市金坛区政府投资项目审计监督办法》。6月,印发《关于开展规范性文件清理工作的通知》,对2003—2016年间区政府及各部门、各镇(街道、园区)制发的规范性文件进行清理。清理期间共收到228条初步清理意见和建议,经区政府法制部门审查研究,形成清理意见并制作拟废止或失效的规范性文件目录、拟继续有效的规范性文件目录、拟修改规范性文件目录,经区政府审定,12月14日公布清理结果。

【行政复议与行政诉讼】 2017年,区政府法制部门认真贯彻落实《行政复议法》和《行政诉讼法》等法律法规,充分发挥行政复议和行政诉讼在行政监督、解决行政争议、化解人民内部矛盾和维护社会稳定方面的重要作用。为方便群众申请行政复议,区政府法制部门积极与区政务管理办公室沟通、协调,6月7日在区政务服务中心设立行政复议受理窗口,取得良好的社会效果。全年共收到涉及公安、市场监管、劳动与社会保障、城市管理等多个领域行政复议案件43件。其中,受理34件,不予受理9件。经复议决定维持6件,驳回申请人请求14件,申请人主动撤回复议申请而终止9件,确认违法3件,转送常州处理2件。对人民法院受理的行政诉讼案件,认真做好举证、答辩等各项工作,努力维护政府依法行政形象。加强对部门和镇(街道)行政诉讼案件的应诉指导。全年以区政府为被告的行政诉讼案件共12件,无一败诉。

【行政执法监督】 2017年,区政府法制部门根据年度工作重点,采取有效措施,加强行政执法监督检查力度,规范行政执法行为,贯彻实施《江苏省行政执法证件管理办法》,依法清理不符合规定的执法主体和执法人员,确认并向社会公告行政执法主体,坚决杜绝不具备执法资格的单位和人员从事行政执法工作。加强行政执法人员的教育和培训,为符合条件的人员换发行政执法证和行政执法监督证,年内,组织全区300余名行政机关工作人员参加全区行政执法培训班,始终做到全区实际从事行政执法工作的人员都通过培训后及时申领行政执法证。严格把好新进执法人员资格准入关,落实"持证上岗、亮证执法"制度。严格按照国务院办公厅《关于推行行政执法责任制的若干意见》的要求,建立健全行政执法责任制,加大行政执法案卷评查力度,完善行政执法评议考核制度、案卷评查制度,落实执法过错责任追究制度。6月,印发《关于开展2017年度全区行政执法案卷评查工作的通知》。8月,区行政执法案卷评查工作领导小组对33个执法部门开展案卷评查,评查各类行政执法案卷200余份。

【政府信息依申请公开】 2017年,区政府法制部门进一步完善政府信息依申请公开的受理、审查、处理、答复程序,保存相关材料。对于申请事项不属于政府信息公开工作范畴或无法按申请提供政府信息的,主动与申请人沟通,尽量取得申请人的理解。在答复申请时,做到依法有据、严谨规范、慎重稳妥。年内,共受理22件政府信息公开申请,均依法给予答复。

【法律顾问委员会】 2017年,区委区政府建立以区政府法制部门为主体,吸收行政机关专家、知名高校学者、资深执业律师参加的区法律顾问委员会。8月,区政府法制部门在区政府网站发布了遴选政府法律顾问的公告,经过报名、资格复审、面试等程序,遴选10名执业律师、5名专家学者,并在区政府网站上进行公示,2018年1月18日,举行区法律顾问委员会委员聘任仪式暨第一次全体会议。

(李楚熊)

外事工作

【概况】 2017年,金坛区人民政府外事办公室(以下简称区外事办)牢固树立外事工作服务国家总体外交、服务地方经济社会发展的宗旨,切实把外事工作作为扩大对外开放、加快经济发展、维护社会和谐的重要举措,结合新常态下对外事工作提出的新要求,在对外交流、重大涉外活动、外事管理和出访服务等方面取得一定的成绩。认真做好因公出国(境)、APEC商务旅行卡办理、友好城市联络、涉外管理、外事接待等工作,为全区的改革开放、经济建设和社会进步作出了贡献,营造了良好的涉外环境。

【因公出国(境)】 2017年,金坛区共报批自组团14批,其中党政人员50人次;报批上组团19批,其中党政团组9批,党政人员10人。未发生违规违纪现象。

【APEC商务旅行卡办理】 年内为5家企业办理APEC商务旅行卡(持卡人凭有效护照和旅行卡5年内无须办理入境签证,可以自由往来于已批准入境的各APEC经济体之间),累计办理APEC商务旅行卡158张。

【友好城市联络】 5月11日上午,金坛区人民医院与法国枫丹白露地区医疗中心结为友好合作医院,揭牌仪式在金坛区人民医院举行,副区长刘明江参加活动。中法友好合作医院成立后,双方将在人才培养、科研协作、临床协作等方面加强合作,进一步造福两地居民。金坛区人民医院从枫丹白露地区医疗中心聘请了一名客座教授和两名客座医生。5月,金坛区人大副主任王艳红率团对美国米尔皮塔斯市进行友好访问。自2017年金坛区与澳大利亚大谢珀顿市签署友好城市意向书以后,双方在农业旅游、经济贸易、文化教育等领域展开了密切合作。9月4日,副区长周新生与大谢珀顿市市长迪尼·阿德姆签署了正式缔结友好城市协议。11月24日上午,以八野弘海为团长的日本福冈县筑上町青少年交流团到金坛区进行友好访问,区领导王艳红、王斌参加活动。交流团的20多名小学生先后参观考察了金坛博物馆、华罗庚纪念馆,深入了解金坛区历史文化。在薛埠中心小学,两地学生共同表演中日传统文化节目,并互赠礼品。为进一步加强两地政府间和校际之间的交流合作,2016年,金坛区与筑上町签订了建立友好城市关系意向书,2017年11月,区外事办收到省外办同意金坛区与日本筑上町建立友好城市关系的批复,金坛区又新增了一个友好城市。金坛区充分利用友城国际资源,服务"一带一路"建设及经济社会事业发展,提升友城交流质量效益,促使友城交流合作服务发展、普惠于民。

【涉外管理】 5月17日下午,金坛区直溪中心小学迎来58位特殊客人,他们是由首席执行官Cindy Monroe(辛迪·梦露)带领的美国Thirty-One Gifts(三一礼品公司)的员工。该公司热衷于慈善事业,向超过34个慈善组织捐助物品超过百万美元。此次该公司向区直溪中心小学爱心捐助1万美元。12月初,区外事办接到常州市外办来电,随后又接到江苏省政府办公厅明电,获知金坛区儒林镇南社村村民王宇杰在俄罗斯参与非法捕鱼被扣,要求核实人员信息,并做好家人的抚慰工作。区外事办根据"谁主管谁负责"原则切实负起责任,联系了当地派出所和他的父母,尽快解决了此事。

【外事接待】 6月26日,波兰科贝乌卡市市长罗伯特·罗古斯基,副市长彼得·马切伊·格鲁贝克到金坛区考察交流,区领导沈东、李皓参加活动。波兰是中国在中东欧地区的第一大贸易伙伴,金坛区同方威视公司从2005年起在该市投资建厂,是该市第一家外国投资企业,此次到金坛是重点了解学习金坛区在招商引资、支持企业等方面的良好做法,希望乘着中国"一带一路"的东风,架起友谊的桥梁。

8月10日,哈萨克斯坦共和国驻上海总领事馆总领事克拉把叶夫.佐齐汉和领事斯塔克诺夫阿尔马斯,在常州市外事办公室副主任司马双龙等人的陪同下,到金坛区考察汽车产业发展情况,副区长周新生参加活动。

9月5日,省人民对外友好协会会长柏苏宁一行,在常州市友协常务副会长杜吉宾和副会长司马双龙的陪同下,到金坛实地调研基层友协建设发展情况,金坛区友协副会长陈小华汇报了区友协建设发展和民间对外友好交流工作情况,副区长周新生参与接待。

10月21日,菲律宾菲华新联公会中吕宋分会到金坛参观访问,寻求经贸合作机会,副区长周新生接待访问团一行。

11月29日,外交部领事司APEC卡主管曲波在省外办出国处处长于郑、副处长郑亚以及市外办副主任恽爽的陪同下,到金坛调研,副区长周新生参与调研。

12月8日,德国、巴西等国家驻沪总领馆签证处有关人员在市外办副主任恽爽的陪同下到金坛区调研,副区长周新生参与接待。

(龚 晶)

(编辑 夏 冰)

《如意》 (范石甫 创作)

政协常州市金坛区委员会

综　述

【概况】 2017年，政协常州市金坛区委员会（以下简称区政协）紧扣“跨越发展新实践、建设快速崛起新金坛”的战略目标，围绕“两个加快推进落实年”工作主题主线，突出团结民主主题，充分发挥独特优势，深入开展协商议政，努力促进社会和谐，各项工作取得新成效，为助推全区加快发展作出积极贡献。一年来，区政协共举行1次全体委员会议、5次常委会议、7次主席会议、12次主席（扩大）会议。向区委、区政府提交建议报告4份，征集提案141件，审查立案138件，提案工作办复率100%，委员满意率100%。共收到社情民意信息50件，上报常州市政协3件，上报区委、区政府9件，转部门办理3件。编辑《金坛政协》4期，出版金坛文史资料第33辑《金坛太平天国史料汇编》。创作40余篇金坛文史故事，编入《讲好常州文史故事》系列丛书。区炎黄文化研究会编辑研究专刊2期。

重要会议

【政协常州市金坛区第十届委员会第一次全体会议】 1月3日下午举行开幕式，中共常州市金坛区委书记狄志强到会并讲话。大会主席团常务主席王国胜主持会议。大会听取并审议了大会主席团常务主席潘双林所作的常委会工作报告和主席团常务主席黄克洪所作的提案工作报告。与会委员列席区人大十七届一次会议，听取并讨论区政府工作报告和其他工作报告。委员们认真履行职责，围绕全市政治、经济、文化和社会建设中的重大问题，参政议政，建言献策，提出许多建设性的意见和建议。经大会选举，新的一届政协领导集体正式产生，刘国新当选为十届区政协主席，葛惠明、吴欲晓、朱亚群、卢建新当选为十届区政协副主席，施生华当选为十届政协秘书长，于秋阳等33人当选为区政协第十届委员会常务委员。会议确定了2017年区政协主要工作目标，大会历时4天，1月6日上午闭幕，区政协党组书记陈春洪主持大会闭幕式，新当选的区政协主席刘国新发表讲话。大会期间，收到委员提案141件，审查立案138件。大会一致通过会议决议。

【政协常州市金坛区第十届委员会常委会议】 2017年，区政协共举行5次常委会议。会议围绕区委、区政府中心工作和政协重点工作，对经济社会发展中的热点、难点问题开展专题协商讨论，提交建议报告4件。1月6日下午，区政协召开十届一次常委会议。协商通过了区政协2017年工作要点；协商通过了有关事宜。5月26日，区政协召开十届二次常委会议。专题围绕金坛经济开发区建设情况进行专题协商，会议提出“规划编制、产业结构、园区形态、开发模式、体制机制上寻求创新”具有针对性的意见建议供区委、区政府决策参考。会议还协商通过有关人事任命事项。8月16日下午，区政协召开十届三次常委会议。会议听取了区政府关于2017年上半年经济社会发展情况通报并协商讨论。10月30日召开十届四次常委会议。会议听取区政府办关于区政协十届一次会议以来提案办理情况通报并协商讨论；会议围绕“加快旅游项目建设，打造康养旅游目的地”议题，提出“强化全域理念，做大康养产业；强化资源优势，开发产品体系；强化创新驱动，做活旅游体制”等方面提出意见建议供区委区政府决策参考。12月27日，区政协召开十届五次常委会议，会议听取了区政府2017年工作情况通报，会议协商通过了《关于召开区政协十届二次会议的决定》等相关事宜；会议还协商了有关人事事项。

【政协金坛市第十届委员会主席会议】 2017年，区政协共召开7次主席会议，11次主席（扩大）会议。1月6日下午，区政协召开十届一次主席会议。会议协商讨论了区政协2017年工作要点；协商讨论了区政协第十届委员会工作机构及委员小组设置等有关事项。4月6日，召开十届二次主席会议。专题协商全区城市文明创建工作，会议提出“要围绕环境整治交通秩序管理、志愿服务、农贸市场及公共场所等重点工作，细化长效机制，对薄弱区域实施改造升级，营造创建氛围，发动群众参与支持城市创建”。6月19日，召开十届三次主席会议。专题调研金坛区金融系统支持实体经济发展情况，提出“金融机构要及时掌握政策变化，合理合规放大实体经济贷款规模；要创新金融服务，积极探索适应不同阶段企业特点的信贷产品，加大支持力度”建议。7月12日，召开十届四次主席会议。专题听取全区重点项目建设情况通报并协商讨论，会议提出相关部门要进一步落实责任，及时解决项目推进过程中的困难和问题，为重点项目建设创造条件；要高精准开展招商引资工作，招引低能耗的高新科技企业，实现土地资源精准投放等建议。9月21日，召开十届五次主席会议，专题听取全区学前教育工作情况并协商讨论，会议针对拓宽办学视野，创新办学机制，加强幼师队伍建设，合理布局学前教育资源等方面提出建议。12月7日，召开十届六次主席会议，专题协商丹金漕河改造工作，会议提出要坚持规划先行，充分挖掘历史文化内涵，在改造中协调社会效益、经济效益与长远发展等问题，分段逐步实施各项建设，使老城区焕发出新活力等建议。12月26日，召开十届七次主席会议。会议协商讨论区政协九届常委会工作报告和提案工作报告（讨论稿）；协商讨论了区政协2018年工作议题；审定各类评优项目；协商召开区政协十届二次会议和有关人事事宜。

2017年，区政协召开12次主席（扩大）会议，邀请部分委员分别就朱林镇经济社会发展情况、长荡湖旅游度假区建设情况、金城科技产业园规划建设情况、金坛控股和金坛建设发展有限公司发展情况、医疗改革、城市管理、美丽乡村建设、特色小镇建设、财税、反腐倡廉、司法改革等工作专题听取情况通报并协商提出建议。

政协金坛区第十届委员会第一次会议 （政协 供稿）

重要工作

【委员提案及提案办理】 2017年，区政协共收到提案141件，经审查，立案138件，立案率为97.8%。其中，各民主党派、工商联、有关人民团体及政协专门委员会提案14件，界别小组及联名提案32件，委员个人提案92件。立案的提案分送44个承办单位办理，截至年底，所有提案已全部办复。其中，提案所提建议被采纳或问题得到解决的78件，占56.5%；列入计划逐步解决的57件，占41.3%；因条件限制或政策原因，暂时难以解决和需向上级反映的3件，占2.2%。从委员对提案办理的反馈意见看，满意和基本满意率为100%。区委、区政府及各承办单位高度重视提案建议落实，许多意见和建议被吸纳到相关规划、政策措施以及部门实际工作中，对助推政府科学、民主决策提供了重要的参考。《关于加快推进诸葛八阵图古村落特色小镇开发建设的建议》《关于设立中小企业转贷基金的建议》《金坛区物流业发展中长期规划》《关于进一步提升社区生活垃圾分类处理的建议》等一批提案得到较好落实，区政府和职能部门充分吸纳提案建议，推动相关问题的解决，服务了企业，促进了社会事业的发展。

【反映社情民意信息工作】 3月23日，区政协召开社情民意信息工作座谈会，聘请22名社情民意信息员和特邀社情民意信息员，组建信息工作网络。2017年共收到社情民意信息50件，上报常州市政协3件，上报区委、区政府9件，转部门办理3件。《关于缓解“老城区停车难”的建议》《多措并举，严控狗猫之患》，金坛中燃能源有限公司自有钢瓶遗留问题存在安全隐患等民意信息，得到区领导和相关部门重视，认真展开处置工作，妥善处理遗留问题。

【弘扬地方文化传承】 区政协学习文史委出版发行《金坛太平天国史料汇编》。精心整理、印制金坛历代20余位名人的善本文集。挖掘创作40余篇金坛文史故事，编入《讲好常州文史故事》系列丛书。炎黄文化研究会着力本土文化的研究，编印专刊2期。

【金沙书画院成立三十周年】 10月25日，金沙书画院在成立三十周年之际，举办“喜迎十九大·风雅金沙”书画邀请展活动，展出全国政协系统书画院精品力作150余幅，通过艺术交流的形式，增进与外界联络联谊，提升金坛区知名度。 （史 霞）

（编辑 夏 冰）

民盟金坛区委

【概况】 2017年，民盟金坛区委第五次代表大会召开。金坛民盟的各项盟务工作取得一定的成绩，年内发展新盟员7名，截至2017年年底，全区共有盟员180名。

【参政议政】 2017年“两会”期间，金坛民盟以党派、人大代表、政协委员、信息员的名义向常州市和金坛区两级人大、政协共提交建议、提案和社情民意38件。其中，人大建议12件，政协提案和社情民意26件。区人大代表姚锁生提出的《关于不断提升我区养老服务和保障水平的建议》、郑美华提出的《关于全区渣土车密封改装的建议》分别被列为区人大常委会督办和人大督查办的重点建议。民盟提交的《关于加快推进诸葛八阵图古村落特色小镇开发建设的建议》提案，被列为主席督办提案，同时被评为政协优秀提案。民盟提交的《关于加快推进我区公共技术服务平台建设的建议》提案被列为主任督办提案。陈淑玲委员提交的《关于加强金坛区在校中小学生心理健康教育的几点建议》，被评为政协优秀提案。沈利委员提交的《关于统一独生子女父母光荣证退休的企业职工一次性奖励金兑付渠道的建议》被评为优秀社情民意，其本人被评为2017年度优秀政协委员。

【组织建设】 坚持“以教育、文化、科技界为主，以中上层人士为主”的方针，继续做好组织发展工作。慎重发展新盟员，注重质量，重点做好80后、公务员和非公经济代表人士的发展工作。规范新盟员入盟程序，搭建新盟员的培训、学习和活动平台，使新盟员入会后有一个全面培训提高的过程。把发展工作与后备干部队伍建设相结合，不断优化队伍结构，提高整体素质，增强组织的生机与活力。2017年新发展盟员7人。盟员赵蓉参加盟省委基层组织负责人培训班，20多人次参加民盟常州市委组织的培训。

【社会服务】 2017年，金坛盟区委和各支部开展多种形式的社会服务活动。其中，盟区委和文化支部联合开展多次送文化、春节送福送对联下乡活动；文化支部与企业联合开展企业文化建设交流互动活动，丰富企业文化生活氛围；直属支部与大雅读书会联合，开展“金沙草木”宣讲活动、助力乾元观药草园建设活动；教育综合支部与金坛区绿色家园志愿者协会联合开展绿色家园志愿者活动，在金坛四中和宝盛园举办《科技与生活》讲座，并赴薛埠进行教师心理健康教育活动；一中支部深入开展“党盟合作，主推学校发展”活动；人民医院支部积极参与医卫系统各项义诊服务活动，组织盟员医生赴指前镇和社区开展义诊和讲座活动，同时人民医院支部全体盟员还与华中建立长期扶贫助学活动；医卫综合支部多次开展对精神病患者的送温暖关怀活动，同时举办对各社区志愿者的心理辅导咨询讲座，为增加社会温暖、建设和谐社区发挥积极作用；开放大学多次开展与企业和旅游景点结对互动，开展校企联合培训、送知识、送技能到企业的活动，推动产业工人技术水平的提高；经济科技一支部开展对金坛启智学校送温暖、与盟员企业互动交流活动。

【盟员风采】 2017年，盟员成员中1人被金坛区政府授予十大“金沙文化名人”称号；1人被金坛区政府授予十大“金沙名医”称号；1人被区政府授予十大“最美教师”称号；1人参与完成《金坛县志（光绪版）》的点校工作，全书128.8万字，已经由方志出版社正式出版；1人获常州市明星企业家称号，其所经营和领导的赛尔交通照明器材有限公司，2017年被评为高新技术企业、获得金坛区工业企业纳税上台阶奖和金坛区工业发展重大贡献奖、江苏省专利优秀奖、常州市创新创业大赛二等奖；1人被中国国家标准化管理委员会聘请为全国盐业标准化技术委员会委员，并领衔组织多项盐产品的标准制定和修订工作；1人获得全国青少年模拟政协“优秀指导老师奖”“杰出团队奖”指导老师、“杰出调研报告奖”指导老师和“杰出展示奖”指导老师嘉奖；1人获“2017年全国中学生物理奥林匹克竞赛全国一等奖辅导教师”称号;1人创作的舞蹈获“全国第一届青少年舞蹈锦标赛一等奖”;1人指导的学生在第29届“国际科学与和平周”全国中小学生金钥匙科技竞赛系列活动中获三等奖;1人创作的影视作品《跟我游金坛》获得第十届中国旅游电视周优秀旅游电视节目“旅游电视栏目好作品奖”,作品《因为信仰所以坚持》荣获2017全省广播电视公益广告二等奖;1人获江苏省美协先进个人,并在2017年中策划和参与多期国家、省、市、区书画大赛展,屡获殊荣。 (马 莉)

金坛区总工会

【概况】 2017年,金坛区总工会实施“深化普惠服务”“服务职工创新创业”“建设信赖‘职工之家’”三大工程,发挥工会在金坛经济社会发展中的作用。

【文化建设】 聘请12名专业人员成立首批职工文化辅导员队伍,进入企业为职工文化建设提供技术指导。开展“喜迎十九大,不忘初心跟党走”知识竞赛和情系职工(农民工)系列活动,根据节日时间点,开展“五一”职工快闪、“八一”军民篮球比赛、“书香企业”全区职工读书月、职工读书网络视频展播、工会卡通形象征集等活动。

【基层组织建设】 推进工业园区和行业工会组建,东城街道国际工业城和直溪镇创新创业园区建立工会联合会,7月,全区首家异地商会工会温州商会工会联合会成立。2017年全区新建工会组织57家,发展会员超5000人。办理载有统一社会信用代码的《工会社团法人证书》单位达85家。追加“职工之家”补助预算,建成开发区国际工业城和直溪镇创新创业园区“职工之家”。创建“常州市信赖职工之家”13家,表彰“模范职工之家”50个、职工信赖的娘家人50名,命名“合格职工之家”100个。发挥财务审查审计监督作用,开展财务培训11场次,参加人员800余人次,实现财务培训全覆盖。

【创新创业】 申请创保贷初创企业179家,发放贷款1810万元。建成职工创新创业基地3个,有2个基地被授予“常州市职工创新创业示范基地”。省劳模、牛蛙养殖户谢粉祥被评为“常州市职工创业明星”。全区获2017年“常州市职工十大科技创新成果”1项、“常州市职工十大先进操作法”1个、“常州市十佳合理化建议”2个,新建劳模创新工作室2家。6月在东方盐湖城挂牌建立常州市劳模(职工)疗休养基地,接待疗休养团队20批次。对部分常州市级以上低收入、困难、老年劳模进行走访、调查摸底和公示,全年发放劳模补助金、慰问金70.3万元。组织2批40名在职劳模疗休养。

【素质提升】 开展第十四届职工职业技能竞赛,举办首届工会系统技能竞赛。国网常州市金坛区供电公司被授予省“五一劳动奖状”,常州卿卿针织厂职工孙洋洋荣获省“五一劳动奖章”,常州润雨服饰有限公司一车间等3个班组获省“工人先锋号”。评选常州市劳动模范17名、市“五一劳动奖章”9名、市“五一劳动奖状”4个、市“工人先锋号”25个。举行庆“三八”女职工风采展示暨“双争”表彰大会,表彰女职工先进集体和先进个人各20位。新建省“职工书屋示范点”1家、省“书香企业示范点”1家、市“职工书屋示范点”5家,江苏南方光纤科技有限公司生产部拉丝主操手于杰、公路管理处工程师张永浩被评为常州市“文明职工”。

【普惠服务】 办理工会服务卡11万张,录入职工会员信息13万人,350名职工获免费专享保障补助金24万元。开展工会卡系列特惠活动16项,工会卡消费优惠补贴超35万元。评定特困职工家庭93户,帮扶困难职工家庭393户,发放救助资金47.16万元。“春风行动”农民工专场招聘会提供就业服务1230人次。“金秋助学”活动中为全区30名困难职工家庭子女每人发放3000元助学金。创建星级帮扶中心、站(点)9家。推进“女职工关爱行动”,新建“爱心母婴室”10家,免费为7000名女职工免费体检,为300名女环卫工、女农民工进行妇科检查和乳腺癌、宫颈癌筛查。

【权益维护】 开展第十二轮工资集体协商要约应约和集体合同签订工作,区教育工会获推动全省厂务公开民主管理先进单位,人民医院等3家

8月23日,区总工会开展金秋助学活动 (总工会 供稿)

单位获全省厂务公开民主管理先进单位，创建常州市和谐劳动关系五星级企业3家、四星级企业4家。举办“尊法守法·携手筑梦”服务农民工专项法治宣传行动10场，设立乡镇街道劳动争议调解室10处。开展劳动法律监督“四季行”服务活动7场，培训职工750人次。开展“安全隐患随手拍”，120家企业、2.6万名职工参加活动，获常州市“安康杯”竞赛活动优胜单位6家、优胜班组6家、组织工作优秀单位1家。新建劳动保护监督检查片区服务站8家，其中区东城街道片区服务站被评为省五星级服务站。

【“民星来了”你唱我唱大家唱歌手比赛】 全年共开展“我爱家乡”职工（农民工）歌手大赛10场、“喜迎十九大，颂歌献给党”全区职工小合唱比赛4场，全区职工歌手大赛3场。9月29日，全区职工小合唱比赛决赛正式举行。各条线27支职工队伍经两个月的选拔，共14支队伍进入决赛。评委团首次采用专业评审方式，邀请区音乐家协会、区艺术团参与现场评分。

【庆“三八”女职工风采展示暨“双争”表彰大会】 3月7日，庆“三八”女职工风采展示暨“双争”表彰大会隆重举行，表彰在经济社会发展中创造一流业绩和作出突出贡献的五一巾帼标兵岗20个、标兵20名。区总工会第六届女职委全体委员、受表彰的“五一巾帼标兵”及“五一巾帼标兵岗”负责人、各级工会女主席、女职工委员会主任、基层单位部分优秀女职工代表等323人参加活动。

【工会系统技能比武】 11月8日，全区工会系统技能比武首场活动在朱林镇黄金村公共服务中心开展，44家基层工会参与理论知识竞赛、主题宣讲比赛和手机摄影比赛，检验基层工作者的专业技术和综合业务素质水平。12月13日，开展创新创优成果和“好建议”评比，由工会主席或副主席亲自阐述特色做法和品牌亮点，决出一、二、三等奖。12月29日，开展“工会英才展风采”才艺展示决赛，对初赛23家单位53余名工会工作者的海选，最终决出优秀表演奖8名和表演奖9名。（沙一凡）

共青团金坛区委员会

【概况】 2017年，共青团常州市金坛区委员会（以下简称团区委）围绕区委中心工作，牢牢把握团员青年发展需求，勇于探索，敢于创新，凝心聚力，锐意进取，进一步巩固共青团事业持续健康发展的良好态势。

【强化思想引领】 团区委坚持青年思想政治教育的主线，引导团员青年坚定跟党走。把握“五四”“七一”国庆等时间节点，开展“不忘初心跟党走·青春建功‘十三五’”纪念五四运动98周年、“重温革命史·共筑复兴梦”纪念抗战胜利72周年等各类主题教育活动。深化“保护母亲河”品牌内涵，组织团员青年、少先队员150余人开展植树护绿、绿色毅行等活动。开展“青春微课堂”青年讲座4期，为广大团员青年搭建学习交流新平台。打造“微团课”品牌，区第一中学程杰获“菁菁杯”第二届江苏省中学中职学校微团课大赛（教师组）一等奖。开展“身边好青年”“好少年”等评选活动，评选出省级好少年65名，龙城好少年313名，追梦好少年1200名。推进“身边好青年”“常州市十大青年科技新锐”“第三届金坛杰出青年英才”等品牌活动，为广大青年树立青春标杆，传递青春正能量，金坛公安分局冉贤获江苏省2017年度“我们身边的好青年”荣誉称号。开展“非你莫暑”金坛籍大学生暑期社会实践活动，组织70余名返乡大学生到机关和企事业单位进行岗位实践，引导广大金坛籍学子感知家乡新变化，投身家乡新发展。

5月4日，金坛区开展纪念五四运动98周年晚会　（团区委　供稿）

【推进岗位建功】 团区委围绕“两个加快”，深化青年文明号、青年突击队等品牌内涵，引领广大青年在服务发展中当好生力军。2017年开办SYB创业培训21期，创业意识培训10期，职业资格技能培训4期，累计培训1600余人次。持续实施青年创业贷款项目，帮助创业青年申请创业贷款2.23亿元，扶持青年创业项目330余个。成立金坛青年创业者协会，开展创业交流活动6期，参与青年超过450人次。做好各项大型活动的志愿者工作，组织近700名志愿者圆满完成2017金坛茅山国际山地半程马拉松志愿服务。建立高速道口志愿服务常态机制，开展志愿活动150余次，打造金坛入口“新名片”。

【打造维权品牌】 团区委从品牌活

动入手,推进青少年权益维护工作。摸排全区困境青少年,建立困境青少年信息档案,实地走访调研20余户。开展"暖冬行动",搭建爱心征集平台,实现贫困学生微心愿180余个。推进"圆梦行动"等助学活动,发放助学金5.9万元、"汉藏情"专项助学金2万元。发挥"梦想家"青少年事务服务中心作用,推进"雏鹰飞翔—关爱留守儿童计划""守护希望·共筑未来—全区预防青少年违法犯罪宣传教育示范活动""服刑强戒人员子女关怀计划""留守儿童城市融入计划"等项目的实施,举办校车安全演练4期,重点青少年群体关爱活动7期。成立红领巾爱心社,为贫困学生提供校外活动课堂。服务困境青少年的供给侧改革,《探索"1+2+N"模式,助推共青团精准扶贫》获2017年全省共青团工作创新创优项目三等奖。

【激发组织活力】 团区委实施共青团工作"活力工程",建设"青年身边的共青团"。通过采取项目化运作的方式,着力加强团的组织创新、工作创新和模式创新。继续推进青工片区化工作机制,执行青工、青农工作例会制度,使基层团组织工作有重点、有节奏。推进青少年综合服务平台建设,2017年,全区各镇、街道建成青年之家并投入正常运营。借助"青年之家云平台",实现青年之家"网上""网下"的无缝对接,努力构建"互联网+共青团"的新型工作模式。依托"梦想家"青少年事务服务中心开展青少年事务社工专题讲座8期、社工沙龙5期。

【抓牢从严治团】 进一步完善团员发展流程,突出中学团建的基础地位,协同区教育局抓好团员发展和教育管理工作,全年共发展团员1120名。持续加强团干部作风建设,结合"1+100"团干部直接联系青年制度的推进落实,在全区共青团组织开展"学习总书记讲话做合格共青团员"主题教育实践活动。建立正向评价机制,推荐评选产生一批全国、省、市级优秀团组织和先进个人,激发全区各级团组织和广大团员青年干事创业的动力。

【着力非公团建】 团区委立足"建设青年身边的共青团、凝聚引领企业青年助力我区跨越发展"这一课题,着力打造金坛非公团建工作品牌。开展全区非公企业团建座谈会,邀请众泰汽车、中航锂电、东方盐湖城等全区9家龙头企业团组织负责人及相关单位团组织书记,共同就企业青年工作展开交流,了解非公企业团工作现状,调研企业青年需求。重点推动企业青年阵地建设,抢抓全区各板块建设产业园区党群服务中心契机,有机融入共青团元素和服务青年内容,深化党建带团建,打造企业"青年之家"。利步瑞服饰投入300多万元的青年之家已建成投入使用,大迈产业园青年之家、中航锂电党群服务中心等正在进行设计,年后进场施工。

【团中央书记处书记徐晓到金坛开展调研】 8月9日,团中央书记处书记徐晓到金坛区调研基层团组织建设、青年创业等情况。调研金坛汽车工业有限公司团组织建设情况并为公司团委揭牌,调研江苏"一号农场"科技公司、半边天水产专业合作社和朱林村金斗云农村电子商务基地后,徐晓对金坛区基层团组织建设、青年创业等工作给予肯定,并与青年代表亲切合影。 (李耀文)

金坛区妇女联合会

【概况】 2017年,金坛区各级妇联以改革创新为动力,加强组织建设,拓展服务内容,创新工作方法,改进工作作风,各项工作取得明显成效。

【妇联组织建设】 着力推进村(社区)妇代会改建妇联工作和乡镇妇联组织区域化建设工作。截至2017年年底,全区93个村、32个社区妇代会改建妇联工作完成,新增执委810名。推进机关单位妇联建设,重点指导区法院、住建委改建妇联。加大"两新"(新经济组织、新社会组织)领域妇联组织建设力度,成立首个女性社会组织——金坛区旗袍文化研究会、直溪镇工业园区常州地区首个园区妇联、薛埠镇农家乐茅山片区首个基层特色妇联。推广"金坛女性"微信公众号,不断丰富线上活动内涵,提升活动效果,多项活动的阅读量和点赞量位居常州辖市区前列。先后推出"推进新跨域巾帼建新功"系列栏目,集中宣传展示全区100个最美家庭及20多个

8月9日,团中央书记处书记徐晓(前右二)到金坛调研 (团区委 供稿)

女性社会组织、女性创业、女性维权等方面的先进典型;发布 2017 年家庭教育宣讲课题,为全区家长提供“菜单化、预约式”服务;开展“妇女工作者的一天”微视频征集活动,展示妇联干部工作风采。与区委组织部联合举办全区女干部素质能力提升培训班,对 36 名全区副科级及优秀中层女干部进行系统培训。举办全区村(社区)妇联执委专题培训班,进一步提升村(社区)妇联执委的业务水平和履职能力。

【家庭文明建设】 围绕喜迎中共十九大、宣传中共十九大精神,组织开展“砥砺奋进的五年”——各镇(街道)主题活动展播,集中传递党的主张、宣传妇女贡献、展示妇联作为。组建“巾帼好声音宣讲团”,面对面向妇女群众宣传中共十九大精神。组织 7 家省优质园参加常州市“小书虫的幸福剧场”亲子绘本剧大赛,其中实验幼儿园和住建委幼儿园选送的绘本剧在 1500 个参赛家庭中脱颖而出晋级决赛并获奖。举办“风采金沙魅力我家”——金坛区家庭文化才艺大赛,吸引 50 多个家庭 600 多人登台参与。持续放大“书香家庭”品牌效应,举办“书香飘溢满庭芳 · 家校携手共成长”书香家庭汇报展示活动,评选表彰 56 户“金坛区书香家庭”。继续开展“家庭教育公益讲座”巡讲活动,全年举办“家庭教育公益讲堂”6 场,受益家长超 1000 人次。以学文明礼仪、秀幸福家庭、享健康生活等为主要内容,在全区范围开展“最美家风在金沙——寻找最美家庭”活动。全媒体寻找评选出 100 户最美家庭,全国最美家庭杨振海家庭事迹被《人民日报》微信公众号头条发布和中国妇女报刊登,以杨振海家庭事迹编排的情景剧《爱心储蓄罐》受邀到常州各地小家风剧场演出 10 多场。

【妇女权益保障】 联动镇(街道)妇联,开展妇女权益调研和婚姻家庭纠纷排查,共排查各类婚姻家庭纠纷案例 36 例,跟踪回访服务 18 例。全年共接待群众来信来访 59 人次,引导妇女合理表达诉求,帮助妇女有效疏解问题,现场答疑调处率 100%。联合区公安分局、检察院、法院等单位开展“菜单式法律大讲堂”公益巡讲活动,组织维权志愿者深入农村、社区、学校、企业,针对不同群体的需求,举办反对家庭暴力及校园暴力,防范企业法律风险等各类专场讲座 12 场。由区政协委员提交的《关于加强公共场所爱心母婴室建设的建议》提案,获得社会广泛关注,并被区政协评为 2017 年优秀提案。抓住关键点精准发力,利用社区网格化管理平台,启动“社区信访困境妇女援助快车道”项目,开展座谈会、团体及个人心理辅导 44 次,慰问 35 人次,解决 1 例丧夫丧子老母亲上访问题。聘请吴承艳律师为妇联系统法律顾问,选聘 15 位心理咨询师结对 58 个村(社区)妇女儿童之家。开展《中华人民共和国反家庭暴力法》宣传活动,在城区各普法宣传栏统一制作并张贴宣传画,在各村、社区集中展示反家庭暴力知识展板,在“金坛女性”微信公众号推出维权看点和典型案例,线上线下双管齐下,良性互动,掀起一股维权知识普及热潮。编制并全面实施《金坛区“十三五”妇女发展规划》和《金坛区“十三五”儿童发展规划》,推动全区妇女儿童事业与经济社会事业协调发展。根据妇女儿童家庭民生需求,主动将开展“美丽人生”妇女安康综合保障计划列为 2017 年重点为妇女办实事项目有序推进落实。继续开展“两癌”贫困妇女救助工作,全年共有 47 人得到各级妇联救助款 33.5 万元。开展“感恩母亲节圆梦微心愿”主题活动,活动现场为 100 名贫困母亲圆微心愿。“六一”前,到花山小学为全校学生送上节日礼物,向学校赠送慰问金。组织全区 38 名留守儿童开展“幸福牵手”“爱陪伴共成长”两期夏令营活动。由区妇联牵头,常州大学与薛埠镇妇联对接,共同打造的“小葵花绽笑颜”关爱留守儿童健康成长项目,154 名留守儿童受益。做好东西部经济协作扶贫工作,第一批资助陕西宁陕县 20 名贫困学生助学金 4 万元,为 50 名孩子寄去区爱心人士为他们购买的新年大礼包。

【服务妇女创业就业】 以妇女儿童活动阵地为依托,为有需求的女性提供家政、护理、育婴等全方位的家政服务员培训,为农村征地拆迁失业女性和下岗女工举办劳动力转移培训,参训人数 200 人次。按期召开区女企业家协会换届大会,选举产生协会新一届理事,邀请常州集合创业众扶中心“扶手”蒋波作专题讲座,为会员企业经营拓展创新理念,拓宽发展思路提

4 月 26 日,金坛区书香家庭汇报展示暨表彰大会 (妇联 供稿)

供引导与帮助。发放农村妇女小额担保贷款1262余万元,帮助69名农村妇女解决创业资金难题,完成2016年度全区妇女小额担保贷款财政贴息总额381442.09元,为女企业家发放创业贷款1200万元。着力抓好一批"妇"字号龙头项目,全年培育巾帼现代农业科技示范基地、巾帼专业合作社、巾帼创新业等项目19个,争取省、常州市两级项目扶持金26万元。推荐5个创业项目参加常州市巾帼创业创新创意大赛全部获奖,其中于丽的麦次元动漫品牌IP项目获得省巾帼创业创新大赛一等奖,受到时任副省长黄莉新的高度肯定和赞扬。举办"创启她时代创享她未来"巾帼农业嘉年华活动,9名女性创业典型分享创业项目和创业故事,创业导师进行现场点评和指导,农林、供销等成员单位为女性创新创业提供政策和资金扶持。同时为她们搭建产品展示的空间,许多产品现场一售而空。推进"巾帼建功"和"双学双比"活动,鼓励广大妇女立足本职、岗位建功,涌现出一批体现高度职业文明、创造一流工作成绩、代表行业形象的女性个人、集体和岗位。区华罗庚实验学校党总支书记、副校长张五芳获全国巾帼建功标兵称号,区地税局妇委会获省巾帼建功先进集体,区人民医院急诊科获评全国文明岗,区"12345"政务服务热线等10个集体获省巾帼文明岗,江苏金虹纺织有限公司络筒甲班等11个集体获常州市巾帼文明岗称号。在区第十四届职工职业技能竞赛"九阳杯"插秧机操作工技能比赛中,15名女选手获"双学双比"女能手荣誉称号,90后农机女能手戴倩云在比赛中夺冠。在2017"长荡湖杯"金坛乡村美食大赛中,9名女选手获"双学双比"女能手荣誉称号,2名女选手摘得"长荡湖杯"金坛乡村美食大赛特金奖。

(王胜玉)

金坛区科学技术协会

【概况】 2017年,金坛区科协围绕职责定位,服务中心工作,较好地完成全年的既定目标任务,被省科协评为"县级科协创新发展能力提升计划"优秀单位。

【基层科普行动计划】 2017年,省现代农业产业园被命名为省农村科普示范基地。枫源苗木专业合作社和江南春米业有限公司被评为省科普惠农服务站。金坛区水产技术指导站、金坛半边天水产专业合作社被命名为常州市科普惠农服务站。8家单位被命名为金坛区科普惠农服务站,5家单位被授予金坛区优秀科普惠农服务站称号,6人被授予金坛区优秀科普惠农带头人称号;实施社区科普益民计划。西城街道春风社区被命名为省科普示范社区。

【全民科学素质工作】 发挥好全民科学素质工作领导小组牵头单位职能。及时调整全民科学素质行动工作领导小组成员单位名单,出台《2017年金坛区全民科学素质工作要点》。全民科学素质工作再次被区委区政府列入区级机关党群部门年度考核项目。组织和发动全区广大市民及中小学生万余人参加省科学公众素养大赛,参与人数在常州市名列前茅。区科协还邀请中科院专家潘厚任、陈贺能到金坛为中小学生讲课,省青少年科技中心领导出席活动;会同国土局、教育局举办化石巡展活动;会同绿色家园志愿者协会、民盟教育综合支部举办《科技与生活》专题科普讲座。

【科普阵地建设】 以科普信息化为目标,以科普大屏等为载体,以社区、农村和学校等为重点,建设科普e站和江苏"科普云"信息服务系统。成功注册33家科普e站,实现全区社区和5所科学特色学校科普云电子屏全覆盖。一号农场有机种养植技术科普教育基地和江苏花谷奇缘花卉植物科普基地被评为省科普教育基地。华罗庚实验学校、西城实验小学和华罗庚实验学校新城分校3所学校被省科协、省教育厅命名为2017年江苏省STEM教育项目试点学校。华罗庚实验学校新城分校被常州市科协和常州市教育局命名为"十三五"常州市第二批科学教育综合示范学校。

【创新创业工作】 建设"智创汇·双创空间",发挥江苏省双创促进会金坛代表处作用,与金坛山水网合作建设创新平台——智创汇双创空间,为创业项目提供创业空间和信息共享平台。智创汇双创空间和区金西众创空间正式加盟常州市众创联盟,并得到市科协资金资助。设立朱林"金斗云农业创新创业基地",以更好地为全区大学生双创、农产品创新服务。在华罗庚实验学校、第三中学设立"蒲公英创客驿站",培育阳光创客,开展编程创新培训、机器人培训等创新培训,组织参加省和常州市多次创客大赛。完成新增9个注册企业、6个应用案例,超额完成常州市科协下达的指标,缩短企业创新研发周期,降低企业创新创业的成本与风险。

【人才学术工作】 打造"金沙英才驿站"服务品牌,建立督查制度,核发"金沙英才驿站"服务工作证。新增健身服务点和服务项目。成功举办金坛区第二届高层次人才趣味运动会。推荐金坛的专家人才2人参加常州组织的专家休养,2人参加常州市组织的免费体检。组织开展金坛区首个全国科技工作者日系列活动。在金坛国际工业城设立常州市级科技工作者调查站点,填补金坛区此类项目空白。全年在专利信息应用推广等方面开展4期科技沙龙活动,举办金坛首届双创青年"科技沙龙"。把创建"江苏省常州金坛海智工作基地"作为全年重点工作,搭建创建班子、增强创建措施、梳理创建差距。省国际科技合作中心、黑龙江省科学院江苏技术转移中心、区科协在创业中心合作共建"国际合作示范基地"。组织开展16项高水平有影响的新观点新学术沙龙、大型综合学科交叉的学术会议和小型高端前沿的学术研讨会。组织开展金坛区第五次自然科学优秀科技论文评选工作,区政府发文表彰论文64篇。

【科协组织建设】 召开区科协九届二次全委会。筹备成立老科技工作者协会,进一步发挥老科技工作者的余热。对现有的9家企业科协、3家行业学会进行梳理。新建立企业科协1家(江苏鹿山光伏光电科技有限公司科协)。成立区科协深化改革领导小组,下发《金坛科协全面深化改革领导小组2017年工作要点任务细化分解方案》。

【2017年全国科技活动周暨金坛区第二十九届科普宣传周】 5月20—27日举行,活动主题为"科技强国创新圆梦"。围绕创新驱动发展战略,大力普及宣传"大众创业、万众创新"的重要意义,集中向公众展示介绍一批重大科技创新成果。主场活动包括组织金坛科技工作者参观省科技创新与科普成果展示、科普服务民生咨询宣传、成立金坛智创汇创客空间、推广应用"科普中国e站"及"科普江苏"手机APP等。

【金坛区2017年全国科普日】 9月16—22日举行。活动主题为"创新驱动发展·科学破除愚昧"。围绕健康中国、绿色发展等公众关注的社会热点、焦点,为公众解疑释惑,揭示科学真理,普及科学知识,弘扬科学精神,突出民生科普、应急科普、前沿科普等内容。活动被列为金坛公民道德宣传日大型咨询活动重点项目。全年科普宣传活动共赠送发放科普资料16000余份,教育人数达30万人次,在各媒体上发表信息或文章100多条(篇),营造浓厚的科普氛围,取得良好的宣传效果。 (丁立成)

金坛区归侨侨眷联合会

【概况】 2017年,金坛区归侨侨眷联合会、人民政府侨务办公室(下称区侨联、侨办)围绕区委、区政府的中心工作,实行"开门办侨务",走出机关门,走进新侨圈,充分发挥侨务部门凝聚侨心、为侨服务的功能。

【关爱侨界】 1月22日上午,区领导到美国工程科学院院士、中国科学院外籍院士胡正明博士亲属家进行亲切慰问,感谢胡氏家族对家乡的贡献。6月26日,区侨办、侨联组织区6家企业参加常州市"2017创业之桥——海外人才相聚常州创新创业活动",组织开展企业服务月活动,对侨企进行实地走访,与侨企建立联系制度,了解情况,收集意见建议。对企业提出的问题和要求,能答复解决的当场解决,不能解决的带上来进行分类后与相关部门及时协调。9—12月,组织区小学、初中学生参加由中国侨联、《人民日报》(海外版)、中国国际广播电台、中央电视台等部门主办的"第十七届世界华人学生作文大赛"。共收到作文235篇,最终选出86篇参赛。金坛区侨联获得大赛组织奖。

11月25日,金沙广场第九届《洮湖》文学奖颁奖现场 (文联 供稿)

【侨情调研】 区侨办、侨联根据金坛侨情变动情况,重新开始了调查整理,在调查核实的基础上对信息进行再次全面、详实的整理和确认,及时更新侨情信息,建立更加完整的侨情信息库。此次侨情信息库中完善金坛在外人士信息120多条以及侨企、港资企业信息182条。10月,区侨办、侨联根据省、市侨办、侨联文件精神,联合区商务局在全区开发园区开展基本侨情专题调研。

【捐助奉献】 区侨联、侨办发挥海外侨胞和归侨侨眷扶危济困、乐善好施的优良传统,组织引导他们投身我区社会公益事业,为家乡奉献爱心。2017年,区侨办侨联、侨联积极向上级争取侨爱奖学金,经过审核筛选,区23名困难家庭和归侨侨眷家庭子女获得沈有国助学基金扶持。8月18日,归侨侨眷家庭的家长和他们的子女到常州参加沈有国助学基金第十次发放仪式。金坛侨办、侨联向上争取,开展暖冬行动。12月20日,举行金坛区茅麓中学澳籍华人魏基成夫妇"慈善列车捐赠冬衣"活动,此次活动共向山区学生捐助冬衣290件,共计价值10万元。

【引领侨界】 4月20日,区侨办、侨联携手海归人才耿春霞带领好乐智英语培训3名外教及多名中教走进金坛区指前镇中心幼儿园,举办英语知识走进乡镇幼儿园公益活动,令身处乡村的孩子们也对英语以及如何与外国友人进行交流留下深刻的印象。2017年,区侨办、侨联深入基层,走访本地归侨侨眷和新侨代表18人，听取他们对金坛经济发展和侨务工作的意见和建议。12月，组织在坛华人、华侨和重点侨眷走进开发园区，参观金坛新进引进的高尖端企业，共谋家乡发展。

【华裔寻根】 8月，150多名来自美国、加拿大、荷兰、法国、英国及香港等6个国家和地区的海外华裔青少年"中国寻根之旅"夏令营营员到金坛体验常州地方非遗文化、特色饮食，感悟中华文化精华，在区侨办、侨联工作人员的引领之下，参观金坛博物馆、华罗庚纪念馆以及金坛埃马克公司。面对华裔青少年突发中暑情况，侨办、侨联第一时间与金坛人民医院联系，建立就医绿色通道，及时救助中暑青少年，病情和舆情得到有效的控制，处置方式得到上级侨务部门的充分肯定。

【侨务宣传】 2017年，在《常州日报》刊登《省华中校友杨天若当选加拿大工程院院士》等消息6条、《金坛时报》刊登消息9条，被金坛区人民政府网站、常州市人民政府网站、中国新闻网、常州市侨务办公室网页、"常州侨务""江苏侨网"等转载、录用20多次；在《欧洲时报》发布一篇以"大美金坛"为主题的金坛专刊；采写的人物通讯《乐做传统文化的传播者》得到《常州统战》杂志编辑及外界的好评；调研文章《以侨为桥搭平台优化服务促发展》等2篇信息被常州市委办、市政府办录用，提升了金坛侨务工作的对外影响力。

【"大走访·暖侨心"活动】 2017年，区侨办、侨联开展春节"大走访·暖侨心"活动。认真排查辖区内重点侨眷、困难侨眷和侨界精英，通过邀请区领导带队慰问，联合相关部门共同慰问，电话、电邮、短信慰问等方式开展大走访大慰问活动。春节"大走访·暖侨心"活动，共计走访慰问88人，其中联合镇、街道、园区党委领导一同走访慰问45名归国华侨和侨眷，送上慰问品、慰问金共计5.2万元。侨务干部走访归侨侨眷家庭达50余户，华侨华人、归侨侨眷来信来访21人（件）次，主要涉及房屋拆迁、华侨捐赠、出入境、子女升学等方面，金坛侨办侨联都给予及时办理答复，信访办结率100%。 （盛士琦）

金坛区工商业联合会

【概况】 2017年，金坛区工商业联合会（以下简称区工商联）全面落实区第十三次党代会和区委十三届三次全体（扩大）会议部署，切实发挥桥梁、纽带和助手作用，为促进全区经济跨越式发展作出应有的贡献。

【强化思想引领】 开展学习宣传教育。组织机关干部、基层商会和行业商（协）会通过不同形式收听、收看党的十九大开幕式，深入学习党的十九大会议精神，用十九大精神武装头脑、指导实践、推动工作；召开基层商会秘书长会议，认真学习《中共中央国务院关于营造企业家健康成长环境弘扬优秀企业家精神更好发挥企业家作用的意见》。

【推进企业和谐文化建设】 经过广泛宣传、镇（区）推荐、走访考察，推荐江苏尧塘园林绿化有限公司等8家单位参加常州市和谐企业文化创建评选。2017年10月，召开非公企业和谐文化创建工作推进会，常州市委统战部副部长、工商联党组书记查艳参加会议，并对下一步创建工作提出指导意见。温州商会在全区成立首家异地商会工会联合会，为维护职工权益、促进企业持续健康发展、构建和谐劳动关系起到积极作用。

【非公经济代表人士政治安排】 2017年，有179位非公有制经济代表人士，经区委统战部和区工商联评价合格后，当选为各级人大代表和政协委员；1名企业家被推荐为江苏省工商联执委，1名企业家被推荐担任江苏省特产商会副会长，2名企业家被推荐为江苏省中小企业委员会委员，江苏力合粘合剂有限公司董事长蔡炳照被推荐为"江苏省首届百名退役军人创业之星"候选人。

【搭建四大平台】 资本运营平台。4月，与区金融办共同组织开展资本市场合作意向企业培训会，16家有上市意向企业的20余名管理人员参加培训。政企沟通平台。牵头科技局、市场监管局等部门与温州商会会员企业对接交流，专业人士分别就知识产权、商标注册申请与保护等方面进行宣传培训，企业负责人结合自身需求进行专题咨询。化工行业商会主动服务项目建设，与经信、环保、安监等部门建立联系协调机制，做好重点企业项目审批、环评安评、安全整改等方面的沟通对接。直溪镇商会召开理事单位与国税、地税、镇主要经济部门对接会，国、地税局领导就新出台的政策、法规进行解读，对企业提出的问题现场答疑。教育培训平台。1月，经济开发区成立企业联合大学，邀请社会科学院副院长张兆安结合企业发展实际，围绕"从供给侧改革视角看新常态下企业创新发展"主题讲授开学第一课，来自全区机关、街道、企业的600多人参加活动。9月，区工商联与区商务局共同举办"产业政策及中国经济走向"专题培训，邀请国务院发展研究中心国研智库产业专家、经济学家李晓鹏博士到金坛授课。金城镇商会邀请苏州大学教授沈健、国家级信息化专家王道海分别围绕"国内外经济形势对中小企业的引领和建议""如何实现企业智能化管理"作集中授课。建筑行业协会邀请知名专家、律师举办法律专题讲座，提升企业防范化解风险的能力。同时，区工商联推进落实常州市民营企业队伍建设"百千万"工程，第一期全区110名企业家参加培训。健康服务平台。组织企业家常、执委及家属30余人赴上海华山医院PET中心进行健康检查。组织部分企业家常、执委到区人民医院体检并做好跟踪服务。

【助力“两个加快”】 围绕“两个加快”发展重心,把招商引资工作摆上重要议事日程,分别与浙江神州量子网络科技有限公司、无锡鼎邦科技有限公司深度接触,向他们宣传优惠政策、洽谈投资事宜。纺织服装行业商会承接政府职能转移,组织20多家会员企业参加2017中国国际服装服饰博览会,促进区纺织服装企业结构调整和转型升级。餐饮行业商会承办“长荡湖杯”美食大赛,协办“东方盐湖城杯”茅山美食节,大力推广本土文化美食品牌,促进金坛旅游经济发展。指前镇商会举办产镇融合专题培训班,推动企业找准发展坐标,走好转型道路。薛埠镇商会联合镇经贸办协助企业申报各类奖补资金2800余万元,帮助江苏中广核金沃电子科技有限公司申报获得省高新企业认定。

【拓宽交流渠道】 区餐饮行业商会与靖江市餐饮行业商会缔结友好商会,组织会员单位负责人赴长沙、贵州考察交流。金城镇商会、朱林镇商会分别组织会员企业赴深圳、无锡参观学习。现代农业装备行业商会组团参加全国农机产品展销会,扩大商会在行业的影响力。

【扶贫履责】 区工商联通过组织考察、项目对接、资金帮扶等方式与滨海县滨海港镇木楼村结成帮扶对子,深入推进“百企帮百村”精准扶贫行动。儒林镇商会开展非公经济人士“四信”(对中国特色社会主义的信息、对党和政府的信任、对企业发展的信心、对社会的信誉)教育,会员企业积极回报社会,踊跃参与“双镇同创”(国家卫生镇、国家文明镇)工作,捐资300余万元用于集镇路灯等基础设施改造工程。开发区商会会员企业奉献爱心,募集资金20余万元,成立“益点点”妇女儿童公益促进会,定向帮扶贫困妇女、资助贫困失学儿童,并向弱势妇女儿童提供法律援助。

【夯实组织基础】 完成区工商联(总商会)换届。2017年1月8日,区工商联召开第十次代表大会,区委书记狄志强出席会议开幕式并讲话。由各基层组织推荐出的295名与会代表审议通过九届执委会工作报告,选举产生新一届执委会,完成工商联组织的新老交接。提升商会组织规范化运行水平。制定并印发《2017年度商(协)会工作考评指导意见》,规范商(协)会的日常运作,提高服务水平和办会能力。行业商(协)会集中办公后,专门制定出台集中办公管理办法,确保商(协)会工作正常有序开展。

(陈　薇)

金坛区文学艺术界联合会

【概况】 2017年,区文联围绕区委、区政府的中心工作,做好下辖8个协会换届工作,办好《洮湖》杂志,强化文联机关工作人员作风建设,培育文艺人才,增强文艺工作者建设和传播先进文化的责任感、使命感。开展各项活动,为提高金坛知名度和文化品位做出贡献。

【文联活动】 配合区委宣传部,评选出金坛区首届“金沙文化名人”10名。承办金坛区第八届文化艺术节。参加在指前镇举行的文化科技卫生“三下乡”集中服务活动,捐出价值6000元的文化用品。参与省邮政公司举行的“江南鸡范”邮册首发式。区书法家协会在金坛博物馆举办第七届书协会员作品展。参与主办“金鸡迎春闹元宵”文艺演出。区美术家协会举办第二届金坛美术大展,区民间文艺家协会举办金坛第十届舞龙盛会。组织区美术家参加常州市首届美术作品大展,全区共有36名作者的作品入展,并获美术大展恽南田美术奖1名,恽南田美术奖提名奖4名,获奖人数占常州市四分之一。举办仰望高山——凡宽山水画精品观摩展。举办金坛区第二届美术新人新作展。举办喜迎十九大书画展。开展“诗画蓝田—福地金坛”书画交流展。参与主办的金坛区第三届广场舞电视大赛。参与主办青年职工歌手大赛。参与组织“风雅颂”诗书画展。组织文艺家参加区全国文明城市创建活动,开展“水墨丹青文明情”手绘墙活动,“文明金坛和谐家园”摄影展。参加区第八届全民阅读月活动。组织文艺工作者参加“社区天天乐”“文化村村行”“锡韵金沙”等文艺惠民活动。

【第九届《洮湖》文学奖】 11月25日,第九届《洮湖》文学奖获奖作家座谈会召开。《洮湖》杂志创办21年,全面展示金坛浓厚的文化底蕴,成为省内外作家分享文艺作品的重要平台。此次获奖的17篇作品从2015年至2016年《洮湖》杂志发表的小说、散文、诗歌中评选出,包括罗光成的《土塘之恋》、葛安荣的《听眼睛说故事》等。获奖作家除金坛区作家外,还有来自安徽、苏州等地的作家。座谈会上,17位省内外作家共叙与金坛文学发展的情缘,表示将继续创作更多作品,繁荣金坛文化事业。

【第九次文代会】 10月15日,区文学艺术界联合会第九次代表大会召开。会议选举产生金坛区文联第九届委员会,姚锁生当选文联主席。区委书记狄志强在开幕式上讲话。大会围绕繁荣发展金坛文艺事业,回顾总结八次文代会以来的工作。会议修改《金坛文联章程》,选举产生金坛文联新一届领导机构。会议动员和鼓舞广大文艺工作者认真学习习近平总书记有关文艺的系列重要讲话精神,坚持文艺创新、德艺双馨,为金坛文艺事业的新繁荣新发展而倾情倾力、努力奋斗。

【金坛籍在外艺术家座谈会】 10月22日,在“两节一会”开幕式上,十多位金坛籍在外工作知名文艺家和首批“金沙文化名人”共话家乡文化发展。座谈会邀请崔龙海、储福金等十多位金坛籍在外工作知名文艺家参加。区委常委、宣传部部长陈锁龙与各位文艺家共聊家乡事、共话家乡情，并介绍近年来金坛经济、社会、文化事业的发展情况。近年来，金坛区文艺作品精品迭出，文化品牌更加响亮，文艺知名度不断提升。与会人员尤其是金坛籍在外工作的知名文艺家感叹现在的金坛各项事业正在快速崛起，具备越来越好的发展条件，并为金坛文艺发展建言献策。

【承办第八届文化艺术节闭幕式】 由区文联承办的金坛区第八届文化艺术节闭幕式，11月25日晚在金沙广场举行。区委常委、宣传部部长陈锁龙为第八届文化艺术节闭幕致辞，区人大常委会副主任王艳红为第九届《洮湖》文学奖获奖者颁发证书。晚会表演歌曲《茉莉花》《金坛之歌》、情景表演《家乡的味道》、歌舞《魅力金坛》、戏曲联唱《金沙水润千万家》、诗朗诵《彩练当空舞》等文艺节目，吸引不少市民前来观看。（朱 瑜）

金坛区残疾人联合会

【概况】 2017年，金坛区残联在各镇、街道残联的共同努力下，围绕全区中心工作，紧扣推进残疾人全面小康主线，切实提高为残疾人服务的能力和水平，着力推动残疾人就业增收、残疾人托底保障等方面工作，全区残疾人事业得到健康快速发展。

【精准康复】 8月，金坛出台《关于残疾人精准康复服务行动实施方案（2016—2020年）》，明确到2020年底，有需求的残疾儿童和持证残疾人接受基本康复服务的比例达80%以上。2017年，“三助一免”（助行、助视、助听和精神病人免费给药）康复救助工程为有需求的298户贫困残疾人配发轮椅、助听器、护理床等康复器具451台（套）。为9位肢体残疾人检测、诊断、取模，免费安装假肢。全区在人民医院和中医医院完成278名白内障患者复明手术。南京爱尔眼科医院在全区实行“慈善光明行”项目，为全区中低收入家庭的白内障患者免费实施手术358例。贫困精神残疾患者免费服药救助745人，比上年新增35人。0—14岁儿童抢救性康复工程全面放开，新增0—6周岁康复训练儿童7名，7—14岁2名。60名0—6岁和10名7—14岁残疾儿童在区小天使康复中心进行康复训练。全区完成50户低保、重度贫困残疾人家庭无障碍环境改造。

【教育就业】 2017年，区残联为27名高中以上学历残疾学生发放教育补贴3.35万元。为13人发放励志奖学金为2.58万元。发放自主创业奖励金7人1.9万元。全区年审企业240家，其中福利企业16家。按比例安置残疾人542人，福利企业安置残疾人302人。实名制就业97人。其中，按比例24人，自主创业2人，灵活就业71人。征收残疾人就业保障金1356万元。根据江苏省残疾人证管理办法，及时调整区残疾评定委员会，评定专家组专家由7名增加至15名，增设信息保障组，进一步体现科学规范和明晰职责。全年新办残疾人证587本，注销残疾证368本，为33人提供上门评残服务。

【组织建设】 2017年4月、10月，区残联分别召开四届二次、三次主席团全体会议。副区长朱霞当选为区残联第四届主席团主席，臧华为第四届主席团执行理事会理事长，王建涛任四届主席团执行理事会副理事长。朱霞要求残疾人工作者不辱使命，不负重托，竭尽全力做好各项工作，尽其所能服务好全区残疾人。11月，全区各镇、街道残联全面完成换届选举工作，调优调强镇级残联领导班子和服务队伍。同时，也对镇级残疾人综合协会和村（社区）级残疾人协会进行调优调强。

【协会工作】 2017年，区残疾人各类专门协会在区残联的指导下，组织开展各具特色的活动，鼓励广大残疾人积极参与社会、回报社会。肢残人协会于8月11日“肢残人活动日”组织18名肢体残疾人游览扬州瘦西湖。3月5日，聋人协会走进区残疾人托养中心，盲人协会参加由区文明办和区团委主办的“学雷锋”大型公益活动，以实际行动践行雷锋精神。9月24日，第60个“国际聋人节”，区聋协组织35名聋人代表去溧阳市新四军江南指挥部纪念馆参观活动。盲人协会积极与区志愿者协会互动，在全国助残日，与手拉手志愿者协会联合开展了一次“走出去看一看”镇江一日游的联谊活动。8月7日，盲人协会选派3位推拿师，与茅驴志愿者协会一起，走进区第二人民医院精神科为患者和医护人员提供义务推拿服务。10月20日“国际盲人节”，盲人协会组织60名盲人及其陪护者扬州一日游的活动，游玩闻名的个园和瘦西湖。精、智残及亲友协会在国际残疾人日，组织残疾儿童和家长游览常州春秋淹城等知名景点，让孩子们亲身感受到大自然的美好。

【社会保障】 全区为5189名困难残疾人发放生活补贴2443.59万元，为3525人发放护理补贴342.89万元。为有需求的贫困残疾人家庭发放78台彩电、150台洗衣机、118台电风扇、100台电饭煲、132台微波炉，并为27户贫困残疾人家庭安装太阳能，有效提高受益残疾人的生产生活水平。继续做好残疾人团体大病补充保险工作。2017年，在上年试运行一年的基础上，当年区财政又投入资金78万元，为全区1.3万名残疾人统一购买团体大病补充保险。区残联、保险经纪公司、保险公司三方配齐配强工作队伍，落实三方季度工作例会等制度，进一步建立健全相关工作机制，介入速度与赔付效率大大提高。全区全年残疾人团体大病补充保险赔付36人151万元。

【体育事业】 在常州市第六届残疾人运动会上，金坛残疾人运动员共获得32枚金牌,70枚奖牌,团体总分329分,三项均位列常州第一。金坛12名运动员获得“体育道德风尚奖”荣誉,金坛代表队被授予集体“道德风尚奖”、组织奖等荣誉。在镇江“华诺菲杯”2017年全国残疾人田径锦标赛上,金坛区视残运动员陆文凯、陆文旋包览男子青年组T11级1500米、5000米两枚金牌。奥运冠军徐夕涵在墨西哥举行的2017年世界残疾人游泳锦标赛上,获50米蝶泳冠军。

【宣传文体维权】 2017年,区残联借助各个媒体平台,广泛宣传残疾人事业。金坛的残疾人大病补充保险被《扬子晚报》《常州日报》等主流媒体报道。中残联、省残联网站和《常州残联》《金坛时报》等媒体平台刊登区残联工作和信息90多篇。全国助残日前后,金坛电视台、《金坛时报》等平台广泛宣传活动主题,营造浓郁氛围。4月1日,在金坛吾悦广场举行“世界自闭症日”快闪宣传活动,有效普及全社会对“自闭症”的知晓率。结合全国文明城市创建,5月开展城市无障碍设施体验活动,媒体报道让社会公众与相关机构更好的关注残疾人出行需求,推进城市无障碍建设。当年处理残疾人来信3件,电访20人,接待来访50多人次,做到件件有落实、事事有回应。区残疾人法律援助中心,为22名残疾人免费提供法律援助,减免法律服务费7200元,为49名残疾人提供咨询服务,有效维护残疾人的合法权益。

【“唱响爱的分贝”第三季公益助残活动】 5月,第27次“全国助残日”期间,区残联联合区级机关党工委、卫计局、妇联和广电台等单位开展“唱响爱的分贝”第三季大型公益助残行动,向社会广泛宣传残疾人辅助性就业工作与“残疾人之家”建设成果,组织区级机关对“残疾人之家”部分产品进行认购。同时,举办区级机关心理健康讲座,为机关200多名干部职工普及心理调适、减压的专业方法。公益助残行动募集资金76876元,返还给提供成果展的“残疾人之家”、资助小天使康复培训中心、区启智学校等涉残机构和部分特困残疾人家庭,社会效益相当明显。助残日期间,区委常委、统战部部长、政法委书记孟敖祥还在区残联领导的陪同下慰问小天使康复培训中心、东城街道“残疾人之家”。全区各级各部门累计发放慰问款物20.8万元。

【“残疾人之家”建设】 加快“残疾人之家”建设,是省政府确定的涉残重点民生项目,是实施残疾人辅助性就业和托护的重要平台。在“工疗模式”上,城区“残疾人之家”40名就业年龄段残疾人参加企业社保,就业年龄段参保率100%,残疾人平均月收入2000元以上。“农疗模式”上,在朱林镇三星村探索开展大棚蔬菜种植项目,农林部门全程跟踪解决技术问题,医院、政府部门优先采购机构的蔬菜,保证销售渠道。此外,通过搭建的微店、微信等网络销售平台,帮助区残疾人庇护托养中心、朱庄“残疾人之家”等残疾人制作的手花、头花、特色手包等手工艺品销售。2017年,全区有11个“残疾人之家”建成运行,其中,镇级(街道)6个、村(社区)5个,为213名残疾人提供日间照料服务、161人实现辅助性就业。 (陈卫东)

金坛区红十字会

【概况】 2017年,金坛区红十字会(以下简称区红会)学习贯彻党的十九大精神和习近平新时代中国特色社会主义思想,紧紧围绕区“两个加快推进落实年”确定的目标任务,依法履职积极作为,较好地完成全年的既定目标任务。

【传递红十字博爱正能量】 结合“三大一实干”活动,区红会党员干部深入小南门社区走访240户居民,为社区及困难居民提供2.2万元资金救助;按照经济薄弱村结对帮扶和低收入困难家庭阳光扶贫任务要求,完成指前镇下新河村和金城镇前庄村累计6万元扶贫资金拨付和金城镇白塔村7户困难家庭的入户调查和数据上传工作;连续3年超额完成造血干细胞捐献志愿者资料入库100人份任务,2017年,王文玫志愿者捐献造血干细胞成功移植;为弘扬人道、博爱、奉献的红十字精神,联合区民政局在茅山福承园建设全区首座遗体器官捐献者纪念碑。

【提素质、夯基础】 应急救护培训有序推进。在苏南培训中心4名职工全年开展急救培训1场的情况下,通过借用区红十字会机关急救培训师、聘用社会急救培训师等法,紧急启动急救培训进企业25场、进社区10场、进机关3场,完成初级救护员培训1003名和普及性培训8030人次的任务。备灾救灾仓库落实到位。经过一年多时间的领导协调、部门争取,最终与区水利局达成共识,区红会备灾救灾物资转储至水利局石桥水利枢纽城防处的救灾仓库,解决因长期临时租赁、救灾物资“居无定所”带来的安全隐患。

【固基地、创品牌】 依托江苏省示范性红十字服务基地“金坛红十字生命体验馆”作为常州未成年人社会实践基地,为全区青少年开展生命救护和安全教育215场,接待参观人数超过2.2万人次。依托江苏省、常州市、金坛区“博爱家园”项目,组建全区首支红十字养老照护志愿服务队一队,为东城街道华胜社区居家养老人员开展上门生活照料、康复保健、文体娱乐、精神慰藉、安全援助等服务;筹备组建第二支红十字养老照护志愿服务队,为西城街道文化社区居家养老人员开展养老照护志愿服务。金坛区红十字养老照护志愿服务试点经验被新华网和《中国红十字报》予以刊登报道。

(王 梅)

(编辑 刘士科)

军　事

人民武装

【概况】 2017年，金坛区人民武装部（以下简称区人武部）按照“抓学习固根基、抓工作求突破、抓作风树正气、抓班子强能力”目标，围绕“维护核心、听从指挥”和“传承红色基因、担当强军重任”中心，做好备战练兵、兵役征集、国防动员与教育工作，全力参与省级双拥模范城的创建。区人武部被江苏省军区评为军事训练先进单位，被常州市军分区评为安全管理先进单位。

【思想政治建设】 2017年，区人武部深入学习贯彻中共十九大精神，组织全体干部职工全过程收看大会盛况，开展以党员大会、党小组会、常态化政治教育等形式集中学习讨论；建立“指尖传递薪火、远行理论长征”微信群，每天定期推送资讯，发挥“掌上微课堂”的实际作用；结合工作特点，制作中共十九大专题宣传画册、橱窗板报。主动把握森林防火集训时机，邀请区党校专家为全区森林防火骨干民兵及全体参训人员进行中共十九大精神辅导授课。结合“维护核心、听从指挥”主题教育，开展“适应新体制、谋求新作为”大讨论，组织全体干部职工撰写心得体会，签订改革期间安全稳定责任书。发挥组织功能，常态化开展谈心交心活动，做好一人一事的引导和监管工作，确保形成对党绝对忠诚、对单位绝对负责、对组织绝对服从的政治觉悟和行动自觉，达到“随时进考场、安心答考题、准时交考卷、全力考满分”的目标。

【备战练兵】 2017年，区人武部紧盯实战抓训练。围绕新体制下指挥体系构建、指挥机构编组、国防动员保障、指挥基本流程、作战行动指挥等重难点问题，加强研究筹划，修订国防动员领域行动控制方案、非战争行动方案和日常战备行动方案。按训练大纲组织本级首长机关军事训练，遴选专职人武干部参加上级实战化课目考核。6月，组织民兵骨干进行为期7天的军地联合防汛抗洪演练，完成无人机巡堤、封堵决口、构筑子堤、驾机排涝、植桩加固、管涌抢护、救援群众、编队航行8个科目的协同训演，相关事迹被《中国国防报》报道。11月，组织民兵骨干开展为期一周的森林防火训练，对灭火器材使用、火场紧急救护、应急流程处置方面进行强化学习操作，增强参训人员的处突能力。11月，首次举行全区民兵军事体育运动会，9支参赛队伍对举轮胎、3000米跑、100米跑、拔河、4×100米扛圆木接力5个项目进行激烈角逐，东城街道、朱林镇、薛埠镇代表队分获一、二、三名。

【兵役征集】 2017年，区人武部按照“报名率、上站率、合格率、择优率、退兵率”标准，扎实做好兵役征集工作。注重层层宣传发动，开展“征兵宣传月”和“征兵宣传社区、校园行”活动，利用报纸、广播、电视进行立体宣传，人武部干部职工主动分片挂钩乡镇、街道组织征兵宣传，与民兵营长一道

6月5日，区人武部组织全区抗洪骨干进行防汛抢险演练　　（人武部　供稿）

进家入户面对面宣讲政策,做到登记报名全员覆盖,18 周岁青年兵役登记率 100%。建立个人档案袋,对每一名应征青年进行严格甄别、筛选,重点摸清学历、家庭、个人性格、兴趣爱好、过往病史等情况。9 月,首次组织全体预定新兵进行为期 7 天的役前集训,为部队输送更优兵员奠定基础。

【双拥共建】 2017 年,区人武部全力参与省级双拥模范城创建工作,注重发挥部队牵头作用,多次组织驻坛部队召开推进会、部署会,组织专人耗时 2 个月整合、提供台账资料清单和模板。着力打造雷锋名片,持续开展献血、便民、敬老在行动活动,组织全区官兵为驻地血站献血约 20000 毫升,为指前镇敬老院送去价值 15000 元生活必需品;利用"八一"、国庆等节日,积极与驻地单位开展军地篮球友谊赛等活动,促进军民联创共建新局面。树立精准扶贫品牌。4 月,结合"三大一实干"活动,组织全体干部职工对指前镇 120 户困难村民进行走访调研,共解决处理三大类 17 项倾向性问题,研究上报 8 户存有具体困难和诉求的特困家庭;12 月,在"阳光扶贫"活动中,组织干部职工对朱林镇 12 个贫困家庭进行一对一挂钩扶贫。

【安全管理】 2017 年,区人武部将"依法治军、从严治军"作为基础,发挥"纲"的作用,确保"稳"的环境。强化责任立规矩。理清安全工作思路,明确职责分工,制定《人武部安全工作责任分工表》;按照《兵器室管理规定》要求,制定《兵器室警卫人员考评办法》,建立 24 小时双岗值班制度;规范《营院管理实施细则》,设立核心位置"红色禁区",从严管控车辆停放及人员出入,逐渐形成主官带头主动抓、分管领导具体抓、件件工作有人抓的职能新常态。深化学习树观念。组织全体干部职工常态化学习安全法规与禁令,展开讨论交流、对照检查自省、梳理整改提高,增强纪律和责任意识;通过板报、橱窗、灯箱等形式,宣传上级对安全工作的指示要求,确保全体干部职工"脑中有弦、心中有戒"。有的放矢抓落实。紧盯"人车枪弹密、水火电气油、酒钱黄赌毒、涉外涉地方"等 17 个重点环节,开展安全隐患排查整治,常态落实安全教育和安全形势分析制度;对全区各重要干道路口、河道桥梁、核心厂区进行数据采集、科学分析、监控安装,形成全时监督、上下互通、随时可控的"安全回路"。区人武部被常州市军分区授予安全管理先进单位。 (吴涛涛)

人民武警

【概况】 2017 年,武警金坛区中队以习近平系列重要讲话精神为行动指南,贯彻《军队基层建设纲要》《正规化管理规定》,抓好思想教育、管理和执勤工作,培忠诚之心,练精武之能,养英勇之气。按照《军事训练与考核大纲》要求,组织开展军事训练,把反恐防袭、一招毙敌、应急处置、战斗指挥等作为训练重点,提高快速反应和协同作战能力,圆满完成以执勤处突、反恐为中心的各项任务。全年出动官兵 133 人次配合区公安分局担负各类临时押解任务,中队连续 10 年被省武警总队评为正规化执勤一级单位,2017 年再次被省武警总队评为正规化执勤先进中队。

区中队党支部采用"引进来、走出去"的政治教育方法,抓好思想政治教育和队伍建设,夯实官兵安心本职、爱岗奉献的思想根基。严密组织开展改革强军主题教育和"两学一做"学习教育。组织中队官兵到军休所聆听老革命、老战士讲传统故事,邀请区公安分局领导到中队授课,提高官兵法制能力。 (陈留强 潘一平)

人民防空

【概况】 2017 年,区民防工作坚持以军事斗争准备为主线,围绕重点突破、全面推进、融入民防、服务发展的工作目标,抓好人防工程建设,规范人防工程使用许可制度,把人防工程使用维护管理与安全工作纳入年度目标管理。加强人防工程安全巡查力度,强化人防行政执法,对虹亚房地产开发公司擅自使用未竣工的人防工程和金沙中学未经审批擅自开工建设行为分别进行行政处罚和行政强制。推进指挥通信体系建设,信息化水平不断提升。

【民防宣传教育】 2017 年,区民防局以增强全民国防观念和人防意识为宗旨,组织开展形式多样的人防宣传教育活动。5 月 10 日,结合全国第九个"防减灾日",区民防局会同区教育局、地震局、蓝天救援队在区第五中学举行防震减灾应急疏散演练观摩活动。5 月 26 日,区民防局联合区教育局、团区委、区消防大队、珠航校车公司以及区青少年护航教育志愿者协会,在直溪中心小学举行校车逃生应急疏散演练。通过现场车辆追尾导致燃烧情况下的应急逃生、紧急包扎和消防灭火等科目的演练,让青少年掌握应急逃生和自救互救技能。"9 · 18"防空警报试鸣日,组织金坛区 1 所学校、4 个社区共 920 名群众(学生)参加防空应急疏散演练,发放各类宣传资料 850 余份,在城区主要街道悬挂宣传横幅 50 条。年内,融国防、民防、自救互保为一体的金坛民防教育体验馆建设工程有序推进。

【钱国超调研民防工作】 7 月 6 日,省民防局局长钱国超一行实地察看金坛区 409 人防指挥所综合工程及民防教育体验馆建设现场,听取工程建设情况汇报,对金坛区民防重点工程坚持高起点规划设计、高质量施工建设、高标准精细管理的做法给予充分肯定。希望金坛把 409 人防指挥所建设作为民防事业的基础性工程和百年大计来抓,力争打造成省内一流、县级领先的精品工程。

(蓝红玲)

(编辑 钱国新)

政法委及综治工作

【概况】 2017年，全区政法系统树立“发展第一要务、稳定第一责任”意识，加强政法队伍建设，强化社会治安防控，扎实做好稳定和谐工作，有效推进平安建设和法治建设，全力保障和促进全区经济社会平稳较快发展。

【维稳工作】 2017年，区政法部门扎实推进社会矛盾排查整治调处工作，维护社会政治稳定。顺利完成全国“两会”和中共十九大等重大节日、活动期间安保维稳工作，特别是在中共十九大期间，在京非访登记数、社会管控面查控登记数以及到中纪委、最高院、最高检上访滋事数均为零，取得历史最好成绩。推行“阳光信访”，重点攻坚疑难复杂信访事项，加大会商会办、综合施策工作力度，探索化解信访矛盾新机制、新途径，年内化解信访积案11件。对重点涉稳群体、列管重点人员以及其他行业领域内不稳定、不确定风险等重要敏感时期和事件，落实社会舆情收集掌控工作，实行日研判制度。重点重大突出矛盾纠纷得到有效钝化，风险隐患越级上访的抬头趋势得到有效遏制。年内，共劝阻群体性上访51批605人次。严厉打击各类违法犯罪，批捕各类刑事犯罪案件221件318人，提起公诉560件779人。成功破获公安部挂牌的黑客攻击、网络诈骗、网络贩枪等重大案件，刑事案件、故意杀人与贩卖毒品等八类案件、侵财案件等发案率连续三年下降、破案率呈上升的良好态势，其中八类案件破案率达90%，确保社会大局持续稳定。

【平安建设】 2017年，组织实施技防提升项目工程建设。在全区重点要害单位、复杂敏感场所以及人员聚集区域新建或升级视频监控517套，区级公共安全视频监控联网平台和智能维保平台建成，共接入119家社会面单位2025路监控。通过技防监控，有效预防和侦破一批刑事案件。互相联动，加强巡防。启用吾悦广场综合警务工作站，配强一号武装巡逻车，特战分队、便衣打击、街面巡防、视频巡逻相互策应、整体联动，每日500余名警力屯兵街面，3400名红袖标力量参与社会面巡防，有效压降街头路面案件，街面侵财警情同比下降26%。强化社会治安防控，提升出租房屋和流动人口管理水平，有力促进社会和谐。全年新登流动人口120502人、出租房屋10315户、群租房153户，整改各类治安隐患2500余起，办理不按规定登记承租人信息案48起，处罚48人，侦破各类刑事案件15起；通过信息比对，社区防控抓获在逃人员13人。加大排查整治力度。公安、城管、消防等部门对东城街道、白塔集镇等重点地区开展集中排查整治，并顺利通过常州市验收。多次组织展开校园及周边地区安全排查整治，新增交警护学岗22个、派出所巡逻岗37个、巡特警巡逻岗3个，摸排整改治安、消防、交通、食品等方面安全隐患43起，清理复杂场所24个，有效净化了校园周边环境。金城镇“特殊人群管控模式”、文广体局的“网吧指纹认证系统”和朱林镇“互联网+微课堂”获常州市优秀社会治理创新项目奖，对易肇事肇祸精神障碍患者启动有奖监护制度，精神障碍患者“专业治疗+社区工疗”管控模式经验在全省交流。

【法治建设】 2017年，全区政法部门继续围绕保持全省法治示范区的总目标，法治建设成效明显，法治建设满意度列常州辖市、区第二。彰显法律顾问智囊作用，推进依法行政工作。由5名高校学者、10名资深执业律师组成的区委区政府法律顾问委员会，为长荡湖清淤工程合同纠纷代理、绿色动力生活垃圾发电合同审查、政府平台反担保文件审查等重大行政决策提供法律咨询和服务。深化司法体制改革，提高执法效能。审判权运行机制改革聚焦对焦司法责任制核心，员额法官、审判辅助人员、书记员和司法行政人员全部实行分类管理，独任法官和合议庭的独立审判权得到充分保障。运用保险经济手段改进法院执行工作，推出“执行无忧”悬赏执行保险制度，执行出口更加通畅。全年开展集中执行14次,执结各类案件4074件,执行到位资金3.62亿元。支持配合监察体制改革,区检察院完成涉改人员隶属关系转变。法治文化建设亮点突出。新增儒林镇柚山村廉政主题公园、西城街道方边村法德文化园和金城镇前庄村法治文化园3处省级法治文化示范点,华胜社区被命名为全国民主法治示范社区。总投资超1.5亿元的青少年法治体验馆建成开馆,全年接待省内外青少年60余次,累计受教育人数超5万人。

【政法队伍建设】 2017年,区政法系统有效开展队伍建设工作,不断提高全员履职素能。强化思想理论学习。全区政法系统以落实"两学一做"学习教育常态化制度化为统揽,不断强化宗旨意识和职业良知、职业操守教育,建立健全考评激励机制,完善组织生活、谈心谈话等制度,政法队伍满意度有了新的提升。加强履职能力建设。建立健全职业培训体系,分层分类开展知识大学习、业务大培训、岗位大练兵、技能大比武、素质大提升等活动。区政法各部门结合"三大一实干"活动,主动下沉至基层一线面向群众解疑释惑,组织协调矛盾纠纷排查化解等工作,帮助基层单位和群众解决实际问题近千件。强化典型示范引领。区政法委、区综治委组织开展十佳政法干警和优秀平安志愿者评选活动,深入挖掘先进典型,全年分别评选出优秀政法干警和优秀平安志愿者20名,有力推动平安法治金坛建设各项重点工作有序开展。

(张国乾)

公　安

【概况】 2017年,金坛公安分局紧扣中共十九大安保这一主线,持续推进现代治理机制、现代警务机制、现代防控体系、现代警方公共关系、现代职业警队的警务发展战略,全面从严治警,聚力提升警务整体效能,为全区经济社会加快发展创造良好环境。

创新社会治理警务机制,提高合成作战效能。系统治理与联动治理相结合,有效保持社会治安大局持续平稳。依托"派驻式"人民调解室降存量、控增量,处置各类纠纷警情3073起,强化公安、行业、单位三方联合监管,排查各类风险隐患4453起,华城嘉园小区等3处重大火灾隐患提前摘牌销案,交通、消防、危险品等安全形势平稳可控;在视频监控联网、出租房屋管理、校园安全防范、客运车站安检等方面,形成联动治理机制,完成中共十九大等15个重大活动安保维稳任务。采用合成侦查,建强打击侵财犯罪等5个专业班子,成功破获公安部挂牌督办的黑客攻击、网络诈骗、网络贩枪等一批重大案件,作案成员抓获数、侵财批捕数同比分别上升12.5%、27.7%,刑事案件、侵财案件破案率分别达29.1%、24.8%;实施合成防范,固化查控常态工作机制,对高发案部位、治安乱点和重点地区实行精准整治,以点带面推进防范会战,全年刑事发案及侵财警情同比分别下降16.9%、21.2%;加强合成指挥,启动常态、重大和应急状态下的指挥情报联合机制,完善现场、网上和社会面同步应急处置预案,核查线索562条,处置突发案(事)件163起。

夯实基础警务工作,筑牢现代防控体系。加强社区警务工作,实行交叉检查和末位约谈,严格落实基础管控责任,"人房物图网"等基础要素底数更清、情况更准、管控更牢,刑事作案成员案前列管率和重点人员打处率分别达38.1%、19.7%,社区警务绩效位于全市前列;加强专业手段建设,配齐侦查设备,规范DNA实验室运行,理化实验室投入实体运作,全面使用标准化信息采集一体仪,试点安装人像抓拍摄像机,日均抓拍人脸1.2万张;加强公安重点基础设施建设,区公安分局业务技术大楼一期工程进入装修阶段,应急反恐中心、驾考中心、法医解剖室建设工程全面进场施工,儒林派出所、驻所刑警中队、专职消防队和开发区现役消防站完成选址。科技建设效果凸显.投资600余万元,在河滨小区北门、华润苏果路口、朝阳小学路口、横街江南银行路口安装机动车不礼让行人抓拍系统,吾悦广场周边新增抓拍球机8个,西门菜场、北门大街供电公司等7个点位新增违停抓拍球机11个。落实公安服务"两个加快"55项措施,建成朱林"一站式"服务窗口,启用道路交通事故处理综合服务中心,车驾管、出入境等14个公安服务窗口满意率89.78%。打造文明交通,新增停车泊位2115个,设置人行隔离护栏6430米,标线出新3千米,优化路口渠化5处,查处各类交通违法行为53万起,同比上升65.6%,利用"随手拍"受理交通违法线索1621条。整体防控严密。推进视频监控升级,将技防提升项目纳入政府安民工程,在全区重点要害单位、易发案部位、复杂敏感场所和人员聚集区域新建和升级视频监控517套,建成区级公共安全视频监控联网平台和智能维保平台,接入社会面单位119家2025路监控;织密进攻巡防布局,启用吾悦广场综合警务工作站,配强武装巡逻车,特战分队、便衣打击、街面巡防、视频巡逻相互策应整体联动,每日500余名警力屯兵街面,并动员3400名红袖标志愿者参与社会面巡防,街面侵财警情同比下降26%;完善网络防控格局,建成移动通信网络围栏点位800个、公共场所无线WIFI点位810个,在全区54家网吧安装手机认证系统,采集上网信息27万余条,依托互联网监控中心和网安警务室,全天候巡查网络信息7万余条,迅速处置负面信息324条。

【巡特警大队获评全国优秀公安基层单位称号】 2017年,金坛公安分局巡特警大队围绕平安建设核心,按照完善立体化、现代化社会治安防控体系的要求,以"一体化设防、专业化队伍、精准化巡防、科学化指挥"为总体思路,践行构建现代防控体系部署,筑牢社会面治安防控的铜墙铁壁。与

110指挥中心、派出所勤务指挥室共同构建三级巡逻指挥体系，对全区巡逻人员、车辆实施常态巡防勤务部署、实时指挥调度，并负责全区巡防工作规划指导和督查考核，以核心反应圈、城区封控圈、边界堵控圈为梯次结构，设置6个“固定+移动”警务工作站、26个应急堵控点和6个区际治安卡口，划分城区21个、乡镇62个防控责任区，在重点核心区域和人员密集场所确定必巡点位24处、必巡路段17处，发挥11辆移动智能卡口车作用，常态开展武装巡逻。创新实施巡控、查控、侦控、防控、堵控勤务模式，组织巡特警82人专业巡逻队和50人机动巡逻队，加强重点核心区域、人员密集场所、城区主干道的着装巡逻和重装巡逻。年内，针对6类易发案重点部位和24个镇、村集场，共研判前科人员轨迹304条，抓获扒窃犯罪人员17名，破获扒窃案件36起。收缴枪支10支、子弹2000余发、刀具弓弩37把，销毁伪劣烟花爆竹1417件和赌博机432台。城区街面发案率同比下降24.8%，其中，抢劫、抢夺、扒窃、盗窃“两车”及车内财物案件同比分别下降35.3%、34%、29%、33.3%。该大队“铸造专业化巡防队伍工作法”入选江苏省公安厅年度《巡防十大技战法》；巡防队伍建设经验在省公安厅“巡防大讲堂”作交流推广，获省公安厅集体二等功1次，2017年被评为全国优秀公安基层单位称号。

【破获省公安厅毒品目标案件】 1月23日，金坛公安分局禁毒大队在常州市公安局禁毒支队、刑侦等部门配合下，组成专案组赴广州、安徽亳州等地开展侦查工作。侦查员经过36小时外线侦查、守候，2月12日晚上9时许，在沪蓉高速薛家收费站将犯罪嫌疑人吴某（江苏淮安人）、余某（安徽广德人）等5人成功抓获，当场缴获冰毒1千克。3月9日，金坛公安分局与河南警方统一收网，捣毁制毒加工厂2家，抓获严某等犯罪嫌疑人8名，缴获毒品甲卡西酮1吨，收缴毒资100万元，扣押反应釜11个。

【破获公安部打击整治黑客攻击破坏犯罪挂牌督办案件】 1月，常州市公安局会同金坛分局刑警、网安部门在梳理串并网络诈骗案件过程中，发现有不法分子使用常州联通“1318257”号段号码实施9起冒充领导诈骗案件。经查，这批卡是联通公司员工使用犯罪嫌疑人提供的非法“沃受理”软件所办理。该软件具有绕过移动、联通、电信三家运营商实名认证系统的功能。区公安分局随即抽调刑警、网安精干警力会同常州市公安局刑警、网安支队组成专案组全力侦破。下旬，专案组根据前期侦查线索将王某某（女，金坛人）、朱某某（常州钟楼区人）等5名涉案嫌疑人抓获，缴获黑卡2400张。为突破全案，专案组又将软件开发者易某某（湖南省醴陵市人）在内的4名涉案嫌疑人抓获。经审查，犯罪嫌疑人易某甲、易某乙2人在明知非法软件具有绕开身份证阅读器进行非法实名认证的功能情况下，仍进行非法软件开发、安装、维护与推广、兜售，向辽宁、山西、内蒙古、宁夏、云南、广东、福建、新疆等10个省区销售“沃受理”软件百余套，非法获利20余万元。

【侦破虚开增值税发票案】 5月16日，区公安分局经侦大队侦查发现常州旭腾、聚升两家纺织有限公司的实际经营人均为李某某（徐州丰县人），且两家公司自2015年成立以来所用电费与其销售额不成正比，所有货物进出无运输发票，有恶意虚开增值税发票嫌疑。6月1日，区公安分局调集警力成立专案组，在常州市公安局配合下，赴常州新北、镇江两地抓获恶意虚开增值税专用发票用于骗取出口退税、抵扣税款发票的犯罪嫌疑人6名。下旬，侦查人员循线追踪，各专案小组民警相继抓获犯罪嫌疑人29名。经查，犯罪嫌疑人李某某以实际经营常州聚升、旭腾两家纺织有限公司为掩护，会同韩某某（徐州丰县人）、陈某某（泰州兴化人）、薛某某（无锡滨湖人）、曾某某（女，常州钟楼人）、李某等6人，以无货物交易方式，通过支付手续费向下游企业虚开增值税专用发票，价税合计40219.3万元，税额5181.3万元；涉及接受发票企业44家。其中，金坛17家，外地27家，涉案金额达4亿元。

【破获公安部督办网络诈骗案】 6月26日，金坛公安分局接报一起网络诈骗案件，犯罪分子在网络聊天平台发布“提高支付宝蚂蚁花呗额度”信息，冒充客服骗取受害人信任后，引导其扫码转账8888元。公安分局通过侦

12月19日，成功破获“6.26”虚构支付宝花呗提额系列诈骗案件

（公安局　供稿）

查发现,犯罪嫌疑人制售电子礼品卡虚假支付链接诈骗成功后,均通过北京某某航空服务有限公司对礼品卡进行低价销赃处理,获取资金后对整个诈骗犯罪链条进行资金分配。该公司自5月以来,共低价收售诈骗“链接手”电子礼品卡4.8万张,累计价值3709万元。随后,区公安分局会同常州市反诈骗中心通过网络追查,于7月15日赶赴江西南昌抓获嫌疑人梁某和昊某。经过对到案嫌疑人审讯深挖及研判:此类型犯罪为新型网络诈骗犯罪,犯罪团伙依托网络聊天工具形成多个诈骗群体,通过手机链接扫码进行诈骗;两名嫌疑人手机链接的诈骗聊天群达20余个,群成员达2000余人。专案组通过对涉案数据等开展碰撞比对,锁定一个落脚在缅甸某花园大酒店的诈骗团伙。8月,专案组在云南西双版纳州警方协助下,赴云缅边境端掉了以扫码诈骗为业、长期盘踞在境外的诈骗团伙,抓获团伙成员5名,缴获作案银行卡20余张、POS机5台、作案电脑5台,查扣冻结赃款100余万元。同时赴湖南、黑龙江、吉林等地抓获嫌疑人35名。12月19日,组织侦查人员赶赴北京,将犯罪嫌疑人吴某某、徐某等5人抓获归案,当场缴获作案电脑21台,作案手机30余部、银行卡账户10余个。至此,公安部挂牌督办的“6·26”虚构支付宝花呗提额系列诈骗案件成功告破。

【破获2起抢劫案】 5月11日23时许,区公安分局指挥中心接到群众报警,称在东城街道华城嘉园地下停车场电梯口发生1起持刀抢劫案件。接警后,刑警大队侦技人员会同东城派出所民警赶到现场调查。经查受害人施某某(女,金坛人)于当晚23时许,在华城嘉园地下停车场电梯口处被一男子采用卡脖子、用刀胁迫等手段实施抢劫,因被他人发现,受害人挣脱逃跑,抢劫未遂。侦查民警通过视频追踪等技术手段于当日在南洲花园将犯罪嫌疑人张某(宜兴市人)抓获。8月30日凌晨5时许,区公安分局110指挥中心接到报案称,一名黑车驾驶员遭4名男子抢劫。接到报案后,公安分局刑警大队会同尧塘派出所立即赶赴现场展开调查。经查,受害人唐某驾驶苏D212N3大众汽车在武进区殷村搭载4名男子到金坛众泰公司附近时,遭其持刀威胁并劫走汽车及现金700元。区公安分局立即抽调刑警、网侦、技侦等部门精干警力,与尧塘派出所组成专案组,在常州市公安局技侦部门协助下,专案组民警通过调取现场周围监控视频图像沿途追踪,很快锁定犯罪嫌疑人踪迹。31日凌晨,在无锡警方配合下,专案组民警在无锡市滨湖区一小旅馆内将王某某(河南省安阳市人)、季某某(浙江省宁海县人)、古某某(江西省吉安市人)、陈某(江西省赣州市人)4名犯罪嫌疑人抓获。

【破获跨省销售假烟案】 6月,区公安分局跨省联动破获一起销售假烟案。2016年11月中旬,金坛申通公司员工在开箱验查一件广州邮递至金坛的大件物品时,发现疑似假烟的芙蓉王香烟50条,即向当地烟草部门举报。金坛烟草局执法人员到场查验、确认假烟后,将线索移交金坛公安分局立案查处。公安分局迅速抽调治安、刑侦、派出所等15名精干警力组成专案组,全力开展案件侦办工作。通过200余日的攻坚奋战,侦查人员5下广州多方取证,跨省跨部门整体联动,于2017年6月13日下午在广州市白云区抓获主要犯罪嫌疑人李某富、李某耀、李某凤;在金坛指前镇抓获销售假烟犯罪嫌疑人李某华,当场收缴中华等名牌假烟2300余条,案值200余万元。

【摧毁跨省制售假农药团伙案】 8月上旬,金坛区农林局接黄桃种植户李某报警称:其和四位老乡使用奥曼森公司生产的农药后无任何效果且果实长成黑斑,导致黄桃无法正常销售,经济损失200余万元。区农林局对农药进行初步检测后发现涉案农药的生产厂家和登记证号均为假冒,并将该线索移交金坛公安分局立案查处。公安分局立即抽调治安、刑侦、巡特警、金城派出所精干警力组成专案组,通过百余日的侦查,先后7次到河南、广西等地取证,跨省跨部门整体联动,于12月16、17日分别在广西桂林、河南周口等地一举抓获康某、杨某某等犯罪嫌疑人7名,当场收缴制假原料6吨、假农药成品250千克、制假机器6台,涉案价值百万元。

【破获“9·20”故意杀人案】 9月20日18时21分,区公安分局110指挥中心接到一群众报警:称其叔叔找不到且家中有血迹。接警后,公安局刑警大队侦技人员及辖区派出所民警迅速赶到位于尧塘镇谢桥村委河北村12号死者刘某胜家现场,发现刘某胜已死在院内水井中,确认系一起故意杀人案件。案发后,迅速成立由刑警、城区四个派出所刑侦骨干及尧塘派出所警力组成专案组全力开展侦破工作。9月22日上午,民警在案发现场进行详细勘查及周边地区开展地毯式排查时发现该村南坝头村民刘某某手上有伤,且案发时段在现场有过逗留痕迹,具有重大作案嫌疑。经对刘某某传唤审查,犯罪嫌疑人刘某某交待因琐事引发纠纷,在上门争执过程中将刘某胜杀死并抛尸井中的犯罪事实。 (潘一平)

消防管理

【概况】 2017年,金坛区消防部门围绕火灾形势和队伍管理,以服务经济建设、维护社会稳定为出发点,强化消防监管、巡访工作,实现社会火灾防控水平、公众消防安全素质和队伍综合管控能力新提升。年内,完成“一带一路”国际合作高峰论坛、金砖国家领导人会晤、中共十九大等一系列重大消防安保任务。全年共检查单位5710家,整改消防隐患11996处,3家挂牌重大火灾隐患单位全部销案。积极开展抢险救灾工作,建立电梯和特种车辆应急救援联运体系。全区消防部队共接处警1021起，其中火灾168起，营救被困人员108人，疏散群众224人，抢救财产价值321.9万元。认真组织消防安全知识培训活动，增强广大群众消防安全意识。全年走进学校、企业、社区开展消防安全知识培训140场次，发放各类消防宣传材料4500余份，消防官兵走进金坛广播电台向听众解读消防法律法规、防灭火常识。在金坛电视台滚动播放消防公益宣传广告，受教育群众上万人次。

【消防基础建设】 2017年，区消防部门强化基础建设，提升灭火应急救援能力。落实消防责任，与各镇(区)街道全面签订消防责任书，逐级明确消防工作目标、主体和任务。完善消防保障机制。将社区(村委)微型消防站建设经费纳入镇级财政保障，形成站点布建、保障方式、管理模式、效能考核四个统一。组建2个化工集中区、1个商业区、1个旅游区的区域联防组织。开展电气火灾、高层建筑消防安全专项行动，建成电动车集中停放点49个、电气火灾监控系统30个、简易喷淋13套、独立式烟感火灾报警器1373个，高层建筑联网检测系统629家。强化消防基础设施建设，更新消防装备。出台《金坛区消防装备建设规划(2017—2019年)》，先后投入200万元购置干粉消防车1辆、新式灭火防护头盔30套、防爆电台30部以及一些常用器材；投资274余万元分别对政府专职队和现役中队购置一批救援防护装备。

(季　成)

消防演练　　　　(消防大队　供稿)

检　察

【概况】 2017年，区检察院围绕全区改革发展大局，出台《服务保障“两个加快推进落实年”的实施意见》，强化司法举措，履行批捕、起诉职能，全年批准逮捕各类刑事犯罪案件221件318人，提起公诉560件779人。依法办理常州市首例利用破解手机号码实名制软件实施犯罪、用铝泡粉制作“毒包子”等案件，严惩电信网络诈骗、食品药品类犯罪24件35人。积极参与整顿和规范市场经济秩序，依法起诉合同诈骗、金融诈骗等破坏市场经济秩序犯罪案件58件102人。坚持宽严相济刑事司法政策，依法决定不批捕37人，不起诉10人。办理国家司法救助18件，发放司法救助金8.9万元。加强检察监督，依法监督侦查机关立案4件6人，撤案3件4人，追捕4人，追诉7人，纠正侦查活动中的违法情形12件次；向审判机关发出再审检察建议4件，提出刑事抗诉2件2人，法院采纳4件，改判1件。审查办理各类民事行政申诉案件80件，其中提出再审检察建议3件，对民事执行活动中的违法情形提出检察建议27件；向行政机关提出督促履职类检察建议41件，行政机关采纳38件。加强羁押必要性审查，对不需要继续羁押的14名犯罪嫌疑人建议变更强制措施。对刑罚执行和监管活动中的违法情形提出纠正意见和检察建议12件。开展财产刑执行检察，针对财产刑执行中存在的不规范问题展开专项检察15次。组织开展“破坏环境资源犯罪”专项监督活动，对涉嫌污染环境、破坏水资源等犯罪，建议行政机关移送公安机关立案8件。惩治和预防职务犯罪，全年立案查办贪污贿赂案件10件10人，渎职案件3件5人，其中科级干部3人，为国家挽回经济损失700余万元。查办医疗卫生领域人员与征地拆迁领域职务犯罪案件各4件4人。及时将典型案例转化为警示教育材料，开展预防警示教育活动21次，受教育人数1 000余人。建成网上网下行贿犯罪档案互联网查询系统，提供行贿犯罪档案查询4210次。深化涉法涉诉信访改革，完善首办责任、律师参与等工作机制，化解缠访、非正常访事件6起，与法院、公安密切合作，成功化解长达20余年的信访积案1起。全年妥善处理群众信访233件。

加强风险预警和检察环节的应对处置。针对办案中发现的精神病人、未成年人刑事犯罪出现的新问题，注重调查研究，撰写研判报告，提出防范和管理建议。深化“失依儿童”救助工作，联合区教育、民政、团委等职能部门，出台加强对“失依儿童”救助保护的意见，全年联合开展救助活动12次。“失依儿童”救助工作被常州市委政法委立项推进，并作为公益项目参加第二届江苏志愿服务展示交流会。扎实开展“与法同行”防治校园欺凌专题活动，防治校园欺凌公益项目入选常州市妇联2017年公益创投项目。

6月,检察院开展送法进校园活动　（检察院　供稿）

【规范司法行为】 2017年,区检察院扎实开展廉政风险点排查防控、党风廉政建设问题清单和不规范司法行为约谈三项重点工作,全年约谈、提醒谈话8次,发布督查通报12期。主动适应规范司法新标准,依托检察统一业务应用系统,加强大数据监管,实时提醒、预警。出台《案件质量评查标准》,建立流程监控、内部监管、检务公开的案件监督管理新模式,提高办案质量。从规范司法办案、强化内部管理入手,建立健全20余项管理制度,确保检察管理规范化。做实规范办案监督工作,自觉接受人大及其常委会监督,定期通报检察工作并提请人大专题审议。深入开展代表联络月、检察开放日活动,邀请区人大代表、政协委员参加案件公开答复与审查听证等活动,主动接受监督。全年,组织人民监督员开展办案监督11件11人。

【提升履职能力】 2017年,区检察院加强分层分类分岗培训,打造工匠精神,解决"本领恐慌"。全年组织干警参加各类岗位练兵和技能比武活动12场次,选派业务骨干参加各级业务培训26人次。采用内外结合,深化检校合作,邀请南京师范大学等高校专家教授到院讲课,组织业务骨干赴苏州大学、浙江大学脱产短训。推进"坛检微讲堂——小课堂"建设,全年开展新法解读、案例研讨等"小课堂"活动34场次,其中《如何把握自首情节认定》课程获全省检察机关教育培训十佳精品"小课堂"。2名干警分别被评为常州市十大优秀青年法学人才、江苏省检察机关公诉论辩大赛三等奖。

【司法责任制改革】 2017年,区检察院推进司法责任制改革,突出检察官司法办案的主体地位。全年遴选员额检察官30人,检察官独立决定案件占受理案件总数的90%。制定《关于入额院领导直接办理案件操作办法(试行)》,4名入额院领导直接办理案件46件。完善检察官办案管理机制,对办案数量、质量、规范、效率、效果等内容全程监督。深化以审判为中心的诉讼制度改革,充分发挥检察机关在诉前主导、审前过滤、庭审指控中的作用。区检察院与区公安分局会签《关于开展刑事司法联动试点工作协议》,开通公检办案信息共享平台,在城区4个派出所设立驻所检察官联络员,加强审查逮捕、起诉环节对侦查活动的监督与引导。健全重大、疑难案件提前介入机制,与区公安分局联合出台《重大疑难案件公安机关听取检察机关意见的实施细则》,对"麦加币"特大新型网络传销案等重大案件提前介入、引导侦查,提高办案效率。强化人民监督员制度改革,将职务犯罪立案侦查案件全部纳入人民监督员监督程序,实现对所有职务犯罪案件监督告知全覆盖。全年邀请人民监督员参与监督告知活动9件9人次,拟不起诉案件提请人民监督员监督2件2人;年内邀请人民监督员参与检察开放月活动5次,组织人民监督员参加专题培训2场次。利用微博、微信及新闻客户端新媒体平台,加强与人民监督员的互动交流。建立人民监督员微信群,定期发送检察工作动态、法律法规、典型案例等检察信息,为人民监督员履职提供知情权。

【民事行政监督】 2017年,区检察院充分发挥民事行政检察监督职能,完善多元化监督机制,对生态环境和资源保护、食品药品安全、国有财产保护、国有土地使用权出让等领域开展行政违法行为检察监督,提出检察建议41件,被行政机构采纳38件。切实当好公共利益的代表,突出公益核心,稳妥推进公益诉讼改革,成功办结金坛首例行政公益诉讼案件,诉讼请求得到法院支持。充分运用公益诉讼前置程序,发出检察建议25份,最大限度保护国家和社会公共利益。与区公安、法院等部门配合,开展打击虚假诉讼专项行动,办理建设工程合同、劳动报酬等方面虚假诉讼监督案件7件。　（陈　涛）

法　院

【概况】 2017年,区法院坚持以队伍建设为抓手,以司法改革为契机,以公平正义为目标,狠抓执法办案第一要务,各项工作取得新进展。全年受理各类案件16010件,审执结13334件,同比分别上升16.63%和23.34%,其中新收案件13095件,同比上升11.86%。

【刑事审判】 2017年,区法院发挥刑事审判职能,有效惩治刑事犯罪,全年审结各类刑事案件576件。严惩暴力和多发性侵财犯罪,保障群众生命和财产安全,审结故意伤害、强奸、抢劫和盗窃、诈骗等案件298件。关注新型网络犯罪，维护公民信息安全，审结手机解锁、网游外挂等破坏计算机信息系统类案件3件。严厉打击侵犯社会管理秩序犯罪，提升金坛社会文明程度，审结"地下六合彩"、侮辱伤害文明劝导员、黄毒赌等案件79件。保障群众食品药品安全，严惩"毒包子""麻醉药""瘦脸针"等食品药品犯罪，审结此类案件29件，限制被告人从业资格。规范经济秩序，维护国家经济安全，重拳打击传销活动，审理会员4082人、金额达4250余万元的"麦加币"新型网络传销等传销案件2件。从严打击贪污、贿赂等职务犯罪，严惩违法审批专项资金、非法收受商业回扣等"蚁贪"案件14件。

【民事审判】 2017年，区法院采取调判结合，有效化解民事纠纷，审结各类民事案件4458件。注重司法效率，快速审结交通事故、工伤等人身损害赔偿类纠纷1339件，判决支付赔偿金1.4亿元。注重民生需求，审结教育、医疗、物业等民生案件506件。注重产权保护，依法审理确权、执行异议和第三人撤销之诉等新类型财产案件307件，明晰产权归属，确保群众财产安全。注重家庭和睦，依法主动调查取证，着力家庭矛盾化解，审结婚姻家庭、遗产继承等家事案件1071件，其中一起继父赡养案得到《法治天下》《道德观察》《夕阳红》等国家级媒体的关注。

【行政审判】 2017年，区法院推进法治政府建设，促进政府依法行政，判决行政行为违法1件，撤销行政登记1件，裁定所有非诉审查案件准予执行；联合政府法制办，推行行政机关负责人出庭应诉制度，基本解决"告官不见官"问题；主动与行政机关开展业务研讨、执法培训等活动，提高执法部门依法行政和行政诉讼应对能力。完善行政案件协调机制，在查清事实、分清是非、合法自愿的前提下，将协调、和解、撤诉工作贯穿行政审判各个阶段，促进官民沟通，最大限度化解行政机关和相对人之间的矛盾。重视矛盾冲突激烈、社会影响面广行政争议的化解，建立敏感案件排查、风险评估等工作机制，健全院领导信访接待、诉讼服务大厅值班、涉诉信访案件跟踪督办等制度，努力化解信访行政案件。全年审结各类行政诉讼案件64件，审查非诉行政执行案件47件。

【执行工作】 2017年，区法院多措并举，努力破解执行难题。推进网络查控平台建设，推行强制搜查制度，全方位查控"老赖"财产，全年网络查控3886次，强制搜查26次。创新执行方式，开展集中执行14次，在广场大屏和电视台滚动曝光失信被执行人906人，建立"执行无忧"保险制度，推行悬赏执行，向社会公开征集执行线索，迫使被执行人主动履行义务。强化司法惩戒措施，严惩拒执行为。年内，共拘留131人，罚款5人；发布失信黑名单2624人，限制其乘飞机、坐高铁、办贷款等，督促失信被执行人自觉履行义务；移送公安机关拒执犯罪线索3件，强制执行的社会认同度和社会影响力持续提升。全年执结各类案件4074件，执行到位金额3.62亿元。

【规范市场秩序】 2017年，区法院处理征地拆迁案件39件，保障重大招商项目和民生工程顺利推进。重视破产案件的审理，成立企业破产处置工作领导小组，稳妥处置破产案件13件，全年化解504件债权债务纠纷，落实1162名企业职工工资待遇；坚持重整优先，全力推进金坛肠衣厂破产重整，使企业"破产不停产"，实现创汇4000余万美元，稳定500多名企业职工的人心。妥善处理融资借贷纠纷，审结民间借贷、金融借款和票据等案件2973件，打击高利转贷和"放水钱"等非法行为，维护金融稳定，规范融资秩序。规范市场行为，审结买卖、加工承揽、建设工程等合同纠纷1008件，重视因房价上涨引发的房屋买卖纠纷，制止拒绝过户等违约行为36起，鼓励并支持诚信的市场交易。

【创新社会治理】 2017年，区法院建立法庭与辖区村委共建机制，建成以法庭为中心、辖区村委为网点的庭村共建网络，定期走访村委，召开座谈会，探索基层组织、法院和乡贤共同参与，自治、法治和德治相结合的乡村社会治理新模式。对社会治理中出现的新问题，对审判实践中发现的土地流转"毁约弃耕"现象，房产公司"一房多卖"引发群体性矛盾等涉及经济发展和社会治理的问题，及时报送区委和有关部门，供各级领导决策参考。

8月24日，区人民法院召开肠衣厂破产重整推进会　（法院　供稿）

积极参与重大案件的协调与化解，做好新天地小区购房户群访化解工作，协调化解万和奥特莱斯与业主商铺租金纠纷数百起，圆满解决因地条钢政策调整引发的张某等34名工人群体性讨薪事件等。

【司法体制改革】 2017年，区法院开展综合配套司法体制改革，全面落实司法责任制。人员分类管理改革。将干警分为员额法官、审判辅助人员和司法行政人员三类，明确各类人员岗位职责，开展分类考核；坚持从严掌握选人导向，增补员额法官4名，确保想办案、能办案的审判资源集中到审判一线。审判权运行机制改革。组建27个审判团队，制作权力清单，明确独任审理和合议庭审判职责和权限；改变裁判文书签发模式，非经法定程序，院、庭长不得审核签发未参与审理案件的裁判文书。审判监督管理改革。编制全年业务部门办案进度表，每月对照检查任务完成情况并定期通报；开展长期未结案件专项清理，对改判、发回重审等五类重点案件进行评查，提升办案质效。开辟矛盾纠纷化解"快车道"。建立诉调对接平台，全年诉前调解成功案件1486件；制定案件繁简分流实施意见，对立案案件进行繁简甄别分流；恢复设立速裁庭，施行要素式审判改革，全年简易程序适用率为65.42%，小额速裁案件1112件。

【优化诉讼服务】 2017年，区法院拓宽立案渠道，严格按照立案登记制要求，全年当场登记立案10418件，裁定不予受理26件，未发生有案不立、有诉不理和拖延立案现象。完善网上自助立案，为外地和行动不便的当事人解决立案难题，全年网上立案2651件。联合区司法局在诉讼服务中心设置公益律师服务站、法律援助工作站和法律志愿者服务站，为当事人提供法律咨询、代写诉状等法律服务。畅通12368服务热线，全年为公众提供在线服务1658人次；设立庭长值班窗口，为来访群众释法答疑；新设档案查询窗口，为群众提供电子查档服务。完善服务设施，配备电脑、扫描仪、打印机等设备，为当事人提供授权委托书、格式诉状等立案材料，方便群众诉讼。 （何　薇）

司法行政

【概况】 2017年，金坛区司法行政工作以打造人民满意的服务型司法行政机关为目标，认真履行司法行政工作职能，做好法治宣传、特殊人群管理、矛盾纠纷调处、公共法律服务等工作，顺利完成各项目标任务。

【法治宣传教育】 2017年，区普法办、司法局开展重点对象学法、法治文化阵地建设等重点工作，打造全域立体普法新格局。

实施"四个强化"教育，确保普法效果。强化青少年法治教育，开展法治校园创建活动，全区58所中小学校均开设法律知识课堂，法治教育纳入中小学、幼儿园教师培训计划；强化领导干部和国家工作人员法治教育，42个区级法宣成员单位全部制订《国家工作人员学法用法实施方案》，把学法普法工作纳入年度考核内容。全年举办初任公务员和行政执法人员法治教育培训班2期，组织完成国家工作人员网络在线学法考试；强化企业管理人员法治宣传培训，组建金坛区名优律师团，与企业法务联合推出企业普法菜单，实施"点单送法"，全年开展各类企业法律沙龙、讲座和菜单送法活动35场次，发放各类法治书籍2000余册；强化广大市民学法用法，全区38个法治宣传橱窗通过免费租用、责任轮转的方式供各普法成员单位使用，成为群众身边知法懂法的平台。全年举行"菜单普法"诊治活动12场次，为公民量身订制法律服务和法律建议。

实行多部门联动普法机制，履行普法职责。制定下发《金坛区国家机关"谁执法谁普法"法治宣传责任制》，制作谁执法谁普法责任清单，明确各部门在普法教育中的职责。印制《金坛区各部门"七五"普法规划汇编》《2017年金坛区各部门普法工作要点汇编》，督促行政执法部门自觉履行普法主体责任，各级领导干部成为普法落实的直接责任人。实施普法互联、片区共建，把成员单位按照部门普法责任清单划分片区，打造片区普法品牌。至年末，全区法宣成员单位由原来的32个增加到42个。提出青少年"4V一体"快乐普法理念，利用微信、微课堂、微访谈、微电影和花山青少年法治体验馆，针对青少年不同时期、不同个体的差异，实施寓教于乐的精准普法。开展"法护人生""法进家庭"和"法润村居"三大行动，把爱国守法纳入最美家庭、书香家庭和星级文明户等推选工作中，全年评出"最美家庭"100户。同时，开展"百家姓氏法治家规家训"征集活动，共征集各类法治家风家训122条(篇)，并精选出36条(篇)以书画形式巡展。

推进法治文化阵地建设，营造社会普法氛围。年内，占地168亩，总投资超1.5亿元的花山青少年法治体验馆正式对外开放。该馆内设法治体验馆、生命教育馆等11个主题场馆，可同时容纳1000余人学习体验。开馆以来，已接待省内外青少年实践学习60余次，累计受教育5万人次。基层法治主题公园特色鲜明，薛埠镇环保主题公园、坞家法治花海长廊、长兴百米法治手绘墙等个性化法治文化阵地均已建成，华胜法治公园通过国家考核验收，柚山、方边和前庄村被命名为省级法治文化示范点，全区省级民主法治示范村(社区)数量达到51%，超过省厅标准6个百分点。线上网上普法再添新平台，区级刊物《金沙周刊》《金坛时报》增设法治专版，以全新的视角宣传金坛法治宣传教育新动态、新经验。每周一期的《法在身边》电视栏目以案释法，以法析理，让公众产生共鸣从中受益，受到社会关注和好评。

【特殊人群服务管理】 2017年，区司法局推进社区矫正和安置帮教工作，构筑监管新体系。发挥线上服务监管网络作用。全年新增33台矫务通，重点人员手机定位率达100%，移动定位系统和矫务通、人脸识别等现代科技的整合运用，切实发挥社区矫正平台实时录入、定点监控功能，已成为社区服刑人员教育监管、预防脱漏管的有力手段。加强服刑人员档案一人一档、一档一册管理，规范社区服刑人员教育监管工作台账。加强对服刑人员的日常管理，制定《金坛区社区矫正应急处置预案》，实行24小时值班和非工作日值班制度，及时掌握动态。组织开展社区矫正安全隐患排查整治活动，对社区服刑人员实行全面核对排查，实时掌控人户分离、下落不明、流动性大等情况。对排查出的重点人员，落实帮教措施，及时上门走访、个别教育，真正实现"见面、听声"，做到底数清、情况明，预防和减少重新犯罪。加强社区矫正载体建设。6月，占地1400余平米，投资100余万元的新社区矫正管理教育服务中心正式投入使用。该中心以服刑人员矫正治理、无缝回归社会为着力点，分设监督管理区、教育矫正区、心理矫正区、技能培训区、社区服刑人员活动区5个区域和接待大厅、社区矫正办公室、安置帮教办公室、后续照管办公室，训诫、宣告、驻检（警）、心理咨询、心理矫治、图书阅览、档案及教育培训室等九大功能室，为适应新时期特殊人群管控从重"监管"向重"服务"转变提供平台。做实特殊人群未成年子女帮扶教育工作，为薛埠镇服刑人员未成年子女送救助金，为服刑人员困难家属上门送法律送温暖。借力互联网+远程会见帮教系统，实现零距离帮教监所服刑人员，解决监所服刑人员的亲属探视难、会见难等问题，提高监所教育改造质量。年内，全区新接收社区服刑人员202人、解矫215人；办理审前调查78件，假释评估16件，居住地变更5件（从本地变更出去的3件，从外地变更进来的2件）；对39名矫正人员进行警告处罚。现有在册管理矫正人员240人（其中缓刑225名，假释8名，暂予监外执行7名），监管平稳有序。

【人民调解】 2017年，区司法局推进多元化矛盾调处机制改革，规范基层调解组织，保障社会和谐稳定。矛盾纠纷调处多元化。切实加强与区综治、政法等部门联系，充分利用合成维稳中心调度平台，建立健全信息共享机制，每天参与合成维稳信息研判，形成信息专报呈报区委区政府，针对重大复杂矛盾和集访、京访人员，联合各部门力量共同做好稳控工作。启动公证参与司法辅助试点工作，与区法院签订合作协议，成立公证参与司法辅助工作室，参与5项司法辅助事务公证，有效发挥公证在推进多元化纠纷解决机制改革中的职能作用。基层调解组织规范化。先后完成劳动、物业、医疗、交通、消费、环保、知识产权、商事、婚姻调解组织的设置，对全区所有司法所眉头、桌牌、门牌、指示牌、制度牌等按照最新要求实行更换。遴选19家300人以上企业设立企业调委会，在中航锂电设立金坛区华科园公共法律服务中心（含企业调委会和法律服务诊所）。制定《关于在全区社区500户以上的居民小区设立人民调解工作室的指导意见》，对全区24家500户以上小区设立调解工作室。遴选9家规范化程度较高的村（社区）级调解组织，按照金坛一流、常州前列、全省领先标准，打造规范化调解组织示范点，实现镇（街道）、村（社区）调解示范点全覆盖。全年区、镇两级调处中心和各类调解组织共排查纠纷6184次，受理纠纷10829件，调解纠纷10829件，调解成功10661件，调处率、调处成功率分别为100%、98.45%，劝阻群体性上访51批605人次，全区未发生因民间纠纷而引发杀人案件和刑事案件。

【公共法律服务】 2017年，区司法行政工作围绕公共法律服务满足人民群众需求，把服务工作做实做好。法律援助惠民济民。为行动不方便人群主动上门服务，在征得受援人同意的情况下，直接指派中心值班律师现场承办，兑现让受援人"最多跑一次"便民承诺。加强法律援助案件质量监督管理，完善第三方评价机制，试行法官、仲裁员、人民调解员对案件承办人的庭审准备、出庭、庭审流程等各项办案环节进行评价。组建12348法律服务队，成立名优律师团，满足不同群体的法律服务需求。全年共受理援助案件844件，诉讼案件占比达99.7%。其中，申请类案件781件，指定类案件63件，案件量占本地常住人口比例的万分之15.10。法律服务泽润民生。以党建促管理，

乡村设立普法宣传教育阵地　　（司法局　供稿）

增设基层法律服务工作者协会和常金律师事务所党支部。强基层法律服务队伍,完善教育培训制度,组织开办基层法律服务工作者培训班4期。建立健全政府法律顾问制度,推动落实律师与区、镇两级政府领导"一对一"挂钩服务工作。开展全区企业"法律体检"活动,做好重点产业链和重点领域骨干企业增资扩股、上市融资、兼并重组等方面的法律服务。在农民工、茶商、旅游景点、花木类电商、中医门诊集聚区分别建立6家特色"法律诊所",让群众就近享受到免费、专业、便捷的法律服务。建立124个村(居)法润民生微信群,规范村(社区)法律顾问工作,实现线上、线下法律服务无缝对接。公证服务便民利民。拓展公证服务领域,发挥公证在服务地方经济中的作用。介入金坛肠衣厂破产重组,为金昇集团、亿晶集团等企业在境外设立分公司提供服务,全年办理涉及商标、专利等知识产权保护方面的证据保全公证30余项。着力改善和保障民生,对金坛实验幼儿园和华罗庚实验学校新生入学招生摇号进行现场监督,为西城街道九洲里小区拆迁安置户办理房产继承公证,实施长荡湖增殖放流公证,为社会公平正义发挥作用。

【创新试点工作】 2017年,区司法行政工作不断创新,并取得成绩。将道、法、德"三元"理念融入法律服务,拓展公共法律服务内涵和外延,打造公共法律服务品牌,成功经验在全省司法局长大讲堂作交流。区公共法律服务中心被确定为省司法厅县域公共法律服务中心规范化试点单位。探索"前店后厂"服务模式与搭建"1235"平台等工作,得到省司法厅厅长柳玉祥赞扬,并受到前来参观调研的时任江苏省副省长陈震宁,常州市政法委书记徐缨、司法局局长张加林等领导一致肯定与好评。医患纠纷调处体(机)制创新试点工作取得突破,医患纠纷调解成功率连续7年100%。成立心理诊疗室,心理咨询纳入公共法律服务,列为全省试点单位。在2017年度全省司法行政系统绩效考核中名列优秀;在群众满意度第三方调查中,金坛司法行政工作整体满意度全省第二,公共法律服务整体满意度列全省第一,执法质量考评全省优秀、常州第一。 (邹贵福)

(编辑 钱国新)

生机无限 (范石甫 创作)

科学技术

综　述

【概况】 2017年，区科技工作认真贯彻落实省科技创新40条及知识产权18条政策，制定出台《常州市金坛区知识产权强区建设实施方案》《金坛区高新技术企业培育资金实施细则》，修订《金坛区专利发展资金管理办法》，建好“金坛云科技”平台，引导企业做好科技创新规划。加强产学研，与兰州大学、兰州交通大学、南京航空航天大学等院校开展产学研对接，组织“江苏省高职院校系主任金坛行”活动。同时，抓实清华大学博士生社会实践金坛基地建设，金坛基地被授予三星级基地称号。全年新增高新技术企业17家，累计达95家。争取上级科技经费2795万元。在常州市创新创业大赛上，金坛8家企业获奖，其中江苏亚邦强生药业有限公司获一等奖。江苏银晶光电科技发展有限公司、江苏易成电力器材有限公司被评为2017年度省科技小巨人企业。

【创新成果】 2017年，按照江苏省科技创新40条新设立项目——中航锂电技术研究院获江苏省创新能力建设计划类龙头骨干企业在江苏设立独立研发机构建设项目，同时获常州研发机构立项，分别获500万元经费支持与资助。盛利维尔（中国）新材料技术有限公司“超高强度钢丝制备技术研究及产业化”项目获省科技进步一等奖，同时获省科技厅提名为国家科学技术进步二等奖。常州市赛尔交通器材有限公司“复兴号高铁动车前照灯”专利获省专利奖优秀奖。新鸿电子有限公司和金坛美蒂进出口贸易有限公司2项发明专利获江苏省百件优质发明专利。有效推进众创空间建设，组织梦工厂·互联网+众创空间、金坛金西众创空间创建常州市级众创空间。年内新增省级以上三站三中心8家，中盐金坛卢强院士工作站确定为省级院士工作站。

【金沙英才奖】 2017年，根据常州金坛区区委《关于印发关于全面实施“金沙英才计划”的意见的通知》、常州金坛区区政府《关于印发金坛市“金沙英才奖”评选办法和金坛市“柔性人才合作工程”实施办法的通知》，按照申请、审查、初评、总评、公示等程序，评选出金坛区第三届金沙英才奖30人。其中，金沙英才突出贡献奖5名，分别奖励10万元；金沙英才奖25名，分别奖励2万元。

【产学研活动】 2017年，区科技局采用请进来走出去的方式，把协同创新作为提升创新能力的有效途径，开展一系列产学研活动。4月26日，组织40家企业到兰州大学开展产学研对接活动，签订合作协议3份；4月27日，与兰州交通大学进行全面产学研对接，签订合作协议5份。6月20日，区40余家企业参加南航—金坛产学研对接洽谈会，南航技术转移中心与金坛科技局签订《南航国家技术转移中心金坛分中心协议》，同时签订合作协议5项。10月26日（文科类）、11月

6月20日，南京航空航天大学——金坛产学研对接洽谈会（科技局　供稿）

6 月 26 日至 8 月 6 日，清华大学博士生到金坛基地社会实践（科技局　供稿）

2 日（理科类），来自全省 89 所高职院校的 200 余名科研处长、系主任及相关老师与全区 50 多家企业举行省高职院校——金坛产学研对接会，两次活动共签订协议 8 项。

【清华大学博士生实践金坛基地建设】 6 月 26 日至 8 月 6 日，清华大学 17 名博士生到社会实践金坛基地 9 家单位围绕 11 项研究课题进行社会实践。博士生们以积极、主动的工作姿态和勤奋、务实的工作作风，针对实践课题，认真准备，积极应对，完成或超额完成自己的实践目标任务，受到各单位好评。有 3 位同学的实践课题分获一、二等奖。其中，一等奖 1 名，二等奖 2 名。据清华大学研究生工作部反馈的信息，金坛基地在全国 71 家校级基地中排名第四，被授予三星级基地称号。

知识产权管理

【概况】 2017 年，成立金坛首家本土化专利代理机构常州金之坛知识产权代理事务所。全区专利申请 1627 件，其中发明专利 396 件。获专利授权 896 件，其中发明专利 85 件。全年万人有效发明专利 10.63 件，PCT 申请量 13 件，PCT 授权 1 件（美国发明专利）。赛尔交通的外观专利获省专利奖优秀奖（常州政策奖 5 万元），2 项专利列入省百件优质发明专利（省奖励 1 万元），均为新的突破。

【知识产权宣传】 2017 年，区科技局制定并实施《金坛区知识产权强省建设 18 条政策措施宣讲活动方案》。4—5 月，先后组织人员到区重点产业龙头骨干企业、各镇区园区企业、高新技术企业、科技型中小企业、温州商会等 150 家企业宣讲省 18 条政策，参听人数达 500 人次。7 月，区科技局、知识产权局利用大走访以及工作调研等机会，各职能科室联动，将 200 多份省 18 条政策解读手册送到企业手中，并进行现场答疑解惑。7 月 25 日，组织区知识产权示范企业、区科技局各科室、各乡镇（街道）科技助理 20 多人参加常州市局邀请省局领导宣传解读“知识产权 18 条”培训。9 月上旬，举办全区知识产权服务机构座谈会暨高价值培育示范中心建设辅导会，邀请区有关专利服务机构以及高价值专利培育示范中心建设目标企业 20 余人参加。为做实金坛知识产权工作，全面落实金坛区十三知识产权发展纲要，出台和印发《常州市金坛区知识产权强区建设实施方案》《金坛区专利发展资金管理办法》，对专利申请和资助政策进行相应调整，取消外观和实用新型专利的申请补助，将发明专利申请补助减少到每件 500 元，发明专利授权奖励每件提高到 5000 元。全年新增金坛区企业知识产权战略推进培育计划项目 5 个。

【贯标工作】 2017 年，区科技局推进企业知识产权贯标工作，全年组织发动 24 家企业完成贯标备案入库，组织华德机械、凌云药业、金远药业申报第一批贯标绩效评估、国标认证，推动健尔康、斯威克、久诺建材等企业申报第二批贯标绩效评估。4 家企业申报省贯标绩效奖励，其中中盐、盛利维尔分别获 20 万元奖励。4 家企业通过国标认证。

2017 年金坛区获常州市首届创新创业大赛奖企业一览表

表 12

序号	企 业 名 称	获 奖 等 级
1	常州亚邦制药有限公司	二等奖
2	常州市赛尔交通器材有限公司	
3	江苏悦智生物医药有限公司	
4	江苏金旺包装机械科技有限公司	
5	江苏国科新材料科技有限公司	
6	江苏巨晶新材料科技有限公司	三等奖
7	江苏一号农场科技股份有限公司	

2017 年金坛区新增省级企业研究生工作站一览表

表 13

序号	企 业 名 称	合 作 高 校
1	江苏翔康科技有限公司	南京农业大学
2	中航锂电技术研究院有限公司	南京航空航天大学
3	安普科技有限公司	扬州大学
4	常州市金坛腾远机械配件有限公司	江苏大学
5	江苏金坛汽车工业有限公司	南京航空航天大学

2017 年金坛区获认定高新技术企业一览表

表 14

序号	企 业 名 称	序号	企 业 名 称
1	埃森农机常州有限公司	16	常州市天华制药有限公司
2	常州亿晶光电科技有限公司	17	常州唐龙电子有限公司
3	凡登(常州)新型金属材料技术有限公司	18	常州天马光伏电子有限公司
4	江苏金坛绿能新能源科技有限公司	19	江苏长河电子有限公司
5	江苏科祥防腐材料有限公司	20	江苏富沃德电子科技有限公司
6	江苏肯创催化剂再生技术有限公司	21	江苏华兴电子有限公司
7	江苏鹿山光电科技有限公司	22	江苏金喷灌排设备有限公司
8	江苏中广核金沃电子科技有限公司	23	江苏科泰绝热新材料有限公司
9	因特希特(常州)电器有限公司	24	江苏路博减振技术有限公司
10	重庆长江造型材料常州有限公司	25	江苏瑞科停车系统科技有限公司
11	常州久日化学有限公司	26	江苏省激素研究所股份有限公司
12	常州凯度机电有限公司	27	江苏省健尔康医用敷料有限公司
13	常州普宸电子有限公司	28	江苏天驰轴承有限公司
14	常州市奥伦自动化设备有限公司	29	江苏银晶光电科技发展有限公司
15	常州市赛尔交通器材有限公司	30	正信光电科技股份有限公司

2017 年金坛区获省知识产权管理标准化示范创建单位一览表

表 15

序号	企 业 名 称
1	江苏久诺建材科技股份有限公司
2	常州斯威克光伏新材料有限公司
3	常州华德机械有限公司
4	常州亚邦制药有限公司
5	常州德博新材料科技有限公司

2017年金坛区获常州市创新人才"云计划"一览表

表16

序号	姓名	所 在 单 位
1	于申军	中航锂电技术研究院有限公司

2017年金坛区实施省级科技计划项目情况一览表

表17

序号	项 目 名 称	承 担 单 位	计划类别
1	车载以太网(局域)	江苏金坛汽车工业有限公司	工业支撑
2	兆瓦级高效锂电池及模块关键技术研发	中航锂电(江苏)有限公司	工业支撑
3	新型NMP回收技术研究开发项目	中航锂电技术研究院有限公司	工业支撑
4	动力电池精密结构件复合成型防爆顶盖的研发	江苏常丰精密科技有限公司	工业支撑
5	基于物联网高性能虫害智能防控终端的研发及产业化	江苏鑫田电子科技有限公司	工业支撑
6	RFID扫描装置的研发	常州古特电器设备有限公司	工业支撑
7	DGD－440型水平式双出给袋式包装机	江苏金旺包装机械科技有限公司	工业支撑
8	热塑性碳纤维复合材料导线芯棒开发	江苏易成电力器材有限公司	工业支撑
9	环保多功能复合母粒	江苏万纳普新材料科技有限公司	工业支撑
10	低碳节能型高强、隔热、防火自保温墙体材料的研发	常州中晶自保温墙体材料有限公司	工业支撑
11	特种低电感低噪音电缆的研发	江苏金好电缆科技有限公司	工业支撑
12	JC292F立式双缸风冷直喷式柴油机	金坛柴油机有限公司	工业支撑
13	一种新型高电导率高强度铝合金导体材料的研制	江苏亿和新材料有限公司	工业支撑
14	防冻沥青路面中温敏型抗冻材料的关键技术研发与应用	常州履信新材料科技有限公司	工业支撑
15	硅胶吸附剂涂层的管套翅片换热器的研究	江苏科菱库精工科技有限公司	工业支撑
16	带有防腐蚀涂层的汽轮机叶片的研究与开发	常州市金坛腾远机械配件有限公司	工业支撑
17	金坛区酱卤肉安全加工工程技术研究	江苏五香居食品有限公司	基础设施建设
18	常州恒玖企业管理咨询有限公司能力提升项目	常州恒玖企业管理咨询有限公司	平台
19	江苏省内燃机及机械零部件检验检测公共技术服务中心能力提升	金坛区检验检测中心	平台
20	金坛本土化专利代理机构服务平台建设	常州金之坛知识产权代理事务所	平台
21	梦工场·互联网+众创空间	常州市大智文化传媒有限公司	平台
22	APP智能化青储技术在波尔山羊高效养殖中的研究与应用	常州金坛慧雅牧业有限公司	农业支撑
23	生态山羊养殖设施集约化创新与应用	常州汉鳟生态农业发展有限公司	农业支撑
24	现代化移动养蜂技术及高效灌装技术的研究与应用	常州圣贝特蜂产品有限公司	农业支撑
25	EM菌粉发酵饲料畜禽微生态环境调控中应用技术集成与示范	金坛区皓立农业科技有限公司	农业支撑
26	铁皮石斛及霍山石斛的高效栽培与繁育关键技术的研发	常州金坛白鹭源生态农业科技有限公司	农业支撑
27	基于高通量测序技术食管癌特异性circRNA筛选研究	金坛区人民医院	社会发展
28	颅脑创伤后动态监测凝血功能和儿茶酚胺与预后的相关性研究	金坛区人民医院	社会发展
29	儿童重症肺炎支原肺炎体凝血功能与内皮损伤机制的研究	金坛区人民医院	社会发展
30	思维导图对中青年冠心病患者自我管理影响的研究	金坛区人民医院	社会发展
31	氨甲环酸在胫腓骨骨折治疗中的应用	金坛区人民医院	社会发展
32	同伴支持教育在骨质疏松性椎体压缩性骨折术后患者延续性护理中的应用	金坛区人民医院	社会发展
33	腹腔镜下低位直肠癌保肛手术在临床的运用研究	金坛区中医医院	社会发展

续表17

序号	项目名称	承担单位	计划类别
34	腰椎间盘突出症中医诊疗方案临床应用与疗效评价	金坛区中医医院	社会发展
35	知识产权战略推进培育计划	常州斯威克新材料有限公司	知识产权培育
36	知识产权战略推进培育计划	江苏久诺建材科技股份有限公司	知识产权培育
37	知识产权战略推进培育计划	江苏帕卓管路系统股份有限公司	知识产权培育
38	知识产权战略推进培育计划	江苏鑫田柴油机有限公司	知识产权培育
39	知识产权战略推进培育计划	江苏瑞科停车系统科技有限公司	知识产权培育
40	废旧锂电池资源再生技术研发	金为环保科技(常州)有限公司	产学研补助
41	超深井钻探用高强耐蚀抗疲劳铝合金 Φ129mm 套管材料的研制	江苏亿和新材料有限公司	产学研补助
42	新型真石漆材料体系制备技术	江苏久诺建材科技股份有限公司	产学研补助
43	智能物联网杀虫灯产品开发研究及产业化	江苏鑫田电子科技有限公司	产学研补助

2017 年金坛区新增江苏省高新技术产品一览表

表18

序号	产品名称	企业名称
1	大功率火力发电机组用高加管	江苏常宝普莱森钢管有限公司
2	HRSG 用超长锅炉管 - 12Cr1MoVG	江苏常宝普莱森钢管有限公司
3	20Mn2 轻量化驱动车桥管	江苏常宝普莱森钢管有限公司
4	超深井用高强度、高韧性射孔枪管	江苏常宝普莱森钢管有限公司
5	高纯度的 2 - 苯基丙酸	常州市天华制药有限公司
6	KZ - 1 型全自动装箱机	江苏金旺包装机械科技有限公司
7	全自动给袋式包装机	江苏金旺包装机械科技有限公司
8	高纯精制散湿盐	中盐金坛盐化有限责任公司
9	弹性体(SBS)改性沥青防水卷材	江苏宏源中孚防水材料有限公司
10	芝麻 E30 动力电池总成	江苏金坛绿能新能源科技有限公司
11	JT15T 发动机总成	江苏三能动力总成有限公司
12	安全清洁节能的高品质饱和(工业用)蒸汽	江苏加怡热电有限公司
13	全自动智能化贴标机	江苏金旺包装机械科技有限公司
14	全自动理瓶机	江苏金旺包装机械科技有限公司
15	CT 型行李安全检查系统	同方威视科技江苏有限公司
16	小口压吹(NNPB)食品用绿色环保超轻量化玻璃制品	常州市开元玻璃有限公司
17	层绞式光纤带通信用室外光缆	江苏盈科通信科技有限公司
18	金属钠盐	中盐金坛盐化有限责任公司
19	大迈 X5 汽车	江苏金坛汽车工业有限公司
20	磷酸铁锂电池	中航锂电(江苏)有限公司
21	晶体硅光伏组件	正信光电科技股份有限公司
22	新能源整车控制平台控制器	常州易控汽车电子股份有限公司
23	太阳能电池组件用 EVA 封装胶膜	常州斯威克光伏新材料有限公司
24	切割钢丝用高性能热处理合金钢丝	盛利维尔(中国)新材料技术股份有限公司
25	变光开关(含外壳)	江苏凯灵汽车电器有限公司
26	汽车点火开关	江苏凯灵汽车电器有限公司

续表 18

序号	产品名称	企业名称
27	JNB 装饰保温一体化板	江苏宏艺天地节能科技有限公司
28	路灯(led 型)	江苏银晶光电科技发展有限公司
29	贴片二极管	常州唐龙电子有限公司
30	CS 小型车辆检查系统	同方威视科技江苏有限公司
31	大迈 X7 汽车	江苏金坛汽车工业有限公司
32	光谱转换型太阳能电池封装用胶膜	江苏鹿山光电科技有限公司
33	环保节能 ET 复合保温材料	江苏久诺建材科技股份有限公司
34	PTFE 基布	常州万容新材料科技有限公司
35	PTFE 长丝	常州万容新材料科技有限公司
36	接线端子	江苏长河电子有限公司
37	防腐蚀的汽轮机叶片	常州市金坛腾远机械配件有限公司
38	隔板(汽轮机叶片)	常州凯度机电有限公司
39	红外线灯泡	因特希特(常州)电器有限公司
40	保温灯罩	因特希特(常州)电器有限公司
41	五栅高效电池组件	华君电力(常州)有限公司
42	中锁	常州利腾机械有限公司
43	金属火花探除(测)器	安普科技有限公司
44	QX 清洗设备	常州金坛环保设备有限公司
45	ZDG 高功率因数整流器	常州金坛环保设备有限公司
46	热塑性碳纤维复合芯导线	江苏易成电力器材有限公司
47	多功能木塑复合材料一步法挤出机	江苏文嘉韧木塑装备制造有限公司

2017 年金坛区获江苏省科技进步奖项目一览表

表 19

序号	项目名称	完成单位	主要完成人	获奖等级
1	超高强度钢丝制备技术研究及产业化	盛利维尔(中国)新材料技术股份有限公司	方　峰、蒋建清、闵学刚、盛荣生、周立初、张年春、周雪峰、胡东辉、崔世云	一等奖

2017 年获金坛区金沙英才突出贡献奖一览表

表 20

序号	姓名	所在单位
1	于申军	中航锂电技术研究院有限公司
2	陈留平	中盐金坛盐化有限责任公司
3	朱中华	卓郎(常州)纺织机械有限公司
4	张金彪	常州市金坛区水产技术指导站
5	苏建华	常州市金坛区人民医院

2017年获金坛区金沙英才奖一览表

表21

序号	姓名	所在单位
1	何兆娣	江苏久诺建材科技股份有限公司
2	刘舍予	华君电力(常州)有限公司
3	张年春	盛利维尔(中国)新材料技术股份有限公司
4	沈　伟	江苏凯灵汽车电器有限公司
5	胡丽萍	常州恒方大高分子材料科技有限公司
6	颜　辉	常州瑞华电力电子器件有限公司
7	宋登峰	江苏鹿山光电科技有限公司
8	徐海燕	江苏省激素研究所股份有限公司
9	彭　辉	江苏金坛汽车工业有限公司
10	殷国亮	江苏南方光纤科技有限公司
11	郑庆彬	江苏帕卓管路系统股份有限公司
12	徐汉新	江苏亿和新材料有限公司
13	肖温温	常州市金坛区直溪镇农业综合服务站
14	王虎琴	常州市金坛区农产品质量检验检测中心
15	张留斌	常州市金坛区薛埠镇农业综合服务站
16	魏广彬	常州市金坛区作物栽培技术指导站
17	朱爱平	常州市金坛区人民医院
18	陈伟炳	常州市金坛区中医医院
19	王连平	常州市金坛区第二人民医院
20	张五芳	常州市金坛区华罗庚实验学校
21	戴振华	常州市金坛区西城实验小学
22	邓黎莉	常州市金坛区华罗庚实验学校
23	许春凤	江苏省华罗庚中学
24	徐书翔	常州市金坛区文化馆
25	赵鹤茂	常州市《常州日报》金坛记者站

（戴　超）

防震减灾

【概况】 2017年,金坛区地震局认真贯彻上级防震减灾工作精神,扎实做好地震监测预报、地震灾害预防、地震应急救援和防震减灾科普宣传工作。

【地震监测】 2017年,区地震局以高效有序的震情处置机制,抓好震情监视,加强台站监测设备管理工作,保障地震台站仪器正常运行。落实震情值班工作责任制,值班工作人员手机24小时开通,确保通信联络畅通。坚持震情分析会商制度,按时参加常州市地震局组织的季度震情会商会。做好地震监测设施设备的运行维护和地震观测环境保护工作,确保监测设备正常运行、地震监测资料持续可靠、信息传输及时准确。年内投入60余万元对地震监测设施设备及环境进行改造。金坛强震动台获江苏省强震动台网运行维护优秀奖。

【环境整治】 上半年,区地震台监测数据发生异常,即派人对金坛地震台周边的地震监测环境进行勘查,发现自来水公司在顾龙山景区东侧的原金坛二水厂深井停用后,承包给私人运营,承包者在抽取地下水时的水位变化直接影响地震台体应变观测参数与地震监测数据分析工作。据此情况,局领导一面上报主管部门进行处理整治,一面协调有关部门解决其破坏地震监测环境的实际问题,确保监测数据的准确完整。

【科普宣传】 5月12日,区地震局以“减轻社区灾害风险、提升基层减灾能力”为主题,在区青年广场组织“防震宣传进万家,平安相伴你我他”的防震减灾科普知识宣传活动,向居民发放科普读本1000多册和宣传品500余件。同时,制作防震减灾科普教育展板,向社区居民宣讲地震灾害成因和抗震设防、应急避险、自救互救等知识。为营造宣传氛围,活动增加了志愿者舞蹈表演。活动现场,区地震局局长王一新接受区电视台采访。

【职能改革】 年内,区地震局根据区政府坛办发〔2017〕67号文件精神,落实常州市金坛区承担行政职能事业单位改革试点实施方案。按照政事分开原则,以创新体制为核心,进一步理顺政府与事业单位关系,将金坛区地震局承担的行政职能划入区住房与城乡建设委员会,原单位保留,继续履行公益职能,隶属关系不变。

(赵亚平)

气 象 科 技

【概况】 2017年,金坛区气象局坚持以优质服务为宗旨,以提高气象预报服务水平为目标,开展元旦、春节、五一、国庆、中秋等重大节假日气象服务工作,做好中考、高考、“两会”和2017年春到上阮赏花季开幕式等重大活动的气象保障服务。建立健全气象灾害应急响应机制,修订《常州市金坛区气象灾害应预案》,提高气象灾害防范、处置能力,为全区经济社会发展提供保障。加强对降雪、大风、冰冻和暴雨等各类灾害天气的预测预警工作,特别做好全区特大暴雨、持续高温灾害全程预报、预警和灾后复产服务工作。全年共发布预警信号87次,发布天气公报25期、气象信息专报90期,周报52期,农气月报12期,地质灾害精细化服务专报1期,森林防火气象服务专报25期,气候影响评价18期。全年在中央、省级新闻媒体刊登金坛气象外宣稿件42篇。金坛区气象局获省防汛防旱先进集体称号。

【服务保障工作】 6月10日,金坛普降特大暴雨。局领导带头值班,业务人员24小时坚守岗位,密切监视天气变化,主动加强与防汛单位联动,通过短信平台、微博、微信等方式及时发布各类预警预报,做好暴雨影响的信息收集和调查评估工作,为地方政府防灾减灾,保护人民生命财产安全提供保障服务。7月中旬至8月上旬,全区出现连续高温天气,区气象局分别启动Ⅳ、Ⅲ、Ⅱ级应急响应,局领导和值班业务人员高度关注高温的持续性和极端气温出现的情况,做好应急预报服务工作。

【气象窗口蝉联红旗窗口】 2017年,金坛区行政服务中心气象窗口连续五年被金坛区人民政府授予红旗窗口荣誉称号。气象窗口工作人员坚持以优化服务流程,提升服务水平,创建红旗窗口为办事宗旨,扎实做好窗口行政服务事项的对口承接工作。在工作中不断优化服务流程,缩短办事时限,提高服务效率,真正做到“便民、高效、廉洁、规范”,审批事项均在承诺期限内提前办结,按时办结率100%,服务满意率100%。

【安全监管工作】 2017年,区气象部门严格执行《国务院关于优化建设工程防雷许可的决定(国发〔2016〕39号)》《省政府办公厅关于优化建设工程防雷许可有关事项的通知(苏政办发〔2016〕151号)》,厘清与住建、公路、水路、铁路、民航、水利、电力、核电、通信等各专业部门的许可范围,明晰各相关部门监管职责,完成相关交接工作。全年气象窗口共受理行政审批事项46件(施放气球审批受理31件,防雷装置设计审核受理8件,防雷装置竣工验收受理7件),办结46件,按时办结率100%。建立《易燃易爆危化品防雷重点单位名录》《人员密集场所防雷重点单位名录》《气象灾害防御重点单位名录》和执法检查人员名录库,全面实施“双随机一公开”执法检查。同时,对全区500家防雷重点单位和已建建(构)筑物防雷装置实施定期检测,其中危化企业、易燃易爆场所94家。对全区55所中小学校的防雷装置进行集中检查、检测,发现安全隐患,督促及时整改。与区安监局、民宗局等相关部门积极联动开展安全检查,有力保障了全区重点单位的安全生产运行。

(陈亚君)

(编辑 钱国新)

教　育

综　述

【概况】 2017 年，金坛区共有各级各类学校 106 所（幼儿园 47 所、小学 31 所、初级中学 17 所、九年一贯制学校 4 所、高级中学 4 所、职业学校 1 所、中小学生综合实践基地 1 所、特殊教育学校 1 所），在校学生 61302 人（幼儿园 13819 人、小学 26183 人、初中 12035 人、高中 6753 人、职教 2462 人、特殊教育 50 人）。全年教育经费支出 18.95 亿元，其中国家财政性教育经费 17.06 亿元（公共财政预算安排教育经费 16.99 亿元，政府性基金预算安排教育经费 0.07 亿元）。公共财政教育经费占公共财政预算支出 21.8%。幼儿园、小学、初中、高中、职业教育生均公共财政预算教育事业费支出分别是 3235.53 元、17008.35 元、24440.72 元、25381.82 元、21199.46 元；生均公共财政预算公用经费支出分别是 571.24 元、1547.94 元、2083.46 元、2144.81 元、1778.7 元。全年在校安工程、设备购置等方面支出 5.63 亿元，其中学生乘车补贴 457.92 万元。出台《关于统筹推进城乡义务教育一体化促进优质均衡发展的工作意见》，全年财政性教育经费投入比 2016 年增长 50.07%，500 万元学前教育专项经费重点扶持差额拨款幼儿园和普惠性民办幼儿园。

加强教育基础设施建设，放大教育优质资源。总投资 8.84 亿元，建筑面积 8.8 万平方米的段玉裁中小学、华罗庚实验学校新城分校等 6 所学校投入使用；总投资 8.1 亿元，建筑面积 11.8 万平方米的良常实验学校与尧塘中、小学新建工程完成 80% 主体建筑；总投资 10.8 亿元、建筑面积 12.5 万平方米的江苏省华罗庚中学滨湖校区的宿舍楼开工建设。有序推进教育集团化办学，组建华罗庚实验学校教育集团（华罗庚实验学校、新城分校）、西城实验小学教育集团（西城实验小学、东城实验小学和段玉裁实验小学）和实验幼儿园教育集团（实验幼儿园、实验幼儿园文萃分园、春风幼儿园），段玉裁中学加入常州市第二十四中学教育集团。启动校园技防设施全面改造升级。全年建成江苏省依法治校示范学校 2 所，常州市依法治校示范学校 32 所，100% 学校创建成常州市依法治校先进单位。教育装备水平基本达省Ⅰ类标准，建成智慧校园试点学校 13 所，成功创建江苏省首批“基础教育装备示范县（市、区）”。

【方国强视察校园安全工作】 12 月 29 日上午，常州市人民政府副市长方国强视察金坛区校园安全工作。常州市教育局专职委员徐小平，金坛区副区长刘明江、区政府办公室副主任周成忱、区教育局局长廖伟文，金城镇政府相关领导陪同考察。方国强一行先后视察了金城镇中心幼儿园、常州市第二十四中学金坛分校（段玉裁中学）和段玉裁实验小学的校园环境、文化布置和安防设施等，对金坛区近年来不断加大教育投入、改善办学条件、提升教学质量所取得成绩给予肯定，并就进一步推进学校课程改革，加强教师队伍建设，规范办学行为等提出指导意见。

【成功创建江苏省基础教育装备示范区】 4 月 25—28 日，江苏省教育厅专家组对金坛区创建省基础教育装备示范县（市、区）进行现场考核验收。专家组听取区教育装备工作情况汇报，查阅相关台账资料，实地考察金坛区第四中学等 10 所学校，被抽查学校均达到省教育装备各类标准，师生实验操作技能测试总体良好，一致认为，金坛基础教育装备定位精准，均衡推进，特色发展，充分使用，并通过验收。常州市教育局副局长纪忠，金坛区副区长刘明江，区教育局领导廖伟文、姚水虎、陈金娣等参加活动。

【成立家长学校总校】 5 月 2 日，区教育系统家长学校总校正式成立。区教育局局长廖伟文担任总校校长，副局长吴芳、关工委副主任储优君担任副校长，教育科科长秦小方任办公室主任，德育研究室副主任蔡伟、局关工委徐锅洪任办公室副主任。家长学校总校办公室设在教育局德育研究室。总校依据区《关于推进家长学校“标准化、课程化、常态化、特色化”建设的方案》《金坛区家长学校分校建设标准（试行）》，统一管理、指导、考核全区各中

新建成的华罗庚实验学校新城分校　　（教育局　供稿）

小学、幼儿园家长学校建设工作。至年底,区各校家长学校分校全部成立。

【举行防震应急疏散演练】 5月10日,为纪念第九个“防灾减灾”日,区教育局联合区民防局、地震局和民间救援组织“蓝天救援队”在第五中学举行防震知识宣传教育和应急疏散演练观摩活动。

下午4时整,地震警报声在第五中学校园骤然响起,全校2000余名学生在老师组织下集体弯腰、抱头,按预定疏散线路迅速有序撤离到指定安全地点,整个疏散过程用时90秒。区政府副区长周文俊,区民防局局长季明华、副局长柏国平,区地震局局长王一新,区教育局副局长潘建华,全区中小学、幼儿园分管校(园)长现场观摩演练。

【集团办学】 6月16日,在常州市教育局局长杭永宝、副局长常仁飞,金坛区区长沈东、副区长刘明江等领导见证下,金坛区教育局局长廖伟文与常州市第二十四中学校长张慧群签署集团办学协议,组建金坛区段玉裁中学与常州市第二十四中学教育集团,成立常州市第二十四中学金坛分校,实施一体化集团办学。杭永宝希望金坛分校办成全市课程资源开发、课程和课堂改革、德育改革、促进师生身心健康和优秀骨干教师培养示范性基地,惠及金坛百姓。沈东向张慧群颁发聘书。

【工程建设】 6月28日,区新建良常实验学校(中、小学)、移址新建尧塘中、小学校等三个建设项目同时开工,金坛区副区长刘明江、教育局局长廖伟文、区政府办副主任周忱成,西城街道、教育局、金坛控股等相关部门领导参加奠基仪式。新建良常实验学校规划用地7.93公顷,总建筑面积6.7万平方米,总投资4.86亿元;移址新建尧塘中、小学校规划用地8公顷,总建筑面积5.3万平方米,总投资3.2亿元,工程均由常州金沙城市开发有限公司投资建设。12月28日上午,江苏省华罗庚中学滨湖校区新建项目正式破土动工。滨湖校区新建项目规划占地面积20.93公顷,建设用地面积17.47公顷,总建筑面积12.5万平方米,总投资10.8亿元,由江苏金坛建设发展有限公司投资建设。区领导刘明江、周文俊、葛惠明,区教育局局长廖伟文、省华中校长谭瑞军,投资方、施工方和监理代表参加奠基仪式。

学前教育

【概况】 2017年,出台《金坛区幼儿园常规管理年度考评方案(试行)》,设立年度专项考核经费,并对差额拨款以及普惠性幼儿园的园所建设、设施设备投入等方面实行以奖代补,促进各类幼儿园均衡发展。理顺行业园归属,将住建委、经信局、妇联下属3所行业幼儿园归属教育部门办园,经贸局幼儿园更名为金坛区虹桥幼儿园、住建委幼儿园更名为金坛区翠园实验幼儿园。与镇江高等专科学校签订委托培养幼儿教师协议,定向培养幼师。教育局与人社局联合举办保育员上岗培训,全区230名保育员全部持证上岗。创建成果喜人。岸头幼儿园、美地蓝庭幼儿园和南洲幼儿园成功创建省优质幼儿园;尧塘中心幼儿园和直溪镇中心幼儿园成功创建常州市课程游戏化基地;水北新欣幼儿园、华城实验幼儿园二村分园、薛埠镇中心幼儿园花山分园、康苗幼儿园成功创建常州市绿色幼儿园;春风幼儿园、卫生幼儿园、华城实验幼儿园华胜分园和景潭分园、河头幼儿园、后阳幼儿园、建昌幼儿园、朱林镇西岗幼儿园、指前镇中心幼儿园、社头幼儿园通过省优质幼儿园复审;金城镇、西城街道和尧塘街道成功创建为常州市学前教育现代化乡镇。

2017年金坛区幼儿教育基本情况一览表

表22

班级数	入园(班)人数	离园(班)人数	在园(班)总人数	学前两年入园率(含流动人口)	学前三年入园率(含流动人口)	教职工数(人)
351	4194	4970	13819	110%	105%	1293

2017 年金坛区幼儿园办园情况一览表

表 23　　单位:所

教育部门办园数		乡镇(街道)办园数		私人办园数	股份制办园数	合　计
公办性质	集体性质	中心园	分　园			
9	6	5	6	17	3	46

(宋月梅)

中小学教育

【概况】 2017 年,全区普通高中 4 所,在籍学生 6753 人;九年一贯制学校 4 所,初级中学 17 所,小学 31 所,初中在籍学生 12035 人,小学在籍学生 26183 人。小学入学率、巩固率、合格率、毕业率 100%;初中入学率、毕业率 100%,毕业生升学率 98.8%。高考本二以上达线 1746 人,达线率 95.72%,比上年增长 14 个百分点,实现六年持续增长;本一达线 537 人,达线率 29.44%,比上年增长 8.6 个百分点。出台《关于做好第四轮学校主动发展规划制定和实施工作的意见》,邀请专家对全区所有中、小学三年主动发展规划逐校评审。集聚优势资源,聚力提升品质。建昌小学"开发具有乡土特色的孝道德育资源"入选首批江苏省中、小学生品格提升工程,常州市金坛中、小学生综合实践基地当选为全国课程建设示范性基地联盟常务理事单位,全年接待常州地区中、小学生 11 万人次,接待省内外教育行政管理人员参观学习 20 多批次。华罗庚实验学校(分中、小学)、西城实验小学创成常州市新优质学校,华罗庚中学、建昌小学创成常州市生态文明示范教育学校,华罗庚实验学校获评江苏省初中教学管理创新特色学校,第五中学、西岗中学获评江苏省初中教学管理创新优秀学校,华罗庚实验学校、江苏省华罗庚中学分别被授予江苏省文明单位、常州市文明单位标兵称号,华罗庚实验学校、西城实验小学被授予江苏省 STEM 教育项目学校。江苏省华罗庚中学学生张阳帆获全国物理竞赛一等奖;朱林中学学生邵阳、华罗庚实验学校学生乔怡心等被评为省第四届百名美德少年、市第五届美德少年;华罗庚实验学校学生潘以沫、华城实验小学学生孟楚雅分获"七彩语文杯"江苏省第十一届中小学生软笔硬笔书法展示赛五、六年级组硬笔书法特等奖。

【苏州大学数学教育研究基地落户江苏省华罗庚中学】 1 月 6 日,苏州大学—江苏省华罗庚中学数学教育研究基地合作签约仪式在省华中举行。苏州大学数学科学学院数学系主任王金才与省华中党总支书记、校长谭瑞军签订合作协议。苏州大学《中学数学月刊》副主编潘洪亮、高考命题专家陆芳言、数学专家丰世富、牟鸿君以及省华中领导、部分教师参与签约活动。

【范石甫书法教学奖励金设立】 6 月,范石甫书法教学奖励金在区直溪中心小学首发,该校 14 名师生受到奖励。由著名书画家范石甫个人出资 80 万元设立的书法教学奖励金,主要奖励优秀书法教师和书法学习成绩优异的学生,在直溪中心小学试点后将扩展到全区 10 所中、小学。

【澳大利亚谢珀顿市市长访问华罗庚实验学校】 9 月 5 日上午,澳大利亚谢珀顿市市长迪尼·阿德姆与随行人员在区政府副区长王斌陪同下到华罗庚实验学校访问交流。区教育局领导姚水虎与华罗庚实验学校校长吕水庚、党总支书记张五芳等接待迪尼·阿德姆一行,并陪同其参观校园环境、机器人室、乒乓球馆、羽毛球馆、珠心算室、艺术教室等功能教室。双方就城市建设发展和学校教育等进行细致探讨、交流。

【"书香校园建设"小学校长峰会在金坛举行】 10 月 26 日上午,由省全民阅读办、省教育报刊总社主办的江苏省第三届"书香校园建设"小学校长峰会在金坛东城实验小学举行,来自全省各地专家、校长 400 余人参加峰会,探讨书香校园建设途径。金坛西城实验小学教育集团校长陈耀方、杭州市建新小学暨新华实验小学校长闫学分别作《大量阅读背景下的书香课程建设》《绘本阅读课程的创生与实践》专题报告与讲座。会上,对 2016—2017 学年度全省小学"书香人物"奖和提名奖获得者予以表彰。区段玉裁实验小学老师徐云霞获"书香人物"奖。省教育厅基教处处长马斌、江苏教育报刊总社社长孙其华、省新闻出版广电局全民阅读处副处长徐伟、金坛区副区长刘明江等领导出席开幕式并讲话。

2017 年金坛区普通中小学学校数、班级数、学生数情况一览表

表 24　　单位:所、个、人

小学(含九年一贯校)			初中(含九年一贯校)			高　中			合　计		
学校数	班级数	学生数	学校数	班级数	学生数	学校数	班级数	学生数	学校数	班级数	学生数
35	627	26183	21	287	12035	4	155	6753	56	1069	44971

2017 年金坛区普通中小学"三率"情况一览表

表 25

单位:所、个、人

小学			初中		
入学率	毕业率	升学率	入学率	毕业率	升学率
100%	100%	100%	100%	100%	98.8%

(丁彩霞)

2017 年金坛区高级中等学校招生考试及录取情况一览表

表 26

单位:人

参考人数	录取人数			录取率
	普通高中	职业学校	合计	
3649	2175	1436	3611	98.96%

2017 年金坛区普通高校招生考试及录取情况一览表

表 27

单位:人

参考人数	录取人数	录取率
1824	1602	88%

(于云飞)

中等职业技术教育

【概况】 2017 年,江苏省金坛中等专业学校坚持校企合作、订单培养,推动产教融合。与德国 TRIAS 培训与咨询公司、中鑫创投(北京)教育科技有限公司合作,联合培养中高端汽车维修应用型人才,首批 130 名学生选择就读中德合作课程班。在江苏省职业学校教学大赛中获二等奖 1 个、三等奖 3 个,1 项成果获江苏省教学成果二等奖。在常州市职业院校技能竞赛月中,师生获一等奖 6 个、二等奖 11 个、三等奖 18 个;在江苏省职业学校技能大赛中,获 6 金 9 银 10 铜。

【刘克勇等到金坛调研】 12 月 23 日下午,省教育厅职业教育处处长刘克勇、省职业教育与终身教育研究所所长方健华、江苏理工学院职教研究院副院长庄西真一行到江苏省金坛中等专业学校调研。校长卞勇平介绍学校办学历史与发展、新校区建设方案等情况。调研组认为学校办学定位准确,思路清晰,成效突出。刘克勇希望学校建设成省内一流、全国知名的现代化职业学校。

2017 年江苏省金坛中等专业学校招生情况一览表

表 28

中专类(含综合高中)		高职类		技工类	
班级数	学生数	班级数	学生数	班级数	学生数
15	537	4	145	4	119

(李长志)

高 等 教 育

【概况】 金坛开放大学以现代信息技术为支撑,面向成人开展远程开放教育。学校开设行政管理、会计学、学前教育、护理学、计算机科学与技术、土木工程、工商管理等 20 多个本、专科专业。2017 年,金坛开放大学被评为国家开放大学江苏分部优秀教务集体与网上教学先进单位、江苏开放大学招生先进集体。

2017 年金坛区高等教育自学考试报名、考试情况一览表

表 29　　单位:人

报名人数	参考人数	参考率	毕业人数		
			专科	本科	合计
570	319	55.96%	1	25	26

2017 年金坛区成人高校招生考试及录取情况一览表

表 30　　单位:人

报名人数	录取人数	录取率
468	425	90.81%

(刘国平)

社区教育

【概况】 2017 年,金坛社区教育实现“新行动、心感动”乐动式发展,广泛深入推进全民终身学习活动,持续实施乡土课程《乐学金沙》品牌项目,《水乡韵味——长荡湖文化品牌的打造与传承》获江苏省终身学习品牌项目,国家级农村职业教育与成人教育示范区创建工作全面启动。西城街道、尧塘街道创建为江苏省标准化社区教育中心,朱林镇、指前镇创建为全国社区教育示范乡镇。儒林镇社区教育中心获评 2017 年江苏省社会教育宣传工作先进集体,东城街道、薛埠镇社区教育中心被评为常州市数字化先行街镇。昂立教育培训中心获评常州市非学历教育机构分等定级评估 A 级单位。区教育局连续两年获评江苏省社会教育宣传工作先进集体,连续三年获评常州市社会教育宣传工作先进单位。

【举办全民终身学习活动周】 10 月 25 日下午,区全民终身学习活动周开幕式暨“悦读东城”社区教育成果展在金坛中等专业学校体育馆举行。各镇(街道)分管领导、各中小学、幼儿园、局属单位、老年大学、社区学院、社区教育中心、居民学校、民办教育机构负责人,以及受表彰集体和个人近 200 人参加活动。区委宣传部副部长、区文明办主任吕洪力出席开幕式并讲话,区教育局领导王三龙宣读表彰决定。

教师队伍建设

【概况】 2017 年,出台《关于促进教育系统干部交流的暂行办法》,通过科室、校际、城乡、机关学校双向交流等形式,对城区学校和部分农村学校任职 10 年以上副校长进行轮岗交流。加强培训,提升师资教育教学水平。组织学校校长、书记,机关负责人共 92 人赴天津南开大学进行业务培训,组织 25 名党员干部赴国(境)外教育先进地区进行考察学习,组织教师参加国家级培训 15 人次、省级培训 1751 人次,面向全区教育系统举办金坛公开课 33 期。建立乡村骨干教师培育站 4 个,对农村学校 120 名校级中青年骨干教师集中研修一年,其中 2 个乡村骨干教师培育站获省级优秀培育站。全年 110 名优秀教师受区政府表彰,2023 名从事乡村教育工作满 30 年的教师获国家颁发的荣誉证书,6 人获评常州市教育领军人才,8 人获评常州市教育管理拔尖人才。谭瑞军、孙保华、庄素芳获评常州市特级教师后备人才,陈耀方被评为常州市劳动模范,张五芳分别被评为常州市劳动模范和全国巾帼建功标兵。河头中学女教师王文玫在东南大学附属中大医院为一名 6 周岁白血病患儿捐献造血干细胞。

全年招聘新教师 72 名,含南京师范大学 4 名优秀硕士毕业生。至年末,全区现有专任教师 4999 人(幼儿园 703 人,小学 1839 人,初中 1407 人,高中 780 人,特殊教育 10 人,职业教育 260 人),在职特级教师 14 人,中小学正高级教师 5 人,学术类优秀教师 1359 人,其中常州市级 630 人,常州市名师工作室领衔人 10 名,优秀教师群体占专任教师的 27.2%。全年有 134 人通过中小学教师职称晋升。其中,高级教师 13 人,一级教师 36 人,初级职称 85 人。完成 103 名人员教师资格认定,对 75 名人员进行教师资格注册初审。

【邓黎莉、钱国义获“教海探航”征文竞赛奖】 11 月 18—21 日,第 29 届江苏省“教海探航”征文竞赛颁奖大会暨苏派与全国名师课堂教学观摩研讨活动在宝应县隆重举行。区华罗庚实验学校老师邓黎莉和河头小学老师钱国义获一等奖,邓黎莉还获“杰出水手”奖。

2017 年中小学、幼儿园专任教师数及学历达标情况一览表

表 31　　　　单位:人

普通高中		职业高中		初　中			小　学			特殊教育			幼儿园		
专任教师数	学历达标率(%)	专任教师数	学历达标率(%)	专任教师数	学历达标率(%)	本科达标率(%)	专任教师数	学历达标率(%)	专科达标率(%)	专任教师数	学历达标率(%)	专科达标率(%)	专任教师数	学历达标率(%)	专科达标率(%)
780	100	260	97.7	1407	100	97.1	1839	100	99.7	10	100	100	703	100	93

(凌　东)

教育督导

【概况】　2017 年,区人民政府督导委员会办公室制定《2017—2020 年全区中小学、幼儿园教育督导评估计划》,采用外聘专家与内选优秀校(园)长相结合方式,对儒林中学等 5 所初中、常胜小学等 6 所小学、尧塘中心幼儿园等 8 所幼儿园办学思想、教学常规、德育工作、课程建设、教育质量、队伍建设等方面工作进行综合督导评估。同时,第四中学接受常州市教育督导室素质教育督导评估,顺利完成常州市对辖市区政府推进城乡义务教育一体化促进优质均衡发展督导评估和学前教育工作督导评估的专项督政迎检工作,组织完成国家义务教育质量监测任务,被教育部基础教育质量监测中心授予“县级优秀组织单位”荣誉称号。　(凌黎明)

(编辑　钱国新)

小院闲趣　　(范石甫　创作)

文　化

综　述

【概况】 2017年，金坛区文化系统根据《常州市金坛区基层综合性文化服务中心建设三年行动计划》，完成36个村（社区）建设任务，并通过常州市级检查验收。举办区第八届文化艺术节，组织“欢乐金沙”第三届广场舞电视大赛、中景杯“风采金沙·魅力我家”家庭才艺大赛等大型广场文艺活动50余场次。举办“江南墨缘”六县市书画院作品联展等书画、摄影、文物类大型展览30场次。开展红领巾读书征文、跟着唐诗去旅行、文明礼仪在心中等青少年阅读推广活动30余次。开办文化艺术免费培训班和首届公益书画培训班45个，参与培训1200余人次。下乡、进社区送演出300余场次、电影1164场次、图书8000多册。区综合性图书馆新馆正式对外开放。音乐儿童剧《田梦儿》获江苏省第十届精神文明建设“五个一工程”奖，大型原创现代儿童剧《寻找“红头发”》在全省巡演。华罗庚艺术团被命名为常州市儿童剧培训基地，团长史国生被评为第四届全国未成年人思想道德建设工作先进个人。　（张　磊）

图　书

【概况】 2017年，区图书馆围绕新馆落成及布馆、创国家一级图书馆的中心工作，组织纪念红军长征胜利80周年“伟大的征程”图片展、红色记忆经典连环画巡回展、中国人民解放军建军90周年图片展等一系列主题活动47场次。与区总工会联合建立青年公寓图书流动服务点。在组织参加江苏省红领巾读书征文活动中获省一等奖1个、二等奖3个、三等奖2个，区图书馆获组织奖。图书馆全年累计办理借阅证16053张，书刊流通量30.74万册次，服务读者23.99万人次。区图书馆顺利通过国家一级图书馆评估与定级。

【图书馆新馆开馆】 12月29日，金坛图书馆新馆正式开馆。金坛图书馆新馆坐落于金坛区清风路2号，建筑层数为地上4层、地下1层，总建筑面积1.55万平方米。其中，地上面积1.13万平方米；地下面积0.42万平方米。图书馆设置低幼启蒙阅览室、少儿借阅室、少儿体验中心、综合借阅室、报刊阅览室、多媒体视听室、电子阅览室、参考咨询室、专家研究室、视障阅览室、多功能厅、展厅和24小时自助图书馆等10多个功能区。同时结合金坛历史，打造了金坛人文馆、金坛非遗馆、精品馆3个特色馆和1个影像长廊，并运用数字化新媒体实现图书馆系统自动化、馆际互借、资源共享、在线咨询等诸多服务。整个项目总投资1.189亿元，设计馆藏图书100万册，可同时为1000人以上的读者提供服务。

【图书捐赠】 年内，金坛古籍印刷厂有限公司向金坛区图书馆捐赠古籍印刷精品925种13088册，价值550余万元，其中有《历代丛书汇纂》《东方杂志》《全国各地地方志》《永乐北藏》等书籍。　（庄建华）

文物·博物

【概况】 2017年，区博物馆完成265省道金坛薛埠段及新孟河延伸拓浚工程邵庄遗址考古发掘工作，做好常合高速公路茅山互通至金坛滨湖新城连接线建设工程项目前期考古调查勘探工作，协助省考古所、常州博物馆完成金坛区域内52处水文化遗产调查工作。区博物馆被评为江苏省第一次全国可移动文物普查工作先进单位，讲解员团队获“江苏省巾帼文明岗”称号。

【考古发掘】 2017年，区博物馆与省内多家单位合作完成265省道沿线8处土墩墓和2处窑址野外考古发掘工作，室内文物（资料）整理有序展开。8月，完成新孟河延伸拓浚工程邵庄和渎南遗址野外考古发掘工作；9月，新孟河延伸拓浚工程考古工地发掘工作顺利完成并通过验收。5月初，完成茅山互通至金坛滨湖新城连接线建设工程项目前期勘探工作，调查发现

音乐儿童剧《田梦儿》获江苏省“五个一工程”奖　（文广体局　供稿）

21处土墩墓文物点。至10月，由南京博物院考古所牵头，区博物馆与省内多家博物馆联合开展抢救性考古发掘工作，由区博物馆负责发掘的薛埠井头村2号土墩墓发现墓葬3座、器物群1处。　（岳维芸）

群众文化

【概况】　2017年，金坛区文化系统推进精品佳作创作工作，开展不同形式的群众文化活动，满足和丰富广大群众的精神文化生活。全年组织各类展览12场次，观众8000人次；举办“金鸡迎春闹元宵”“金沙大舞台”“文明社区天天乐”等专场主题文艺节目演出90场次，惠及民众8万余人次。

【文艺创作成果】　2017年，区文化系统成果喜人：杨兆群、何雅雯与曾媛媛的刻纸作品《庄周梦蝶》《四季平安》获江苏省工艺美术精品大赛一等奖。祝柏华创作的舞蹈《老墙头》获江苏省舞蹈协会考级展演奖。程云华、武琴芳创作的书画作品入选省级、国家画展。吴炜栋创作的书法作品在江苏省第八届青年书法篆刻展中获“江左风流奖”。王爱俊创作的油画作品获江苏省第三届文华美术提名奖。原创微电影《守望》获第五届亚洲微电影艺术节暨亚洲微电影“金海棠奖”三等奖。小戏小品《借妈妈》《劝赌》获常州市第十三届小戏小品曲艺大赛三等奖。音乐儿童剧《田梦儿》获江苏省第十届精神文明建设“五个一工程”奖。由江苏省委宣传部、文明办与常州市委宣传部、文明办出品，金坛区委宣传部承制，金坛华罗庚艺术团演出的现代儿童剧《寻找“红头发”》在江苏大剧院举办的第四届江苏“美德少年”颁奖仪式上成功首演，并在全省中小学校巡演120场次。

（严　莉、徐书翔）

文化市场管理

【概况】　2017年，区文化行政综合执法大队开展“扫黄打非”进基层专项整治行动。结合“4·26”知识产权日、“5·13”科普活动周，到辖区内文化经营场所向业主宣讲解读相关条例法规，确保文化市场管理有序规范。全年出动执法人员1500余次、车辆300台次，查处各类案件36起。

【管理改革创新】　2017年，区文化系统全面开展文化行政综合执法改革，创新管理模式，确保文化市场规范运营。文化行政综合执法改革。建立技术监管与服务指挥中心，增设网络文化执法中队，确定文化执法大队主要职责范围。11月，区文化管理领域综合行政执法体制机制创新改革顺利通过市级现场评估。创新社会治理模式，推广落实网吧指纹辅助实名制验证上网系统。一年来，该系统以其准确率高、真实性强、持久高效、便民惠企等优势覆盖全区。指纹系统数据库录入数6万多条，实名制上网率达100%。

【“扫黄打非”进基层】　2017年，区文化市场管理部门稳步推进“扫黄打非”进基层工作，开展“护苗行动”“净网行动”“秋风行动”“清源行动”专项整治，对辖区内各类相关经营场所进行检查，其中检查印刷企业210家次，检查图书音像出版物店铺205家次。查缴侵权盗版物图书370余册，音像制品1500余张，取缔游商地摊3个，立案查处6家。　（史逸乐）

文学创作

【概况】　2017年，区文学艺术界联合会树立精品意识，繁荣文艺创作。作家协会30多位会员在省、市和国家级文学刊物、文艺副刊上发表多篇(首)文学作品，其中会员金文琴的长篇小说《半亩地茶园纪事》获常州市“五个一工程”奖，9名会员获第九届《洮湖》文学奖。年末有作协会员200余人(含团体会员)，其中国家级会员3人、省级会员24人、常州市级会员50人。

【创作培训工作】　2017年，区文学艺术界联合会为提高会员创作水平，采用“请进来、走出去”的方式做好创作培训工作。推荐会员史宇宁参加江苏省作协组织的网络作家研讨班，推荐黄晓春、刘伟、李永兵参加省作协苏南片区创作会，推荐曹云娣参加常州青年文艺家读书班。葛安荣、周苏蔚、金文琴等参加常州作协组织的广西百色“红色创作采风”体验活动。区音乐家协会邀请著名军旅歌词作家晨枫到金坛授课，提升会员歌词创作水平。

2017年金坛区主要文学创作作品一览表

表32

姓　名	作　品　名　称	发　表　或　获　奖
韩献忠	《梅兰珍传》	江苏凤凰文艺出版社出版
黄晓春	诗集《小庄物语》	江苏凤凰文艺出版社出版
	诗歌《静夜思》	《扬子晚报·扬子诗风》
	组诗《诗酒茶花》	“首届国际诗酒文化大会”诗歌类优秀奖
虞彩琴	散文集《那片桃林》	中国言实出版社出版
周球生	《离开军营的日子》	中国华艺出版社出版
金文琴	长篇小说《半亩地茶园纪事》	常州市“五个一工程”奖
	散文《母亲的佛手》《再去保朴园》《茶农之子》《采茶工头阿彩》《旗袍女人》	《扬子晚报·繁星》副刊

美术·书法·摄影

【概况】 2017年，全区先后举办各类书画摄影展30多次，有百余件作品参加国家、省、市展出或获奖。区书法家协会会员孙冬良加入中国书法家协会，摄影家协会发展省级会员8人。美术家协会主席程云仲被江苏省美术家协会评为先进个人。

【第二届美术大展】 2月23日，由区委宣传部、区文联、区文广体局联合主办，区美术家协会承办的金坛区第二届美术大展在区博物馆开展。区委常委、宣传部部长陈锁龙及江苏省美术家协会常务副秘书长佘玉奇等应邀参加开幕式，著名画家范石甫、区文联主席姚锁生和常州市美术家协会主席周俊伟分别讲话。该届美术大展展出国画、油画、水彩画、粉画、陶瓷雕塑等近百幅(件)作品，同时对10幅优秀作品的画家进行表彰。

【国学与书法进校园巡回展】 5月24日，国学与书法走进校园巡回展启动仪式在区东城实验小学举行。该次校园巡回展所展出的50幅国学书法精品，是由会员冯建国、李国华、孙冬良、贾建国、谢卫平5名优秀书法教师将《弟子规》《论语》《大学》《中庸》《孙子兵法》《兰亭序》等一批国学经典名篇，通过正、草、隶、篆、行5种书体和中堂、条幅、楹联、扇面等多种书法艺术形式呈现给广大中、小学师生，计划用一年的时间走进全区20所中、小学校及周边地区学校展览。期间，将采用现场讲座、集体辅导、师生互动等形式，激发广大师生的书法艺术兴趣，以传承和弘扬中华传统文化。仪式上，5名书展作者将合作创作的书法长卷赠送给东城实验小学。

【艺术成果喜人】 2017年，美术家协会36人的作品入展常州首届美术大展；会员王爱俊、徐新华、卜灵、耿慧红等人作品入展常州首届油画双年展；会员范石甫、杜跃华、李国平、张勤、程云仲、王爱俊、徐新华、佘云祥、卜灵、耿慧红等人的作品参展苏南六县市书画院书画作品联展；会员程云仲、徐新华、孔祥贞等人作品入展“梦想与激情”民盟中央美术院全国美术作品展及“不忘合作初心，继续携手前进”常州民盟艺术作品展；会员范石甫、杜跃华、李国平、张勤、程云仲、贺莉、倪罗强、徐新华、徐爱斌、佘云祥等人作品参展金坛政协书画院成立三十周年全国政协系统书画作品展；会员武琴芳作品入展江苏省第六届新人美术作品展览。会员李国平获恽南田美术奖，程云仲、王爱俊、潘建中、杨兆群4人获恽南田提名奖。

【“水墨丹青文明情”手绘文化墙活动】 6月9日，“水墨丹青文明情”手绘文化墙活动在南苑社区启动，区领导陈锁龙、王艳红、刘明江、周文俊参加活动。该手绘文化墙长1000多米，首次邀请全区50多名书画家共同设计并亲自手绘而成。墙画以金坛元素为主，加入社会主义核心价值观，通过诗意的画面助力金坛文明建设。

【“墨海涛声”书法篆刻作品展】 7月26日，在金坛园林大酒店举办以古典诗词、社会主义核心价值观等为创作内容的“墨海涛声”书法篆刻作品展，集中展出范石甫、汤钟音、石东礼等11位金坛籍中国书法家协会会员创作的60多幅作品。为配合该次展览，区书法家协会特邀南京大学教授刘东芹作书法公益讲座，同时编辑出版《墨海涛声·金坛中国书协会员书法篆刻作品展》作品专集画册。

【“文明金坛·和谐家园”摄影展】 8月11日上午，“文明金坛·和谐家园”摄影展在金沙广场展出，区领导陈锁龙、王艳红、刘明江、朱亚群参加活动。为推进金坛文明城市创建工作，6月，区摄影家协会启动“文明金坛·和谐家园”摄影作品征集活动，得到了有关单位的大力支持和全区摄影爱好者及广大市民朋友的积极参与，共收到参赛作品 1000 余幅,经专家评审,有 120 幅作品入选该次摄影展。开展仪式上,58 名入选作品的作者受到表彰。

【新人新作展】 10 月 24 日,区美术家协会第二届新人新作展在园林大酒店开幕。该次展览共展出作品 47 幅。题材内容涵盖传统的国画人物、山水、花鸟以及现代的油画、水彩、粉画和烙画,表现出不同书画家的创作形式和风格。参展作品的创作新人来自老师、公务员、在校大学生等。区领导陈锁龙、刘明江、吴欲晓参加活动。

【范石甫携学生举办新年书画展】 获评首届金坛名人的著名书画家范石甫,2017 年 12 月 28 日携 25 名学生在金坛图书馆新馆展厅举办新年师生书画作品展。该新年师生书画作品展共展出范石甫及 25 位学生最新创作的 80 余幅作品。展览持续至 2018 年春节。

【李国平书画摄影艺术作品展】 12 月 5 日在区博物馆开幕,共展出李国平创作的书法、绘画、摄影作品 90 余件。李国平,金坛博物馆工作人员,国家一级美术师、中国美术家协会会员、中国书法家协会会员、中国摄影家协会会员,2017 年被评为金坛区首批金沙文化名人。他创作的书法作品曾入选第一、第二届全国篆书作品展,全国第八届刻字艺术作品展,全国第三届扇面书法展等;举办过"李国平中外人体摄影作品"个人展;出版《李国平摄影作品集》《李国平书法作品集》《李国平书画作品集》等作品。近年来,他的山水画作品多次在全国、省展览中展出和获奖。美术作品《小卓玛》获第二届中国粉画展优秀奖。

【金坛中国画学会成立】 中国画学会是文化部下属的中国画创作与研究的学术团体。金坛的中国画创作在省内外均有一定影响,为了进一步提升学术水平,成立金坛中国画学会,2016 年 11 月 8 日,经江苏省中国画学会批准后、由当地文化、民政部门核准,2017 年 6 月 9 日正式成立,这是全国第一家成立的区县级中国画学会。学会由范石甫任会长,李国平、吉成方等为副会长,李国平兼秘书长。

2017 年金坛区美术、书法、摄影主要作品一览表

表 33

作　者	作品名称	发表出版或获奖
程云仲	中国画	入展中国国家画院主办的"澄怀观道"中国画展(西安)
		入展国家画院主办"丹青典范"中国画名家巡回展(北京、济南、广州)
	乾嘉学派	首届常州美术大展恽南田美术奖提名奖
彭光前 顾建花	《菱花提梁》	获江苏省工艺美术学会、江苏省工艺美术行业协会主办的江苏省国际工艺美术精品大奖赛省级金奖(省艺博杯金奖)
	《福禄壶》	获工信部文化发展中心主办的江苏省国际工艺美术精品大奖赛国家级银奖
张柳柳	《匡庐烟云》	获中共江苏省委政法委员会主办的"政法干警永远忠于党"书画摄影作品展优秀奖
彭光前 陈　婷 顾建花	《富贵吉祥》	获中国工美学会主办的 2017 中国"苏艺杯"国际工艺美术精品博览会暨第十届中国"子冈杯"玉石雕作品展国家级金奖
蒋　涛	国画《一心向阳》	获中共江苏省委宣传部、省委省级机关工委、江苏省司法厅、新华报业传媒集团举办的省级机关第四届法治文化周文艺作品展一等奖
武琴芳	国画《春到玉门关》	入选中国美术家协会主办的当代中国画的创作生态与时代走向——2017 年全国中国画作品展
	国画《黄源情结》	入选江苏省美术家协会主办的江苏省第六届新人美术作品展
陈　婷	国画《蓝鹊声声报喜来》	入选由江苏省美术家协会主办的昆山农民画展
彭光前	国画《西塘河边听芦》	
李国平	粉画《红军走过的地方》	获首届常州美术大展恽南田美术奖
	中国画《雪域放歌》	入展首届常州美术大展(三等奖)
	粉画《勿忘国耻》	入选第二届江苏省美术奖
佘云祥	美术作品《晨》	入选溪光心诗——常州市首届油画双年展
	油画《老王》	入展江苏省文联、江苏省美术家协会主办的第二届江苏美术奖作品展

续表33

作　者	作　品　名　称	发表出版或获奖
凌俊华	《水坝建筑工老王》	入选溪光心诗——常州市首届油画双年展
刘旬忠	国画《希望》	入展第二届江苏美术奖作品展
徐新华	《茅麓茶园》	入选首届常州美术大展
	《茅山东麓》	入选溪光心诗——常州市首届油画双年展
高金元	《越乡春浓》	入选首届常州美术大展
	《高山流水》	常州市首届企业退休人员书画作品展三等奖
吴丽丽	《异国风景》	入选溪光心诗——常州市首届油画双年展
史驿琦	《小人物》	入选首届常州美术大展
潘建忠	《远方的城》	常州市恽南田美术奖提名奖
耿慧红	《忆．南乡》	入选溪光心诗——常州市首届油画双年展
卜　灵	《静静的山谷》	入选首届常州美术大展
	《在桃花树下看天空》	入选溪光心诗——常州市首届油画双年展
陈　铭	《清溪晓岚》	入展第三届江苏农民美术展
韦仁俊	《渔民系列之浅滩》	入选首届常州美术大展
王爱俊	《花房絮语》	首届常州美术大展恽南田美术奖提名奖市级二等奖
	油画《融雪》	入选溪光心诗——常州市首届油画双年展
	《凛冬》	入选江南意蕴2017江苏油画展
	《牡丹》	入选首届常州美术大展
	油画《捉鱼佬系列之六》	获江苏省文化厅、省文联主办的江苏省文华美术奖展提名奖
李国平	书法《唐诗》	江苏省第五届刻字展优秀奖提名(二等奖)
凌俊华	书法作品	入展第十届江苏省新人书法篆刻作品展
吴炜栋	书法作品《钱起诗》	江苏省第八届青年书法篆刻作品展获奖(一等奖)
	书法作品	江苏省第四届青年书法展“江左风流奖”第一名
		参展第二届纽约国际书法展、激情与梦想——民盟中央美术学院全国书画作品展
黄　盛	书法作品	2017年“八一杯”全国13届书法美术诗词楹联大展行草二等奖
纪玉坡		2017年“八一杯”全国13届书法美术诗词楹联大展美术一等奖
王荣金		2017年“八一杯”全国13届书法美术诗词楹联大展山水画一等奖
张海涛		2017年“八一杯”全国13届书法美术诗词楹联大展书画二等奖
陈荣根		2017年“八一杯”全国13届书法美术诗词楹联大展美术一等奖
徐腊喜		2017年“八一杯”全国13届书法美术诗词楹联大展美术一等奖
潘敖明		2017年“八一杯”全国13届书法美术诗词楹联大展书法二等奖
汤国良		2017年“八一杯”全国13届书法美术诗词楹联大展书法一等奖
袁　津		2017年“八一杯”全国13届书法美术诗词楹联大展正书一等奖
孙冬良	书法作品《颜氏家训养生篇》	入选江苏省首届经典家训书法作品展
	书法作品	入选全国第四届草书作品展
郭志荣		第二届江苏书法奖
		获第五届康有为书法奖优秀奖
		获第九届观音山杯全国书法艺术展优秀奖
贾建国		第二届江苏省中小学书法教育论坛“喜迎十九大中小学师生作品征集展评”软笔类特等奖
谢卫平		第二届江苏省中小学书法教育论坛“喜迎十九大中小学师生作品征集展评”软笔类二等奖
李　青		第二届江苏书法奖

续表 33

作　者	作　品　名　称	发 表 出 版 或 获 奖
陈　述	书法论文	参加第五届"孤山证印"西泠印社国际印学峰会
王玉华	《闲暇时光》	入展水韵江苏国际大赛
杨兆群	《跳动的音符》	获江苏省"喜迎十九大、国庆节"摄影精品展铜质收藏奖
杨兆群	《守望》	获常州市第 13 届摄影艺术展优秀奖
曹丽华	《绿洗云烟香满路》	获常州市第 13 届摄影艺术展优秀奖
刘国强	《归鹭》	获常州市第 13 届摄影艺术展优秀奖
林　森	《大地乐章》	入选"喜迎十九大　新江苏新辉煌"摄影作品大展
林　森	《人忙禽欢暮色浓》	入选"喜迎十九大　新江苏新辉煌"摄影作品大展
张立强	《梯上雄鹰》	入选"喜迎十九大 新江苏新辉煌"摄影作品大展
张立强	《画中人》	入选"梦幻黄山·礼仪徽州"中国黄山摄影大展
张立强	《雪情》	入围"浙能杯"第二届全国电力职工摄影大展
张立强	《手心里的宝》、《追日》	获"中国梦·中国故事 2012—2017"首届中国图片大赛优秀奖
谢才保	摄影《传承》	"喜迎十九大 全景看江苏"系列视觉作品大赛"幸福表情 江苏力量"手机摄影创作组佳作奖
潘一平	《伏击》	入展省政法委"政法干警永远忠于党"书画摄影展

戏曲·音乐·舞蹈·民间文艺

【概况】 2017 年,区戏曲家、音乐家、舞蹈家协会举办百场惠民文艺演出,民间文艺家协会围绕民间文学多出作品与精品,成为非物质文化遗产保护和传承的生力军。

【杨兆群刻纸艺术作品展】 1 月 13 日在常州博物馆三楼现代艺术厅开幕。该次展览共展出杨兆群的刻纸作品 20 余件(套),内容丰富、形式多样。杨兆群为金坛刻纸代表性传承人,刻纸刀法娴熟细腻,线条内柔外刚,其作品扎根传统,同时注重将民间技艺与当代生活相结合。

【第三届广场舞电视大赛】 10 月 26 日晚落下帷幕,区领导王艳红、刘明江、葛惠明观看总决赛。第三届广场舞电视大赛是区第八届文化艺术节的活动内容之一,于 8 月组织 71 支舞队参与海选,参赛人数达千人。最终,12 支广场舞队进入总决赛,其中华兴社区舞蹈队表演的《常州微笑》和群星舞蹈健身协会表演的《快乐俏大妈》摘得金奖。

【"风采金沙 魅力我家"家庭文化才艺大赛】 11 月 12 日晚在金沙广场落下帷幕,区领导王艳红、葛惠明参加颁奖晚会。"风采金沙 魅力我家"为主题的家庭文化才艺大赛于 9 月中旬启动,吸引 50 多个家庭 600 多人登台表演。该次大赛共产生优秀组织奖、文化才艺家庭、特色文化才艺家庭、优秀文化才艺家庭 4 类奖项 32 个。

2017 年金坛区戏曲、音乐、舞蹈、民间艺术主要作品一览表

表 34

作　者	作　品　名　称	发 表 或 获 奖
杨兆群	刻纸《庄周梦蝶》	2017"艺博杯"江苏省工艺美术精品大奖赛金奖
杨兆群、何雅雯、刘国红	刻纸《我们的节日》	入选剪不断的乡愁——中国剪纸传统与创新艺术邀请展
何雅雯	刻纸《家和富贵永平安》	入选首届常州美术大展
何雅雯、陈圆圆	刻纸《四季平安》	2017"艺博杯"江苏省工艺美术精品大奖赛金奖一等奖
李　祥、曾媛媛	刻纸《放鹅》	2017 年宿迁全国剪纸艺术邀请展铜奖
徐晨凯	刻纸《慈航普度》	2017"艺博杯"江苏省工艺美术精品大奖赛铜奖
刘国红	刻纸《恋》	2017"艺博杯"江苏省工艺美术精品大奖赛银奖
叶林生	戏剧文学《守望》	第十一届常州戏剧文学奖二等奖

续表 34

作　者	作　品　名　称	发　表　或　获　奖
韩献忠	小戏《泪别鱼塘》	常州市第十一届戏剧文学奖三等奖
	戏剧小品剧本《留住一片善良》	入选“中国精神·中国梦”全国优秀文艺作品征集资助项目
	戏剧小品剧本《假如还有下辈子》	《剧作家》杂志（黑龙江省文化厅主办）
徐书翔	小品《劝赌》	常州市第十三届小戏小品曲艺大赛三等奖
	小品《借妈妈》	
	论文《从金坛抬阁看传统文化保护、传承和发展》	入选第二十八届苏锡常通群众文化信息交流暨理论研讨会
姚汝明	论文《戏剧民间文艺团体的生存与发展状况之探索》	
翟利华	论文《浅述公共文化服务与机制创新》	
	作曲的《水生水长水姑娘》	获常州市第八届精神文明建设“五个一工程”奖（2014—2017）
沈海波	歌词《白了芦花绿了柳》	国家级音乐刊物《歌曲》2017 年第十一期
孙颖超	音乐（合唱）	第二届常州市合唱大赛童声组金奖
彭爱珍		第二届常州市合唱大赛中青年组银奖
		第二届常州市合唱大赛少年组银奖
施国振		第二届常州市合唱大赛老年组铜奖
孙　静	演唱	“我爱常州”2017 常州市农民工歌手大赛银奖
徐　向		“我爱常州”2017 常州市农民工歌手大赛铜奖
孙丽君		
祝柏华	舞蹈《老墙头》	江苏省舞蹈家协会考级展演表演奖
戴梅玉	舞蹈《童心回放》	常州市原创广场舞第二季——常州笑脸广场舞表演奖

（朱　瑜）

广 播 电 视

【概况】 2017 年，全区广播电视工作按照“新闻立台、事业强台、人才兴台”的工作思路，突出改革创新，强化责任担当，积极务实作为，为全区经济社会发展营造良好舆论氛围。广播节目中心“准点新闻”播出各类新闻 390 多档 2800 多条，与 20 家机关事业单位联办《行业之声》专栏共播出 100 多期，直播“金沙文明行”“长荡湖乡村美食大赛”和《主播课堂》等近 20 场次；电视节目中心共采制播出“金坛新闻”“第一时间”730 期，节目时长 21950 多分钟；《金坛时报》出版 154 期，总发稿 2800 多篇，其中专辑 8 期、专版 88 个；新媒体中心完成网络直播 41 场次，受众达 94 万人次，原创图文、微视频宣传刊播 900 多次，金坛网微信公众号全年日均访问量达 1.6 万人，列全国县级广电微信公众号排行榜 50 强。年度获区“全国文明城市创建突出贡献先进集体”和“‘金坛发展我担当’大讨论活动优胜单位”等称号。

【新闻宣传主题突出】 2017 年，区广电台紧扣中心工作，以月度工作例会、每周五编前会、重点宣传调度会、新闻交汇点等线上线下平台，强化对全台各媒体宣传的组织协调指挥，发挥广播电视主流媒体作用，突出主题新闻宣传。宣传中共十九大。全媒体推出“砥砺奋进的五年”“我的这五年”和“喜迎十九大”等特别报道，开设“喜庆十九大”专栏，重点报道全区各级各部门迎接、学习贯彻中共十九大精神实况。“奋力 2017”大型新闻行动。全面报道全区上下实践推进“两个加快”、强化企业服务、补齐发展短板、全面深化改革、统筹城乡发展、增进民生福祉新举措、新进展和新成效。“奋力 2017”大型新闻行动电视专栏共播出 528 条新闻，《金坛时报》刊发稿件 140 余篇。重要会议报道。在学习贯彻区委十三届三次全会、区十七届人大一次会议和区政协十届一次会议精神报道中，区广电台精心组织、精细策划，开设专栏，重点宣传全区各级各部门学习贯彻会议精神情况以及优化发展环境，开展招商引资、推进项目建设等方面取得的新进展、新成效、新经验和新典型。开辟重大活动专栏。《金坛时报》推出“影像金坛”专版，全面宣传金坛城市建设、人文及旅游发展的重大成果；配合全国文明城市创建开设“金沙文明行”专栏，通过“热线追踪”“公众随手拍”等子栏目宣传城市管理新做法，全年播出新闻、专题类节目 673 条（篇）；“三大一实干”专栏，重点报道全区党员干部为加快发展提供全程保姆式服务，全面报道领导带头、上下联动、全面覆盖的大走访活动，突出报道“给肯干者机会，让有为者有位，为担当者担当”干部任用的新闻专题片。在全民道德宣传日期间，广播电台策划《主播课堂》活动，让主持人走进校园进行主题宣讲。《政风热线》专栏全年制播300多期，收集市民投诉线索500多条，办结近500个，直接帮助市民解决问题70多个。年度还推出“文明清明行”“春耕进行时”“263在行动”等多个栏目，增强报道的亲和力与公信度。

【新闻求新创优】 2017年，区广播电视台坚持求新创优，力推精品佳作。全年完成《大美金坛》《金坛2016》《新金沙八景》《跟着河长去巡河》和《文明出行 从我做起》等10部宣传（汇报）片拍摄制作，制播各类公益宣传片50多条，累计刊播3500多(条)次。同时拍摄制作片头片花30多个，其中微视频10个。围绕社会主义核心价值观，报台联动推出《金沙文化名人访谈录》专栏，折射时代闪光点，弘扬社会正能量。年度新闻获常州市一、二等奖各2条，三等奖7条；社教节目获常州市一等奖1个，二等奖2个，三等奖3个；广播剧、广播文艺获常州市一、二等奖各1个，三等奖1个；播音与主持获常州市二等奖2个，三等奖1个。专题片《跟我游金坛》《大美金坛》获第十届中国旅游电视周旅游电视栏目好作品奖，公益广告《因为信仰，所以坚持》获省广播电视公益广告电视类二等奖，广播剧《打磨“飞鲨”的80后》获常州市“五个一工程”奖。

【对外宣传】 2017年，区广电台加强与上级台对接联系，开展对外宣传报道。5月29日，常州电视台《常州新闻》头条播出金坛区“项目领跑，引领区域发展加速”新闻。“众泰大迈整车出口海外市场”“金坛区深化联合竣工验收制度”“中盐公司院士工作站成立”等经济类报道相继在《常州新闻》栏目播出。全年向常州电视台发稿并被采用210篇，向江苏电视台发稿被采用45篇，央视用稿7篇，其中3篇在新闻频道播出。

【新闻资源整合】 2017年1月1日，由区新闻中心主办的《今日金坛》正式更名为《金坛时报》。7月，区委决定将原区新闻中心整体划入区广播电视台，整合原《金沙视听》和广电台其他部门的资源，重新构建报刊采编系统。根据《关于推进新闻资源整合发展的实施方案》，9月底整合到位。同时，区广电台优化机构设置，设立办公室、监察室、总编室，人力资源部、财务资产部、运行监管部，广播节目中心、电视节目中心、报刊采编中心、社教节目中心、新媒体中心、技术装备中心，进一步理顺工作流程，明晰工作责任。加大技术革新，推动转型升级。区广电台全年投入近200万元，用于扩容升级磁盘阵列、更换主服务器的光纤卡，增加硬盘存储空间，确保大洋新闻网的顺畅、平稳；购置2台松下高清摄像机，推进高清化；在link音频制播网增大HP MSA1040光纤双控制存储，提高电台音频播出服务器的安全性；完成无线数字信号全覆盖工程，更换7CH发射机，保障城区无线用户的收看收听质量。

【媒体融合发展】 2017年，区广电台加强新型主流媒体建设，加速新媒体中心建设进程，科学调配电视、电台、《金坛时报》、网站、微博、微信以及新媒体技术等方面工作，推进媒体融合发展。新媒体中心已完成PC端新闻网站——金坛网、移动端金坛网微信平台与金坛网头条号、金坛网企鹅号等七大宣传平台建设，并开通网络视频直播平台。在7月2日由区建设文明城市指挥部主办的“向文明出发”全民公益行动启动仪式上，全媒体采用五机位(5台摄像机在不同的位置拍摄)全程直播活动实况，实现主、分会场视频互动。直播平台开通以来受众达90多万人次。区广电台和省台联合开发“金坛手机台”新闻客户端，打造融媒体新平台，以平台促全媒体融合发展。至年底，区广电台已形成广播、电视、报刊、网站与新媒体“五位一体”的全媒体大传播格局。 （吴建中）

（编辑 钱国新）

卫 生

综 述

【概况】 截至2017年年底,全区拥有各级各类医疗机构212家。其中,二级医院2家(区人民医院、中医医院),精神病专科医院1家(区第二人民医院),区妇幼保健所、医疗急救站各1家,民营医院7家(博爱医院、金坛花园妇科医院、金坛韩氏中医关节病专科医院、金坛诚康医院、金坛东大肛肠医院、金坛仁爱医院、金沙医院),乡镇卫生院13家,城市社区卫生服务中心2家(金城镇社区卫生服务中心、东城街道社区卫生服务中心),城市社区卫生服务站15家,村卫生室98家。门诊部37家(民办21家),诊所20家,企事业单位医务室15家。

全年自主、公开招录医卫类工作人员57人,引进硕士研究生18人。年末,全区实际开放床位2720(核定床位数2135张)。其中,区级医院实际开放床位1795张(区人民医院900张、区中医医院420张、区二院475张),乡镇卫生院(含城市社区卫生服务中心)535张,民营医院390张,平均每千人拥有床位4.78张。全区医疗机构卫生技术人员3163人。其中,医师(含执业助理医师)1438人,注册护士1472人。每千人分别拥有卫生技术人员5.65人,执业医师2.57人,执业护士2.63人。

2017年金坛区级医院、卫生院、专科医院情况一览表

表35　　单位:张、人

医院	卫技人员	床位	门急诊人次	出院人数	重点(特色)专科	咨询电话
金坛区人民医院	818	800	663749	27544	肿瘤科、泌尿外科、神经内科、消化内科、脑外科、骨科、心内科、急诊医学科、儿科、检验科、麻醉科、、药剂科、放射科、神经病学学科	0519-82821553
金坛区中医医院	513	400	357976	13447	皮肤科、骨伤科、中西结合心内科、脑病专科、中西结合妇产科、中西结合肿瘤科、中西结合呼吸科、中西结合消化内科、中西结合肛肠科、肺病科	0519-82822351
金坛区第二人民医院	352	575	251079	6300	精神病专科	0519-82821806
金坛区直溪中心卫生院	78	75	104826	2898	小针刀专科、省级示范中医科、疼痛科	0519-82444269
金坛区薛埠中心卫生院	90	79	92350	2715	老人山伤骨科	0519-82661017
金坛区社头中心卫生院	43	20	40950	367	—	0519-82711190
金坛区水北中心卫生院	46	25	43324	524	—	0519-82551276
金坛区尧塘中心卫生院	55	36	59020	1122	省级示范中医科	0519-82592283
金沙医院	66	60	47975	1417		0519-82323019
金坛区金城镇卫生院	155	100	233356	4214	妇产科、口腔科	0519-82839633

续表 35

医　　院	卫技人员	床位	门急诊人次	出院人数	重点(特色)专科	咨询电话
金坛区指前镇卫生院	32	20	42546	477	—	0519 - 82751319
金坛区建昌卫生院	30	22	60050	526	—	0519 - 82461282
金坛区儒林镇卫生院	60	30	105955	990	省级示范中医科(中医妇科、针推、骨伤)	0519 - 82561060
金坛区茅麓卫生院	31	20	46466	589	—	0519 - 82661017
金坛区朱林镇卫生院	61	36	74422	1185	—	0519 - 82621866
金坛区洮西卫生院	25	15	38162	449	—	0519 - 82721223
金坛区博爱医院	56	70	24859	2160	—	0519 - 82819272
金坛花园妇科医院	31	40	19365	626	—	0519 - 82798555
金坛韩氏中医关节病专科医院	11	30	2575	668	—	0519 - 68903006
金坛诚康医院有限公司	37	150	7999	1722	—	0519 - 82811095
金坛仁爱医院	13	20	1460	104	—	0519 - 82860777
金坛东大肛肠医院	15	20	1277	476	—	0519 - 80183888

公立医院改革

【概况】 2017年,金坛出台《深入推进医共体建设的实施意见》的文件,区人民医院与指前镇卫生院、区中医医院与茅麓卫生院签订区域内医共体建设协议,以同质化为标准对基层实行管理制度、规范服务和规范诊疗的统一。区医改领导小组组织医改成员单位至安徽、张家港、上海等地参观学习医联体建设、绩效考核典型做法。区人民医院加大对外合作力度和深度,相继与法国巴黎大区枫丹白露地区医疗中心、无锡民慈心血管病医院和东南大学附属中大医院进行项目合作。区中医医院建设成集团间影像远程会诊系统,为5个基层单位提供每周专家坐诊,开展双向转诊分级诊疗工作。出台《关于建立医疗保险经办机构与医疗机构谈判协商机制的指导意见》的文件,重点推行总额预付与按病种付费相结合的医保混合支付方式,全区"单病种"收、付费病种为127个。深化人事和薪酬制度改革。出台《关于金坛区公立医院薪酬制度改革的实施意见》和《关于调整金坛区基层医疗卫生机构绩效工资分配办法的实施意见》的文件。区人民医院创建成三级综合医院。

【区人民医院与无锡明慈心血管病医院举行合作签约仪式】 3月8日,区人民医院与无锡明慈心血管病医院就建立心脏诊疗协作医院关系举行签约仪式,无锡明慈医院专家团队、区卫计局及区人民医院领导出席签字仪式。无锡明慈心血管病医院是江苏省首家大型民营心血管病专科医院,该院以心血管病和糖尿病为专科方向,同欧洲最大的心脏和糖尿病医院——德国北威州心脏和糖尿病中心以及国内心血管病领域领先的中国医学科学院阜外心血管病医院建立全面和深入的战略合作关系。该次合作,将加强两院之间在心血管病领域的学术和业务合作,带动区人民医院在心血管疾病诊治方面的发展,快速提升诊治水平,更好地服务地方百姓。 (顾裕铭)

【中法医学合作友好医院在区人民医院揭牌】 5月11日,区人民医院与法国枫丹白露地区医疗中心举行跨国合作揭牌仪式。法国枫丹白露地区医疗中心是法国公立医疗中心,其癌症治疗、康复、儿科、神经外科和急救等方面均为国际一流。合作后,法国重症监护医学著名教授乔治 - 奥芬斯达德和美国国家卫生研究院博士后研究员、外科学博士李正生教授被聘请为区人民医院客座教授;法国塞纳马恩省医疗中心副主任、全科主任医生雷佑 - 巴第克、法国巴黎大区枫丹白露 - 蒙特中心医院骨科及运动医学科主任医生萨米尔·彻尼亚热被聘请为区人民医院客座医生。该次中法医学合作友好医院的揭牌,成为金坛区公共卫生与公众健康发展史上的里程碑。

(顾裕铭　季　英)

医疗服务

【概况】 2017年,全区门、急诊总诊疗量221.54万人次,较2016年上升3.14%。相继开展"总有天使在身边""上前一步、主动服务"主题活动。推进临床路径管理,区人民医院有12个专业、65个病种进入临床路径管理;区中医医院完成17个专业、22个中医临床路径病种方案。强化医疗服务监管。规范医疗机构设置执业注册审批流程,年内批准设置医疗机构10家。中医药服务能力有所提升,制定《常州市金坛区基层中医药提升工程"十三五"行动计划实施方案》。中药饮片处方电子化管理全面实施。水北中心卫生院和指前镇卫生院通过江苏省基层医疗卫生机构中医馆建设年度评估,东城街道社区卫生服务中心通过江苏省中医药特色社区卫生服务中心评估。全年,血液成分制备使用率达99.9%以上。开通微急救,医疗急救站救治急危重症病人9359人次。

医疗机构建设

【概况】　2017年,依据《全区“十三五”卫生事业发展空间布局规划》,有序推进区第一人民医院建设,5月完成桩基工程,年底住院楼土建部分完成6～7层,门诊楼土建部分完成局部3层,培训楼土建部分主体封顶;第三人民医院改扩建工程完成建筑方案报批工作;金坛血站于11月投入使用;年底茅麓卫生院开工建设;西岗分院于2018年交付使用。2017年,完成20家省示范标准的村卫生室提档升级工程。

医疗医学

【概况】　2017年,全区出台《高层次人才引进实施办法》和《高层次人才专项资金管理办法》的文件,引进高层次和紧缺型人才3名,柔性引进高层次人才团队4个。省农村医学生免费订单定向培养6名。“农村医学”村医培养30名,首批毕业的53名学生已录用于村卫生室岗位。加强重点专科建设,区人民医院神经内科创建成常州市区共建临床重点学科,急诊科、普外科创建成常州市临床重点专科,骨科被确认为常州市临床重点专科建设单位;区中医医院皮肤科创成江苏省“十二五”中医重点临床专科,中西医结合心血管内科创成常州市中医重点临床专科;直溪中心卫生院疼痛专科被评为常州市级基层卫生医疗机构特色科室。开展人才和科研工作,2017年评选出“金沙英才”突出贡献奖1人,“金沙名医”3名;常州市科技局科研立项1项。

【区人民医院自主完成首例全脑血管造影、支架植入术】　2月13日,区人民医院神经病学学科自主完成首例全脑血管造影、支架植入术。患者因“高血压、右侧脑梗死”入院,查体:言语笨拙,口齿不清,左侧肢体麻木乏力,轻偏瘫试验(+)。通过全脑血管造影发现右侧椎动脉狭窄,右侧椎动脉起始处重度狭窄,遂在重度狭窄处植入支架。造影显示植入支架位置合适,血流通畅。术后该患者症状明显改善,功能逐渐恢复,同时能有效防止卒中的发生。　(顾裕铭)

【区人民医院开展首例输液港植入术】　2月21日,区人民医院肿瘤科为一名中年女性患者开展静脉输液港植入术。该手术为金坛地区首例,也是常州地区二级医院的首例,标志着人民医院静脉输液技术进入一个新的阶段。输液港完全埋入体内,没有体表伤口,看上去就像是皮肤的突起。每次输液时只需针刺破皮肤,直接扎到输液港中即可。输液港日常维护简单,应用方便,降低医疗费用,提高病人生活质量。　(顾裕铭)

【区中医医院一科研成果达国内先进水平】　6月18日,区科技局主持召开由区中医医院药剂科承担完成的“茅苍术水提物对大鼠实验性胃溃疡的作用研究”科技项目成果鉴定会。该项目以江苏道地药材茅苍术为研究对象,通过乙醇诱导大鼠胃黏膜损伤模型,以胃溃疡抑制率、胃黏膜组织病理性改变、胃蛋白酶活性等指标,对茅苍术水提物促进大鼠胃溃疡愈合作用作用于大鼠无水乙醇性胃溃疡,能明显降低胃蛋白酶活性;茅苍术水提物高剂量组能显著地减少溃疡面积,对大鼠实验性胃溃疡具有一定的治疗作用。专家组听取项目组的汇报,经质询、评审和讨论,一致认为,项目组提交的鉴定资料完整、规范,符合鉴定要求,研究技术路线正确,实验方法合理,课题结论准确,具有一定的创新性,达到国内先进水平,同意通过鉴定。项目组将按照专家们的建议,进一步深入研究,以服务于新药创制与中医临床。　(中医医院)

疾病预防控制

【概况】　2017年,全区甲、乙类传染病发病率为98.79/10万,较上年下降8.43%。无甲、乙类传染病暴发疫情。艾滋病、结核病、人感染H7N9禽流感、手足口病等防控工作扎实有效。东城街道社区卫生服务中心、金城镇卫生院、儒林卫生院、朱林卫生院、直溪中心卫生院、建昌卫生院、社头中心卫生院创建成常州市二级一般预防接种门诊单位。2017年通过省级血防消除达标验收工作,其中指前镇大浦港钢制拦螺网防螺工程申报省级血防重点工程。完成全区产科接种室规范建设。推进居民建档、老年人保健、慢

11月,常州市中心血站金坛分站投入使用　(卫生局　供稿)

性病患者、严重精神障碍患者管理相关工作。

卫生监督

【概况】 2017 年,全区开展各类卫生监督专项检查 15 起。实施行政处罚 74 起,受理公安部门移送非法行医案件 2 起,移送公安机关追究刑事责任 1 起。有效处置突发事件紧急医学救援事件 4 起。做好小高考、高考卫生保障,圆满完成 2017 年茅山国际山地半程马拉松赛等重大活动的保障任务。

【省卫计委专家到金坛开展卫生行政许可工作专项督察】 10 月 17—19 日,省卫计委专家组到金坛区开展卫生行政许可工作专项督察。专家组通过听取汇报、查阅资料与现场勘察相结合的方式,抽查公共场所和放射诊疗单位各 5 家。专家组充分肯定金坛区卫生行政许可的工作质量,对历年来开展放射诊疗预评和控评管理工作表示肯定,并对许可工作中存在的问题提出针对性和可操作性的改进意见。 (卫生监督所)

妇幼卫生保健

【概况】 2017 年,全区推进家庭医生签约服务。全面启动签约服务,签约 18.56 万人,签约覆盖率 33.2%,重点人群和特殊人群签约率 72%。金坛区家庭医生签约服务获得全省十大创新举措奖。7 岁以下儿童保健覆盖率 99.2%,新生儿访视率 96.16%。孕产妇保健管理率 99.46%,产前筛查率 89.5%,产后访视 4342 人,产后访视率达 95% 以上。完成"两癌"检查 2.5 万人。孕产妇死亡率为 0,围产儿、婴儿及 5 岁以下儿童死亡率分别是 2.21‰、1.13‰、2.25‰。婚前医学检查率 92.07%、出生缺陷发生率4.59‰。金坛区创建成省妇幼健康优质服务示范区。

【金坛区家庭医生签约服务被评为省家庭医生签约服务十大创新举措】 10 月 12 日,江苏省家庭医生签约服务创新举措现场复评会在南京召开。该次复评会的专家由国家卫生计生委、中国医学科学院、江苏省基层卫生协会、江苏省各辖市基层卫生单位负责人组成,全省共有 108 项参评举措。金坛区家庭医生签约服务工作在复评会中脱颖而出,进入全省 30 强,被评为 2017 年度江苏省家庭医生签约服务十大创新举措。金坛区家庭医生签约服务工作在创新举措和成效上主要体现 5 个突破:一是在运行机制上有突破;二是在薪酬分配上有突破;三是在基层首诊上有突破;四是在服务项目上有突破;五是在信息支撑上有突破。 (周 杨)

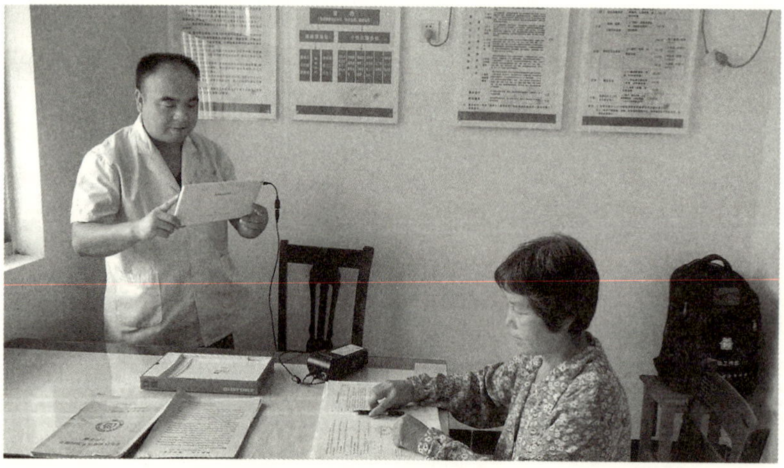

5 月 29 日,家庭医生签约登记 (卫生局 供稿)

卫生信息化

【概况】 2017 年,金坛实现医院基本业务信息系统数据的交换和共享,完成区域信息平台省级四级测评工作。完成区域心电与上海四维对接,完成 PACS 系统平台化升级。推广中药管理系统应用,推进卫生综合管理平台监管应用。二级以上医院普遍开展预约挂号、自助挂号、在线支付、报告打印等智慧化医疗服务。

爱国卫生

【概况】 2017 年,金坛区巩固国家卫生城市创建成果。儒林镇创建成国家卫生镇。薛埠镇创建成江苏省健康镇。区人民医院、第二人民医院分别创建成全国和省级健康促进医院。全面推行公共场所控烟工作,免费发放规范控烟禁烟标识 1.5 万张。巩固提升农村改厕成果,农村无害化户厕率 99.7%。除"四害"四项达标工作继续巩固,免费发放居民灭鼠毒饵药 2.1 吨,灭蟑 3.2 万包。

【省健康促进医院督导组莅临金坛二院指导工作】 6 月 5 日,江苏省健康促进医院督导组对金坛二院健康促进医院创建情况进行督导。督导组采取现场考察、听取汇报和查阅资料等形式,全面了解健康促进医院项目建设的执行情况。督导组重点对金坛二院健康促进医院外环境建设进行实地考察,深入科室查看创建工作情况,并对各科室健康促进小组成员进行细致询问。在创建工作汇报会上,检查组认为金坛二院切实做到"创新、用心、细心",并在特色建设上效果明显。

(第二人民医院)

(编辑 盛南萍)

体　育

综　述

【概况】 2017年,成功举办首届金坛茅山国际山地半程马拉松赛,承办2017年常州市中小学生排球比赛、江苏省青少年田径跳高跳远项群赛、第五届"中信置业"杯中国女子围棋甲级联赛等赛事。

竞技体育。组队参加全国青少年自行车冠军赛、江苏省青少年自行车锦标赛、江苏省青少年篮球锦标赛、常州市第六届残疾人运动会等重大赛事,其中江苏省青少年自行车锦标赛获4枚金牌、5枚银牌,金牌数名列全省第一,常州市第六届残疾人运动会取得团体总分、金牌总数、奖牌总数三项第一,并获得优秀组织奖。金坛籍运动员在第十三届全国运动会中获得2枚金牌、1枚银牌、2枚铜牌的历史最好成绩,由金坛区输送的女子垒球运动员刘彦敏、女子手球运动员蓝小玲和莫萌蒙获冠军,刘壮获得女子马拉松团体亚军。

群众体育。组织开展元旦春节系列全民健身活动、"小手牵大手,快乐一起秀"亲子系列文体比赛、第二届体育四季联赛、"文体大超市惠民城乡行"等多项大型全民健身活动。结合老城改造及滨湖新城建设,新建下塘河景观带、钱资湖公园两处全民健身场地设施。出台《常州市金坛区全民健身设施建设奖补办法》和《关于对金坛区基层综合性文化服务中心室内健身室建设实施奖补的通知》,奖补验收合格的镇(街道)自建全民健身场地设施31个、文化服务中心健身室36个。

体育产业。奥体体育产业有限公司实现营业收入200多万元。体彩全年销售额超1亿元。　(石　勇)

竞技体育

【首次举办茅山国际山地半程马拉松赛】 5月21日,2017金坛茅山国际山地半程马拉松赛在金坛茅山旅游度假区开赛。赛事设半程马拉松(21.0975千米)和迷你马拉松(3.5千米)两项,其中迷你马拉松3000人参赛,半程马拉松2000人参赛,该次比赛是金坛首次举办国际半程马拉松赛。肯尼亚选手包揽男、女组半程马拉松赛前三名,男子组David kipruto NGEETICH以1:07:37的成绩夺冠,女子组Serser Alice Cherotich MILGO以1:17:24的成绩夺冠。男子组程乾育、陆文凯、陆文璇,女子组周艳新、蒋丽欢、王芳分别获得比赛设立的金坛籍本土选手马拉松奖。

【孙鑫入选中国男子篮球国奥集训队】 孙鑫,江苏金坛人,2000年4月出生,身高193厘米,体重78千克,司职后卫。2014年代表常州市参加江苏省第18届运动会,获得男子篮球乙组冠军,2017年代表中国队参加成都举办的2017年FIBA3×3U18篮球世界杯比赛,获得第九名,通过国奥男篮教练组考察,入选中国男子篮球国奥集训队。

【徐夕涵破世界残奥游泳锦标赛纪录】 2017年墨西哥世界残奥游泳锦标赛上,金坛籍运动员徐夕涵代表中国队,以42.72秒的成绩获女子S5级50米蝶泳冠军,打破自己在2016年残奥会上的纪录,创造新的亚洲纪录。

【刘彦敏获全运会女子垒球比赛冠军】 9月4日,在天津团泊体育中心垒球场进行的第13届全运会女子垒球决赛中,江苏队6:1战胜辽宁队获得冠军。金坛籍运动员刘彦敏司职江苏队中右外场,比赛中与队友团结一致,顽强拼搏,卫冕本次全运会女子垒球比赛冠军。

2017年金坛籍运动员大赛成绩统计情况一览表

表36

项目	运动小项	运动员	性别	赛事	举办地	名次
技巧	男子四人	祁鑫杰	男	2017年全国技巧锦标赛大集体	四川汉源	1
跆拳道	63千克	李国迅	男	2017年中国公开赛	陕西西安	1
技巧	男子四人	祁鑫杰	男	2017全国技巧冠军赛全能套	江苏沛县	3
技巧	男子四人	祁鑫杰	男	2017全国技巧冠军赛大集体	江苏沛县	1
篮球	男子U13	方英杰、张一好	男	全国篮球高水平后备人才基地男子南区U13比赛	广东佛山	1
篮球	男子U13		男	全国篮球高水平后备人才基地男子南区U13比赛	广东佛山	1
篮球	男子U16	魏成、佟鑫、赵鹏程、陈懋、周子旋、周天驰、冯世博	男	2017年全国体育运动学校U16篮球锦标赛	安徽合肥	1
篮球	女子U16	戴晋、燕戎儿、徐洪培	女	2017年全国体育运动学校U16篮球锦标赛	广东佛山	3
举重	44千克	邓春杰	女	全国高水平后备人才基地举重锦标赛	江苏常州	1
举重	69千克	韩　雨	女	全国高水平后备人才基地举重锦标赛	江苏常州	2
赛艇	四人单桨	朱贵颖	男	2017年亚洲赛艇锦标赛	泰　国	1
自行车	公路大组	刘成路	男	2017年全国青少年公路自行车冠军赛	江苏常州	1
自行车	公路单发	刘成路	男	2017年全国青少年公路自行车冠军赛	江苏常州	2
自行车	公路大组	魏　鑫	男	2017年全国青少年公路自行车冠军赛	江苏常州	2
自行车	公路单发	刘美辰	女	2017年全国青少年公路自行车冠军赛	江苏常州	3
自行车	公路大组	刘美辰	女	2017年全国青少年公路自行车冠军赛	江苏常州	3
自行车	公路大组	张若楠	女	2017年全国青少年公路自行车冠军赛	江苏常州	1
自行车	公路单发	张若楠	女	2017年全国青少年公路自行车冠军赛	江苏常州	2
自行车	公路大组	翟　菲	女	2017年全国青少年公路自行车冠军赛	江苏常州	2
自行车	公路单发	苗梦国	女	2017年全国青少年公路自行车冠军赛	江苏常州	3
自行车	公路单发	王　硕	男	2017年全国青少年公路自行车冠军赛	江苏常州	1
自行车	公路单发	刘成路	男	2017年全国青少年公路自行车冠军赛	江苏泰州	1
自行车	公路大组	刘成路	男	2017年全国青少年公路自行车冠军赛	江苏泰州	3
自行车	公路单发	张若楠	女	2017年全国青少年公路自行车冠军赛	江苏泰州	1
自行车	公路大组	王　硕	男	2017年全国青少年公路自行车冠军赛	江苏泰州	2
自行车	公路单发	李　爽	女	2017年全国青少年公路自行车冠军赛	江苏泰州	3
自行车	公路大组	魏　鑫	男	2017年全国青少年公路自行车冠军赛	江苏泰州	2
自行车	公路大组	翟　菲	女	2017年全国青少年公路自行车冠军赛	江苏泰州	2
自行车	公路单发	李　爽	女	2017年全国青少年公路自行车冠军赛	江苏泰州	3
自行车	公路单发	王　硕	男	2017年全国青少年公路自行车冠军赛	江苏泰州	3
自行车	场地200米	封　帅	男	2017年全国青少年场地自行车锦标赛	江苏苏州	2
自行车	场地1千米	封　帅	男	2017年全国青少年场地自行车锦标赛	江苏苏州	2
自行车	场地200米	翟　菲	女	2017年全国青少年场地自行车锦标赛	江苏苏州	2
自行车	场地500米	翟　菲	女	2017年全国青少年场地自行车锦标赛	江苏苏州	1
自行车	场地500米	张若楠	女	2017年全国青少年场地自行车锦标赛	江苏苏州	3
自行车	场地1千米	王　硕	男	2017年全国青少年场地自行车锦标赛	江苏苏州	1
自行车	场地团体	翟菲、张若楠	女	2017年全国青少年场地自行车锦标赛	江苏苏州	1
田径	四千米越野	刘　壮	女	2017年全国越野锦标赛	贵州清镇	3
田径	男子跑、游二项全能	程乾育	男	第13届全运会	陕西渭南	3
手球	女子	蓝小玲	女	2017年亚洲女子手球锦标赛	韩　国	3

(石　勇)

群众体育

【举办文体大超市惠民城乡行活动】 年内，着眼精准文体惠民，在总结上届体育大超市城乡行经验的基础上，提出文体大超市惠民城乡行的模式，结合全区文体特色项目，根据各镇、街道需要，精准选送进行展演、咨询、培训。6月17日，纪念毛泽东“发展体育运动，增强人民体质”题词发表65周年暨金坛区文体大超市惠民城乡行活动启动仪式在华罗庚公园举行，全区各文化、体育社团组织等18个单位近千人参与活动。

【举办2017年中国健身气功科学论坛】 10月24日，2017年中国健身气功科学论坛暨官方网站通讯员培训班在东方盐湖城开班。论坛围绕“传承气功文化，助力健康中国”这一主题，通过专家主旨报告、精英演讲与对话、学术主题报告、功法技能提升四个重要环节，就健身气功文化内涵与原理效果、理论热点与实践要素、创新推广和战略发展等最新研究成果进行分享与对话。全国健身气功知名专家、精英领军人物、优秀青年学者等各界300人与会。

【国民休质监测】 10月26日，常州市国民体质监测工作小组到金坛开展2017年度国民体质监测工作。该次国民体质监测采集有效样本560人。通过监测充实并完善金坛区国民体质监测系统和数据库，了解全区国民体质现状和变化规律，为配合评估《常州市金坛区全民健身实施计划（2016—2020）》完成实施效果提供科学依据。

学校体育

【3所学校成为全国青少年校园足球特色学校】 6月9日，区第四中学、朱林中心小学、河滨小学被教育部认定并命名为“全国青少年校园足球特色学校”。

【3所学校成为第一批全国青少年校园篮球特色学校】 10月27日，区第一中学、儒林中学、儒林小学被教育部认定并命名为“第一批全国青少年校园篮球特色学校”。（石　勇）

（编辑　储　劼）

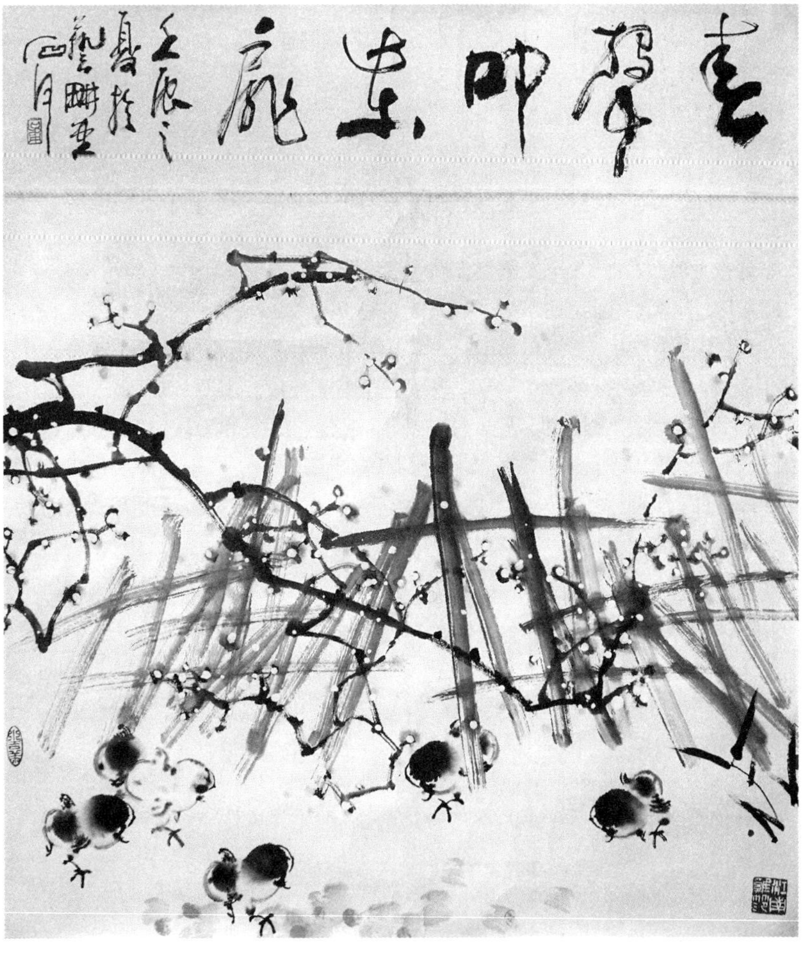

春声叩柴扉　　（范石甫　创作）

人口与计划生育

【概况】 2017年，全区人口与计生工作以提高人民健康水平，促进人口长期均衡发展为目标。加强管理，强化服务，为经济建设和社会发展创造良好人口环境。东城街道南苑社区计生专干苏留英获评江苏省“百佳计生专干”，尧塘街道王莉，指前镇虞志琴、马秋香在国家生育状况调查中分别获评国家、省、市级优秀调查员。

【普法教育】 年内，规范执业行为，深入推进依法行政。制定卫生计生系统“七五”普法规划和2017年度普法宣传计划，印发卫生计生系统《国家公职人员学法用法实施意见》，组织基层计划生育干部培训班，邀请江苏省卫计委主任何小鹏解读修订后的《江苏省人口与计划生育条例》。组织业务院长依法执业培训，开展以案释法工作。开展普法宣传教育工作，组织卫生计生系统党员干部参加全省“百万党员学宪法学党章”考法活动。

【政策扶助】 全面落实计划生育各项奖励优惠扶助政策，做好奖扶、特扶、企业退休职工一次性奖励、城镇非从业居民一次性奖励登记、审核、公示工作。全年发放农村奖扶金2354.44万元，特扶金1042.05万元，一次性奖励金1220.4万元，独生子女父母奖励金88.71万元，公益金4.8万元。春节期间走访慰问640户计生困难家庭，发放慰问金64万元。

【流动人口服务】 进一步推动流动人口基本公共卫生计生服务均等化工作。在指前镇、东城街道开展国家流动人口监测点调查，科学编制样本框，认真组织调查员培训，全程指导入户调查和表格填写，集中审核，以零误差完成监测点调查任务，调查质量全国排名第一。已建成的3家企业康健驿站，8月和10月分别接受南京邮电大学与美国伯克利大学康健项目专家组调研评估，实施效果得到专家好评。虹桥市场创建成常州市级流动人口服务管理示范市场。创建流动人口健康促进示范学校2家、示范企业2家和流动人口健康家庭10家。

【人口调查】 根据2017年年报，全区总人口数为594023人，育龄妇女136653人，已婚育龄妇女104150人，初婚2489人。出生人数5160人，其中一孩出生2717人、二孩出生2325人、多孩出生118人，人口出生率8.73‰。死亡人数3666人，人口死亡率6.2‰，计划生育率99.69%。做好信息采集核对、录入和上报，动态维护育龄群众婚、孕、育等信息，完善基层信息交换和部门共享信息核对工作机制。全年采集民政结婚信息4430例，医院分娩信息3706例，预防接种信息3678条，核查婚姻信息、生育服务联系单信息、生育信息、节育信息、死亡信息等各类信息9945条，核查入库9722条。开展全国生育状况抽样调查，编制样本框分层抽样，抽取两个镇4个村，对4个样本点80户调查对象开展入户调查。

【人口健康】 年内，全区上下联动开展幸福家庭创建，围绕科学育儿、青春健康、亲情帮扶、关爱女孩、医养结合等开展活动，进一步提升计划生育家庭发展能力。开展“向幸福出发，与健康同行”幸福健康家庭表彰大会，“关爱母亲　舞动健康”圆梦微心愿、“关爱女孩呵护成长”青春期心理健康知识讲座、“健康伴您同行”新市民亲子运动会、“爱健康晒幸福”征文演讲比赛等系列活动，印制发放奖励扶助政策折页、幸福家庭宣传环保袋、流动人口健康促进工具包等宣传品3万余份，让群众感受到家门口的幸福。阵地建设成效显著，新建成人口健康文化园5个，“怡养之家”幸福家园1个，后阳小学建设“阳光童乐苑”流动儿童之家，建成市级春晖家园示范基地2个和市级生育关怀帮扶基地2个。

（朱慧华）

人力资源和社会保障

【概况】 2017年，全区人社工作围绕“两个加快”发展战略，坚持“民生为本、人才优先”工作主线，加强就业和社保两大体系建设，城镇新增就业12822人，城镇登记失业率1.8%，社会保险覆盖率保持98%以上，人才总量新增5616人，完成全年各项目标任务。

【就业创业】 年内，举办各类人力资源招聘会55场，提供就业岗位3.9万个。开展城乡劳动者就业技能培训5003人、企业职工岗位技能提升培训12320人。在金城镇、东城街道等6个镇、街道举办创业培训班15期。为金坛中等专业学校582名学生免费提供创业意识培训。积极申报创业项目，获评常州市级优秀大学生创业项目5个。全区完成创业培训1324人，支持成功自主创业1572人。与中西部地区开展劳务合作，组织沃尔核材等11家规模企业赴陕西汉中招工，2013年以来累计直接引进陕西籍务工人员3000多人，保障了企业用工。支持企业稳定职工岗位，为企业发放职业培训补贴、在职职工岗位技能培训、职业技能鉴定补贴等近100万元。为116家企业发放稳岗补贴621.77万元，惠及职工20246人。

【社会保障】 年内，企业职工养老、医疗、失业、工伤、生育保险参保人数分别达18.8万人、19.4万人、10.3万人、12.2万人、10.9万人。被征地农民纳入保障13.1万人，其中转企业职工养老保险6.9万人。全面实施社会保险五险统一征缴，除建筑行业外，取消其他企业职工单独参加工伤保险。机关事业单位养老保险制度改革推进工作全省领先。机关事业和企业退休人员基本养老金同步提高，人均增资5.5%。城乡居民基本养老保险基础养老金标准从150元提高到180元。企业职工、城乡居民基本医疗保险目录范围内报销比例分别提高1.9%、6%，医保药品目录、诊疗目录、材料目录“三个目录”实现完全统一。深化“1+X”医保控制性结算模式，推行按病种结算182种。实现尿毒症患者免费血液净化治疗、老年白内障免费手术治疗。社保卡发放突破50万张，推广使用走在全省前列。企业职工养老、工伤、失业保险继续降低费率，全年减征企业社保基金6000万元。

【人才工作】 年内，全区引进高层次人才238人，新增高技能人才1875人。开展“龙城英才计划”第九批优先支持项目申报，引进落户创业项目12个。高质量完成省“双创计划”申报工作，入选省双创博士3人。与南京航空航天大学、兰州大学、兰州交通大学签订高层次人才培养、引进协议。开展“精英人才金坛行”活动，达成意向98人。开展“院校学子金坛行”系列活动，组织南京工业大学、江苏理工学院290名毕业生分批到全区企业进行现场参观和岗位体验，吸引毕业生到企业就业。组织33家企业到常州5所职校进行校园招聘，引进100名急需技能人才。举办全区首届技能大赛，24名技能精英获奖。做好人才服务工作，为46家企业238名高层次人才发放人才资助565万元，为12家领军人才创业企业发放创业资助417万元。强化高层次人才资助的使用监管，追回专项资金70.3万元。

【人事管理】 年内，事业单位招录工作规范化水平走在全市前列。招聘简章、考试成绩、拟聘用人员名单等信息全程公开，考生面试顺序、考场工作人员、考官面试考场现场随机抽签，面试考官异地外聘，考场启用屏蔽仪和视频监控，并邀请区纪委、组织部全程监督。印发《中层干部选拔任用工作监督管理办法》，加强中层干部选拔任用工作群众监督。规范公务员职位管理，稳步实施职务职级并行制度。推进公务员管理信息化建设，人社系统率先使用市局推广的考核系统开展平时考核。参公单位机构名称、职能职责、人员编制、入轨运行“四查”工作实现全覆盖。事业单位岗位设置、人员聘用等基础信息全部录入人事编制信息系统，实现管理信息化。推进教育系统区管校聘，对中小学教职工岗位实施总量控制、动态调整。在常州市率先完成27名军转干部、2名随调家属的安置任务。

【劳动关系】 年内，受理劳动监察投诉举报案件226件、劳动争议案件869件。为2327名劳动者追讨工资、经济补偿、社保费等1729万元。实行劳动监察24小时全天候值班制度，妥善处置21起劳动保障群体性事件。落实行政执法综合体制改革，建立双随机抽查工作机制，执法检查实现制度化、规范化。加大劳动保障严重失信行为惩戒力度，对年内全区发生的拖欠职工工资、欠缴社会保险、违法使用童工等重大劳动保障违法行为，分季度进行4次社会公布，涉案企业18家。上报常州市局统一向社会公布劳动保障严重违法典型案件1件，劳动监察严重失信行为人3人。发挥基层调解组织在争议处理中的基础性作用，金城镇、薛埠镇、东城街道、尧塘街道、朱林镇、指前镇设立劳动人事争议调解中心，金城镇、薛埠镇、尧塘街道设立巡回仲裁庭，劳动争议调解仲裁水平大幅提升。　（张卫全）

民政工作

【概况】 2017年，全区民政工作按照“一年打基础，两年见成效，三年上台阶”的总体部署，扎实推进各项工作。全年发放城乡低保保障金3402万元，医疗救助10022人，提高社会救助对象认定准确性，全年退保1302人，新增低保303人。编撰出版金坛历史地名保护名录。区四社（社区、社会组织、社会工作者、社区志愿者）联动创新实践获评常州市基层社会治理十大创新成果，全区创成省级现代民政示范区。

【社会救助与救灾】 年内，全区城乡低保提标。2017年7月1日起，城乡低保保障标准由每月670元提高到760元。困难群众医疗救助比例由

75%提高到80%，封顶线提高到城乡基本医保封顶线的50%，完成基本医疗保险、大病保险、医疗救助“一站式”同步即时结算平台升级共建，全年支出医疗救助资金1369.7万元。社会救助信息化水平提升，实现区、镇两级申报、审核、核对、审批100%网络化。加强灾害应急救助能力，建立灾害物资市场代储保障机制，继续推进自然灾害综合民生保险第二周期年。

【优抚安置与双拥】 年内，金坛区抚恤补助标准对接常州主城区，完成重点优抚对象定期抚恤补助标准动态调整。落实优抚对象关爱政策，审核发放江苏省优抚对象抚恤补助证3900余本。落实优抚对象免费乘坐市区公交待遇，落实享受国家抚恤补助优抚对象生活专项补助、免费体检政策，全年发放优抚对象专项生活补助金273.9万元，5255名优抚对象受益。完成2017年度义务兵家庭优待金、现役军人立功荣誉金、自主就业补助金的审核发放工作。完成退役士兵职业技能培训工作，组织退役士兵专场招聘会，退役士兵参训率82%，就业率95%。结合实际落实企业退休“两参”(参战退役人员、参加核试验退役人员)人员专项慰问金，下岗志愿兵生活补助、就业帮扶政策。大力开展双拥模范城创建活动，支持驻金坛部队军营环境改造。

【基层政权与社区建设】 年内，基层民主自治不断完善，结合新一届两委班子，实施三年任期目标、自治章程、村规民约、居民公约等相关制度的修订和完善。与组织部联合举办新一届村(居)委会主任培训班，提升履职能力和治理水平。实施城乡社区综合服务中心提档升级工程，完成12个城乡社区提档升级工作。智慧社区建设稳步推进。通过完善基础数据、规范电子台账等，提高社区信息平台的管理和服务水平，信息化平台全年共受理群众诉求3300余件。推进城市社区微信公众号建设，通过微信平台发布便民信息、办事指南、受理诉求、举办社区活动等，全区城市社区微信平台开通率95%。指导社区优化社区组织之间分工和运行流程，通过社工服务专业引领，促进社区、社工、社会组织和志愿者联动服务，新增持证社工53人，每万人持证率4.2。4月，金坛作为常州唯一辖市区参加省民政厅举办的换届选举总结暨社区治理创新工作推进会，并交流经验。

【社会组织与区划地名】 年内，开展社会组织年检工作，截至12月底，合格164家，基本合格43家，不合格203家(其中74家未参加年检)。组织AAAAA、AAAA级社会组织申报工作，区篮球协会、羽毛球协会获常州市AAAA等级，区红太阳幼儿园完成省AAAAA级现场评估。严格地名命名管理，完成23条道路、8个住宅区新地名审批，排查和整改不规范路名牌、楼栋牌159个。推进全国第二次地名普查，修改完善地名数据6636条。编撰出版金坛区历史地名保护名录(第一批)，涵盖历史地名175个。实施平安边界创建，完成全区14个界桩更换及年检工作。

【社会事务工作】 年内，落实惠民殡葬政策，全年减免资金333.57余万元，惠及3434人，开展首届清明文化节系列活动，宣传殡葬新风尚新理念。与区红十字会联合举行“大爱无疆、生命永恒”金坛区首座遗体器官捐献者纪念碑落成揭牌仪式。落实困境儿童分类保障政策，全年保障困境儿童511人，发放保障金48.04万元。开展农村留守儿童“合力监护、相伴成长”专项行动，261名农村留守儿童签订委托监护责任确认书。做好流浪精神病人和流浪未成年人接返工作，接待各类求助人员196人。开展婚姻、收养登记规范化建设，办理结婚登记4559对、离婚1783对，补领结婚登记1739对，补领离婚登记187对，办结收养登记13件，解除收养1件，登记合格率100%。

【社会福利】 2017年7月1日起，农村“五保”集中供养标准提高到每人每年10600元，分散供养标准提高到每人每年9600元，城市“三无”(无劳动能力、无生活来源、无法定赡养、抚养、扶养人)老人供养月标准提高到1540元/人。加快推进养老机构发展，直溪镇、尧塘街道敬老院扩建工程立项，新建儒林镇养老服务中心列入规划，区社会福利中心进入内部装修和运营招标阶段。推进城乡社区居家养老服务建设，全区居家养老医疗卫生覆盖率超90%，独居老人和分散供养失能、半失能特困老人关爱服务覆

3月13日，区首届清明文化节系列活动现场　　(民政局　供稿)

盖率100%。提档升级标准化居家养老服务中心(站)点城市社区17个,农村19个,城乡居家养老服务站标准化占比分别为60%和40%。桑榆堂老年人日间照料中心开工建设,"中央厨房+社区配送"老年人助餐服务体系建设前期准备工作完成。举办2期初级养老护理人员培训,154名养老护理员参加。全区养老护理员296人,其中持证人员270人,持证上岗率91.2%。加强特困人员管理,完成全区"五保"老人身份证信息核对、特困人员保障资金提标、残疾人困难残疾人生活补贴和重度残疾人护理补贴发放审核工作。全年销售福利彩票1.62亿元,筹集公益金约1393万元。

【基础设施建设】 年内,启动六项重点基础性工程:投资1.9亿元的区殡仪馆移址新建工程;投资1亿元的福利院整体搬迁工程;投资150万元的军休所改造工程;婚姻登记处选址改造完成,5月正式对外办公;"中福在线"销售厅移址新建工程,11月投入使用;投入260万元实施的救助管理站改造工程,12月投入使用。

(陈　干)

2017年金坛区新成立社会团体情况一览表

表37

序号	业务主管单位	社团名称	办公场所	法　人
1	常州市金坛区文化广电体育局	常州市金坛区董永孝文化研究会	金坛区直溪镇董永村生达里12号	李洪坤
2	中国共产主义青年团常州市金坛区委员会	常州市金坛青年创业协会	金坛区华城路91-5、91-6号	于东深
3	常州市金坛区文化广电体育局	常州市金坛区茅山民俗文化研究会	金坛区薛埠镇致和村委会	王　群
4	常州市金坛区妇女联合会	常州市金坛开发区益点点妇女儿童公益促进会	金坛区华城中路168号	刘　琴
5	常州市金坛区文化广电体育局	常州市金坛区瑜伽协会	金坛区滨河广场26-1	张英华
6	常州市金坛区文化广电体育局	常州市金坛中国画学会	金坛区沿河西路66号	范石甫
7	常州市金坛区工商业联合会	常州市金坛区婚庆行业协会	金坛区丹阳门中路83号	赵孝卫
8	中国共产主义青年团常州市金坛区委员会	常州市金坛区金城青年志愿者协会	金坛区江南路99号	周　晔
9	常州市金坛区民政局	常州市金坛区婚姻文化协会	金坛区凤凰城工业园3-2号	韩一鸣
10	常州市金坛区工商业联合会	常州市金坛经济开发区商会	金坛区华城路168号	荀建华
11	常州市金坛区农林局	常州市金坛区建昌大蒜协会	金坛区直溪镇建昌集镇沿河北路22号	蔡辉宇
12	常州市金坛区工商业联合会	常州市金坛区直溪镇商会	金坛区直溪镇振兴南路(直溪镇人民政府大楼内)	吴国荣

2017年金坛区新成立民办非企业情况一览表

表38

序号	业务主管单位	民非名称	办公场所	法　人
1	常州市金坛区司法局	常州市金坛区西城街道方边村群言堂服务中心	金坛区西城街道方边村委会	田松青
2	常州市金坛区司法局	常州市金坛区西城街道西门社区群言堂服务中心	金坛区西城街道西门社区居委会	张勤芳
3	常州市金坛区司法局	常州市金坛区西城街道春风社区群言堂服务中心	金坛区西城街道春风居委会	贺素珍
4	常州市金坛区司法局	常州市金坛区东城街道华胜社区群言堂服务中心	金坛区东城街道华胜社区居委会	王月平
5	常州市金坛区司法局	常州市金坛区东城街道华兴社区群言堂服务中心	金坛区东城街道华兴社区居委会	王建伟
6	常州市金坛区司法局	常州市金坛区东城街道金河社区群言堂服务中心	金坛区东城街道金河社区居委会	杨志超
7	常州市金坛区司法局	常州市金坛区尧塘街道水北村群言堂服务中心	金坛区尧塘街道水北村委	周小平
8	常州市金坛区司法局	常州市金坛区尧塘街道汤庄村群言堂服务中心	金坛区尧塘街道汤庄村委	施伟生
9	常州市金坛区司法局	常州市金坛区尧塘街道尧塘村群言堂服务中心	金坛区尧塘街道尧塘村委	陈建平
10	常州市金坛区司法局	常州市金坛区朱林镇朱林村群言堂服务中心	金坛区朱林镇朱林村委	王卫中

续表38

序号	业务主管单位	民非名称	办公场所	法　人
11	常州市金坛区司法局	常州市金坛区朱林镇龙溪村群言堂服务中心	金坛区朱林镇龙溪村委会	陶小兵
12	常州市金坛区司法局	常州市金坛区朱林镇西岗村群言堂服务中心	金坛区朱林镇西岗村委会	梅家乐
13	常州市金坛区司法局	常州市金坛区薛埠镇上阮村群言堂服务中心	金坛区薛埠镇上阮村	张国庆
14	常州市金坛区司法局	常州市金坛区薛埠镇方麓村群言堂服务中心	金坛区薛埠镇方麓村	朱锁良
15	常州市金坛区司法局	常州市金坛区薛埠镇东窑村群言堂服务中心	金坛区薛埠镇东窑村	周国忠
16	常州市金坛区司法局	常州市金坛区指前镇庄阳村群言堂服务中心	金坛区指前镇庄阳村委会	殷美成
17	常州市金坛区司法局	常州市金坛区指前镇王母观村群言堂服务中心	金坛区指前镇王母观村委会	强桂生
18	常州市金坛区司法局	常州市金坛区指前镇解放村群言堂服务中心	金坛区指前镇解放村委	柏罗庚
19	常州市金坛区司法局	常州市金坛区直溪镇直里社区群言堂服务中心	金坛区直溪镇直里社区居委会	李国兴
20	常州市金坛区司法局	常州市金坛区直溪镇直溪社区群言堂服务中心	金坛区直溪镇直溪居委会	蒋国俊
21	常州市金坛区司法局	常州市金坛区直溪镇坞家村群言堂服务中心	金坛区直溪镇坞家村委会	王洪生
22	常州市金坛区司法局	常州市金坛区金城镇沈渎村群言堂服务中心	金坛区金城镇沈渎村委会	杨国华
23	常州市金坛区司法局	常州市金坛区金城镇后阳村群言堂服务中心	金坛区金城镇后阳村委会	陈　康
24	常州市金坛区司法局	常州市金坛区金城镇白塔村群言堂服务中心	金坛区金城镇白塔村委会	靳吉庚
25	常州市金坛区司法局	常州市金坛区儒林镇南社村群言堂服务中心	金坛区儒林镇南社村委	胡伟云
26	常州市金坛区司法局	常州市金坛区儒林镇五叶村群言堂服务中心	金坛区儒林镇五叶村委	陈华芳
27	常州市金坛区教育局	常州市金坛区红太阳教育培训中心	金坛区邮堂庙路495、491、485、483、479号	谢倩冉
28	常州市金坛区卫生和计划生育局	常州市金坛蓝天救援队	金坛区碧水华庭北大门青少年之家二楼205室	何　云
29	常州市金坛区文化广电体育局	常州市金坛区天仁跆拳道俱乐部	金坛区西门大街2－4号	戴建华
30	共青团常州市金坛区委员会	常州市金坛区红领巾爱心社	金坛区西门大街77号	庄淑娥
31	直接登记	常州市金坛区小天使爱心社	金坛区西城路97号	潘腊平
32	直接登记	常州市金坛区沧海志愿者服务中心	金坛区华城汇贤南路1号	钱丽华
33	常州市金坛区文化广电体育局	常州市金坛茅山棋院	金坛区薛埠镇茅山八卦台工区88号	倪雪斌
34	直接登记	常州市金坛区小红妈爱心社	金坛区华胜居委会文体中心二楼	许惠燕
35	常州市金坛区残疾人联合会	常州市金坛区西城街道残疾人之家	金坛区金城花园15幢	冯　前
36	常州市金坛区教育局	常州市金坛罗兰教育培训中心	金坛区虹桥路72－16	赵东翔
37	常州市金坛区司法局	常州市金坛区韩氏普法戏剧团	金坛区东环二路126号御花园2幢1楼	陶小虎
38	常州市金坛区商务局	常州市金坛区思民养老助餐服务中心	金坛区沿河东路148号	曹建国
39	常州市金坛区残疾人联合会	常州市金坛区朱林镇三星村残疾人之家	金坛区朱林镇三星村东岗自然村	蒋建华
40	常州市金坛区民政局	常州市金坛区桑榆堂日间照料中心	金坛区西环一路110号	莫亚青
41	常州市金坛区民政局	常州市金坛区白龙荡幸福养老院	金坛区金城镇南瑶村白龙荡白龙东路1号	陈国秀
42	常州市金坛区民政局	常州市金坛区丽康养老院	金坛区金城镇后阳街12号	刘玉芳

老龄事业

【概况】 2017年，全区老龄工作坚持"党政主导、社会参与、全民关怀"的方针，以强化综合协调、督促检查、参谋助手职能为基础，发挥基层老年协会作用，以老龄工作达标村(居)创建为抓手，进一步创新思路，开拓进取，各项工作取得新成效。

老龄工作达标村(居)创建。对各镇、街道年初申报的60个老龄工作达标村(居)，进行逐一逐项考核打分，11个村(居)考评分90分以上，获老龄工作标兵村称号，21个村(居)考评分80—90分，获老龄工作达标村称号。

"邻里守护"老年人志愿互助活动。社区(村)围绕党委政府中心工作，积极做好"邻里守护"志愿互助，为70岁以上独居、80岁以上空巢老人等特殊、困难老年群体提供邻里结对守护服务，结对率达45%。规范做好"时间银行"的登记工作，提高老年志愿者结对守护的积极性，营造全社会爱老敬老和谐氛围。

老年人活动室建设。认真贯彻落实《常州市金坛区人民政府关于加快发展养老服务业完善养老服务体系建设的实施意见》，对各镇、街道年初申报的12家老年活动室进行验收，对考核达标的7家老年人活动室给予每家5万元的一次性补贴。(戴华云)

民族宗教事务

【概况】 2017年，全区民族宗教工作紧紧围绕区委、区政府中心工作，扎实推进少数民族致富和江苏省星级宗教活动场所认定工作，夯实基础、打造亮点，充分发挥宗教文化正能量。

【民族工作】 年内，培植少数民族致富项目，新增儒林镇半边天水产养殖合作社项目获中央少数民族项目扶持资金20万元。开展少数民族工作进社区创建工作，东城街道华胜社区积极创建少数民族工作示范社区。维护社会稳定，与公安等部门紧密协作，妥善处理两起涉及少数民族矛盾纠纷。

【宗教工作】 年内，强化属地管理与主体责任。4月，召开全区民族宗教工作会议，区政府与各镇(开发区、街道)签订平安责任书，落实维护本地区民族宗教领域安全和谐稳定责任。区民宗局与各宗教团体、各场所层层签订创建平安宗教活动场所责任书，明确宗教活动场所负责人为第一责任人。指导宗教团体和宗教活动场所开展"教风、道风、学风"建设，乾元观创成全省首家道教界五星级档案室。加强政治引领。宝塔寺、乾元观等场所利用清明节赴革命烈士纪念馆缅怀革命先烈，增强爱国爱教热情。9月，组织宗教团体负责人和主要工作人员举行新《宗教事务条例》研讨会。10月，组织宗教团体及各宗教场所收看中共十九大会议直播。12月，举办区宗教场所教职人员中共十九大报告辅导培训班。

【慈善助困】 8月29日，民建金坛支部"思源工程"唱响爱的分贝助学行动启动仪式举行，活动关爱全区少数民族贫困家庭学生的学习与生活，发放助学金与助学用品价值35000元，资助小学生2名、中学生3名、职高生2名、大学生3名。区道教协会、佛教协会、三自爱国会、龙山慈善基金会等利用春节、端午节等节庆，开展慰问帮扶老人、困难群众活动，捐助贵州省三都县扶贫助学资金60多万元。

(陈建英)

关心下一代工作

【概况】 2017年，区关工委坚持正确政治方向，牢记使命，进一步发挥好关工委的独特作用，坚定信心，增强动力，为青少年健康成长传播正能量，推动关心下一代事业更好发展。

宣传教育。开展"学史立志，崇德向善"主题教育活动，帮助青少年树立正确的世界观、人生观、价值观。西城街道关工委和城西小学结对开展"向日葵智慧小屋"主题教育活动，获省关工委二等奖。区关工委联合华城实验小学张国俊工作室开展的"寻找记忆之沙——漕河君焕颜记系列寻访活动"获全省优秀特色活动视频推广项目二等奖。

帮困帮扶。积极参与"蒲公英"爱心活动，通过走访调查落实帮困工作。东城街道关工委9名志愿者通过进村入户调查，促成希望工程出资1600元救助8名困境儿童。东城街道党工委拨款2.1万元慰问71名困难家庭儿童。老干部朱金荣配合公安部门开展毒品预防教育活动，168名网吧义务监督员积极配合文化部门做好网吧监督工作。

自身建设。以党建带关建推动关心下一代工作。在金河小区召开交流会，推广东城街道关工委"三情(亲情、友情、邻里情)结对"做法。加大基层关工委班子建设，全区96家中小企业新建关工委组织。开展创建"示范辅导站"活动，并建立主题教育活动评选表彰制度，华胜社区、花山、文化三个辅导站被评为省优秀辅导站。调整充实稳定"五老(老教师、老党员、老战士、老模范、老专家)"志愿者队伍，年内志愿者总数4000多名。

(王一鸣　周美芳)

慈善事业

【概况】 2017年，区慈善总会严格按照《中华人民共和国慈善法》依法开展慈善活动，巩固和发展区慈善事业新成果，完成第四届理事会、监事会换届工作。全年慈善资金总收入1924.38万元，其中，"慈善一日捐"活动现款募集收入1009.9万元，企业协议承诺捐赠兑捐150万元，冠名基金捐赠收入69.95万元，根据捐赠人意愿接受社会各界定向捐赠收入263.73万元，慈善资金保值增值收入430.8万元。全年各类慈善资金支出1810.28万元。其中，慈善救助项目支出

1264.77万元,冠名基金慈善捐助项目支出246.84万元,按照捐赠人的意愿定向慈善捐助支出263.15万元,慈善活动和管理费用支出35.52万元。

【项目救助】 全年有效实施助困、助医、助学、助老、助残等慈善项目和慈善活动。春节开展"助困送温暖"活动,慰问救助困难群众4700余人(户),发出助困慰问金232.08万元;帮助家庭遭遇突发事件的特困群众发放应急救助资金33.24万元;医疗救助2016年、2017年两年的恶性肿瘤(癌症)、白血病、血友病等重大疾病患者3947人,发放救助金831.40万元;慈善爱心助学贫困家庭学生424人,发出助学金84.83万元;资助金城镇、朱林镇、薛埠镇、指前镇、儒林镇、直溪镇、尧塘街道敬老院环境建设资金42万元;资助意外交通事故未获得赔偿的困难家庭10万元;与省慈善总会联合实施儿童大病慈善救助项目资金8.22万元;发放助残生活困难家庭慈善资金23万元。

【慈善捐助】 服务慈善冠名捐赠单位,为荀姚光彩基金、周氏志成冠军扶贫助学基金、晨风工友爱心基金、蔡炳照大爱基金等冠名单位实施奖教奖学、助学助困、助孤助残等冠名慈善项目,发放救助金246.84万元。按照捐赠人意愿及时接转定向捐助赈灾救助、大病医疗、保护和改善生态环境等各类慈善资金263.15万元。

【公信力维护】 邀请捐赠人参与慈善活动,了解项目实施及资金使用情况。通过《金坛时报》向社会公布慈善捐款单位和金额,及慈善项目资金的使用情况,加强社会监督。聘请区金信会计师事务所全面审计区慈善总会2017年度慈善财务收支情况,延伸审计各镇、街道慈善分会慈善资金募集使用情况,追溯调查审计全年慈善项目实施情况,强化审计监督。召开理事、监事会议,听取全年慈善工作及资金收支报告,汇报2018年度慈善工作安排和善款收支预算情况,发挥理事、监事议事决策和监督作用。利用报纸、网络、电视等新闻媒体宣传重要慈善活动,营造慈善良好社会发展环境。　　(眭震球)

(编辑　储　劼)

盈盈一室春　　(范石甫　创作)

各镇（街道）概览

金城镇

【概况】 金城镇镇域总面积92.8平方千米，其中耕地3578.3公顷。全镇辖11个行政村，165个村民小组，总人口5.99万人。2017年，全镇实现地区生产总值59.58亿元，比上年增长4.03%，三次产业增加值占地区生产总值比重依次为10.17:68.24:21.58。全镇完成公共财政收入3.1875亿元（含耕、契两税），增长17.3%，农村居民人均可支配收入30577元，比上年增长9%。

【工业经济】 2017年，全镇完成工业开票销售106亿元，比上年略增；完成工业实际投入15亿元，增长29%。年内，金城镇先后为华君电力等10多家企业进行技术改造立项，帮助蓝色星球等近30家企业申请常州市级及以上政策扶持和奖励资金1200余万元。全镇工业企业投入设备改造资金2.6亿元，有效提升了工业企业装备水平。全镇新引进各类高层次人才26人，龙城英才6人，相继引进南京理工大学成果转化基地、南京林业大学教授蒋雪松“单臂式工业机器人项目”。全年新增高新技术企业2家、民营科技企业25家，易成电力被评为省科技小巨人企业。

【招商引资】 2017年，全镇新签约、引进项目15个，总投资183.5亿元，其中50亿元以上项目2个、10亿元以上项目5个、1亿元以上项目3个，项目质态明显提升。总投资58亿元的鹏辉锂动力电池系统和总投资60亿元的正极材料项目的引进，强化了全区储能产业链条；总投资2.7亿美元的德国胜伟策封装电路板项目，智能化水平全球领先。高端项目引进为园区营造了强大产业磁场，一批上下游产业正快速集聚。

【集镇建设】 全面完成并获批准实施金城科技产业园总体规划、控制性详细规划、城市设计编制，规划范围西、北至丹金溧漕河，南至良常路，东至金坛区区界，总面积35.8平方千米，总体形成“四片区、九板块”的功能结构分区，绘就现代园区发展蓝图。完善产业园西区基础设施、元巷生活居住区配套设施、标准厂房厂区配套设施建设，进一步改善投资环境，有效解决入园企业、安置居民生产生活问题。按照“两横八纵”的道路规划全面启动建设，完成盐港路东延、金湖路拓宽改造招投标等前期工作；稳步推进盐港中路、汇福路等8条道路勘察设计、手续办理等工作；有序开展定销商品房、标准厂房、邻里中心、特勤消防站等配套工程前期工作。

【农业农村】 开展农产品品牌建设，大力支持互联网营销模式，新申报“高湖”牌大米等无公害产品3个，圣贝特

元巷农贸市场投入使用　　（金城镇　供稿）

被列入省级重点培育农产品电商示范企业。扎实推进农村各项改革,开展“三资三化”(资金、资产、资源管理的制度化、民主化、规范化)专项提升行动,开通“阳光村务平台”,实施非现金结算,挂牌成立“农村产权交易服务中心”,成功开展村组集体资产资源交易53笔,交易金额133.79万元;推进集体社区股份制改革,完成集体股股本金确认和股东认定工作;争取各类扶持资金3000多万元,规模流转土地258.2公顷。新增农机合作社2家,新添各类大型农业机械31台套,天梅农机合作社登上中央电视台二频道《经济信息联播》节目。新创示范家庭农场7家,其中省级示范农场1家。

2017年,为改善农村环境,全镇投入1563万元,开展涉及11个村12个项目的农村环境连片整治;投入800多万元,实施城市城中村整治项目;投入1380万元,实施村庄污水管网及设施工程建设;投入1300多万元,大力开展美丽乡村建设;投入3000多万元,在全镇范围内开展畜禽污染专项整治行动;全面启动河长制工作,先后投入2400万元,对白龙荡直河、马干河进行水环境整治,打造示范河道,探索智慧治水新模式;大力开展水利设施建设,完成水利重点县项目泵站建设、河塘疏浚、水毁圩堤修复和加固工程。

【社会事业】 2017年,全镇共有中小学3所。其中,中学1所,小学2所。有在校学生1184人,教师194人。基础教育水平稳步提高,适龄儿童少年、初中入学率100%,初中毕业生升学率98%以上,教育质量稳步提升。推进金城镇中心幼儿园标准化建设,后阳幼儿园通过省优质园复评,金城镇被评为常州市学前教育现代化乡镇。白塔小学被国家非物质文化遗产组委会表彰为推进非物质文化遗产进校园先进学校,白塔中学获区办学水平考核一等奖。开展村留守儿童“合力监护、相伴成长”专项行动,并在后阳小学建立全区首个流动儿童之家。

文体活动蓬勃开展。完成元巷、南瑶等5个基层文化服务中心创建工作,其中元巷社区被确定为常州市示范点加以推广。组织参加常州市第六届残疾人运动会,并取得六金五银的成绩,获得残运会组委会授予的“道德风尚奖”。组队参加江苏省第六届体育节和金坛区首届农民广场舞大赛,获最佳团队创意奖;参加区老年体协组织的太极拳比赛,取得较好成绩。网格化服务管理实现全覆盖,村服务中心的平台建设基本到位。

全力推进医药卫生体制改革,深化卫生惠民工程,提升医疗服务水平,促进卫生事业的可持续发展。全镇共有卫生机构12个,拥有固定资产6834万元,床位100张,拥有卫生技术人员170人。卫生服务网络覆盖率100%,初级卫生保健普及率100%。农村新型医疗保险参保率达100%。“新农合”参保40806人,共筹集资金730万元。

全年发放各类资金2208.7万元,对城乡低保、“五保”、孤儿、残疾人、老年人及奖扶、特扶人员开展资金补助和结对帮扶。净增企业职工养老、医疗、工伤、失业、生育五大保险763人,完成率155.7%;城乡居民养老保险续保交费21314人。茅山旅游大道、白塔一鸣奶制品项目、直荣公路、金茅公路等项目涉及6个行政村的失地农民参加社会保障,做到即征即保。

人口和计划生育事业健康发展,全面有序实施两孩政策。全镇出生政策符合率达99%以上,人口文化建设达标率95%以上,依法行政达标率100%,各项奖励扶助政策兑现率100%,流动人口计划生育服务管理率95%以上。 (肖建华)

2017年金城镇各村基本情况一览表

表39

村名	党总支书记 村委会主任	基本情况			农民人均可支配收入(元)
		耕地面积(公顷)	户数(户)	人口(人)	
南瑶	曹斌	220.72	1616	5493	30577
长竹埂	周小平	161.32	1017	2671	
后阳	陈康	538.8	2370	5085	
培丰	庄俊	228.07	1049	2952	
沈渎	杨国华	251.96	1161	3640	
元巷	王罗忠	51.72	2867	8486	
冯庄	蔡达成	290.07	1497	5953	
白塔	靳吉庚	658.3	3579	7545	
庄城	蔡粉祥	547.2	1959	5641	
前庄	周磊	244.47	975	2397	
联丰	艾国平	385.67	1334	3763	

2017年金城镇骨干企业情况一览表

表40

企业名称	销售收入（万元）	利税总额（万元）	法定代表人
江苏富润生化科技有限公司	4378	166	孙雪平
江苏苏格达斯铝合金科技有限公司	7438	-276	朱国平
常州天马光伏电子有限公司	7361	57	马庆晓
上海建工常州建亚建筑构件制品有限公司	7943	543	何群伟
重庆长江造型材料常州有限公司	7558	1170	李润涛
常州市阿碗精密机械有限公司	7976	16	李婉京
江苏科凯新材料科技有限公司	6061	49	陈凤华
江苏中远消防设备有限公司	4001	665	祝王军
江苏宝联新材料科技有限公司	2797	133	赵　刚
江苏源力汽车内饰件有限公司	4470	36	姚卫军
江苏通洋船舶有限公司	6653	361	杨光辉
华君电力(常州)有限公司	85659	40	吴继伟
高树(常州)饰品有限公司	7317	747	洪金锥
江苏凌云药业股份有限公司	5538	1502	凌青云
常州德源箱包制造有限公司	10299	470	李　德
常州三佳服饰有限公司	6243	536	王国昌
常州广裕橡塑科技有限公司	9490	1437	陆　俊
常州三源光伏材料有限公司	4311	156	蒋国义
常州高瑞时装有限公司	10667	514	吴　旦
华通(常州)生化有限公司	2278	114	王泽华
常州立渝弹簧有限公司	2717	510	俞海林
常州市金坛成龙橡塑制品有限公司	4210	272	艾晶
常州华诚电子有限公司	5233	689	陈　烈
江苏金鹏汽车座椅有限公司	11393	333	严乔成
常州市金坛华龙塑业有限公司	3850	171	孔　玮
常州市金坛中兴医药化工有限公司	3696	423	赵　剑
常州市天华制药有限公司	3836	658	周益芳
江苏伊思灵双第弹簧有限公司	3513	-59	楼静先
江苏鑫田柴油机有限公司	15321	114	许　强
常州金坛金军动力机械有限公司	3261	214	张水军
江苏力合粘合剂有限公司	18349	2231	蔡炳照
常州市金坛区华邦化工有限公司	11043	409	王华琴
常州市金坛微特电机有限公司	6885	370	王国俊
常州远方卓越汽车部件有限公司	3239	132	吴　燕
江苏绿盛工程材料有限公司	3286	369	蒋一成
江苏成松防水材料有限公司	8515	350	艾成松
常州市金坛经编装饰品厂	3067	216	冯罗生
江苏翔发丝绸服饰有限公司	7099	262	蒋小福
常州佳诚服饰有限公司	7775	16	王国昌
江苏登冠医疗器械有限公司	3222	67	单叶英
常州市虹亚服饰有限公司	2150	72	陈雅平
江苏易成电力器材有限公司	13750	1870	王粉美
常州市金坛华盛服饰有限公司	3090	168	王　青
江苏云康药用包装有限公司	3695	136	李国云
江苏东宝印染有限公司	6578	4	孙　文
常州市金坛区华祥织布厂	2661	94	冯荣华
常州金坛鑫龙服装有限公司	10407	351	陈鑫元
江苏金旺包装机械科技有限公司	14318	1298	房国荣
常州金坛鑫捷绝缘材料有限公司	2873	240	朱斌兰
常州市金坛鸿羽织造厂	2004	23	王菊琴
江苏威龙制药机械科技股份有限公司	2394	345	蒋玉华
常州天成箱包有限公司	3020	184	高　辉
常州金坛鑫隆防水塑胶制品有限公司	6543	351	史龙孝
常州市金坛荣盛化工有限公司	4964	186	王　飞
江苏汇和制衣有限公司	3554	196	夏　薇
江苏蓝色星球环保科技股份有限公司	43150	4234	尹和平
常州凯格努服饰有限公司	3200	29	岳美英
常州佳恒服饰有限公司	3687	76	吴建生
常州宝齐莱新材料科技有限公司	70306	-103	孙　文
江苏晨阳机械有限公司	3825	80	谢　军
常州强达宝成化工有限公司	7373	796	唐　伟
常州润雨服饰有限公司	8056	302	袁湘勤
常州市南岗鞋业有限公司	3919	84	杨　敏
江苏润泽农化有限公司	12700	910	朱小平
常州市金坛康达医用器材制造有限公司	3693	246	曹书保
常州翔润丝绸服饰有限公司	2239	79	蒋小福
常州市凯丰橡塑制品有限公司	4591	41	冷荣平
江苏索特动力工程有限公司	2495	-141	汤　俊
江苏三方医药原料有限公司	7144	759	张国涛
常州华南化工有限公司	3466	127	魏　巍
江苏鑫隆复合工程材料有限公司	4101	162	史月香
江苏大力士云石护理材料有限公司	26655	1614	杜昆武
常州中融能源科技有限公司	5326	76	王　伟
常州市华东化工研究所	7494	336	朱金富
常州市前药制药原料厂	6584	577	郑锁庆
常州市西南化工研究所	3025	118	魏　巍
常州市金坛成达汽车附件厂	2551	10	陶相生

薛埠镇

【概况】 金坛区薛埠镇,位于茅山东麓,域内风景秀丽,为全国重点镇、全国小城镇建设示范镇、国家卫生镇、江苏省小城镇综合改革试点镇、江苏省园林小城镇、常州市西部中心镇。2017年,全镇土地总面积234.7平方千米,其中耕地面积6494公顷,下辖21个行政村(其中有5个行政村在茅山旅游度假区范围内)、3个场圃、3个居委会、280个村民小组,总人口6.49万人,其中非农业人口2.2万人。全镇实现地区生产总值45.68亿元,财政收入2.09亿元,农民人均可支配收入28422元。

农业。2017年,全镇农业总产值61668万元,粮食产值9457万元,夏粮每公顷单产4380千克,秋粮每公顷单产8130千克,粮食总产量24287吨;拥有大中型农机632余台,农机总动力62856千瓦;种植养殖专业户69户;年出栏生猪80663头,年出栏家禽140余万羽,水产品产量1978吨,水果产量570吨,蔬菜产量23315吨。2017年,薛埠镇入选江苏省首批105个农业特色小镇名录—茶香小镇,通过"中国名茶之乡"复评,茅山茶海获评2017年度全国30座最美茶园,薛埠镇茶产业园创成省级现代农业产业示范园区。上阮现代农业产业园、一号农场创成首批全国农村创业创新基地。仙姑村获评省级休闲观光示范村,花谷奇缘、玫瑰风情园、千亩樱花园等一批农业休闲观光景点先后开园。薛埠镇成为常州市首家农产品电子商务示范镇,一号农场成为全省首批蔬菜全产业链示范园区。茅山荒地整治及复绿工程有序推进,茅东林场入选"中国森林氧吧"名录。全年关停畜禽养殖场17户,完成规模养殖治理48户。加快推进农村股份制改革,全面完成资产和人员固化工作。规范承包经营权流转,农村土地确权登记颁证通过区级验收,全年新增土地流转面积106.41公顷。全年新发展农民专业合作社23家,新认定家庭农场13家。

工业。2017年,全镇有工业企业588家,私营企业316家,个私工业企业272家,工业产品销售收入78.35亿元,工业利税总额9.52亿元,完成技改项目34项,技改投入1.2亿元。外贸供货额15.05亿元,全镇实现工业总产值80.15亿元。新增规模企业4家。全镇31家规模企业实现开票销售59.57亿元,占全镇总量的87%。开票销售超亿元企业6家,其中盘固集团、奥托立夫2家企业开票销售均超15亿元,华鑫机械实现开票销售超10亿元。主导行业增幅提升,汽车及零部件、建材、装备制造三大支柱行业开票销售54.04亿元,比上年增长35%以上,新材料行业呈爆发式增长,开票销售4.79亿元,较上年翻番。全年共签约引进工业项目20个,协议总投资44.5亿元,比上年增长45.9%。重大项目取得突破,引进总投资15亿元的盐穴压缩空气智能电网储能系统项目、总投资6亿元的新能源环保设备项目、总投资5亿元的双层油罐及橇装加油装置项目。汽车零部件、新能源汽车配件、多晶硅、单晶硅铸锭炉等一批重大项目落户,促进全镇重点产业集聚。电力设备、汽车零部件、反渗透元件恢复再生、精制钙、生物燃料、启动电机等20个项目竣工投产。新签约项目中,建筑材料、智能装备制造、户外休闲用品、电源设备4个项目实现当年签约、当年投产。

仙姑村全景　　　　（薛埠镇　供稿）

科技。2017年,中广核金沃电子科技有限公司被认定为国家级高新技术企业。新增省级民营科技企业5家。自主研发和高技术攀升步伐加快,积极鼓励企业申请各级科技计划项目,承担常州市级科研项目2项、金坛区科研项目4个,获得科研经费79万元。认定常州市高新技术产品3个,江苏省高新科技产品3个,申请专利62件,其中发明10件。新增产学研合作项目6项,申请常州"龙城英才"项目3项并全部获得立项,获得项目资金300万元。东方盐湖城和花谷奇缘分别被认定为江苏省科普教育基地。

镇村建设。立足"一轴三带三心两版七片"的空间发展结构,修编完成《江苏省金坛经济开发区薛埠现代产业园/常州市金坛区薛埠产业新镇总体规划(2016—2030)》,同步配套完成控制性详细规划及城市设计,沙盘制作有序推进。深化集镇功能设施规划,完成百花路和薛埠大街楼宇亮化、锅底山生态公园、汽修、汽配及建材市场、薛埠港等重点设施方案设计。新农村各项规划加快推进,西旸、石马、花山、罗村4个原建制镇所在村总体规划编制全面启动,花山村县道204两侧的街道及建筑整治规划修编完成。逐步推广垃圾分类管理,新建罗村压缩式垃圾中转站,花山村全部自然村和上阮村、仙姑村核心村的垃圾分类全面完成,13个规划发展村和2个原建制镇的生活污水治理设施建成投用。

围绕“产业东扩、集镇南拓”的城镇发展方向,启动实施现代产业园扩展一期、二期和南部新镇空间拓展工程。大力实施土地整治项目,全年争取建设用地指标9.1公顷。城镇建设框架全面拉开,结合茅山旅游大道和265省道建设,启动新改建物流大道、东环一路、仙湖北路等7条道路,总长约12.08千米。结合产业发展和城镇建设需求,加快推进薛埠港、汽修、汽配及建材市场、综合停车场等非集镇功能外移的规划实施项目。健全完善功能配套,邻里中心入住职工566人次,薛埠村标准厂房交付使用;薛埠镇中小学、幼儿园、锦绣家园三期、仙湖茗苑、锅底山生态公园、百花路和薛埠大街楼宇亮化等民生项目相关工作有序推进。

2017年,加大减煤减化力度,全年减少煤炭消费11530吨,3家化工企业完成技改;完成方麓村草坝、山蓬河等8个黑臭水体专项整治;新建城镇污水管网2.39千米;加大大气污染整治力度,关闭采石场2家;开展餐饮企业油烟排查整治,突出加强施工工地扬尘专项治理,逐步实施汽修、汽配及建材市场、货运港口等整体搬迁工程。抢抓国家卫生镇复审、江苏省健康镇创建、国家文明城市国测总评等契机,加强集镇基础设施建设,完成集镇主干道硬化绿化亮化工程,新改建公厕5座,新增毒饵站4500个。全面开展“城市管理强基年”活动,建立集镇综合管理体系,强力开展流动摊点、抛洒滴漏、施工现场等专项整治,困扰多年的集镇“脏乱差”问题得到相当程度的改善。全年共拆除违章建设近8000平方米,发现并制止的苗头性违建102处。

社会事业。全年净增企业职工保险695人,完成农保续保缴费7791人、医保缴费46706人,累计发放社保卡1501张,实现应保尽保。全年新增就业550余人。强化基层工会建设,建成劳动人事争议调解中心。全镇参加社会保险人数37067人,新型农村合作医疗参保率100%。

2017年,农村低保外无固定收入重度残疾人400人,新申请审批65人,死亡等原因注销31人,发放生活补贴、护理补贴金共计254.45万元。经过专项核查及全年动态管理,全年共取消不符合条件城乡低保户101户211人,新增低保户16户24人,做到动态管理下的应保尽保、应退尽退。城市三无人员12人,共发放生活费22.077万元;农村五保户296人,其中集中供养103人、分散供养193人,新申请审批农村五保户34人,死亡注销26人。散居孤儿6人,毕业工作核销3人;困境儿童5人。散居孤儿共发放救助金24.23万元,按月实行了社会化发放。为60周岁以上老年人办理老龄证、为70周岁以上老年人办理免费乘车证,及时解决70周岁以上独居老、80周岁以上空巢老人、90周岁以上高龄老人的去处、照料等社会问题。

2017年,全镇有中学2所,小学5所,在职教师327人,在校学生数2402人;医院1所,卫生室9个,初级卫生保健普及率99%,自来水普及率98.7%;文体事业日趋繁荣,全镇21个行政村全部建有农家书屋,开通数字电视户11500余户;农民家庭收入稳步增加;电话普及率100%。新建健身广场9个、健身室9个,完成农家书屋提档升级10个,薛埠、花山等6个村综合文化服务中心通过常州市级验收。茅麓卫生院综合病房楼开工建设,西旸卫生院综合服务楼建成投用。

2017年,计划生育新增农村奖扶602人,新增计划生育特别扶助30人,申报企业持证退休一次性奖励578人,申报城镇非从业居民一次性奖励8人,发放独生子女父母奖励金9.01万元。受理一孩、二孩生育服务联系单373份,审批照顾再生育21对,办理独生子女父母光荣证38份。与卫生院合作开展做好两癌筛查工作,筛查人数2350余人,药具服务率99%,随访服务率98%。 (李志斌)

2017年薛埠镇各村基本情况一览表

表41

村名	党总支书记 村委会主任	工农业总产值 (万元)	利税总额(万元)	农民人均可支配收入(元)
东进村	李友俊	52528	2743	22179
上阳村	杨国华	38064	1261	24501
薛埠村	王春才	231898	55507	46525
连山村	虞福庚	44030	4224	27888
方麓村	朱锁良	36106	2962	28984
上阮村	章成荣	48904	1189	26774
山蓬村	吴扣平	7283	292	21008
长山村	陈云	30405	2594	22445
罗村村	钱国忠	38130	1893	24225

续表41

村　名	党总支书记 村委会主任	工农业总产值 (万元)	利税总额(万元)	农民人均可支配收入(元)
花山村	袁箭峰	82177	2979	49114
东窑村	周国忠	33358	653	16578
茅庵村	杨伟斌	26693	426	25889
泉江村	高锁春	6814	256	15887
下杖村	许华庚	12502	303	21474
石马村	黄文庆	80530	6472	21556
神亭村	丁家保	9706	290	19774
致和村	鞠土华	12546	540	32589
倪巷村	王息保	1359	195	13887
西旸村	李雪兵	55676	4299	41125
仙姑村	蒲　斌	28371	805	40117
茅东村	王国华	10263	1075	15883

2017年薛埠镇骨干企业情况一览表

表42

企业名称	销售收入(万元)	利税总额(万元)	法定代表人	企业名称	销售收入(万元)	利税总额(万元)	法定代表人
奥托立夫(江苏)汽车安全零部件有限公司(瑞典独资)	165701	21775	李瑞成	江苏晶昇服饰有限公司	5649	1326	
常州市金坛华鑫机械装备科技有限公司	134115	2058	柯顺敏	常州金坛盘固采石有限公司	4881	787	张晓平
盘固水泥集团有限公司	93656	12453	张锁林	常州市金坛区昌鑫制衣厂	4095	200	王昌明
常州盘石水泥有限公司	83516	11364	张锁林	江苏东禾电声配件有限公司	3810	225	陈俊隆
江苏兢业制药有限公司	25876	1453	叶锡培	常州市鑫盛印刷科技有限公司	3739	237	唐建惠
常州市金坛沃德丰电子科技有限公司	20346	1615	吴　翰	常州市金坛盘固塑业有限公司	3023	57	萧金铅
江苏中广核金沃电子科技有限公司	20036	3490	吴　翰	常州旭普汽车零部件有限公司	2925	64	马瑞洪
江苏亚邦矿业有限公司	12953	746	杨建华	常州金坛金星包装有限公司	2639	179	徐锁芳
常州市金坛常鑫机械轧辊科技有限公司	10699	608	柯顺敏	江苏壹诺电力器材有限公司	2522	84	郭瑞星
常州杰达制衣有限公司	10339	817	刘亚芬	常州超越特种电缆有限公司	2351	145	荆庆福
常州金坛超创电池有限公司	8883	1000	解玉新	凯姆乐(常州)电子有限公司	2304	396	朱颖涛
常州市舜尧服饰有限公司	7699	1741	王开平	常州茅麓塑料有限公司	2284	238	杨其斌
常州浦港物资有限公司	7548	300	王冠荣	常州市金鹿电缆材料有限公司	2225	147	吴长全
常州金坛祥盛精制钙化有限公司	6768	314	陈国祥	常州市金坛区金陶农配有限公司	2199	184	李腊亭
常州卓雅箱包制造有限公司	6586	527	周国平	江苏平丰玻璃科技有限公司	2160	98	丁加平
常州市金坛茅麓晨丽制衣厂	6561	333	陈生根	科威尔焊接(江苏)有限公司	2149	114	张晓平
常州市金坛茅麓溶剂厂	6329	561	曹荣庚	常州市金坛区召辉合金有限公司	2083	74	许召庚
常州万容新材料科技有限公司	5656	520	王国芳				

直 溪 镇

【概况】 直溪镇位于金坛区西北部，与镇江市的丹徒、丹阳接壤，属茅山老区乡镇。全镇总面积106.6平方千米，总人口6.3万人，辖12个行政村，224个村民小组，1个养殖场和2个社区居委会，耕地面积5345公顷，水域面积1675公顷。直溪镇"董永传说""巨村龙灯"被列为国家级非物质文化遗产名录。是国家级生态镇、江苏省文明示范镇、江苏省卫生镇、江苏省龙舞之乡、江苏省和谐社区建设示范乡镇。2017年，该镇实现地区生产总值56.73亿元,比上年增长10.6%;财政收入5.14亿元,增长3.39%;一般公共预算收入2.65亿元,增长9.2%;农民人均可支配收入28510元,增长9.3%。

农业。2017年,该镇实现农业生产总值9.28亿元,比上年增长6.01%。粮食总产量5万吨,增长1.08%。现代农业成果显著,2017年投入农业项目资金200万元,推动千亩示范片基地建设,创成农业部渔业示范基地2个、31个示范家庭农场,基本实现渔业现代化和农业机械化。全年新增高效设施农业152公顷,完善高标准红香芋、大蒜永久性蔬菜基地建设,以及坞家、溪滨村发展食用菌高效农业基地。普及蟹池"155"生态养殖、青虾双季主养生态高效养殖技术,新增高效养殖渔业面积150公顷。培植百亩以上公顷效益15万元的家庭农场2家,300万元产销大户3家。培育一批公顷效益15万元的高效渔业产业集群,全镇渔业科技进步贡献率85%。积极培植渔业专业合作经济组织,完成职业渔民培训185人次。加快推进农机社会化服务体系建设,积极鼓励农机户加入农机合作社,推行"社社联姻",推进"企社共建",成立农机合作联社,提升合作社影响力和统筹协调能力。金坛红香芋通过生态原产地保护评定。加速涉农工程建设,总投资3000万元的溪滨等村省级土地整治项目顺利推进;王甲村高标准农田建设项目通过省级验收;全面完成村级清产核资工作。多渠道推进富民增收,申报各级增收项目7个。推进茅山老区"百千万"工程,争取帮扶资金130万元,王甲、建昌、井庄等行政村获得对口帮扶。坞家、新河、溪滨三村委分别将土地流转统一种植,集中收割、烘干、脱谷后向市场销售,走出了集体增收新路径。建昌红香芋品牌创成国家商标地理标志及全国名特优新农产品;昌玉红香芋协会入选国家级"科普惠农兴村"先进单位。累计培训农技人员4126人次,新增职业技能鉴定持证农民1160人,农业机械应用率96%。高效设施农业、持证农民、高标准农田比重和农业机械化水平全面达标。

工业。2017年,该镇实现工业总产值149亿元,比上年增长17.3%,开票销售总额102.9亿元,增长28.7%,规模企业实现开票总额90亿元,增长34.1%。全年实现工业开票销售117.8亿元,增长14.4%。工业实际投入12.9亿元,超额完成12亿元的年度目标任务。特色产业加速集聚,12家光伏企业全年实现开票销售77.8亿元,占比超过2/3,比上年净增9亿元,增幅超过13%。正信光电开票销售30.9亿元,连续两年突破30亿元大关,斯威克开票17亿元,比上年增长47%,成为EVA胶膜行业领军企业之一。中信博开票11.1亿元,比上年增长37%,泰力松开票3.7亿元,增长117%。服务企业提质增效。组织银企对接会、企业家座谈会、财务总监协调会等活动,帮助企业破解融资、用电、用工等难题。推动健尔康向资本市场进军,实施股改计划,全年实现开票8.6亿元。促进久诺建材向主板转板,全年实现开票3.5亿元,增长40%。2017年该镇为企业争取项目资金2000万元。产业链招商效果进一步凸显,全年引进项目19个,协议投资额73.7亿元,完成年度目标任务的184.3%。协议投资50亿元的东方日升(一期)3吉瓦光伏组件、3吉瓦电池片项目顺利签约,成为落户直溪镇最大引进项目。全年共签约亿元以上项目9个,协议投资69.5亿元。成功引进注册光伏电站电力工程施工总承包三级企业1家,产业集聚发展态势进一步增强。

建筑业。2017年,发挥"建筑之乡"文化向心力,金坛总建筑工程有限公司申报建设工程总承包一级资质,拓展建筑文化新内涵。深化现代建筑业服务水平,积极开拓国内外市场。该镇共有规模建筑企业35家,涵盖劳务、土建、水电、家居装潢、园林绿化多个领域。直溪建筑公司强抓市场回暖机遇,不断突破升格为二级资质,建昌建筑公司稳固强基升格为一级资质。年内,全镇实现建安产值41亿元,比上年增长5.6%。

第三产业。2017年,该镇实现服务业总产值37.5亿元,实现增加值13.1亿元,其中生产税额4.66万元。年度注册登记各类三产实体665个,全年新增个体工商户36户,从业人员1361人,人均收入3.68万元。该镇以"福孝文化、红色文化、道教文化、水乡文化为"主题,全面开发建昌片区特色文化旅游资源,挖掘建昌圩文化、董永孝文化,主动对接茅山旅游度假区,推动"如意小镇"休闲度假项目,带动周围农家乐等乡村旅游蓬勃兴起。吕坵村真武庙,展现宗教文化特色。蔡甲村中共苏皖区一大会址成为革命传统教育基地,全年接待教育参观旅客6.5万人次。

镇村建设。2017年,该镇深入研究产镇融合,报批直溪现代产业园控制性详规、直溪镇总体规划、城市设计等规划,编制水利、交通、电力、消防、环境整治专项规划。完成湿地公园岸线、驳岸、桥梁等基础设施建设,启动幼儿园迁建、敬老院综合楼、集镇垃圾中转站重点规划项目。加快人口向集镇集聚,在直里社区、坞家村、直里村完成动迁10万平方米,承建以社会化购买安置房。启动溪城嘉园二期工程建设;完成亚溪路、通济路黑色化工程;新建和改扩建直溪大道北延、北溪城路东延、亚溪路东延、港华路等11条重点道路;南大街等6条集镇道路改造施工;在直溪集镇和园区新建3座无障碍厕所;对建昌集镇沿河北路、育才路等进行综合整治、改造提升;该镇境内14千米的直荣公路竣工;完成总长7.1千米的"四好农村路"二期工程建设。投资800万元,新建上鲍塘排涝站、洋河岸排涝站等防洪设施;投资300万元完成水毁工程修复;投资新孟河资金1200万元,实施建昌圩圩堤加固。全年总投资3亿元,推动村级工程建设202项。生态环境全面改善。关闭3家化工企业、5家硅胶油企业。投入700万元关停45家畜禽养殖场,提前两年完成畜禽养殖污染整治任务。全面加强水环境综合治理,镇域71条大小河流全部迎来“河长”。对镇域内中心河、柏家棚河22条河道进行清淤。新建城镇污水管网2.1千米。严格落实天荒湖生态红线保护,新建迪庄村和天湖村2座污水处理设施。年内创成省“三星级康居乡村”5个、“二星级康居乡村”13个、生态村12个、环境整洁村196个。天湖村、巨村村创建省级“美丽乡村建设示范村”,汀湘村、天湖村创建国家级“生态文明示范村”。

社会事业。2017年,全镇文化事业持续出彩。注重挖掘直溪特色的福孝、红色、巨龙、水圩、建筑文化内涵,以优秀传统文化丰富精神生活,塑造直溪“新人文”。完成坞家、巨村等7个综合文化服务中心标准化建设。开展正月十四巨村巨龙出会、龙狮表演,举办“久诺杯”篮球赛,“凌云杯”象棋赛。建成巨村“龙宫”。建昌圩入选江苏“最美水地标”,“撷水乡资源、润同心新品”提升工程,圩文化陈列展览馆开馆。促进妇女儿童公益促进会、建昌圩爱心基金会等社会组织资助困难群众,弘扬福孝爱心。明珍实验学校彰显学校特色,2017年荣获金坛区“红读”征文比赛优秀组织奖。建昌中学彰显学校文化品位,在金坛区八年级传统诗词比赛中获一等奖。直溪中心小学老师姚寰慧获常州市英语教师基本功大赛一等奖,马月获金坛区教海探航征文一等奖。直溪初级中学把关爱留守儿童作为师德建设的重要环节,建立“留守学生”与教师的结对帮扶制度,在生活上、学习上、思想上关心“留守学生”。民生保障作用凸显。全年该镇累计发放各类扶贫、扶困、助残等救助资金1165万元;对集中和分散供养的312名五保老人提供全方位服务,予以1102户低收入农民家庭重点救助,低保标准提至每人每月760元,对237名不符合低保人员取消保障。深入开展拥军优属工作,发放优抚经费660万元。直溪中心卫生院门(急)诊大楼、医技楼交付使用。坞家、溪滨村创成省级示范卫生室。对100户计生特殊家庭开展关爱活动。开展全镇企业保险扩面征缴工作,新增养老和医疗保险人数612人,完成11061名居民基本养老保险年度缴费,对1640名持证残疾人实施大病医疗补充保险。深入开展平安系列创建活动,社会治安卓有成效,全年累计接待信访事件289项,办结285项,接收12345信访平台转办事项485项。建昌村创建江苏省民主法治示范点,直溪社区获常州市平安法治示范点称号。 (耿新如)

2017年直溪镇各村(社区、场)基本情况一览表

表43

村(居、场)名	党支部书记 村委会主任(场长)	工农业总产值(万元)	利税总额(万元)	农民人均纯收入(元)
坞　家	王洪生	22861	2562	21054
直里社区	李国兴	29173	3264	21072
直溪社区	蒋国俊	45729	3703	21435
汀　湘	汤军强	54027	3943	22450
西　溪	褚　茂	42407	3215	22428
王　甲	李延香	50564	5195	22584
溪　滨	孟国强	27439	4104	21107
巨　村	欧阳林	31034	2600	22453
建　昌	巫中卫	24485	1518	22304
天　湖	虞冬雷	27244	2237	22310
迪　庄	邓中一	37830	2903	22090
井　庄	刘生庚	34085	2478	22182
新　河	刘斌华	41972	3862	22214
吕　坵	王才林	49758	4174	22463
建昌养殖场	虞冬保	9762	451	25512

2017年直溪镇骨干企业情况一览表

表44

企业名称	销售收入（万元）	利税总额（万元）	法定代表人	企业名称	销售收入（万元）	利税总额（万元）	法定代表人
正信光电科技股份有限公司	218883.4	15482.29	王桂奋	常州市鑫宝油脂有限公司	13130.8	116.5	陈怀玉
常州斯威克光伏新材料有限公司	107992.2	81097.65	吕　松	江苏五信新材料科技股份有限公司	4312.5	75	胡兴胜
江苏斯威克新材料有限公司	62633.8	-167.95	吕　松	常州港华丝绢工艺制品有限公司	14968.6	312.1	李壮民
常州中信博新能源科技有限公司	120091.6	55617.2	蔡　浩	常州金坛金法码制衣有限公司	6796.4	516.2	王维荣
江苏天溯新能源科技有限公司	198870.8	36384.2	蒋志锋	常州亚细制衣有限公司	3989.1	1251	王建俊
江苏天航新能源科技有限公司	191383.5	38376.6	查建平	常州亚珺制衣有限公司	2790.6	348.8	叶国金
江苏圣鑫光伏科技有限公司	67444.2	19115	李朝富	常州雅迪服饰有限公司	2343	124.6	李国群
常州金坛泰明光伏有限公司	11759.5	115.12	叶永南	常州市金坛文博服饰有限公司	3065.9	52.7	王文华
常州瑞通光伏设备有限公司	6747.5	9270	卢小玉	常州金冬毛纺有限公司	4707.1	230.3	李冬法
常州市金坛区直溪亿晶光伏发电有限公司	10668.7	2029.2	荀建华	常州市金坛区裕华毛纺厂	2660.6	38.8	吴美琴
江苏省健尔康医用敷料有限公司	70463.4	4650.4	陈国平	常州金坛江南制粉有限公司	12668.4	426.6	严　俊
常州健泽卫生材料有限公司	16848.3	316.18	陈国平	常州市金坛新金冠盐矿有限公司	8207	3587.3	谢卫炜
江苏健裕健康医疗器械有限公司	5221.1	304.1	储小林	江苏金阳玻璃制品有限公司	6703.9	-177.2	杨小军
江苏久诺建材科技股份有限公司	35589.9	9235.6	王四九	江苏龙泉太阳能科技有限公司	3245.7	171.2	黄留全
江苏丰登作物保护股份有限公司	39195.4	261	纪立新	江苏威龙新能源汽车有限公司	2039.9	-105.4	郭小铭
常州正达环保科技有限公司	34771.8	208.8	耿正明	常州市金坛天虹管业科技有限公司	3855.3	184.6	刘和平
常州市登冠化工有限公司	86744.3	15488.4	高小兵	常州金浩绝缘材料有限公司	2035.4	208.9	徐国平
常州市金坛金冠化工有限公司	68993.2	13003.1	蒋国良				

朱 林 镇

【概况】 朱林镇为茅山老区。地形以平原为主，水陆交通发达，常合（原沿江）、扬溧高速公路和340省道贯穿境内。国家级文物保护单位——三星村文化遗址坐落在朱林镇三星村境内。2017年，全镇总人口37734人，行政区域面积7699公顷，辖9个村民委员会和2个居民委员会，144个村民小组，耕地总面积3406公顷。全年实现地区生产总值34.20亿元，完成财政总收入3.41亿元，其中公共预算收入2.10亿元，农民人均可支配收入25610元。

农业。全年实现农业总产值6.73亿元，农业增加值3.42亿元。全年粮食总播种面积4690公顷，粮食总产量3.14万吨，油料播种面积子353.41公顷，总产量0.79万吨，生猪全年饲养量54980头，肉类产量0.65万吨，家禽饲养量323.81万羽，水产品总产量0.53万吨。金诚农业生态农场井上建设，唐庄农业生态园新型农家乐接待游客观光入住。朱林村、黄金村被列入省级重点培育农产品电子商务示范村，黄金村牌软米获评全国百家农产品品牌。完成唐王村高标准农田建设和红旗圩、黄金村现代农业发展项目，打造无节水芹、优质软米、特种畜禽等特色产业品牌，推广新品种、新技术、新农机应用，推进农产品质量网格化监管。完成小农水重点县、农村河道河塘疏浚整治工程和灾后水毁修复工程，水利基础设施有效改善。土地确权颁证全面完成。

工业。全年实现工业开票销售42.94亿元，实现工业增加值15.33亿元，全镇完成工业固定资产投入20亿元，销售收入1000万元以上企业28家，规模工业企业占比86%以上。工业经济扎实推进，重点企业支撑作用明显。31家规模企业开票销售贡献率超85%，6家亿元企业实现开票销售13.7亿元。新增立华食品有限公司亿元企业1家，6家亿元企业实现开票销售15.02亿元，增长11.84%。重点监测的52家企业开票销售贡献率达70%，新增天潭科技有限公司、富沃德电子有限公司等规模企业4家。成功盘活金顺有限公司、宏事达两有限公司处闲置资产，引进租用厂房项目，提高工业企业资源节约利用水平。全年共签约引进工业项目19个，协议总投资38.8亿元，其中新能源汽车及汽车零部件产业占比超50%。引进5亿元以上项目3个，亿元以上项目11个。2016年引进的15个项目全部达到开工标准，其中羽翼铸造、锐联卫生用品等10个项目竣工投产，完成实际投入3.72亿元。2017年引进的19个项目中，应天光电、科豪新材料2个租用标准厂房项目竣工投产；东方洁妮尔新材料、鹏德汽车内饰件2个项目主体完工；科诺汽车部件、思泉汽车零部件、天成智能涂装3个项目进场施工;成泉医疗、捷能电池PACK等12个项目正加快前期工作。科祥防腐材料、富沃德电子等3家企业列为省级财政研发经费奖励企业;帕卓管路列入知识产权战略推进培育计划;凡登公司列为常州市科技型上市(培育)企业;科菱库精工科技的《硅胶吸附剂涂层的管套翅片热交换器的研究》获金坛区科技项目奖励。全年完成区级以上科技项目5个,新增省高新技术产品8只、高新技术企业1家、股改企业1家。

建筑业。全镇共有建筑企业17家,实现建筑业总产值24.51亿元,建筑业增加值4.34亿元。

第三产业。全年完成三产增加值8.1亿元。占地区生产总值比重的26%。完成朱林现代产业园邻里中心综合楼装修和物业管理服务采购、商业招租(集职工公寓、商贸、商务办公等功能为一体的邻里中心项目)。

园区建设。2017年,朱林镇集中精力做优现代产业园区环境,促进项目引进和建设。形态功能更趋优化,坚持规划引领,高起点开展朱林产业新镇总体规划、产镇融合规划、集镇控规与城市设计等一系列重大规划的编制,构建完善规划体系。道路框架全面拉开,建成"五纵四横"的园区道路。5.6平方千米现代园区建成完善。高效率实施成片动迁,完成动迁10.3万平方米。高标准推进基础设施和功能平台建设,10万多平方米标准厂房和2.1万平方米邻里中心建成投用,"七通一平"基础设施全面到位。园区清淤、平整土地100公顷,改造提升永顺路、五联路景观绿化和10个绿化景点,建成邻里中心滨河休闲绿地;启动龙溪大道东延、文化路南延、华林路改造工程前期工作;完成瑞峰公司到创业路污水管网铺设和创业路两段低洼处防洪墙工程。

镇村建设。2017年,朱林产业新镇总体规划批复实施,控规与城市设计通过区规划委员会评审正按程序报批;启动编制村庄布局、镇村交通、雨污分流、水系整治等专项规划和朱林中心公园周边地块规划策划方案,实施朱林现代产业园总体规划、村庄布局规划、镇村交通规划和土地利用调整方案编制,主动对接茅山旅游大道、南沿江高铁、直别公路线形规划方案,完善节点设计。加快园区道路、标准厂房等基础设施和功能平台建设,完成永兴路改造和杨桥河等3条河道整治,实施龙溪大道东入口及永兴路与340省道路口等9个景观绿化节点建设和改造提升工程,完成五联路等4条道路亮化工程,整理永兴南路两侧地块40公顷。邻里中心一期2.1万平方米和标准厂房二期3.3万平方米建成投用。功能配套逐步完善。天然气、区域供水主管网实现覆盖,改造供水管网58千米。调整完善土地利用规划工作,完成增减挂钩、工矿废弃地复垦17.67公顷,搬迁茅山旅游大道、薛埠北河整治沿线及园区农户660户,面积12.9万平方米。朱林现代产业园及西岗、唐王撤并乡镇集镇区域环卫、绿化实行社会化服务。加大车辆乱停放、随意倾倒建筑及生活垃圾、户外广告、污染路面等行为整治力度,加强朱林农贸市场等管理薄弱区域整治攻坚。开展集镇环境综合整治,维修道路、绿化3000平方米,新建公厕、摊贩安置点、停车场等6处,新增停车位174个。拆除违法建设3000余平方米。文明城市创建常态长效,城乡一体化长效综合管理考核迈入全区前列。"263"专项行动取得成效。年度煤炭消费总量削减任务提前超额完成,2家电镀企业实施废水治理提标改造,关闭71家畜禽养殖场(户),39家畜禽养殖场(户)"一场一策"治理通过验收,动物无害化处理收集体系启动建设,完成龙溪村垃圾分类设施建设,整治李巷河、钱城引排河等10条黑臭水体,建成城镇雨污分流管网2千米,新建2个、改造提升7个村庄生活污水处理设施,全镇水域"河长制"实现全面覆盖。改善环境面貌,实施道路交通环境综合整治,完成全覆盖拉网式农村环境整治工程和生态绿城建设目标,创成江苏省生态文明示范镇,黄金村获评常州市生态文明示范村和全国一村一品示范村。强化风险源管控,对2家化工企业实施突发环境事件风险评估,并完成环境安全达标建设。关停石灰窑3座、畜禽养殖场59户,燃煤锅炉淘汰、VOC废气治理等各项任务基本完成。严格执行环境准入制度,严把建设项目环保入口关,不符合环保要求的项目一律否决、劝退。农村环境综合整治、美丽乡村建设扎实推进,长效管理考核结果在全区名列前茅,全镇森林覆盖率28%。

朱林镇现代产业园　　（朱林镇　供稿）

社会事业。2017年,城乡居民养

老保险应保尽保,新型农村合作医疗保险做到全覆盖;社会保障工作加快推进,全年新增职工养老保险329人,城乡居民基础养老金、低保标准、优抚安置标准稳步提高。新建三星级标准残疾人之家1个,科林线缆建成人口康健驿站;水岸风华二期定销商品房建设序时推进。全镇有幼儿园6所,在园幼儿380人,专任教师33人。小学3所,在校生1115人,专任教师113人,小学适龄儿童入学率100%。初中2所,在校生518人,专任教师105人,初中适龄人口入学率100%,小升初升学率100%,九年义务教育覆盖率达100%。2017年创成全国社区教育示范乡镇,打造以"松山讲坛""黄金团队""三星名师"和"自醒校长"为重点的朱林优质教育品牌,设立专项基金,提高全镇教学师资水平。镇卫生院1所,病床125张,专业卫生人员83人。朱林卫生院西岗分院改建工程主体封顶,龙溪村、沙湖村建成省级示范卫生室。完成朱林自来水厂回购移交。2017年农村安全饮用水普及率100%,农村卫生厕所普及率95%。实施社会治理联动机制,调解各类矛盾纠纷755起,调解成功率达98.5%,开展法律援助15起,获评"省和谐社区示范镇""全国模范人民调解委员会"等荣誉称号。持续强化安全生产监管,未发生重特大安全事故。基层综合性文化服务中心建设扎实推进,镇文体站巩固"国家一级文化站"成果,完成9个行政村和49个自然村体育场地设施整合改造。龙溪、黄金等5个村经营性收入突破百万元大关。全镇有文化艺术团体24个,会员1625个,剧院(场)2座,座位1220个。文化专业户90个,文化站1个,建筑面积350平方米;公共图书室13个,建筑面积1200平方米,藏书58000册。文化行业从业人员530人,占全市社会从业人员的5.5%,其中事业单位从业人员5人。主要文化艺术团体有故事协会、朱林镇戏迷协会、西岗村戏迷演出队、三星女子龙灯队、西岗龙船队、朱林健美队、咀头村篮球队等。地方特色民间艺术有农民故事创作演讲、民歌演唱等。朱林村、龙溪村和西岗村建成"常州市级基层综合性文化服务中心"。农村公共体育设施面积达20960平方米,公共文化设施面积8080平方米。9个村全部安装配备健身器材,常年参加体育活动的人员占常住人口的97.5%。有线电视用户1.39万户,电视综合覆盖率98%。农村最低生活保障户数420户,人数656人。农村各种福利收养单位2个,收养254人。农村五保户149人,其中集中供养98人,分散供养51人。加强安全生产监管,健全社会治安防控体系,群众安全感显著提升。

【黄金村获"全国一村一品示范村"称号】 10月,地处茅山革命老区的朱林镇黄金村获"全国一村一品示范村"称号。该村集体投资1600万元领办了农地、农机、有机稻米合作社和食品公司。村两委流转农户家庭承包土地200多公顷,以有机、绿色软米为创律品牌,推动生产、生活、生态三赢。成立江苏黄金村食品有限公司,建有年产1000吨即食型方便米粉生产流水线,"黄金村"牌有机软米系列产品成为农民增收的"一村一品"。以"互联网+"为抓手,蓬勃发展的互联网+农产品,产品线上销售从无到有,新建网络销售中心,安装100兆光纤网络,开通400客服电话,并与物流合作开通产品配送服务。带领农民共闯大市场。2017年全村三产总值5.16亿元,农民人均收入2.88万元。先后获得全国文明村、国家级生态村、全国农民示范社,省新农村建设先进村、常州市小康家园示范村等130多个荣誉称号。

【朱林镇获评"全国模范人民调解委员会"】 5月,国家司法部授予朱林镇调委会"全国模范人民调解委员会"称号。朱林镇人民调解工作以维护辖区社会稳定为立足点,全力排查化解各类矛盾纠纷,狠抓工作制度、人员队伍、硬件设施等建设,不断提高标准化工作水平,打造服务品牌,赢得辖区群众的广泛赞誉。全镇建有14个调委会,其中镇调委会1个、村调委会9个、企业调委会4个,人民调解组织纵向和横向建设率均100%。调委会积极开展矛盾纠纷排查调处,做到"小事不出村,大事不出镇,矛盾不上交",全镇三年内成功调处各类矛盾纠纷1100余件,有力维护了辖区的平安稳定,为地方经济社会健康发展、人民安居乐业营造和谐稳定的社会环境。

【杨振海家庭被授予"全国最美家庭"】 杨振海出生于1928年11月,

全国文明村黄金村　　　　(朱林镇　供稿)

常州金坛区人，大专文化。1953年2月至1988年12月在朱林小学任教，先后担任教导主任、副校长、校长等职，1988年12月，从朱林中心小学退休。

在职期间，杨振海老师辛勤耕耘，教书育人，1957年6月，曾作为江苏省先进代表参加省教师干部学校学习班学习。退休后，不忘初心，发挥余热，乐善好施。他家四代同堂，2014年春节，他创建"杨氏家风基金会"和"家庭爱心微信群"，提炼了杨家"情理、忠诚、勤俭、奋进"的家训。杨振海要求分布北京、云南、上海、苏州、无锡等地的子孙们"积善成德，周行一善"。子孙们积极响应，对家庭慈善事业无比热心，纷纷向群里转账。很快杨家的基金会已经涵盖了杨家的95户家庭200多口人。几年来，募捐资金超过十万元，他们用这些资金用来资助杨振海曾经任教的朱林小学贫困生和奖励优秀教师。2016年5月杨振海家庭被常州市文明办评为"常州市文明家庭"，2016年7月被省妇联评为"江苏省最美家庭"，2017年5月，被全国妇联评为"全国最美家庭"。

（韩献忠）

2017年朱林镇各村基本情况一览表

表45

村　名	党总支书记 村委会主任	工农业总值 （万元）	利税总额 （万元）	农民人均可支配收入 （元）
朱林村	王卫中	152208	15110	27076
龙溪村	陶小兵	181222	17128	26015
长兴村	王爱平	89793	8783	25085
红旗圩	顾旺胜	55444	5310	24146
三星村	蒋建华	125143	11212	26252
沙湖村	蒋锁政	61110	5819	25814
西岗村	梅家乐	88975	8564	25536
唐王村	丁沧宇	89110	8910	23630
黄金村	王娟	51580	5281	28793

2017年朱林镇骨干企业情况一览表

表46

企业名称	销售收入（万元）	利税总额（万元）	法定代表人	企业名称	销售收入（万元）	利税总额（万元）	法定代表人
凡登（常州）新型金属材料技术有限公司	432245	29636	钱海鹏	金坛区天驰轴承有限公司	47135	3338	
常州市日新树脂有限公司	397020	15668	陈　敏	李钟平常州锐联卫生用品有限公司	77598	3773	周立新
江苏金动动力机械有限公司	145322	412	征华富	金坛区远岫工艺制品有限公司	52733	2652	孙小军
常州海华化工有限公司	47600	-733	张　布	江苏科菱库精工科技有限公司	216082	14863	徐晓东
金坛区环保设备厂	21320	21320	褚世卿	常州帕卓工程机械配件有限公司	52583	10795	詹以哲
金坛区大地复合肥制造有限公司	768297	101134	宋乐东	常州沃施莱格金属制品有限公司	20700	2512	孙　平
江苏欧美达汽轮机配件有限公司	20386	3149	陈春雷	常州韩利壁纸制造有限公司	27361	-273	刘升炫
金坛区晨泰粮油购销有限公司	38903	757	张之初	常州苏昊服装有限公司	64620	871	刘　昊
金坛区中特轴承有限公司	361117	38688	唐秀庚	常州银丰电力装备有限公司	121073	6026	薛　蔚
常州市旺达变压器有限公司	32062	1559	蔡旺罗	常州市和顺玻璃制品有限公司	36042	-1833	周用臣
金坛区建明机械制造厂	53167	1934	何建明	金坛区朱林雄风五金装饰厂	24533	1169	陆明荣
金坛区朱林宏达电镀有限公司	477387	83066	蒋志刚				

指前镇

【概况】 指前镇位于金坛区西南部，长荡湖西畔，与溧阳市别桥镇、埭头镇接壤，有金坛"南大门"之称。丹金溧漕河水运主要航道和扬溧高速公路自北向南分别穿越镇域东、西部地区，中心集镇沿镇广公路(233国道)向北10千米，到达常合高速公路入口处。全镇总面积105.2平方千米，其中耕地面积4471公顷。由原指前、社头、洮西三个集镇合并形成,下辖行政村12个。2017年,全镇总人口5.35万人,其中非农业人口5445人。全年完成地区生产总值30.83亿元,完成一般公共预算收入8100万元。

农业。2017年,全镇实施了小麦、水稻绿色高产增效千亩示范片各4个,粮食高产创建水平位居全区前列。机插秧面积2666.67公顷,机插率达90%以上,粮食生产能力进一步增强。完成高标准池塘改造133.33公顷,推广生态护草技术533.33公顷,申报高效渔业设施项目2个,江苏长荡湖水产科技有限公司晋级为“常州市级龙头企业”。水果新品种火龙果、蓝莓种植和食用菌工厂化育菇获得了成功,农产品快速监测站建设实现水产、畜牧、蔬菜的快速检测。大力推进农业标准化、农产品认证、品牌建设和无公害及绿色食品企业的复查换证工作,新申报无公害农产品8家、绿色食品企业2家、常州名优农产品5家。岳阳村永强水产有限公司成为全区最大的河蟹集散中心。认真组织“一事一议”筹资财政奖补项目的实施,全年有9个行政村实行“一事一议”项目,总投入289.81万元,获得财政奖补133万元。全镇新增土地流转面积100余公顷,解放、社头、丰产、王母观、芦溪等5个行政村共投入800多万元建设产、供、销一体化增收项目。“三资三化”专项提升行动基本完成资金、资产、资源、产权市场、社区股改、往来清理、涉农资金检查、“双代管”制度和会计队伍建设八个方面的任务,出台了农村产权交易市场配套的实施意见和管理办法,社区股份制改革全面完成双固化工作。“归属清晰、权责明确、保护严格、流转顺畅”的农村集体经济产权制度逐步建立。

工业。2017年,全镇工业开票销售收入44.58亿元,规模以上企业实现开票销售收入39.7亿元,占全镇总量的89%。新增规模企业8家,总数达41家,其中江苏南顺食品有限公司、常州市卿卿针织厂、江苏华越毛纺有限公司、常州华德机械有限公司、常州长海焊材有限公司、江苏苏标纺织有限公司、常州金坛鑫豪特种机械配件有限公司7家企业开票销售收入超亿元,常州市卿卿针织厂、常州华德机械有限公司2家企业入库税收超千万元。全年共签约引进项目12个,协议总投资额17.35亿元,其中5亿元以上项目1个,亿元以上项目7个。江苏科宇重工科技有限公司、金坛鼎金混凝土有限公司和江苏宝能建筑材料有限公司停产,机械装备行业走势良好。

项目服务。加强与投资方、审批部门的沟通对接,及时协调解决好影响项目审批、建设的各类问题和障碍,全程为项目建设提供保姆式服务。2017年完成工业实际投入7.34亿元,江苏华竑非金属矿科技有限公司、常州市益瑞高分子材料有限公司等10个项目已竣工投产,常州惠民机械有限公司、江苏金鼎新材料科技有限公司、常州市金坛区望胜合金铸钢有限公司3个项目已开始投产。江苏路博减振技术有限公司成功申报江苏高新技术企业,全镇共有5家高新技术企业。常州高登新材料有限公司、常州弘丰新材料科技有限公司和常州市天牧家禽有限公司等10家企业获“江苏省民营科技企业”称号。常州华德机械有限公司通过江苏省工程技术研究中心验收,6月被中国铸造协会授予“轨道交通用低温球铁铸件生产基地”称号。

建筑业。指前建筑公司、社头建筑公司、洮西建筑公司、兴业古典园林建设有限公司、鑫磊建设工程有限公司不断突破传统模式,实施快速转型发展,建筑产业市场不断拓展,在稳固北京、南京等建筑市场的同时,积极开辟上海、苏州、无锡、常州、镇江等大中城市的建筑市场,不断扩大行业板块施工规模。全年实现建安产值3.6亿元,完成建筑业增加值0.89亿元。

第三产业。积极研究第三产业发展的政策和策略,充分发挥水域和产业资源优势。以江南百果园为代表的农家休闲服务行业,集自然风光、休闲娱乐为一体,实现生态、经济和社会效益有机统一。水产品交易、集贸市场和各类商业网点成交额增幅明显,全年全镇新增个体工商户95家,共有第三产业实体2677个,从业人员8465人。拥有各类运输车辆3015辆,其中家用汽车2864辆。电话普及率99.4%。全镇7家银行年末存款余额19.78亿元,年储蓄存款14.36亿元,年末贷款余额2.51亿元,服务业增加值7.62亿元。

村镇建设。按照产镇融合发展思路,深化产业新镇总体规划、镇区控制性详细规划和城市设计,燃气、污水管网专项规划形成中期成果。积极调整完善土地利用总体规划,大力实施土地整治项目,全年完成土地复垦近10

东浦村新貌　　　　（指前镇　供稿）

公顷。完成集镇王家村、邓家村、潘家村、守凤湾等地块295户5.2万平米的房屋动迁任务,工业园区二期、农贸市场综合体、定销商品房工程建设土地指标基本到位。233国道指前集镇段沿街建筑立面改造工程和指前新街改造工程顺利完成,233国道工业园区段景观化改造工程、长荡湖科技创业园、新指前客运站、西湖馨宁二期开工建设,公共停车场已竣工投用。长荡湖西路全线完成水稳铺设。东胜路、学府路东延已进场施工,湖滨路、幸福路、科创路、园区大道东延道路设计基本完成。大力推进"四好农路"建设,社大线、佩洲路、指清线、镇岳线竣工通车,农村居民出行更加安全便捷。

重点工作。水利建设投入加大,2017年完成水利建设总投资1.5亿元。投资7000余万元对全镇135千米的圩堤实施汛前消险工程,动迁圩堤房屋198户3万多平米,300公顷以上圩堤增设10米固基平台,300公顷以下圩堤增设5米固基平台,确保形成全封闭。投资2500万元实施了水毁工程、中央特大防汛抗旱补助项目、水利重点县建设工程,新建闸站5座,并对所有闸站在汛前进行了全面检修和保养。大浦港、白石港、仁和港、庄阳港四条入湖港口整治和骨干河道圩堤加固工程进行规划设计并进场施工。"263"专项行动成效显著,列入整治计划的8台燃煤锅炉及冲天炉全部注销、拆除并通过区级验收。东浦村和紫云湖小区开展城乡生活垃圾分类试点,分类设施通过区级验收,镇村环境明显改善。加强水环境综合治理,区域内81条河道全部实行河长制;投资600余万元对东风排涝河、莊河、万家排涝河及11个内塘进行治理,彻底改变水体黑臭状况;新建2.1千米城镇污水管网和11个保留村庄生活污水处理设施及管网,全镇村庄生活污水处理设施运行率86%。按照"一场一策"模式开展非禁养区畜禽养殖污染整治工作,全年完成整治117家,全部通过区级验收,完成率130%。废弃船舶整治工作有序开展,已处置废弃船舶1291条,处置率96.8%。积极推行种植业清洁生产,大力推广播种施肥一体技术,全镇化肥施用量较上年削减2%以上。积极推广低毒高效农药,推广高效植保机械及先进施药技术,确保了农药使用的零增长。配合区级做好省文明城市创建和区国家卫生城市复审迎检工作,加强环境卫生长效管理。解放村委洪村成功创成区美丽乡村示范村,建春村委墩南村和清水渎村委后渎村成功创成省级绿化示范村。

社会事业。农村低保实现应保尽保、动态管理,职工应保参保率在全区继续保持领先地位,全年共发放各类救助抚恤资金2300余万元。积极做好低收入户建档立卡及阳光扶贫工作,组织区、镇、村三级机关干部、企事业工作人员对全镇589户低收入农户建档立卡,一对一挂钩帮扶。完成退田还湖及园区二期征地5198人的失地农民进保障工作。镇总工会第三次代表大会顺利召开。实施社会治理联动机制,全面开展"排查防激化,调解创四无"与"社会矛盾和安全隐患大排查、大整治"活动,2017年,全镇直接调处各类疑难纠纷244件,未发生一起激化事件,调查办理答复相关信访事项329件,全部答复结束,全镇管理的21名社区服刑人员无一人重新犯罪。开设"微指前"微信公众号,全体镇村干部覆盖率90%以上。镇村干部全员积极参与"三大一实干"活动,累计走访干部168人,走访农户7056户,走访重点企业42家,走访名士5人,收集民情民意583条,实际解决群众困难需求350多个。严格按照法定权限和程序行使权力履行职责。全年累计办理人大代表书面意见建议29件,办结率100%。

【镇党委向村派驻纪检员】 4月11日,指前镇召开镇党委向村派驻纪检员动员大会,镇党委选拔12名中层干部向12个村派驻驻村纪检员,并颁发聘书。常州市在指前镇先行纪检试点工作,下半年在全区范围内推开。

(张　旭)

2017年指前镇各村基本情况一览表

表47

村名	党总支书记村委会主任	工农业总产值(万元)	利税总额(万元)	农民人均可支配收入(元)	村名	党总支书记村委会主任	工农业总产值(万元)	利税总额(万元)	农民人均可支配收入(元)
社头村	张国庆	35247	3321	22651	庄阳村	殷美成	22530	2130	20177
解放村	柏罗庚	22144	1922	20095	清水渎村	丁国方	21550	2433	20880
建春村	潘一炳	26540	2706	22010	东浦村	吕建民	32880	3082	31780
丰产村	邹正福	20656	2074	21712	新河村	汤明富	32011	5496	30207
芦溪村	周国和	15828	1550	19450	王母观村	强桂生	28145	2793	22676
指前村	王国强	60550	5598	41233	岳阳村	戴听生	18563	1769	20178

2017年指前镇骨干企业情况一览表

表48

企业名称	销售收入（万元）	利税总额（万元）	法定代表人	企业名称	销售收入（万元）	利税总额（万元）	法定代表人
江苏南顺食品有限公司	84749	7760	梁玄博	常州瑞华电力电子器件有限公司	4347	397	陈兴中
常州约特新材料科技有限公司	54346	-38	孙　文	江苏大隆铸造有限公司	4586	234	金宇裕
常州市卿卿针织厂	20236	1785	姚幼卿	常州赛丽家纺有限公司	4455	114	杨志强
常州市倩友服饰厂	11950	343	姚　青	常州市金坛区恒利精纺有限公司	4166	179	周金洪
江苏华越毛纺有限公司	28581	1165	俞建强	江苏立鼎新型建材科技有限公司	4601	-366	郭　全
常州世越羊绒纺织有限公司	2106	131	俞建强	江苏尚革卓越新材料科技有限公司	3674	158	彭丽琴
江苏欣越制衣有限公司	2554	-230	俞建强	江苏华竑非金属矿科技有限公司	3836	-65	高押财
江苏博越羊毛科技有限公司	2331	-496	俞建强	江苏安顺船舶有限公司	2955	289	翟树兵
常州长海焊材有限公司	18568	621	刁仁根	常州市金坛区望胜合金铸钢有限公司	3416	256	王丰明
常州华德机械有限公司	18247	2804	丁建中	常州市大友纺织有限公司	2857	51	武　斌
江苏苏标纺织有限公司	12843	-715	邹斌俊	常州司迈特服饰有限公司	2504	179	高琴仙
常州金坛鑫豪特种机械配件有限公司	11466	272	吕存石	江苏路博减振技术有限公司	3130	382	王　群
江苏金标毛纺有限公司	9885	835	邹旺生	常州市金坛瑞凌焊接器材有限公司	2673	251	邱　光
常州市益瑞高分子材料有限公司	10504	244	张明杰	江苏金洋造船有限公司	2587	104	练文林
江苏群达机械制造有限公司	9501	74	雷羽平	江苏海定工程机械有限公司	2820	27	王　俊
常州凯丽纺织有限公司	7259	239	姚晓东	常州市金坛区衡欣化学研究所	2486	43	衡志平
江苏德邦铸造科技有限公司	5890	323	王国华	常州金坛茂盛精细化工厂	2209	167	王卫忠
江苏华兴电子有限公司	4015	289	徐志明	常州宝佳针织有限公司	2011	-13	黄道明
常州奥硕能源科技有限公司	5105	131	李震旦	江苏鑫特石油设备有限公司	2066	-20	李国庆
江苏华荣绝缘材料有限公司	4184	1267	陆帮荣	江苏铭鼎新材料科技有限公司	2105	76	李立仁

儒林镇

【概况】 儒林镇是全国重点镇、国家卫生镇、全省首批国家新型城镇化综合试点镇和常州中心镇，位于金坛区东南部，距金坛城区23千米。西濒长荡湖，东临武进区，南与宜兴、溧阳两市接壤，北依金坛主城区，239、240省道在镇区纵横交汇，沿江高速位于镇区北侧，常溧高速在境内设有儒林和长荡湖两个道口，通达长三角主要节点城市。镇域面积62.2平方千米，人口3.5万，下辖6个行政村和1个社区，385个村民小组。2017年，实现地区生产总值42.83亿元，可比价增长16.1%；一般公共预算收入1.27亿元，比上年增长30.4%；工业开票销售收入120亿元，增长128.1%；工业实际投入16.95亿元，增长47.4%。先后获“全国环境优美乡镇”“中国河蟹生态高效养殖第一镇”“江苏省卫生镇”“江苏省特色景观旅游名镇”“江苏省湖鲜美食名镇”等称号。

农业。推广先进渔业养殖技术，河蟹“155”生态模式覆盖率90%以上，蟹池微孔增氧技术覆盖率100%；实现水产无公害面积占比100%；实施农民实用技术和新型职业农民培训工程，180个养殖户通过江苏省职业农民技能鉴定。深化农村改革，农村土地承包经营权确权登记颁证工作通过区级验收，推进社区股份制改革，建成镇级农村产权交易市场。建设优质农业项目，开展无公害农产品申报认定工作，新增无公害农产品3家。建设农产品品牌诚信体系，新评定区级农产品“创牌立信”示范单位2家，新增农业可追溯企业1家。加强农产品品牌建设，10家农业企业成为首批“长荡湖大闸蟹”区域公共品牌合作单位，长荡湖水庄被认定为省级十大休闲渔业示范基地。推动新型农业经营主体建设，新增各类新型合作组织3家、家庭农场6家，新创农民专业合作示范社（星级社）4家、示范家庭农场3家。

工业。工业经济快速增长，实现工业开票销售120亿元，比上年增长128.1%。50家重点企业中，有38家实现正增长。新增亿元企业4家、总量达到9家；新增规模以上工业企业7家、总量达到30家。杰克服装、汤姆森智能装备、君诚化纤3家企业入库税收超500万元。推动项目建设,加佳新材料产业园、利和汽车零部件、常科岩土工程仪器等项目全面开工,儒嘉生物科技产业园、奉献精密机械等项目加快推进,崇信机械、丽龙新材料、金叶节能等项目竣工投产,全年完成工业实际投入16.95亿元,同比增长47.4%。加快项目落实,2016年引进的17个项目,16个项目已开工建设,其中10个项目竣工投产,累计完成实际投入16.58亿元,占协议总投资额的35.2%。

园区建设。完善配套服务,以政府购买服务的方式,引进物业公司对240省道东、西两侧区域和邻里中心一期、二期项目进行专业服务。完善现代产业园区一期功能配套。推进产镇融合、现代产业园区二期建设,完成后庄乘住自然村320户共6.7万平方米的动迁,新增连片空间5.46平方千米,完成239省道以北3.74平方千米清障清表、场地平整。建成5.7万平方米的二期标准厂房、3.2万平方米的二期邻里中心及物流中心。

招商引资。建立健全招商机制,制定出台《2017年儒林镇招商引资奖励办法》,建立新的招商考核机制,由4名党政领导带队成立北京、上海、深圳、苏州四大招商工作组,集中精力主攻招商引资。全年共签约引进项目18个,其中10亿元以上和30亿元以上项目各1个,协议总投资额61.85亿元。盘活闲置企业资源,先后收储晨风制衣、绿叶节能、好特福制衣等6家企业闲置厂房,并引进落户法博智能装备、石墨烯等多个项目。

科技创新。深入实施创新驱动战略,增强企业创新能力,瑞科停车获批省高新技术企业,新增常州市科技项目2项。加大人才引进力度,罗克龙硕士的"智能灌装生产线研制与应用项目"和吴迪硕士的"高楼外墙清洗机器人项目"获批常州市"龙城英才计划",万纳普新材料引进博士1名、硕士2名。

第三产业。维护现有旅游资源,完善长荡湖水街的管理模式,规范水街经营户的经营行为,全年接待游客超100万人次,其中"十一黄金周"客流量超10万人次。开发特色旅游文化,启动诸葛八阵图村开发建设,完成规划初步编制工作,确定形成"一心两轴八阵"的规划方案。推进特色农产品电子商务发展,网络销售额约5000万元,湖头村被评为省级电子商务示范村。

镇村建设。深化规划布局,以《儒林现代产业园、儒林现代产业新镇总体规划》为引领,在控规的基础上加快完善详规和城市设计方案。优化集镇面貌,投入近5000万元,改造提升集镇主要市政设施。推进美丽乡村建设,开工建设五叶便民服务中心,优化环卫服务,优化镇村居民生活居住环境。完善交通路网,启动239省道南改线、240省道拓宽前期工作,有序推进长荡湖旅游大道建设,完成南社路、翟墅路等四好农路沥青化改造,进行儒林客运中心移址新建前期准备工作。加强水利建设,改造提升9座排灌站,全面加固重点圩堤,进一步提升防汛抗洪能力。加强污染源整治,关闭化工企业2家,淘汰燃煤锅炉1只,完成VOCs综合整治企业1家,拆除小土窑6家、窑管8座,关停规模畜禽养殖场29家。推行"河长制",整治儒林河、臧家河、鸥渚河等7条黑臭水体,完成儒林河约3.4千米的生态护岸及清淤工程。推进农村污水处理设施建设,开工建设5个村庄的生活污水处理设施及管网,修缮提升已建成11个农村的污水处理设施。

社会事业。2017年,全镇有初级中学1所,中心小学2所,中心幼儿园2所,在校生330人,在职教师156人。镇卫生院有床位56张,专业卫生人员53人。扩大社保覆盖面,完成427名失水渔民、4949名失地农民进保障工作,新增156名城乡居民养老保险人员。开展社会救助,累计发放慰问金206.3万元,救助困难群体2000余人次。就业形势保持稳定,完成劳动者职业技能培训300人、创业培训60人。推进安置房建设,收尾儒风苑安置房地块动迁工作,开工建设湖香苑一期、天香苑三期安置小区。文体事业蓬勃发展,开展各类文体活动10余场,新建村(社区)健身广场5座,建成基层综合文化服务中心2家。加强精神文明建设,组织开展各类志愿者活动20余次,开展"道德讲堂"5次,柚山村获"全国文明村"称号。

(邓艳萍)

2017年儒林镇各村(社区)基本情况一览表

表49

村(社区)名	党组织书记 村(居)委会主任	工农业总产值 (万元)	利税总额 (万元)	农民人均可支配收入 (元)
柚　山	蒋赤卫	31548	1371	37300
南　社	胡伟云	27397	1300	28639
儒　林	许国良	77490	4586	27364
后　庄	刘宏新	12340	262	27457
五　叶	陈华芳	82388	4811	24542
湖　头	曹浩华	28988	1370	33333
河　下	徐云中	478170	31978	24347

2017年儒林镇骨干企业情况一览表

表50

企业名称	销售收入(万元)	利税总额(万元)	法定代表人	企业名称	销售收入(万元)	利税总额(万元)	法定代表人
常州源美新材料科技有限公司	595814	200.00	潘江峰	江苏恒宏链传动有限公司	4133	167.52	汪　芸
常州源加新材料科技有限公司	305020	93.76	杨炜祖	常州市明峰化纤有限公司	3679	66.83	施凤秀
江苏君诚新材料有限公司	21516	580.89	陆君贤	江苏瑞科停车系统科技有限公司	3596	26.17	王建华
常州杰克服装有限公司	21398	837.62	李海骄	常州信泰包装有限公司	3544	333.30	刘桂兰
常州市苏优辐照科技有限公司	18294	59.61	蒋亚军	常州金坛环宇弹簧有限公司	3423	27.05	柳　尉
常州市起帆线缆科技有限公司	17671	196.53	孙　锋	常州晨阳纤维科技有限公司	3049	14.37	徐国洪
江苏汤姆森智能装备有限公司	13748	711.41	汤建华	常州市金坛鹏飞铜业有限公司	2960	41.29	胡金龙
常州新蓝天汇丰钢结构有限公司	12644	267.77	刘荣桂	常州市金坛昕博清洁材料厂	2632	57.22	蔡松林
江苏安博特实业有限公司	7925	30.88	薛建方	常州市华旭工程材料有限公司	2589	145.29	张　忠
常州市星光电缆有限公司	7195	67.05	蒋亚军	常州市旺旺线缆有限公司	2574	34.99	史文娟
江苏万纳普新材料科技有限公司	6943	13.43	李翰卿	常州金坛万达线缆有限公司	2413	47.62	陆和凤
常州市金坛金鸥水处理有限公司	5578	355.39	金敖大	常州市腾利汽车配件有限公司	2346	42.81	方　宇
常州市金坛奉献橡塑有限公司	5476	83.32	钱　峰	常州友恒精密铸造有限公司	2247	72.36	周　良
江苏海锋能源科技有限公司	4368	277.46	于伯全	常州市众用汽车部件有限公司	2179	133.89	潘玉兴
常州金坛鑫奥电子元件厂	4287	67.68	汤小平				

尧塘街道

【概况】　尧塘街道位于金坛区东南部,隶属于江苏省金坛经济开发区,东邻武进,南望宜兴,北接丹阳。尧塘河、湟里河穿境而过,常合(沿江)高速、常溧、金宜、金武公路等省市干线公路贯穿境内。2017年,街道总面积83.8平方千米,耕地面积3693.3公顷,辖11个行政村,常住人口5.4万人。

【动迁清障】　2017年,尧塘街道坚持以"敢担当、快节奏、精细化、守规矩"为工作要求,致力于实现项目引进和建设基础工作的有效突破,进一步蓄积园区发展的动能,夯实园区发展的基石。全力以赴做好房屋搬迁工作,把任务进一步分解压实到各部门和相关人员,根据时间节点稳步实施,抓好推进落实。顺利完成华科园规划园区、长荡湖退田还湖、农村道路提档升级等项目范围内680户18.5万平方米的房屋搬迁。完成岸头佳园北区1197户1642套及海棠名都玉兰园706户936套安置房交付工作。全力围绕华科园基础设施及项目用地、"263"污水管网及黑臭河水体整治项目以及开发区园区建设项目和长荡湖退田还湖、堤防达标等项目建设,根据项目实行挂图作战,高效率、快节奏做好清障工作,全年共计清障面积约533.3公顷。

【农业农村】　2017年,充分发挥尧塘的自然环境和产业特色优势,抢抓国家和省大力推进特色小镇建设的机遇,坚持规划指导建设,积极探索农业农村发展新功能,完善谢桥现代农业(花木)产业园建设,打造"园林式庭院、生态式村庄、一村一品特色"的园艺特色村;积极发展生态循环农业,推进农业清洁化生产,完成秸秆机械化还田100公顷;新增高效设施农业26.93公顷,超额完成农林局下达的20公顷任务指标;完成谢桥村、西华村、汤庄村等6家益农信息社建设,鼓励合作社和种植大户利用互联网技术进行销售,着力推动花木电子商务新发展。全年新创建金坛区农业龙头企业3家,新培育组建花木专业合作社1家;积极培育新型农业经营主体,成功创建合作社新创示范(星级)社3家,新增示范家庭农场1个。经开发区管委会批准,街道11个村闲置资金5250万元按程序出借到华科园融资平台,年利率6.8%,村集体年收益预测增加350多万元。建立镇级农村产权交易平台,将村组集体所有资产资源全部纳入区镇两级农村产权交易平台公开交易,做到应进必进,阳光公开运行,确保了村级资金监管和安全运营。

【社会民生】　2017年,围绕"让群众更有获得感"的工作目标,加大民生投入,推动民生社会事业协调发展,让老百姓的幸福指数更高。全年共办理信访件82件71人,接访61批137人;办理12345热线电话交办单224件,行政诉讼6件,民事诉讼3件,行政复议2件,信息公开答复85件;化解信访积案1件,受理矛盾纠纷204起,调处成功201起,矛盾纠纷调处成功率98.52%。重点开展车辆停放、流动摊贩、占道经营等专项整治,将集镇区域物业服务外包给专业公司，街容街貌得到有效改善。完成城镇职工养老保险“扩面征缴”，净增484人，超过任务数规定的280人；城乡居民养老保险缴费续缴率完成68%，完成企业职工和城乡居民社会保障卡申请2587张，发放社会保障卡1692张；完成长荡湖退田还湖、金东工业园以及华科园项目4650人的失地保障工作；做好民政抚助资金的发放，累计发放各类救助金39万元，救灾资金50万元，累计办理低保户、五保户等特殊群体44人次，发放医疗救助金10.12万元。不断提高计划生育工作质量和服务水平，人口和计划生育奖励扶助政策覆盖率达100%，办理生育登记350例，新增农村部分计划生育家庭奖励扶助对象352人，发放独生子女父母奖励金5032人10.06万元；加大对妇女、儿童、青少年的关注，开展“六一”慰问，发放慰问金7500元，走访和慰问困难职工和劳模共27人，发放慰问金4万余元。

【谢桥村获评第五届全国文明村镇】 2017年11月，中央文明办发布了《第五届全国文明城市、文明村镇、文明单位和第一届全国文明校园名单》，全国1493个村镇入选，其中江苏省80个村镇入围，尧塘街道谢桥村榜上有名。近年来，尧塘街道立足花木产业，大力发展休闲观光农业，做深农业观光、做靓农家体验、做精乡村旅游，进一步提升尧塘花木产业综合效益，致力打造集休闲养生、娱乐观光、一村一品、一村一境为一体的花木旅游小镇。谢桥村抢抓发展机遇，累计投入1000多万元整治村庄环境，极大地改善了人居环境。村民们口袋富起来后，更加追求精神文明建设，村里花木经纪人资助的乡村小戏台逢年过节好戏连台，实现了村庄面貌从“环境美”走向“生活美”。该村先后获得“江苏省生态村”“江苏省卫生村”“省级休闲观光农业示范村”等称号。

（于轩栋）

2017年尧塘街道各村基本情况一览表

表51

村 名	书 记	主 任	村民小组(个)	面积(平方千米)	集体收入(万元)	人口(人)
西 华	孙华东	孙华东	27	12.8	352.6	5295
谢 桥	周国平	周国平	18	10.6	346.1	5596
尧 塘	彭华平	彭华平	43	3.18	139.3	5042
下 庄		孙文俊	21	2.5	105.8	2484
红 旗	王国方	赵志忠	24	9.38	186.5	6764
汤 庄	王国银	王国银	25	5.35	201.3	4779
水 北	周小平	周小平	15	3.0	127.5	4902
水 东	陈 忠	陈 忠	27	14.8	249.1	5772
迎 春	王明生	张卫星	13	8.1	176.9	4773
万 新	秦建明	秦建明	13	7.47	108	4160
林 丰	夏建新	王国林	12	6.7	110.7	3838

东城街道

【概况】 东城街道地处金坛区东部，隶属于江苏省金坛经济开发区，北与丹阳市里庄桥镇，东与丹阳市皇塘镇毗邻，南与尧塘街道，西与西城街道接壤。2017年行政区域面积74.49平方千米，常住人口10.04万人。下辖行政村（社区）21个。其中，社区16个，村（居委会）合一3个，农业行政村2个。

【招商引资】 2017年，为进一步做好“加快项目引进、加快项目建设”工作，东城街道党工委、办事处出台《招商引资考核办法》，年内引进智能传感器、纺织机械两个项目，投资额合计约3.3亿元。

【征地清障】 确保签约项目及时落地，顺利完成大唐电力、上海昭和、维尔曼光电、SK等13个项目落户的征地清障交付工作。完成亿晶渔光一体二期、华旺新材料、维格生物等六个地块的清障交地工作。全面完成核心区内所有遗留1600个坟垒的迁移工作及建材经营、废品收购站、苗木、渔塘、大棚共计942户的清理工作。全面提前完成滨湖新城北区提升工程147.27公顷的清障交地工作。

全面完成核心区域内的23户遗留户及企业的拆除工作，多次组织动迁办、派出所、城管、村委参与核心区域集中拆临拆违工作，拆除违章搭建面积2200平方米。

为开发区承载重大项目腾空间、保落地，街道根据开发区的总体战略部署，启动金尧路以东、233国道外环路以西区域6平方千米的动迁遗留户扫尾和清障工作。全力推进36个自然村组1299户的苗木、鱼塘等附着物补偿兑付工作,兑付资金超过8800万元,完成工作量95%。

全力推进区政府性投资项目落户的清障交地。涉及到东城街道区域内的5个政府性投资项目已全部提前完成搬迁及清障工作。包括新城东苑邻里中心7户、华城幼儿园华城分园改扩建项目地块3户、电胜河拓宽工程项目5户,以及东城实验幼儿园、东城实验小学二期项目地块1家企业收储。

东城街道全年共搬迁拆除各类房屋38户,拆除房屋面积3.2万平米;清障交地面积612公顷。

华胜社区德法文化长廊 (东城街道 供稿)

【城市管理与建设】 完善城市长效考核机制,先后出台《城市社区考核办法》和《城乡建设管理一体化考核办法》等系列配套制度,明确考核标准和扣分依据。在全区组织的月度考核中,东城街道考核得分均在90分以上。

投入近2000万元对老小区、城中村进行环境整治,明确"数字城管"、"12345"责任清单。加大文明城市创建各项投入,全年投入近1000万元用于楼道清理和刷白、路牙修补、栽绿补绿、垃圾清理等,小区环境面貌有了较大改观。为了营造文明创建浓厚氛围,投入110余万元用于公益广告制作。

【民生保障】 9月,东城街道设立全区首家住房公积金窗口,极大地方便辖区企业、居民办理公积金业务。辖区社会保险扩面征缴工作全年净增加2778人次。完成河头村、南苑社区、金河社区、峨嵋社区、华苑社区5个村(社区)的综合文化服务中心建设创建验收。完成常州市数字化先行社区的创建验收。华胜社区修建德古文化长廊,并成功申报为国家级反邪教宣传教育示范点。东卜塘(张巷里)整治、洪家主干道提档升级、河头集镇环境整治、金湖小区改造均在区平台招标。在金江苑一、二村,东方一、二、三村等5个安置小区统一制作居民晾衣架。

【维稳工作】 2017年,东城街道始终将治安维稳作为街道年度目标任务来抓。加强重点群体管控。对社区矫正、社区戒毒、易肇事肇祸精神病人等86名重点人员进行走访并落实管控措施。加大出租房屋安全隐患排查整治力度。

华胜社区作为常州市唯一社区单位在城市基层党建工作会议上作交流发言,"1+2+3+N"党建模式和《华胜乐章》动漫宣传片得到省、市、区三级党委组织部门的认可。(袁卫俊)

2017年东城街道各村(社区)基本情况一览表

表52

村(社区)名	党组织书记、村(居)委会主任	村(社区)名	党组织书记、村(居)委会主任
华城社区	杨芬芳	电胜社区	樊建平
华苑社区	王黎君	南苑社区	杨 峥
华兴社区	王建伟	金河社区	李 伟
华胜社区	王月平	新城社区	沈 俊
东方社区	史跃忠	汇贤社区	夏小俊
峨嵋社区	虞国新	聚贤社区	林国新
柘荡村(社区)	王金富	明星村	陈息定
中塘村(社区)	沈建华	五联村	蒋雪芹
河头村(社区)	马金芳		

说明:华阳社区、华光社区由东方社区代管,金东社区由河头村代管,中塘社区由中塘村代管。

西城街道

【概况】 西城街道东依金坛经济开发区,西临北连金城镇,南接指前镇,区域总面积74.97平方千米,总人口17.78万人。下辖18个社区、6个村,共有规模小区92个,零星住宅及城中村148处。境内有241、340两条省道环绕,常合高速横穿南部区域。2017年,西城街道开拓创新、攻坚克难,实现了经济社会发展的全面进步,获评江苏省和谐社区建设示范街道、省级创业型街道和常州市双拥工作先进集体。

【经济发展】 2017年,紧紧围绕“适度控制农业、逐步退出工业、致力发展三产”的经济发展思路,不断调结构、转方式、促转型,经济发展保持了良好的运行态势。全年完成地区生产总值103.3亿元,同比增长16.1%;完成工业开票销售14.72亿元,增长33.6%;完成重点服务业营业收入14.05亿元,增长3.5%;完成工业项目招商引资1.65亿元,实现了零的突破;完成公共财政预算收入2.5亿元,增长4.7%。

【拆迁清障】 2017年,完成233国道、茅山旅游大道、长荡湖大道、涑渎新水厂供水管道等重点项目的前期征地和清障工作,完成良常实验学校、新城地产等挂牌地块的附着物清障,满足了重大项目工程开工建设的需要。抓好环境提升工程,基本完成滨湖新城北区532.4公顷的土地清表任务。完成长荡湖旅游度假区沿湖房屋搬迁工程(涉及方边、涑渎2个行政村、21个自然村、1203户)的房屋拆除、摇号选房、现房交付、安置补偿等工作。完成长荡湖区域水洮路南侧394.5公顷的土地征用,以及退田还湖和长荡湖北路两大工程地块的清障工作。实施涉及方边村、涑渎村共21个自然村、8个标段、39.6公顷的土地复垦工程,顺利通过省国土部门验收。

【城市治理】 6月,挂牌成立金坛区城市管理行政执法大队西城中队,建成综合二级数字平台、多功能指挥中心和连接各社区的三级数字平台并投入使用。全年投入2000万元,对西焦园、文化新村、松庄3个城中村和望华新村、春风三村等老旧小区开展整治、规范、提升工程。拆除违章搭建362处,清理僵尸车63辆,统一采购垃圾桶732只,清运垃圾538吨。建成金水华都、颐和世家、金源福地3个省级垃圾分类示范小区和清华园、五星家园等10个垃圾分类试点小区,完成24个企事业单位的垃圾分类设施建设。全年按期处置数字化城市管理平台案件21336件,有效处理“12345”公共热线平台诉求1342件。

2017年6月,金坛区城管执法大队西城中队正式成立 (西城街道 供稿)

【社区建设】 2017年,硬件设施不断升级,完成虹桥、翠园、春风、西门、九洲里和金安等社区的装修改造和功能提升,完成朱庄社区一楼部分社区用房的整合和改造,新设朱庄社区卫生服务站。全年共举办“社区建设讲坛”5次,“一居一品”顺利推进,春风社区开展的“助老服务志愿积分卡”活动在全区得到推广。五星、南洲社区作为国家级减灾防灾示范社区,吸引了周边县区兄弟社区前来参观学习。朱庄社区获评江苏省和谐社区建设示范社区。

【社会事业】 全年共发放低保、优抚、老龄、计生各项补助1836.6万元。完成老年人意外伤害险投保6636人,创历史新高。“慈善一日捐”活动募捐78万元。企业职工“五险”净增完成率228%,城乡居民养老保险完成率96%。被征地农民进社保3375名,居民医保征缴登记38200人,实现应保尽保。发放生育服务手册633本,孕前优生健康检查335对。协助解决48位企业持独生子女父母光荣证的退休人员拿到3600元一次性奖励金。双拥优抚、社会救助、残疾救助、老龄等工作均深入有序开展。组织开展“全民健身月”活动,组队参加2017金坛区篮球联赛农村组比赛,获第一名。

【农业农村】 全年投资1500万元建成总面积1.8万平方米的城南综合菜市场,吸纳就业316人,为朱庄、城南花园、南洲里等小区居民生活提供了便利。投入360.4万元改善村庄基础设施环境,全年新建水泥道路2.5千米,污水处理设施2座,改造公厕4座,新装路灯112盏,治理河道5千米,新增公共服务场地5059平方米,达到常州市新农村建设“五化三有”的创建标准。方边村获评中国美丽乡村建设示范村,黄庄村获评省2017年度水美乡村。

【综治维稳】 全年共办理信访件91

件，接待来访群众246批人次，劝阻赴京上访4起，群众信访办结率100%。在全国"两会""一带一路"北京峰会、十九大期间等重要时间节点，对重点人员、特殊人群、重大社会矛盾和安全隐患开展排查、整治、管控和安保工作。组织开展基层人民调解员专项培训，进行点对点业务指导45次，全年共排查受理各类矛盾纠纷案件1248件，涉及2507人，社会矛盾化解率100%。做好重点人群服务管理工作，累计接收社区矫正人员280人，解矫200人。推进"西城大妈"基层平安志愿者队伍建设，制定西城大妈平安志愿者服务章程，完成核心骨干力量的招募和注册工作。

【安监环保】 全年组织开展安全生产大检查专项行动56批次，完成568家餐饮场所燃气安全检查和65家烟花爆竹零售店换证检查。落实西城精装酒店式公寓、南门商业街等单位及燃气瓶营销点的消防隐患排查和整改工作。定期对小金海、翔峰大厦、新华楼等进行消防安全检查并持续督查整改情况。加强食品、药品、农产品安全监测，城南综合菜市场成为常州首家安心菜市场。联合食品安全委员会、环保局等部门妥善处理油烟扰民问题，被《中国食品安全报》报道。关闭禁养区内畜禽养殖场89家，整治畜禽养殖场10家，整改扩大禁燃区小锅炉14台。完成钱资湖湿地整治提升方案编制和方洛港河黑臭水体整治方案编制及治理工作。 （谢杏林）

2017年西城街道各行政村基本情况一览表

表53

村别	书记(主任)	户数(户)	总人口(人)	村民小组(个)	总面积(公顷)	村集体收入(万元)
城南村	钱卫军	3123	12790	25	980	1473
小垢村	孙志俊	80	130	10	400	272
黄庄	陈阿平	762	2764	9	360	138
方边	田松青	1826	5356	15	920	389
涑渎	顾建华	1987	5743	18	965	369
岸头	张乔关	2210	6326	16	1040	288

（编辑 夏 冰）

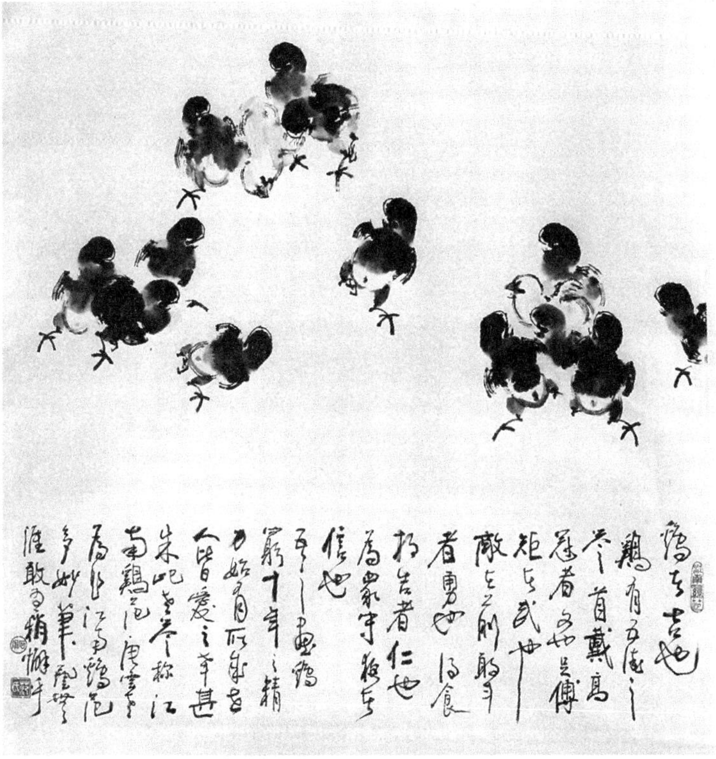

其乐融融 （范石甫 创作）

新任金坛区领导

陈春洪

政协常州市金坛区委员会党组书记、主席。

1960年8月生，江苏金坛人。1984年11月参加工作，1985年9月加入中国共产党。大学本科文化。1984年11月至1998年3月历任金坛县（市）指前镇计生办公室计生助理、党委宣传委员、党委委员、副镇长、党委副书记、镇长、党委书记。1998年3月至2001年5月先后任金坛市儒林镇人大主席、党委书记。2001年5月至2001年9月任金坛市经济委员会党委副书记、主任。2001年9月至2009年4月任金坛市经济贸易局局长、金坛市工贸公有资产经营有限公司董事长（2004年7月起享受副处级待遇）。2001年9月至2009年4月任金坛市经济贸易局党委副书记、书记（其中2005年3月至2007年12月在中央党校经济管理专业函授本科）。2009年4月至2013年3月任中共金坛市委常委、政法委书记。2013年3月至2015年7月任金坛市（区）人民政府常务副市长（副区长）。2013年4月至2015年5月任金坛市人民政府党组副书记。2015年6月至2016年6月任中共常州市金坛区委副书记。2016年7月至12月任金坛区人大党组书记。2016年12月任政协常州市金坛区委员会党组书记。2018年1月起，任现职。

周宝恒

中共常州市金坛区委常委（挂职一年）、宁陕县委常委、宣传部部长。

1974年6月生，汉族，陕西汉滨人，1997年7月参加工作，2005年1月加入中国共产党，大学文化。

1993年9月至1997年7月在北京电子科技学院计算机科学与技术系计算机软件专业本科学习；1997年7月至2003年3月，在中共安康市委机要局任科员；2003年3月至2004年2月，任中共安康市委办公室秘书科科员；2004年2月至2007年11月，任中共安康市委办公室秘书科副科长（副科）；2007年11月至2010年2月，任中共安康市委办公室综合二科科长（其中2012年2至2013年2月挂任安康高新技术产业开发区管委会招商局副局长）；2014年11月至2016年9月，任中共安康市互联网信息办公室主任（副县）；2016年9月至2017年4月任中共宁陕县委常委、宣传部部长。2017年4月起，任现职。

王 斌

金坛区人民政府副区长（挂职两年）、江苏省第十批科技镇长团金坛团团长、江苏理工学院江苏省高等职业教育教师培训中心主任、全国职教师资培训重点建设基地办公室主任。

1976年11月生，汉族，江苏宿迁人，1996年6月加入中国共产党，2000年8月参加工作，大学文化。

1996年9月至2000年7月，在常州技术师范学院电气信息工程系应用电子技术教育专业大学学习；2000年8月至2002年11月，在常州技术师范学院党办、院办工作；2002年11月至2003年10月任常州（江苏）技术师范学院计算机科学与技术系团总支书记；2003年10月至2005年7月任江苏技术师范学院党委办公室、院长办公室秘书（副科级）；2005年7月至2008年7月，为江苏技术师范学院正科级干部；2008年7月至2009年12月，为江苏技术师范学院副处级干部；2009年12月至2012年12月，任江苏技术师范学院后勤服务总公司副总经理(其中2008年7至2011年3南京林业大学经济管理学院农村与区域经济发展专业学习);2012年12月至2015年7月,任江苏理工学院后勤服务总公司总经理;2015年7月至2017年8月,任江苏理工学院江苏省高等职业教育教师培训中心主任、全国职教师资培训重点建设基地办公室主任;2017年8月至2017年10月,任江苏省第十批科技镇长团金坛团团长、江苏理工学院江苏省高等职业教育教师培训中心主任、全国职教师资培训重点建设基地办公室主任。2017年10起,任现职。

王延胜

常州市金坛区人民政府副区长(挂职一年)、华泰证券常州分公司副总经理(主持工作)。

1975年6月生,汉族,江苏赣榆人,1998年6月加入中国共产党,2001年8月参加工作,硕士研究生学历。

1994年9月至1998年6月,在南京农业大学国际金融专业本科学习;1998年9月至2001年7月,在南京农业大学农业经济管理专业研究生学习;2001年8月至2003年8月,任华泰证券资产管理总部技术主办、高级经理E;2003年8月至2005年3月任华泰证券上海总部受托资产管理、高级经理E、客户经理;2005年3月至2016年11月,历任华泰证券市场营销部员工、华泰证券固定收益部员工、华泰证券宜昌隆康路营业部副总经理、华泰证券南昌井冈山大道营业部总经理、华泰证券南京广州路营业部总经理、华泰证券南京户部街营业部总经理;2016年11月至2017年4月,任华泰证券常州分公司副总经理(主持工作)。2017年4月起,任现职。

凤启龙

常州市金坛区人民政府副区长(挂职两年)、金坛华罗庚科技产业园党工委副书记、东南大学公共卫生学院党委副书记、副院长。

1980年1月生,汉族,陕西岐山人,2003年11月加入中国共产党,2004年6月参加工作,大学文化。

2000年9月至2004年6月,在东南大学公共卫生学院劳动与社会保障专业本科学习;2004年6月至2008年8月,任东南大学信息学院团委书记;2008年8月至2011年5月,任东南大学医学院团委书记;2011年5月至2013年10月任东南大学团委宣传部部长、文体部部长(其中2010年9月至2012年10月东南大学马克思主义学院马克思主义理论专业硕士学位学习);2013年10月至2016年1月,任东南大学党委办公室秘书(正科级)2016年1月至2017年7月,任东南大学公共卫生学院党委副书记、副院长。2017年7月起,任现职。　(夏　冰)

中共十九大代表

邓建军

江苏黑牡丹(集团)股份有限公司技术总监。2017年6月30日,在江苏省党代表会议上被选为中共十九大代表。

1969年10月出生,常州市金坛区人。1992年4月加入中国共产党。1988年8月从常州轻工业学校(常州轻工职业技术学院前身)中专工业电气自动化专业毕业后,分配进黑牡丹公司电子组当维修工。他立足岗位,踏实工作,不断钻研,努力创新,成为中国“知识型产业工人”的代表。在担任邓建军科研组组长期间,于1991年9月至1996年12月参加江苏省高等教育自学考试(微机及应用专业),1996年9月至2002年3月在江苏大学学习计算机应用专业。1999年8月任黑牡丹公司主任工程师,2004年5月被评为高级技师,同年12月晋升为高级工程师。2006年6月起任副总工程师。2009年,常高新集团对黑牡丹公司进行重组后,被聘任为技术总监。

29年来,邓建军和他的团队参与的技术改造超过400项,获得国家发明专利8项,实用新型专利11项。他自主开发的染色机在线控制和检测系统成功应用于所有染色生产线,填补了该领域的世界空白。他主持的“低碳节水型牛仔纱线清洁染色关键技术研发”项目,达到国际先进水平。2001年被评为江苏省劳动模范,2003年获全国“五一劳动奖章”,被评为全国职工职业道德建设十佳标兵,2004年获全国技术能手称号,2005年获全国劳动模范、江苏省十大优秀共产党员标兵称号,2006年获国家劳动和社会保障部中华技能大奖。2009年9月被评为100位新中国成立以来感动中国人物之一。2017年10月被中国纺织工业联合会等命名为首届“中国纺织大工匠”,2018年1月被省政府授予“江苏大工匠”称号。他还先后当选为中共十七大、十八大代表,中国工会十四大代表,中共江苏省第十一次、十二次、十三次代表大会代表,中共江苏省第十二届、十三届委员会候补委员,江苏省总工会副主席,中共常州市第九次、十次代表大会代表等。

(陈书明)

加拿大工程院院士

杨天若

浙江大学常州工业技术研究院智慧城市研究中心主任,国家“千人计划”特聘教授。2017年6月当选为加拿大工程院院士。

1970年11月出生,常州市金坛区人。1987年考入清华大学计算机系学习。2006年获加拿大维多利亚大学计

算机科学博士学位,2009 年起任加拿大圣西维尔大学终身教授。2010 年入选国家“千人计划”,2012 年入选江苏省高层次创新创业人才引进计划,2013 年入选江苏省六大人才高峰第十批高层次人才项目。

杨天若研究领域包括并行和分布计算、嵌入和普适计算、大数据、信息—物理—社会系统(CPSS)。在这些领域中,共计发表 300 多篇著名国际期刊论文。曾担任 10 多个 IEEE(电气和电子工程师协会)国际重要学术会议的指导委员会主席,包括 IEEE 超级计算与应用(TCSA)技术委员会副主席(2000—2004 年);IEEE 可扩展计算(TCSC)委员会主席(2008—2011 年)和 IEEE 普适计算与智能工作组主席(2009—2013 年)。作为多个国际重要学术期刊的主编及编委,同时也是多个国际著名出版社出版的 30 余本学术著作的作者或编者,其中《移动智能》一书获 2010 年美国出版协会学术卓越奖(PROSE Award)工程和技术类第二名。还获得多项最佳论文奖,包括 IEEE 第二十届高级信息网络和应用国际会议(AINA—06);1 项最佳论文提名;2 项杰出成就奖(2005 年、2011 年);1 项加拿大政府基金会创新奖(2003 年)。曾在 40 多个国际主要学术会议与研讨会上作大会特邀主题报告。　(陈书明)

国家级荣誉获得者

许海连

1982 年 6 月出生,江苏溧阳人,2003 年 8 月参加工作,2002 年 4 月加入中国共产党,本科学历,工学学士。现任中共常州市金坛区委办公室副主任、区委督查室主任。2017 年 5 月被共青团中央授予“全国优秀共青团干部”荣誉称号。

许海连先后在团省委机关和团市(区)委工作,始终做到忠诚党的事业、热爱团的岗位、竭诚服务青年,紧紧围绕党政中心大局和青年发展需求,认真履职,扎实工作,推动金坛区共青团工作不断取得新的进步和发展。担任团区委书记期间,组织实施的多个工作品牌和项目获得团中央、团省委各类表彰,团区委先后获评全省基础团务工作先进县(区)、江苏共青团十佳理论学习型团组织等荣誉。　(夏　冰)

史国生

1964 年 8 月出生,国家二级艺术监督。常州市金坛区锡剧团(华罗庚艺术团)团长。2017 年被中央精神文明建设指导委员会评为“全国未成年人思想道德建设先进工作者”荣誉称号。

2002 年,他带领锡剧团率先开启文化体制改革,走向市场,开始艰苦的创业路程。凭着他对事业的挚爱、执着的精神、韧劲的意志,创新的思路和敏锐的嗅觉,剧团成功转型,也由此名声大振。以现实题材、具有金坛特色的原创儿童剧为龙头,先后创作了《少年华罗庚》《飞吧,大雁》《永远的雪梅》《留守小孩》《黎明的河边》《从长荡湖来的女孩》《田梦儿》《寻找红头发》《青铜葵花》九部儿童剧,演出 8000 多场,观众达 800 万人次,并在全国性展演中屡屡获奖。原创剧《留守小孩》先后获全国第十二届精神文明建设“五个一工程”奖,入选国家舞台艺术精品工程精品剧目,获第七届全国儿童剧优秀剧目展优秀剧目奖,获第 21 届上海白玉兰戏剧表演艺术奖“集体奖”,创造了金坛区文艺精品摘取国家级综合性最高荣誉的历史。史国生先后获金坛市劳模、江苏省“三创三先”之星、江苏省有突出贡献的中青年专家、江苏省文化科技卫生先进个人、第六第九届上海优秀儿童剧展演活动“优秀前台工作者”、常州市劳模、中国好人等荣誉称号。　(夏　冰)

陆旭东

常州市公安局金坛分局交警大队警卫警务中队指导员,2017 年 8 月,被中央文明办授予“中国好人”称号。

2006 年 10 月,陆旭东从部队转业至今一直在城区交通管理第一线工作,从基层交警到中队干部,他始终把道路畅通,群众满意作为努力目标,在平凡岗位上做出不平凡的业绩。无论刮风下雨还是严寒酷暑,他坚持在学校上学、放学高峰期准时到华罗庚实验学校大门口执勤,帮家长打开车门抱下学生,背起书包,护送孩子进校门,成为华罗庚实验学校南大门一道特殊风景线;他坚持每天带头并组织警组人员在上下班高峰时准点赶到虹桥菜市场路段疏导交通,习惯地将停放在机动车道上的非机动车辆一一搬到停放处,使交通秩序井然,成为人民群众心中爱戴的“黑皮警察”;他坚持为民解难事,洪(雨)水中帮群众推车,扶老(盲)人过马路,送迷路老人回家,成为他执勤工作的家常事;十一年如一日,他坚守十字路口,用交警最标准的手势指挥来往车辆通行,让道路无阻,忠诚履行一个人民交警为人民的职责。他所带警组一直是执法工作的领头羊,分管的各岗亭是公认的形象示范岗。他先后被评为全国优秀人民警察,江苏省最美警察、江苏省“十大执法爱民”交巡警、江苏省模范军队转业干部,常州市道德模范、常州市创先争优优秀共产党员、立一、二、

三等功各1次,被省文明办、市文明办授予"江苏好人""最美常州人""常州好人"等称号。（夏　冰）

省部级劳动模范、先进生产(工作)者

吴长荣

1963年8月生,常州金坛区人,高中文化。1991年7月年加入中国共产党。1980年7月参加工作,任朱林镇建设所副所长,1984年5月在金坛县建设局工作,1991年7月任朱林镇建设所所长,1995年11月起任朱林镇文体工作站站长,2014年兼任朱林镇体育总会会长。

任职以来,关注基层群众体育事业发展,向镇党委政府积极建言,提议把文化体育建设作为推动农村发展的战略重点,切实保障人民群众文化体育权益,满足人民群众文体需求。镇党委政府采纳他的意见,投入600多万元,在全镇实施群众文化体育设施建设提升工程。先后建议镇政府建设镇综合文体服务中心,建筑面积达到3000平方米。同时,对全镇9个行政村整合基层公共服务设施资源,完成"一村一场一中心"项目建设,实现行政村全覆盖。他在健全群众体育队伍、优化资源、丰富活动、提高服务、加强管理等方面率先实践,形成特色。2010年被省文化厅评为江苏省优秀文体站站长,2017年被国家体育总局授予"全国群众体育工作先进个人"称号。（韩献忠）

朱国杰

1966年12月生,常州金坛区人,大专文化。1987年8月参加工作,1994年7月入党。1985年9月至1987年7月在江苏省警校常州班就读,毕业后历任民警、派出所副教导员、所长。2010年2月起任金坛市公安局交警大队大队长。2015年5月起,任常州市金坛区信访局局长。任职两年来,他先后接访群众320批825人次,处理规模性集访事件40余起,化解信访积案30余件。

为了做好中央十九大安保维稳工作,他将做好重点信访问题的化解和信访人的稳控工作作为主攻方向,注重加强教育疏导与人文关怀相结合的工作方式,以法律法规宣讲、面对面谈心交流,着力消除非访重点人员的负面情绪,先后有效处理处置各类涉稳线索36条,稳控各类利益群体4个,劝返在京人员6名,劝退赴京车票17张,源头化解各类矛盾纠纷79起。中央十九大安保维稳工作期间,金坛区重点地区非正常上访数、在京社会面查控登记数和到中纪委、最高院、最高检上访滋事数均为零。他被江苏省委、省政府评为"全省党的十九大安保维稳工作先进个人"。（夏　冰）

丁良浩

武警南京市消防支队方家营中队中队长助理,三级警士长警衔。2017年被中共江苏省委政法委评为"忠诚卫士",被公安部评为全国优秀人民警察。

1982年10月出生,常州市金坛区指前镇清水渎村人,2000年12月入伍,中共党员。作名一名消防战士,丁良浩用自己的满腔热血守护人民的生命财产安全。入伍17年来,他参加了3000多次灭火救援战斗,营救遇险群众200余人,是公认的"火场上的尖兵,抢险中的精英"。先后出色地完成了2007年南京金桥市场火灾扑救、2008年抗震救灾、2014年青奥会安保和2016年靖江德桥仓储有限公司火灾扑救等任务,荣立一等功2次,二等功1次,三等功8次,曾被公安部评为"全国现役消防部队优秀士官"、公安现役部队优秀共产党员,被江苏省消防总队评为"全省十佳基层士兵",被省公安厅评为"江苏最美警察",被南京市评为"十大杰出青年"等,并获"士官优秀人才一等奖"。2017年5月19日,在北京人民大会堂召开的全国公安系统英雄模范立功集体表彰大会上,丁良浩作为消防官兵的代表,与全国公安英模代表一起,受到习近平总书记、李克强总理等中央领导的亲切接见。（陈书明）

倪明辉

1972年3月生,汉族,金坛儒林人,1992年11月参加工作,2001年6月入党。本科学历,现任常州市金坛区、溧阳市长荡湖水产管理委员会管理处一中队中队长。

倪明辉爱岗敬业,他利用夜晚和节假日时间,深入渔民家中开展渔业资源养护、渔政"打非治违"和渔业安全生产宣传。在抗御2016年特大洪涝灾害中,他连续十多天坚守在防汛抗洪第一线。6月30日深夜,他突然接到群众求救信息,一渔民心存侥幸不肯撤离,被洪水围在湖中央。他二话不说,驾艇赶到湖中央,在倾盆大雨和一片漆黑的湖面搜索了近半个小时,将被围困的渔民成功解救。仅2015年、2016年,他搜索并成功解救的渔民12人,整个长荡湖未发生一起人员伤亡事故。2017年12月21日,被农业部授予"全国渔业文明执法窗口执法骨干"荣誉称号。（夏　冰）

（编辑　夏　冰）

荣誉栏

2017 年金坛区获得综合荣誉情况一览表

表 54

荣誉称号	授予单位	授予时间
金坛茅山中国森林氧吧	国家林业局	2017 年 12 月
渔业健康养殖示范县	农业部	2017 年 10 月
2016 年度全省兽医工作绩效管理考核“先进县”	省农委	2017 年 3 月
中国绿水青山生态强县	中国互联网新闻中心	2017 年 12 月
2015—2017 年度江苏省文明城市	省精神文明建设指导委员会	2017 年 2 月
2016 年全省秸杆禁烧工作优秀地区	江苏省环境保护委员会	2017 年 5 月
2016 年度平安区	江苏省社会综合治理委员会	2017 年 7 月
全省粮食安全工作先进集体	江苏省粮食局、省人力资源和社会保障厅	2018 年 2 月
“长安杯”创建及党的十九大安保维稳工作先进集体	中共常州市委、常州市政府	2017 年 12 月

2017 年度国家部、委、局等表彰的先进集体情况一览表

表 55

获奖单位	荣誉称号	授予单位	授予时间
常州市金坛地方税务局第三分局	全国青年文明号	共青团中央等 22 个单位	2017 年 3 月
常州市金坛区、溧阳市长荡湖渔政监督大队	“亮剑 2017”渔政专项执法行动先进集体	农业部	2017 年 12 月
常州市金坛区、溧阳市长荡湖渔政监督大队	全国渔业文明执法窗口单位	农业部	2017 年 12 月
常州市金坛区农林局	2017 年全国永久基本农田划定工作表现突出单位	农业部、国土部	2017 年 11 月

2017 年度金坛区获评省条线先进集体情况一览表

表 56

单位名称	荣誉称号	授予单位	授予时间
金坛区国家税务局团委	江苏省五四红旗团委	省团委	2017 年 5 月
金坛区委老干部局	全省老干部工作先进集体	中共江苏省委组织部、省委老干部局、省人力资源和社会保障厅	2017 年 12 月
金坛区农林局	江苏省现代渔业建设先进集体	省海洋渔业局	2017 年 1 月
金坛区农林局	2016 年全省农经农业系统工作效能建设成效显著单位	省农委	2017 年 3 月

续表56

单位名称	荣誉称号	授予单位	授予时间
金坛区审计局	2016年度全省审计信息宣传工作成绩突出的县级审计机关	江苏省审计厅	2017年11月
金坛区委农工办	全省农经农业系统工作效能建设成效显著单位	省农委	2018年1月
金坛区规划局团支部	江苏省五四红旗团支部(总支)	共青团江苏省委	2017年5月
区安监局	非煤矿山安全监管先进集体	省安监局	2018年1月
金坛区委宣传部	2016年度全省基层党员冬训工作示范县(市、区)	江苏省委组织部、省委宣传部	2017年7月
金坛区信访局	全省信访先进集体	江苏省人力资源和社会保障厅、省信访局	2017年2月
金坛区科学技术局	2017年度江苏省科技工作先进集体	省科学技术厅	2018年1月
区人武部	军事训练先进单位	省军区	2017年12月
金坛区人力资源服务有限责任公司	2016年度全省诚信人力资源服务机构	省人社厅	2017年9月
金坛区环保局	“有准备、有担当、有能力”环境应急比武表现突出集体	江苏省环保厅	2017年12月
金坛区科协	县级科协创新能力提升计划优秀单位	省科协	2017年1月
国网常州市金坛区供电公司	江苏省五四红旗团委	共青团江苏省委	2017年5月
金坛区国家税务局	江苏省五四红旗团委	共青团江苏省委	2017年5月
金坛区规划局	江苏省五四红旗团支部(总支)	共青团江苏省委	2017年5月
金坛区直溪镇	全省团属报刊宣传工作先进单位	共青团江苏省委	2017年8月
金坛区农林局	全省行政服务十佳窗口	省农委	2017年1月
金坛区农林局	江苏省水生动物疫病监控工作先进集体	省海洋渔业局	2017年3月
金坛区农林局	江苏省渔业科技入户工程先进集体	省海洋渔业局	2017年1月
滨湖派出所	全省优秀公安派出所	省公安厅	2017年1月
直溪派出所	全省优秀公安基层单位	省人社厅、公安厅	2017年5月
治安大队	党的十九大安保维稳工作先进集体(集体二等功)	省公安厅	2017年11月
情报中心	2016年度全省公安优秀内网网站	省公安厅	2017年1月
金坛区纪委、监察局	全省纪检监察信访举报工作先进单位	省纪委、监察厅	2017年9月
金坛区知识产权局	2017年度江苏省知识产权工作成绩突出单位	省科学技术厅、省知识产权局	2018年1月

2017年度金坛区获评常州市级先进集体情况一览表

表57

单位名称	荣誉称号	授予单位	授予时间
区安监局	“长安杯”及党的十九大安保维稳工作先进集体	常州市委、市政府	2017年12月
区委宣传部	常州市第八届精神文明建设“五个一工程”组织工作奖	常州市委、市政府	2017年12月

2017年度金坛区获评省条线先进个人情况一览表

表58

姓 名	单位职务	荣誉称号	授予单位	授予时间
汤国华	金坛区委老干部局生活服务科科长	全省优秀老干部工作者	中共江苏省委组织部、省委老干部局、省人力资源和社会保障厅	2017年12月
沙 莎	常州市公安局金坛分局	江苏省优秀共青团干部	共青团江苏省委	2017年5月

续表

姓　名	单位职务	荣誉称号	授予单位	授予时间
薛　明	金坛区薛埠镇	江苏省优秀共青团干部	共青团江苏省委	2017年5月
冉　贤	常州市公安局金坛分局	江苏省“我们身边的好青年”	省文明办、团省委、省通信局、省青联	2017年
袁海涛	共青团常州市金坛区委	全省团属报刊宣传工作先进个人	共青团江苏省委	2017年8月
张　健	常州市金官农业科技发展有限公司	江苏省农村青年致富带头人	共青团江苏省委、江苏省农业委员会	2017年3月
黄国良	区地税局	2016年度参加省局大企业税收风险管理工作先进个人	江苏省地方税务局	2017年1月
李月香	金坛地税一分局副分局长	第二批省级“首席办税员”	江苏省地方税务局	2017年8月
朱建清	区人武部政委	个人三等功	省军区	2017年12月
金　峰	区人武部军事科科长	基层武装工作先进个人	省军区	2017年12月
汤云峰	区纪委信访室主任、区委巡察办副主任	全省纪检监察系统先进工作者	省纪委、省人社厅	2017年9月
张　华	区安监局监管理二科科长	全省安全监管监察系统先进工作者	省人社局、省安监局、省煤监局	2018年1月
张海平	区安监局监察大队副大队长	非煤矿山安全监管先进个人	省安监局	2018年1月
尹文娟	金坛区委农工办经管科副科长	全省农村产权交易市场建设先进工作者	中共江苏省委农村工作办公室、江苏省农村综合改革办公室	2017年11月
李　垚	金坛区委农工办发展科科员	全省农工办系统先进工作者	中共江苏省委农村工作办公室	2018年4月
朱月华	东城所社区巡防中队中队长	全省优秀人民警察	省公安厅、省人社厅	2017年5月
葛　江	刑警大队副大队长	全省优秀人民警察	省公安厅、省人社厅	2017年5月
李　龙	金坛区直溪畜牧兽医站副站长	全省动物检疫技术标兵	省农委	2017年11月
潘　伟	金坛区指前畜牧兽医站	全省动物检疫技术标兵	省农委	2017年11月
沈云清	金坛区林业站副站长	江苏省湿地保护先进个人	省林业局	2017年10月
丁彩霞	金坛区农林局水产科科长	江苏省水生动物疫病监控工作先进个人	省海洋渔业局	2017年3月
钱　俊	金坛区农机推广站站长	江苏省农机安全监理示范岗位标兵	省农机局、省安监局	2017年9月
周　威	金坛区水产站副站长	江苏省水产技术推广系统先进个人	省渔业技术推广中心	2017年2月
王　震	金坛区环境监察大队信访室副主任	“有准备、有担当、有能力”环境应急比武表现突出个人	江苏省环保厅	2017年12月
王先彪	区法院	个人二等功	江苏省高级人民法院	2017年
周永新	区法院	十九大安保维稳先进个人	江苏省高级人民法院	2017年

2017年度金坛区获评常州市级先进个人情况一览表

表59

姓　名	单位职务	荣誉称号	授予单位	授予时间
谢长春	金坛区信访局副局长	“长安杯”创建及党的十九大安保维稳工作个人三等功	中共常州市委、常州市政府	2017年12月
刘国荣	金坛区民政局局长	“长安杯”创建及党的十九大安保维稳工作个人三等功	中共常州市委、常州市政府	2017年12月
程慧杰	区委政法委综合科科长	“长安杯”创建及党的十九大安保维稳工作个人二等功	中共常州市委、常州市政府	2017年12月
严　冬	金城派出所所长	常州市劳动模范	常州市政府	2017年4月
庄金忠	治安大队大队长	“长安杯”创建及党的十九大安保维稳工作先进个人(个人三等功)	常州市委	2017年12月

（编辑　汤芬娣）

江苏省人民政府
关于调整常州市金坛区土地利用总体规划的批复

苏政复〔2017〕52号
（2017年6月26日）

常州市人民政府：

你市《关于请求审批金坛区土地利用总体规划调整完善成果的请示》（常政发〔2017〕44号）收悉。现批复如下：

一、原则同意金坛区及所辖东城街道、西城街道、尧塘街道、薛埠镇、直溪镇、朱林镇、指前镇、金城镇、儒林镇9个镇(街道)土地利用总体规划调整方案。

二、切实加大耕地保护力度。你市要指导金坛区认真落实最严格的耕地保护制度，切实履行耕地保护责任，不断加大耕地补充力度，实现耕地数量、质量、生态“三位一体”保护。确保规划期内金坛区耕地保有量不低于42073.3公顷，基本农田保护面积不低于35521公顷。

三、严格控制建设用地规模。你市要指导金坛区认真落实最严格的节约用地制度，实行建设用地总量与强度双控，不断优化建设用地结构和布局。到2020年，金坛区建设用地总规模应严格控制在18604.7公顷以内。本次规划调整完善安排金坛区规划流量指标1000公顷，划定村镇建设用地控制区1441.5公顷。你市应督促金坛区加大建设用地复垦力度，确保流量指标按期归还。

四、充分发挥规划管控作用。你市要指导金坛区严格土地用途管制和建设用地空间管制，规范各业各类用地符合土地用途管制要求，引导各类建设用地科学布局、有序利用。充分发挥土地利用总体规划在空间规划体系中的基础作用，统筹各业各类用地，保护生态环境，保障土地资源可持续利用。

五、认真组织规划实施。你市要指导金坛区依据经批准的规划调整方案，及时做好土地利用总体规划数据库更新。认真落实规划提出的各项任务和措施，规范规划实施管理，提高规划实施效率，确保实现规划目标。

中共常州市金坛区委
常州市金坛区人民政府
关于统筹推进城乡改革提升农业农村发展新动能的意见

坛发〔2017〕1号
(2017年3月10日)

各镇党委和人民政府,各街道党工委和办事处,各园区党工委和管委会,区各部委办局,各区管国有公司、区直属单位:

为深入贯彻习近平总书记系列重要讲话精神,认真落实中央、省市决策部署,推进农业供给侧结构性改革,全面推进落实两个加快,着力培育新动能、打造新业态、扶持新主体、拓宽新渠道,加快全区农业现代化建设,为在苏南板块快速崛起夯实基础,现就2017年和今后一个时期全区"三农"工作提出如下意见:

一、着力推进农业结构调整

1. 培育壮大特色优势产业。实施农业结构调整"2222工程",不断提升优质稻米、现代园艺、特种水产、规模畜禽等特色优势产业发展水平,新增造林466.67公顷、种植珍贵树种50万株,重点打造10个以上特色产业集聚区,新创常州市级以上农业园区2个,争创全国畜牧业绿色发展示范县和渔业健康养殖示范县。

2. 强化农产品质量安全建设。强化风险分级管理和属地责任,大力发展无公害、绿色、有机食品和地理标志农产品。建立健全村级协管员队伍,强化重大动物疫病防控和疫情监测、应急处置,开展农产品合格证试点。加强农业品牌整合,强化"三品一标"认证,聚力打造"金坛雀舌"、"长荡湖大闸蟹"等区域公共品牌。2017年,新申报地理标志证明商标2件。

3. 培育农业农村新产业新业态。加强重点发展区域规划,强化用地保障,鼓励农户充分利用自有宅基地、住房资源,建设、改造和经营农家客栈和家庭旅馆,引导各类市场主体加快发展乡村休闲旅游和民宿经济,拓展农业产业链和价值链,让农民分享增值收益。推广"旅游+"、"生态+"等模式,启动省级休闲观光主题农园创建,积极筹办茅山道文化养生节,办好湖鲜美食节、上阮赏花季等特色节庆活动,推进一、二、三产深度融合,争创一批国家级、省级休闲观光农业和乡村旅游示范村。

4. 积极发展农业适度规模经营。推行经营权流转、股份合作、土地托管、代耕代种、联耕联种等方式,引导发展村办农场和村办合作农场,大力培育新型农业经营主体和生产性服务主体。加快家庭农场规范发展和提档升级,重点发展6.67~20公顷左右的适度规模家庭农场,鼓励兴办劳务、休闲观光等新型合作社及联社。鼓励农业龙头企业以品牌嫁接、资本运作、产业延伸等方式联合重组,积极推进企业上市,重点打造2~3个年销售收入5亿元以上的龙头企业,新增省级农业龙头企业1~2家,培育示范家庭农场25家、星级示范社20家。

5. 提升农业绿色发展水平。大力推进农业面源污染治理,开展化肥使用量减量和农药使用量零增长行动。大力推进畜禽养殖污染综合防治,对禁养区内确需关闭的养殖场坚决关停,有序推进非禁养区养殖场整治提升。建成病死动物无害化处理场所和配套的收集转运体系。推进农作物秸秆多种形式利用,秸秆综合利用率和大中型畜禽养殖场粪便利用率达到96%以上。

6. 增强农业物质技术装备支撑能力。加快发展钢架大棚、智能温室等高标准设施,实施百亩连片池塘标准化改造,新增高效设施农(渔)业面积333.33公顷以上。主推水稻机插、田间管理、收获、还田和烘干五大技术全程机械化,2017年,全区农业机械化水平力争提高1.5个百分点。整村整镇推进主要农产品种植区高标准农田建设,新建高标准农田833.33公顷。

7. 提升科技和信息化水平。支持农业企业与科研院校联合组建科研机构,形成自主创新成果。深化"五有"乡镇农技推广服务中心和标准化畜牧兽医站建设。积极推进供销合作社综合改革,着力打造"三体两强"基层社。扶持农业"三新"工程项目,创建常州市级以上农业科技综合示范基地2~3个。加快"互联网+"现代农业发展,探索推进"一村一品一店"模式,新增智慧农业示范点3个,农业信息化覆盖率达到62%,物联网技术应用面积增长20%以上。农业电商网络营销额增长20%以上。

二、着力促进农民持续稳定增收

8. 推动农民创业就业。完善就

业援助制度，重视发挥农村能工巧匠作用，提升就业系统和"互联网＋就业创业"服务平台，实施农民职业技能提升计划，支持企业开展农民工在岗技能培训。2017年培育新型职业农民1500人以上，新型职业农民占比提高3个百分点，新增农村劳动力转移2000人。实施农村创业富民行动，扶持农村劳动力自主创业400人。

9. 壮大村级集体经济实力。进一步出台财政扶持政策，鼓励通过资源开发利用、物业管理、混合经营、异地置业等多种实现形式提高村级经营性收入。鼓励以出租、合作等方式盘活利用农村存量集体建设用地和空闲农房及宅基地，增加财产性收入。鼓励整合利用集体积累资金、财政奖补资金、社会帮扶资金等，通过村与村合作、村企联手共建、扶贫开发等形式，发展壮大集体经济实力。到2020年，重点培植村级集体发展综合实力20强、发展活力20优的典型，其中入围常州市50强10个以上。

10. 全面落实强农惠农政策。落实和完善农业"三项补贴"改革政策，重点支持耕地地力保护和粮食产能提升。明确财政扶持重点，加大对基础设施建设、综合开发、农业结构调整、农业投入品、农机具购置等支持力度。完善财政生态补偿机制，加大农业生态环境保护力度。健全财政转移支付方式和支农资金项目管理方式，推行"先建后补、以奖代补"财政支农奖补模式。推进粮食收储制度改革，严格执行保护价收购政策。完善地方储备粮承储、轮换管理。支持家庭农场、合作社科学储粮。

11. 深入实施精准扶贫精准脱贫。主动对接茅山老区"百千万"帮扶工程、扎实推进第五轮结对帮扶和建档立卡低收入农户精准扶贫脱贫、危房改造工作。强化帮扶对象、帮扶措施、帮扶责任"三落实"，做到不脱贫、不脱钩，确保农村低收入人口"一个不少、一户不落"地实现脱贫目标。2017年，全区经济薄弱村村级集体经营性收入年增长10%以上，实现脱贫2000户以上。

三、着力培育农业农村发展新动能

12. 深化农村土地"三权分置"改革。落实农村土地"三权分置"意见，巩固农村土地承包经营权确权登记成果和调解仲裁体系建设，有序推进确权登记颁证成果应用试点。积极推行"实物计租、货币兑现"的土地租金定价机制，兼顾流转双方合理收益。

13. 推进农村土地使用制度改革。启动农村宅基地置换城镇住房试点，建立宅基地自愿有偿退出机制。完善新增建设用地保障机制，按比例提留新增建设用地指标用于支持农村新产业新业态发展。在符合土地利用总体规划的情况下，允许村庄整治、宅基地整理等节约的建设用地，通过入股、联营等方式，支持乡村旅游、养老等产业发展和农产品冷链、加工、仓储等设施建设。

14. 推进农村集体资产股份改革。扎实做好农村集体经济组织成员资格认定，推进社区股份合作制改革，推动经营性资产折股量化。2017年，重点推进城中村、城郊村和经济发达村的社区股改，力争70%的村完成改革任务，2020年全面完成改革。引导农村产权规范流转和交易，建立区、镇二级市场体系，并联网市级市场。2017年区农村产权交易市场正式运行，镇（街道）农村产权交易服务站实现全覆盖。

15. 优化农村金融服务。支持金融机构优化农村网点服务，引导金融机构加大对新型农业经营主体和农村小微企业以及农业科技创新、农村绿色发展的支持。鼓励符合条件的农民合作社开展内部信用合作。持续提升农业保险保障水平，稳步推进渔业养殖保险创新试点和农机综合保险。主要种植业承保面积达100%，高效农业保险覆盖面稳定在60%以上。

16. 统筹推进农村其他改革。引导新型农业经营主体加入或创办农民用水合作组织，带动社会资本投入农田水利工程建设和管理。深化农村泵站（涵闸）、圩堤、河道、田间工程四位一体管护。全面完成小型水利工程体制改革，进一步推进区镇"河长制"管理。推进河湖管理体制创新全国试点，完成河湖及水利工程管理范围划界省级试点。

四、着力保障和改善农村民生

17. 统筹城乡发展规划建设。编制空间发展总体规划，推进经济社会发展规划、城乡规划、土地利用规划等"多规合一"；完善产业新镇总体规划，推进产镇融合发展，加快中心镇规划建设，逐步培育特色小镇。优化村庄布局规划，有序组织编制村庄规划。统筹推进城乡交通、水利、电力、电信、环保等基础设施建设，促进城乡互联互通、共建共享。全面完成120千米"四好农村路"及农村公路提档升级，推进新孟河延伸段、圩区防洪除涝、丘陵山区水库及重点塘坝除险加固等工程。加快农村地区光纤宽带网络、4G通讯网络、无线局域网络、气象灾害防御体系建设。

18. 开展农村人居环境和美丽乡村建设。强化村庄环境长效管理制度，开展农村垃圾减量化和资源化利用，建立污染治理长效机制。按照"点上出新、线上出彩、面上成景"的要求，统筹推进新一轮美丽乡村建设，到2020年，力争建成美丽乡村示范群3个以上，中国美丽乡村1个以上。

19. 提升农村基本公共服务水平。推动公共服务全面向农村延伸。完善各类学校均衡布局，推进村（社区）综合文化服务中心建设，加强人口健康信息化建设，完善城乡统一的基本医疗保险制度，逐步实现与常州主城区保障标准接轨。做好农村低保兜底工作。

五、着力加强和改进"三农"工作领导

21. 加强农村基层党组织建设。严格落实基层党建工作责任制，切实加强基层党组织建设，全面规范基层党组织生活。集中开展新任村党组织书记培训，进一步落实村党组织书记"5A"制晋档升级管理，完善定档定酬、动态考核长效机制。充分发挥村党组织第一书记作用，促进抓党建促脱贫攻坚工作。从严管理农村党员干部队伍，坚决查处发生在农民身边的腐败行为。

22. 创新乡村治理机制。发挥好基层党组织核心作用，完善基层民主自治制度。加强村务监督委员会建设，健全村务监督机制。加强农村精神文明建设，提升农民思想道德和科学文化素质，培育优良家风、文明乡风和新乡贤文化。强化农村社会综合治理，提高农村社会矛盾预防和化解水平。推进农村社区“三社联动”，提升社区管理服务能力。

23. 弘扬求真务实工作作风。坚持问题导向，全面开展走村入户大走访活动，深入基层调查研究，了解基层所需、群众所急、农民所困，梳理情况、形成清单、推动解决基层发展和群众关系的现实利益。健全抓落实的工作机制，以“苦干实干、正气大气”的务实作风，将“三农”工作目标任务落实到具体项目、工程、实事和行动上，确保农村各项政策措施落地见效。加大“三农”工作宣传力度，为农村改革发展稳定营造良好氛围。

中共常州市金坛区委
常州市金坛区人民政府
关于在全区全面推行河长制的实施意见

坛发〔2017〕24 号

（2017 年 5 月 23 日）

各镇党委和人民政府，各街道党工委和办事处，各园区党工委和管委会，区各部委办局，各区管国有公司、区直属单位：

全面推行河长制，是落实绿色发展理念、推进生态文明建设的内在要求，是解决复杂水问题、维护河湖库健康生命的有效举措，是完善水治理体系、保障水安全的制度创新。为进一步加强全区河湖库管理与保护，健全河湖库管理保护长效机制，根据省、市相关文件精神，结合金坛实际，现就在全区全面推行河长制提出如下实施意见：

一、总体要求

（一）指导思想。深入学习贯彻习近平总书记系列重要讲话精神，全面贯彻省、市党代会系列部署要求，有效落实区第十三次党代会精神，牢固树立新发展理念，认真践行新时期治水方针，以保护水资源、防治水污染、治理水环境、修复水生态为主要任务，在全区河湖库全面推行河长制，构建责任明确、协调有序、监管严格、保护有力的河湖库管理保护机制，统筹推进河湖库功能管理、资源保护和生态环境治理，坚决打赢治水攻坚战，切实维护河湖库健康生命，实现永续利用，为我区建成现代产业集聚区、生态旅游休闲地、宜居宜业幸福城奠定坚实基础。

（二）基本原则

——坚持生态优先、绿色发展。把河湖库生态保护放在重中之重的位置，坚持绿色发展，处理好严格保护与合理利用、依法管理与科学治理、河湖库资源生态属性与经济属性等关系，促进河湖库休养生息。

——坚持党政主导、部门联动。建立健全以党政领导负责制为核心的责任体系，明确各级河长职责，调动多方力量，形成一级抓一级、层层抓落实、相关部门各负其责的工作格局。

——坚持因河施策、系统治理。立足不同地域、不同等级、不同功能的河湖库实际，统筹上下游、左右岸、干支流，实行“一河一策”，解决好河湖库管理保护中的突出问题。

——坚持依法管理、长效管护。推动河湖库依法管理，严格河湖库水域保护，提高河湖库自然岸带和生态岸带保有率，健全完善长效管护机制，提升河湖库综合功能。

——坚持强化监督、严格考核。建立健全河长制各项制度，严格监督考核和责任追究，拓展公众参与渠道，营造全社会共同关心、支持和参与河湖库管理保护的良好氛围。

（三）目标任务。通过全面推行河长制，到 2020 年全区现代化河湖库管理保护规划体系基本建立，河湖库管理机构、人员、经费全面落实，人为侵害河湖库行为得到全面遏制；长荡湖集中式饮用水水源地水质达标率 100%，13 个重点水功能区水质达标率 82%，“水十条”省考以上断面达标率 100%；全区总氮、总磷污染物排放量比 2015 年分别削减 15% 和 17%；地表水丧失使用功能（劣于Ⅴ类）的水体和城乡黑臭水体基本消除；河湖库资源利用做到科学有序，河湖库水域面积稳中有升，河湖库防洪、供水、生态功能明显提升，“互联互通、功能良好、水质达标、生态多样”的现代河网水系基本建成，群众满意度和获得感明显提高。

二、组织形式

（一）河长制建立范围。在全区范围内全面推行河长制，实现河道、湖泊、水库等各类水域河长制管理全覆盖。

（二）总体构架。建立区、镇（街道）、村三级河长体系。区、镇（街道）二级设立总河长，成立河长制办公室。跨镇（街道）及部分重要的河湖库由区设立河长，各镇（街道）相应设置河段河长。

（三）河长组织体系。区委书记、区长任总河长，区委副书记、常务副区长和分管水利的副区长担任副总河长，区委、区政府领导分别担任河长。各镇（街道）总河长由本级党委和政府主要负责人担任。

全区1条流域性河道（新孟河）以及1条区域性河道（丹金溧漕河）、6条重要跨县骨干河道（通济河、简渎河、尧塘河、湟里河、北干河、中干河）、1条重要县域河道（薛埠河）、1个省管湖泊（长荡湖）、1个市管湖泊（钱资湖）、1座中型水库（茅东水库）、2座国管小型水库（海底水库、新浮水库）和36条城区、集镇、跨镇重要河道，分别由区委、区政府领导担任河长（详见附表）。河湖库所在镇（街道）党政负责人担任相应河段河长。各级河长因职务调整发生变动的，接任者自动承担河长职责。

跨村河道、小型水库及10万立方米以上塘坝，由各镇党政负责人担任河长。

其它河道的河长，由各镇（街道）根据实际情况设定。

（四）河长制办公室。区级河长制办公室设在区水利局，承担全区河长制工作日常事务。区水利局局长担任区级河长制办公室主任，区水利局分管领导担任专职副主任，区住建委、农林局、环保局（太湖办）、城管局分管领导兼任副主任。区住建委、农林局、环保局（太湖办）、城管局等单位各安排1名业务科室负责人参与日常工作，其余领导小组成员单位明确1名业务科室负责人作为联络员。各镇（街道）参照区级"河长制"组织构架，设立镇级河长制办公室。

（五）工作职责。各级总河长是本行政区域内推行河长制的第一责任人，负责辖区内河长制的组织领导，协调解决河长制推行过程中的重大问题，并牵头组织督促检查、绩效考核和问责追究。副总河长协助总河长工作。

各级河长负责组织领导相应河道、湖泊、水库的管理、保护、治理工作，包括河湖库管理保护规划的编制实施、水资源保护、水域岸线管理、水污染防治、水环境治理、水生态修复、河湖库综合功能提升等；牵头组织开展专项检查和集中治理，对非法侵占河湖库水域岸线和航道、围垦河湖库、擅自取土、破坏河湖及航道工程设施、违法取水排污、违法捕捞及电毒炸鱼等突出问题依法进行清理整治；协调解决河道管理保护中的重大问题，统筹协调上下游、左右岸、干支流的综合治理，明晰跨行政区域的河湖库管理保护责任，实行联防联控；对本级相关部门和下级河长履职情况进行督促检查和考核问责，推动各项工作落实。

河长制办公室负责组织制定河长制管理制度；承担河长制日常工作，交办、督办河长确定的事项；分解下达年度工作任务，组织对下一级行政区域河长制工作进行检查、考核和评价；全面掌握全区河湖库管理状况，负责河长制信息平台建设；开展河湖库保护宣传。

各级河长、河长制办公室不代替各职能部门工作，各相关部门按照职责分工做好本职工作，并推进落实河长交办事项。河长办公室要制订出台部门工作职责，细化分解目标任务，指导各镇（街道）、各单位有序开展工作。

三、主要任务

（一）严格水资源管理。落实最严格的水资源管理制度，严守用水总量控制、用水效率控制、水功能区限制纳污"三条红线"，严格考核评估和监督。坚持以水定需、量水而行、因水制宜，根据当地水资源条件和防洪要求，科学编制经济社会发展规划和城市总体规划，合理确定重大建设项目布局。实行水资源消耗总量和强度双控行动，健全万元地区生产总值水耗指标、农业灌溉水利用系数等用水效率评估体系，层层分解落实任务。严格水功能区管理监督，根据水功能区确定的水域纳污容量和限制排污总量，落实污染物达标排放要求，切实监管入河入湖排污口，严格控制入河入湖排污总量。

（二）加强河湖库资源保护。依法制定河湖库管理保护规划，科学划定河湖库功能区划，加强河湖库资源用途管制，合理确定河湖库资源开发利用布局，严格控制开发强度，着力提高开发水平。加强河湖库岸线利用管控，强化岸线保护和集约节约利用。加强水域资源保护，严格执行《江苏省建设项目占用水域管理办法》，实行水域占用补偿、等效替代。落实湖泊渔业养殖规划，开展湖泊渔业综合治理。加大水生生物资源多样性保护和修复力度，保护挖掘河湖库文化和景观资源，实现人与自然和谐发展。

（三）推动河湖水污染防治。落实《江苏省水污染防治工作方案》，明确河湖库水污染防治目标任务，强化源头控制，坚持水陆兼治，统筹水上、岸上污染治理，加强排污口监测与管理。淘汰落后化工产能，推动化工企业入园进区，大幅减少化工行业向河湖污染物排放量。开展城乡生活垃圾分类收集，推进城镇雨污分流管网、污水处理设施建设和提标改造，提高村庄生活污水处理设施覆盖率，加强水系沟通，实施清淤疏浚，构建健康水循环体系。强化农业面源污染控制，优化养殖业布局，推进规模化畜禽养殖场粪便综合利用和污染治理。深入推进船舶污染防治，加强船舶污染应急能力建设。

（四）开展水环境综合治理。强化水环境质量目标管理，按照水功能区确定各类水体水质保护目标，全面开展水环境治理。深入推进饮用水水源地达标建设和规范化管理,切实治理各类环境隐患,保障饮用水水源安全。加强河湖库水环境综合整治,推进水环境治理网格化和信息化建设,建立健全水环境风险预警机制。结合城乡综合规划,因地制宜建设亲水生态岸线,加大黑臭水体治理力度,注重河湖水域岸线保洁,开展丹金溧漕河、通济河、薛埠河等航道洁化绿化美化行动,打造整洁优美、水清岸绿的河湖水环境。以生活污水、生活垃圾处理、河道疏浚整治为重点,综合整治农村水环境,推进水美乡村、美丽库区建设。

(五)实施河湖库生态修复。强化河湖库生态修复和保护,禁止侵占自然河、湖、库、湿地等水源涵养空间。加快实施长荡湖退圩还湖工程,大力推进河湖库水系连通工程建设,恢复增加水域面积。科学调度管理河湖库水量,维持河湖库基本生态用水需求,重点保障枯水期生态基本流量。强化山水林田湖系统治理,加大河湖库源头区、水源涵养区、生态敏感区保护力度。加强生态保护网建设,积极推进建立生态保护补偿机制,强化水土流失综合治理,建设生态清洁型小流域,维护河湖库生态环境。加强河湖库湿地保护,实行湿地用途管制,保证河湖库湿地资源总量不减少。

(六)推进河湖库长效管护。明确河湖库管护责任主体,落实管护机构、管护人员和管护经费,加强河湖库工程巡查、观测、维护、养护、保洁,完成河湖库管理范围确权划界,保障河湖库工程安全,提高工程完好率。推动河湖库空间动态监管,建立河湖库网格化管理模式,强化河湖库日常监管巡查,充分利用遥感等信息化技术,动态监测河湖库资源开发利用状况,提高河湖库监管效率。开展河长制信息平台建设,为河湖库管理保护提供支撑。

(七)强化河湖库执法监督。加强河湖库管理执法能力建设,加大监管力度,建立健全信息共享、定期会商、联合执法机制。要统筹区国土分局、交通运输局、水利局、农林局、环保局、城管局、长荡湖渔政监督大队等单位的行政执法职能,推进区域综合执法和执法协作。强化执法巡查监管,加强对重点区域、敏感水域执法监管,对违法行为早发现、早制止、早处理。建立案件通报制度,推进行政执法与刑事司法有效衔接,对重大水事违法案件实行挂牌督办,严厉打击涉河涉湖违法犯罪活动。

(八)提升河湖库综合功能。统筹推进河湖库综合治理,保持河湖库空间完整与功能完好,实现河湖库防洪、除涝、供水、航运、生态等设计功能。根据规划安排,加快长荡湖退圩还湖、新孟河延伸拓浚等重点工程建设;推进实施白石港、大浦港、庄阳港等入湖河道,西阳石马河、河口河、通济南河、薛埠北河、庄城河等中小河道综合整治;构建格局合理、功能完备、标准较高的区域骨干河网。改善水体流动条件,加快实施新城区水系连通工程。加固病险堤防、闸站、水库,提高工程安全保障程度。

四、保障措施

(一)加强组织领导。全区上下要把全面推行河长制作为推进生态文明建设的重要举措,切实加强组织领导,狠抓责任落实,确保取得实效。区级成立由总河长为组长、副总河长为副组长,长荡湖旅游度假区,区委组织部、宣传部,区发改委、经信局、公安分局、财政局、国土分局、住建委、交通运输局、水利局、农林局、环保局(太湖办)、规划局、城管局等单位主要负责人为成员的河长制工作领导小组,负责协调推行河长制各项工作。相关职能部门要各司其职、各负其责,按照河长交办事项抓好落实。对涉及多部门协作的任务,牵头部门要加强统筹,参与部门要积极配合,形成工作合力。各镇(街道)要抓紧制定全面推行河长制工作方案,明确工作进度。2017年5月底前,区、镇(街道)、村三级河长全面落实,区、镇(街道)二级河长制办公室全面建立。

(二)健全工作机制。建立河长工作联络协调机制,明确河长助手和联络员,协助河长工作。制定河长巡查及会议、信息报送、检查考核等配套制度,建立部门联动机制,落实工作经费保障,完善考核评估办法,形成河湖库管理保护合力。全区河长制配套制度体系,要在2017年6月底前基本建立。要坚持统筹推进,全面实施截污、清淤、活水工程,确保共性问题整体解决。要积极创新工作方式,坚持因河制宜,实施"一河一策",针对不同河湖库功能特点以及存在问题,由河长牵头组织编制工作清单,制定年度任务书,提出时间表和路线图,有序组织实施。编制河长工作手册,规范河长巡查、协调、督察、考核和信息通报等行为。建立"河长工作联系单",对巡查发现、群众举报的问题,及时进行交办和督办查办,确保事事有着落、件件有回音。

(三)落实工作经费。加大公共财政投入力度,统筹安排有关专项资金,同时鼓励和吸引社会资金投入,多渠道筹措资金,保障河湖库管理保护项目经费及河长制工作经费的落实,要将河长制办公室日常工作经费纳入本级财政预算。加强审计监督,规范河湖库管理保护资金使用。探索分级负责、分类管理的河湖库管理保护模式,积极培育环境治理、维修养护、河道保洁等市场主体,充分激发市场活力。

(四)严格考核问责。制定河长制考核办法,建立由总河长牵头、河长制办公室具体组织、相关部门共同参加、第三方监测评估的绩效考核体系,实行财政补助资金与考核结果挂钩,根据不同河湖库存在的主要问题实行河湖库差异化绩效评价考核。区河长制办公室每年对各镇(街道)河长制工作情况进行考核,考核结果报送区委、区政府,通报区委组织部,并向社会公布,作为地方党政领导干部综合考核评价的重要依据。实行生态环境损害责任终身追究制,对造成生态环境损害的,严格按照有关规定追究相关人员责任。

(五)强化宣传监督。充分利用各种媒体,向社会广泛宣传介绍河长制推行情况,营造公众参与、齐抓共管的良好社会氛围。通过主流媒体,向社会公告河长名单,在河湖库岸边显著位置规范设置河长公示牌,标明河长职责、河湖概况、管护目标、监督电话,接受社会监督。组织多种形式的志愿者行动,扩大社会公众参与度。搭建公众信息平台,畅通电话热线等监督渠道,聘请社会监督员对河湖管理保护进行监督和评价。

各镇(街道)在每年1月5日前,要将上年度河长制贯彻落实情况报送区河长制办公室。

附件:金坛区河湖库区级河长方案(略)

中共常州市金坛区委
关于在全区组织开展“三大一实干”活动推进落实两个加快的实施意见

坛委发〔2017〕11号
(2017年3月7日)

各镇党委和人民政府,各街道党工委和办事处,各园区党工委和管委会,区各部委办局,各区管国有公司、区直属单位:

根据常州市委的总体部署和工作要求,结合我区实际,经区委研究,决定在全区开展以大讨论、大走访、大转变、实干为民为主要内容的“三大一实干”活动,动员全区上下进一步完善发展思路,明确工作举措,进一步凝心聚力,苦干实干,合力推进落实两个加快,奋力推动金坛快速崛起。现提出如下实施意见。

一、指导思想

深入贯彻落实省、市、区党代会精神,牢固树立五大发展理念,大力弘扬“苦干实干、正气大气”的时代精神,围绕“接轨常州主城区、推动发展新跨越,为实现在苏南板块快速崛起而奋斗”的总体战略和“现代产业集聚区、生态旅游休闲地、宜居宜业幸福城”的发展定位,紧紧抓住推进落实两个加快这一主题,组织社会各界开展大讨论活动,找短板、谋发展、思举措;组织党员干部开展大走访活动,摸实情、寻实策、办实事;组织机关单位开展大转变活动,转作风、增干劲、促见效。

二、活动内容

1.“金坛发展我担当”大讨论活动。根据常州市委要求,以“增创发展新优势,种好常州幸福树”为主题,结合区委部署开展的“金坛发展我担当”大讨论活动,同步组织开展,同步取得实效。通过深入讨论,准确回答好事关金坛跨越发展的“十个问题”、正确端正好“全局观、发展观、权力观、价值观、群众观”,引导全区上下进一步明晰方向、理清思路、凝聚人心、履职尽责,推动形成心齐、气顺、公正、劲足的良好氛围。

活动形式为组织开展献计献策大家谈,县处级领导干部围绕“十个问题”“五种观念”开展调查研究,积极提出对策建议;党员干部积极参与“我为常州发展献一计”千字征文、“加快发展在身边、我为金坛献一策”金点子征集等活动;研讨交流直接谈,坚持问题导向,围绕“金坛发展我担当”这一主题,通过民主恳谈、座谈交流等形式,开展研讨交流活动;开设专栏集中谈,开设“金坛发展我担当”专题节目、专题栏目,宣传我区两个加快发展的进展和动态,报道全区党员干部担当实干的先进事迹和典型案例;形成成果研讨谈,组织“金坛发展我担当”调研论文征集活动,形成一批质量较高、对推进落实两个加快具有现实意义的调研成果,结合金沙大学堂,予以表彰和交流。

大讨论活动由区委常委、宣传部部长,长荡湖旅游度假区党工委书记陈锁龙牵头,由区委宣传部精心策划活动方案,统筹组织实施,并负责大讨论成果的收集汇总。

2.“四访四求”大走访活动。按照“领导带头、上下联动,全面覆盖、突出重点,解决问题、常态长效”的原则,组织区、部门、镇、街道、园区、村(社区)干部,采取分级联动的方式,全面开展基层大走访。通过访企业求创新良方、访群众求富民良法、访干部求工作良计、访名士求发展良策,真正做到关爱企业、心系群众、情暖干部、谊结名士,进一步掀起推进落实两个加快、为民苦干实干、共促发展新跨越的热潮。

活动形式为“四访四求”,即走访企业求创新良方,围绕“两个加快推进落实年”工作要求,结合“我在你身边”等活动载体,深入企业开展大走访。了解企业生产经营情况,帮助企业解决重点项目、建设推进、加快转型升级中遇到的各种困难问题,认真听取企业对区委、区政府推进落实两个加快、促进企业做强做大等方面的意见建议;走访群众求富民良法,按照全员参与,一村、一居、一户都不落的要求,组织进行走访。了解被走访村、社区的基本情况、存在主要困难和发展对策,掌握群众家庭的基本情况、生产生活难题和主要期盼,听取群众对党委、政府聚焦富民、改善民生等方面的意见建议,着力解决基层发展和群众关心的现实利益问题,真正做到"进家门、拉家常、察家境、商家计";走访干部求工作良计,按照全区走访干部全覆盖的要求,通过"六谈六知六提升",把广大干部的思想行动统一到合力推进落实两个加快上来。通过一对一、面对面的走访交流,知晓班子运行、基层党建、队伍建设、干部思想、工作落实以及对经济社会发展的意见建议;走访名士求发展良策,借助名士独具的眼界视角,挖掘名士拥有的潜在资源,共同推进落实两个加快,达到"跳出金坛看金坛、凝聚人心爱金坛、汇聚力量建金坛"的良好效果。要真正做到尊重人才,释放家乡温度,真正用好名士资源,提升发展高度。

大走访活动由区委副书记、组织部部长,区政协主席刘国新牵头,由区委办公室、组织部、统战部、农工办,区经信局、民政局等部门精心策划活动方案,统筹组织实施。注重科学安排、确保不重不漏,力戒形式主义、确保见到实效。对收集到的问题建议及时进行综合集中、深度分析,对带有阶段性、普遍性、倾向性、苗头性以及反映强烈的问题开展专题调研,制定解决方案,推进问题解决。

3. "有激情、重责任、敢担当、守规矩"大转变活动。金坛正处在加快发展、加快赶超最为关键的时期,事业发展依靠广大党员干部的担当作为。按照"有激情、重责任、敢担当、守规矩"的要求,围绕转变作风、强化组织保障,教育引导全区干部特别是领导干部以爬坡过坎、滚石上山的勇气,积极担当作为、出于公心作为,推动金坛更有质量的快速发展和可持续的全面发展。

"有激情"要求组织大家通过亮成绩、强信心,找问题、知不足,学先进、立标杆,成共识、明方向;引导党员干部破除满足感、增强危机感,树立荣誉感、增强使命感,激发干事创业的激情,把分内的事做出高水平。

"重责任"要求在其位谋其政尽其责,大力倡导"一天干两天活,一年做两年事,五年成十年业"的苦干精神,以"120%落实"的标准强化推动力、落实力,推动金坛的发展跨入高原、攀登高峰,取得在苏南板块应有的位次、突出的位置。

"敢担当"要求各级干部特别是领导干部要具备有勇有谋的过人胆识、敢作敢为的担当精神。在深入研究工作、直面困难问题、勇于攻坚克难的过程中体现出责任、体现出担当、体现出激情。

"守规矩"要求领导干部做到秉公用权、不徇私情,党员干部监督管理注重日常、抓在经常、严在平常。坚持正面激励与反面惩戒相结合的干部工作方向,既要研究制定容错纠错机制,给肯干者机会,让有为者有位,为担当者担当;又要明晰"亲""清"政商关系,明确机关党员干部"十带头""十严禁"规定,严肃实施问责追究,让不守规矩,不作为者慢作为者乱作为者让位。

大转变活动由区委常委、区纪委书记纪海平牵头,由区纪委精心策划活动方案,统筹组织实施,并通过开展活动,进一步强化机关作风建设职能、优化机关作风建设长效机制。

4. 实干为民。"大讨论、大走访、大转变、实干为民"活动是有机统一、相互促进的整体。大讨论、大走访是活动的基础,大转变是活动的关键,实干为民是根本。活动的立足点在于全局,活动的落脚点在于实干。要通过"三大一实干"活动的开展,将全区发展的短板研判的更准确、将"实业为本、产业强区"的理念坚持的更牢固、将"现代产业集聚区、生态旅游休闲地、宜居宜业幸福城"的发展定位贯彻的更有力。要通过"三大一实干"活动的开展,对区委、区政府确定的"2+8+2"重点发展板块进行深入的谋划,形成完善的规划,并实际推动蓝图落到计划上、落到项目中、落到实地里。要以推进落实两个加快的实际成效,来检验"三大一实干"活动的成效。特别要围绕有质量、高端化的项目,实施到产业、到行业、到企业的精准化招商,锁定目标、主动出击、坚持不懈,不断取得项目引进新突破。要对在手的项目进行认真的梳理,排好项目建设的时间表,排好项目推进服务的任务书,推动项目建设再上新台阶。

三、活动要求

1. 强化组织领导,推动任务落实。区委成立"三大一实干"活动领导小组,加强统筹指导,下设综合协调办公室,负责日常协调联络工作。各级各部门根据区委统一部署,迅速行动,细化方案,合理安排,周密实施。

2. 强化宣传引导、营造浓厚氛围。充分发挥报刊、广播、电视、网络和"两微一端"等媒体作用,加强对活动开展情况和具体成效的宣传报道,挖掘和宣传好活动中的先进事迹、新鲜经验和成功做法,选树一批服务群众、服务企业、服务发展的先进典型,以点带面,不断把活动引向深入。

3. 强化督查考核,确保活动实效。建立督查制度,区委督查室会同纪检监察等有关部门,对活动开展和任务落实情况进行全过程跟踪督查,及时通报处理相关情况。建立考核制度,定期组织群众评议和工作点评,将活动开展情况纳入各级领导班子和党员干部年度绩效考评内容。

常州市金坛区人民政府
关于印发常州市金坛区全民健身实施计划(2016—2020)的通知

坛政发〔2017〕7号
(2017年1月25日)

各镇人民政府、街道办事处、园区管委会,区各委办局,各区管国有公司、区直属单位:

经区政府同意,现将《常州市金坛区全民健身实施计划(2016—2020)》印发给你们,请认真遵照执行。

常州市金坛区全民健身实施计划(2016—2020)

为更加广泛地开展全民健身运动,发展全民健身事业,进一步提高全区人民群众的身体素质,建设健康文明幸福美丽金坛,依据国务院、省、市“十三五”全民健身实施计划,结合我区实际,制定本实施计划。

一、总体要求

(一)指导思想。

全面贯彻党的十八大和十八届三中、四中、五中、六中全会精神,紧紧围绕“接轨常州主城区、推动发展新跨越”总体战略,牢固树立“扩大开放、加快发展、统筹协调、改革创新、成果共享”五大理念,把增强人民体质、提高健康水平作为根本目标,以满足人民群众日益增长的多元化体育健身需求为出发点和落脚点,力求在全民健身场馆设施建设上有新突破,在全民健身品牌活动上创造新特色,在体育社团组织建设上打造新亮点,在全民健身服务产业发展上取得新进步,不断发挥全民健身在保障和改善民生、转变经济社会发展方式、弘扬社会主义核心价值观和促进社会文明和谐等方面的综合价值和多元功能,为实现“经济强、百姓富、环境美、社会文明程度高”的新金坛贡献力量。

(二)发展目标。

城乡居民体育健身意识进一步增强,城乡体育设施进一步完善,体育社会组织进一步发展壮大,全民健身活动更加丰富多彩,体育产业培育发展不断加强,政府主导、社会协同、全民参与的全民健身事业发展格局更加明晰,与全面建成小康社会相适应的全民健身公共服务体系基本形成,全民健身成为促进民族团结、社会和谐和推动经济转型升级的重要力量。到2020年,人均体育场地面积2.6平方米;以文体融合的镇(街道)文体中心建成率达80%;万人拥有社会体育指导员数达38人;国民体质合格率达96%;万人拥有体育组织数3家;经常参加体育锻炼人口比例42%;体育产业增加值占全区GDP比重1.6%。

二、主要任务

(三)积极推进城乡居民健康素质提升。

深入开展宣传教育。利用广播、电视、报纸、新媒体等开展全民健身活动、健身知识宣传教育;各级行政部门利用宣传栏开辟健身知识专栏,宣传健身知识、推广健身项目;定期组织开展科学健身知识讲堂,请专家教授、健身达人、一级以上社会体育指导员讲授健身知识、传播健身经验,每年区级层面开展健身知识讲堂不少于12次,通过宣传教育,有效引导广大市民群众热爱健身、参与健身、科学健身。加强国民体质测定。建立完善区体质测试中心、各镇(街道)体质测试站,组织对不同区域、不同人群进行体质测定,每年不少于5000人次,到2020年,达到《国民体质测定标准》合格以上的城乡居民人数比例在96%以上。加强锻炼人口抽样调查。采取入户调查的方式,抽样调查每周参加3次以上的锻炼人群,到2020年,经常参加体育锻炼的人数占全区总人口的42%以上。

(四)积极推进全民健身场地设施更新完善。

大力推进体育场馆建设。规划建设区级全民健身中心、游泳馆;积极推进各镇(街道)文体活动中心建设,到2020年建成率达80%;大力推进行政村(社区)文体活动中心建设,到2020年建成率达60%。不断完善城乡体育健身圈建设。按照城市社区10分钟体育健身圈建设标准,推进滨湖新城新建小区小游园、公园绿地体育设施配建;严格按照“室内人均建筑面积不低于0.1平方米或室外人均用地不低于0.3平方米”的标准,推进新建居住区和社区体育场地设施配建;结合老城区改造,合理布局空间,充分利用旧厂房、仓库、商业设施等创造条件配建全民健身场地设施,确保城市社区10分钟体育健身圈建成率始终保持100%;积极推进农村30分钟体育健身圈建设,充分利用农村荒地,大力推进行政村多功能运动场、自然村健身小游园建设,到2020年,农村30分钟体育健身圈建成率达80%,多功能运动场或小游园普及率达50%。积极引导学校、企事业单位体育设施开放,不断完善激励扶持政策,到2020年,学校体育设施开放率不低于80%,社会体育设施建设不断完善丰富。加快健身绿道建设,结合钱资湖景观带建设、城市内河沿河景观改造、长荡湖及茅山旅游度假区建设,规划建设各类健身绿道,到2020年健步步道、骑行步道总长均达50千米,体育元素配建率达100%,力争有一条标准化登山步道,2~3条标准化骑行步道。

(五)积极推进全民健身组织网络建设。

推进区、镇(街道)、村(社区)三级体育组织网络建设。体育总会、老年体协、社会体育指导协会三级覆盖率达100%。镇(街道)体育社团建设不断壮大,每个镇(街道)注册体育社会组织不少于3个。村(社区)体育社团有效普及,区镇级社团组织分支每个行政村不少于1个。村、社区拥有健身站点3个以上;镇(街道)科学健身指导站建设覆盖率达100%。到2020年,全区万人拥有体育社团组织达3个。推进体育社团组织健康发展。按照“五化四有”标准推进区级体育社团规范化建设,着眼发扬传统、便于组织、利于推广,以健身项目为抓手,开展体育社团组织整合改革试点,确保体育社团组织有序长足发展。进一步贯彻落实省市区三级体育和民政部门关于开展体育社团组织星级评估工作的有关要求,指导相关体育社团组织做好等级评估工作,以评估促发展。到2020年,争取创建AAAAA社团1个以上,AAAA社团1个以上,AAA社团20个以上。鼓励各体育社团组织以项目区分创建全民健身特色团队,创品牌树形像。到2020年,力争形成项目特色团队不少于10支。

(六)积极推进全民健身活动深入开展。

落实常规健身活动。每4年举办一次区级全民健身运动会;镇(街道)每2年举办一次全民健身运动会;每年8月8日开展全民健身日活动;各体育社团组织充分利用健身站点开展日常健身活动。广泛开展特定人群健身活动。针对青少年、职工、农民、老年人、残疾人等不同人群,定期组织开展符合不同人群的全民健身活动。不同人群每年至少组织1次综合性或2个以上单项全民健身活动。创新品牌特色赛事。围绕一山一水,结合金坛各类旅游节庆活动,争创省级以上品牌全民健身赛事1项以上(自行车分站赛:环湖、环山、环园)、市级(或区域)赛事活动1项(小型铁人三项赛);结合区域特点,开展10项区级特色赛事:骑行、徒步、定向越野、天然水域游泳邀请赛、5人制足球、3人制篮球、羽毛球、门球、象棋、围棋、健身才艺大比拼等。

(七)积极推进全民健身服务业稳步壮大。

认真宣传贯彻《国务院关于加快发展体育产业促进体育消费的若干意见》精神,鼓励和引导社会力量大力发展体育服务业。继续协助相关企业申报上级体育产业引导资金,努力培育本土全民健身服务业龙头企业。引导体育健身市场健康发展,通过进一步加强对体育健身市场经营业主的培训,不断增强其依法经营的自觉性,同时依法做好相关监管工作,共同维护诚信、公平、竞争有序的市场秩序。引导相关企业充分利用闲置厂房,投资改造建设体育健身场所。加快体育服务综合体建设,推动健身休闲、体育康复、场馆服务、体育培训、体育用品、体育旅游等融合发展。

三、保障措施

(八)强化组织领导。

区全民健身委员会负责指导、督促、协调、检查全民健身实施计划的落实情况,每年至少召开一次全体会议,总结部署工作、协调解决难题、共议发展大计;各成员单位每半年至少向全民健身委员报告一次全民健身实施计划落实情况,遇有特殊情况应及时报告。各镇(街道)成立本区域全民健身计划落实领导小组,具体负责本区域的全民健身工作。区各部委办局都应结合本级机关的特点,有计划地组织机关工作人员积极开展全民健身运动,有条件的应当定期举办符合机关工作特点的健身项目培训。在此基础上,区文化广电体育局要履行牵头部门职能,每年根据实施情况,及时调整计划,配合、协调各部门抓好工作落实;区规划局结合城乡和景区建设,负责全民健身场设施、健身步道建设规划;区住建委负责督查新建居民住宅区体育设施配建,并将体育设施配建列入验收必检项目,负责大型体育场馆建设的指导和城市健身步道、健身小游园等建设;区旅游局负责结合旅游项目开展休闲体育旅游、培育休闲体育旅游市场;区教育局负责学校体育设施对外开放、中小学生阳光体育活动、校园足球运动等;团区委、区残联、妇联、总工会、农工办、老龄办分别负责满足团员青年、残疾人、妇女、职工、农民、老年人健身需求的设施建设和活动组织;区民政局负责体育社团组织的注册登记、年检,日常管理及等级评估;区财政局负责全区全民健身工作经费的统筹及下拨;区统计局负责年度体育产业产值统计、协助开展健身人口调查;区卫计局负责大型全民健身活动赛事期间的卫勤保障;区市场监管局负责大型全民健身活动赛事期间的饮食安全保障;区公安分局负责规模以上全民健身活动的安保及重要路段的交通管制;区机关党工委负责机关干部全民健身活动的计划、组织与实施。各镇(街道)负责本区域全民健身设施配建、体育社团组织建设、健身活动组织等。

(九)完善政策措施。

完善全民健身考评体系。依据国家和省市制定的全民健身相关规范和评价标准,结合区域特点,制定符合本区域特色的全民健身相关规范和评价体系,把全民健身评价指标纳入各镇(街道)综合考评。完善城乡公共体育服务体系建设标准,推进城乡公共体育服务均等化,鼓励各镇(街道)创建体育特色小镇、体育特色村（社区）。完善全民健身激励政策，出台扶持体育社团发展、镇（街道）体育设施建设、各级组织开展全民健身活动、特殊人群参与健身的相关奖补政策，充分调动体育社团、各镇（街道）、特殊人群的积极性和主动性；出台体育产业发展指导意见，激励社会力量参与全民健身事业。对在全民健身计划实施过程中做出突出贡献的单位和个人给予表彰奖励。

（十）加大经费投入。

各级政府将全民健身经费纳入本级年度财政预算、并独立核算。区体育彩票公益金用于全民健身的占比不低于60%。设立体育社会组织发展专项资金，扶持引导体育社会组织健康发展。建立体育产业引导资金，鼓励社会力量投资建设体育场地设施，推动体育健身服务、体育用品生产经营、体育休闲旅游等，促进体育产业蓬勃发展。积极推行政府购买服务，充分调动社会力量参与全民健身的积极性。

（十一）加强队伍建设。

构建区、镇（街道）、村（社区）三级全民健身管理队伍。区文广体局、镇（街道）文体站要安排专职人员负责全民健身工作的统筹协调，区全民健身委员会成员单位、各镇（街道）要安排1名领导分管全民健身，安排1名兼职人员负责全民健身工作的组织协调事宜。加强社会体育指导员队伍建设，分级分类建立社会体育指导员档案，拟定社会体育指导员发展规划，积极组织开展业务培训，不断提升指导科学健身、进行项目推广的能力素质。培养规范健身站点负责人建设。发挥镇（街道）文体站、各体育社团组织的主体作用，选派好健身站点负责人，定期组织开展业务培训，提高健身站点负责人的管理和健身指导水平。加强体育社团组织班子队伍建设。各体育社团组织要完善班子的组成，落实章程明确的各项规章制度。区民政局要定期加强体育社团组织章程落实的监管，区文广体局要定期对体育社团组织领导班子成员进行业务培训，提高管理协会、推动项目发展的能力水平。

常州市金坛区人民政府
关于印发金坛区城市管理三年行动纲要（2017—2019年）的通知

坛政发〔2017〕42号

（2017年4月27日）

各镇人民政府、街道办事处、园区管委会，区各委办局，各区管国有公司、区直属单位：

《金坛区城市管理三年行动纲要（2017—2019年）》已经区政府常务会议研究通过，现印发给你们，请认真组织实施。

金坛区城市管理三年行动纲要（2017—2019年）

为全面提升我区城市长效综合管理水平，更好地服务我区经济社会发展，进一步提高人民群众的幸福感、满意度，特制定本行动纲要。

一、指导思想

深入贯彻落实中央城市工作会议和省、市党代会精神，紧紧围绕全区“接轨常州主城区，推动发展新跨越”总体战略目标，以优化体制机制为突破口，以城市管理信息化为切入点，整合资源，明晰职责，优化秩序，扩大社会参与，推动城市管理水平跨越发展。

二、总体目标

以“一年强基础、两年大提升，三年新跨越”为主线，用三年时间，完善城市基础设施，构建数字化管理模式，健全科学监督考评机制，建立体制协调、运作高效、方法先进的城市管理体系。着力解决影响我区城乡环境的突出问题，全面提升我区城市长效综合管理水平，全力服务全区“两个加快”，实现城市管理工作的强基进位。

三、主要工作

1. 优化体制机制，明晰管理职责

充分发挥区城市管理委员会高位领导、高位协调、高位监督作用，全面推进城市管理执法重心下移，实现全区镇、街道城管执法机构派驻全覆盖。

建立和完善“区级统一领导，镇（街道）具体实施，村（社区）积极参与”的城市管理模式，突出属地政府在城市管理中的主体地位，进一步明确区、镇（街道）和各职能部门的管理范围、职责和权限，形成职能部门、街道社区和社会组织各负其责、齐抓共管的大城管格局。

2. 坚持规划引领，创优城市品质

强化规划对城市发展中战略引领和刚性控制作用，对环境卫生、环卫基础设施、户外广告、专业市场、老城改造等专项规划进行修编,补齐城市建设和城市管理短板,推动城市空间品质提升。

优化城市交通,坚持公交优先,着力提升城市公共交通服务水平,加强不同交通工具之间的协调衔接,倡导步行、自行车等绿色出行方式;加强城市交通基础设施和智能化交通指挥设施管理维护,不断提升动态交通和静态交通秩序管理水平;加强城市客运出租市场管理,鼓励社会资本参与公共停车场建设,鼓励单位停车场错时对外开放,缓解城区行车难和停车难。

深化城市管理示范路和示范社区创建,力争每年创建一条省级示范路和一个省级示范社区,着力打造一批实实在在的城市精品道路和城市品质社区,并将示范引领效应向乡镇延伸。结合示范创建,加强城市重要节点、窗口地区的管理,实施夜景灯光提升和城市园林景观改造工程,全面提升城市品质。

3. 完善功能配套,夯实管理基础

加快生活垃圾焚烧发电项目和飞灰库项目建设,力争2019年竣工投运;加快城乡垃圾转运站建设,到2019年新建垃圾中转站10座,并对全区现有垃圾中转站进行扩容改造和设备提升;新建一座建筑垃圾集中处置场和大件生活垃圾分拣站;完善城区公厕布点,全面排查城区非公产权公共厕所使用情况,依法加强监督管理。

加快城区农副产品批发市场、花鸟市场、二手车市场、废旧物资交易市场等大型专业市场的建设,选址新建金江苑、春风两座大型市容管理疏导点,不断完善城市功能配套,疏堵结合,有效化解城市发展与民生需求之间的矛盾。

4. 加快信息建设,提升智慧城管

不断适应新时期城市管理工作的需求,以政府公共信息平台为基础,推进城市长效管理信息化,强化行政许可、行政处罚、社会诚信等城市管理全要素标准化数据的采集与整合,促进多部门公共数据资源共享,建立用数据说话、用数据决策、用数据管理、用数据创新的新机制,实现感知、分析、服务、指挥、监督“五位一体”。

以信息化建设为切入口,2017年建设城管执法信息平台、建筑垃圾管理信息平台和环卫收费管理平台,依托科技力量提升城管工作现代化水平,减少工作层级,实现扁平指挥;2018年底前做到全区各镇、街道二级指挥监督平台全覆盖;2019年基本建成一流的快速反应处置体系。

5. 开展专项整治,落实长效管理

利用两年时间,有序开展市容秩序、户外广告、违法建设、建设工地、建筑垃圾、市政设施、园林绿化、住宅小区、交通秩序、公共空间、城市水体等方面专项整治行动,使城市“脏、乱、差”现象得到根本性改观。

持续推进“931”城市环境综合整治,对未改造的城中村、城乡结合部、老旧小区进行全面梳理整治。加快推进老城改造,整治梳理老城路网体系,实施老城市政道路及管网提标改造工程。深入开展“两减六治三提升”专项行动,全面推动城乡生活垃圾分类试点扩面工作,2018年实现全区城乡建筑垃圾运输处置一体化管理。

强化环卫保洁、道路容貌、绿化管养、市政养护、交通秩序等基础性城市管理工作,进一步完善网格化管理模式,整合城市管理和社会管理等资源,实施常态化、精细化、标准化管理,做到专项整治和日常管理有机结合,确保矛盾问题不反弹不回潮。

6. 规范队伍建设,提高执法水平

按照管理精细化、执法规范化、服务人性化的城市管理要求,参照住建部“按城市人口的万分之三至万分之五”的人员配备标准,逐步配齐配强城管执法人员,并将执法力量向一线倾斜。

严格执法人员素质要求,建立全区统一的城管协管人员招聘、管理、奖惩、退出等制度。加强执法队员和协管人员的教育培训,着力提升执法人员业务能力。向社会公开职能职责、执法依据、处罚标准、运行流程、监督途径和问责机制,畅通公众参与渠道,加强内外监督,规范城管执法行为,全面提升城管执法水平。

7. 创新治理模式,加强司法衔接

充分发挥市场作用,进一步加大环卫保洁、绿化管养、公共交通等政府购买服务力度,对疏导点实施公司化运作管理,综合运用市场手段,不断探索引进社会中介等第三方管理模式加强行业自律管理。

充分发挥社区居委会作用,增强社区自治功能,培育社区社会组织,完善社区协商机制。畅通公众有序参与城市治理的渠道,组织开展多形式、常态化的志愿服务活动,采取公众开放日、主题体验活动等方式,引导社会组织、公民法人参与城市治理,形成多元共治,良性互动的城市治理模式。

建立公安、城管联勤联动保障工作机制,及时查处各类妨碍城管执行公务的行为。加强城市管理部门与司法机关的沟通衔接,实现行政处罚与刑事处罚无缝对接,同时加大城市管理行政处罚的强制执行力度。

8. 实施科学考评,加大监督力度

严格按照常州长效考核标准和要求,分类制定实施我区城市长效综合管理、城乡一体化管理、农村环境卫生管理三类考核办法,对城区街道属地管理工作实行定向专项考评,对城区各责任单位科学设置考核权重,按一类、二类、三类主体实行分类考核,镇村划分一级、二级、三级区域实行分级考核。

加大日常监督考评力度,落实“周考核、月通报、季点评、年奖惩”制度,各责任单位每季度考评成绩在区级主要媒体公布,排名末位的单位在区点评会上作表态发言;建立重点问题资料库和媒体曝光台,对长效管理重点、难点问题进行曝光,并进行专项督查。

四、保障措施

1. 加强组织领导

成立区城市管理三年行动领导小组,由区长任组长,分管区领导任副组长,区相关部门和各镇(开发区、街道)为成员单位。领导小组下设办公室,办公室设在区城管局,协调指导推进各项工作。各责任单位要高度重视,把城市长效管理摆在重要位置,确保各项工作任务保质保量完成。

2. 落实资金保障

区、镇两级财政要分级建立科学的投入增长机制,保障城市管理事业可持续发展,将公厕、转运站等基础设施建设改造、环卫清扫保洁、建筑装潢垃圾处置、住宅小区管理、行政执法等方面的经费纳入年度资金预算;设立专项考核奖励基金,对城市管理工作突出的保洁公司、社区等予以奖励。

3. 强化考核奖惩

三年行动各项工作纳入区委、区政府年度目标考核,并与"优胜单位"评定等相挂钩。年终对考核优秀的单位和有突出贡献的个人予以表彰奖励。镇村长效管理考评继续实行"以奖代补"政策,按各镇年度排名,分档次发放。考核等次不合格单位的主要领导和分管领导不得参加评先评优;对整改不力、推诿扯皮、懒政不作为的典型问题,实行追责问责。

常州市金坛区人民政府
关于统筹推进城乡义务教育一体化促进优质均衡发展的工作意见

坛政发〔2017〕76号

(2017年7月23日)

各镇人民政府、街道办事处、园区管委会,区各委办局,各区管国有公司、区直属单位:

为深入贯彻习近平总书记关于教育工作的重要指示精神,认真落实《国务院关于统筹推进县域城乡义务教育一体化改革发展的若干意见》(国发〔2016〕40号)、《省政府关于统筹推进城乡义务教育一体化促进优质均衡发展的若干意见》(苏政发〔2017〕1号)和《常州市人民政府关于统筹推进城乡义务教育一体化促进优质均衡发展的实施意见》(常政发〔2017〕51号)文件要求,切实解决当前城乡义务教育一体化进程中存在的短板问题,促进义务教育从基本均衡向优质均衡迈进,现结合本区实际,提出如下意见。

一、指导思想

以立德树人为根本任务,以促进教育公平和提升教育质量为主要目标,按照"统筹规划,优先发展;部门负责,主动发展;分类指导,有序发展"的原则,切实解决我区当前城乡义务教育一体化进程中存在的突出问题,逐步缩小城乡教育差距,大力推进全区义务教育优质均衡发展,努力办好人民满意教育。

二、工作目标

(一)治理能力逐步提升。区政府统筹、指导、督查力度不断加大,各部门协调机制全面建立,教育行政部门统一管理全面落实,学校办学行为更趋规范,校外培训机构逐步有序,全区城乡义务教育一体化发展综合治理工作进一步科学化、制度化、规范化。

(二)资源配置趋向均衡。在公共资源配置上,对义务教育予以统筹规划、优先发展和重点保障。建立健全生均公用经费财政拨款稳定增长机制,逐步达到常州市平均水平。严格按规定标准办学,新建学校均按《江苏省义务教育学校办学标准(试行)》配置建设。到2020年,义务教育学校校园建设、教师队伍、教育装备、学校规模、校均班额全部达到省定办学要求。

(三)队伍建设不断加强。学科结构不合理、年龄结构不合理、城乡差距大等问题得到较大改善;教师待遇保障机制和专业发展机制逐步建立,乡村教师待遇稳步提高、岗位吸引力大幅增强。校长管理水平和专业素养整体提升。

(四)教育品质持续提升。学校"内涵提升工程""主动发展工程"全面深化,现代学校制度基本建立,信息技术促进教育变革逐步推进,"十三五"期间建成10所以上常州市"新优质学校",学生综合素养整体较好,学校内涵品质进一步提升,人民满意度高。

三、重点任务

(一)合理规划学校布局

1. 优化义务教育学校发展规划。按照新型城镇化发展和常住人口规模、学龄人口变化趋势以及省定办学标准,及时完善全区义务教育学校布局规划,并纳入城镇规划。严格落实《金坛区"十三五"政府性重点工程实施计划清单(民生事业类)》。依法落实城镇新建居住区配套标准化学校建设。老城区现有学校未达到省定办学标准的,通过规划优化、新建、改扩建等措施拓展办学空间,确保足够的学位供给。稳妥做好初中学校资源整合优化。(责任单位:各镇人民政府、街道办事处,区发改委、区国土分局、区住建委、区规划局、区教育局)

2. 保障义务教育用地供应。采

取盘活存量、用好增量等方式,预留足够的义务教育用地。凡作为义务教育的规划用地,若要改变用途,须征得区教育局认可,否则不得改变其规划用地性质。实行教育用地联审联批制度,新建配套学校建设方案,相关部门应征得区教育局同意。严格用地环评程序,不得将污染、地质灾害易发等地块及其周边作为教育用地。闲置校园校舍要优先用于义务教育事业,严格规范权属确认、用途变更、资产处置等程序,避免出现"边建设、边闲置"的现象。(责任单位:区国土分局、区教育局、区环保局、区住建委、区规划局)

3. 建立义务教育学校建设协同机制。实施义务教育学校"交钥匙"工程,确保配套学校与住宅首期项目同步规划、同步建设、同步使用。住宅小区配套建设和投资公司代建的义务教育类学校的设计、建设、竣工验收,现有学校实施改扩建包括运动场地建设等,均应安排区教育局和学校全程参与,保证其体现现代教育理念,满足内涵发展需要,符合环保等相关标准。(责任单位:区教育局、区环保局、区住建委、区规划局)

4. 实施标准化建设工程。出台《金坛区义务教育学校标准化建设工程实施方案》,对新建学校,要严格按照省定办学标准设计和建设。加强义务教育学校标准化监测,动态掌握每一所义务教育学校的校园建设、教育装备、教师队伍、教育教学等状态信息,对现有学校,要组织全面核查,建立台账,采取一校一策、综合施策,加快补齐短板。加大力度改善薄弱学校基本办学条件,继续加大教育装备建设,逐步缩小校际差距。到2020年,全区所有义务教育学校达到省定办学标准。(责任单位:区教育局、区财政局、区住建委、区规划局)

5. 解决大班额等突出问题。根据《金坛区消除义务教育学校大校额大班额专项工作规划》要求,统筹推进义务教育学校建设项目,扩大增量、用好存量、合理分流,加快消除现有大班额,到2020年,全区全面消除大班额现象,基本消除超大规模学校。(责任单位:区教育局、区发改委、区国土分局、区住建委、区编办、区财政局、区人社局)

(二)切实提高办学品质

6. 提高学生核心素养。坚持立德树人,把社会主义核心价值观贯穿到教育教学全过程。聚焦学生核心素养,培养学生社会责任感、创新精神和实践能力。充分发挥德育校际联盟作用,积极开展各种德育活动,重视"八礼四仪"教育。改革课程实施方式,推动信息技术与教育教学深度融合,推行研究性学习。建好用好课程基地、乡村少年宫、学生综合实践基地。深入开展生命教育、公民教育、科技教育、环保教育和国防教育等专题教育。(责任单位:区教育局、区文明办、区环保局、团区委、区科协)

7. 促进学校主动发展。加强学校主动发展工作,充分调动学校主动发展的积极性、创造性,建构学校自主、行政服务、社会参与的学校主动发展机制。推进现代学校制度建设,将中小学素质教育督导、常州市新优质学校、学校内涵发展工程等核心要素融入其中。实施小学特色文化建设、薄弱初中质量提升工程,深入推进省市级前瞻性教学改革项目研究。积极推进集团办学、德育联盟、联片教研、对口帮扶等工作。(责任单位:区教育局)

8. 加强学校课程建设。促进学校课程校本化实施研究,开发课程资源,给学生个性化成长提供更多可能。大力扶持学校课程、省市级课程基地建设。加强体育和艺术教育,按照要求开齐上好体育、音乐、美术等课程,配备满足课程实施需求的教育资源。创新课外体育活动载体方式,定期开展学生体质健康监测,保证学生每天在校锻炼一小时。抓好体育、艺术、科技等项目布点校建设,力争每个学生至少掌握2项体育运动技能和1项艺术特长,力争每个学校都有一个以上的特色项目。(责任单位:区教育局、区文广体局、区科协)

9. 减轻学生过重课业负担。严格执行国家和省规范义务教育学校办学行为的规定要求。落实国家课程标准,不拔高教学要求,不加快教学进度,考试内容不得超出课程标准。进一步完善学生综合素质评价工作。落实好《关于改进与加强义务教育学校作业管理的指导意见》(常教基〔2016〕15号),统筹控制学生每天书面作业总量。建立教育、市场监管、公安、民政、人社、文广体等部门参与的联席会议制度,统筹管理各类教育培训机构,畅通举报监督渠道。重视家庭教育,成立金坛区教育系统家长学校总校,引导家长用正确的思想、方法、行动教育培养孩子,减轻课外学习负担。(责任单位:区教育局、区发改委、区财政局、区人社局、区民政局、区公安分局、区文广体局、区市场监管局、团区委、区妇联)

(三)深入推进教育公平

10. 保障随迁子女同等就学权利。加强研判,统筹解决随迁子女义务教育所需增加的教育用地、教师编制、财政经费等,确保100%的随迁子女在公办学校就读,确保随迁子女同等享受免费和资助政策,不得收取有别于本地户籍学生的任何费用。对随迁子女较多的学区,可结合实际,实施向主城区周边学校分流政策。(责任单位:区教育局、区发改委、区财政局、区国土分局、区住建委、区编办)

11. 关爱保护留守儿童。落实政府属地责任,各镇、街道负责建立详实完备的留守儿童信息台账,实行一人一档、动态管理,每年9月份动态更新。提高镇村寄宿制学校管理服务水平,通过政府购买服务等方式为镇村寄宿制学校提供工勤和教学辅助服务。支持经批准的学校和社会机构为留守儿童提供学习辅导。学校要加强与家长、受委托监护人的沟通交流,免费提供电话、视频通话等工具,方便学生与家长联系。强化家庭监护主体责任,支持适龄儿童随同已取得居住证的父母在工作地就近入学。(责任单位:各镇人民政府、街道办事处,区教

育局、区财政局、区公安分局、区民政局、区妇联）

12. 着力强化特殊教育。营造关心和支持特殊教育氛围，办好特殊教育学校，加强随班就读专用资源教室建设。依托“国培计划”，加大对特殊教育学校教师的培训力度。按照国家规定落实特殊教育津贴，确保国家规定的特殊教育教师工资待遇政策落到实处。加强残疾学生的法制教育、心理健康教育和安全教育。（责任单位：区教育局、区财政局、区人社局、区民政局、团区委、区妇联、区残联）

（四）全面提高教师素养

13. 加强师德师风建设。选树优秀教师典型，多形式开展教师职业理想、职业道德和法制教育，将师德表现作为教师考核、聘任（聘用）和评价的首要内容。严禁在职教师有偿补课，严禁在职教师私自到社会培训机构授课，严禁教师体罚和变相体罚学生。将师德建设纳入教师五年全员培训计划，进一步提高我区教师职业道德水平。（责任单位：区教育局、区人社局）

14. 提高两支队伍能力。完善区、校分层分类培训体系，实施5年一周期不少于360学时的教师全员培训制度，突出教师教育信息化应用能力专题培训，重点提升农村教师队伍素质。把好教师“入口关”，加强高层次教育人才引进、培养与管理工作，加大学校及教师教科研成果表彰奖励力度。坚持教育家办学，实施定期轮训制度，加大境外研修力度，引导校长端正办学思想、更新教育理念、提升治校能力。进一步完善校长考核制度，以学校的教育教学质量和校长的任期目标为重点，加强对校长队伍的考核。积极探索和促进教育系统干部交流和校长跨区引进机制。（责任单位：区教育局、区人社局）

15. 创新教师队伍管理机制。建立编办、教育、财政、人社等部门参与的联席会议制度，研究推进“县管校聘”管理体制改革工作。区教育局在核定的编制总额内，统筹分配各校教职工编制，并报机构编制、人社和财政部门备案。编制调配要向小规模、寄宿制等学校倾斜，对小规模学校按照生师比和班师比相结合的方式调配编制。区教育局在核定的岗位设置总量内，根据学校教师人员结构、教育教学改革需要等情况，编制各学校岗位设置方案，报人社部门备案。对学校的工勤岗位和辅助岗位推进政府购买服务。均衡配置城乡义务教育学校教师，全面推进教师交流轮岗常态化、制度化、公开化，完善骨干教师定期到农村学校、薄弱学校任教和公示制度。同学段学校岗位结构应大体相当并逐步向农村适当倾斜，实现职称评审与岗位聘用制度的有效衔接。城区教师评聘高级职务（职称）时，须有在农村学校或薄弱学校任教两年以上的经历。（责任单位：区教育局、区财政局、区人社局、区编办）

16. 完善绩效工资制度。依法依规落实教师工资相关政策，进一步完善绩效工资制度，将绩效工资向农村学校教师倾斜。义务教育学校要根据教学、管理、工勤技能等岗位不同特点实施分类考核，优化绩效考核办法，做到多劳多得、优绩优酬。进一步提高课时工作量在绩效工资分配中的权重，重点向一线教师、骨干教师、班主任倾斜，班主任工作量按当地教师标准课时工作量一半计算。（责任单位：区教育局、区人社局、区财政局）

（五）持续加大财政投入

17. 健全义务教育经费保障机制。健全“城乡统一、重在农村、以县为主”的义务教育经费保障机制，加大对义务教育的投入，完善城乡一体化的义务教育发展机制。经费投入重点向农村义务教育倾斜，使农村学校经费投入增幅总体高于城区学校经费投入增幅。从2017年起，全区义务教育学校生均公用经费财政拨款标准基准定额按照高于省定标准10%的比例安排，建立健全稳定增长机制，并逐步达到常州平均水平。适当提高农村400人以下小规模学校、寄宿制学校公用经费补助水平。普及残疾少年儿童15年免费教育，义务教育阶段特殊教育学校生均预算内公用经费按照普通同级学校生均预算内公用经费的8倍以上拨付。完善教育经费预算决策机制的绩效评估方式。各镇、街道每年筹措一定数额教育经费，用于改善办学条件，奖励教师和学生。（责任单位：各镇人民政府、街道办事处，区财政局、区教育局）

（六）全力保障学生安全

18. 强化校园及周边安全管理。深入开展新建、改建学校平安校园创建活动，进一步完善学校安全工作的40个岗位安全职责、17项学校安全管理制度和30个安全工作流程的工作机制。增强学校消防意识和能力，升级改造学校视频监控系统等物防、技防安全设施设备，加强警校合作、信息联动和紧急报警机制。探索学生意外伤害综合保险制度。加强学校食品安全、饮用水卫生、传染病防控、校园周边流动摊贩整治等工作，保障学生身体健康。（责任单位：区教育局、区公安分局、区综治办、区卫计局、区市场监管局、区安监局）

19. 严格校车安全管理。进一步完善校车公司化运营机制，大力加强镇村道路建设，加强校车运营线路和站点的建设与维护，加强道路桥梁隐患排查整治。对农村地区无公交线路规划的区域，要优先规划建设通校车的公路，优先进行路面改善，及时安装防护设施，进行桥梁改造提升，及时整治道路安全隐患，完善通车条件。要督促学校配合校车公司做好接送学生的相关衔接工作，高标准实现“零投诉、零事故、零违章”的校车安全管理目标。（责任单位：各镇人民政府、街道办事处，区教育局、区发改委、区公安分局、区交通运输局）

20. 防治校园欺凌和暴力。加强法治教育、安全教育、心理健康教育，积极开展心理辅导，提高学生自我保护能力，促进学生身心健康发展。完善学校日常管理，建立和完善防治校园欺凌和暴力的有效机制。增强危机干预意识，密切家校联系，加强专项督导检查,依法依规处置欺凌和暴力事件,科学有效地实施追踪辅导。(责任单位:区教育局、区综治办、区公安分局、区司法局、团区委)

四、工作要求

(一)加强组织领导。各部门要落实主体责任,将义务教育摆在优先发展的突出位置,完善相关政策措施,健全部门协调机制,明确分工,促进人力、财力、物力、精力更多地向义务教育集中,及时研究解决义务教育改革发展面临的重大问题和人民群众普遍关心的热点问题,确保各项改革措施落实到位,工作目标按期实现。

(二)加快推进落实。各部门要结合实际,进一步细化重点目标任务,明确每一项重点任务的责任领导和责任人员,按照时序进度不折不扣抓好落实,为义务教育优质均衡发展办实事、解疑惑、破难题,确保各项措施落实见效。

(三)加大考评督查。区政府将推进义务教育城乡一体化促进优质均衡工作纳入各镇、街道和各有关单位年度考核内容。区政府教育督导委员会要组织开展区内城乡一体化改革发展主要措施落实和工作目标完成情况的专项督导检查,完善督导检查结果公告制度和限期整改制度,强化督导结果运用。

(编辑　盛南萍)

草色入帘青　　　　(范石甫　创作)

金坛区 2016—2017 年人口、劳动力情况一览表

表 60

项　目	单位	2016 年	2017 年	项　目	单位	2016 年	2017 年
年末总户数	万户	20.17	20.01	社会劳动力	百人	3707	3740
年末总人数	万人	55.04	55	按登记注册分			
其中:男性	万人	27.27	27.19	(一)全部职工人数	百人	775	
女性	万人	27.78	27.8	其中:在岗	百人	751	
出生人数	人	5092	4515	(二)国有经济单位	百人	187	
死亡人数	人	3937	5063	其中:在岗	百人	178	
出生率	‰	9.26	8.2	(三)城镇集体经济单位	百人	26	
死亡率	‰	7.16	9.20	按三次产业分			
自然增长率	‰	2.10	-1	第一产业	百人	576	506
				第二产业	百人	1869	1856
				第三产业	百人	1262	1378

金坛区城镇非私营单位从业人员工资及农村居民人均可支配收入情况一览表

表 61

项　目	2016 年	2017 年
职工		
职工工资总额(万元)	500715.8	5756978
其中:国有	174378.8	1979857
城镇集体	14216.9	155625
年末职工人数(人)	77515	83700
其中:国有	19373	18101
城镇集体	2600	2120
年平均工资(元)	63464	69982
其中:国有	90370	109852
城镇集体	54976	66907
年平均工资按行业分(元)		
农、林、牧、渔业	85947	58593
采矿业		
制造业	57397	65304
电力、燃气及水的生产和供应业	61480	62923

续表 61

项　　目	2016 年	2017 年
建筑业	44733	44018
交通运输、仓储及邮政业	59692	48058
信息传输计算机服务软件业	51614	58987
批发和零售业	55223	60268
住宿和餐饮业	69213	62955
金融业	111687	130764
房地产业	52850	64617
租赁和商务服务业	54898	60974
科研技术服务地质勘查业	60404	60624
水利环境公共设施管理业	49048	69863
居民服务和其他服务业	60364	87810
教育	93683	111047
卫生社会保障和社会福利	87656	96766
文化、体育和娱乐业	58412	83340
公共管理和社会组织	101197	128065
农村居民人均可支配收入(元)(住户调查)	22265	24202

金坛区 2016—2017 年主要社会经济指标情况一览表

表 62

项　　目	单位	2016 年	2017 年
国内生产总值(当年价)	亿元	600.02	708.34
第一产业	亿元	33.83	35.28
第二产业	亿元	302.26	358.01
第三产业	亿元	263.93	315.05
工农业总产值(当年价)	亿元	1401.92	1670.56
工业总产值	亿元	1332.16	1597.27
农业总产值	亿元	69.76	73.29
交通运输			
货物运输量	万吨	505.0	629.0
旅客运量	万人	801.0	728.0
港口货物吞吐量	万吨	190.0	180.0
固定资产投资额	亿元	403.68	
商业、外贸			
社会零售总额	亿元	252.38	278.76
自营出口	亿美元	13.20	
财政收入	亿元	154.78	294.02
财政支出	亿元	141.01	281.68
金融			
年末存款余额	亿元	871.88	1049.38
其中:储蓄存款	亿元	344.4	368.44
年末贷款余额	亿元	603.33	679.44
教育			
普通中学在校学生数	人	18319	18788
小学在校学生数	人	25876	26183
卫生			
床位数	张	2820	2680
卫生技术人员数	人	2936	3163

金坛区 2016—2017 年工业企业单位数及工业总产值情况一览表

表 63

项　　目	2016 年	2017 年
企业单位数(家)	3635	3652
经济开发区	1356	1366
镇级工业	2279	2286
其中:私营个体	3473	3479
工业总产值(当年价)(亿元)	1332	1597
经济开发区	716	891
镇级工业	616	706
其中:私营个体	853	886

金坛区 2016—2017 年市、镇两级工业产品产量情况一览表

表 64

项　　目	单位	2016 年	2017 年	项　　目	单位	2016 年	2017 年
纱	吨	66218	68705	化学农药(折原药)	吨	8228	8600
布	万米	1066	732	涂料(油漆)	吨	14205	15487
呢绒	万米	1294	1246	电动工具	台	546491	565317
铸钢件	吨	570631	882373	变压器	千伏安	509940	332805
服装	万件	18768	16096	发电量	万千瓦小时	23915	35130
化学纤维	吨	4773	4197	轴承	万套	17048	17194
盐酸	吨	78396	91109	泵	台	63669	36690
纸制品	吨	9767	9955	原盐	吨	4602414	5277441
烧碱	吨	179339	196134	民用钢质船舶	综合吨	4263	4475
钢材	吨	169412	239186	铜材	吨	20977	17482
小麦粉	吨	190335	186660	合成洗涤剂	吨	867	434
塑料制品	吨	18252	17008				
水泥	万吨	309	258				

金坛区 2016—2017 年农业总产值及主要农产品产值情况一览表

表 65　　单位:万元

项　　目	2016 年	2017 年	项　　目	2016 年	2017 年
农业总产值(当年价)	697586	732892	农业增加值(当年价)	364431	382421
其中:农业	292865	306026	其中:农业	179025	186941
林业	3955	4256	林业	2759	2960
牧业	133450	127209	牧业	43661	41916
渔业	221477	243024	渔业	112914	121000
服务业	45839	52377	服务业	26072	29604

金坛区 2016—2017 年全社会外向型经济主要指标情况一览表

表 66

项　　目	单位	2016 年	2017 年
自营出口总额	万美元	131985	162760
其中:“三资”企业自营出口	万美元	60101	70764
新增工商登记注册外资	万美元	46700	38968
实际到账注册外资	万美元	32000	10089
投产开业的“三资”企业	个	287	287
新签对外承包劳务合同额	万美元	14200	1983
对外承包劳务实际完成营业额	万美元	17100	9447

金坛区 2016—2017 年供电、供水情况一览表

表 67

项　　目	2016 年	2017 年
一、全社会用电总量(万千瓦时)	495278	445761
1. 农、林、牧、渔业	10404	9966
2. 工业	401835	345959
3. 建筑业	3695	4073
4. 交通、运输、邮电业	1250	1247
5. 商业、餐饮、物资	13221	15654
6. 其他事业	19147	20963
7. 城乡居民用电	45726	47899
其中:农村	25071	25929
城市	20655	21970
二、城镇全年供水总量(万立方米)		2884
其中:生产用水量		922
生活用水量		894
年末自来水厂生产能力(万立方米/日)		5
人均日生活用水量(升/日)		198
用水普及率(%)		100

(赵　峰)

(编辑　汤芬娣)

附录

重要文件索引

·中共金坛区委·

坛发〔2017〕1 号　区委、区政府关于统筹推进城乡改革提升农业农村发展新动能的意见

坛发〔2017〕2 号　区委、区政府关于表彰 2016 年度“三农”工作先进集体和先进个人的决定

坛发〔2017〕3 号　区委关于金坛区第十七届人民代表大会第一次会议和政协金坛区第十届委员会第一次会议选举结果的报告

坛发〔2017〕5 号　区委区政府关于表彰 2016 年度两个加快工作先进集体和先进个人的决定

坛发〔2017〕6 号　区委关于调整部分区委常委工作分工的通知

坛发〔2017〕7 号　区委区政府关于区四套班子领导挂钩联系重点板块分工调整的通知

坛发〔2017〕9 号　区委区政府关于建立文明城市建设长效管理机制的意见

坛发〔2017〕11 号　区委关于在全区组织开展“三大一实干”活动的实施意见

坛发〔2017〕12 号　区委关于成立“三大一实干”活动领导小组的通知

坛发〔2017〕13 号　区委关于印发《中共常州市金坛区委 2016—2021 年巡察工作规划》的通知

坛发〔2017〕14 号　区委关于印发《中共常州市金坛区委 2017 年巡察工作计划》的通知

坛发〔2017〕15 号　区委、区政府关于印发《金坛区“两减六治三提升”专项行动实施方案》的通知

坛发〔2017〕16 号　区委区政府关于成立金坛区建设文明城市工作领导小组的通知

坛发〔2017〕17 号　区委区政府关于发展壮大村级集体经济的意见

坛发〔2017〕18 号　区委区政府关于开展全区第五轮结对帮扶工作的意见

坛发〔2017〕19 号　区委区政府关于表彰全区第四轮结对帮扶先进集体和先进个人的决定

坛发〔2017〕20 号　区委区政府关于成立金坛区扶贫工作领导小组的通知

坛发〔2017〕21 号　区委关于调整部分区委常委工作分工的通知

坛发〔2017〕22 号　区委关于调整区委全面深化改革领导小组成员的通知

坛发〔2017〕23 号　中共常州市金坛区委关于成立区委巡察工作领导小组的通知

坛发〔2017〕24 号　区委区政府关于在全区全面推行河长制的实施意见

坛发〔2017〕25 号　区委区政府关于深化行政审批制度改革加快简政放权激发市场活力的意见

坛发〔2017〕26 号　区委区政府关于调整区国有企业工作领导小组成员的通知

坛发〔2017〕27 号　区委区政府关于成立区城市发展领导小组的通知

坛发〔2017〕29 号　区委区政府关于 2017 年度金坛经济开发区（华罗庚科技产业园）工作考核的意见

坛发〔2017〕30 号　区委区政府关于 2017 年度金城科技产业园（金城镇）和其他各镇工作考核的意见

坛发〔2017〕31 号　区委区政府关于印发《区“十三五”政府性重点工程（项目）实施计划清单（长荡湖开发建设类）》的通知

坛发〔2017〕32 号　区委区政府关于明确周宝恒、王延

胜两同志挂钩联系重点板块分工调整的通知

坛发〔2017〕34号　区委区政府关于2017年度区管国有公司工作考核及其(高级)管理层绩效考核的意见

坛发〔2017〕35号　区委区政府关于2017年度茅山旅游度假区工作考核的意见

坛发〔2017〕36号　区委区政府关于2017年度长荡湖旅游度假区工作考核的意见

坛发〔2017〕37号　区委区政府关于2017年度西城街道工作考核的意见

坛发〔2017〕38号　区委区政府关于2017年度区级机关部门绩效管理考核的意见

坛发〔2017〕39号　中共常州市金坛区委批转民盟金坛区委《关于召开民盟常州市金坛区第五次代表大会的报告》的通知

坛发〔2017〕40号　区委批转区文联党组《关于召开常州市金坛区文学艺术界联合会第九次代表大会的请示》的通知

坛发〔2017〕41号　区委关于成立区委离退休干部工作委员会的通知

坛发〔2017〕43号　区委关于表彰"金坛发展我担当"大讨论活动优胜单位和优秀成果的决定

坛发〔2017〕44号　区委区政府关于成立常州市金坛区作风建设领导小组的通知

坛发〔2017〕45号　区委区政府关于将违法违规用地整治工作纳入2017年度金坛经济开发区(华罗庚科技产业园)、金城科技产业园(金城镇)和其它各镇、西城街道工作考核的意见

坛发〔2017〕46号　区委关于成立网络安全和信息化领导小组的通知

坛发〔2017〕47号　区委区政府关于深化供销合作社综合改革的实施意见

坛发〔2017〕48号　区委区政府关于授予范石甫等10人首批"金沙文化名人"荣誉称号的决定

坛发〔2017〕49号　区委印发《关于健全人大讨论决定重大事项制度、区政府重大决策出台前向区人大报告的实施方案》的通知

坛发〔2017〕51号　区委关于明确王斌、凤启龙两同志挂钩联系重点板块分工调整的通知

坛发〔2017〕52号　区委关于成立常州市金坛区深化改革试点工作小组的通知

坛发〔2017〕53号　区委区政府关于成立金坛区对口支援工作领导协调小组的通知

坛发〔2017〕54号　区委关于调整部分区委常委工作分工的通知

坛发〔2017〕55号　区委关于中共国网江苏省电力公司常州市金坛区供电公司委员会更名的批复

·中共金坛区委办公室·

坛办发〔2017〕2号　区委办区政府办关于做好2017年新春期间双拥工作的通知

坛办发〔2017〕4号　区委办区政府办关于春节期间组织开展访贫问苦调研活动的通知

坛办发〔2017〕5号　区委办区政府办关于开展2017年春节走访慰问活动的通知

坛办发〔2017〕6号　区委办区政府办关于2017年度全区两个加快推进落实工作目标管理考核的实施意见

坛办发〔2017〕7号　区委办区政府办关于转发市委办公室、市政府办公室转发省委办公厅、省政府办公厅《江苏省预决算信息公开管理暂行办法》的通知

坛办发〔2017〕8号　关于印发《中共江苏省金坛长荡湖旅游度假区工作委员会、江苏省金坛长荡湖旅游度假区管理委员会主要职责、内设机构和人员编制规定》的通知

坛办发〔2017〕9号　区委办关于调整区委理论学习中心组成员的通知

坛办发〔2017〕10号　区委办关于表彰2016年度全区党政信息工作优胜单位和先进个人的通知

坛办发〔2017〕11号　区委办区政府办关于开展"文明城市建设基础年"活动的意见

坛办发〔2017〕12号　区委办区政府办关于印发《金坛区建设文明城市工作问责办法》的通知

坛办发〔2017〕13号　区委办关于印发《关于常州市落实党风廉政建设责任制领导小组办公室〈对金坛区落实党风廉政建设责任制检查考核的反馈意见〉整改落实工作方案》的通知

坛办发〔2017〕14号　区委办关于在全区党员干部中开展"金坛发展我担当"大讨论活动的意见

坛办发〔2017〕17号　区委办区政府办关于印发《常州市金坛区党政信息工作考核办法》的通知

坛办发〔2017〕18号　区委办关于印发《2017年区委理论学习中心组专题学习意见》的通知

坛办发〔2017〕19号　区委办区政府办关于明确江苏省金坛长荡湖旅游度假区开发建设主要所涉单位工作职责的具体意见

坛办发〔2017〕20号　区委办关于启用"中共常州市金坛区委巡察工作领导小组""中共常州市金坛区委巡察工作领导小组办公室"印章的通知

坛办发〔2017〕21号　区委办关于印发《第八届"金坛读书月"活动实施方案》的通知

坛办发〔2017〕22号　区委办区政府办关于开展"我在你身边"服务活动的通知

坛办发〔2017〕23号　区委办区政府办关于开展区政务网站群建设需求调研的通知

坛办发〔2017〕24 号　区委办关于印发《金坛区 2017 年创建全国文明城市公益广告宣传实施》的通知

坛办发〔2017〕25 号　区委办区政府办关于开展区政务网站群建设需求调研的通知

坛办发〔2017〕26 号　区委办区政府办关于成立常州市金坛区退役士兵安置和权益保障工作专班的通知

坛办发〔2017〕27 号　区委办区政府办关于印发《2017 年全区法治宣传教育工作要点》的通知

坛办发〔2017〕28 号　区委办区政府办关于确定金坛区建设文明城市指挥部办公室各工作组成员和工作职责的通知

坛办发〔2017〕29 号　区委办区政府办关于做好金坛区电子政务外网、政府网站群和政务服务"一张网"建设改造有关工作的通知

坛办发〔2017〕30 号　区委办区政府办关于加强全区涉密文件、内部资料回收销毁保密管理的通知

坛办发〔2017〕31 号　区委办区政府办关于继续实行区领导、部门、企业与经济薄弱村挂钩帮扶制度的通知

坛办发〔2017〕32 号　区委办关于印发《关于推进"两学一做"学习教育常态化制度化的实施方案》的通知

坛办发〔2017〕33 号　区委办区政府办关于印发《常州市金坛区基层(村居)"三资三化"专项提升行动方案》的通知

坛办发〔2017〕34 号　区委办区政府办关于成立金坛区基层(村居)"三资三化"专项提升行动领导小组的通知

坛办发〔2017〕35 号　区委办区政府办关于加快推进全区农村产权交易工作的通知

坛办发〔2017〕37 号　区委办关于印发《2017 年度全区全面深化改革工作重点任务清单》的通知

坛办发〔2017〕38 号　区委办区政府办关于明确滨湖新城开发建设和金沙老城改造更新工作有关事项的意见

坛办发〔2017〕39 号　区委办关于印发《中共常州市金坛区委巡察工作办公室主要职责和人员编制规定》的通知

坛办发〔2017〕40 号　区委办关于建立意识形态领域情况分析研判联席会议制度的通知

坛办发〔2017〕41 号　区委办区政府办关于成立常州市金坛区河长制工作领导小组的通知

坛办发〔2017〕42 号　区委办区政府办关于进一步规范公务接待工作的通知

坛办发〔2017〕43 号　区委办区政府办关于认真做好"八一"期间双拥工作的通知

坛办发〔2017〕44 号　区委办区政府办关于印发《全区社会矛盾和安全隐患大排查大整治行动方案》的通知

坛办发〔2017〕45 号　区委办区政府办关于调整区有关工作领导小组成员的通知

坛办发〔2017〕46 号　区委办区政府办关于印发《2017 年度全区国有企业规范化建设任务清单》的通知

坛办发〔2017〕47 号　区委办印发《关于全面落实区纪委向区一级党和国家机关以及区管国有公司派驻纪检机构的方案》的通知

坛办发〔2017〕48 号　区委办区政府办关于印发《常州市金坛区档案事业发展三年行动计划(2017—2019 年)》的通知

坛办发〔2017〕49 号　区委办区政府办关于全面推行村级资金管理非现金结算的实施意见

坛办发〔2017〕50 号　区委办区政府办关于印发《常州市金坛区东城街道党工委、办事处主要职责、内设机构和人员编制规定》的通知

坛办发〔2017〕51 号　区委办区政府办关于印发《常州市金坛区尧塘街道党工委、办事处主要职责、内设机构和人员编制规定》的通知

坛办发〔2017〕53 号　区委办区政府办关于印发《全区出租房屋安全隐患集中整治工作实施方案》的通知

坛办发〔2017〕54 号　区委办区政府办关于完善矛盾纠纷多元化解机制的实施意见

坛办发〔2017〕55 号　区委办关于启用"中共常州市金坛区委巡察工作办公室"印章的通知

坛办发〔2017〕56 号　区委办区政府办关于成立金坛区社会矛盾和安全隐患大排查大整治行动领导小组及工作组的通知

坛办发〔2017〕57 号　区委办区政府办关于区委常委联系督查安全稳定工作的通知

坛办发〔2017〕58 号　区委办区政府办关于开展社会矛盾和安全隐患大排查大整治行动分组督查的通知

坛办发〔2017〕59 号　区委办区政府办转发区慈善总会关于开展 2017 年度"慈善一日捐"活动意见的通知

坛办发〔2017〕60 号　区委办关于开展镇(街道)党(工)委向各村派驻驻村纪检员工作的实施意见

坛办发〔2017〕61 号　区委办关于印发《第八届金坛文化艺术节、第五届中国 · 长荡湖湖鲜美食节暨 2017 中国(长荡湖)休闲湖泊峰会总体方案》的通知

坛办发〔2017〕62 号　区委办区政府办关于成立第八届金坛文化艺术节、第五届中国 · 长荡湖湖鲜美食节暨 2017 中国(长荡湖)休闲湖泊峰会活动组委会的通知

坛办发〔2017〕63 号　区委办区政府办关于党的十九大召开期间严格落实值班和请销假制度强化工作纪律的通知

坛办发〔2017〕64 号　区委办区政府办关于印发《常州市金坛区健全落实社会治安综合治理领导责任制实施办法》的通知

坛办发〔2017〕65 号　区委办区政府办关于调整区劳动竞赛委员会组成人员的通知

坛办发〔2017〕66 号　区委办区政府办关于加强与海内外金坛籍各领域知名人士联系交流的实施意见

坛办发〔2017〕67号　区委办区政府办关于印发《常州市金坛区承担行政职能事业单位改革试点实施方案》的通知

坛办发〔2017〕69号　区委办关于做好2018年度全区重点党报党刊征订发行工作的通知

坛办发〔2017〕71号　区委办关于做好学习贯彻党的十九大精神宣讲工作的通知

坛办发〔2017〕72号　区委办区政府办关于成立金坛区台湾同胞投资权益保障协调委员会的通知

坛办发〔2017〕73号　区委办区政府办关于调整区禁毒委员会组成人员的通知

坛办发〔2017〕74号　区委办区政府办关于印发《常州市金坛区"阳光扶贫"工作问责办法(试行)》的通知

坛办发〔2017〕75号　区委办区政府办关于成立常州市金坛区"阳光扶贫"工作领导小组的通知

坛办发〔2017〕76号　区委理论学习中心组党的十九大专题学习意见

坛办发〔2017〕77号　区委办区政府办关于推行法律顾问制度和公职律师公司律师制度的实施意见

坛办发〔2017〕78号　区委办区政府办关于印发《区法律顾问委员会工作规则(试行)》的通知

坛办发〔2017〕79号　区委办区政府办关于成立常州市金坛区法律顾问委员会的通知

坛办发〔2017〕80号　区委办公室区政府办公室关于进一步深化文化市场综合执法改革的实施方案

坛办发〔2017〕82号　区委办公室区政府办公室关于印发《常州市金坛区人民政府门户网站内容保障工作考评办法(试行)》的通知

坛办发〔2017〕83号　区委办公室关于印发《金坛区深化国家监察体制改革试点工作实施方案》的通知

·金坛区人民政府·

坛政发〔2017〕3号　关于公布2016年度金坛区科技进步奖获奖项目的通知

坛政发〔2017〕7号　关于印发《常州市金坛区全民健身实施计划(2016—2020)》的通知

坛政发〔2017〕8号　关于表彰2016年度建筑业优秀企业和优秀个人的决定

坛政发〔2017〕15号　关于下达2017年度全区人力资源和社会保障工作重点目标任务的通知

坛政发〔2017〕19号　关于印发《2017年度金坛区政府性投资项目实施计划清单》的通知

坛政发〔2017〕20号　关于印发《2017年度金坛区金坛区重点规划编制及策划项目计划清单》的通知

坛政发〔2017〕21号　关于印发《2017年度金坛区重点产业项目实施计划清单》的通知

坛政发〔2017〕22号　关于调整全区工业用地出让最低价标准的通知

坛政发〔2017〕23号　关于下达2017年度全区挂钩、工矿废弃地服垦任务的通知

坛政发〔2017〕24号　关于印发《金坛区2017年城市环境综合整治行动方案》的通知

坛政发〔2017〕32号　关于印发《常州市金坛区"生态绿城"建设2017年目标任务》的通知

坛政发〔2017〕40号　关于印发《常州是金坛区卫生室提档升级工程(2017—2019)三年行动实施方案》的通知

坛政发〔2017〕41号　关于印发《2017年金坛区"两减六治三提升"专项行动工作方案》的通知

坛政发〔2017〕42号　关于印发《金坛区城市管理三年行动纲要(2017—2019)》的通知

坛政发〔2017〕43号　关于印发《金坛区"城市管理强基年"行动方案》的通知

坛政发〔2017〕48号　关于印发《2017年度金坛区经济发展主要目标任务清单》的通知

坛政发〔2017〕58号　关于加快推进质量强区工作的意见

坛政发〔2017〕75号　关于表彰2016年度征兵工作先进单位和先进个人的决定

坛政发〔2017〕76号　金坛区统筹推进城乡义务教育一体化促进优质均衡发展的工作意见

坛政发〔2017〕77号　关于印发《金坛区儿童发展规划(2016—2020年)》的通知

坛政发〔2017〕78号　关于印发《金坛区妇女发展规划(2016—2020年)》的通知

坛政发〔2017〕79号　关于开展综合行政执法体制改革试点工作的实施意见

坛政发〔2017〕80号　关于表彰全区妇女儿童工作先进集体和先进个人的决定

坛政发〔2017〕82号　关于表彰金坛区十佳青年教师和金坛区优秀教育工作者的决定

坛政发〔2017〕90号　关于印发《常州市金坛区2017年度土地收储出让计划》的通知

坛政发〔2017〕94号　长荡湖封湖禁渔通告

坛政发〔2017〕95号　常州市金坛区人民政府森林防火通告

坛政发〔2017〕96号　关于进一步优化区城市管理体制的实施意见的通知

坛政发〔2017〕167号　关于表彰区第五次自然科学优秀科技论文的决定

·金坛区人民政府办公室·

坛政办发〔2017〕3号　关于调整常州市金坛区粮食流

通监督检查工作联席会议成员的通知

坛政办发〔2017〕8 号　关于调整常州市金坛区城乡规划委员会成员的通知

坛政办发〔2017〕9 号　关于进一步做好人感染 H7N9 禽流感联防联控工作的通知

坛政办发〔2017〕12 号　关于印发《常州市金坛区农村留守儿童全力监护相伴成长关爱保护专项行动方案》的通知

坛政办发〔2017〕16 号　关于成立常州市金坛区城市出租汽车更新换型工作领导小组的通知

坛政办发〔2017〕19 号　关于印发《常州市金坛区土地矿产卫片执法检查专项整治行动实施方案》的通知

坛政办发〔2017〕23 号　关于印发《常州市金坛区整合建立电子政务中心实施方案》的通知

坛政办发〔2017〕24 号　关于印发《常州市金坛区整合建立统一的公共服务平台实施方案》的通知

坛政办发〔2017〕25 号　关于印发《常州市金坛区整合建立统一的公共资源交易平台实施方案》的通知

坛政办发〔2017〕27 号　关于印发《常州市金坛区 2017 年度巡游出租汽车更新换型实施方案》的通知

坛政办发〔2017〕37 号　关于开展创建省“十三五”人口协调发展先进区活动的实施意见

坛政办发〔2017〕38 号　关于印发《金坛区 2017 年成品油市场集中专项整治实施方案》的通知

坛政办发〔2017〕40 号　关于印发《金坛区 2017 年有序用电方案和电力供应应急预案》的通知

坛政办发〔2017〕49 号　关于印发《常州市金坛区创建省妇幼健康优质服务示范区实施方案》的通知

坛政办发〔2017〕52 号　关于印发《常州市金坛区基层综合性文化服务中心建设三年行动计划(2017—2019)》的通知

坛政办发〔2017〕58 号　关于印发《金坛区活禽市场综合治理工作方案》的通知

坛政办发〔2017〕64 号　关于印发《金坛区旅游业加快发展三年行动计划(2017—2019 年)》的通知

坛政办发〔2017〕65 号　关于印发《金坛区深化道路交通秩序综合整治工作方案》的通知

坛政办发〔2017〕71 号　关于成立常州市金坛区农业部渔业健康养殖示范县创建工作领导小组的通知

坛政办发〔2017〕73 号　关于印发《常州市金坛区国有林场改革实施方案》的通知

坛政办发〔2017〕79 号　关于印发《常州市金坛区创建国家农产品质量安全市实施方案》的通知

坛政办发〔2017〕84 号　关于印发《常州市金坛区推进“不见面审批(服务)”改革实施方案》的通知

坛政办发〔2017〕88 号　关于成立常州市金坛区创建“国家农产品质量安全市”工作领导小组的通知

坛政办发〔2017〕89 号　关于印发《常州市金坛区 2017 年夏季高峰供水应急预案》的通知

坛政办发〔2017〕90 号　关于印发《常州市金坛区交通干线沿线环境综合整治五项行动实施方案》的通知

坛政办发〔2017〕91 号　关于成立常州市金坛区交通干线沿线环境综合整治五项行动工作领导小组的通知

坛政办发〔2017〕93 号　关于印发《常州市金坛区钱资湖管理与保护规定》的通知

坛政办发〔2017〕95 号　关于印发《常州市金坛区政府性债务风险应急处置预案》的通知

坛政办发〔2017〕101 号　关于印发《2017 年金坛区生活垃圾分类工作实施方案》的通知

坛政办发〔2017〕102 号　关于深入开展餐饮场所燃气安全专项整治的通知

坛政办发〔2017〕103 号　关于印发《金坛区专利发展资金管理办法》的通知

坛政办发〔2017〕104 号　关于进一步做好近期优抚安置有关工作的通知

坛政办发〔2017〕112 号　关于提高城乡低保、农村五保供养、孤儿养育、城市“三无”老人和困难群众医疗救助保障标准的通知

坛政办发〔2017〕118 号　关于印发《常州市金坛区气象灾害应急预案》的通知

坛政办发〔2017〕121 号　关于印发《常州市金坛区知识产权强区建设实施方案》的通知

坛政办发〔2017〕127 号　关于成立常州市金坛区省级现代农业产业示范园创建工作领导小组的通知

坛政办发〔2017〕129 号　关于对重大火灾隐患单位实行挂牌督办的通知

坛政办发〔2017〕135 号　关于调整 2018 年居民基本医疗保险筹资标准的通知

坛政办发〔2017〕141 号　关于印发《常州市金坛区突发公共卫生事件应急预案》的通知

坛政办发〔2017〕144 号　关于印发《开办企业流程优化方案》《办理不动产权证流程优化方案》和《领取工业建设项目施工许可证流程优化方案》的通知

坛政办发〔2017〕145 号　关于印发《常州市金坛区粮食应急预案》的通知

坛政办发〔2017〕147 号　关于印发《金坛区餐厨废弃物收集、运输、处置一体化工作实施方案》的通知

坛政办发〔2017〕148 号　关于成立金坛区餐厨废弃物收运处置一体化工作领导小组的通知

坛政办发〔2017〕149 号　关于印发《常州市金坛区处置电网大面积停电事件应急预案》的通知

坛政办发〔2017〕150 号　关于印发《2017 年常州市金坛区茶叶有机肥替代化肥示范县创建实施方案》的通知

坛政办发〔2017〕152 号　关于印发《常州市金坛区成

品油市场无证无照经营行为打击整治百日行动工作方案》的通知

坛政办发〔2017〕154 号　关于开展打击非法成品油流动加油车专项整治行动的通知

坛政办发〔2017〕158 号　关于印发《长荡湖废弃船舶整治实施方案》的通知

坛政办发〔2017〕161 号　关于成立金坛区企业上市工作领导小组的通知

坛政办发〔2017〕162 号　关于印发《常州市金坛区水上搜救应急预案》的通知

坛政办发〔2017〕166 号　关于印发《常州市金坛区集中式饮用水源突发污染事件应急预案》的通知

坛政办发〔2017〕167 号　关于印发《常州市金坛区生产安全事故应急预案》的通知

坛政办发〔2017〕169 号　关于印发《“两减六治三提升”专项行动 11 个专项实施方案》的通知

坛政办发〔2017〕170 号　关于印发《常州市金坛区价格异动应急预案》的通知

坛政办发〔2017〕171 号　关于印发《常州市金坛区“十三五”水资源消耗总量和强度双控行动实施方案》的通知

坛政办发〔2017〕175 号　关于印发《规范共享自行车发展的指导意见》的通知

坛政办发〔2017〕176 号　关于印发《常州市金坛区突发重大动物疫情应急预案》的通知

坛政办发〔2017〕177 号　关于印发《常州市金坛区森林火灾应急预案》的通知

（编辑　李华琴）

葡萄小鸡　　（范石甫　创作）

交通指南

公交指南

表68

线路	沿途站点	运行时间
101路:公交总站——东村	公交总站→南洲花园(城南花园)→城南菜市场→金沙公园(体育馆)→愚池新村→段玉裁纪念馆→河滨新村(河滨小学)→北戴新村→第三中学(虹桥新村)→小金海(城市花园)→五角场→中信银行→东园新村东门→客运东站→金谷华城金禧园→胡姬花园(圣东福地北门)→晨风菜市场→华阳北路·常溧路→盐道物流→东村路路口→东村	公交总站:5:50－18:10(夏季) 6:00－18:00(冬季) 东　村:6:00－18:10(夏季) 6:10－18:00(冬季)
102路:公交总站——客运东站	公交总站→金亭桥→金沙中学→朱庄花苑东门→半岛花园→星城朱庄花苑→体育馆→金沙公园(体育馆)→愚池新村→段玉裁纪念馆→滨河广场(实验幼儿园)→人民医院→大统华→中医院→中国人寿保险公司(华罗庚中学)→客运北站东门→丹阳门建材市场→红太阳科技城→凤凰城→春风三村(春风二村)→春风二村→金谷华城→客运东站	公交总站:5:50－18:10(夏季) 6:00－18:00(冬季) 客运东站:6:00－18:10(夏季) 6:10－18:00(冬季)
103路:香格里拉山庄站——龙山大桥(龙山大桥——万和皮草城,为区间班车)	香格里拉山庄站→珑庭花园→小汤庄村→东方新都→天誉物流→农耕园→华城柴油机厂→前堡村→广电中心→利步瑞服饰→胡姬花园(圣东福地北门)→金谷华城金禧园→客运东站→东园新村东门→中信银行→五角场→劳动大厦→中国人寿保险公司(华罗庚中学)→白凉亭新村(西轿巷)→八角井→青年广场(东)→文化二村(景阳花园南门)→龙山大桥	香格里拉站:6:00－18:10(夏季) 6:10－18:00(冬季) 龙山大桥:5:50－18:10(夏季) 6:00－18:00(冬季)
105路:交警大队——公安分局	交警大队→中大国际商贸城→第三人民医院→第二中学→金城商业广场→少年宫→白凉亭新村(西轿巷)→中国人寿保险公司(华罗庚中学)→劳动大厦→五角场→中信银行→东园新村东门→客运东站→金谷华城金禧园→胡姬花园(圣东福地北门)→圣东福地东门→金水湾(华城天赐园)→名仕家园→左邻右里→吾悦广场东门→公安分局	交警大队:6:00－18:10(夏季) 6:10－18:00(冬季) 公安分局:6:00－18:10(夏季) 6:10－18:00(冬季)
106路:龙山大桥——岸头	龙山大桥→王家棚→西城加油站→金城建材市场→美地蓝庭南门→美地蓝庭东门→清华园→丽锦家园(金城花园)→阳光花园(四中)→丹丽花园→春风三村→春风二村→春风一村→华中教师楼→华罗庚中学→劳动大厦→五角场→中信银行→华润苏果→邮政局→景潭花园→吾悦广场→消防指挥中心→吾悦广场东→华达名都→新城东苑(华达名都)→新城东苑一区→金坛大道·新城路→职工服务中心→金武路→晨风培训中心→渔业村→宜干桥→岸头村	龙山大桥:6:00－18:10(夏季) 6:00－18:00(冬季) 岸头:6:00－18:10(夏季) 6:10－18:00(冬季)
107路:盐港站——青年公寓	盐港站→康泰氟化工→唐庄→宋庄→西城路·常溧路→上庄→阳光花园(金城花园)→第四中学→客运北站北门→丹阳门建材市场→华中教师楼→华罗庚中学→中医院→大统华→虹桥菜市场→北戴新村→翠园新村→金巢公寓→徐塘新村→左邻右里小区(金河花园)→峨嵋新村→职校南(第二人民医院)→第二人民医院→玉山花园→金远药业→青年公寓	盐港站:6:00－18:10(夏季) 6:10－18:00(冬季) 青年公寓:6:00－18:10(夏季) 6:10－18:00(冬季)

续表68

线路	沿途站点	运行时间
108路:公交总站——东城实验小学站	公交总站→南洲花园(城南花园)→城南菜市场→城南村委→王家棚→西城加油站→金城建材市场→金城镇政府→金城商业广场→八佰伴→中国人寿保险公司(华罗庚中学)→劳动大厦→五角场→中信银行→地税局→开发区管委会→第一中学→思母桥→移动公司→金胜花园(职校)→金湖花园→丰田路·金湖路→金江苑一村→职工帮扶中心(金江苑三村)→金江东苑→东城实验小学站	公交总站:5:45-21:00(夏季) 5:55-20:30(冬季) 东城实小站:5:55-21:00(夏季) 6:05-20:30(冬季)
109路:沈渎站——东城实验小学站	沈渎站→盐港路·镇广路→金城镇工业园(德源箱包)→元巷新村→五星家园→清华园西→美地蓝庭东门→社场头→运管处(公路处)→客运北站北门→客运北站东门→中国人寿保险公司(华罗庚中学)→劳动大厦→金彩花园→金源福地→客运东站→东园新村东门→华润苏果→华城二村(华城嘉园)→第五中学→碧水华庭(金河花园)→职校→金湖花园→丰田路·金湖路→金江苑一村→职工帮扶中心(金江苑三村)→金江东苑→东城实验小学站	沈渎站:6:00-18:10(夏季) 6:10-18:00(冬季) 东城实小站:6:00-18:10(夏季) 6:10-18:00(冬季)
110路:东城实验小学站——龙山大桥	东城实验小学站→华城路·复兴路→华城路·中兴路→江苏舜天→亚邦强生药业→移动公司→思母桥→第一中学→名仕家园→第五中学→华城二村(华城嘉园)→邮政局→翠园新村→北戴新村→河滨新村(河滨小学)→滨河广场(实验幼儿园)→人民医院→大统华→南新桥站→颐和世家东门→园田新村→青年广场(东)→文化二村(景阳花园南门)→龙山大桥	东城实小站:6:00-18:10(夏季) 6:10-18:00(冬季) 龙山大桥:6:00-18:10(夏季) 6:10-18:00(冬季)
111路:天誉物流——万仕新村	天誉物流→江南农耕园→波仕曼→凯灵电器→金昇集团(亚邦强生药业)→移动公司→思母桥→第一中学→开发区管委会→地税局→华润苏果→邮政局→景潭花园→东社村→南戴干东村→市民中心西门→金坛大道·东环一路→金沙中学→金沙中学西门→万仕新村	天誉物流:6:00-18:10(夏季) 6:10-18:00(冬季) 万仕新村:6:00-18:10(夏季) 6:10-18:00(冬季)
112路:长竹埂大桥站——市民中心东门(图书馆)	长竹埂大桥站→长竹埂村委会→公安看守所(马干)→天霸公司→金城建材市场→第三人民医院→第二中学→金城商业广场→西门菜市场→八佰伴→金溪新村→城管局→客运北站北门→客运北站东门→白凉亭新村(西轿巷)→南新桥→南新桥站→颐和世家东门→华罗庚实验学校南门→滨河广场(实验幼儿园)→虹桥菜市场(水利局)→虹桥小区→华罗庚公园(城市花园)→第三中学(虹桥新村)→翠园新村→景潭花园→吾悦广场西门→市民中心东门(图书馆)	长竹埂大桥:6:00-18:10(夏季) 6:10-18:00(冬季) 市民中心东门:6:00-18:15(夏季) 6:10-18:00(冬季)
113路:中航锂电(华科清香苑)-金谷首末站	中航锂电(华科清香苑)→同方威视(众泰汽车西门)→迈科锂电→盛利维尔→沃尔核材/科泰绝热→常峰股份→青年公寓→金远药业→玉山花园→南环二路·汇贤南路→新城东苑→华达名都→吾悦广场东→左邻右里→名仕家园→开发区管委会→地税局→东园新村东门→客运东站→金谷华城→金谷首末站	中航锂电:6:00-18:15(夏季) 6:10-18:15(冬季) 金谷站:6:00-18:10(夏季) 6:10-18:00(冬季)

续表 68

线　路	沿　途　站　点	运　行　时　间
115 路:长竹埂大桥站－青年公寓	长竹埂大桥站→长竹埂村委→公安看守所(马干)→天霸公司→天霸公司(东)→美地蓝庭→清华园→丽锦家园(金城花园)→阳光花园(四中)→丹丽花园→春风三村→春风三村(春风二村)→金谷华城→客运东站→东园新村东门→华润苏果→邮政局→景潭花园→吾悦广场→消防指挥中心→吾悦广场东→华达名都→新城东苑→南环二路·汇贤南路→玉山花园→金远药业→青年公寓	长竹埂大桥站:6:00－18:10(夏季) 6:10－18:00(冬季) 青年公寓:6:00－18:10(夏季) 6:10－18:00(冬季)
116 路:公交总站——东城实验小学站	公交总站→南洲花园(城南花园)→城南菜市场→体育馆→星城朱庄花苑→金沙公园(半岛花园)→南环二路·聚贤路→南戴庄→南戴干东村→市民中心北门→吾悦广场西门→吾悦广场→消防指挥中心→左邻右里→左邻右里小区(金河花园)→峨嵋新村→职校南(第二人民医院)→金湖花园→金湖路·丰田路→青年公寓→常峰股份→金江苑农贸市场→职工帮扶中心(金江苑三村)→金江东苑→东城实验小学站	公交总站:5:50－18:10(夏季) 6:00－18:00(冬季) 东城实小站:6:00－18:10(夏季) 6:10－18:00(冬季)
117 路:盐港站——新城东苑三区	盐港站→陈家庄→丹阳门北路·常溧路→红太阳科技城→丹阳门建材市场→客运北站东门→八佰伴→西门菜市场→西城街道办→青年广场→园田新村→华罗庚实验学校南门→段玉裁纪念馆→愚池新村→金沙公园(体育馆)→体育馆→星城朱庄花苑→半岛花园→紫玉华府→段玉裁学校→市民中心北门→吾悦广场西门→吾悦广场→消防指挥中心→吾悦广场东门→华罗庚实验学校新城分校→华达名都南门→新城东苑二区→新城东苑三区	盐港站:6:00－18:10(夏季) 6:10－18:00(冬季) 新城东苑三区:6:00－18:10(夏季) 6:10－18:00(冬季)
118 路:元巷站——新城东苑四区(元巷站——社会福利院,为区间班车)	元巷站→红山路·怒江路→元巷新村→冯庄村→天霸公司(东)→美地蓝庭南门→社场头→运管处(公路处)→城管局→金溪新村→中国人寿保险公司(华罗庚中学)→劳动大厦→城市花园→第三中学(虹桥新村)→仲裁委(金海湾)→南戴干东村→市民中心北门→金玺天郡→华罗庚实验学校新城分校南→新城东苑四区	元巷站:6:00－18:10(夏季) 6:10－18:00(冬季) 新城东苑四区:6:00－18:10(夏季) 6:10－18:00(冬季)
H1:金谷首末站——金谷首末站	金谷首末站→金谷华城→金源福地→供电局→丹阳门建材市场→客运北站北门→运管处(公路处)→西门小游园→西门菜市场→西城街道办→青年广场→园田新村→华罗庚实验学校南门→河滨新村(河滨小学)→北戴新村→翠园新村→邮政局→华润苏果→东园新村东门→客运东站→金谷华城→金谷首末站	金谷站:6:00－18:10(夏季) 6:10－18:00(冬季)
H2:金谷首末站——金谷首末站	金谷首末站→金谷华城→客运东站→东园新村东门→华润苏果→邮政局→翠园新村→北戴新村→河滨新村(河滨小学)→华罗庚实验学校南门→园田新村→青年广场→西城街道办→西门菜市场→西门小游园→运管处(公路处)→客运北站北门→丹阳门建材市场→供电局→金源福地→金谷华城→金谷首末站	金谷站:6:00－18:10(夏季) 6:10－18:00(冬季)
701 路:青年公寓——众泰汽车南门	青年公寓→常峰股份→沃尔核材/科泰绝热→盛利维尔→南二环东路·复兴路→南二环东路·汇福路→埃马克→亿晶光电东门→众泰汽车东门→众泰汽车南门	青年公寓:7:00－17:50(夏季) 7:00－17:40(冬季) 众泰南门:7:15－18:10(夏季) 7:15－18:00(冬季)
901 路:元巷站——新城东苑三区(夜间班线)	元巷站→红山路·怒江路→元巷新村→冯庄村→美地蓝庭→清华园→丽锦家园(金城花园)→阳光花园(第四中学)→丹丽花园→春风三村→春风二村→春风一村→华中教师楼→华罗庚中学→劳动大厦→五角场→中信银行→华润苏果→邮政局→景潭花园→吾悦广场→消防指挥中心→吾悦广场东→华达名都→新城东苑(华达名都)→新城东苑二区→新城东苑三区	元巷站发车时间:18:15、18:30、18:48、19:05、19:23、19:40、19:57、20:15、20:30 新城东苑三区发车时间:18:30、18:45、19:00、19:15、19:30、19:45、20:00、20:15、20:30

金坛班线

表 69

起点站	终点站	首末班时间	班次	间隔	备注
尧塘客运站	溪　南	循环发车 冬令:首班 5:30,末班 17:50 夏令:首班 5:10,末班 18:10	16	高峰: 8 – 10 分钟 平峰: 15 – 20 分钟	东站城乡公交线路
南站(公交)	涑　渎		26		
东站	尧　塘		44		
	成　章		23		
	湟　里		23		
	儒　林		58		
	指　前		46		
	社　头		56		
	长荡湖		14		
北站	经薛埠至茅山索道	夏:首班 5:00、末班 18:25,冬:首班 5:10、末班 17:35;延伸至茅山索道 6 班(北站发车:7:00　8:00　10:00　13:00　14:00　15:00)	58	平均 15 分钟左右一班	北站城乡公交线路
	经彭城至茅山索道	夏:首班 5:50、末班 17:35,冬:首班 6:20、末班 17:05;延伸至茅山索道 5 班(北站发车:7:20　8:35　10:50　12:05　14:35)	12	平均 60 分钟左右一班	
	建昌	夏:首班 5:10、末班 18:10,冬:首班 5:20、末班 17:30;	26	平均 30 分钟左右一班	
	西旸	夏:首班 5:00、末班 18:20,冬:首班 5:10、末班 17:30;	52	平均 15 分钟左右一班	
	登冠	夏:首班 5:00、末班 18:20,冬:首班 5:10、末班 17:40;	52	平均 15 分钟左右一班	
	下蔡	夏:首班 6:50、末班 17:50,冬:首班 6:50、末班 17:30;	22	平均 30 分钟左右一班	
	罗村、竹箦煤矿	夏:首班 5:00、末班 18:10,冬:首班 5:10、末班 17:30;至竹箦煤矿 6 班(北站发车:6:30　7:30　9:30　12:00　13:10　15:30)	52	平均 15 分钟左右一班	
	乾元观	夏:首班 5:30、末班 18:15,冬:首班 6:00、末班 17:20;延伸至乾元观 3 班(北站发车:7:30　9:30　15:20)。	26	平均 30 分钟左右一班	
	东方盐湖城	首班 7:00、末班 21:00	24		
	宝盛园	6:55、8:30、9:30、11:00、12:30、13:10、15:00、16:00	8		

续表 69

起点站	终点站	首末班时间	班次	间隔	备注
东站	张家港	8:30	1		
	北　京	9:00	0.5		
	青　岛	17:00	1		
	杭　州	7:30、13:20	2		
	庐　江	9:50	0.5		
	利　辛	9:00	0.5		
	合　肥	7:30、13:00	2		
	芜　湖	7:10、12:50	2		
	无　为	9:15、14:50	2		
	湖　州	8:50、15:00	2		
	竹　山	14:30	1		
	苏　州	7:20、17:20	8		
	无　锡	6:50、17:20	12		
	南　京	6:20、17:50	32	30	东站始发、北站配载
	禄口机场	5:15、17:50	8		
	镇　江	7:10、17:20	11	40	
	南　通	7:50、13:20	2		
	扬　州	7:25、15:30	4		
	泰　州	7:40、13:50	2		
	盐　城	7:10	1		
	淮　安	7:30、14:35	2		
	连云港	7:00、13:50	2		
	宿　迁	8:20、13:00	2		
	昆　山	7:50	1		
	常　熟	7:40	1		
	江　阴	9:35	1		
	句　容	15:20	1		
	宜　兴	7:40、16:30	4		
	湖　塘	6:00、18:00	21	30	
	溧　阳	6:20、17:20	12	50	
	丹　阳	6:10、17:00	37		东站始发、北站配载
	东　海	5:50	1		
	灌　云	7:00、13:30	2		
	邳　州	6:30	1		
	沭　阳	7:50	1		
	常州机场	7:00、11:30、16:30	3		
北站	上海	6:40、8:30、12:20、13:50	4		北站始发、东站配载
	常州总站、常州花园、常州北站	5:30、20:10	96	15	北站始发、东站配载

（编辑　李华琴）

索　引

说　明

一、本索引采用主题分析法编制，按标引词的第一个字的汉语拼音字母（同音字按声调）顺序排列；同音同调，按第二个字的音序排列，以此类推。

二、标引词后的阿拉伯数字表示内容所在页码，数字后的拉丁字母 a、b、c 分别表示该页的左、中、右栏。标引词后的第二个页码起，表示参见内容所在位置。

三、年鉴的特载、大事记、荣誉栏、文件选编、统计资料、彩页等均未作索引。

四、为方便读者检索，在金坛的企事业单位以及在金坛发生的事件名称前的“金坛”、“金坛区”，除易产生歧义者外，均予省略。

条目索引

A

B

C

D

E

F

G

H

J

K

L

M

N

P

Q

R

S

T

W

X

Y

Z

表格索引

C

(编辑 方 骊 李华琴)

一季度重点项目集中开工

大唐热电联产现场协调

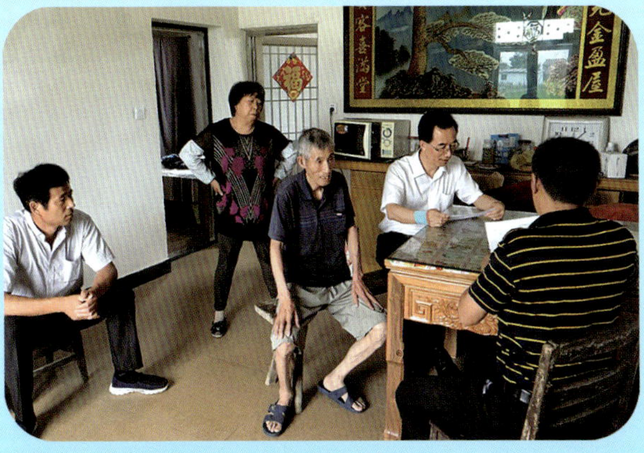

西岗村大走访

2017年，区发改委紧紧围绕区委、区政府“两个加快”工作部署，充分发挥自身职能，高强度、大力度、高效率推进各项工作。

全力服务两个“加快”。成功申报8个省重点项目，实现历史性突破，12个常州市重点项目推进情况位列常州一市五区前列；优化审批服务，全年共批准项目513个，总投资688.8亿元；破解资源要素制约，为17个项目争取中央、省预算内资金约4.83亿元，帮助区交通产业集团20亿元公司债获准发行。

开展专项重点工作。对接国家级规划，19个重大事项纳入《宁杭经济带发展规划》初稿；组织2017年区服务业专项引导资金申报、评审工作；牵头开展“263”减煤行动，制定减煤三年行动方案，关闭燃煤小锅炉10蒸吨以下11家、10~35蒸吨4家；与陕西宁陕县、石泉县开展扶贫协作和经济合作。此外，开展各科室特色（创新）、科长微课堂等工作，提升机关效能、干部素质。

价格管理惠及民生。编制并向社会公布区经营服务性收费、行政事业性收费目录；取消15项、停征10项、降低13项行政事业性收费，预计每年降低企业负担2000万元以上。

院长宋文良参加区人大代表会议

2017年，金坛区人民法院在区委领导、人大监督、政府及社会各界的关心支持下，认真学习贯彻党的十八大、十九大精神，紧紧围绕区委中心工作，坚持将审判工作植根于优秀传统文化的沃土中，以队伍建设为抓手，以司法改革为契机，以公平正义为目标，狠抓执法办案第一要务，各项工作取得了新进展。全年共受理各类案件16009件，审执结13334件，同比分别上升16.63%和23.34%。

党组理论中心组专题学习十九大精神

青年干警五四学习会

全力推进金坛肠衣厂破产重整

与中国人民财产保险股份有限公司金坛支公司举行执行悬赏保险合作签约仪式

院长宋文良到清水渎村开展“三大一实干”大走访活动

青海省贵南法院院长才项仁增一行到金坛法院交流学习

深入沙湖村对建档立卡贫困户实施精准扶贫

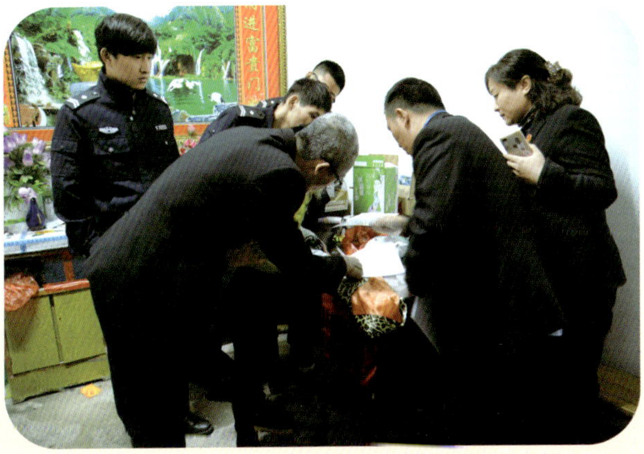

夜间到被执行人家中开展强制执行

全体党员重温入党誓词宣誓

推进检察工作　切实关注民生

2017年，区检察院牢固树立发展新理念，争创检察工作新业绩，探索司法改革新机制，树立检察队伍新形象，努力为金坛经济社会发展提供强有力的司法保障。

聚焦服务大局。紧密结合金坛区“两个加快”决策部署，在提升服务效果上精准发力，努力营造良好的社会环境、市场环境、政务环境和法治环境，以扎实的工作、精准的服务赢得区委对检察工作的肯定和支持。

聚力主责主业。认真履行批捕、起诉职能，依法批准逮捕各类刑事犯罪案件221件318人，提起公诉560件779人。坚决贯彻落实党中央关于反腐败的决策部署，先后立案查办贪污贿赂案件10件10人，渎职案件3件5人。化解信访积案、检察权运行机制创新、侦查监督“案件化”办理、“小课堂”建设、“失依儿童”救助工作等取得实效。

聚神队伍建设。积极倡导“重品行、知感恩、树正气、讲大气、重责任、敢担当、守纪律、树形象”的工作氛围。深化检察文化建设，广泛开展书画、摄影等活动，先后有10人次在全省政法系统、沪苏浙皖检察系统等书画展览中获奖。

检察长带头办理重大疑难复杂案件

开展“一村（社区）一检察官”工作

丰富干警业余文化生活

举办“清风墨韵”廉政书画展

“不忘初心，牢记使命”主题党日活动

办好“坛检小课堂”，提升履职能力

“二大一实干”走基层访群众

送法进校园

2017年科技创新座谈会

江苏高职院校——金坛产学研对接会

2017年，区科技系统开展了兰州大学、兰州交通大学、南京航空航天大学、“江苏省高职院校系主任金坛行”等产学研对接活动。清华大学博士生社会实践金坛基地在全国71家校级基地中排名第四，被授予三星级基地称号。新增高新技术企业17家，累计达到95家。争取上级科技经费2795万元。在常州市创新创业大赛上金坛区8家企业获奖，其中江苏亚邦强生药业有限公司获一等奖。江苏银晶光电科技发展有限公司、江苏易成电力器材有限公司被评为“2017年度省科技小巨人企业”。盛利维尔(中国)新材料技术有限公司“超高强度钢丝制备技术研究及产业化”项目获省科技进步奖一等奖，常州市赛尔交通器材有限公司“复兴号高铁动车前照灯”专利获省专利奖优秀奖。新鸿电子有限公司和金坛美蒂进出口贸易有限公司两项发明专利获江苏省百件优质发明专利。

卢强院士工作站签约暨揭牌仪式

科技创新人才迎春座谈会

南京航空航天大学——金坛产学研对接洽谈会

全区科技（知识产权）服务机构座谈会

全区科技工作会议

清华大学博士生金坛基地社会实践汇报会

民政为民　民政爱民

2017年民政和残疾人工作会议

创建省级现代民政示范区迎检

研究退役士兵权益保障工作会议

慈善救助金发放仪式

创建省级双拥模范城迎检

金坛区留守儿童合力监护相伴成长专项行动会

2017年，金坛民政紧紧围绕民政中心工作，按照“一年打基础，两年见成效，三年上台阶”的总体部署，以“找差距、补短板、强基础”为主线，成功创成省级现代民政示范区。

军转安置矛盾得到有效化解。5月1日起，我区重点优抚对象抚恤补助标准接轨常州主城区，全面落实享受国家抚恤补助的优抚对象应享受的各项优待政策。对非因本人原因下岗、失业的转业志愿兵（士官），完善就业创业扶持、社会保险接续、帮扶解困机制等政策。

养老服务取得新进展。全力打造“生态金坛、养老福地”养老品牌，引导社会力量进入我区养老服务领域，吸引了茅山南湖养生园、茅山颐园等一批医养结合的高端民办养老社区入驻金坛茅山。2017年底，全区社会力量举办养老床位总数达3764张，养老床位总数达5260张，全区居家养老医疗卫生覆盖率超过90%，独居老人和分散供养失能、半失能特困老人关爱服务覆盖率达100%，城乡社区居家养老服务中心标准化覆盖率分别达60%、40%。

殡葬工作有新起色。在区公墓福承陵园建设绿色生态葬区，对文明节俭办丧以及参与海葬、壁葬、花坛葬、草坪葬、树葬等新型安葬方式的家庭，实行优惠减免和补贴。对各镇（街道）公益性骨灰堂建设进行业务指导和督促工作，对实施公益性骨灰安放设施改造提升的项目给予资金扶持，协助做好城东、汇贤两处公墓的搬迁工作。

基础设施建设取得新突破。2017年，启动六项重点基础性工程：投资1.9亿元的区殡仪馆移址新建工程；投资1亿元的福利院整体搬迁工程；投资150万元的军休所改造工程；婚姻登记处选址改造完成；正式对外办公；“中福在线”销售厅移址新建工程竣工，11月投入使用；投入260万元实施的救助管理站改造工程竣工，12月投入使用。

生态葬——花坛葬

生态葬——草坪葬

生态葬——壁葬

2017年，区司法行政工作以打造“人民满意的服务型司法行政机关”为目标，在全省司法行政系统绩效考核中名列优秀单位；在群众满意度第三方调查中，司法行政工作整体满意度排名全省第二，公共法律服务整体满意度排名全省第一，执法质量考评常州第一、全省优秀。信息工作系统排名全省第二，获省厅领导批示16件次。全年接待省内外兄弟单位调研参观学习39批次，特色亮点工作得到副省长陈震宁及省司法厅领导的肯定。“三元相融”品牌创建在全省司法局长大讲堂上作交流发言。

区公共法律服务中心整合司法行政职能，以“前店后厂”运行模式打造全域公共法律服务体系

一、法治宣传教育工作

制定下发《金坛区国家机关“谁执法谁普法”法治宣传责任制》，强化各类人员法治教育，法宣成员单位增加到42个。华胜社区被命名为全国民主法治示范社区，柚山、方边和前庄村成为省级法治文化建设示范点，全区省级民主法治示范村（社区）数量达到55%。青少年法治体验馆接待青少年实践学习60批次，累计受教育超5万人。

青少年法治教育体验馆让青少年沐浴法治公平阳光

区社区矫正中心做好特殊人群教育管理，服务社会稳定和安全保障工作

12.4宪法日广场法治宣传活动，提供现场法律服务和咨询

二、特殊人群服务管理

社区矫正管理教育服务中心重新选址并投入使用，内设五大服务区、九大功能室。突出加强线上服务监管网络建设，配备33台矫务通，重点社区服刑人员手机定位率达100%。在“一带一路”国际合作高峰论坛、十九大等重大政治活动期间，做好特殊人群和社会稳定安全保障工作。2017年有在册管理矫正人员240人，监管安全形势平稳有序。

全区司法行政工作会议，总结经验并谋划明年工作

三、矛盾纠纷调处

开展矛盾纠纷“百日会战”，实行“1+4”研判机制，实现排查全覆盖无盲区。完成劳动、物业、医疗、交通、消费、环保、知识产权、商事、婚姻调解组织设置，在19家300人以上企业设立企业调委会，成立华科园公共法律服务中心，新增 24家500户以上小区调解工作室。全区共调解纠纷10829件，调解成功10661件，调处成功率98.45%。

开展区司法行政系统党员干部冬训班，提升队伍能力素质

四、公共法律服务

组建12348法律服务队，成立名优律师团，全年受理援助案件844件，案件量与本地常住人口比例为万分之15.10，位居全省第四。建立6家特色“法律诊所”和124个村（居）法润民生微信群。围绕“一带一路”、供给侧结构性改革等国家战略，办理30余项涉及商标、专利等知识产权保护方面的证据保全公证。启动公证参与司法辅助试点，明确5项司法辅助事务公证参与事项。

成立区法律顾问委员会

五、干部队伍建设

举办全区司法行政系统党的十九大精神报告会，深入学习贯彻党的十九大精神和习近平新时代中国特色社会主义思想。深入推进“两学一做”学习教育常态化制度化，开展党组书记、支部书记年度党建工作述职，认真完成区委巡察整改工作，“四有一责”支部创建活动成为全省首批司法行政系统队伍“三化”建设示范点、全区“四有一责”党建示范点。

法律援助工作应援尽援，维护弱势群体合法利益

原国土资源部副部长汪民调研金坛地质环境管理工作

省国土资源厅副厅长祖耀升调研金坛土地节约集约利用工作

2017年，常州市国土资源局金坛分局围绕“保护资源、节约集约、维护权益、改革创新”总体要求，以保障发展为目标，以规范管理为基础，以改革创新为动力，坚持服务全区“两个加快”，并获 “两个加快”推进工作集体三等功。

尽职尽责守红线。对照2017年全区耕地保护责任目标4.21万公顷、基本农田保护面积3.57万公顷，启动城镇周边永久基本农田划定工作。根据常州市下达2386.67公顷初步任务，完成1880公顷“十三五”城市发展预留空间举证工作，按照要求将初步任务中460公顷耕地拟划为永久基本农田加以保护。在城镇周边永久基本农田划定基础上，根据省国土厅分配的全区永久基本农田任务量，进行全域3.57万公顷基本农田划定，形成最终成果上报，通过市级验收和省级抽查。

一心一意保发展。科学调节基础设施建设与园区建设规划空间比例并形成最终成果，6月在全省率先通过省政府批复实施。争取各类建设用地指标933.93公顷，保障信维通信、省道265、国道233等一批重点项目和基础设施建设用地需求。

再接再厉强管理。深入学习贯彻党的十九大精神，邀请常州市委党校教育长蒋鸣鹏作十九大精神专题讲座，要求各支部制定学习方案，切实用十九大精神指导工作。创新开展“责任在心中”大讨论活动、“两个加快推进落实

原省国土资源厅副厅长魏红军调研金坛区基层国土所建设工作

金坛区国土资源工作暨国土系统春训动员大会

年”攻坚大会战活动、“比学赶帮”大对标活动和“创新环境”大提升活动，进一步明确学习目标，落实责任担当。

地址：金坛区清风路1号市民中心A座5楼。
电话：0519—82821477
传真：0519—82820977
邮编：213200

区委书记狄志强、区长沈东调研金坛国土资源工作

“金坛国土大讲堂”暨“责任在心中”大讨论总结会

深入开展大走访与阳光扶贫

庆“七一”专题党课暨优秀党员表彰

举办“讲国土故事 树责任形象”主题演讲比赛

邀请常州市委党校教育长蒋鸣鹏作十九大精神专题讲座

区委书记狄志强督查公交安全建设

2017年，全区交通运输系统围绕“两个加快”，以加快交通基础设施建设为重点，突出抓好交通行业管理，着力推进交通依法行政，构建和谐交通，全面推进落实交通项目建设，实现全区交通各项工作全面协调发展，较好完成了年度各项目标任务。

交通运输局全年重点目标任务推进大会

党建、党风廉政建设、暨“三大一实干”工作推进会

建设中的长荡湖大道

茅山旅游大道项目推进会现场

区四套班子领导、各镇（区）、街道及部门负责人现场督查茅山旅游大道

金武路桥主线通车

“文明行车，礼让斑马线” 金坛公交在行动

点燃心灵希望　关爱特殊儿童

新能源公交车

水美乡村——谢桥村

新浮水库

2017年，全区围绕新时代治水方针，以“六大水利”为目标，狠抓项目建设，严格工程管理，水利建设呈现出规模大、进度快、标准高的局面。

夯实根基聚合力。投资8.6亿元实施10项重大水利工程，达年度投资计划的98%。开工建设大墩闸站，完成龙山枢纽工程、区级防汛物资仓库建设任务。完成小农水重点县项目、农村河道河塘疏浚整治建设任务，新建高标准农田2500亩。实施灾后水毁修复工程，建设千亩以上达标圩堤10公里，加固千亩以下圩堤52.3公里。

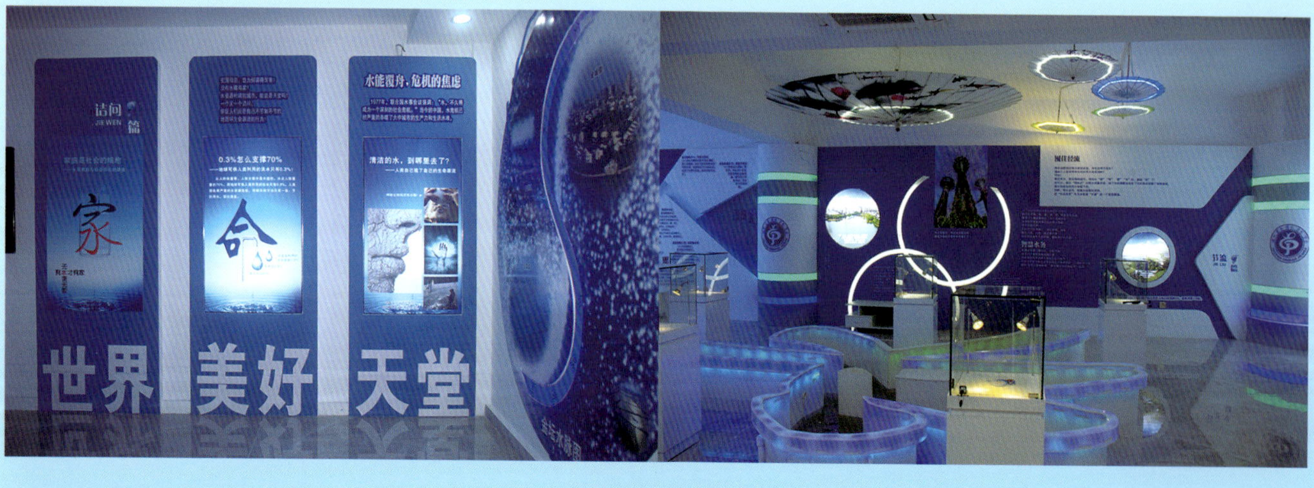

金坛节水科普馆

优化生态激活力。坚持以河长为主导，全面完成“一河一档”建档工作，运用新科技开展认河巡河3600余次，发现问题500多件，整改率达88%。组织首届镇级示范河道评选，直溪镇熊家河等3条河道入选“最美河道”。有序推进长荡湖生态清淤一期工程、入湖港口河道整治工程、水环境综合治理及闸站门控制工程。新孟河延伸拓浚先导段主体工程全部完工，为构建优美的水环境体系提供保障。

创新管理催动力。推进农业水价综合改革，以黄金灌区试点示范驱动，依法组建农民用水合作社7个。水利工程建设代建制逐步推开，信用管理体系进一步规范，工程质量管理进入全省先进行列。小型水利工程确权、河湖库管理范围划界、法治水利示范点建设、最严格水资源管理顺利通过省、市考核验收。规范化小水库创建率达92%，新增省级水美乡村6个，建昌圩入选江苏“最美水地标”。

入湖港口——大浦港

入湖港口——白石港

大墩枢纽

长荡湖清淤

常州市金坛区农林局

3月23日，全国人大常委会副委员长、民盟中央主席张宝文到金坛区视察农业机械化建设情况

4月21日，金坛区农机蓝背心便民服务队启动仪式在薛埠镇罗村农机合作社举行

2017年，金坛农林系统紧扣“山水金坛、多彩农林”这一主题，走“产出高效、产品安全、资源节约、环境友好”的现代农业发展之路，矢志不渝创新驱动调优结构，对标先进奋勇争先厚植优势。**大力优化产业结构。**创成全国一村一品示范村和省级现代农业产业示范园各1个，新发展高效设施农渔业面积5300多亩，推广优粮“五位一体全产业链”生产模式2.3万亩。**大力发展绿色农业。**金坛成为农业部果菜茶有机肥替代项目试点县，茅东林场入选“中国森林氧吧”名录，超额完成畜禽规模养殖场（户）关停取缔和整治提升年度目标任务。**大力强化科技支撑。**扎实推进“全国主要农作物生产全程机械化主题示范区”创建，葡萄、茶叶、生猪、稻麦列入省级现代农业产业体系推广示范基地。**大力提升质量品牌。**成功创建农业部渔业健康养殖示范区，扎实推进“国家农产品质量安全市”创建，夯实品牌农产品“第一车间”。“长荡湖大闸蟹”和“金坛红香芋”通过国家质检总局生态原产地保护评定。**大力推进产业融合。**入选全国首批农村创业创新园区（基地）2个，一号农场亮相全国农业“双创”博览会，成功举办全省创意休闲农业工作推进会，两村一企被列入省级重点培育农产品电商示范村（企业）。全区现代农业建设勇毅笃行、蹄疾步稳。

局　长：邓九胜
地　址：金坛区清风路1号
电　话：0519-80189218

茶园采茶忙

11月5日，农业部副部长张桃林视察金坛区农机化工作，走访了金坛区金锁农机专业合作社

农业部副部长于康震为金坛区创成“农业部渔业健康养殖示范县”授牌

组织茶企业参加首届中国国际茶叶博览会【图为农业部部长韩长赋（左三）在金坛鑫品展区观赏茶艺表演】

巾帼女机手胡天梅上央视

非洲十国水产养殖专家来我区考察交流

全区文化广电体育工作暨基层综合文化服务中心建设推进会

一、彰显品牌实力，重大文体活动影响深远

成功举办2017金坛茅山国际山地半程马拉松赛、第八届金坛文化艺术节两项重大文体活动。2017金坛茅山国际山地半程马拉松赛吸引了5026名海内外选手报名，现场参赛选手达4896名，分别来自12个国家和地区；第八届金坛文化艺术节历时两个多月，其中，国际民间艺术巡演带来了俄罗斯、斯里兰卡、波兰、赞比亚等多个国家的传统艺术节目，“精彩江苏”文化惠民巡演引进了在全国和全省各大文艺赛事中获奖的文艺精品。

二、聚集发展活力，文体设施建设日趋完善

图书馆新馆、基层综合性文化服务中心、全民健身场地设施建设稳步推进。区综合性图书馆12月29日正式对外开放。新馆藏书量65万册，阅览座位1000个。根据《常州市金坛区基层综合性文化服务中心建设三年行动计划》安排，全年共完成36个村（社区）建设任务。出台《常州市金坛区全民健身设施建设奖补办法》和《关

金坛华罗庚艺术团演出的音乐儿童剧《田梦儿》获江苏省第十届精神文明建设“五个一”工程奖

于对金坛区基层综合性文化服务中心室内健身室建设实施奖补的通知》，对验收合格的镇（街道）自建的31个全民健身场地设施和36个文化服务中心健身室进行奖补。

三、提高服务效力，群众文体活动扎根基层

举办“欢乐金沙”第三届广场舞电视大赛、中景杯“风采金沙·魅力我家”家庭才艺大赛等大型广场文艺活动50余场次。开展下乡进社区送演出300余场、电影1164场、图书8000多册。开办45个免费文化术培训班和首届公益书画培训班，培训1200余人次。组织开展元旦春节系列全民健身活动、“小手牵大手，快乐一起秀”亲子系列文体比赛、第二届体育四季联赛、“文体大超市·惠民城乡行”等多项大型全民健身活动。

四、积淀艺术功力，文艺精品创作硕果累累

音乐儿童剧《田梦儿》荣获江苏省第十届精神文明建设“五个一”工程奖。大型原创现代儿童剧《寻找“红头发”》在全省巡演。华罗庚艺术团被命名为常州市儿童剧培训基地，华罗庚艺术团团长史国生被评为“第四届全国未成年人思想道德建设工作先进个人”。吴炜栋创作的书法作品在江苏省第八届青年书法篆刻展中获“江左风流奖”。王爱俊创作的油画作品获江苏省第三届文华美术提名奖。反映金坛非遗生态保护的原创微电影《守望》获第五届亚洲微电影艺术节暨亚洲微电影“金海棠奖”三等奖。由文化馆创作排演的小戏小品《借妈妈》《劝赌》获常州市第十三届小戏小品曲艺大赛三等奖。

五、打造竞争实力，竞技体育确保省内领先

江苏省青少年自行车锦标赛获4枚金牌、5枚银牌、2枚铜牌，金牌榜名列全省第一；江苏省青少年篮球锦标赛（U12）获男子组冠军；常州市第六届残疾人运动会取得团体总分、金牌总数、奖牌总数三项第一，并获得优秀组织奖。金坛籍运动员在第十三届全国运动会中获得3枚金牌、1枚银牌、2枚铜牌，创历史最好成绩。

2017金坛茅山国际山地半程马拉松赛

首批金沙文化名人

区第八届文化艺术节系列活动

凝心聚力务实干 助推发展新跨越

贯彻十九大精神专题学习会

区人大评议市场监管局工作

3.15国际消费者权益日活动

2017年，全区市场监管系统以开展“优服务、提效能、促发展”主题活动为载体，聚焦聚力审批更简、监管更强、服务更优，为全区经济社会跨越发展作出了积极贡献。获评金坛区全国文明城市建设工作突出贡献集体、常州市食品安全监管十佳先进集体和市场准入环境建设先进单位。

推进干部队伍建设。以“两学一做”学习教育活动常态化制度化为契机，扎实开展党建工作；不断强化对全系统干部职工的业务培训，充分发挥群团组织作用，举办各类活动；建立健全监督执纪责任体系，制订完善内部规章制度，积极加强与区纪委第三派驻纪检组的联动协作，为营造风清气正干事创业环境提供纪律保证。

优化市场准入环境。蹄急步稳推进商事登记制度改革和落实省政府“3550”改革意见，积极营造宽松便捷市场准入环境，持续推动全区市场主体保持快速增长势头。全区新设各类市场主体7911户，同比增长71.12%，月均诞生市场主体659户。

助力企业成长壮大。大力实施标准立区、质量强区和品牌兴区战略，积极助推企业高质量发展，实现“市长质量奖”零的突破，引导企业制订各类标准722只，新培育马德里国际商标10件，省级“守合同重信用”企业14家、江苏省名牌产品3个，“建昌红香芋”入选“江苏十大人气地理标志”。

强化事中事后监管。建立健全信用监管机制，共引导30349户市场主体公示信用信息；牢牢守住食品、药品、特种设备三大安全底线，发出常州首张食品小作坊登记证，完成食品抽检2588批次，上报药械不良反应报告1210份，检查特种设备生产使用单位125家；

严厉打击扰乱市场秩序行为，查处各类违法案件135起。

加大维权保障力度。全面加强消费维权网络和规范化建设，受理消费者投诉举报1500余件；积极助力国家文明城市创建，大力推进“计量惠民”“放心消费”“平安市场”“安心菜场”和“明厨亮灶”等惠民实事，助推城南菜场创成常州首家“安心菜场”和园林大酒店打造常州首家3.0版4D厨房。

党委理论学习中心组专题学习会

开展品牌培育工作

走进“政风热线”

文明城市创建志愿活动

江苏省标准化试点项目考核评估会

2016年度总结表彰暨党风廉政建设大会

启动“食品安全宣传周”活动

融入地方全面发力 服务发展担当有为

贯彻区委十三届四次全会精神学习会

常州市金坛区市场监管局组建于2015年5月，共有14个内设机构（科室）、9个派出机构（分局），下辖稽查大队、信息中心和检验检测中心3个事业单位，主要工作职能如下：

一、市场准入。负责全区各类企业、个体工商户和农民专业合作社等所有市场主体的注册登记工作，负责食品餐饮、药品医疗器械和特种设备3个行业的行政许可工作。

二、引导规范。开展企业信用管理和市场规范管理工作，规范有形市场和网络市场经营秩序，引导市场主体依法使用商标、广告和合同。

三、消费维权。负责消费者权益保护工作，承担涉及市场监管领域投诉举报的受理工作，指导区消费者协会开展消费纠纷调解，牵头开展放心消费创建活动。

四、监管执法。监管全区市场主体的生产经营活动，依法查处违法行为，整饬维护全区市场经营秩序。

五、服务发展。组织开展质量强区工作和实施品牌战略，服务企业股改上市，履行动产抵押、股权出质和商标质押等融资服务职能，局属事业单位常州市金坛区检验检测中心提供检验检测咨询服务。

“三大一实干”动员大会

“学习日”活动

5.20世界计量日活动

“品味书香 厚学养德”活动

纪念五四运动98周年暨青年职业道德教育会议

庆祝中国共产党成立96周年暨半年度工作总结大会

参加“向文明出发”活动

组织参观“砥砺奋进的江苏”图片展

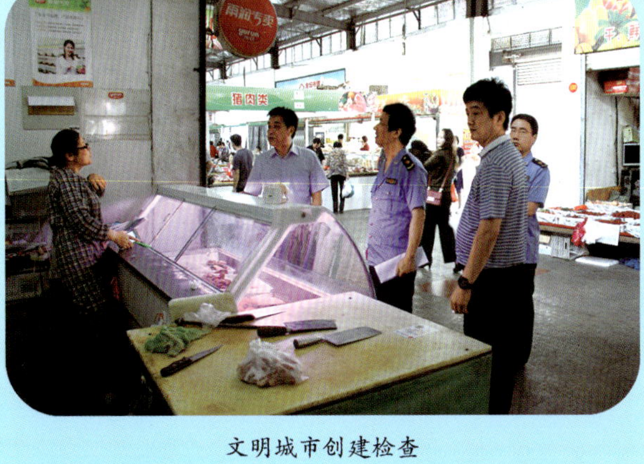

文明城市创建检查

把握机遇 强化监督
在金坛经济社会大发展中履好责

领导干部离任经济事项集中交接会

党员阳光帮扶贫困户

2017年，常州市金坛区审计局在区委、区政府和常州市审计局的领导下，突出审计促进发展、改革、安全、绩效四项工作重点，紧抓“专业化、规范化、信息化”建设，主动适应新常态、履好本职、创新实践、防范风险，较好地完成全年目标任务，为我区实现在苏南板块上快速崛起的目标作出了贡献。

全年完成审计项目35个（不含区领导临时交办的跟踪审计项目），提交审计报告和专题报告等66篇，审计查出管理不规范金额19.19亿元，增收节支和避免损失7.68亿元，促进建立健全制度17项，制定整改措施97个。发出移送处理3份，移送处理事项3个。撰写信息及论文256篇，被有关部门采用285篇次，其中国家审计署采用42篇，省审计厅采用50篇。该局获2016年度江苏省审计信息宣传工作成绩突出县级审计机关、常州辖市（区）审计机关经济责任审计调研工作先进单位、信息宣传工作先进集体，“五式大学堂”获区首批学习品牌，“‘双创’临时党小组”获全区优秀党建项目。

跟踪审计华罗庚科技园服务中心建设

跟踪审计新建尧塘中小学工程

财务审计现场

审计关注区水产基地运作情况

送法规到内审

自来水公司延伸审计

勇于担当　砥砺奋进
为实现生态环境高质量而不懈努力

省环保厅副厅长陈志鹏带领检查组对金坛区长荡湖水厂深度处理工程和新孟河延伸拓浚（金坛段）工程进行现场检查

金坛环保局会同金坛区茅驴志愿者协会召开“关注环境质量，促进社会和谐”社区环境质量圆桌会议

金坛区人大视察2016年度环境状况和环境保护目标完成情况

2017年，金坛区环保局以“两减六治三提升”专项行动为抓手，以服务项目建设为中心，以改善环境质量为目标，全力治污攻坚、执法严管，生态环境质量稳步提升。全区空气质量优良天数为304天,优良率为83.5%。获区委、区政府两个加快推进落实工作“集体三等功”和“先进集体”。

攻坚克难全面推进“两减六治三提升”专项行动。推动太湖水污染防治工程，控制氮磷排放，关闭畜禽养殖场473家、化工企业10家。全区4家电镀企业、5家印染企业完成整治。在培丰化工集中区、盐化工集中区建设符合园区排放特征的挥发性有机物监测监控体系，56家企业完成挥发性有机物整治、32家企业完成泄漏检测与修复整治。

凝心聚力进一步推进生态建设。完成2017年常州市政府下达的生态绿城5大类25个项目的目标任务。2013~2016年度覆盖拉网式农村环境综合整治试点工作通过省级考核验收，成为全省第一家完成整治试点的地区，总投资9502.93万元，建成农村集中式污水处理设施68套,受益人口35884人。

尽责履职不断提升服务效能。坚持“主动服务、超前服务”与“强化源头管控、严格准入门槛”并重，积极实施企业举办主动对接，项目洽谈协助定位，环保编制压缩时间，专家审核科学过关与审批时间无缝链接，验收开工力争朝夕的服务模式。全年共审批建设项目231个，提供现场指导57次。严格污染物管控，共否决、劝退不符合环保要求和国家产业政策项目12个。

金坛四套班子领导新年走访慰问环保局干部职工

“三大一实干”大讨论

局长吴寅走访日新树脂

习近平“7.26”重要讲话专题学习暨党风廉政推进会

“六·五”世界环境日广场宣传活动

夜 查

规划让生活更美好

城乡规划委员会2017年第二次全体会议

全区城乡规划系统工作会议

2017年,区规划局紧扣“两个加快”主题，在区委区政府坚强领导下,经过全局上下的共同努力，全面完成全年各项目标任务。先后获区委区政府集体嘉奖、项目推进工作先进集体、金坛发展我担当大讨论活动优胜单位、党建示范点、红旗窗口、江苏省五四红旗团支部、区巾帼示范岗等荣誉，副局长彭云俊同志提出的《开发停车APP》获区十佳金点子奖，测绘院副院长赵宜行同志当选区十佳杰出青年。

着眼未来，谋定重点板块规划。开展了金坛空间发展总体规划暨多规合一规划的编制和研究工作；划定了城镇空间、开发边界和城镇建设用地规模；完成了滨湖新城城市设计、控规修改以及色彩规划；完成了华科园、金科园以及五个产业新镇和现代产业园总体规划、城市设计和控规；完成了长荡湖、环湖湿地、茅山等重大项目地块控规以及专项规划；完成了涉铁通道规划研究、配合开展综合交通运输体系规划；完成了地下管线综合、社区布局、镇村布局优化等专项规划，配合指导仙姑村和上阮片区美丽乡村规划。

勇于担当，全力服务项目建设。实施“规划一张图”“大比例尺地形图全覆盖”“规划管理信息系统区镇互联共用”“规划地理信息数据共享”和

“人才引进与培养”五大工程建设。服务项目实行分类管理。对工业类项目，主动压缩规划审批法定时限，全年共有58个工业项目平均提前4个月开工建设；对融资类项目，单独建档，材料从简，全年共办理融资类项目94个，为融资平台筹集建设资金提供坚强支撑；对政府性投资类项目，实行“黄卡”制度，全年共为24个政府性投资类项目提供规划服务；对市场开发类项目，兼顾效率与公平，保障全区30个重点项目按期实施。规范权力运行，依法履行职权。自2013年规划局单设以来，共制发城乡规划管理规范性文件23件，确保了全区规划管理工作规范高效。

从严治党，彰显队伍建设成效。创建“同心绘”党建品牌，荣获2017年度区级机关优秀党建品牌二等奖。举办11期规划微学堂，组织24批次73人次学习培训，成功引进2名城乡规划专业全日制硕士研究生。

同绘绿水青山 共建美丽乡村

规划微学堂

区规划局开展老城区集中调研活动

花山拓展训练

服务“两个加快” 推进攻坚突破

区委书记狄志强、副区长王晓航率队开展春节安全生产大检查

区长沈东、区委常委董龙庆深入企业检查安全生产工作

副区长王晓航、区安监局局长韩巧生参加第十六个安全生产月广场宣传活动

在亚邦矿业采石宕口集中销毁非法违法烟花爆竹制品

2018年，金坛区安监局以习近平新时代中国特色社会主义思想为指导，认真贯彻国家和省、市、区安全生产工作部署，紧扣服务“两个加快”，推进攻坚突破主线，切实加大力度，着力提升法治水平。

加大宣传引导力度。面向企业、面向群众，弘扬生命至上、安全第一思想，大力宣传安全生产大政方针和法律法规，增强公众安全意识。落实安全生产宣传教育活动规范化，推动安全文化进企业、进学校、进机关、进社区、进农村、进家庭、进公共场所，营造安全发展氛围。扎实开展企业负责人、安全管理人员、特种作业人员以及一线员工安全培训，提高全员安全素养。

加大争创一流力度。开展“转作风、敢担当、争一流”主题实践活动，以一流标准和作风争创一流业绩。做好建设项目安全设施设计审查、竣工验收等工作，推动新、改、扩建项目安全设施与主体工程同时设计、同时施工、同时投入使用。推行全过程电子化审批服务，精简审批环节，提高审批时效。

加大源头防范力度。落实《关于推进城市安全发展的意见》，健全城市安全防控机制，超前辨识预判岗位、企业、区域安全风险。建立企业自查、自改、自报事故隐患排查治理信息系统，实现隐患排查、登记、评估、报告、监控、治理、销账全过程记录和闭环管理。推进企业安全生产标准化建设，督促企业落实全员安全生产责任制，提高本质安全水平。

加大监管执法力度。组织开展重大活动、重要时段安全生产大检查和专项督查，落实地方党政领导干部安全生产责任制。开展危化品、烟花爆竹、非煤矿山、金属冶炼、职业卫生、粉尘涉爆、有限空间等专项整治，筑牢行业安全防线。开展安全生产执法提升年活动，严厉打击安全生产违规和非法行为，确保执法一家，规范一家。

省粮食局局长夏春胜调研金坛粮食工作

省粮食行业协会检查组检查放心粮油示范企业

粮食行业“一规定两守则”培训

大走访深入农户家中

2017年，金坛区粮食局全面贯彻落实中央、省、市和区委、区政府决策部署，坚持稳中求进工作总基调，以粮食供给侧结构性改革为主线，深入推进“金坛五粮”建设，全面落实粮食安全责任制，粮食事业取得了新成效。

抓收购保供应，粮食收储规范安全。夏、秋两季收购，全区收购小麦38932吨，较上年增加20.07%；收购稻谷58981吨，较上年增加11.16%。2017年全区新增3家应急加工网点，目前已有12家应急保供网点正式挂牌，实现了保供网络乡镇全覆盖。强考核重管理，依法管粮成绩突出。全面落实粮食安全各项责任，在粮食安全责任制首考中，金坛区考核得分96.6分，为常州地区第一名。实施“粮食安全隐患大排查快整治严执法”集中行动，开展粮食库存检查、政策性粮食销售出库检查、军粮供应检查、粮食收购资格核查、两季粮食收购检查和化学药剂管理等各类专项检查20余次。全区A级信用涉粮企业达到15家。提质量强品牌，“放心粮油”再上台阶。开展2016-2017年度“放心粮油”评审工作，国家、省、市、区级“放心粮油”生产示范企业或销售店分别达到5家、5家、6家、21家。

金坛区粮食局被省粮食局、省人社厅授予“全省粮食安全工作先进集体”称号；金坛区被省粮食行业协会授予“江苏省放心粮油供应网络建设示范县”称号。

2017年金坛区粮食局党员干部培训班

区人大代表和区长沈东调研政务办工作

政务服务管理办公室，下辖政务服务中心、公共资源交易中心、电子政务中心和公共服务中心。2017年3月21日，组织体系物理组合完成，主要负责全区政务服务、公共资源交易、电子政务、公共服务等各项工作的组织、协调、管理、监督和指导服务，切实打造“一流的服务、一流的效能、一流的形象”政务服务平台。9月，区政务办被中国政博会授予中国政务服务行政审批改革创新奖。

2017年，政务服务中心共办理各类行政审批服务事项83.05万件，比上年增长23.95%，其中即办件72.29万件，占87.04%，增长24.09%。公共资源交易中心共完成交易总数1102项，交易总额343.99亿元，节约金额13亿元，土地溢价25.18亿元。12345热线受理各类诉求计5.01万件，办结率95.2%，满意率97.5%。

常州市政务办调研公共资源交易平台建设情况

区政务办获第二届全国政务服务论坛暨政务服务国际博览会”中国政务服务行政审批改革创新奖“

区政务办2017年度党员干部冬训动员大会

区政务办2017年度工作目标推进会

区政务办完成联合竣工验收

区政务办首届青年形象大使选拔赛

全区政府门户网站改造升级工作部署及业务培训会议

9月17日，金坛乡村旅游品牌节庆——“金坛乡村旅游嘉年华”荣登“2017最具影响力特色节庆”

4月8日，以“赏心乡村游，春跑花丛中”为主题的2017春到上阮赏花季启幕活动现场

5月26日，东方盐湖城道天下获批国家4A级旅游景区，成为金坛区第一家高等级旅游景区

7月22日“金坛水果蛮好“常州金坛乡村采摘节在上阮农业公园超群果园开幕

3月8日，金坛区旅游局局长杨国忠与一点资讯本地化事业部总经理刘育宏签署战略合作协议

2017年5—7月，为进一步推介"仙都金坛，养生家园"的旅游品牌，区旅游局连续在上海、南京、常州、宣城四地举行了城市旅游推介会，并发布了金坛夏季旅游产品。图为金坛旅游常州推介会上"4+营销体系"启动仪式

为优化县域旅游宣传营销合作新路径，由区旅游局倡议举办的县域旅游自媒体沙龙赢得江浙两省30余家旅游部门和企业的支持

10月21日，"长荡湖杯"金坛乡村美食大赛在长荡湖水街举办

3月18日，一期超千亩拥有十大特色精品花园和两大原生花海的"花谷奇缘"正式对外开放

常州市金坛区民防局

参与常州民防局组织的拉练活动

金坛区民防局是区政府负责民防工作的职能部门，主要负责国家和中央军委有关人民防空方针政策的贯彻执行，负责对《中华人民共和国人民防空法》《江苏省实施<中华人民共和国人民防空法>办法》等法律法规的贯彻实施，负责全区人民防空工程和民防设施建设的管理，负责全区人防指挥通信建设和民防知识的宣传教育。

2017年，区民防工作以习近平总书记系列重要讲话精神为指导，深入贯彻全国、全省和全市人民防空会议精神，坚持以民防军事斗争准备为主线，紧紧围绕重点突破、全面推进、融入民防、服务发展的工作目标，勇于创新、锐意进取，在人防工程、人防指挥通信、依法行政、宣传教育等方面继续保持良好的发展态势。

段玉裁中学学生疏散演练

社区居民应急疏散演练

人防指挥所效果图

常州市不动产登记交易中心金坛分中心（简称“金坛分中心”）成立于2016年6月，属全民事业单位。目前设有8个业务科室，共有职工87名。金坛分中心将原来的土地登记交易、房产登记交易以及房产测绘职能及相关人员整合合并，并建成了以地籍数据库和影像数据来管理宗地与房产对应关系的“金坛模式”新版不动产登记交易系统，全方位地实现了房地合一。2016年9月，不动产登记数据正式接入省级信息平台。2017年7月，金坛分中心被列为省级第一批不动产登记存量数据汇交单位。2018年3月，被国土资源部列为常州市唯一一家“全国百佳不动产登记便民利民示范窗口”创建单位。2016年6月至2018年4月13日，金坛分中心共核发不动产权证书47139本、不动产登记证明17079本，发证准确率100%。

金坛分中心除了在政务服务中心设置窗口以外，在各乡镇（区、街道）还设置了8个不动产登记服务网点，每个网点均配备1~2名工作人员。各网点与中心均实行专线互通，实现网上受理、审核，使农村群众在家门口就能直接办理。同时，还与全区22家银行签订商品房登记和抵押的代办协议，设立业务办理点，群众在银行办理贷款业务的同时可直接办理商品房登记和抵押登记。

2016年6月12日，金坛分中心正式成立

朝气蓬勃的不动产登记队伍

定期举办专题培训

服务大厅宽敞明亮，便民设施齐全

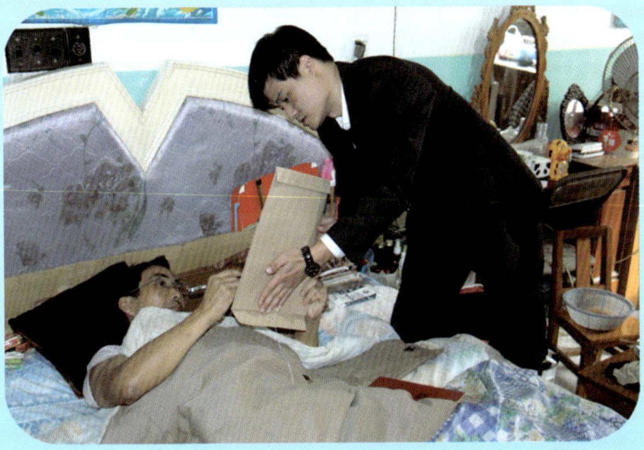

推行“上门服务”等便民举措

常州市金坛区国家税务局

发票区域集中配送服务启动仪式

金坛区国家税务局成立于1994年，主要负责全区增值税、消费税、所得税、车购税等税种的税收政策管理，落实减、免、退税等各项税收政策，以及增值税专用发票与增值税防伪税控系统的各项管理工作。内设7个行政机构，1个直属机构，6个派出机构，1个事业单位。截止2017年12月底，共有188名在职干部职工。共管辖26410户纳税人。其中，企业11266户，个体户15144户。2017年共组织各项税收收入46.27亿元，为经济社会发展提供了有力保障。在加强自身建设，依法履行职责的同时，坚持以助力金坛“两个加快”为己任，奋力拼搏、奉献担当，全力服务于全区经济社会发展大局，实现了国税事业在推进税收现代化建设中夯基固本、重点突破、站位提升的新发展。

党组成员议事

全区国税工作会议召开

开展“三大一实干”大走访活动

举行纳税人座谈会

税收宣传进茶场

召开党风廉政会议

“携手担当展风采 军民共建谱新篇”主题道德讲堂走进常州总堂

营改增企业座谈会

“女人·花”国税巾帼风采展示

金品税和

/金/坛/地/税/

铸金立品 兴税至和

2017年，面对后营改增时期复杂的发展形势和艰巨的改革任务，区地税局合力共治、敢为人先，以服务地方经济发展、助力企业转型升级、服务纳税人合理需求为目标，紧抓组织收入这一中心点，序时推进和稳步实施规范执法、协同管理、内控机制、文化建设四大重点工作，致力于促进经济结构升级、优化税收营商环境。在推进税收治理现代化的进程中，圆满完成了各项目标任务。全年共组织各项收入48.31亿元，同口径增收7.11亿元，增长17.69%。其中，组织税收收入31.51亿元，同口径增收5.71亿元，增长23.02%；组织非税收入16.79亿元，同比增收1.40亿元，增长9.10%，非税收入中社会保险基金入库14.73亿元，同比增收1.42亿元，增长10.63%。实现全口径一般公共预算收入25.84亿元，同口径增收3.78亿元，增长17.56%。不折不扣落实税费减免政策，全年累计减免各项税费14.48亿元，同比增长481%，其中改善民生优惠减免13.80亿元、鼓励高新技术企业发展1710万元、支持金融资本市场420万元、促进小微企业发展422万元、支持转制升级491万元、促进节能环保110万元。获得国家级荣誉1项、省级荣誉2项、市级荣誉17项。

“两学一做”主题党日活动

“青年之家”成立仪式上，为青年导师颁发聘书

2017年度税收工作会议

房产交易系统正式上线，房产交易迈入自助办税新时代

税收宣传

开展关爱盲童爱心活动

全国文明城市创建志愿服务

全区财税审计工作会议

走访村民，为群众解难题

走访企业，构建和谐征纳关系

常州市公积金中心领导视察分中心

区领导视察分中心

区人大领导到分中心调研

2017年，金坛分中心积极落实“放管服”改革要求，不断扩大制度覆盖面，及时主动实施差异化住房公积金贷款政策，强化内部机构和服务资源整合，严格执行各项业务操作规范，超额完成区政府和上级部门下达的各项工作任务，为促进住房保障建设、服务地方经济发展作出了应有的贡献。

3月10日，金坛区政府召开全区住房公积金工作会议，副区长周文俊在讲话中指出：住房公积金管理是一项政策性、社会性、群众性都很强的工作，既代表着政府的形象，又代表着职工群众的利益。各相关部门要本着对党和政府负责、对广大群众负责的精神，紧紧抓住当前“两个加快”的有利时机，严格执行政策，增强服务意识，以管理求效益、以服务树形象、以创新求发展，共同推进全区住房公积金事业持续健康发展。

公积金大楼外景

2017年，全区住房公积金扩面人数达到10989人，创历史新高，完成区政府“为民办实事”目标（住房公积金扩面4500人）的244.20%；发放住房公积金贷款7.57亿元，完成区政府“为民办实事”目标（发放政策性低息贷款3.5亿元）的216.29%；归集住房公积金7.67亿元，提取5.62亿元。截至2017年12月31日，全区住房公积金归集余额为18.92亿元，住房公积金个人贷款余额为9038户21.11亿元。

主　　任：朱小君

地　　址：常州市金坛区南环一路116号

电　　话：0519-82836313

服务热线：12329

邮　　编：213200

全区住房公积金工作会议

东城街道住房公积金工作站挂牌

开办基数调整暨网上业务培训

为企业提供上门服务

服务大厅整洁明亮

一切围绕职工　一切服务职工

“我爱家乡”情系职工系列活动启动仪式

金坛区女职工风采展示暨“双争”表彰活动

推进建设“信赖职工之家”

慰问交警

全区工会系统学习十九大精神宣讲会

送春联进企业

金坛区举行经济适用住房实物安置选房顺序号抽签仪式

金坛区经适房实物安置选房顺序号抽签仪式

金坛区经适房实物安置选房顺序号抽签仪式

金坛区经济适用住房实物安置选房顺序号抽签仪式在区住建委建校礼堂顺利举行。为了充分体现公开、公平、公正，对经过“三审三公示”审核程序后符合保障条件的235户家庭进行公开抽签，产生选房顺序号。

抽签仪式上，先选抽签代表，再以抽签代表抽号的方式进行。在金坛区公证处、选房户的共同监督下，经过公开抽取顺序号，235户住房困难家庭按抽签顺序号进行选房。

抽签现场全程录像，阳光操作。抽签结果经现场公证后当场予以公布。抽签结果将在金坛区政府门户网、金坛区住建委网及各社区居委会、镇、街道、开发区予以公布，接受社会监督。此次抽签得到了全体购房家庭的一致肯定。

金坛区经适房实物安置选房顺序号抽签仪式

不忘初心 砥砺前行

区残联召开主席团会议，调整第四届主席团委员和执行理事会成员

全省市县（区）150多名残联系统工作人员到金坛调研残疾人辅助性就业工作。

朱林镇党委政府专门腾出场所并流转土地，与区残联在三星村共同建设了全区第一家“农疗+工疗”模式的“残疾人之家”

2017年以来，区残联围绕全区中心工作，紧扣推进残疾人全面小康主题，认真开展“三大一实干”活动，切实提高为残疾人服务的能力和水平，着力推动残疾人就业增收、托底保障等方面工作，全区残疾人事业发展再上新台阶。

第27次“全国助残日”期间，在金坛吾悦广场举行“世界自闭症日”快闪宣传活动。开展了城市无障碍设施体验活动。区残联、区文明办、区级机关党工委等单位联合开展“唱响爱的分贝”第3季大型公益助残行动，募集资金76876元，全部用于贫困残疾人家庭和资助涉残机构。全年“三助一免”康复救助工程为307户贫困残疾人配发轮椅等康复器具451台（套），完成277名白内障患者复明手术。贫困精神残疾患者免费服药745人。0~14岁残疾儿童康复工程实行全覆盖，55名残疾人入住区庇护托养中心，15名残疾人从事“工疗”辅助性就业。全年征收残疾人保障金1320万元，年审企业412家，安置残疾人2148人。完成实名制培训60人，实名制就业97人。全年区投入残疾人团体大病补充保险资金78万元，共计赔付30人124万元，有效缓解了因大病致、返贫的难题。按照省“七有”标准，强化资源整合，成功探索“家-企联合”模式，建成运行11家“残疾人之家”，为213名残疾人提供日间照料服务，161人实现辅助性就业。实施“基本家电进家庭”工程，为有需求的贫困残疾人家庭发放彩电、洗衣机、安装太阳能等605台（套），有效提高了受益残疾人的生产生活水平。奥运冠军徐夕涵在墨西哥举行的2017年世界残疾人游泳锦标赛上，获50米蝶泳冠军。全面推进残联基层组织“强基育人”工程建设。区残联分别召开四届二次、三次主席团全体会议，指导各镇、街道完成了换届选举工作，调优调强区、镇两级残联领导班子，残联基层组织建设“强基育人”工程迎来了新阶段。

开创残疾人事业新局面

区残联组织党员切实开展“阳光扶贫”活动，走访帮扶贫困对象

“三大一实干”活动中，区残联工作人员将辅助器具送到有需求的群众手中

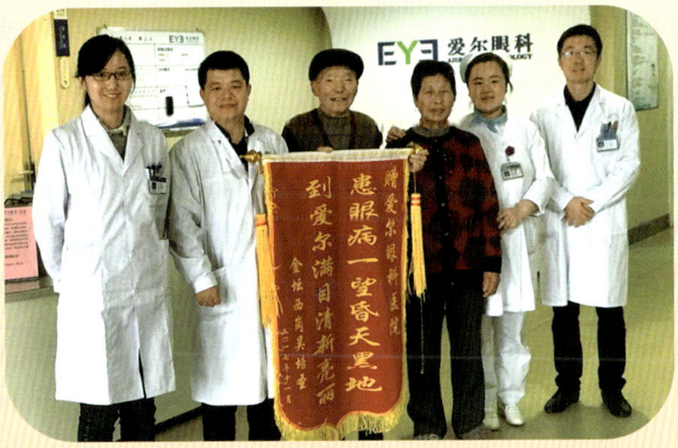

区残联与眼科专业医院——南京爱尔眼科医院合作开展“慈善光明行”项目，实现服务到村、实时结报、高效复明

全区首届残疾人网络创业电商微商培训班开班，常州专业的互联网和电子商务培训公司为全区30多名残疾人授课

金坛代表队在常州市第六届残疾人运动会中获金牌数、奖牌数、团体总分三项第一

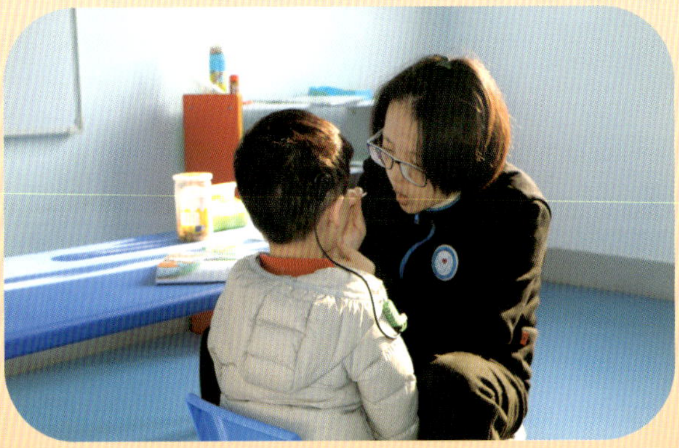

区小天使康复培训中心的特殊儿童正在进行专业康复训练

党委书记、院长　苏建华

常州市金坛区人民医院建立于1919年，是一所集医疗、教学、科研、预防保健及卫生应急于一体的三级综合医院，是江苏大学附属医院、江苏医药职业学院的临床学院，是东南大学医学院、甘肃医学院等医学院校的教学医院，是江苏省住院医师规范化培训国家级基地（常州二院）协同医院。先后荣获全国巾帼文明示范岗、江苏省健康促进单位等荣誉称号。

医院占地约50亩，建筑面积8.15万平方米。医院设有23个病区，31个临床专科，26个护理单元，11个医技科室。有常州市市区共建重点学科1个，常州市重点专科4个，常州市重点专科建设单位1个，金坛区重点专科11个，拥有MRI、DSA、直线加速器等大型医疗设备100多台。医院核定床位800张，实际开放床位800张，年诊疗67万人次，年出院病人2.75万人次，手术近万台次。现有职工1337人，其中正高职称52人，副高职称143人，省“333”人才培养工程2人，金沙名医10人，金沙英才7人，金沙英才突出贡献奖2人，金沙名科3个。

医院坚持科教兴院、人才强院战略，秉承“精勤人和 崇德厚生”的院训和“新金医 心相伴 馨感动”的服务理念，奋发有为，精益求精。近五年来，获各级科研项目立项30余项，获实用新型专利10余项。年发表论文300余篇，其中SCI收录论文5篇以上，核心期刊30余篇。领先的技术和优质的服务得到同行和广大百姓的充分肯定。

三级医院验收

区人民医院与法国枫丹白露地区医疗中心签约

艺术节晚会合影

与法国枫丹白露地区医疗中心人员合影

2017年急诊科获全国巾帼文明示范岗

医院外景

常州市金坛区中医医院成立于1958年，经过几代人的努力奋斗，已发展成为一所集中医、中西医结合临床、教学、科研、康复保健为一体的综合性中医医院。医院坚持中医为主、中西医结合的办院方向，坚持发挥中医药特色优势，1995年首批被国家中医药管理局评为“二级甲等中医医院”，2008年成为南京中医药大学教学医院。

区人大领导来医院调研中医药工作

医院有正式职工576人，其中高级职称131人，硕士研究生41名，常州名中医3人，金坛名医6人。医院现开放11个住院病区及一个重症监护病房、一个急诊小区，实际开放住院床位440张。医院拥有1.5T磁共振、128层螺旋CT、DR、中小C臂X光机、胃肠机、彩色多普勒、全自动生化分析仪等大中型诊疗设备。

2016年，皮肤科创成江苏省中医重点临床专科，骨伤科、心血管病科为常州市重点中医临床专科，脑病科、肺病科（呼吸科）、脾胃病科（消化科）、妇科、肿瘤科、肛肠科为金坛重点临床专科。骨伤科、针灸理疗康复科先后被国家中管局确定为全国农村医疗机构中医特色专科建设单位；肺病科（呼吸科）为江苏省中医特色专科建设单位；脑病科、心血管病科为常州市“十二五”中医重点临床专科建设单位；肺病科、妇科、肛肠科为常州市中医特色专科建设单位。5年来，区中医院共获常州市、金坛区科技进步奖14项，获国家专利9项。

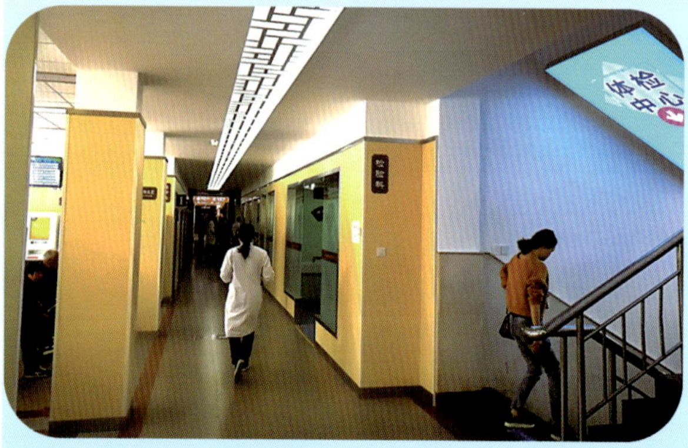

在发扬中医特色优势的同时，医院十分注重综合实力的提高，努力提升危急重症中西医结合的处置能力，现为“江苏省危急重症远程诊疗网络医院”、“江苏省人民医院冠心病分中心”，能常规开展心脏临时、永久起搏器植入术，冠状动脉造影及支架植入术与断指再植、关节置换术、大面积烧伤湿润暴露疗法，以及脑外科、胸外科常规手术，胸、腹腔镜、宫腔镜、关节镜、腰椎间盘镜、鼻内窥镜微创手术以及肿瘤介入治疗。

2017年，农发行常州市金坛区支行适时分析形势，严控内部管理，防范财务风险，实抓党建工作。面对国内经济不断下行、同业竞争日益激烈，全行上下开拓创新、迎难而上、上下协调，经过不懈努力，取得较好的成效。全年投放各类贷款16.34亿元，年末贷款总额33.09亿元，各项存款余额10.08亿元，存款业务再创新高。

近年来，农发行常州市金坛区支行积极履行政策性银行职能，全力支持国家收储计划，积极落实粮棉油“去库存”政策。在切实履行好夏秋两季粮食收购基本职能的同时，将金坛区政府关切、农民关心、社会关注的重大项目作为信贷支持重点。2018年将围绕四项工作目标，全力实施“三聚三工程”，结合金坛实际，积极开展项目营销和存款组织，继续坚持“做好项目营销、做足项目储备、做实贷款投放”的信贷业务发展主体思想，不遗余力地开展项目营销工作。作为全区唯一的一家政策性银行，坚持“五个全力服务”，突破传统思路的束缚，积极开展项目营销和培育申报，不断扩充项目储备。农发行常州市金坛区的续贷项目共4个，金额达48.4亿元；储备项目共5个，贷款额度达33亿元。在维护好现有的贷款规模的同时，金坛农发行将聚焦精准扶贫、精准脱贫的的客观需要，准确认定符合条件的扶贫项目贷款，扩大贷款规模，拓展贷款种类，最大程度的发挥出政策性银行的业务职能。

中国光大银行

CHINA EVERBRIGHT BANK

共享阳光·创新生活

中国光大银行金坛支行成立于2014年11月，2017年年末，支行的存款总量超30亿元。先后获得“常州市放心消费创建活动先进单位”和金坛区“平安金融单位”“青年文明号”等荣誉称号。

近期，金坛支行推出了结构性存款“安存宝”和“随心贷”两项重点产品。个人结构性存款“安存宝”五万起存，期限有3个月至1年，年化利率4.5%-4.6%，该产品纳入存款保险制度范围；光大银行“随心贷”，纯信用、无抵押、纯线上，额度最高30万元。

地　址：常州市金坛区南环一路557号

电　话：0519-82688881

光大·随心贷
消费更自如 生活更轻松
装修
网络申请
想贷就贷
购车
旅游
申请成功！
申请条件：有稳定工作或住房，征信记录良好及其他条件。
产品特点：随时随地，随借随还；简单便捷，网上申请。
申请方式：扫码了解详情并在线申请
95595
www.cebbank.com
Bank 中国光大银行
共享阳光·创新生活

招商银行

CHINA MERCHANTS BANK

招商银行成立30多年来，凭借持续的金融创新、优质的客户服务、稳健的经营风格和良好的经营业绩，获得“最佳商业银行”“最佳零售银行”“中国区最佳私人银行”等殊荣，已发展成为中国境内最具品牌影响力的商业银行。

招商银行常州金坛支行位于金坛区南环一路802号，成立于2017年12月8日，是一家业务权限完整的县域综合支行。金坛支行的设立，填补了招商银行在常州市区域支行的空白，实现了常州地区招商银行机构区域的全覆盖。

金坛支行是全国招商银行第一家2.0版本的科技支行，以O2O的方式构建经营流程，开启未来网点服务新历程：简洁、私密的低柜理财区，让理财专员与客户并肩而坐，拉近客户与银行间的距离；科技感爆棚的VTM自助区与公私业务凭证打印区，带客户体验自由操作的乐趣；网点WIFI全覆盖，“一次接通，全行通用”，便捷又高效……

“招商银行，您身边的财富管理银行！欢迎光临招商银行！

CHINA LIFE 中国人寿

相知多年，值得托付

中国人寿保险股份有限公司金坛支公司（以下简称中国人寿金坛支公司）成立于1949年，1996年从中国人民保险公司分设出来，2003年改为国有股份有限公司，并于2003年在美国和香港同时上市。公司位于金坛区横街东路8号，有职工55人，其中本科生51人。

2017年，面对复杂多变的外部环境和激烈的市场竞争，本公司坚持“重价值、强队伍、优结构、稳增长、防风险”的经营方针，大力实施创新驱动发展战略，坚持价值导向，多措并举，加快业务发展，推进转型升级。公司总体运行安全稳健，业务持续快速增长，销售队伍量质齐升。全年公司实现保费收入人民币4.227亿元，同比增长16.8%。市场份额约为43.84%，居金坛区寿险行业首位。投资收益率稳步提高，经营效益大幅提升，实现了又好又快发展。

公司大楼

宽敞明亮的服务大厅

中国人民保险

位于金坛区西门大街27号的中国人民财产保险股份有限公司常州市金坛支公司成立于1981年，是经保监局正式批准的并具有授权经营资格的县域支公司。公司下设尧塘营业部、薛埠营业部、环城营业部、社头营业部、直溪营业部五个网点，可为全区客户提供各类财产保险业务咨询、险种设计、保险方案建议、防灾防损等专业化的保险服务。

2017年度完成保费收入17549万元，市场份额占有率为38.12%，在辖区内财产险市场份额排名第一。全年共处理各类赔案10034件，支付赔款11580万元。公司连续多年荣获 “常州市文明单位”称号及金坛区平安金融创建先进单位，继续保持了“常州市放心消费创建先进单位”和“江苏省放心消费创建先进单位”称号。公司持续践行“以客户为中心”的经营宗旨，以“做人民满意的保险公司”为共同愿景，秉承“风雨同行、至爱至诚”的核心价值观，遵循“主动、及时、准确、合理”的理赔原则，竭诚为广大客户提供最优质的保险服务。

2017客户节宣传

防范金融风险宣传

送农机保险服务下乡

执行悬赏保险合作签约仪式

2017年度，公司双玻组件获国家能源局“领跑者”认证。公司联合高校及科研院所成功申报江苏省高价值专利培育项目，首批5件国际专利被受理。江苏省（亿晶）光伏工程研究院通过建设期验收。公司入选首批国家级绿色工厂。

公司党委组织党员收看十九大开幕式

光伏研究院通过建设期验收

公司组织员工消防演习

公司入选首批国家级绿色工厂

江苏金坛国发国际投资发展有限公司成立于2010年12月，为江苏省金坛经济开发区直属单位，注册资本52.3亿元，实收资本50亿元。截至2017年12月31日，国发公司总资产500.45亿元，净资产177.11亿元。围绕增强企业可持续发展能力、服务园区建设和服务实体经济发展的需要，公司集中在基础设施、民生保障等领域按照做实做强做优企业的目标，发挥在开发区开发建设中的主力军和经济升级中的带动引领作用，为开发区建设提供服务和保障。

国际工业城

青年公寓

腾创科技园

东方新都

金尧路与尧塘河

经十路南延

海棠名都玉兰苑

丰田路

中国 茅山
东方盐湖城 闲养度假区
江南神奇山镇
茅山自古便有“第一福地，第八洞天”的美誉，向来是修身养性、寻仙问道之处。东方盐湖城闲养度假区坐落于金坛茅山旅游度假区，占地27.8平方公里，投资近百亿元，由龙城旅游控股集团开发建设，以文化为核心竞争力，传承中国大道文化精髓，依托中国道教名山——茅山的“山、水、盐、茶、药、泉”六大自然资源及道文化、金坛茅山地缘文化，打造国内首个集休闲度假、文化展示、互动体验、养生养老等多主题的闲养度假区。
2016年3月26日正式开放的东方盐湖城（一期）道天下景区为国家AAAA级景区，创造性地打造“一观八院十家宿，廿馆百铺千间房”的特色旅游产品，神奇的魏晋道风山镇、近20座历史活化博物馆、源于八卦元素创意的八院娱乐体验、300余间主题酒店集群.....漫步在魏晋古风的茅山小镇之中，开启一段神奇的穿越之旅，让这里成为全家人的首选度假目的地。
扫一扫 更多资讯
400-809-7788

茅山疗休养基地

常州市劳模（职工）疗休养茅山东方盐湖城基地位于江苏茅山景区内，以“道文化”疗养为主，集道文化圣地、酒店会议度假、休闲购物、美食餐饮、文化演艺、度假居养等多功能于一体的复合型国家级旅游度假区和世界级养生宜居之地。以独特的文化和特色山水体验，开创全新的疗养养生休闲模式。

道养生课程

课程讲座

功法健体

秉烛问道

道家养生餐

盐汤疗养

企业职工之家，提供免费篮球场、图书馆、心灵家园等多样化的娱乐休闲设施

文化研学基地

在 这里，边走边玩边探索，没有围墙的教室，终身学习的课堂；

在 这里，可以与不同的人共同书写人生一段又一段美好的回忆；

在 这里，完成每年行走一座城的愿望，让孩子有梦敢想！

研学课程及活动

山镇寻盐记

全国首个集科普、实验、闯关等形式为一体的盐文化研学活动。无门槛，即到即参与。

盐学大典

盐神葛洪带领大家还原古时少年上学堂的互动体验，行道家礼仪，诵道德经，点朱砂痣，祈福小朋友学业有成。

团建拓展基地

团队拓展可以磨练学员意志，培养学员计划、组织、领导、控制等各项管理能力，使学员切身体会团队人力资源合理配置的重要性和学习配置方法，提高团队执行力，结合东方盐湖城的山镇度假之旅，劳逸结合，增强团队凝聚力。

急速六十秒

驿站传书

大力绳圈

抛绣球

指压板跳绳

不倒森林

商务会奖基地

东方盐湖城风光旖旎，交通便捷，配套服务完善，是举办客户答谢、企业员工激励等年度盛会的绝佳场地。

武养馆

坐标：道风街65号
容纳人数：450人（剧院式）

云林阁

坐标：道风街66号
容纳人数：300人（课桌式）
500人（剧院式）

还初馆

坐标：道风街74号
容纳人数：多功能会议室 40人（回字型）、
董事会议室30人（回字型）

保利地产 和者筑善 5U服务
和共
保金
利坛
中国保利 昌盛经济
多元化产业布局者，为国民经济发展广济能量
央企保利 和者筑善
国家一级房地产开发资质企业，布局百城，超三百万业主选择。
国之重器 保国利民
军民品贸易的先锋连与排头兵，军品贸易稳居全国前三。
人文保利 民族情怀
圆明园兽首保护者，艺术与博物馆、大剧院的缔造者。

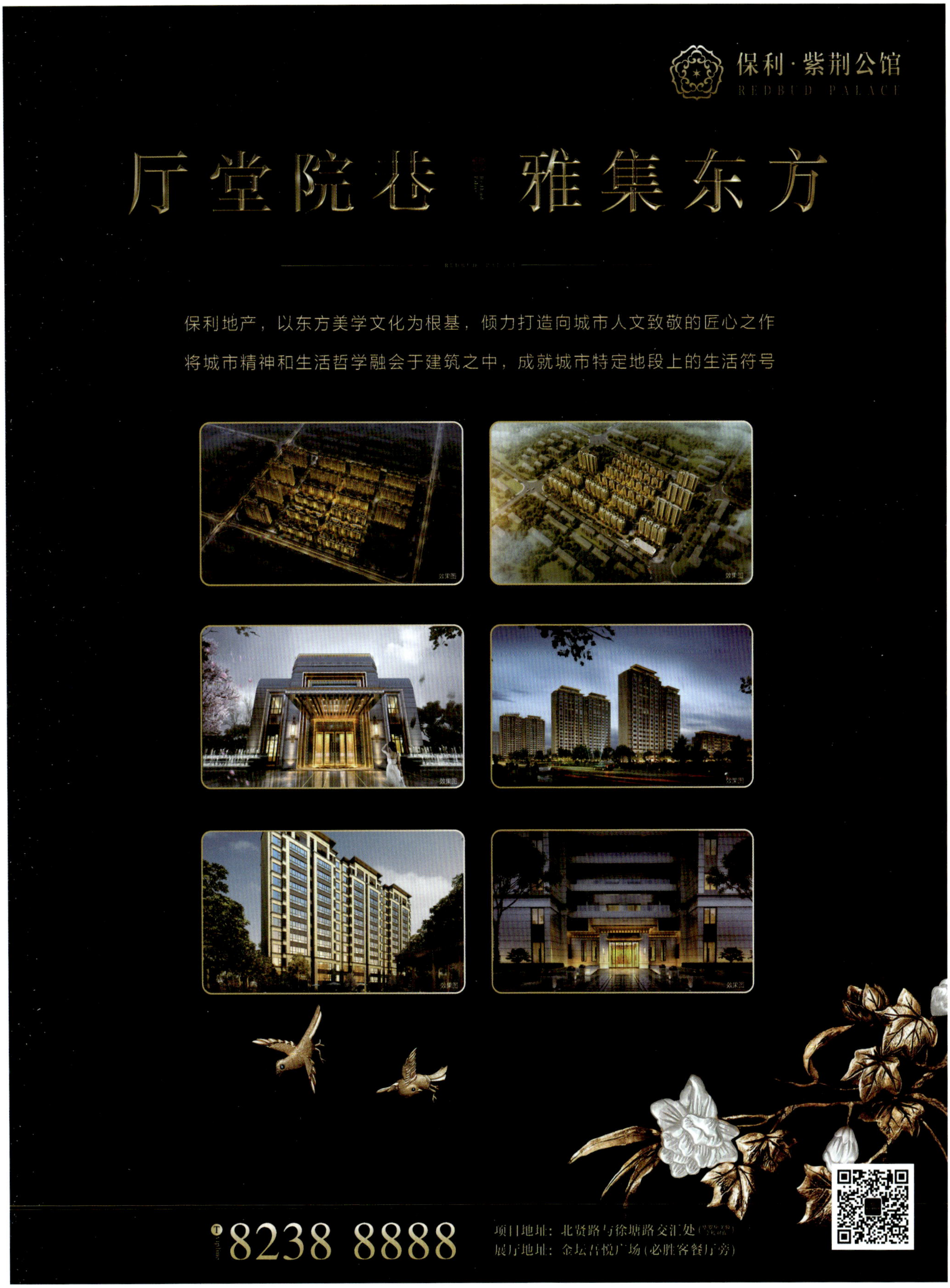
保利·紫荆公馆
REDBUD PALACE
厅堂院巷 雅集东方
保利地产，以东方美学文化为根基，倾力打造向城市人文致敬的匠心之作
将城市精神和生活哲学融会于建筑之中，成就城市特定地段上的生活符号
8238 8888
项目地址：北贤路与徐塘路交汇处
展厅地址：金坛吾悦广场(必胜客餐厅旁)

江苏华兴电子有限公司前身是金坛市电子元件厂，创办于1984年，1994年改制为私营企业，2005年更名为江苏华兴电子有限公司，注册资金1000万元，占地面积36000平方米，建筑面积20000平方米。公司一直实现销售近亿元，利税1000多万元，现有资产13062万元，净资产9870万元，员工380人。

公司属江苏省高新技术企业，主要从事谐波电流抑制器、EMI抑制器、变压器、电源滤波器、WIFI模块、语言模块、固定电感器、贴片电感、逆变扁平变压器、铁氧体磁芯等电子元器件产品研发与生产。公司拥有自主知识产权共20项，其中已授权的自主知识产权发明（专利）6项。

产品广泛应用于电视机、 DVD、计算机、空调器及通讯设备等领域。

公司在深圳、青岛设立办事处，加强与客户的联络和沟通，以优质产品和优质服务树立良好的企业形象，从而进一步拓展市场。

主要客户群：

a. 康佳集团股份公司
b. TCL集团股份有限公司
c. 青岛海信电器公司
d. LG电子（沈阳）公司
e. 美国TCP中国总公司
f. 飞利浦照明有限公司

企业不断开拓新的经营领域，开发和生产适销对路的新产品；通过不间断的技术开发战略，在竞争中处于主动地位，并形成对竞争对手的优势，保持着企业的久盛不衰。

地址：金坛区指前镇金沙大道1358号

董事长 张炳庚

常州市华阳科技有限公司（原金坛市华阳化工厂）建于1992年，地处常州西郊，地理位置优越，交通便利，是专业生产以聚氨酯催化剂系列：改性聚醚多元醇、医药、原料为主的企业，产品销往国内20多个省、市、自治区，并出口东南亚，欧洲等地区，为大型骨干集团企业指定配套产品。公司占地面积30000平方米，建筑面积5000平方米，有职工120多人，固定资产5000余万元。

企业基础管理工作扎实，设备先进，产品检测仪器齐全，并与大专院校、科研单位常年技术合作，技术力量雄厚，有江苏省高新技术产品1个，并有5项发明专利，先后通过ISO9001：2008质量管理体系、ISO24001：2004环境管理体系、GB/T28001-2001职业健康安全管理体系认证。连续被评为省、市先进企业、重合同守信用单位、获省优质产品称号。

公司宗旨是“以诚为信、以人为本、创新发展”，不断满足客户需求，华阳人愿与国内外厂商携手合作，共创伟业。

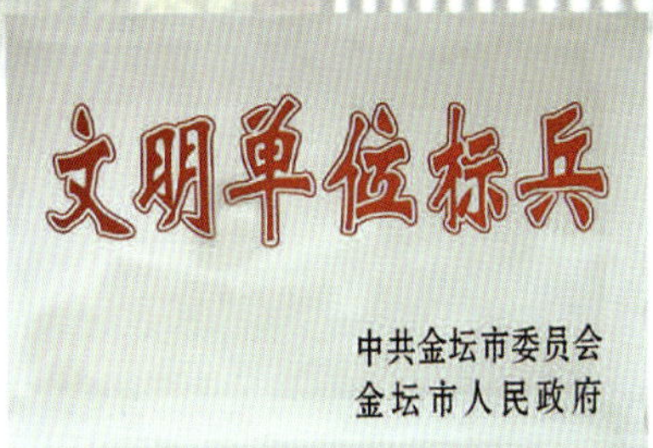

地址：江苏省金坛经济开发区河口工业园
电话：0519-82521156
传真：0519-82521118
Http://www.huayangchem.com
E-mail:hychem@huayangchem.com
邮编：213200

信维通信 SUNWAY

深圳市信维通信股份有限公司 董事长 彭浩

2006年深圳市信维通信股份有限公司(简称“信维通信”)成立于深圳，2010年11月于深交所创业板上市。公司始终围绕射频为技术核心，致力于成为世界一流的音、射频一站式解决方案的零、部件供应商。公司主营业务为射频元器件，主要包括：移动终端天线、射频隔离器件、射频连接器、音/射频模组、磁性材料、射频前端器件等。在射频元器件领域，设计环节难度大、具有较高技术壁垒，公司通过自主研发和并购合作，与国内外知名大学和科研院校合作，并在瑞典斯德哥尔摩、美国圣荷西、韩国水原、日本新横滨和国内深圳、北京、上海、常州、西安等地建立多家分支机构，进行产品研发、推广和销售。近年来，公司持续加大对前沿技术研发投入，使得产品技术水平得到不断提高，相关射频整体解决方案得到客户的充分认可，在射频技术领域保持行业领先地位。公司始

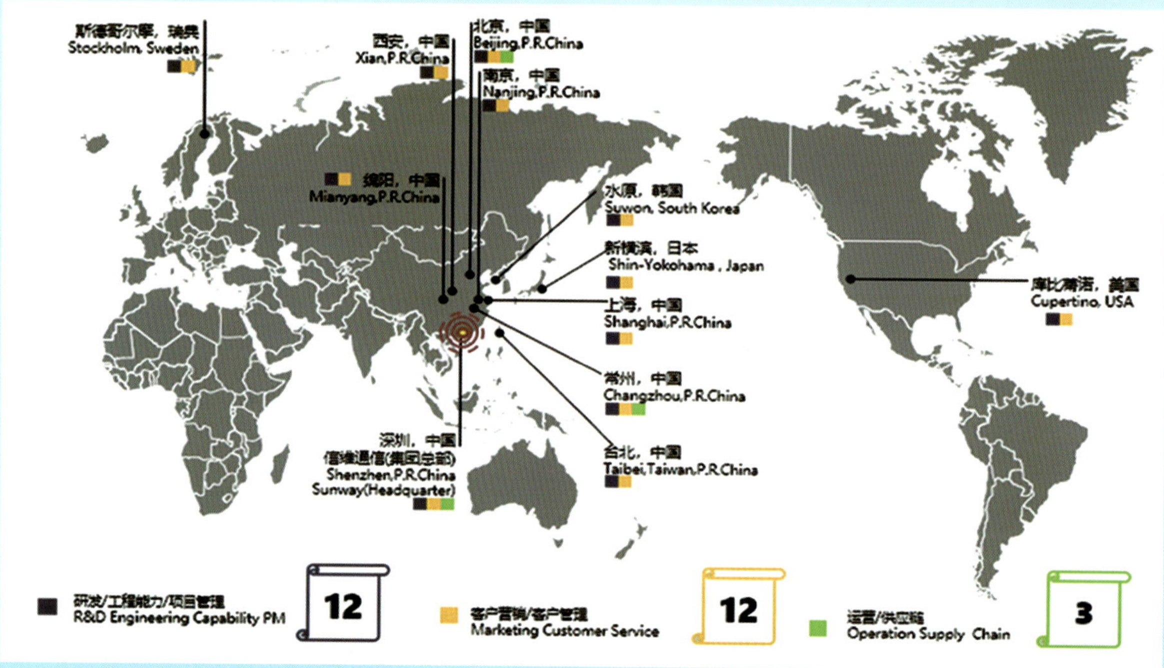

公司为了在长三角地区进行产业布局增加生产基地，于2016年签约金坛，2017年开工建设信维通信科技园项目

终以国内外大客户需求为导向，以快速反应、全球布局、贴身服务对相关业务的拓展以及上下游资源的整合。公司在国内的中央研究院和海外的前沿研发中心专门研究未来几年的通信技术以及如何应用新材料、新技术和新工艺。公司持续完善产业布局、产品线和客户资源，为5G时代的发展机会做好全方位的准备，为全体股东创造更大的价值。在新华网主办的第四届“2017年中国A股最佳上市公司颁奖峰会”上，公司获得“2017年最佳上市公司”及“2017年通信电子行业最佳上市公司”称号；在由中国上市公司协会联合上海证券交易所、深圳证券交易所、中国证券业协会、中国基金业协会等主办的“2017年度最受投资者尊重的上市公司评选”活动中，获“2017年度最受投资者尊重的上市公司”。

金坛签约仪式

公司持续倡导信维合伙人文化理念，践行“共识、共创、共担、共享”的人才发展策略，打造多层次、全方位的薪酬激励制度，实现员工、股东和公司的利益高度一致，从而快速提升公司的人才吸引力和整体竞争力。

江苏科技园鸟瞰图

董事长　王国芳

常州万容新材料科技有限公司成立于2014年1月，位于江苏省常州市金坛区薛埠镇工业产业园内。企业地理位置优越，交通便利，是华东地区大型环保新材料科技高新技术企业之一。

公司总投资1.2亿，占地2万平方米，厂房面积2.6万平方米。拥有多条专业先进的长、短丝纤维生产线，是专门从事聚四氟乙烯环保新材料研发、生产和销售的高新技术企业，公司年产聚四氟乙烯膜裂长丝纤维1000吨、牵伸短丝纤维600吨、PTFE基布200万平方米，公司产品主要有聚四氟乙烯（PTFE）长纤维、短纤维、基布等，产品主要用于钢铁冶金、水泥、火力发电、建筑的粉尘和烟气净化等行业。产品质量达到行业先进水平，具有良好的社会经济效益和环保效应！

企业依托良好的地理优势和人文环境，拥有多重内外技术支持和政府部门大力扶持。公司将以国家环保产

领导视察

员工培训

瓦屋山郊游

业发展为契机，积极寻求与国内外同行业、中下游企业展开合作，建立产业链，形成可持续发展的良好局面！

企业始终本着“用专业的心做专业的事”的经营理念，“急客户之所急，想客户之所想”“用质量求生存、用事实来说话”倡导“精诚求合作，携手共双赢”的客户服务理念，携手国内外优秀合作伙伴，为国家环保产业做出新贡献。

“与万物合、与天地容”万容真诚期待与您合作！

地址：江苏省常州市金坛区薛埠镇工业园区公园路68号
电话：0519-82660996
传真：0519-82660995
邮箱：sales@czwanyon.com
网址：//www.czwanyon.com

生产车间

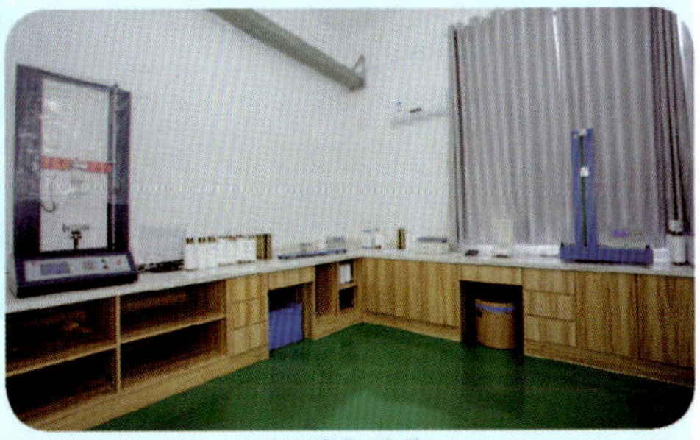
检测实验室

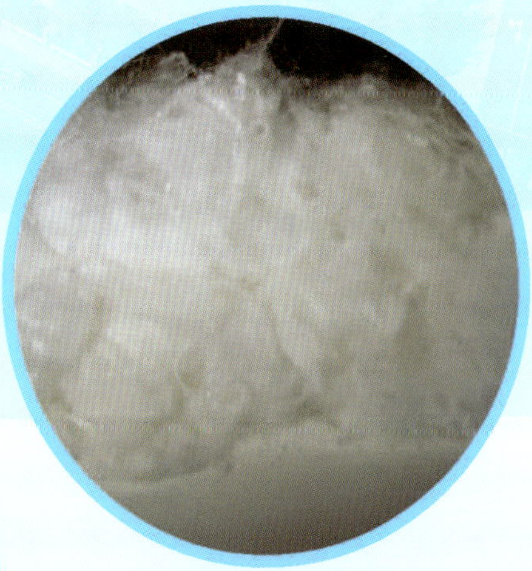
PTFE 短纤维

压延

PTFE 基布

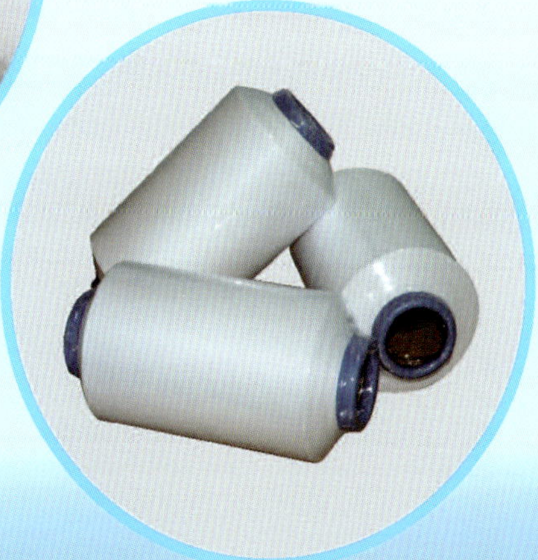
PTFE 长丝

成品包装堆放

江苏金榆科技集团有限公司

董事长　刘柏榆

公司是江苏省高新技术企业，占地面积23000平方米，拥有固定资产2300万元，有员工逾百人，其中工程技术人员41人。公司所有产品均自行开发设计，主要产品有：互感器、传感器、计量箱、干式变压器、汽车传感器、防抱死控制系统（ABS）、ABS线束、轮胎压力监测系统（TPMS）、汽车行驶记录仪、ABS电磁阀等，产品遍及全国各省、市。

企业先后注册“金低”“金互”“金榆”商标。产品从2002年以来连续获“常州市名牌产品”称号，2010年获“江苏省名牌产品”称号。公司生产的互感器、轮速传感器、ABS、TPMS产品被评为“江苏省高新技术产品”，其中轮速传感器被评为国家重点新产品。公司参与轮速传感器行业标准的编写，2007年被评为“江苏省标准化良好行为企业”，金坛市科技先进企业、专利示范企业，共获得国家专利37项，其中发明专利2项。

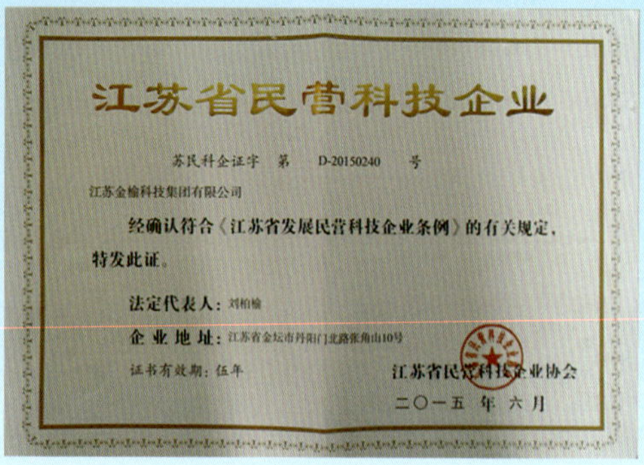

江苏省民营科技企业

苏民科企证字　第　D-20150240　号

江苏金榆科技集团有限公司

经确认符合《江苏省发展民营科技企业条例》的有关规定，特发此证。

法定代表人：刘柏榆

企业地址：江苏省金坛市丹阳门北路张角山10号

证书有效期：伍年

江苏省民营科技企业协会

二〇一五年六月

公司建立完善的质量管理体系和健全的行政管理体系，获得ISO9001—2000质量体系认证、ISO16949—2000国际质量体系认证与GB/28001—2011职业健康安全管理体系认证证书。

公司坚持“创新领先、不断进取”的企业宗旨和“追求科技创新，坚持持续改进；提供一流产品，确保顾客满意”的核心理念，致力于为客户提供更多优质优价的产品和服务，热忱欢迎新老客户选购产品！

地　址：丹阳门北路张角山8号
电　话：0519-82850115
邮　编：213200

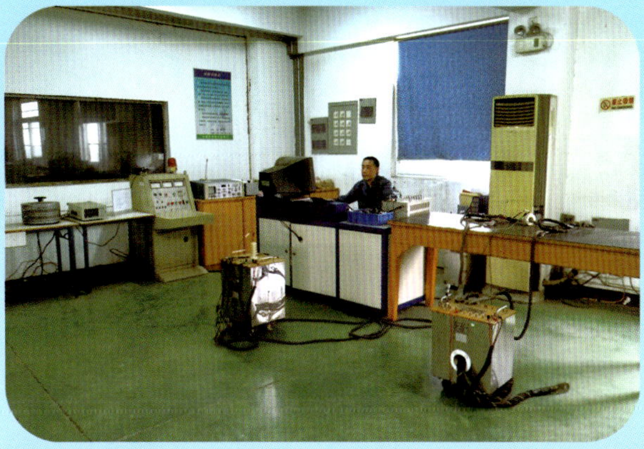

35KV电流互感器

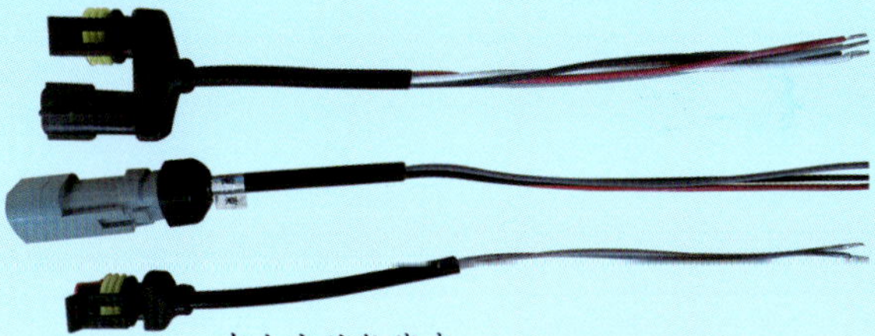

中央充放气线束

10KV电压互感器

10KV电流互感器

10KV组合互感器

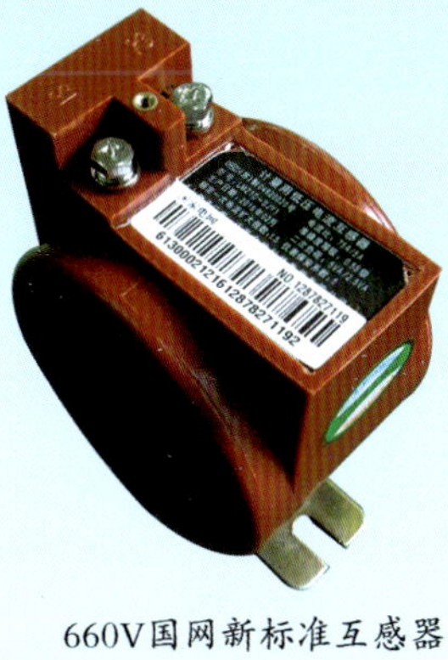

660V国网新标准互感器

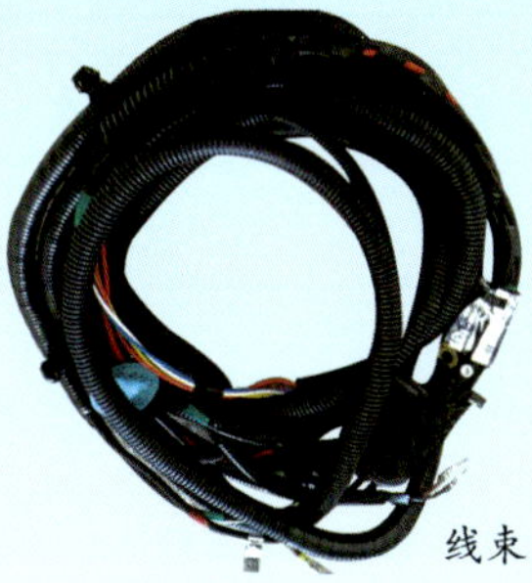

线束

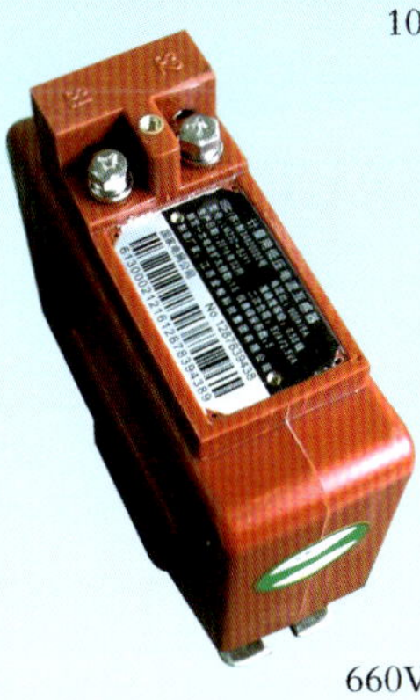

660V国网新标准互感器

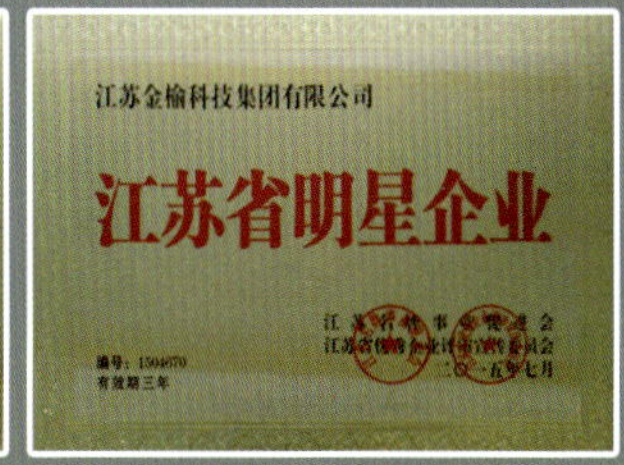

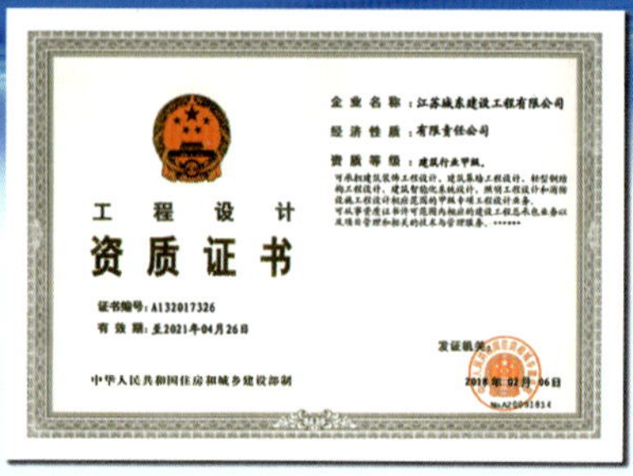

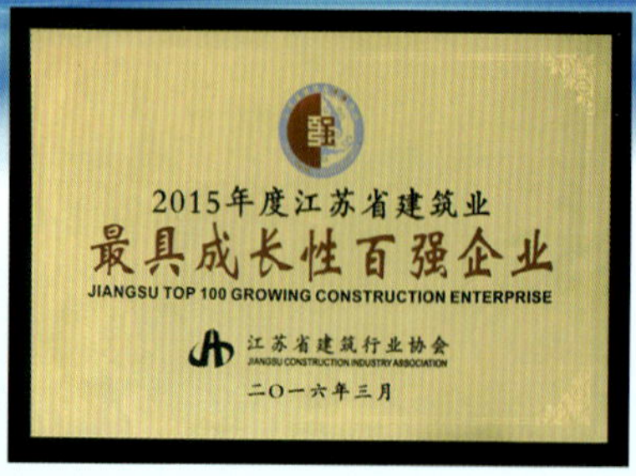

江苏城东建设工程有限公司始建于1966年，是集房屋建筑施工、建筑装修装饰、市政工程、建筑劳务、房地产开发等多元经营为一体的大型综合性现代建筑企业，下辖分公司及全资、控股子公司十余家，拥有房屋建筑工程总承包特级资质、市政公用工程总承包壹级资质，以及建筑装修装饰壹级等专项资质。

公司注册资本3.015亿元，总资产17.2亿元。下辖控股子公司7家，缴纳社保员工合计1120人。2017年新签合同额30亿元，完成施工产值27亿元，实现开票销售收入18.5亿元。公司拥有优秀的人才团队、精良的装备设施、健全的管理体系，核心竞争优势凸显，业务遍及省内外，连续多年入选“全国重合同守信用企业”“江苏省建筑业成长性百强企业”，是金坛地区建筑行业龙头企业，先后创获40余项省级“扬子杯”优质工程，承建了金广场ABE楼、众泰汽车金坛基地、中航锂电金坛产业园等一大批地区重点工程和标志性建筑，列常州市建筑施工企业前列。

在新一轮发展中，江苏城东建设工程有限公司将继续秉承“以人为本、信誉至上、优质高效、追求卓越”的企业理念，发扬“团结、求实、精诚、奋进、求知、创新”的城东精神，奉行“专家建造、精品服务”的企业核心价值观，大力推动变革创新，扩大经营合作领域，致力构建建筑服务大平台系统，打造建筑、金融、投资、房产、运营管理为一体的现代化集团企业，实现追逐“百年城东”的伟大梦想。

核心价值观：专家建造、精品服务

企业文化：团结、求实、精诚、奋进、求知、创新

企业宗旨：以人为本、信誉至上、团结高效、追求卓越

人才理念：品学兼优、层次培养、团队至上、人尽其才

社会职责：为客户提供优质服务，为员工营造幸福之家，为社会建造精美筑品，为股东赢得可观收益。

江苏城东建设工程有限公司
董事长、总经理　周月怀
地　址：常州市金坛区东环二路49号
电　话：051982366386
传　真：051582324063
邮　箱：jscdjs@163.com

金广场A、B、E楼工程获第三批全国建筑业绿色示范工程、江苏省标化工地称号

众泰汽车金坛基地，建筑面积近40万平方米，创造了开工至整车下线仅用390天、日均回土3万平方米等多项地区施工记录，打造新时代的城东速度

建筑面积19万平方米的金坛第一人民医院，主体工程施工现场

与央企首次战略合作的中航锂电金坛产业园，一期、二期建筑面积20万平方米

江苏省文明工地，颐和世家小区一期、二期，建筑面积21万平方米，获江苏省扬子杯

金坛红星美凯龙

开业盛况

开业盛况

2015年6月26日，红星美凯龙于香港联合交易所主板挂牌上市；2018年1月17日，红星美凯龙于上海证券交易所主板挂牌上市。至此，历经32年匠心坚持，红星美凯龙正式成为中国家居零售A+H第一股，不断重新定义和引领行业发展。

1986年至今，红星美凯龙致力于追求中国家居业的美学发展，以建成中国最领先的、最专业的“家居装饰及家具行业全渠道平台商”为企业的发展目标。坚持以“提升消费者居家生活品位”为己任，对每个家庭的居家环保负责任，为消费者提供更好、更专业的服务，引导消费者了解家居文化。

截至2017年12月31日，红星美凯龙凭借高规格服务质量、高水准运营理念、高素质管理团队，共经营256家商场，覆盖全国29个省、直辖市、自治区的177个城市，商场总经营面积1514万平方米。

2017年12月30日，金坛红星美凯龙盛大开业。如此匠心之作位于金坛滨湖新城的最核心区域，南环二路与金湖路交汇处，占地面积 130 亩，总建 18 万方，是一个集家居主馆、建材中心、商业街、精品公寓、商务楼为一体的一站式全球家居建材生活广场。

如今，城市东扩南移，金坛红星美凯龙占据核心位置，也已经成为了标志性建筑之一。而金坛红星的使命就是将好的家居产品、生活方式、爱家理念传播给金坛乃至常州的千家万户。通过将高端进口、全屋定制、软装设计、娱乐互动进行有效结合，来打造金坛地区档次高、品类全、品牌优、管理规范的一站式家居综合MALL。

开业庆典

招商发布会

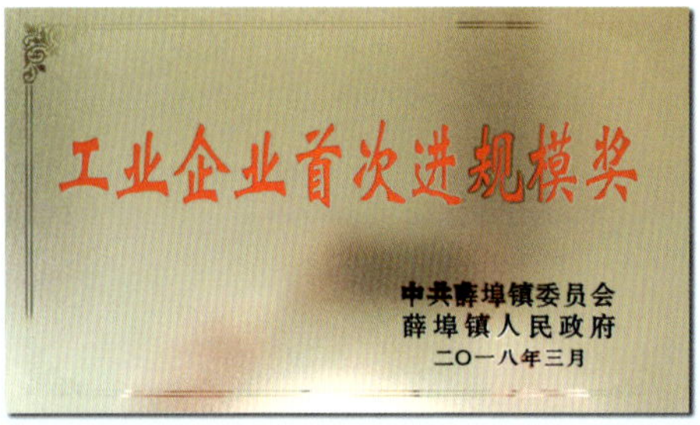

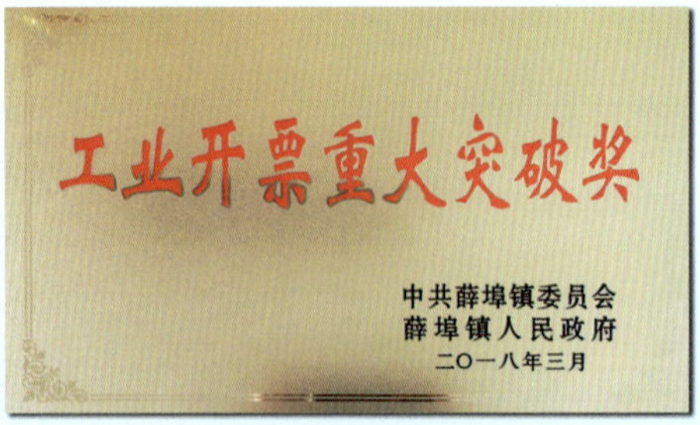

常州市金坛常鑫机械轧辊科技有限公司成立于2011年5月，位于金坛区薛埠镇工业集中区，公司首期投资4.8个亿元，占地面积188亩，建筑面积58000平方米，有员工300人。公司拥有国家ISO9001：2008质量管理体系认证、ISO14001：2004环境管理体系认证，为安全生产标准化三级企业。

公司主要产品有半挂车用横梁、导梁系列、叉车门架构件系列、贝雷片构件系列、集装箱用构件系列等各类“定制化”“小批量”“特殊型”型材近百种规格。部分产品占国内市场70%以上的份额，为国内众多知名机械厂家指定供货商，产品还远销英国贝德福德的英国视觉模块化系统有限公司。常鑫科技以优质的服务、稳定的产品质量，不断满足客户的新需求。公司的诚信、实力和产品质量已获得业界的广泛认可。并凭借先进的技术设备，严谨的企业管理，完善的产品质量体系，已逐步成长为长三角地区具有标杆作用的机械装备构件制造公司。

公司坚持“顾客满意是我们永恒的追求”的质量方针，以质量拓市场，以管理求发展，全面提升企业的管理水平。计划用两年时间完成从单一的金属加工向零部件和总成的战略转移，全面实施“名、特、优”战略，拥有核心技术、知名品牌，届时将形成年产30万吨工程机械用特异型材的生产能力，成为华东轨道交通构件生产基地。

拔河比赛

常鑫科技

皮尔磁电子（常州）有限公司是由皮尔磁股份和管理有限公司于2012年12月注册成立。主要从事与电子技术有关产品的研究，工业自动化控制系统零件、附件、安全继电器产品及其零部件的生产。皮尔磁股份和管理有限公司除位于德国Ostfildern的总部外，还拥有30家子公司和分支机构直接为各大洲用户提供区域销售和技术服务方面的支持，为客户提供全方位地本土化服务。全球有超过1700名的员工在安全自动化服务方面共享他们的知识。展望未来，皮尔磁将继续研究开发高科技和高质量的安全产品，为人、机器和环境的和谐共存而继续努力。

瑞东
江苏瑞东农药有限公司
JIANGSU RUIDONG PESTICIDE CO., LTD.
水稻田除草剂优势企业 / 磺酰脲类除草剂出口型企业
江苏省著名商标
瑞气东来
泽生万物
江苏瑞东
企业简介
江苏瑞东农药有限公司是一家集科研创新、原药生产、制剂加工、国内外销售为一体的国家农药生产定点企业，也是国内磺酰脲类新型除草剂生产最多的企业之一，并拥有自营出口权，在除草剂、原药合成及新剂型农药复配加工方面有较强的优势，产品远销欧美及东南亚国家和地区，赢得了合作伙伴的高度赞誉和信赖。愿与国内外朋友共谋发展，共创辉煌！
出口原药类
95%双草醚TC
97%甲磺隆TC
98%氯嘧磺隆TC
98%吡嘧磺隆TC
96%烟嘧磺隆TC
99%砜嘧磺隆TC
96%苯磺隆TC
96%苄嘧磺隆TC
95%噻吩磺隆TC
98%甲嘧磺隆TC
96%氯磺隆TC
85%二氯喹啉酸TC
95%氰氟草酯TC
95%三环唑TC
95%苯醚甲环唑TC
96%吡蚜酮TC
98%环嗪酮TC
出口剂型类
10%/40%双草醚SC
20%/40%双草醚WP
10%吡嘧磺隆WP/25%WDG/75%WDG
20%/60%甲磺隆WG
20%/60%甲磺隆WP
75%苯磺隆WG
60%苄嘧磺隆WG
75%氯嘧磺隆WG
25%氯嘧磺隆WG
25%氯嘧磺隆WP
75%噻吩磺隆WG
75%三环唑WP
20%氰戊菊酯EC
2. 5%高效氯氟氰菊酯EC
25%砜嘧磺隆WDG
15%炔草酸WP/EC
75%烟嘧磺隆WDG
4%烟嘧磺隆SC
75%甲嘧磺隆WDG
14%苄·乙WP
36%/40%/45%苄·二氯WP
51%/68%吡·二氯WP
15%甲基磺草酮SC
25%/50%吡蚜酮WDG
10%/18%氰氟草酯EC
30%苯醚·丙环唑SC
10%苯醚甲环唑WDG
制剂类
10%氰氟草酯EC
20%双草醚WP
40%双草醚SC
40%双草醚WP
31%吡·扑·西草净WP
60%噁草·丁草胺EC
68%吡嘧·二氯喹啉酸WP
10%吡嘧磺隆WP
50%二氯喹啉酸WP
30%苄嘧磺隆WP
40%二氯·苄WP
36%苄嘧·扑草净WP
14%苄·乙WP
15%炔草酯WP
68%苯噻吡WP
50%吡蚜酮WDG
10%精喹禾灵EC
108克/升高效氟吡甲禾灵EC
38%莠去津SC
10%苯磺隆WP
100克/升联苯菊酯EC
30%苯醚·丙环唑EC
75%三环唑WP
75%苯磺隆WG
25克/升丙环唑EC
10%苯醚甲环唑WG
20%氰戊菊酯EC
25克/升高效氯氟氰菊酯EC
70%吡虫啉WG
10%乙羧氟草醚EC
75%烟嘧磺隆WG
75%噻吩磺隆WG
正在登记的产品
10%氰·氟OF
96%甲基二磺隆TC
3. 6%甲基二磺隆WG
95%双氟磺草胺TC
5%双氟磺草胺SC
60%环·敌WG
96%环嗪酮TC
75%环嗪酮WG
25%砜嘧磺隆WG
27%氰 · 双OF
50%噻 · 敌WP
50%噻苯隆WP
75%氯吡嘧磺隆WG
50%嘧菌脂WG
24%乙氧氟草醚EC
95%双氯磺草胺TC
84%双氯磺草胺WG
56%烟·异丙·莠WP
10%唑草酮WP
40%唑草酮WG
70. 5%唑草酮·二甲WP
30%苄嘧·嘧草醚WP
10%嘧肟 氰氟草脂EC
30%硝·烟·莠去津OD
66%烟·砜·麦草畏WG
50%双氟·二甲磺隆OD
地址：江苏省常州市金坛区良常东路12号
原药部:0519-82351988
内贸部:0519-82302373
外贸部:0519-82302388
传真：0519-82335798
网址：www.ruidong.com.cn
E-meil:ruidong@vip.163.com

盐道物流
SALT LOGISTICS

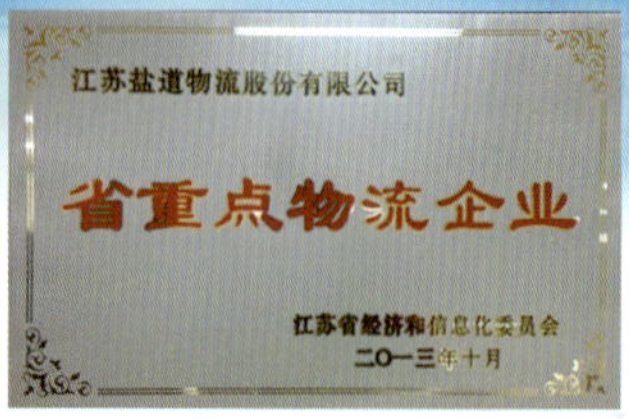

水路运输

公路运输

全自动化包装设备

江苏盐道物流股份有限公司成立于2011年3月，注册资本6000万元,是一家集水陆运输、港口经营、仓储、包装、配送、信息服务为一体的综合型现代物流企业。

公司物流园区总占地面积10万平方米，拥有各类营运船舶237艘、货运汽车126辆，总运力达13万载重吨；拥有盐卤专用港口和盐、煤码头泊位及港口装卸作业设备40台（辆），年货运量800多万吨。公司具有企业自营进出口权，拥有进口包装设备生产线、现代化仓储设施。公司以现代化信息技术为手段，使NC软件系统在公司得到有效应用，运输工具运用GPS定位系统和全新G7监控系统，物流服务信息化、智能化水平不断提高。

公司奉行“诚信为本，求实创新，超越自我，追求卓越”的企业精神，秉承“用户至上、信誉第一、安全优质、文明服务” 经营理念。

主要资质：长江中下游干支流省际普货、散装化学品船舶运输经营、港口经营、普货和危险品道路运输经营资质；环境、质量和职业健康管理体系、安全管理体系。

地址：金坛区华阳北路160号
网 址：www.jsydwl.com
电 话：0519-82859362
传 真：0519-82818616

包装仓储车间

集团简介
Brief Introduction

天成餐饮集团创立于1996年，是一家集餐饮管理、生态农业、健康投资等为一体的集团企业，品牌创立之初以餐饮、酒店服务业为主拓展经营，自2006年开始对其他领域项目进行多元经营投资。历经二十多年的发展，天成餐饮集团旗下已有天成大酒店、天成迎宾馆、常工天成酒店、司马坊私厨、天成号洮龙商务会所、天成生态农场以及天伦健康管理公司等产业，成为业界影响力较大、江苏民众认知度高的酒店品牌。先后荣获全国绿色餐饮企业、中华餐饮名店、江苏省餐饮名店、江苏省百佳A级餐饮企业、江苏省餐饮行业协会副会长单位、常州市烹饪餐饮行业协会会长单位、金坛区餐饮行业协会会长单位等荣誉称号，并且连续多年被评为“江苏省优秀餐饮企业”和“常州市优秀餐饮企业”。

客户服务热线：400-098-7717

天成餐饮 TIANCHENG CANYIN

扫一扫 有优惠

天成餐饮集团

中 华 餐 饮 名 店
全国绿色餐饮企业
始于1996年

天成迎宾馆

天成酒店

常工天成酒店

司马坊私厨

天成号洮龙商务会所

天成农场

天成旗下品牌：

1、天成酒店：金坛区虹桥路26号　预定热线：0519-82887777/82817777
2、天成迎宾馆：金坛区金坛大道90号　预定热线：0519-68085588/68087799
3、常工天成酒店：钟楼区会馆浜路55号（常州工学院继续教育学院内）　预定热线：0519-83757999/83758999
4、天成号洮龙商务会所：金坛区长荡湖水街B区9-11号　预定热线：13306148079
5、司马坊私厨：东方盐湖城度假区内（近太极广场）　预定热线：13306148062
6、天成农场：金坛区直溪镇新河村　电话：13306148979

YUANLIN
园林大酒店
YUANLIN HOTEL

金坛园林大酒店成立于2001年，立足本地生活服务市场，为市民提供优质、卫生、安全的食品，获得了老百姓的认可。

酒店旗下的长荡湖园林华电湖船，主营以长荡湖八鲜为代表的湖鲜美食，其代表作品多次登上央视荧幕。华电湖船有300个餐位，并有棋牌娱乐、垂钓，可饱览洮湖风光、美味，是自驾休闲、商务宴请的理想去处。

在扎实做好经营的同时，“园林”关注文化，常年举办各类书画、刻纸等艺术作品展览并对市民免费开放，是一块金坛市民喜闻乐见的文艺阵地；

2010年，园林大酒店积极响应市委市政府建设开放式公园的号召，放弃补偿、克服困难，无条件搬迁新址，并于2016年再次升级。2017年，酒店拥有营业面积6000平米，8个多功能宴会厅、1800个餐位。

通过不懈努力，奉行“工匠精神”的园林人成功打造了“江鲜品鉴美食节”“龙虾文化美食节”“海参养生美食节”等美食节庆。在做好传统宴席市场的前提下，园林人正在打造能够满足“老饕”们的园林美食。

2017年，酒店落地实施4D现场安全管理体系，将“厨房重地、闲人莫入”改变为“4D厨房、欢迎参观”，从行业角度对食品卫生安全工作出了重要贡献，4D安全厨房被评为“常州市放心消费创建惠民实事——百姓最有获得感和幸福感的惠民实事”。

金坛园林大酒店，是“中华餐饮名店”“江苏餐饮业最具影响力品牌”“江苏省餐饮业十佳婚宴酒店”。酒店总经理潘小平以“诚信”为个人和企业的立身之本，被评为“江苏好人”“江苏省百名诚信之星”“常州市道德模范”，2016年被评为“全国先进个体工商户”，受到总理李克强的接见。

关注园林、品味生活，金坛园林大酒店期待您的光临！

地址：常州市金坛区华城路97号

美食品鉴热线：0519-82821117　　82822779

常州市金坛区城市管理局

“两个加快推进落实工作”集体嘉奖

“全国文明城市工作突出贡献集体”

近年来，区城管局围绕“接轨常州主城区，推动发展新跨越”总体战略，在管理中找准定位、在改革中坚持创新，按照城市管理“一年强基础、两年大提升、三年新跨越”的目标，以空前的重视程度和推动力度，促进城市管理转型升级，构建了“权责明晰、服务为先、管理优化、执法规范”的城市管理体制，在常州市城市长效综合管理考评中稳步提升。

2017年，区城管局紧扣“城市管理强基年”工作目标，坚持问题导向，集中开展市容整治和市容专项整治，店面出摊、流摊占道、烧烤扰民、渣土污染等重难点问题得到有效解决；坚持运用法治思维和法治方式，破解城区治理“老大难”问题，实现了“新发现违建零增长、老旧违建加速去库存”的目标；加快推进环卫管理转型升级，环卫作业实现“管干分离”，道路保洁市场化率100%，城市环境面貌得到全面改善。特别是在推动全区“两个加快”落实中，积极助力项目引进、项目建设，荣膺区委区政府“两个加快”推进落实工作集体嘉奖、全国文明城市工作“突出贡献集体”等荣誉。

“管理转型、执法规范、效能提升”动员大会

翠北路市民为区城管局送锦旗